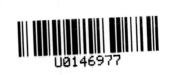

西方美學史教程

李醒塵　著

淑 馨 出 版 社

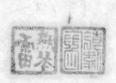

目　録

緒　論

我們課程的名稱是西方美學史。這裏首先講三個問題：什麼是西方美學史？爲什麼要學習西方美學史？怎樣學習西方美學史？

一　什麼是西方美學史?

學習任何一門學科,都應當首先了解這門學科研究的對象和範圍，對於西方美學史當然也不例外。

我們稱作西方美學史的這門學科,在西方祇稱做美學史,並不稱作西方美學史。嚴格說,美學史應當是世界美學史,它應當既包括西方美學史,又包括東方美學史。但時至今日,在我們這個星球上還没有出現一部世界美學史,這有賴全世界各國美學家們的通力合作,顯然這不是短期所能完成的偉大而艱巨的工程。我們講的西方美學史，祇是世界美學史的一部份。“西方”兩字主要指歐洲各國,還有美國和俄國;它祇是一個地域性的概念,不是政治概念,更不是贊成歐洲中心論。

美學和美學史作爲一門學科是在西方產生的。中國古代雖然有豐富的美學思想,但並没有形成美學和美學史這樣的學科。西方美學大約是在 19 世紀末和 20 世紀初經由王國維、梁啟超等人的介紹而傳入中國的。1949年前,雖然有一些學者熱心介紹和研究西方美學,但“西方美學史”作爲一門在大學裏系統講授的課程,似乎並没有開設[①]。直到1949年以後，在60年代初期，北京大學哲學系在“美學原理”課之外，首次開設了“中國美學史”和“西方美學史”兩門課程。著名美學家朱光潛教授主講“西方美學史”，並編寫了兩卷《西方美學史》教材，爲西方美學史的教學和研究作出了重大貢獻。這大概就是“西方美學史”這門課程名稱的由來。它是與“中國美學史”相並列提出的。在我國學術界，還有“外國美學史”這個更寬泛些的概念，西方美學史也祇是外國美學史的一部份。此外，近些年來，也有人在研究“東方美學史”。所有這些情況表明，我國的西方美學史研究，其長遠目標是要建設外國美學史、世界美學史。我們正處在一個改革開放的新時代，我們要振興中華，必須了解外國，了解世界，廣泛吸收外國先進的科學技術和一切優秀的文化遺産。西方美學史這門課程和時代的要求應當是完全一致的。

美學史是美學研究或美學科學的重要組成部份，是一個專門的和獨立的知識領域，實質上是一門學說史或思想史，也就是各種美學思想、美學學說或美學理論，以及美學流派發生發展的歷史。從古代希臘羅馬算起，西方美學已有2500多年的歷史。但作爲一門獨立的、具有“美學”這一名稱的學科，它産生於18世紀中葉的德國，才只有二百多年。美學史家通常都把1750年德國理性主義哲學家鮑姆加敦出版第一卷《Aesthetica》(讀音：埃斯特惕卡)，看作美學成爲正式學科的標誌。此後，美學在康德、費希特、謝林和黑格爾等德國古典哲學家那裏，成了哲學體系中不可缺少的一部份，達到了前所未有的高峰，標誌着西方古典美學的完成和終結。19世紀中葉以後，西方美學的發展出現了重大的轉折。叔本華、尼采提出了唯意志主義的美學，反對傳統的古典美

① 30年代，鄧以蟄先生在清華大學和北京大學哲學系講過《美學史》，未稱“西方美學史”。

學，費希納批評了“自上而下”的哲學美學，倡導“自下而上”的經驗美學，造成了美學研究方法的多樣與革新，各種心理學的美學，社會學的美學以及部門藝術的美學都發展起來，終於造成了傳統的古典美學向現代美學的轉變。到了20世紀，西方美學更進一步取得了現代形態，得到了空前蓬勃的發展，湧現出許許多多的美學流派，諸如表現主義美學、自然主義美學、形式主義美學、精神分析美學、符號論美學、分析美學、結構主義美學、現象學美學、存在主義美學、解釋學美學、社會批判美學等等。當今美學已發展成爲廣泛涉及哲學、各門文藝科學、心理學、社會學、數學和自然科學以及日常生產、生活各個方面的一門極爲引人注目的科學。西方美學史的研究對象就是這2500多年西方美學發展的全部歷史。

美學史具有雙重性，它既是歷史科學，又是理論科學。如果説美學原理講的是今日的美學理論，那麽，美學史講的就是以往歷史上的美學理論。從根本上説，美學史仍是哲學的一個部門。它不同於一般所謂“審美意識史”，更不同於藝術史。經常有這樣的誤解，以爲講授美學史就是要在課堂上拿出許多考古發現、歷史文物和大量藝術作品給學生欣賞，向學生講述人類的美感和藝術如何起源和發展的歷史。其實，這並不是美學史的任務。美學史要講授的是歷史上美學家們的美學思想，適當運用形象化的手段組織教學有時是必要的，但仍應服從於美學史的目的。美學史作爲一門理論科學的性質，是隨着美學自身的發展而歷史地形成的。早在美學成爲正式學科之前，對美學思想史的研究事實上已經開始了。不論在古希臘羅馬時期，還是在中世紀、文藝復興時期，17、18世紀，許多美學家在提出自己的學説之前，都在自己著作的導論部份程度不同地回顧前人的美學觀點，試圖把前人的美學觀點加以系統化，並給以批判性評價。例如，狄德羅的《論美》就是最突出的一個例子。後來，這種附帶的研究隨着對以往美學積累的浩翰的歷史資料加以總結和系統化的必要性的增長，便開始獨立出來,於是便産生了專門的美學史著作,逐漸形成了獨立的知識領域。從現已把握的情况來看,最早的美學史專著有貝特尤斯的《藝術美的體系》(1747),科萊爾的《美學史草稿》(1799),但它們都没有發生重大影響。真正有重大影響的是齊默爾曼的《作爲哲學科學的美學史》(1858,維也納)。美學史家通常把這部書看作是第一部開創美學史的著作,並把19世紀下半期看作美學史這一學科正式形成的時期。齊默爾曼的《美學史》共三卷。第一卷研究了古希臘羅馬美學,如智者派、蘇格拉底、柏拉圖、亞里斯多德、普洛丁和奥古斯丁的美學。第二卷研究了18世紀的美學,主要是德國、英國和法國的美學思想。第三卷研究了德國古典唯心主義美學,包括康德、赫爾德、席勒、謝林、左爾格、黑格爾、盧格、費肖爾等人的美學思想。這部書的重大缺陷是没有論述中世紀、文藝復興時代和17世紀的美學,因而是不連貫、不完整的。在齊默爾曼之後,19世紀後半期以來出現了一系列研究美學史的專著,其中較爲著名的有:沙斯勒爾的《美學批評史》(1872)、洛宰的《德國美學史》(1868)、哈特曼的《自康德以來的德國美學史》(1886)、鮑桑葵的《美學史》(1892)、克羅齊的《作爲表現的科學和一般語言學的美學的歷史》(1910)、施皮策爾的《美學和藝術哲學史》(1914)、李斯托威爾的《近代美學史評述》(1933)、庫恩和吉爾伯特合著的《美學史》(1939)、雷蒙・巴葉的《美學史》(1961)、塔塔科維兹的三卷本《美學史》(1962－1967)、比爾兹利的《從古希臘到今天的美學》(1977)、奥夫相尼科夫的《美學思想史》(1978)等等。此外,美學史的研究還採取了多種多樣的形式,出現了許多斷代史、國别史、專題史、範疇史等方面的著作。總之,西方美學史作爲一門專門化的、獨立的學科已有一百多年的歷史,它不像中國美學史才剛剛起步,要真正研究西方美學史應當了解這門學科的歷史和現狀,研究和熟悉上述各家各派的美學史著作。鮑桑葵、克羅齊、李斯托威爾、庫恩和吉爾伯特、奥夫相尼科夫的著作，以及塔塔科維兹《美學史》的前兩卷，都已有了中譯本，我們在學習西方美學史的時候，也應作適當的參考。

二　爲什麼要學習西方美學史?

學習的目的是首先是爲了求得知識，而知識的獲得最終可以導致實踐。學習西方美學史具有重大的理論意義和實踐意義。這可以從以下三個方面來看。

第一，從美學理論的學習來看，要學好美學，應當學習美學史，尤其是西方美學史。美學是關於美和藝術的哲學科學，它植根於人類的社會生活，是一種社會意識形態，它以人類的審美活動爲對象，是人類審美活動的經驗總結和理論概括，反轉來又對人類的審美活動發生巨大的影響。任何美學理論都是在一定的歷史條件下産生，並隨着歷史的發展而發展的。美學史就是歷史上的美學理論，它在相當大的程度上决定着美學的現狀和面貌，是今日各種美學理論的重要來源。因此，祇學習當前流行的美學理論，不學習美學史，不掌握歷史上的美學理論，就不可能對美學有全面、深刻的認識，不可能把握美學發展的方向。從世界範圍看，西方美學史在美學科學的發展中佔有極其重要的特殊地位。世界上的各個民族、各個國家都對美學科學的發展作出了自己的貢獻，但是比較而言，西方美學的貢獻和影響應當説是最大、最突出的。美學在西方取得了自己的名稱和科學形態，得到了最系統、最全面、最典型的發展，西方美學在近現代産生了難以估量的世界性影響，它所提出的大量美學問題並不是狹隘的西方問題，一般都具有普遍的、全人類的意義，它所形成的概念、範疇、體系，是任何從事美學研究的人都必須藉鑒和使用的。這是一個客觀存在的事實。例如，我們今天要弘揚民族文化，要寫“中國美學史”，如果不藉鑒西方美學史，完全不使用西方美學所形成的範疇概念,那是無法寫得出來的。我們認爲,對西方美學史不應當採取輕視、排斥和否定的態度,而應當尊重歷史的辯證的發展。西方美學史是一筆極爲珍貴的歷史文化遺産,必須給以批判地繼承。學習西方美學史可以使我們了解西方的美學家,包括一些哲學家,藝術家以至自然科學家,他們在幾千年漫長悠久的歲月中對美和藝術問題所做的艱苦的理論思考,他們碰到過哪些美學問題,提出了哪些美學觀點、學説和理論,各種各樣的美學問題和範疇概念是怎樣提出、演變和解决的,有哪些積極的思想成果,又有哪些錯誤和迷惑。所有這一切都將豐富我們的頭腦,培養和提高我們進行理論思維的能力,正確運用美學概念和美學範疇的能力,促進我們對審美問題和藝術問題的理解和思考,幫助我們創造性地評價、分析和處理當代各種複雜的美學問題。

第二,從美學科學的發展來看,要推動和發展美學,也應當學習西方美學史。恩格斯説:“歷史思想家(歷史在這裏祇是政治的、法律的、哲學的、神學的 —— 總之,一切屬於社會而不僅僅屬於自然界的領域的集合名詞)在每一科學部門中都有一定的材料,這些材料是從以前的各代人的思維中獨立形成的,並且在這些世代相繼的人們的頭腦中經過了自己的獨立的發展道路。”①這就是説,任何科學的發展都要以前人留傳下來的一定思想資料爲前提。美學的發展也是這樣。美學的發展還具有特殊的複雜性,作爲一門正式的學科,它出現得較晚,至今仍被看作一門“既古老又年輕”的學科,甚至被看作並不成熟的學科,許許多多的美學問題都一直争論不休,甚至美學是否能够成爲一門科學,即美學的生存權問題,也不時有人提出詰難。例如,美學究竟研究什麽?它是關於美的哲學,還是藝術哲學或藝術理論?還是一門跨學科的邊緣性科學?美學到底有什麽用處?它與人類社會生活

① 《馬克思恩格斯選集》第4卷,人民出版社1972年版,第501頁。

實踐的關係如何？美學的主要內容，它的結構和體系應當是怎樣的？所有這些對於一門學科的建立至關重要的所謂“元美學”問題，至今國內外學術界都没有一致意見。美學問題也是熱烈爭論的領域。美學發展的現狀表明，建設和發展美學科學已成爲世界性的課題。在這種情形下，學習和研究西方美學史便顯得更加迫切和重要。

第三，從我國的實際需要來看，我們要振興中華，自立於世界民族之林，要對人類作出更大的貢獻，就要把我國建設成爲既具有高度物質文明，又具有高度精神文明的偉大國家。爲此，我們必須向外國學習，不但要學習外國一切先進的科學技術，而且要吸收外國一切優秀的文化遺產。學習西方美學史可以使我們正確認識和理解西方的審美文化和各種複雜的藝術現象，提高我們的審美能力，幫助我們樹立正確的美學觀和世界觀，提高精神文明水準，這是符合時代要求的。

三　怎樣學習西方美學史？

西方美學史是一門艱深而又重要的社會科學。它的基本任務是要站在現時代的高度對歷史上出現的各種美學理論進行批判地反思，以期作出科學的評價和總結。西方美學的發展經歷過許多性質不同的時代，各種美學理論有精華也有糟粕，而且精華與糟粕往往混雜扭結在一起。美學的發展同特定時期的政治、經濟、哲學、自然科學和文學藝術的發展有十分密切的聯繫。由於時代、階級的不同，各種美學思潮、學說，經常是相互矛盾對立的，即便同一個美學家的思想也往往有自相矛盾之處。因此，學習和研究西方美學史必須要有正確的指導思想和方法，否則就難以把握浩如烟海的歷史資料和錯綜複雜的美學現象。我們認爲，學習和研究西方美學史，應當堅持以馬克思主義爲指導，具體地分析、評價歷史上的各種美學思想,"取其精華,棄其糟粕"。當然,要做到這一點並不是很容易的。以馬克思主義爲指導絶不是引幾條語録裝點門面,也不是到處亂貼階級標簽,主觀武斷地胡亂批判,這種教條主義的庸俗化的做法是錯誤的、有害的。馬克思主義的基本精神是實事求是。學習和研究西方美學史應當從事實出發,詳盡地佔有第一手資料,對資料進行辯證的分析,從中得出符合事實的科學結論。初學西方美學史的人應當在資料的掌握和分析上多下些工夫。我們經常看到有些人並没有弄清楚某個美學家的思想究竟是什麽,便在那裏熱情讚揚或尖鋭批判,這種主觀主義的學風是要不得的。初學者不妨首先不急於評論,先弄清楚"是什麽",練習寫一寫"復述"然後再問"爲什麽",給以分析和評價,以至提出新的創見。不要看不起"復述",許多美學家的思想都是很複雜的,要"復述"清楚就得盡力佔有多方面的資料,反復進行思考,這並不是一件很簡單的事,而這又是進一步研究的基礎。總之,學習西方美學史應當有刻苦鑽研,實事求是,追求真理的精神以及優良的學風。

由於美學同許多學科都有密切聯繫,我們學習和研究西方美學史,還應當具有哲學、各門藝術、心理學、歷史學、社會學、自然科學和外語等方面廣博的實際知識和歷史知識。這些知識的獲得同樣需要刻苦努力,日積月累,在學習西方美學史的過程中,應當根據自己的情況,自覺地調整知識結構,增益"己之不足",否則是"行而不遠"的。

我們强調學習西方美學史要掌握知識,但並不主張"爲知識而知識"、"爲歷史而歷史"。西方美學史的學習和研究本質上總與現代各種迫切的美學和藝術問題相聯繫,它對新的美學理論的形成會發生重大的影響。因此,學習西方美學史還應當密切關心我國社會現實和文藝實踐中的美學問題,注意外國美學與中國美學的比較研究,在總結我國人民審美活動的實踐經驗的基礎上,把中外美學史上有益的東西熔於一爐,大膽創造,推陳出新。

但要做到這一點,必須經過艱苦的學習過程。正如馬克思所説:“在科學上没有平坦的大道,祇有不畏勞苦沿着陡峭山路攀登的人,有希望達到光輝的頂點。”①

① 馬克思:《資本論》第1卷,人民出版社1975年版,第26頁。

第一章　古希臘羅馬美學

西方美學史的開端是古希臘羅馬美學。古代的希臘羅馬是歐洲文明的搖籃。黑格爾說:有教養的歐洲人,一提到希臘,都會有一種家園之感。恩格斯說:“在希臘哲學的多種多樣的形式中,差不多可以找到以後各種觀點的胚胎萌芽。”①底確如此,西方近現代文化的各種觀念,包括美學在内,都能在古代希臘羅馬找到它的源頭。古希臘羅馬美學對整個西方美學的歷史發展有着巨大而深遠的影響,是我們理解全部西方美學史的一把鑰匙。

古代希臘羅馬的歷史包括原始氏族社會末期和整個奴隸制社會,大致指的是公元前13世紀至公元5世紀。希臘在公元前8世紀進入奴隸制社會,並於公元前5世紀達到鼎盛期。羅馬進入奴隸制社會略晚一些,大約在公元前6世紀,其鼎盛期是公元1世紀。從文獻記載看,古代希臘美學產生於公元前6世紀,極盛於公元前5–4世紀希臘奴隸制全盛期,古代羅馬美學承襲並發展了古希臘美學,產生於公元前1世紀。整個古希臘羅馬美學到公元前4世紀末所謂希臘化時期開始逐步衰落,直到公元5世紀隨着古羅馬奴隸制的滅亡而告終結。古希臘羅馬美學統稱西方的古代美學,這段美學史長達一千多年,一般可劃分爲三個階段:(1)希臘古典早期的美學;(2)希臘古典盛期的美學;(3)“希臘化”和古羅馬時期的美學。

① 《馬克思恩格斯選集》第3卷,人民出版社1972年版,第468頁。

第一節 古希臘美學產生的歷史文化背景

古代希臘包括巴爾幹半島南部、愛琴海諸島和小亞西亞沿岸。這裏海域遼闊，交通便利，氣候温和，大自然美麗而富有變化。古代希臘人很早就在這裏休養生息，創造了很高的文化。現代考古發掘業已證明，希臘文化是歐洲最古老的愛琴文化的一部份，希臘的歷史可以上溯到公元 3000－2000 年，或許還要更早一些。從世界範圍看，希臘文化不是人類最早的文化，出現更早的古代東方文化，如埃及文化、蘇美爾文化、巴比倫文化都對希臘文化產生過明顯的影響。

一 神話與美學

愛琴文化到公元前 13 世紀就已衰落了，希臘文化則繼愛琴文化發展起來。公元前 13－8 世紀，是希臘從原始氏族公社向奴隸制社會過渡的時期。古希臘人在這一時期創造了許多神話傳説和史詩，著名的荷馬史詩《伊利亞特》和《奥德賽》，還有赫西俄德的《神譜》和他的教諭詩《農作與時日》都產生在這一時期，所以這一時期又稱荷馬時代或英雄時代。在 19 世紀下半葉以前，人們對希臘遠古歷史的認識是十分模糊的，那時由於没有任何其它文物可資考證，學者們普遍認爲荷馬史詩所描寫的英雄時代和關於特洛耶戰争的事跡都衹是一種虛構。直到 19 世紀下半葉和 20 世紀初，由於德國考古學家謝里曼(Heinrich Schliemann,1822－1890)和英國學者伊文思(Sir Arthur Evans,1851－1941)驚人的考古發掘和傑出貢獻，荷馬史詩描寫的真實性才得以證實。現已證明，早在遠古時代，古希臘人的審美活動就已經是豐富多彩的、相當成熟的，他們對美和藝術十分敏感和重視，具有高超的想象力和創造力。他們不但在有關衣食住行等物質文化的創造上表現出相當嫻熟的技藝,而且創造了音樂、舞蹈、詩歌等各類精美的藝術作品。尤其是神話的創造,更是世界文化寶庫中的瑰寶。

神話和美學有着十分密切的關係。如果說,美學是審美意識的理論形態,那麼神話則是審美意識的形象的直觀的表達。世界上許多古老的民族都有自己的神話,而古老的希臘神話可說是世界上流傳至今保存得最完整的神話,它以幻想直觀的形式藝術地概括了人類童年時代對自然和社會的認識,表達了希臘人最初的審美意識和思想感情,至今仍有巨大的藝術魅力,給人以美的藝術享受。正如馬克思所說,希臘神話是"在人民幻想中經過不自覺的藝術方式所加工過的自然界和社會現象",它"不僅是希臘藝術的寶庫,而且是希臘藝術的土壤"①。在希臘神話中,我們已經可以看到美神阿佛洛狄忒(即古羅馬神話中的維納斯)、文藝之神阿波羅和他率領的九個繆斯(文藝女神)的美麗形象,還可以看到"美"、"美的"、"和諧"、"摹仿"等這類後來在美學中慣用的術語。美在神話和史詩中指的是某種客觀的,能顯露出光輝和威力,因而具有感性形象和魅力或吸引力,可以由感官直接感受到的本體。不僅如此,在荷馬、赫西俄德以及稍後生活在希臘奴隸制初期(公元前8-6世紀)的抒情詩人莎弗、品達那裏,我們甚至還可以看到關於美和藝術的一些最初的言論。他們在自己的藝術作品裏,提出了一些看來簡單但對後來的美學却很重要的問題。例如,關於詩歌的起源,荷馬史詩中認爲,它來源於繆斯,來源於神。《奥德賽》中的歌手說:"是神賜給你神妙的歌唱藝術"②。赫西俄德也說,是繆斯要求詩人吟唱"過去和未來",告訴他唱神的歌。關於詩的目的和作用,荷馬說:"是爲了帶給人們歡樂"③; 赫西俄德

---

① 《馬克思恩格斯論藝術》第1卷,人民文學出版社1963年版,第194-195頁。

②③ 塔塔科維兹:《古代美學》,中國社會科學出版社1990年版,第45頁。

説，是爲了使人忘記憂傷和痛若，“使他歡樂”①；品達説：“神賦予歌曲以魅力”，“把一切令人快樂的東西給予凡人”，“它喚起人們甜蜜的微笑”②。我們從這些言論似乎可以察覺到美學誕生的踪跡，可是它們畢竟還不具備理論形態，嚴格説，還不就是美學理論，但却爲美學的産生提供了必要的前提。

二　奴隸制和美學理論的産生

文化史家一般稱公元前6–4世紀爲希臘古典主義時期。最早的希臘美學理論産生於公元前6世紀，即希臘古典早期，到公元前5–4世紀，即柏拉圖和亞理斯多德生活的時代，則是希臘古典盛期。

公元前8–6世紀是希臘奴隸制社會得以形成和確立的時期。奴隸制社會當然是野蠻的、殘酷的，但比起原始公社來，則是歷史的巨大進步。奴隸的使用造成了農業與工商業、城市和鄉村、腦力勞動和體力勞動的分工，這不但極大地解放了生産力，而且爲文藝、科學、哲學的繁榮創造了條件。到了公元前6世紀，希臘社會逐步發生了從農業經濟到工商業經濟的重大轉變，由此在原有的貴族奴隸主和新興的工商業奴隸主之間形成了兩大對立的政黨——民主黨和貴族黨。它們分别以雅典和斯巴達這兩個最大的城邦爲中心，經常展開各種形式的尖鋭鬥争。由於生産力的發展和政治鬥争的需要，文藝、科學、哲學也蓬勃發展起來，特别是哲學的興起帶來了自由辯論和批判的風氣，又造成了希臘文化由文藝時代到哲學時代的轉變。及至公元前5世紀左右，即貝里克利統治雅典的時代，更出現了希臘文化全面高度繁榮的盛況。著名的三大悲劇家埃斯庫羅斯、索福克勒斯、歐里庇得斯，喜

①② 塔塔科維兹：《古代美學》，中國社會科學出版社1990年版，第55、48頁。

劇家阿里斯多芬，畫家宙克西斯和阿佩萊斯，雕刻家米隆和菲狄亞斯以及哲學家柏拉圖和亞里斯多德都出現在這一時期；流傳至今、堪稱典範的藝術珍品，如雕刻《荷矛者》、《擲鐵餅者》、雅典衛城的雅典娜神像、巴特農神廟、埃庇道爾露天劇場等，也都是在這一時期創作的。與古代東方國家高度集中統一和專制主義的奴隸制相比較，希臘的城邦奴隸制，特別是在雅典，相對來説是較爲民主的(當然這只是奴隸主的民主)。雅典政府鼓勵公民自由地參加各種政治活動和文藝活動，每年都要舉辦各種祭神節、文娱節，組織公民觀看各種比賽和文藝演出，每四年還舉辦一次奥林匹克體育賽會，在觀看悲劇演出時，不但不用買票，還能得到政府的戲劇津貼，因此希臘人都熱衷於各種審美和文藝活動，這在他們的生活中不僅是一種娱樂，而且是教育、宗教生活和政治生活的有機部份。古希臘人對人體美似乎格外重視，他們十分懂得如何顯示和欣賞人體的健美，以至可以赤身裸體參加體育比賽。他們還請最傑出的雕刻家爲奥運會上三次冠軍的獲得者塑像，並將其安放在天神宙斯的旁邊，敬若神明，頂禮膜拜。貝里克利曾自豪地説，“我們是愛美的人”，“我們的城邦是唯一不平凡的城市。其它城市都不能够提供這樣多的精神娱樂活動——整年都有各種比賽和祭祀。我們的公共建築之華美足以使我們每天賞心悦目。此外，我們的城邦大而强盛有力，致使世界各地的財富源源不斷地涌到這裏來……我們喜愛美妙的東西，但是没有因此而流於奢侈；我們愛好智慧，但是没有因此而流於柔弱。對我們來説，財富不僅是滿足我們虚榮心的物質，而且是使我們有可能取得成就的工具。”① 理論來源於實踐。審美活動的空前活躍和文藝的高度繁榮，要求理論的概括和總結，並爲美學理論的産生提供了堅實的基礎。古希臘的美學理論最初就是企圖從哲學上理

① 瓦勒欽斯基等:《史海逸聞録》，商務印書館 1987 年版，第 6－7 頁。

解人類審美活動和文藝實踐而產生的,它一開始就是哲學的一個組成部份,是包裹在哲學內部的,並不是獨立的。

第二節　希臘古典早期的美學

最早提出和研究美學問題的希臘哲學家,主要有畢達格拉斯學派、赫拉克利特、德默克利特、智者派和蘇格拉底。作爲最初的美學理論,早期希臘美學如同哲學一樣,具有直觀的、樸素的性質,存在着唯物主義與唯心主義,辯證法和形而上學的對立,同時也表現出一定階級意識。

一　畢達格拉斯學派的美學思想

畢達格拉斯學派是由畢達格拉斯(Pythagoras, 約前580－前500)於公元前6世紀在意大利南部的克羅頓城創立的。這是一個集哲學、宗教、政治爲一體的宗派,具有秘密結社的性質。其成員大多是數學家、天文學家和其他自然科學家,主要活動於公元前6－4世紀。

在哲學上,畢達格拉斯學派如同其他早期希臘哲學一樣,首先注意的是宇宙萬物的本原或本體問題。但與把世界的本原歸結爲地水火風等具體的感性物質不同,他們認爲世界的本原是數。數雖然是無形的,但却能由心靈體會,數統治着一切,任何事物和現象都體現着某種數學關係,没有數便不能解釋和認識一切。據亞里斯多德在《形而上學》中說,畢達格拉斯學派的基本哲學命題是:"數是一切事物的本質,整個有規定的宇宙的組織,就是數以及數的關係的和諧系統。"[1] 黑格爾在評論這一命題時指出:"這

[1] 亞里斯多德:《形而上學》卷一,986a。

樣一些話說得大膽得驚人，它把一切觀念認爲存在或真實的一切，都一下打倒了，把感性的實體取消了，把它造成了思想的實體。本質被描述成非感性的東西，於是一種與感性、與舊觀念完全不同的東西被提昇和説成本體和真實的存在。"① 我們知道，數不是物，不是感性的物質，但又根源於物，是物的客觀屬性之一。恩格斯說："數和形的概念不是從其他任何地方，而是從現實世界中得來的。"② 但畢達格拉斯學派却把數看作是先於物而存在的獨立的精神實體，這樣就把數和物割裂開來，顛倒了二者的關係，從而陷入了神秘的客觀唯心主義。他們的美學思想正是以這種數的一元論哲學爲基礎的。

在美學上，畢達格拉斯學派提出了美是和諧、美在對稱和比例的命題，以及音樂理論問題和藝術的心理凈化作用等問題，建立了最早的美學理論。其特點是從數的哲學出發對一切美學問題作出宇宙論的解釋。

畢達格拉斯學派認爲，美是和諧。"和諧是許多混雜要素的統一，是不同要素的相互一致"③。這是一種數量關係，是對立面的協調一致。因此美是由一定數量關係造成的和諧。他們特別重視音樂的和諧，認爲"音樂是對立因素的和諧的統一，把雜多導致統一，把不協調導致協調"④。據說，有一次畢達格拉斯走過一個鐵匠爐，打鐵發出的某種悦耳的和聲吸引了他的注意，於是他把各種鐵錘的重量加以比較，又在樂器的弦上進行試驗 終於發現音調的特點是由音弦的長短決定的，從而建立了音程的數學原理：八度音程 1:2，四度音程 3:4，五度音程 2:3。他們不但認爲音樂

① 黑格爾：《哲學史講演録》第 1 卷，三聯書店 1956 年版，第 218 頁。
② 恩格斯：《反杜林論》，人民出版社 1970 年版，第 35 頁。
③ 《古代美學》，第 106 頁。
④ 《西方美學家論美和美感》，商務印書館 1980 年版，第 14 頁。

是和諧的，而且認爲整個宇宙都是按照一定的數所構成的一個和諧的系統。因此美不限於藝術，任何事物和現象都有其和諧即美。

他們對天體運動作出了美學的解釋，提出了著名的“天體音樂”或“宇宙和諧”的學説。他們認爲10這個數字是最完滿的，它包含了一切數的本性，因此天上的星球也必然符合10這個數字，可是人們當時只能看9個星體，於是他們説還有一個看不見的星體叫“對地”，是和地球相對的。這10個星球圍繞着一個中心各按一定的軌道運行，由於大小與速度的不同，各自發出一種不同的音調，由於它們相互之間的距離是和諧的，因此它們發出的各種不同的音調就能構成一種和諧的音樂。據説這種“天體音樂”是比人間任何音樂都更和諧、更高級的。但是我們爲什麼都聽不見呢？他們解釋説，那是因爲我們身臨其境，完全生活在這種運動之内的緣故。這種解釋有點類似我國老子所講的“大音希聲”。美是和諧這一觀念原是很古老的，這是古希臘人對聲音、色彩、天體運動和人體構造等自然現象合乎規律的相互聯繫的一種直觀的反映。畢達格拉斯學派接受了當時流行的這一樸素的看法，但却給了神秘唯心主義的解釋。有關天體音樂的學説顯然是神秘奇特的美麗幻想，但重要的是他們揭示和肯定了整個宇宙都具有美學的性質，並在西方一直影響到17世紀。

畢達格拉斯學派還把數的關係進一步推廣應用到雕刻、繪畫、建築等藝術。他們説，美在於“各部分之間的對稱”和“適當的比例”，藝術作品的成功“要依靠許多數的關係”，“細微的差錯往往造成極大的錯誤”。對於雕刻家、畫家這類創造最美形象的人來説，“要學會在一切種類動物以及其它事物中很輕便的就認出中心，這不能憑仗初次接觸，而是要經過極勤奮的工夫，長久的經驗以及對於一切細節的廣泛的知識”①。據説希臘雕塑家波里克

① 《西方美學家論美和美感》，第13－15頁。

勒特就曾遵循畢達格拉斯的學説,寫過一本叫做《法規》的專著,其中規定了事物各部份之間精確的比例對稱,並且還創作了一座也稱《法規》的雕像,用來體現這些關係。畢達格拉斯派還認爲:“一切立體圖形中最美的是球形,一切平面圖形中最美的是圓形”①,“身體美確實在於各部份之間的比例對稱”②。所有這些都説明,他們十分注意審美現象的數學基礎,力圖爲藝術家找出能產生最美效果的經驗性規範。這對美和藝術的創造是十分必要和有益的,但把美的本質歸結爲比例、對稱,還衹側重自然形式方面。這種形式主義的美學觀點對後來的西方美學史有深遠的影響。

畢達格拉斯學派還注意到了藝術對人的影響和功用,揭示了藝術對人的心理凈化作用,並涉及了審美教育的理論。他們把人看成“小宇宙”,把自然看成“大宇宙”,進而用“小宇宙”類似“大宇宙”,二者碰到一起,同聲相應,欣然契合的説法,來解釋人爲什麼愛美和爲什麼能欣賞藝術。他們認爲,音樂是靈魂的表現,並對靈魂產生影響,好的音樂可以完善靈魂,壞的音樂可能腐蝕靈魂,有一種“引導靈魂”的力量。由此他們十分强調音樂的心理凈化作用,主張用音樂來治病,改變人的心理和性格。他們認爲,剛的樂調可使人由柔變剛,柔的樂調可使人由剛變柔,從而有益於健康。這種思想植根於古希臘奥甫斯教的神秘信仰。依據這種信仰,靈魂由於罪孽而被肉體束縛,經過凈化才能得到解放。畢達格拉斯學派認爲,音樂之所以可以凈化靈魂,是因爲欣賞音樂時靈魂可以暫時離開肉體。這裏雖然有神秘主義的色彩,但把藝術的作用了解爲某種有積極意義的東西,仍是十分可貴的。隨着現代心理學和醫學的發展,用音樂治病早已不再稀奇,我們也許可以説,畢達格拉斯學派也是現代“美療”的始祖。

---

① 《西方美學家論美和美感》,第15頁。
② 同上書,第14頁。

二　赫拉克利特的美學思想

赫拉克利特(Herakleitos, 前 530－前 470)是古希臘卓越的唯物主義者。列寧稱他是“辯證法的奠基人之一”[①]。他把火當作萬物的本原,同時認爲一切皆流,萬物常新,相反者相成。在他的殘篇《論自然》裏包含了一些美學思想。

赫拉克利特也主張美在和諧。但與畢達格拉斯學派不同,首先,他認爲和諧不是根源於非物質的神秘的數,而是作爲“火”的各種變體的客觀事物的屬性,因此美是客觀的。其次,和諧不是矛盾的調和,而是對立面鬥爭的結果。他説:“對立造成和諧”[②],“互相排斥的東西結合在一起,不同的音調造成最美的和諧;一切都是鬥爭所産生的”[③]。自然“是用對立的東西制造出和諧,而不是用相同的東西”[④]。藝術是自然的摹仿,也是“聯合相反的東西造成協調,而不是聯合一致的東西”[⑤]。例如,弓與弦相反相成産生音樂,“繪畫在畫面上混合着白色和黑色、黄色和紅色的部份,從而造成與原物相似的形相。音樂混合不同音調的高音和低音、長音和短音,從而造成一支和諧的曲調。書法混合元音和輔音,從而構成整個這種藝術”[⑥]。總之,没有鬥爭就没有和諧,這是一種對立産生和諧的學説。

赫拉克利特還進一步區分了和諧的兩種類型:一種是含蓄的或潛在的和諧,另一種是明顯的和諧。他認爲,含蓄的和諧比明顯的和諧更有力,也就是説,其審美作用更强烈。

赫拉克利特最早提出了美的相對性問題。他説:“對於神,一切

① 列寧:《哲學筆記》,人民出版社 1961 年版,第 390 頁。

②③⑥ 《西方美學家論美和美感》,第 15 頁。

④⑤ 《西方哲學原著選讀》,商務印書館 1981 年版,第 23 頁。

都是美的、善的和公正的;人們則認爲一些東西公正,另一些東西不公正。”① “最智慧的人和神比起來,無論在智慧、美麗和其他方面,都像一隻猴子。”② “最美麗的猴子與人類比起來也是醜陋的”③ 。

此外,赫拉克利特還説過:“太陽不能越出它的界限,否則正義之神的助手厄里倪厄斯將要懲罰它”④ 。這裏似乎也可以看到“尺度”這個重要美學概念的影子。

總之,赫拉克利特比畢達格拉斯學派有所前進,他既肯定了美的客觀性,又肯定了美的相對性,這就豐富了對審美現象的辯證解釋。

三　德謨克利特的美學思想

德謨克利特(Demokritos,前 400－前 370)是早期希臘最大的唯物主義哲學家。馬克思、恩格斯稱他是“經驗的自然科學家和希臘人中第一個百科全書式的學者”。據説他寫過很多著作,其中有《節奏與和諧》、《論音樂》、《論繪畫》、《論詩的美》等美學專著,可惜已全部失傳。從現有的斷簡殘篇和同時代人的記述看,他比前人更多注意美和藝術現象的社會性質。他説:“動物衹要求爲它所必需的東西,反之,人則要求超過這個”,“身體的美,若不與聰明才智相結合,是某種動物的東西”,“衹有天賦很好的人能够認識並熱心追求美的事物”,“永遠發明某種美的東西,是一個神聖的心靈的標誌”,“大的快樂來自對美的作品的瞻仰”,“不應該追求一切種類的快樂,應當衹追求高尚的快樂”,“追求美而不褻瀆美,這種愛是正當的”,“那些偶象穿戴和裝飾得看起來很華麗,但是,可惜!它們是沒有心的”,“讚美好事是好的,但對壞事加以讚美則是一個騙子和奸

①②③　《西方美學家論美和美感》,第 16 頁。

④　奥夫相尼科夫:《美學思想史》,陝西人民出版社 1986 年版,第 13 頁。

詐的人的行爲”[①]。從這些格言式的言論可以看出,他把追求美看作是人類的特點之一,熱情肯定了美的創造和欣賞,認爲審美判斷關係到人的品質,要求快感必須高尚,這都是前人幾乎没有接觸到的。

德謨克利特是古代原子論的創始人。他認爲萬事萬物包括人的靈魂都是由不可分割的物質粒子——原子構成的。他的原子論不但肯定了物質第一性、意識第二性的原則,而且區分了認識的兩種形式:暗昧的認識和真理性的認識,正確指出了感性認識和理性認識的關係,這就爲美學奠定了唯物主義認識論的基礎。正是在這個基礎上,他主張藝術是對自然的摹仿。他是最早表述摹仿理論的人之一。他講的摹仿指的是對動物行爲的摹仿。他認爲藝術就起源於這種摹仿。他説:“在許多重要的事情上,我們是摹仿禽獸,作禽獸的小學生的。從蜘蛛我們學會了織布和縫補;從燕子學會了造房子;從天鵝和黄鶯等歌唱的鳥學會了唱歌。”[②] 這可説是西方最古老的藝術起源論。特别應當注意的是,在藝術起源的問題上,他並没有停留在摹仿禽獸上,而是更深刻地提出了藝術起源的社會歷史條件問題。據第歐根尼的轉述,他認爲“藝術既不是起源於雅典娜,也不是起源於别的神:一切藝術都是逐漸地由需要和環境産生的”[③]。另據古代樂論家斐羅迭姆在《論音樂》中的記載,他還認爲“音樂是最年輕的藝術”,因爲“音樂並不産生於需要,而是産生於正在發展的奢侈”[④]。

在美的問題上,德謨克利特繼承了赫拉克利特的傳統,他認爲,美在於對稱、合度、和諧等數量關係。他尤其重視尺度問題。他

①② 均見《西方文論選》上卷,上海譯文出版社 1979 年版,第 4－5 頁。

③ 奥夫相尼科夫:《美學思想史》,第 14 頁。

④ 《西方文論選》上卷,第 6 頁。

說:"適中是最完美的:我既不喜歡過分,也不喜歡不足","如果把尺度提高,那麼就連最美的也會變成最醜的"①。

德謨克利特還最早討論了詩的靈感問題。據西塞羅在《論演說》中說,他認爲"不爲激情所燃燒,不爲一種瘋狂一樣的東西賦予靈感的人,就不可能成爲一個優秀詩人"②。

另外,據說德謨克利特還最早研究過舞台美術問題。古希臘劇場的觀衆是從一定距離之外觀看布景的,因此舞台上的布景往往會由於視差而變形,德謨克利特曾考慮如何糾正這些變形,使布景變得清晰、真實,他研究了光綫對視覺的關係,利用自然規律使布景的二度圖形顯得像是立體的。

如果說,早期希臘美學主要是自然哲學的組成部份,那麼從德謨克利特和智者派開始,美學就從自然哲學逐漸解脱出來,更多地轉向了社會問題,這是一個巨大的進步。

四 智者派的美學思想

公元前五世紀中葉,隨着希臘奴隸主民主制的繁榮,在雅典等城邦出現了一批以傳授知識和辯論術爲業的哲學家,哲學史上稱他們爲智者派,又稱詭辯派。其主要代表人物有普洛泰戈拉斯(Protagoras,約前481－前411年)、高爾吉亞(Gorgias,約前483－前375年)以及普羅蒂克、希庇阿斯等人。

智者派在哲學上的突出特點,首先在於反對自然哲學的存在論(本體論),鼓吹主觀主義和相對主義。他們的根本出發點是肯定和强調感覺和知識的主觀性和相對性。他們最早提出"顯現"這個概念,認爲存在衹不過是"顯現",一切都取决於人,因人而異,没有什

① 奥夫相尼科夫:《美學思想史》,第14－15頁。

② 《古代美學》,第123頁。

麽永恒、絶對、純然客觀的存在。普洛泰戈拉斯有一句名言:“人是萬物的尺度,是存在者存在的尺度,也是不存在者不存在的尺度。”① 高爾吉亞説:“如果存在不能達到顯現,那麽它就是某種無形的東西;如果顯現不能達到存在,那麽它也就是某種無力的東西。”② 在他們看來,同樣的風,你覺得冷,我覺得不冷,至於風是冷還是不冷,衹能説風既冷又不冷,没有客觀的標準。

與德謨克利特一樣,智者派把哲學從對自然的研究轉向了對人、對社會、政治、文化的研究。他們主要注意的是道德、法律和宗教方面的問題,同時也注意到了美和藝術的問題,對美學作出了一定的貢獻。他們對美和藝術的看法是以他們哲學上的主觀主義和相對主義爲基礎的。他們認爲美和藝術完全是相對的,取决於人的的主觀感覺。在流傳下來的有關智者派的著名文獻《辯證法》的第二部份,專門論述了“美與醜”的問題。其中説:“人們對於美與醜有兩種説法。一些人斷言,美是一回事,醜是另一回事,對它們加以區别恰如名稱本身〔所要求的〕那樣;另外一些人則認爲,美和醜是同一回事。而我則試圖作出如下的論斷……用香脂水粉濃妝美化自己而裝飾得珠光寶氣的男人是醜的,但在女人則是美的。對朋友樂善好施是美的,對敵人則是醜的。在敵人面前跑是醜的,而在運動場上在競争對手前面跑則是美的。總之……我想,如果有某個人命令所有的人把各自認爲是醜的東西集中到一起,再從這一堆醜的東西當中取走各自認爲是美的東西,那麽,什麽東西也不會剩下來,而所有的人會把一切東西都分得精光,因爲各人有各人的想法。”③ 從這段話可以看出,智者派既不讚成把美與醜絶然對立,也不讚成把美與醜相互等同,他們强調的是美與醜之間辯證聯繫的相對性,揭

① 柏拉圖《泰阿泰德篇》152a。

② 轉引自舍斯塔科夫《美學史綱》,上海譯文出版社 1986 年版,第 5 頁。

③ 舍斯塔科夫《美學史綱》,第 6 頁。

示了美與醜在一定條件下的相互聯繫和相互轉化，豐富了對美的辯證認識，但另一方面，他們講的美與醜的辯證法，從根本上説帶有主觀的性質，因此往往也流於詭辯。

智者派還用愉悦或快感的概念給美下過一個有名的定義："美是通過視聽給人以愉悦的東西"。這是一種對美和藝術的感官主義、享樂主義的表達。這種把美和愉悦或快感等同的觀點，在美學史上產生了長久的影響。

在談到智者派的美學思想時，高爾吉亞提出的藝術幻覺論是特別應當注意的。在《海倫的辯護》一文中，他把藝術的本質歸結爲幻覺或欺騙。他認爲，世上的一切事物都可以用語言來表達。語言可以使聽者相信任何事物，包括不存在的事物。它具有一種非凡的魔力，能够迷惑或欺騙靈魂，把靈魂引入一種幻覺狀態，即希臘人所謂apate，從而使人產生快樂、悲傷、憐憫、恐懼等情感。他説："語言是一種强大的力量，它可以通過最微不足道的可見形式創造出最非凡的作品。因爲它可以制服恐懼，排解憂愁，引起歡樂和增添憐憫。……所有的詩都可以被稱作爲有韻律的語言。它的聽者因恐懼而顫抖，灑下同情的泪水，並狂熱地渴望着；爲言詞所左右的心靈，像感受自身情感一樣，感受到其他人的行爲和生活的泰否所激起的情感。"① 他把悲劇看作有意制造幻覺的藝術，他説："悲劇制造一種欺騙，在這種欺騙中騙人者比不騙人者更爲誠實，而受騙者比未受騙者遠要聰明。"② 高爾吉亞的藝術幻覺論最早提出了藝術與幻覺的關係問題，這一理論涉及到藝術與現實、虛構與真實、創作與欣賞、體驗與表現等許多重大的美學問題。在古代希臘，幻覺理論没能佔居主導地位，直到19世紀後半葉以來，才爲人們高度重視，並在現代美學中得到發展。波蘭的美學史家塔塔科維兹説，高爾吉亞的藝術幻覺論"看起來是完全現代的。但却是古代人的創

①② 《古代美學》第142頁。

造。"[①] 智者派最早試圖從人,從主體和心理方面揭示美和藝術的本質,他們的美學成就是不可忽視的。

五　蘇格拉底的美學思想

蘇格拉底(Sokrates,前 469－前 399)是早期希臘著名的唯心主義哲學家。他是石匠的兒子,幼年學過雕刻,對藝術有很好的了解。他一生都以神的使者自命,採用一問一答的對話方式在雅典街頭教人道德和傳授知識。在政治上,他反對民主政治,擁護貴族政治,後來被民主派處死。在西方,他的地位有如中國的孔子,但却没有留下任何著作。他的思想主要保存在他的弟子柏拉圖的《對話集》和克塞諾封的《蘇格拉底言行録》中。蘇格拉底注意的中心,不再是自然哲學,而是道德問題,他明確地把美學問題和道德問題結合起來,實現了美學從自然哲學向社會科學的轉變。他常被視爲人類學美學的始祖。

蘇格拉底道德哲學的基本概念是美德。他認爲人有三種美德:節制、勇敢、正義。三者兼備才是完美的人,高尚的人。而這三種美德的基礎則是關於善的知識或理性。因此他也是西方理性主義思潮的始作俑者,爲此尼采曾駡他是西方思想史上的"元凶"。

蘇格拉底美學思想的中心是把美、善和有用混爲一談。從人的一切活動(包括審美活動)都要遵循一定的目的這個基本觀點出發,他把功用或合目的性看作美的基本前提。在他看來,美有很多種類,作爲事物與現象的絶對屬性的美是不存在的,美存在於特定的關係之中,並與一定的目的相吻合,是由不同的目的産生的。他說:"任何一件東西如果它能很好地實現它在功用方面的目的,它就同時是善的又是美的,否則它就同時是惡的又是醜的"。他在同自

① 《古代美學》第 132 頁。

己的學生亞里斯提普斯的一段有趣的談話中，特別强調了美的相對性。他説："盾從防禦看是美的，矛則從射擊的敏捷和力量看是美的"。"就賽跑來説是美的，而就角鬥來説却是醜的"①。甚至説："如果適用，糞筐也是美的，如果不適用，金盾也是醜的"②。因此，在他那裏，一件東西美不美完全取决於功用。從這種功用看是美的，從另一種功用看是醜的，一件東西可以既是美的又是醜的。這就完全否定了美的客觀標準。與赫拉克利特不同，蘇格拉底雖然看到了美與善、與有用、與目的之間的聯繫，但却片面誇大了美的相對性，陷入了相對主義的泥坑。

在與制造胸甲的工匠皮斯提阿斯的對話中，蘇格拉底談到了比例和有用的關係問題：

> 蘇：請告訴我，皮斯提阿斯。你的胸甲制造得並不比别人更堅固和更華麗，你爲什麽要賣得比别人的貴呢？
>
> 皮：啊，蘇格拉底，因爲我造的胸甲更合乎比例。
>
> 蘇：你是靠尺寸和重量顯示出這種好的比例，因而才要高價的吧？那麽我想如果你要把它們造得合身，你就不能把它們造成一樣大小或一樣重吧？
>
> 皮：當然，不合身又有什麽價值！
>
> 蘇：那麽，不是有些人的身體合比例，有人的不合比例嗎？
>
> 皮：的確如此。
>
> 蘇：那麽你怎樣才能爲一個不合比例的身材造出一件合乎比例的胸甲呢？
>
> 皮：要做得合身。合身的胸甲總是合比例的。
>
> 蘇：看來你的意思是合比例不是指自身，而是對穿胸甲的人而言……③

① 格拉吉：《古代美的理論》，杜蒙特出版社，1962年（德文版），第187－188頁。

② 《西方美學家論美和美感》，第19頁。

③ 格拉吉：《古代美的理論》，第189頁。

在這段對話中,蘇格拉底表達了這樣一種見解,即一件胸甲衹有合身、有用才是有價值的,没有什麽抽象的、絶對的比例,合比例總是因人而異的,外表的華麗和無用的美是毫無意義的。

蘇格拉底關於藝術的見解應當特别給以注意。他發展了藝術摹仿自然的傳統看法,多方面的探討了藝術的本質,尤其是繪畫藝術的本質。蘇格拉底對藝術有很深的造詣,他經常到畫家、雕刻家的工作室去,同他們交談各種美學問題。有一次他去訪問畫家帕哈秀斯,專門就繪畫探討了藝術的本質。他首先肯定,繪畫是用顔色摹仿或再現我們可以眼見的、實在的事物,比如摹仿大自然,描繪出凹的和凸的、暗的和亮的、硬的和軟的、粗糙的和光滑的各種物體,以及年輕的和年老的身體。但他並不認爲繪畫衹是簡單地摹仿或再現事物。他接着説,由於現實中很難找到一個人全體各部份都很美,畫家應當從許多人中進行選擇,把每個人最美的部份集中起來,使全體中每一部份都美。這就是説,繪畫不僅是可見對象的摹仿,而且可以是理想對象的摹仿。蘇格拉底最早肯定了藝術概括、理想化和典型化的必要,這是很可貴的。不僅如此,他進一步在談話中認爲,繪畫還可以摹仿我們眼睛看不見的對象,這指的是繪畫還應當摹仿心靈,“描繪人的心境”,表現“精神方面的特質,如面部和眼里的各種神色,各種性格特徵和感情”。他指出,畫家不應當只摹仿外形,而要“通過形式表現心理活動”。例如畫家或雕刻家摹仿搏鬥,那就“應該把搏鬥者威脅的眼色和勝利者興高彩烈的面容描繪出來”,要“把活人的形象吸收到作品中去”,使外形服從於表現心靈,達到逼真,使人看到“就像是活的”①。最後,蘇格拉底還强調,繪畫和雕刻還應當是具有道理理想和完美心靈的形象和摹仿。他把人提高成爲藝術的主要對象。

總的説來,希臘古典早期的美學還衹是人類對美和藝術的初步

① 均見《西方美學家論美和美感》,第 20－21 頁。

認識，許多美學觀點都還比較簡單，還没有形成系統的經過嚴密論證的美學思想體系。儘管如此，它已揭示出美學的一些重要問題，顯示出了各種不同的美學方法和思想傾向。例如，這裏已經可以看到宇宙論的(畢達格拉斯學派)、心理學的(智者派)和人類學的(蘇格拉底)美學方法；以及美在和諧、比例、對稱(畢達格拉斯學派、赫拉克利特)，美在視聽提供的快感(智者派)，美在功用(蘇格拉底)等美學學説。所有這些，都爲美學的進一步發展準備了必要的條件，並對後世産生了深遠的影響。希臘美學在經過古典早期之後，便進入了古典盛期。柏拉圖和亞里斯多德是這一時期美學思想最傑出的代表，美學在他們的手裏形成了較爲嚴密系統的思想體系，並在整個西方美學史上達到了第一次高峰。

第三節 柏拉圖的美學思想

柏拉圖(Platon，前 427－前 347)是古希臘最大的唯心主義哲學家。嚴格説，他纔是第一個自覺地從哲學高度提出和思考美學問題，並把美學造成思想體系的人。他出身於雅典的一個貴族家庭，從小受到有關哲學、數學和文藝的良好教育，青年時代十分崇拜蘇格拉底。據説，前 399 年，蘇格拉底被民主派處死以後，他憤然離開雅典去到麥加拉城，開始了長達十年之久的漫遊生活，先後到過敘拉古、埃及、西西里島等地考察，結識了當地的一些權貴和名流，後來回到雅典創辦了一個學園，專心從事教育活動，以期實現自己的政治抱負。在政治上，他反對民主政治，維護貴族統治。在哲學上，他曾廣泛接受愛利亞學派、畢達格拉斯學派、赫拉克利特、智者派以及蘇格拉底的影響。他的著作很多，流傳下來的有 30 多篇對話和 13 封書信。經考證，比較公認的有一封被視爲柏拉圖自傳的書信和 26 篇對話，其中包括他替蘇格拉底寫的《申辯》。這些著作廣泛涉及哲學、政治、倫理、教育、文藝和美學等各個領域。有關美學的主要有《大希庇阿斯》、《伊安》、《會飲》、《斐多》、《斐德若》、《理想國》和《法律》諸篇[①]。他的著作多採用對話體。他讓對話人在相互詰難、反復論辯中一步步地探求真理，文詞優美，生動有趣。在這些對話録中，蘇格拉底往往是主要的對話人，他所講的一般可看作柏拉圖本人的思想。在唯心主義理念論、靈魂回憶説和貴族國家論的基礎上，柏拉圖建立了西方最早的唯心主義美學和文藝理論體系，對後來美學的發展產生過極爲深遠的影響。

一　關於美的理論

關於美的理論是柏拉圖美學思想的中心。在柏拉圖以前，包括柏拉圖本人，對美這一概念的理解和使用，與我們今天的情形有很大的不同。古希臘人講的美，其含義往往非常豐富、寬泛，並不單指審美意義上的美。在柏拉圖對話録中，不但談到過各種物品器具的美，動物的美，婦女的美，而且談到過正義的美，知識學問的美，風俗制度的美，心靈美等等。在他那裏，美和"真"、"善"、"好"這些概念往往也没有多大區别。他常把"真、善、美"並提，還用"真、善、美"三位一體來概括最高的人類價值。一般來説，他更强調的是真和善的美，而不是審美的美。這和中國古代先秦諸子的情形是相似的。不過，柏拉圖已經感覺到"美"這個概念的混亂和模糊，自覺到有對美這個概念加以界説和規範的必要。

1. 給美下定義的最初嘗試

在《大希庇阿斯》篇中，柏拉圖做了給美下定義的最初嘗試。這篇對話是柏拉圖的早期著作，對話人蘇格拉底和詭辯學家希庇阿斯，對"什麼是美"這一中心問題展開了生動有趣的討論。

一開始，蘇格拉底請教希庇阿斯"什麼是美"？希庇阿斯回

---

① 參看 A.E. 泰勒:《柏拉圖——生平及其著作》，山東人民出版社 1991 年版。

答說:“美就是一位漂亮的小姐”[①]。蘇格拉底反駁說,這種講法不能成立,因爲許多事物如一匹母馬,一把豎琴,甚至一個湯罐也可以是美的。再說赫拉克利特講過,最美的猴子比起人來還是醜的,最智慧的人比起神來也像一隻猴子:那麼年輕小姐比起神仙,最美的湯罐比起年輕小姐,不也就顯得醜了嗎?它們是不是又美又醜,好像美也可以,醜也可以呢?問題是要回答:使這許許多多具體的美的事物之所以美的那個“美本身”是什麼,即找出“加到任何一件事物上面,就使那件事物成其爲美”的本質[②]。這樣,柏拉圖就在歷史上第一次區別了“美的東西”和“美本身”,明確提出了美的本質問題。在他看來,美的東西是個別,是現象,而美或美本身則是一般的本質。

接着,對話進一步對當時流行的一些有關美的定義和看法,作了批判性的考察,但卻没能找到完滿的美的定義,解決美是什麼的問題。最後祇好宣佈:“美是難的”[③]。

柏拉圖在這篇對話中雖然没有得出美或美本身究竟是什麼的明確結論,但他批判地總結了前人對美的各種看法,指明了美不是“恰當”、不是“有用”,不是“有益”,也不是“由視覺和聽覺産生的快感”,這就明確反對了早已流行的對美的功利主義和享樂主義的解釋;而他提出“美本身”這一概念,區分美和美的東西,提出美的本質問題,這就把美的研究從感性經驗領域推進到了概念和超驗的領域。柏拉圖要求建立的是一種本體論的美學,這是繼宇宙論美學之後的新發展。

2. 美是理念說

柏拉圖在《斐多》、《會飲》、《理想國》和《斐德若》諸篇裏,對美的

① 柏拉圖:《文藝對話集》,人民文學出版社 1980 年版,第 180 頁。

② 同上書,第 188 頁。

③ 同上書,第 210 頁。

本質，即什麽是美或美本身這一問題，作了明確的回答。他提出了著名的美是理念說或分有說，建立了他的本體論美學。他的基本觀點是：美是理念，個別事物之所以美，是因爲"分有"或"摹仿"了美的理念。他在《斐多》篇中說："如果有人告訴我，一個東西之所以是美的，乃是因爲它有美麗的色彩或形式等等，我將置之不理。因爲這些衹足以使我感覺混亂。我要簡單明瞭地、或者簡直是愚蠢地堅持這一點，那就是說，一個東西之所以是美的，乃是因爲美本身出現於它之上或者爲它所'分有'，不管它是怎樣出現的或者是怎樣被'分有'的。……美的東西之所以是美的，乃是由於美本身。"[1] 在柏拉圖看來，具體的人世間的個別的美的事物，如美的花，美的人，美的畫，是多樣的、易變的、相對的，它們又美又醜，不是真實的、絶對的，衹有上界的美的理念才是美本身。對於美本身，《會飲》篇中著名的弟娥提瑪的啟示作了這樣的描述："這種美是永恒的，無始無終，不生不滅，不增不減的。它不是在此點美，在另一點醜；在此時美，在另一時不美；在此方面美，在另一方面醜；它也不是隨人而異，對某些人美，對另一些人就醜。還不僅此，這種美並不是表現於某一個面孔，某一雙手，或是身體的某一其他部份；它也不是存在於某一篇文章，某一種學問，或是任何某一個別物體，例如動物、大地或天空之類；它衹是永恒地自存自在，以形式的整一永與它自身同一；一切美的事物都以它爲泉源，有了它那一切美的事物才成其爲美，但是那些美的事物時而生，時而滅，而它却毫不因之有所增，有所減。"[2] 柏拉圖講的："美本身"，實際上就是美的理念。在《理想國》卷十，他說"我們經常用一個理念來統攝雜多的同名的個別事物，每一類雜多的個別事物各有一個理念。"[3] 在他的哲學體系中，

---

① 《古希臘羅馬哲學》，三聯書店 1957 年版，第 177 頁。

② 《文藝對話集》，第 272－273 頁。

③ 同上書，第 67 頁。

"理念"是精神性的實體,是萬物的本原,真實的存在,是第一性的,具體事物是第二性的,是由"理念"派生的,祇是"理念"的影像或摹本。

柏拉圖的美是理念説,是建立在他對存在或本體的看法的基礎之上的。在《理想國》卷七,他講過一個著名的"洞穴比喻",把世界區分爲虚幻的現實世界和真實的理念世界。他認爲,人們生活的現實世界,好比一個黑暗的洞穴,人們在這洞穴裏手脚都被束縛着,祇能兩眼前視,不能回頭,根本看不見洞外陽光普照的真實世界,最多祇能憑藉射入洞内的陽光,在洞壁上看到一些"影像"。那真實世界即理念世界,本體世界,美作爲一種理念就存在於這理念世界。因此,美本身是超感覺的,既看不見,也摸不着。要認識美,就不能憑感覺,也不能憑藝術的創造和欣賞,甚至不能憑理智,而祇能憑所謂"靈魂回憶"或"迷狂"。在《斐德若》和《會飲》篇中,柏拉圖反復地説,祇有極少數哲學家,即所謂没有"習染塵世罪惡而忘掉上界偉大景象的靈魂",才能通過"靈魂回憶",在一種迷狂狀態下與美本身契合無間、渾然一體,凝神觀照到那超凡神聖的美,而肉眼凡胎的普通人則不能認識美。若想認識美,就得經歷一個類似參禪悟道的循序漸進、辛苦探求的過程。他説,要"先從人世間個别的美的事物開始,逐漸提昇到最高境界的美,好像昇梯,逐步上進,從一個美形體到兩個美形體,從兩個美形體到全體的美形體;再從美的形體到美的行爲制度,從美的行爲制度到美的學問知識,最後再從各種美的學問知識一直到祇以美本身爲對象的那種學問,徹悟美的本體。"並且説:"祇有循這條路徑,一個人才能通過可由視覺見到的東西窺見美本身,所産生的不是幻相而是真實本體"。因此,柏拉圖的美是理念説帶有客觀唯心主義本體論的性質和濃厚的神秘主義色彩。柏拉圖十分輕視現實生活,他完全否認了客觀現實世界中有真正的美,同時也否認了人對美的正常感知和認識,這些當然都是錯誤的。但他不把美簡單地局限於感性直觀,説明他看到了美的多層次性和美的認識的複雜性,這是很寶貴、很有價值的。他的名言:“對美本身的觀照是最值得過的生活境界”①,一直爲人們所稱道,這顯然也不是没有緣由的。

3. 論快感和形式美

柏拉圖反對“美是視聽引起的快感”這一智者派的觀點,提出了美是理念的學説,認爲現實世界裏没有真正的美。但這並不是説他不承認具體的美的事物,也不意味着美的事物不能通過視聽引起快感。相反,他有很多關於現實生活中美的事物和快感的言論。他肯定美的事物可以引起快感,不過這不是飲食色欲的快感,不是搔癢式的生理快感,而是以愛爲基礎的快感。在《斐利布斯》篇中,柏拉圖區分出三種快感。一種祇是表面的而不是真實的快感,這指的是飲食色欲的快感;另一種是和痛感混合在一起的快感,如在悲劇藝術和喜劇藝術裏,在哀悼裏以及在許多人生悲喜劇的各種場合裏。他認爲,這種快感是很多的。有些人把快感和痛感絶然對立,説“一切快感祇是痛感的休止”。柏拉圖明確表示:“我不讚成這種看法。”②第三種是“真正的快感”,這是來自美的幾何圖形,美的顏色、氣味和聲音等形式美的快感。他説:“我説的形式美,指的不是多數人所了解的關於動物或繪畫的美,而是直綫和圓以及用尺、規和矩來用直綫和圓所形成的平面形和立體形。……我説,這些形狀的美不像别的事物是相對的,而是按照它們的本質就永遠是絶對美的;它們所特有的快感和搔癢所産生的那種快感是毫不相同的。”他認爲,某些單整的、純粹的音調、顏色、聲音的美,也不是相對的,“而是絶對的,是從它們的本質來的”③。如果説“美是理念説”是柏拉圖的創造,那麼這裏關於形式美是真正的美這一看法,則主

① 均見《文藝對話集》,第273-274頁。

② 同上書,第297頁。

③ 同上書,第298頁。

要是採用和發展了畢達格拉斯學派的思想,他在許多地方都把形式美的本質看作秩序、比例、和諧。在柏拉圖的思想體系中底確存在着關於美的本質的這兩種看法,越到晚年他似乎越傾向於美在形式的看法。不過這並不是轉向了唯物主義。在《法律》篇中,他認爲,美感同秩序感、尺寸感、比例感以及和諧感,都是人"和神的關係"的一種表現。黑格爾曾指出:"柏拉圖是第一個對哲學研究提出更深刻的要求的人,他要求哲學對於對象(事物)應該認識的不是它們的特殊性而是它們的普遍性,它們的類性,它們的自在自爲的本體。"[①] 柏拉圖在美學史上的重大貢獻,就在於他最早創立了本體論的美學,揭示和肯定了美不同於平庸現實和感覺的高貴性的一面,從而使人對美有了更深刻的認識。

二 關於藝術的理論

"藝術"這個術語,如同"美"這個詞一樣,在古希臘人那裏是理解得很廣泛的。一般來說,它指的是技藝,並不單指我們今天所講的藝術。柏拉圖所講的藝術,大體上也還是這樣。

1. 藝術摹仿論

柏拉圖在理念論的基礎上,對藝術摹仿自然這一流行的古老看法作了新的解釋。在柏拉圖以前,摹仿主要指行爲的摹仿,柏拉圖則賦予摹仿以認識論的意義,他注重的主要是原本和摹本之間的關係。他認爲,理念是唯一真實的存在,自然祇是理念的"影子",而摹仿自然的藝術就是"影子的影子"。在《理想國》卷十中,他舉例說,有三種床:神造的床,木匠造的床,還有畫家畫的床。祇有神造的床才是床的理念,是真實體,木匠祇是根據床的理念制造出個別的床,它祇近似真實體,而畫家畫的床,祇是摹仿個別的床的外形,它

① 黑格爾:《美學》第1卷,商務印書館1979年版,第27頁。

和真實體隔得更遠，更不真實。木匠還可以叫床的制造者，畫家則只能叫外形制造者或摹仿者。他就像拿一面鏡子四面八方旋轉就能馬上制造出太陽、星辰、大地、動物、植物和器具一様，無非是以制造影像騙人。由此，柏拉圖貶低、輕視藝術家，認爲藝術家没有專門知識，藝術作品也不會給人以真正的知識。他説，若論知識，詩人或誦詩人談到禦車不如禦車人，談到醫藥不如醫生，談到捕魚不如漁夫。就連人人稱頌的大詩人荷馬也没有什麼真本事，因爲他雖然在詩裏談到過許多偉大高尚的事業，如戰爭、將略、政治、教育等，但他從來没有替哪個國家建立過較好的政府，成爲立法者，也没有指揮過哪一次戰爭建立軍功，他在各種技藝和事業上從來没有過任何貢獻和發明，所以也没有人請他做過私人的導師。柏拉圖説，荷馬"如果對於所摹仿的事物有真知識，他就不願摹仿它們，寧願制造它們，留下豐功偉績，供後人紀念。他會寧願做詩人所歌頌的英雄，不願做歌頌英雄的詩人"①。

柏拉圖的藝術摹仿論，其錯誤是顯而易見的。首先，他所謂文藝摹仿自然，並不是摹仿客觀的現實世界，而是摹仿理念的"影子"。他主張的是摹仿理念，而不是摹仿現實。這種觀點從根本上否認了現實生活是文藝的泉源，因而是唯心主義的。其次，他認爲自然不真實，文藝衹是理念的"影子的影子"，甚至是以影像騙人，藝術家没有真正的知識，這就否定了文藝的真實性和認識作用，貶低了藝術家的地位和作用。最後，他認爲文藝比現實世界離現實更遠，衹能鏡子般地製造事物的外形，因此文藝就必定低於現實，這既不符合文藝的實際，又抹殺了文藝的能動作用，因而又是片面的、形而上學的。

2. 靈感和迷狂

藝術不僅是現實的摹仿，而且是藝術家的創造。柏拉圖肯定了

① 《文藝對話集》，第73頁。

藝術是一種創造,並從創造主體和心理方面試圖揭示藝術創造的實質,提出了著名的靈感論。

靈感是人類一切創造活動中普遍存在的精神現象。就文藝創造來說,它主要涉及以下一些問題:藝術創造的才能從何而來?爲什麽詩人在進行創造時有超乎一般的熱情、想象和創造力?詩人憑藉什麽寫出他美麗的詩篇?爲什麽最平庸的詩人有時也能唱出最美妙的詩歌等等。在柏拉圖之前,德謨克利特已經注意到了靈感,後來蘇格拉底把靈感神秘化了。他說:"詩人寫詩並不是憑智慧,而是憑靈感。傳神諭的先知們說出了很多美好的東西,却不明白自己說的是什麽意思。我覺得很明顯,詩人的情況也是這樣。"①柏拉圖進一步發展了蘇格拉底的思想。

《伊安》篇專門討論了詩人的靈感問題。伊安是一位善於解說荷馬的誦詩人,柏拉圖藉蘇格拉底之口問他誦詩和荷馬寫詩究竟憑的是什麽技藝知識,伊安百般回答,自相矛盾,最後不得不承認,他們沒有任何專門技藝知識,憑藉的衹是靈感和神力。柏拉圖說:"凡是高明的詩人,無論在史詩或抒情詩方面,都不是憑技藝來做成他們的優美的詩歌,而是因爲他們得到靈感,有神力憑附着……不得到靈感,不失去平常理智而陷入迷狂,就沒有能力創造,就不能做詩或代神說話……神對於詩人們像對於占卜家和預言家一樣奪去他們的平常理智,用他們作代言人"②。在《斐德若》篇裏,柏拉圖區分出四種迷狂:預言的、教儀的、詩歌的、愛情的。詩歌的迷狂即靈感的迷狂,它由天神繆斯姊妹們主宰。他描述說,這種迷狂"是由詩神憑附而來的。它憑附到一個温柔貞潔的心靈,感發它,引它到興高彩烈神飛色舞的境界,流露於各種詩歌,頌讚古代英雄的豐功偉績,垂爲後世的教訓。若是沒有這種詩神的迷狂,無論誰去敲詩歌的門,

---

① 《西方哲學原著選讀》上卷,商務印書館 1981 年版,第 67 頁。

② 《文藝對話集》,第 8-9 頁。

他和他的作品都永遠站在詩歌的門外，儘管他自己妄想單憑詩的藝術就可以成爲一個詩人。他的神智清醒的詩遇到迷狂的詩就黯然無光了"①。此外，他還把迷狂說和靈魂輪迴說結合起來。

柏拉圖靈感說的要點在於：第一，詩或一般藝術作品本質上不是人的產品，而是神的詔諭；第二，詩人衹是神的代言人；第三，文藝創造不是健康合理的思維活動，而是一種喪失理智的迷狂狀態。從這三點看，這種靈感說完全否定了科學地認識藝術創造，自覺地培養訓練藝術才能和技巧的可能性，把藝術家的創作能力和創作過程都神秘化了，完全排斥了理性在藝術創造中的作用，取消了創作主體的能動作用，這顯然是消極的、有害的。没有現實生活的根底，乞求詩神的降臨，衹能是一種幻想。柏拉圖的靈感說的確產生過消極的影響。

但是，我們又必須看到，靈感畢竟是文藝、科學等人類創造活動中普遍存在的極爲複雜的精神現象，柏拉圖總的答案雖然錯誤，但他肯定了靈感現象的存在和必要，認爲靈感比技藝優越，最早對靈感進行了系統研究，生動地描繪和揭示了靈感現象的某些特徵，這些不但不失其積極意義，而且可以說是在美學史上開啟了有關藝術創造過程和創造主體以及心理學方面的美學研究，仍應給以充分的重視，不能簡單地予以否定。

3. 文藝的社會作用

柏拉圖對文藝社會作用的看法，是從他的貴族國家論出發的。他認爲，人的靈魂有三個部份：理智、意志和情欲。理智使人聰慧，意志發爲勇敢，情欲應加節制。衹有讓理智支配意志和情欲，使之各盡其性，才符合所謂"正義"，才是理想的人。國家無非是個人的放大，相應地也就分成三個等級，相當於理智的是統治者即哲學王，相當於意志的是保衛者即武士，相當於情欲的是勞動者即農工

① 《文藝對話集》，第 118 頁。

商。衹有應統治的統治，該服從的服從，三者各按其本分行動而各盡其天職，纔能實現和諧的、符合正義的“理想國”。正如馬克思一針見血所指出的，柏拉圖的“理想國”，“不過是埃及種姓制度在雅典的理想化”①。

在柏拉圖看來，文藝衹屬於情欲，絕不屬於理智，文藝不但不能給人真理，反而逢迎人的情欲，摧殘人的理性，褻瀆神明，傷風敗俗，不利於培養未來“理想國”的統治者，因此必須對文藝實行嚴格的審查監督制度，對那些違背貴族倫理政治需要的作品無情地加以清洗，把詩人從“理想國”驅逐出去。經過他的檢查，當時希臘的文藝作品，包括荷馬和赫西俄德的史詩在內，大半受到猛烈的攻擊和嚴厲的否定。他給詩人列有兩大罪狀：首先，荷馬和悲劇詩人的作品最嚴重的毛病是說謊，歪曲了神和英雄的性格。本來“神不是一切事物的因，衹是好的事物的因”②，而這些作品却把神寫成隨便就相爭相鬥，互相欺騙，陷害謀殺，既貪財又怕事，輕易就發笑，遇到災禍就哀哭，甚至奸淫劫掠，無惡不做，造禍於人。這不但不能使青年學會聰慧、善良的節制，成爲理想的統治者，反而會慫恿青年幹壞事，以至藉口神的榜樣而自寬自解，原諒自己。他甚至認爲，凡是說謊，都是“行了一個辦法，可以顛覆國家，如同顛覆一隻船一樣”③。其次，爲了討好觀衆，詩人總是不讓情欲接受理智的節制，這會“培養發育人性中低劣的部份，摧殘理性的部份”④。例如，悲劇爲使觀衆得到快感，總是儘量滿足人們在碰到災禍時要儘量哭一場、哀訴一番的自然傾向。他稱這種自然傾嚮爲“感傷癖”或“哀憐癖”，說悲劇就是使人們“拿旁人的災禍來滋養自己的哀憐癖”，等到親臨災禍

① 馬克思、恩格斯《論藝術》卷一，人民文學出版社 1960 年版，第 254 頁。

② 《文藝對話集》，第 28 頁。

③ 同上書，第 40 頁。

④ 同上書，第 84 頁。

時，哀憐癖就不受理智控制，就不能沉着、鎮定和勇敢。喜劇也一樣，平時引以爲耻不肯説的話，不肯做的事，看喜劇時就不嫌它粗鄙，反而感到愉快，就是因爲喜劇儘量滿足了人的本性中的詼諧欲念，逢迎快感，結果就無意中感染上小醜習氣。總之，一切欲念理應枯萎，而詩却灌溉它們，滋養它們。柏拉圖就這樣在《理想國》裏爲貴族奴隸主階級制定了一套服從於政治的文藝政策，他從題材、内容到表現方式，從寫什麽到怎樣寫，提出了一系列政治標準和規範。

但是，不能由此得出結論，似乎柏拉圖否定文藝的社會作用。恰恰相反，他十分重視文藝的社會作用。他認爲，文藝直接關係到統治者的教育問題，對國家和人生具有重大的政治意義。他承認藝術具有强大的感染力，特别對兒童性格的形成有深刻的影響，因爲一個人開始所受的教育的方向，將决定他未來的生活。爲此，他提出了一種審美教育的主張。他説，圖畫和一切類似藝術，如紡織、刺綉、建築、器具制作以及動植物形體，“這一切都各有美與不美的分别”[①]，不祇要“監督詩人們，强迫他們在詩裏祇描寫善的東西和美的東西的影像，否則就不準他們在我們的城邦裏做詩”，而且“同時也要監督其他藝術家們，不準他們在生物圖畫、建築物以及任何制作品之中，摹仿罪惡、放蕩、自鄙和淫穢，如果犯禁，也就不準他們在我們的城邦里開業”，應使青年“天天耳濡目染於優美的作品，處身四周健康有益的環境，從小培養起對美的愛好，形成融美於心靈的習慣”[②]。另一方面，柏拉圖也並不否定一切藝術，並非無條件地驅逐一切詩人。他説，祇要詩“能找到理由，證明她在一個政治修明的國家裏有合法地位，我們還是很樂意歡迎她回來，因爲我們也很感覺到她的魔力。但是違背真理是在所不許的”[③]。他要求詩人證明，“詩

① 《文藝對話集》，第 61 頁。

② 同上書，第 62、88 頁。

③ 同上書，第 62、88 頁。

不僅能引起快感，而且對於國家和人生有效用，詩不但是愉快的，而且是有益的”①。 其實，這正是柏拉圖對文藝的基本要求，即文藝必須服從哲學和政治。柏拉圖可以説是最早提出文藝與政治相互關係的人，在這個問題上，他的觀點是政治標準第一。他認爲，政治思想不好的作品，“它們愈美，就愈不宜講給要自由、寧死不做奴隸的青年人和成年人聽”②。政治標準第一，這是階級社會中任何統治階級對待文藝的普遍要求。文藝離不開社會，離不開人群，因而也就離不開政治。柏拉圖的錯誤不在强調政治標準，而在幾乎取消了藝術標準。這種片面性不利於文藝的發展和繁榮。但從國家利益和人生的角度出發考察文藝，要求國家和社會關心藝術作品的性質和功用，要求文藝表現真、善、美的東西，要求文藝有益於國家和人生，禁止有害的文藝作品在社會上流傳，腐蝕人心，敗壞社會風氣等等，這些都是合理的、深刻的，至今發人深省的。車爾尼雪夫斯基曾經這樣稱讚柏拉圖：“柏拉圖從他的藝術概念引伸出生動的、輝煌的、深刻的結論來。他依據他的原理斷定藝術的意義在於人生及其對現實其它方面的關係。”③“他所思索的不是星辰的宇宙而是人間的大地，不是幻影而是人群。而且柏拉圖所想的首先是：人應該是國家公民，人不應夢想國家所不需要的事物，而應該生活得高尚而且有爲，應該促進同胞物質上和精神上的福利。”④這種讚揚是有道理的，柏拉圖也是配得上這種讚揚的。

第四节　亚里斯多德的美学思想

亞里斯多德(Aristoteles，前 384－前 322 年)是柏拉圖的學生，古希臘美學思想的集大成者，歐洲美學思想的奠基人。馬克思和恩格

①② 《文藝對話集》，第 88、36 頁。

③④ 車爾尼雪夫斯基：《美學論文選》，人民文學出版社 1957 年版，第 131 頁。

斯稱他是“古代最偉大的思想家”[①]，“最博學的人”[②]。

亞里斯多德生於斯塔吉拉城。父親是馬其頓王阿穆塔的宫廷醫師。18歲時，亞里斯多德進入柏拉圖學園學習，後來在此擔任教師。柏拉圖死後，他離開雅典，前往亞洲的吕底亞，繼續從事教學和科研活動。公元前342年，應聘爲馬其頓王子亞歷山大的教師。公元前335年，重回雅典，並於城外吕克昂的阿波羅神廟附近創立吕克昂學園，逐漸形成自己的學派。因其教學時常採取在户外邊走邊討論問題的方式，被人們稱之爲逍遥學派。吕克昂學園樹立了不同於柏拉圖學院的新學風，更注重材料的收集和探索，力求把思辨和實際經驗、自然科學方法與社會科學方法結合起來。公元前323年，亞歷山大去世，雅典發生了反馬其頓運動，他也被控以“褻神罪”，成爲政治打擊的對象，因而前去卡爾西斯避難，並於次年病逝，終年63歲。

亞里斯多德一生寫過大量著作，但歷經戰火浩劫，流傳下來的祇約佔四分之一。這些著作廣泛涉及哲學、政治學、倫理學、美學以及各門自然科學，内容豐富，思想深刻，言簡意賅，是西方公認的各門學科的必讀書，長期具有法典的權威。

在哲學上，亞里斯多德動摇於唯物主義和唯心主義之間，没能完全克服唯心主義，但在美學和文藝理論上，基本傾向於唯物主義。他的主要美學著作是《詩學》和《修辭學》，尤以《詩學》影響最大，可惜流傳至今已殘缺不全了。其他如《形而上學》、《政治學》、《倫理學》、《物理學》、《氣象學》等也涉及一些美學問題。他的《詩學》深刻總結了古代希臘文藝實踐的光輝成就，第一次建立了嚴整的唯物主義美學和文藝理論體系，標志着古希臘美學思想的高峰，在西方美學史上具有巨大而深遠的影響。車爾尼雪夫斯基曾說：“《詩學》是第

① 馬克思：《資本論》第1卷，人民出版社1975年版，第494頁。

② 《馬克思恩格斯選集》第3卷，第59頁。

一篇最重要的美學論文，也是迄至前世紀末葉一切美學概念的根據。"[1] 又說："亞里斯多德是第一個以獨立體系闡明美學概念的人，他的概念竟雄霸了兩千餘年"[2]。這個評價是不過份的。

一　對柏拉圖"理念論"的批判

美學上的分歧，歸根結蒂起於哲學基礎的對立。柏拉圖美學思想的哲學基礎是客觀唯心主義的理念論。其要害在於把理念看作脱離個别事物而獨立存在的精神實體，並把它當作世界的本體。亞里斯多德不同意這種理念論，他在《形而上學》等著作中批判了柏拉圖的理念論，指出了理念論的謬誤。他認爲，從根本的意義上説，實體就是客觀獨立存在的、物質的、具體的個别事物。他稱之爲"第一實體"。他明確指出："人和馬等等都是一個個地存在着，普遍的東西本身不是以單一實體的形式存在着，而祇是作爲一定概念和一定物質所構成的整體存在着。""同單一並列和離開單一的普遍是不存在的"[3]。這就是説，在亞里斯多德看來，一般祇存在於個别之中，除了個别事物之外，不存在什麼一般的"理念"，人們祇能看到個别的人，個别的馬和個别的房屋。此外不存在什麼一般的人、一般的馬和一般的房屋。他認爲柏拉圖理念論的根本錯誤就在於把實體看成獨立於個别事物之外的"理念"，這是割裂物質與精神、個别與一般的結果。柏拉圖在每類事物之外都假設一個與之相應的理念，這完全是多餘的，無助於人們認識和説明事物，而且如果萬事萬物都有一個理念，理念就變得無窮多，這實際上也等於取消了"本體"，消解了事物。至於用所謂"永恒不變"的理念試圖説明千變萬化的事物，這也是辦不到的。同時，理念論還顛倒了人類認識的程

---

①② 車爾尼雪夫斯基：《美學論文選》，第 124 頁。

③ 轉引自列寧《哲學筆記》，人民出版社 1961 年版，第 415 頁。

序。人們認識事物是由感官經驗開始,先認識個別事物,再抽象出一般原理。倘若祇知道原理而無經驗,祇認識一般而不認識其所包含的個別,那就好像一個祇懂得病理而不了解病人的醫生,是永遠也不會治好病的。

亞里斯多德對柏拉圖理念論的批判,不論在哲學史上還是在美學史上,都具有十分重大的意義。正如列寧所説:“亞里斯多德對柏拉圖的‘理念’的批判,是對唯心主義,即一般唯心主義的批判:因爲概念、抽象從什麼地方來,‘規律’和‘必然性’等等也就從哪裏來。”[1] 這個批判實際上也是對柏拉圖唯心主義美學的批判。這可以從兩個方面來看。首先,否定了作爲“單一實體的形式存在着”的“理念”,也就否定了那個脱離並先於美的具體事物而存在的“美的理念”或永恒絶對的“美本身”,這就從根本上摧毁了柏拉圖唯心主義美學的哲學基礎,從而那套現實世界是理念世界的“影子”,藝術是“影子的影子”的藝術摹仿論,也就根本站不住脚了;其次,既然柏拉圖的“理念世界”完全是子虚烏有,那麼現實世界就是唯一真實的存在,因而摹仿現實的藝術也就是真實的,它和哲學一樣,也能給人以真理。因此摹仿的藝術不但不應當受到攻擊,而且是有益的高尚的活動,應當加以發揚。這樣亞里斯多德就駁斥了柏拉圖對文藝的否定,肯定了文藝的認識價值,爲文藝的生存和發展争得了權利,在文藝與現實的關係這個根本問題上堅持了唯物主義路綫。

二　關於美的理論

一般來説,亞里斯多德關於美的理論的論述是比較零散的。這是由於他拋棄了柏拉圖的“理念論”,充分肯定了現實世界的真實性,因而在研究方法上有了重大的轉變。他不再從抽象的哲學思辨

---

① 列寧:《哲學筆記》,第 313 頁。

出發,轉向了從具體事實和藝術實踐出發。因此他的美學主要表現爲藝術理論。當然由此認爲他没有美的理論也是不符合事實的。相反,他的美的理論仍是他的藝術理論的基礎和靈魂,在他的美學思想中仍佔中心的地位。

與柏拉圖不同,亞里斯多德不是在超感性的理念世界,而是在客觀的現實世界本身去尋求美和藝術的本質。在《形而上學》中,他指出,每一事物的本身與其本質是"實際合一的","認識事物必須認識其本質","美合於美的本質"①,"善與美正是許多事物所由以認識並由以動變的本原"②。因此,他認爲,美不是理念,美祇存在於具體的美的事物之中,美首先取决於客觀事物的屬性。這主要就是體積的大小適中和各組成部份之間有機的和諧統一。他說:"美的主要形式是秩序、匀稱和明確"③。在其它著作中,他還從體積、安排、規模、比例、整一等方面談到美的形式。在《詩學》中,他說:"一個美的事物——一個活東西或由某些部份組成之物——不但它的各部份應有一定的安排,而且它的體積也應有一定的大小,因爲美要依靠體積與安排,一個非常小的活東西不能美,因爲我們的觀察處於不可感知的時間内,以致模糊不清;一個非常大的活東西,例如一個一萬里長的活東西,也不能美,因爲不能一覽而盡,看不出它的整一性"④。這裹應當特别注意的是,亞里斯多德不但看到了美取决於客觀事物的屬性,而且看到了美同人對客觀事物的感受有關,他認爲,容易感受的對象才是美的。這種看法包含了美是主客觀辯證統一思想的萌芽,同時也體現了亞里斯多德美學思想"中庸之道"的特色。他很强調美的"適中"、"合度"。在《政治學》中,他以國

① 亞里斯多德:《形而上學》,商務印書館 1959 年版,第 134 頁。
② 同上書,第 84 頁。
③ 同上書,第 265-266 頁。
④ 亞里斯多德:《詩學》,人民文學出版社 1962 年版,第 25-26 頁。

家爲例說:“美通常體現在量和空間里,因此把大小和良好秩序結合在一起的國家,應當說是最美的國家。從另一方面說,國家的大小也有一定的尺度,並和其它任何東西都一樣,不論是動物、植物或礦物。事實上,其中任何一種,無論過大或過小,都不能顯出它固有的屬性,祇不過在過小的情形下,它的自然屬性會完全喪失,而在過大的情形下——會處於不良的狀態之中”①。

亞里斯多德還力圖確定真、善、美的關係。他十分重視美與善的關係。在《修辭學》中,他把美看作自身就具有價值,並令人愉悦、嚮往和讚美的東西。他說:“美是一種善,其所以引起快感正因爲它是善。”② 在他看來,美就是善,但並非所有的善都是美,只有既是善的又是愉悦的才是美的。另一方面,他也看到了美與善的區別,在《形而上學》中,他說:“美與善是不同的(善常以行動爲主,而美則在不活動的事物身上也可見到)。”③ 他還批評把數學排斥在美的範圍之外的人,認爲“那些人認爲數理諸學全不涉及美或善是錯誤的”④。這也揭示了美與真的聯繫。

此外,亞里斯多德雖然還没有提出審美經驗或美感的概念,但却注意到了美的對象能引起極大的愉悦或快感,具有迷人的力量,以至令人感動。在《歐台謨倫理學》中,他把審美直觀看作人的特點,他說,動物祇能對味覺和觸覺的對象特別敏感,並從中感到愉快或痛苦,而對於其它感覺如和諧的音響或美的全部愉悦,却明顯是遲鈍的。並說:“除非是出現奇跡,它們是不會因對美的對象的單純觀看或因聆聽音樂的聲音而得到任何值得一提的感動的。”⑤ 他還認爲,美和愉悦有關,但不同於功利,有些人類活動的目的是獲取利

① 亞里斯多德《政治學》,1326a。

② 亞里斯多德《修辭學》,1366。

③④ 亞里斯多德:《形而上學》,第265頁。

⑤ 塔塔科維兹:《古代美學》,第216頁。

益，而另一些則祇爲了美，美比必需的和有益的事情的位置要更高。他在《政治學》中說："教授繪畫的目的……是給學習者一雙善於觀察形狀美和體形美的眼睛。處處以功利爲目的對於崇高的思想和自由的心靈來説都是不合宜的。"①

三　藝術摹仿論的新發展

藝術摹仿論本是古代希臘普遍流行的素樸唯物主義的見解，在蘇格拉底和柏拉圖的手中，它曾遭到唯心主義的解釋。亞里斯多德也主張藝術摹仿論，但却與柏拉圖根本不同，他在唯物主義的基礎上大大地發展了這一傳統理論，從而建立了系統完整的唯物主義美學和文藝理論。對此，我們可以從以下幾點加以把握。

1. 藝術和技藝的區分

亞里斯多德最早把藝術和技術加以區分，明確肯定了藝術的本質是摹仿。在古希臘，藝術（$\tau\varepsilon'\varphi\nu\eta$）一詞不但包括詩歌、文學、戲劇、音樂、繪畫等我們今天所講的藝術，而且包括人類其它的各種技藝制作。亞里斯多德最早把一般技藝稱作實用的藝術，而把我們今天所講的藝術稱作摹仿或摹仿的藝術。在《詩學》一開頭，他就說："史詩和悲劇、喜劇和酒神頌以及大部份雙管簫樂和竪琴樂——這一切實際上都是摹仿，祇是有三點差别，即摹仿所用的媒介不同，所取的對象不同，所採的方式不同。"② 例如繪畫和雕塑用顏色和姿態來制造形象，摹仿許多事物，音樂用聲音來摹仿，舞蹈用節奏來摹仿，這是媒介的不同；喜劇摹仿比我們壞的人，悲劇摹仿比我們好的人，這是對象的不同；史詩用叙述手法摹仿，戲劇用演員的動作表演，這是方式的不同。而它們的共同本質都在於摹仿。這樣，亞里

① 塔塔科維兹：《古代美學》，第 213－214 頁。

② 亞里斯多德：《詩學》，第 3 頁。

斯多德就開始真正接觸和提出了藝術的特殊本質、各門藝術的特性以及藝術的共性與特性的相互關係等重大美學問題。在他那裏，摹仿不是柏拉圖所謂"代神立言"，而是現實的反映。藝術的本質在於摹仿，這是亞里斯多德整個美學體系的基礎。

2. 藝術與人生

亞里斯多德認爲，藝術與人生有密切的聯繫，藝術摹仿的對象主要不是自然而是人生。他把藝術摹仿社會生活提到了首位。在其它著作如《氣象學》和《物理學》中，他沿用過"藝術摹仿自然"這一古老的講法，但在主要美學著作《詩學》中，却沒有一字提及自然。他明確指出，藝術摹仿的對象是事件、性格和思想，是"各種'性格'、感受和行動"①，是"在行動中的人"②。這就是說，藝術是社會生活的反映，藝術的主要內容不是描繪自然，而是摹仿人、人的行爲和遭遇，再現人生。對此車爾尼雪夫斯基在《論亞里斯多德的〈詩學〉》中，曾給予熱烈的稱讚和高度評價。車爾尼雪夫斯基說："無論柏拉圖或亞里斯多德都認爲藝術的尤其是詩的真正內容完全不是自然，而是人生。認爲藝術的主要內容是人生——這偉大的光榮應該歸於他們，在後世祇有萊辛一人曾說過這種見解，而他們所有的弟子都不能了解。亞里斯多德的《詩學》沒有一字提及自然；他說人、人的行爲、人的遭遇就是詩所摹仿的對象。"③ 我們可以說，亞里斯多德是主張"藝術反映生活"的最早的提倡者。

3. 史與詩

亞里斯多德認爲藝術不是簡單地再現事物的外形，而是應當反映現實生活的內在本質和規律，因而藝術可以比現實生活更真實、更美、更帶普遍性，從而在西方美學史上最早爲典型説奠定了理論

① 亞里斯多德:《詩學》，第 4 頁。
② 同上書，第 7 頁。
③ 車爾尼雪夫斯基:《美學論文選》，第 144 頁。

基礎。

在《詩學》第九章，亞里斯多德把詩(即藝術)和歷史加以比較。他寫道:“詩人的職責不在於描述已發生的事，而在於描述可能發生的事，即按照可然律或必然律可能發生的事。歷史家與詩人的差別不在於一用散文，一用‘韻文’；希羅多德的著作可以改寫爲‘韻文’，但仍是一個種歷史，有没有韻律都是一樣；兩者的差別在於一叙述已發生的事，一描述可能發生的事。因此，寫詩這種活動比寫歷史更富於哲學意味，更被嚴肅的對待；因爲詩所描述的事帶有普遍性，歷史則叙述個別的事。所謂‘有普遍性的事’，指某一種人，按照可然律或必然律，會説的話，會行的事，詩要首先追求這目的，然後才給人物起名字；至於‘個别的事’則是指亞爾西巴德所作的事或所遭遇的事。”① 這一大段話是十分著名的，它是亞里斯多德全部美學思想的精華。爲了理解這段話的豐富内涵，應當了解當時古希臘人所講的歷史指的是編年紀事史，即記述個別人物和個別事件的歷史，不是我們今天所講的包括揭示發展規律的歷史。這段話的意思是説，詩的真實不同於歷史的真實、生活的真實，詩雖然要寫個別的人物和事件，但詩的目的不在個別而在一般，它要對生活現象加以提煉、概括，抛掉不必要的、偶然的東西，透過現象深入本質，通過個別的描寫揭示出現象的内在本質和規律，表現出事物的必然性和普遍性，做到個別與一般的統一。所以，詩和哲學一樣也追求真理，而且比僅僅羅列現象的編年紀事式的歷史更真實，更富於哲學意味，也更有價值。這個重要思想的提出，表明亞里斯多德對藝術摹仿有了嶄新的深刻的理解。在他那裏，摹仿不僅具有“再現”的含義，而且包含“創造”的意義，藝術不是機械地復制、抄襲現實，而是要創造典型形象，揭示生活的本質。這實際上是提出了最早的典型理論，是對美學史的一個重大貢獻。

① 《詩學》，第 28－29 頁。

在其它地方,亞里斯多德也談到了藝術真實的問題。他對藝術真實的見解是深刻的、辯證的。在《詩學》第二十五章,他列舉過藝術的三種摹仿方式,即照事物本來的樣子去摹仿,照事物爲人們所說所想的樣子去摹仿和照事物應當有的樣子去摹仿。他認爲第三種方式最好。他還明確說過,藝術應當比現實更美:"畫家所畫的人物應比原來的人美",[①] 畫人的面貌應當"求其相似而又比原來的人更美",描寫人物的性格應當"求其相似而又善良"。[②] 所有這些都說明,亞里斯多德所理解的"藝術真實"並不要求對現實作絶對準確的、自然主義的再現,"藝術真實"是通過藝術家的主觀創造達到的,它既要從事物的原型出發,又應對事物加以理想化和提高。

正是基於對藝術真實的這種深刻理解,亞里斯多德要求對藝術中的缺點錯誤作具體分析。他指出:"衡量詩和衡量政治正確與否,標準不一樣。"[③] 他認爲詩裏出現的錯誤有兩種,一是藝術本身的錯誤,一是偶然的錯誤。如果由於缺乏表現力沒有把事物寫得正確,這是藝術上的錯誤,如果出於藝術上的需要有意把事物寫得不完全符合實際,例如寫馬的兩隻右腿同時並進,或者由於對科學(如醫學)無知犯了錯誤,或者某種不可能發生的事(如傳說、神話中的事)在詩裏出現了,那就都不是藝術本身的錯誤。如果說是錯誤,也衹是偶然的錯誤,不是本質的錯誤,因爲藝術本質上是摹仿,離不開想象和創造。亞里斯多德反對用所謂不真實、不符合實際來胡亂指責藝術,並極力爲藝術的真實辯護。他說:"不知母鹿無角而畫出角來,這個錯誤並沒有畫鹿畫得認不出是鹿那樣嚴重。"[④] 並說:"一般說來,寫不可能發生的事,可用'爲了詩的效果'、'比實際更理想'、

① 亞里斯多德:《詩學》,第101頁。
② 同上書,第50頁。
③ 同上書,第92頁。
④ 同上書,第93頁。

'人們相信'這些話來辯護。爲了獲得詩的效果,一樁不可能發生而可能成爲可信的事,比一樁可能發生而不能成爲可信的事更爲可取。"① 傳説畫家宙克西斯畫海倫時,用五個美女作模特兒,把各人的美集中到一人身上。亞里斯多德説:"這樣畫更好,因爲畫家所畫的人物應比原來的人物更美。"② 以上關於詩與歷史以及藝術真實的見解,既堅持了現實主義,又爲藝術的虛構和想象的自由保留了廣闊的空間,避免了流於狹隘的膚淺的現實主義,這是很高明的。

4. 藝術的根源

人何以從事藝術摹仿活動? 人的藝術摹仿能力是從哪裏來的? 亞里斯多德對這些問題是用人的天性或本能來解釋的。他放棄了柏拉圖的靈感説。雖然在《政治學》卷三,他偶爾提到過"詩是一種靈感的東西",但却根本没有柏拉圖所講的神靈憑附和迷狂的意思;而在《詩學》中,他一次也没有用過這個詞。這當然不是偶然的。在他看來,藝術不是神秘的反理性的活動,而是一種出於天賦本能的求知,是與理性相聯繫的。在《尼可馬克倫理學》中,他説:"藝術恰是一種與真正的理性結合而運用的創造力特性。每一藝術的職責都是産生某些事物,而藝術實踐就包括學習如何産生某些事物。這些事物能够具有這樣的存在:事物存在的充足原因在其創造者身上而不是在其自身。這個條件必須加以提示,因爲藝術與那些根據需要或根據自然而存在的或生成的東西無關。"③ 這裏所講的"理性"指的就是人的天性,是人不同於動物的特點,即中國人所説"人爲萬物之靈"的"靈"。在亞里斯多德看來,藝術作品是人的理性創造的成果,不同於自然作品,一座雕像以如此這般的形態而存在,其根源就在其創造者雕刻家身上。在《詩學》中,他講得更爲清楚:"一般説來,詩的起源仿佛有兩個原因,都是出於人的天性。人

①② 亞里斯多德:《詩學》,第 101 頁。

③ 亞里斯多德:《尼可馬克倫理學》,1140a。

從孩提的時候起就有摹仿的本能(人和禽獸的分別之一,就在於人最善於摹仿,他們最初的知識就是從摹仿得來的),人對於摹仿的作品總是感到快感。經驗證明了這樣一點:事物本身看上去儘管引起痛感,但維妙維肖的圖像看上去却能引起我們的快感,例如屍首或最可鄙的動物形象(其原因也是由於求知不僅對哲學家是最快樂的事,對一般人亦然,衹是一般人求知的能力比較薄弱罷了。我們看見那些圖像所以感到快感,就因爲我們一面在看,一面在求知,斷定每一事物是某一事物,比方説,'這就是那個事物'。假如我們從來沒有見過所摹仿的對象,那麼我們的快感就不是由於摹仿的作品,而是由於技巧或着色或類似的原因。)摹仿出於我們的天性,而音調感和節奏感(至於'韻文'則顯然是節奏的段落)也是出於我們的天性,起初那些天生最富於這種資質的人,使它一步步發展,後來就由臨時口占而作出了詩歌。"[①] 用人的天性解釋藝術,把藝術創作活動歸結爲人的天性,顯然不符合歷史唯物主義。但是,把藝術創作或摹仿看作人事,不是什麼"代神立言",沒有神秘莫測的性質,這比柏拉圖宗教神秘主義的靈感説,無疑是一大進步。亞里斯多德不僅僅講人的天性,他在《形而上學》、《修辭學》等著作中,還要求藝術家要有理智的頭腦,豐富的知識,要從青年時代起就刻苦學習藝術創造的技巧,把握創造的規律。這也都是合理的進步的。

5. 藝術的審美作用

亞里斯多德不但肯定了藝術的認識作用,而且肯定了藝術的審美作用。在上述引文中,他認爲,藝術既能給人知識,同時也能引起人的快感。藝術之所以能引起快感,一方面是由於摹仿的對象能够滿足人們天生的求知本能,"我們一面在看,一面在求知",從中能得到快樂。另一方面也由於音調感、節奏感,以及藝術的其它形式因素如"技巧或着色或類似的原因",這也是出於人的天性,我們天生

① 亞里斯多德:《詩學》,第 11－12 頁。

就能領悟音調、節奏、色彩、形式、技巧等的美。與柏拉圖不同，柏拉圖過份强調文藝的效用，幾乎不講文藝的審美作用，雖然他也講到過藝術的快感和魔力，但却認爲藝術逢迎人性中卑劣的情欲，它所引起的快感有傷風敗俗的影響，從而對藝術持否定態度；而亞里斯多德則爲快感辯護，他的整部《詩學》也可說是一部審美快感的辯護辭。在他看來，追求快感的滿足是出於人的天性，是使人區别和高於禽獸的東西，快感是正常現象，不是一種惡，不應加以壓制，文藝理應引起快感，使人喜愛，得到審美的滿足，這對社會不但無害，而且有益，能促使人得到健康和諧全面的發展。因此，藝術是一項正當的有益的高尚的活動。亞里斯多德的這種見解對於正確理解藝術的社會作用具有重要意義。

總之，亞里斯多德從藝術的本質、藝術的對象、藝術與現實生活的關係、藝術的起源以及藝術的社會作用等各個方面，全面系統地發展了唯物主義的藝術摹仿論。他的美學和文藝理論體系標誌着古代希臘美學的最高成就。

四　悲劇理論

西方的悲劇藝術最早誕生於古代希臘。它起源於"酒神頌"，這是一種古希臘人每年秋季都要舉行的酒神祭祀上的歌舞表演。祭祀者組成合唱隊，身着羊皮，頭戴羊角，高唱酒神頌歌，並由合唱隊長在神壇前講述酒神傳説。後來增加了一個演員，與合唱隊進行問答，表演内容也擴大到其它神話故事。再由"悲劇之父"埃斯庫羅斯把演員增加到兩個，減少了合唱隊的抒情和叙事成份，改爲以對話爲主，用以表現人物性格和衝突。到了索福克勒斯又把演員增至三個，讓合唱隊也參與戲劇衝突，從而使悲劇藝術臻於完善。希臘悲劇主要是命運悲劇和英雄悲劇，大都取材於希臘神話，基本内容多是個人意志和命運（神的意志）的對抗，其結局往往是主人公的毁滅。同時,它也顯示人生的價值和意義,肯定積極鬥爭、百折不撓、英勇獻身的崇高精神,觸及和揭示具有重大現實意義的社會問題。

在亞里斯多德生活的年代,悲劇藝術十分繁榮。亞里斯多德在《詩學》中系統地總結了古希臘悲劇藝術的實踐經驗,形成了最早的悲劇理論。它構成了亞里斯多德美學思想的重要組成部份,對後來西方戲劇美學和藝術實踐產生過深遠的影響。

1. 悲劇的定義和結構

亞里斯多德給悲劇下了這樣一個定義:"悲劇是對於一個嚴肅、完整、有一定長度的行動的摹仿;它的媒介是語言,具有各種悅耳之者,分別在劇的各部份使用;摹仿方式是藉人物的動作來表達,而不是採用敘述法;藉引起憐憫與恐懼來使這種情感得到陶冶。"[①] 這個定義規定了悲劇的性質、表現方式和教育作用,是亞里斯多德悲劇理論的核心和總綱。

亞里斯多德指出,悲劇有六個成份:情節、性格、言詞、思想、形象和歌曲。其中最重要的,他認爲是情節,即事件的安排。他說:"情節乃悲劇的基礎,有似悲劇的靈魂"[②]。在他看來,悲劇是行動的摹仿,悲劇的目的不在於摹仿人的品質和性格,而在於組織情節,摹仿行動,只有通過行動纔能表現人物的性格和思想。所以,他說:"悲劇中沒有行動,則不成爲悲劇,但沒有'性格',仍然不失爲悲劇。"[③] 近代的一些批評家不同意亞里斯多德的這個觀點,認爲性格在戲劇中比情節更重要。從戲劇史上看,古代戲劇多以情節爲綱,近代戲劇多以性格爲綱,這與不同時代的社會狀況有關,主要是與近代比古代更突出個人有關。亞里斯多德視情節比性格更根本,顯然是以古代戲劇爲依據的。但他强調行動和情節仍然是抓住了關

① 亞里斯多德:《詩學》,第 19 頁。陶冶又譯作净化。

② 同上書,第 23 頁。

③ 同上書,第 21 頁。

鍵，因爲任何戲劇都不可能没有行動，而且他也没有因强調情節而忽視性格。他説："悲劇是行動的摹仿，而行動是由某些人物來表達的，這些人物必然在'性格'和'思想'兩方面都具有某些特點"，而且，"性格是人物的品質的决定因素"，"性格和思想是行動的造因"，决定"行動的性質"[①]。

在談情節安排時，亞里斯多德提出了一個非常重要的美學思想，即有機整體觀念。他反復强調，情節應當完整。他説："所謂'完整'，指事物之有頭，有身，有尾。所謂'頭'，指事之不必然上承他事，但自然引起他事發生者；所謂'尾'，恰與此相反，指事之按照必然律或常規自然的上承某事者，但無他事繼其後；所謂'身'，指事之承前啟後者。所以結構完美的佈局不能隨便起訖，而必須遵照此處所説的方式。"[②] 這就是説，戲劇必須排除偶然的、不合情理的東西，使頭身尾三部份由内在的必然聯繫構成一個整體，這樣才能表現出事物發展的必然性。由此出發，亞里斯多德向劇作家提出了情節一致的要求："在詩里，正如在别的摹仿藝術裏一樣，一件作品衹摹仿一個對象；情節既然是行動的摹仿，它所摹仿的就只限於一個完整的行動，裏面的事件要有緊密的組織，任何部份一經挪動或删削，就會使整體鬆動脱節。要是某一部份可有可無，並不引起顯著的差異，那就不是整體中的有機部份。"[③] 這個要求自然是合理的。事實上亞里斯多德在《詩學》里也衹是向劇作家提出了情節一致律（表現一個單一的故事），但後來文藝復興時期，特别是十七世紀法國古典主義的一些文藝理論家，曲解了亞里斯多德的思想。他們硬造出所謂時間一致律（故事發生在一天之内）和地點一致律（故事發生在一個地點），强加到他的頭上，附會出著名的所謂"三一律"，作

① 亞里斯多德：《詩學》，第 20 頁。
② 同上書，第 25 頁。
③ 同上書，第 28 頁。

爲古典主義戲劇的信條,束縛了戲劇創作,對戲劇產生了不良影響。其實,這是不能歸咎於亞里斯多德的。

2. 過失説和净化説

亞里斯多德悲劇理論的一個突出特點,是他非常重視悲劇的心理效果,要求悲劇達到倫理的教育的目的。這主要表現在他對悲劇人物和悲劇"净化"作用的看法上。

他認爲,悲劇"應摹仿足以引起恐懼和憐憫之情的事件"[①],這樣才能產生悲劇應有的心理效果。因此,在佈局方面,第一,不應寫好人由順境轉入逆境;第二,不應寫壞人由逆境轉入順境;第三,不應寫極惡的人由順境轉入逆境。因爲這三種佈局都不能引起憐憫與恐懼之情,好人轉入逆境會使人厭惡,壞人轉入順境不能打動慈善之心,極惡的人轉入逆境是罪有應得。"憐憫是由一個人遭受不應遭受的厄運而引起的,恐懼是由這個這樣遭受厄運的人與我們相似引起的"[②]。因此,他主張理想的悲劇人物應當是介乎好人與壞人之間的人,即犯過失的好人。他説:"這樣的人不十分善良,也不十分公正,而他之所以陷於厄運,不是由於他爲非作惡,而是由於他犯了錯誤,這種人名聲顯赫,生活幸福,例如俄狄浦斯、提厄斯忒斯以及出身於他們這樣的家庭的著名人物。"[③]這種人不爲非作惡,却遭受不應有的厄運,所以當他們由順境轉入逆境就會引起我們憐憫,這種人"與我們相似",我們怕同他一樣遭受厄運,所以又產生恐懼。這就是有名的悲劇主角過失説。應當指出,這種過失説的意義,首先在於把悲劇主人公規定爲上層貴族階級的著名人物,這雖然反映了古希臘悲劇的實際,但也表現了階級和歷史的局限。這一學説對後世產生過深遠影響,長期被視爲不可改變的規則。其次,過失説同時

① 亞里斯多德:《詩學》,第 37 頁。

② 同上書,第 38 頁。

③ 同上書,第 38－39 頁。

又是對悲劇人物不幸遭遇的一種解釋。亞里斯多德没有把悲劇歸結爲命運,他用過失説代替了傳統的命運説,這是很大的進步,但他只限於從悲劇人物方面去尋求悲劇的成因,這還没能揭示出產生悲劇的社會原因,更不可能揭示悲劇的社會本質。

另一個更加有名、引起更多意見分歧的觀點是關於悲劇效果的'净化'説。净化(Kαθαpσls)這個名詞本是古希臘常見的概念,原有醫療上的"宣泄",宗教上的"滌罪"等含義。赫西俄德和畢達格拉斯都曾借用這個詞談到過藝術的'净化'作用。亞里斯多德進一步把"净化"變成了一個重要的美學範疇。他在《詩學》中專門講過净化問題,可惜這部份章節已經失傳了,現在我們看到的主要是悲劇定義的最後那句話:"藉引起憐憫和恐懼來使這種情感得到净化"。對於什麼是净化? 净化的究竟是什麼情感? 是憐憫和恐懼的情感呢,還是與憐憫和恐懼相類似的情感(如憤怒、驚慌等等)呢? 净化與教育是什麼關係呢? 自從16世紀以來圍繞這些問題在西方有過許多不同的注釋和長久的争論。例如有的對净化作倫理學的解釋(如文藝復興時期的美學,達西埃,萊辛),有的作醫學的解釋(貝爾納斯),有的作宗教的解釋(豪普特)等等。直到今天在國内外學術界也還没有一致的看法。我國著名的希臘研究家、《詩學》的譯者羅念生先生主張陶冶説,他把Katharsis一詞直接譯成陶冶,並寫過《卡塔西斯箋釋》一文加以考證。著名美學家朱光潛則主張宣泄説,他説:"'净化'的要義在於通過音樂或其它藝術,使某種過分强烈的情緒因宣泄而達到平静,因此恢復和保持住心理的健康。"① 他依據的主要是亞里斯多德在《政治學》中涉及净化問題的一段話:"音樂應該學習,並不祇是爲着某一個目的,而是同時爲着幾個目的,那就是(1)教育,(2)净化(關於净化這一詞的意義,我們在這裏祇約略提及,將來在《詩學》裏還要詳細説明),(3)精神享受,也就是緊張勞動

① 朱光潛:《西方美學史》上卷,人民文學出版社1963年版,第88頁。

後的安静和休息。從此可知,各種和諧的樂調雖然各有用處,但是特殊的目的,宜用特殊的樂調。要達到教育的目的,就應選用倫理的樂調;但是在集會中聽旁人演奏時,我們就宜聽行動的樂調和激昂的樂調。因爲像哀憐和恐懼或是狂熱之類情緒雖然衹在一部份人心裏是很强烈的,一般人也多少有一些。有些人受宗教狂熱支配時,一聽到宗教的樂調,就捲入迷狂狀態,隨後就安静下來,仿佛受到了一種治療的净化。這種情形當然也適用於受哀憐恐懼以及其它類似情緒影響的人。某些人特别容易受某種情緒的影響,他們也可以在不同程度上受到音樂的激動,受到净化,因而心裏感到一種輕鬆舒暢的快感。因此,具有净化作用的歌曲可以産生一種無害的快感。"① 對净化的各種解釋都有一定的道理,但又都不够完整和令人滿意。這個問題在亞里斯多德那裏本來就"語焉不詳",没有必要過分拘泥於細節,而應從亞里斯多德全部美學體系出發,作總體上的把握。

我們認爲,亞里斯多德關於净化的基本思想還是比較清楚的。他所謂净化,主要是指藝術經由審美欣賞給人一種"無害的快感",從而達到倫理教育的目的。他認爲,悲劇不應給人任何一種偶然的快感,而應給它"特别能給的快感",這就是由悲劇唤起的憐憫和恐懼之情所造成的快感。這是一種復合的快感,其中包括有痛感,但並不對人有害,是一種"無害的快感"。它能使情感净化,陶冶性情,有益於人的心理健康,使人在這種充滿快感的審美欣賞中,在受感動的同時潛移默化地提高道德水準,從而爲社會培養具有一定道德品質的人。這也正是悲劇崇高的目的和作用。

亞里斯多德的悲劇理論含有豐富的辯證因素。首先,它把悲劇人物的塑造和觀衆的心理效果緊密聯繫起來,開創了悲劇乃至文藝

① 朱光潛:《西方美學史》上卷,第 87-88 頁。

研究的心理學方向；其次，它把悲劇的原因歸結爲悲劇主人公的性格和行爲的內部而不是外部。古希臘以至後來西方的許多戲劇家都把悲劇的原因歸結爲命運，但亞里斯多德却從來不談命運，他還反對希臘戲劇常用“機械降神”的手法解決戲劇的矛盾衝突，這些都是極爲寶貴的。當然，他把名聲顯赫、出身高貴的奴隸主作爲悲劇的主角，流露了他的貴族意識，是有歷史局限性的。他的悲劇理論的根本缺陷，是不理解悲劇是社會矛盾的反映，對決定人物性格的典型環境幾乎毫無觸及，因而没能更深刻揭示悲劇的本質和社會作用。

第五節 希臘化和古羅馬時期的美學

一 歷史文化背景

公元前 4 世紀末，古希臘奴隸制開始出現危機。北方的馬其頓王腓力二世於公元前 338 年征服了希臘的各個城邦，建立了一個君主專制的軍事政權。公元前 336 年，他的兒子亞歷山大繼承王位，並於公元前 334 年率軍東征。十二年間，他先後征服了小亞細亞、叙利亞、埃及、巴比倫、波斯，並一直推進到印度，建都巴比倫，建立了一個横跨歐亞非三大洲的龐大帝國。亞歷山大的東征是一場侵略戰爭，其目的是征服世界，他不僅憑藉武力，還企圖以希臘文化改造世界，使世界希臘化。公元前 323 年，亞歷山大死後，龐大的帝國分裂爲三: 希臘的馬其頓安提柯王朝、西亞的塞琉古王朝、埃及的托勒密王朝。這些王國的統治者都是希臘人，繼續推行希臘化。但從公元前 3 世紀末起，這些王國就遭到羅馬的不斷侵略，並於公元前 30 年，最後被羅馬全部征服。這些國家後來被西方歷史學家稱作“希臘化國家”，而從公元前 334 年亞歷山大東征開始，直到公元前 30 年羅馬徹底戰勝希臘爲止這一時期，就被稱作“希臘化時期”，這一時期的文化又被稱作“希臘化文化”。此後，希臘作爲獨立國家的歷史暫告中斷，羅馬代替了古希臘的統治地位，成爲歐洲政治文化的中心。

羅馬的歷史一般分爲三個時期。第一時期是王政時期(公元前753－前510)，第二時期是共和國時期(公元前510－前27)，這時王政被推翻，建立了貴族奴隸制共和國。第三時期是帝國時期(公元前27－476)。公元前27年羅馬變共和爲帝制以後，從屋大維執政到公元193年近二百年間，羅馬帝國達到鼎盛，又稱“羅馬和平”時期。這時奴隸制得到充分發展，生產發達，經濟繁榮，疆界擴展到最大範圍，遠遠超過了昔日的亞歷山大帝國。但由於國內外階級鬥争不斷加劇，統治階級奢侈腐化，奴隸不斷起義，從公元3世紀起，羅馬帝國就衰落了。公元395年，帝國分裂爲西羅馬和東羅馬(建都君士坦丁堡)。公元476年，西羅馬被日爾曼人滅亡。從此歐洲奴隸制時代宣告結束。

希臘化和古羅馬時期，前後大約六個世紀，這是西方古代奴隸制日益瓦解的時期，也是古代希臘文化逐步衰落，又爲羅馬文化繼承和發展的時期。這一時期的重要性是毋庸置疑的。亞歷山大帝國的建立溝通了東西方，對世界歷史的演變和東西方物質文化的交流産生了十分重大的影響。在戰争的推動下，交通、工商業、軍事、科學和技術都得到了新的發展。在希臘化時期，文化中心已由雅典轉到埃及的亞歷山大里亞城，這裏建立了當時最大的圖書館和博物館，集聚了許多著名的學者，如幾何學家歐幾里得，力學家阿基米德，天文學家阿里斯塔克等。他們對各門科學(包括社會科學)都進行了整理、分類和專門化研究，把自然科學從哲學中分化出來，在各個領域都做出了許多成就和貢獻，爲近代科學的發展奠定了基礎。但在哲學上，由於連年戰亂，絶對君主專制國家的建立和加强，個人與社會日益脱節，有關人生和道德理想問題變得突出；斯多噶派、懷疑派、新柏拉圖派等唯心主義哲學佔居優勢。它們一般都對改造世界缺乏信心,力求迴避生活中的矛盾,提倡以個人爲中心，追求清静無爲、超脱塵寰的人生理想。正是經過亞歷山大里亞的學者，羅馬人才得以繼承古代希臘文化，並在新的基礎上有所發展。羅馬文化也是歐洲文化的發源地。與古希臘比較,羅馬文化的成就主要表現在物質文化領域,但在精神文化上,也做出了很多成就。早在公元前 3－2 世紀,羅馬文學就在希臘的影響下開始形成,到了公元 1－2 世紀的鼎盛期,更出現了文藝上的“黄金時代”。三大詩人維吉爾、賀拉斯、奥維德,演説家西塞羅,唯物主義哲學家盧克萊修,都活躍在這一時期。詩歌、戲劇(特别是喜劇)、雕刻和建築都取得了很大成就。爲了突出皇帝的武功。炫示國力的强威,羅馬人興建了很多凱旋門、紀功柱、大會場、競技場、神殿、劇場、浴場以及石拱水道,其富麗堂皇,氣魄雄偉,規模巨大,至今仍令人讚嘆;同時他們還仿制了大量古希臘的雕像(現存許多希臘雕像都是羅馬時期的仿制品),保留了現實主義的傳統。這些當然都植根於羅馬奴隸制的社會土壤,不能説成古希臘文化的簡單模仿。但總的來説,羅馬文化遠遜色於古希臘文化,缺乏古希臘時的那種創新精神和深刻内容,這也是事實。應當一提的是,隨着對外擴張和奴隸制的充分發展,羅馬奴隸主貴族積聚了大量財富,過着極端奢侈腐化的生活。這種情况嚴重敗壞了人們的審美趣味和社會風尚。當時,追求物質財富和享樂,成了普遍的人生目標,藝術也祇是作爲財富和享樂而被收藏和欣賞;“吃和玩”成了普遍的口號和時尚,以至追求粗野的、血腥的(如鬥獸)、色情淫亂的娱樂也發展起來。這一切都影響了藝術的正常發展,使得文藝日益脱離現實,講究詞藻,雕琢形式,迎合庸俗趣味,日益成爲宫廷貴族享樂的工具。

這一時期的美學和文藝理論較少獨創的成就,没有提供像柏拉圖和亞里斯多德那樣系統完整的美學體系。其原因主要也在於,這是一個實用-功利的時代,輕浮而缺乏思辨的時代。但另一方面,我們也應當看到,這一時期的美學畢竟是西方美學發展史上的一個環節,也有相當的成就。亞歷山大里亞的學者寫過大量修辭學著作,其中往往涉及美學問題,斯多噶派、懷疑派、伊壁鳩魯派(盧克萊修)、折中主義者西塞羅和新柏拉圖派的許多哲學家,也都談到過美學問題,他們擴大了美學研究的領域,提出了一些新的範疇和問題。這一時期對後世影響較大和有較高理論價值的美學代表人物,主要是賀拉斯、朗吉弩斯和普洛丁。

二 斯多噶派的美學思想

斯多噶派(又稱畫廊派)是希臘化和古羅馬時期最重要和最流行的哲學流派之一。斯多噶派哲學的歷史,一般分三個時期。早期(公元前 4-2 世紀),主要代表人物有學派創始人芝諾、克雷安德、克吕西普,中期(公元前 2-1 世紀),主要代表人物有斐隆、帕那丢斯,波西多尼阿斯,晚期(公元前 1-2 世紀)又稱"羅馬斯多噶派"或"新斯多噶派",主要代表人物是塞内加和羅馬帝國的皇帝馬可·奥勒留等。這些代表人物對美學問題一般都很重視。例如,克雷安德寫過《論美的對象》,克吕西普寫過《論美與美感》,塞内加在書信體的《自述録》中探討過許多藝術問題,特别是提出和討論了"藝術是否能使人更美好"的問題。

斯多噶派美學的哲學基礎是其本體論和道德論。他們把自然看成滲透了理性的宇宙本體,認爲人若能順應自然和理性而生活,就意味着德行和快樂。因此,在美學上,他們十分注意在德行中,即在人身上去尋找美,探討人的美以及善和美的關係。一般來説,他們採用了傳統的看法,認爲人的美包括精神美(道德美)和感官美(形體美)兩個方面,道德美高於形體美。斐隆説:"形體美在於很匀稱的各個部份,在於美麗的膚色和發達的肌體……而心靈美在於信條的和諧和美德的一致。”[①] 但是值得注意的是，他們比前人更强調二者的分别，主張真正的美是道德美，因而時常把二者對立起來，以至取消了形體美，作出一些自相矛盾和可笑的結論。例如，他們説，有智慧的哲人“甚至在令人討厭時也是最英俊的”，即使他形體上是醜的，在道德上也是美的。伊壁特阿斯更明確地説：“人的美不是形體的美。你的身體、頭髮不是美的，但你的心靈和意志可能是美的。使心靈和意志變得美，你也就變得美了。”[②] 道德美無疑是重要的，但把人的美僅僅歸結爲道德美，完全否定形體美，這種觀點顯然也是片面的。由於看不到善和美的辯證關係，斯多噶派常常把善和美混爲一談，他們或者説，美就是美德，祇有美的東西纔能稱作美德，或者説，一切善的都是美的，善等於美。總之，斯多噶派美學的基本主張是：審美價值完全從屬於道德價值，一切與道德無關的美都是毫無價值的。

斯多噶派美學注意的另一個中心，是關於自然和藝術的關係問題。一般説來，他們接受了古希臘以來關於藝術摹仿自然的學説，把藝術看作是對大自然的摹仿，但却對此作了新的闡釋。

首先，他們肯定了世界的美。波西多尼阿斯説：“世界是美麗的。這從它的形狀、色彩和滿天繁星中顯而易見。因爲它有一個勝過所有其它形狀的球形……它的色彩也是美麗的。而且也因爲它巨大無比，它是美的。它包含着相互聯繫的各種事物，它就像一隻動物或一棵樹那般美麗。這些現象都給世界的美增添了光彩”[③]。在他們看來，即便世界上有醜的東西存在，也是爲了與美對比，使美更加突出。

那麼，世界的美從何而來呢？他們認爲，這是由於自然本身就具

① 塔塔科維兹：《古代美學》，第 255 頁。
② 同上書，第 246 頁。
③ 同上書，第 246 頁。

有藝術創造力,自然就是美的本原和創造者。他們反復謳歌“大自然是最偉大的藝術家”①。據西塞羅的記載,按照芝諾的看法,“創造和生產是藝術,我們的手所做的一切都是大自然更爲藝術化地做成的;正如我已說過的,創造之火是其他各門藝術的老師。因此,大自然在它所有的顯現中都是一個藝術家,因爲它有各種它所保持的方法和手段。”馬可·奥勒留説:“大自然爲了美而創造了許多生物,因爲它愛美並以色彩和形狀的豐富多彩爲樂。”他甚至説,葡萄樹“正是由於自然神奇般的指引,纔不僅結出了有用的果實,而且也能把自己的軀幹打扮得漂漂亮亮”,“孔雀是因爲它的尾巴,因爲它的尾巴的美麗而被創造出來的。”②

其次,他們還認爲,自然高於藝術,藝術衹不過是對自然的摹仿,自然擁有創造美的一切規則、手段和方法,擁有無與倫比的藝術創造力,這是任何藝術所不及的。馬可·奥勒留説:“任何一種自然都不比藝術遜色,因爲藝術衹不過摹仿某種自然罷了。如果是這樣,那麽與比所有其它東西更完善更包羅萬象的自然相比較,哪怕是最精緻的藝術也是望塵莫及的。”③

斯多噶派美學如此推崇自然,讚賞自然的美,那麽美究竟是什麽呢?他們在自己的著作中反復地説,對稱、適度、比例是美的基礎與本質。這是自然的合目的性和藝術創造力的表現,也應當是美的藝術的原則。克吕西普説:“美在於各部份之間的對稱”,“人體的美就是構成相互間關係以及對整體關係的各部分之間的對稱,而心靈的美則是智慧及其對整體關係和相互間關係的各種因素的對稱”④。他們還認爲,美是純然客觀的,孤立自足的,理由是讚揚不能使事物更美。馬可·奥勒留説:“一切美的東西,不管是什麽都美在它

① 《古代美學》,第246頁。
② 同上書,第256－257頁。
③ 舍斯塔科夫:《美學史綱》,第30－31頁。
④ 同上書,第31頁。

自身;讚揚不應當成爲美的組成部份。因此,它不可能通過讚揚使自己變得更壞或更好。這裏我所指的是從通常的觀點來看所謂美的東西,例如物質的東西和藝術作品。真正美的東西需要什麼讚揚呢?……難道純緑寶石會因爲沒有讚揚而變得更壞嗎?而黄金、象牙、紫羅袍、大理石、鮮花、植物又怎麼樣呢?"[①]

由上可見,斯多噶派對藝術摹仿自然的闡釋是新鮮的、獨特的,但這是一種消極的闡釋。他們極力肯定和謳歌的是自然本身的創造力,熱衷於在自然和藝術之間比高低,得出了自然高於藝術的結論,他們把美看作純客觀的、天然的,對審美的理解完全脱離了人的主觀條件。所有這些雖然並非毫無道理,但却表明,他們喪失了對藝術本身的熱情。

斯多噶派還經常使用一個後來在美學史上得到廣泛應用的新的美學概念 decorm。他們用這個詞來表示美,但却不等同於前人用來表示美所使用的比例、和諧、對稱等概念。這個詞指的是"得體"、"合式"、"適當"。他們認爲,"得體"涉及的是各個部份與整體的關係,"比例"等概念涉及的是各個部分與自身的關係;"比例"更多用於評價自然事物,而"得體"主要用於評價人工産品,包括藝術、生活方式和風俗習慣等等。因此"得體"不限於自然物的外部形式,還涉及内容,是審美與道德的統一。它特别適用於詩學和演講術。在柏拉圖和亞里斯多德的著作中,我們也能找到這個概念,但他們都没有像斯多噶派這樣强調"得體"和"比例"、"和諧"、"對稱"的區别.這反映了美學概念不斷分化和複雜化的趨勢。給"得體"這個概念加上審美意義,這是斯多噶派對美學史的一大貢獻.西塞羅、維特盧威、賀拉斯後來都經常使用這個概念,並使之具有更豐富的含義。

---

① 舍斯塔科夫:《美學史綱》,第 32 頁。

三　伊壁鳩魯派的美學思想

伊壁鳩魯派是希臘化時期具有唯物主義傾向的一個學派。主要代表人物是學派創始人伊壁鳩魯(Epikouros, 公元前 341－270 年)和盧克萊修(Lucretius, 約公元前 99－55 年)。

伊壁鳩魯很少有關美學的言論,據説他寫過《論音樂》和《論演説》,可惜均已失傳。他繼承和發揮了德謨克利特的原子論,並在此基礎上提出了關於快樂的學説,從中我們可以看到他對美的一些理解。他說:“我們斷言快樂是幸福生活的開端和終結,因爲我們認爲快樂是我們天生的最高的善。我們的一切取捨都從快樂出發;我們的最終目的乃是得到快樂,而以感觸爲標準來判斷一切的善。……美與善等等祇有在它們會給我們帶來快樂時纔值得尊重,如果它們不會給我們帶來快樂,那就應當拋棄。”[①] 在這段話裏,首先值得注意的,是伊壁鳩魯把快樂當作美的標準,認爲祇有給我們帶來快樂的事物纔是美的。在另一個地方,他説得更爲明確:“即使你談論的是美,你也是在談論快樂;因爲美如果不是令人快樂的就不會是美的。”這種以快樂爲美的標準的看法是樸素的,但也很明顯是主觀主義和功利主義的。另一點值得注意的是,在伊壁鳩魯看來有兩種美,一種能給我們帶來快樂,一種不能給我們帶來快樂,這種講法也是自相矛盾的。如果説帶來快樂的是美,那麼不能帶來快樂的就是醜,至少是不美,不能把二者都稱之爲美。這種自相矛盾的表述反映了伊壁鳩魯對待藝術和美的態度。根據同時代人的記載,他對美和藝術的態度是輕視、懷疑、否定的。他“敢於談論‘詩的噪音’和關於荷馬的胡説”,“他不僅摒棄了荷馬而且摒棄了所有的

---

① 舍斯塔科夫:《美學史綱》,第 37 頁。

詩;他同詩斷絶了一切往來,因爲他認定詩衹是一個爲了引出各種神話的有毒的誘餌”,“在論述那種品質時,他們〔伊壁鳩魯和柏拉圖〕都把荷馬逐出了他們的國家”[①]。對於伊壁鳩魯來説,藝術必須激起快樂才有價值,這是首要的原則,如果藝術不能激起快樂,那就是無用的,應當拋棄的。這與柏拉圖對藝術的否定的確相似。

盧克萊修是羅馬共和國時期伊壁鳩魯派的重要詩人和思想家。他的長篇哲理詩《物性論》,被稱作伊壁鳩魯派的百科全書。該書共分六卷,長達4700行,主要闡述了他關於自然、人類和社會發展的學説,其中也包含了豐富的美學思想,主要有以下幾個方面。

1. 世界和美是自然本身的創造

盧克萊修美學的根本出發點是唯物主義的原子論。他反對神造世界的觀點。認爲自然從來不受神的干擾,自然本質上是由原子和虚空構成的運動,具有永恒無限的創造力。宇宙最初衹是一片混沌,正是在運動中才創造出充滿秩序、和諧和美的世界。因此自然是世界和美的創造者,美是客觀的,並隨自然的變化而變化。在《物性論》中,盧克萊修熱情謳歌了大自然的創造力,多方面地揭示了大自然的美,在他看來,正是自然讓大地生長出“發亮的穀實”和“萬衆所歡的葡萄”,也是自然才把鳥兒的鳴囀和花兒的芳香送到人間。他的美學具有反神學的唯物主義特徵,與斯多噶派美學形成了鮮明的對照。

2. 快感即美感

盧克萊修美學的另一特徵是感覺主義。鮑桑葵稱他的美學是“純感覺主義的美學”,這是很有見地的。盧克萊修從感覺主義出發,對人的感官、感覺、情欲,包括美感,都作了大量考察。神學目的論主張,人的感官是神爲了某種目的創造的,如爲了看創造了眼

① 塔塔科維兹:《古代美學》,第234－235頁。

睛,爲了聽創造了耳朵。盧克萊修反對這種謬論,他指出感官先於目的或功用:“眼珠未產生出來以前没有視覺,舌頭未被創造出來以前没有説話;正相反,舌頭的發生遠遠地早於語言和談吐,而耳朵之被創造也遠比任何聲音之被聽見爲早。”[①] 他認爲,感覺是物體的原子和身體器官接觸的產物,因爲物體能放射出一種“原子肖像”,當它觸及感官就產生了感覺。而愉快的感覺和痛苦的感覺之所以不同,則是由於原子的形狀不同造成的,圓滑的原子引起快感,帶鈎帶刺的原子造成痛感。在美感問題上,他接受和發揮了伊壁鳩魯的快樂論。他認爲,快感就是美感,美如果不能引起快樂,就不成其爲美,快感既是善的,又是美的,追求快感是人的本性。他還分析了人的情欲(包括性愛),認爲情欲也是人的本性,是對生命的肯定,並把美和愛等同起來。但他反對縱欲,主張追求適中的快感,認爲這纔是真正美的。把美和愛、美感和快感簡單地等同起來,這在現代人看來自然是不科學的、粗糙的,但在當時却具有反神學的意義。

3. 藝術起源於摹仿和需要

在《物性論》的第五章,盧克萊修描繪了人類文明與社會的起源和發展,較多地涉及了美和藝術的歷史生成問題。

他認爲,人類的審美意識和各種藝術都是在社會文明進步中逐漸形成的。最原始的人像野獸一樣,整天赤身裸體在叢林和大地上到處漫遊,靠野果充饑。他們既不懂稼穡和飼養,也没有對偶婚和法律,更没有道德準則,表現得很粗野。後來人類學會了使用木棒、石頭等原始工具,並發現了火,學會了穿獸皮,又開始建造房舍,產生了契約制家庭,逐步形成了氏族和部落。火的利用極大地改變了人類生活的面貌。熟食增强了人的體力,造就了健康的體魄,人類開始欣賞自身的美,這就產生了審美意識。當時人們唯一欣賞的美,就是健美,因爲强健的體魄是賴以克服惡劣環境,維繫生

① 盧克萊修:《物性論》,三聯書店 1958 年版,第 235 頁。

存的重要手段和標誌。但是私有制的出現改變了人類的審美觀念。

。

此後,財産出現了,黄金被發現了,
它們不久就把强者美者的榮譽剥掉;
因爲人們不論相貌如何漂亮,
或如何勇敢,一般地都會聽從富人的指揮①。

這就是説,人們不再以健和美來衡量一個人的價值,財富和奢侈壓倒了健美,奪走了健美的榮譽。盧克萊修對私有制的態度是否定的。

盧克萊修認爲,藝術也是在人類文明的進程中産生的。當人類學會了種植,向大自然索取到物質食糧,基本的生存需要得到保障之後,他們便向自然尋求精神上的快慰。於是,他們便從模仿自然中學會了歌唱、吹奏,並進而創造了舞蹈——這些最初的藝術。

人們用口模仿鳥類的流暢歌聲,
遠遠早於他們能够唱出富於旋律
而合乎節拍的歌來愉悦耳朵。
風吹蘆管而引起的嗚嘯,
最先教會村民去吹毒芹的空管。
之後他們逐漸學會優美而凄惋的歌調,
……這些歌調會安慰人們的心靈
在他們飽餐之後使他們快樂——
因爲這種時候一切都受歡迎。

那種時候,古怪的快活會慫恿他們,
去把那用花朵和樹葉編成的冠環,
戴在各人頭上,圍在各人脖子上,

① 《物性論》,第 330 頁。

去跳呀舞呀而不理會什麼節拍，
四肢古怪地搖來擺去，用不雅觀的脚，
笨重地擊打着大地母親——這樣
就引起了一陣一陣快活的大聲哄笑。

盧克萊修認爲，藝術既起源於人類對自然的模仿，又起源於人的需要。最初，藝術祇是滿足人類娛樂需要(快慰和遊戲)的手段，但隨着社會生活實踐的伸展，理性、想象和創造能力的不斷增强，後來，當發明了文字以後，詩歌、繪畫、雕刻等各門藝術便相繼産生，並成爲滿足人類更加豐富的精神需要——争取光明和自由的手段。

航海耕種築城法律武備道路服裝，
以及諸如此類的一切，所有的獎賞，
所有更好的生活享受，詩歌，繪畫，
巧奪天工的雕像，——所有這些技藝，
實踐和活躍的心靈的創造性逐漸地
教曉人們，當人們逐步向前走的時候。
這樣，時間就把每一種東西
慢慢地逐一引進到人類面前，
而理性則把它昇到光輝的境界。
因爲人們在自己的心靈中看見
它們一件一件地形成起來，直至
他們已經藉他們的技藝而登峰造極①

應當説，盧克萊修在美學上超出了伊壁鳩魯的快樂主義，他没有把藝術僅僅看作提供感官快樂的工具。他認爲藝術不僅能引起快

① 《物性論》，第350頁。

感,它還能傳播"物性"的知識,還有許多其它的功能。這種看法與藝術發展的歷史和實際是相一致的。盧克萊修没有像伊壁鳩魯那樣,對美和藝術採取輕視、懷疑和否定的態度,他對美和藝術的問題是重視的,態度是嚴肅的。馬克思稱讚盧克萊修是"真正羅馬的史詩詩人","朝氣蓬勃、叱咤世界的大膽詩人"[①]。鮑桑葵説:"盧克萊修的作品中到處貫穿着人類不斷進步的觀念和堅决恪守物理解釋的精神,還有對於自然美的豐富感"[②]。這些評價是正確的。有的學者不顧歷史事實,硬説盧克萊修衹講藝術具有感官快樂的功能。難道藝術除此之外就没有更高尚的功能了嗎?!

四　懷疑派的美學思想

懷疑派也是希臘化時期的重要流派之一。它的創始人是皮浪(Pyrrhon,約公元前360－270年),故又常稱皮浪主義。懷疑派哲學的基本特色是否定知識的可能性,主張事物不可知,真理不可得,一切都可懷疑。他們想藉此反對一切傳統理論,達到所謂"不動心"、不受干擾的理想生活。其代表人物除皮浪外,最著名的是哲學家兼醫生塞克斯都·恩披里柯(Sextus　Empiricus,公元二世紀),他是懷疑派晚期即羅馬時期懷疑派的代表。

懷疑派創始人皮浪幾乎没有談到美學問題。據説他認爲,美與醜的判斷都衹是建立在傳統與習慣基礎上的,因此與真理毫無關係。"他〔皮浪〕否認任何事物有美與醜,正當與不正當之分,並且斷言没有任何事物是真正〔實際上〕存在着的,人們衹是按照風俗習慣來進行一切活動,因爲没有一件事情本身是這樣而不是那樣的"(《第歐根尼·拉爾修》,IX61)。

與皮浪不同,塞克斯都·恩披里柯有很多關於美學的言論。他

① 《馬克思恩格斯論藝術》第二卷,第56、57頁。

② 鮑桑葵:《美學史》,商務印書館1986年版,第135頁。

的著作《皮浪學説要旨》和《反對學者》兩部巨著,都保存了下來。在《反對學者》中有兩卷書,標題分别是《反對演説家》和《反對音樂家》,都是專門討論藝術問題的。

恩披里柯認爲,儘管美和藝術存在,但我們不能得到關於美和藝術的真正的知識。因爲人們關於美和藝術的判斷是矛盾的、主觀的,毫無客觀性。可以説,他是最早提出美學不能成爲一門科學的人,儘管人們當時並没有使用美學這個名稱。

在《反對演説家》中,恩披里柯認爲,演講術不可能成爲一門科學。他的理由是1.科學總是與真理有關的,而演講術所採取的論據既可以是真的,又可以是假的;2.科學總要追求某種目的,而演講術既没有任何目的,也没有任何效益,它無助於國家,無益於演講者,也無益於聽衆;3.科學總要有科學的規則,而演講術不包含任何科學的規則,也不可能提供美的語言。

他還反對文學理論。當時文學理論被稱爲"語法學",文學理論家被稱爲"語法學家"。他認爲,文學理論是不可能的。理由是:文學理論或者是關於所有文學作品的知識,或者是關於一些文學作品的知識。如果是所有作品的知識,那就是無限作品的知識,這超越了我們的理解力,是誰也把握不了的,因此這樣的科學是不存在的。如果它衹是一些作品的知識,那就是片面的,更不可能成爲一門科學。他又認爲,文學理論是不必要的。它對國家可能有用,但"對國家有用是一回事,對我們有用則是另一回事。鞋匠和銅匠的技藝對國家是必要的,但我們去當銅匠和鞋匠對我們的愉悦來説,却不是必要的。因此語法學的藝術對國家也並不是必然有用的。"[①] 他甚至認爲,文學理論是有害的。因爲有些作品傷風敗俗,邪惡有害,因此闡明或宣傳這些作品的文學理論一定是有害的。

在《反對音樂家》裏,他又反對音樂。當時"音樂"這個詞包含音樂理論,所以他也反對音樂理論。

① 塔塔科維兹:《古代美學》,第242頁。

首先，他反對關於音樂具有特殊心理效果的理論。自古希臘以來，畢達格拉斯、柏拉圖、斯多噶派都肯定音樂具有特殊的心理效果，把音樂看作一種有效和有用的力量。他們認爲，音樂有一種魔力，能鼓舞士氣，緩和忿怒，帶來快樂，爲病人提供慰藉和醫療。恩披里柯認爲，所有這些都祇是幻想，是高估了音樂的價值和潛力。其實，音樂並没有那麼大的效力。他説，如果有人聽音樂時不再忿怒、害怕或悲傷，那並不是音樂在他們心裏喚起了美好的情感，而是分散了他們的注意力。祇要音樂一終止，他們就會立即又陷入忿怒、害怕或悲傷中去。喇叭和鼓也不能提高士兵的勇氣，祇能暫時鎮壓住恐懼。如果説音樂對人確有效力，它和睡眠令人安静、酒令人興奮並無二致。

其次，他反對關於音樂具有教育、净化作用的理論。他認爲，培養樂感是不必要的，把音樂鑒賞力看作教育和精神完美的證明是不恰當的。他説，没受過教育的嬰兒也能在催眠曲下入睡，甚至動物也屈服於長笛不可思議的魔力。無樂感的人並不失去音樂的快樂，相反訓練有素的音樂家比門外漢能更好地評判一場音樂比賽，但他的快樂並不因此比别人更大。至於説音樂能净化情感，使人高尚化，更不值一駁，許多希臘人早就説過音樂可以使人“懶墮、痴迷、墮落”。

最後，他宣佈：音樂是根本不存在的。畢達格拉斯講的宇宙和諧、天體音樂也是不存在的。他論證説，假如没有聲音，也就没有音樂，而事實上的確没有聲音，所以音樂根本不存在。爲什麼没有聲音呢？他説，根據昔勒尼派的觀點，感覺之外是没有任何存在的。那麼聲音不是感覺，而是引起感覺的東西，所以没有聲音，聲音本不存在。我們知道，否認感覺之外的存在，這是一種典型的唯心論。恩披里柯這種觀點的實質，是以否定的方式肯定音樂祇是經驗，認爲音樂不能獨立於人及其感覺而存在，没有客觀的、確定的屬性。懷疑派在這裏提出了音樂的本性問題，這是一個重要的美學問題。

總之,懷疑派意在破壞,不在建設,沒有自己的美學理論。他們懷疑、否定一切傳統,是自覺地站在希臘古典美學對立面的。他們的言論時常很機智,很有趣,能給人啟發,但思想方法是唯心的、詭辯的。

五 折中主義的美學思想

羅馬征服希臘以後,主要接受的是希臘哲學,没有形成獨立的思想體系。公元前1世紀末出現了試圖調合各派哲學立場的折中主義思潮,它主要由柏拉圖、亞里斯多德和斯多噶三派哲學所形成。其主要代表人物是西塞羅(Marcus Tullius Cicero,前106-前43年)。

西塞羅是羅馬共和國末期著名的哲學家、政治家、演説家和作家。青年時代學習哲學,後來以傑出的辯才充當律師,活躍於政治舞台。他曾擔任羅馬元老院議員和羅馬執政官,公元前43年,因支持屋大維,在統治集團的内部鬥爭中被殺。他最早用拉丁文進行創作,被譽爲"拉丁文學的奠基人"。他還把希臘哲學的許多專門術語第一次譯成拉丁文,後來被西方普遍採用。他的重要哲學著作都寫於他生命的最後三年,其中没有一部專談美學,但又都包含豐富的美學思想。主要有:《學院哲學論集》、《卡斯塔南辯論集》、《論職責》、《論演説》和《演説家》等。

西塞羅廣泛研究了美的問題。

首先,美是"各部份的適當比例,再加上一種悦目的顏色"[①],這個著名的美的定義據説是來自西塞羅的。這個定義的前半部,是希臘人的傳統看法,後半部是西塞羅新加上去的。在希臘人的心目中美指的衹是部份和全體的適當的比例關係,流行的亞里斯多德以來的

① 參看朱光潛:《西方美學史》上卷,第129頁。

美的定義，概括的祇是物體的客觀的形式因素。西塞羅對此做了重要的補充。由於“加上悦目的顏色”，美就與光、與色彩聯結起來，特別是與人的視覺聯繫起來；美不僅表現在客體方面，而且表現在主體的感受以及主體與客體的關係方面，西塞羅反復談到的美“刺激眼睛”，“以外貌感人”，“顯示出風貌”等特徵，就被包括到定義中去。因此，西塞羅的這個新定義，在客觀的形式因素之外，又加上了主觀因素、人的因素，這是他的一個重大貢獻。這個定義後來被許多美學家廣泛採用了。但這個定義偏重的還是感性形式方面，仍是膚淺的。

第二，他對美作了多方面的分類。從理智和感覺的角度，他把美分爲理智美和感覺美。他認爲，理智美即道德美，表現在各種品格、習慣和行爲上；感覺美即外貌美，“刺激眼睛的美”。從功利、目的的角度，他把美區分爲有用的美和裝飾的美。他吸收了蘇格拉底美在效用的觀點。他認爲，自然界的植物和動物以及人類的各種建築物和其它實用產品，都既有用又美。但並非任何有用的事情都美，例如孔雀或鴿子的羽毛就祇是一種純粹的裝飾。從自然與藝術的角度，他把美又區分爲自然美和藝術美。他認爲，自然美是大自然的創造，而藝術美則是人造的。如果説這三種區分祇不過是對前人慣常使用的術語做了梳理，那麼他還提出了前人未曾有過的第四種區分，即把美區分爲男性美和女性美，即尊嚴(dignitas)和秀美(venustas)。他在《論職責》第一卷第一章第36節中説：“此外，還有兩種美：在一種美中美貌佔支配地位，在另一種美中是尊嚴佔支配地位；在這兩種美中，我們應該把美貌看作婦女的屬性，而把尊嚴看作男人的屬性。”[1] 這一區分很類似中國古代陽剛之美和陰柔之美的區分[2]。吉爾伯特和庫恩在《美學史》中説，這是“西塞羅最爲獨創

① 塔塔科維兹：《古代美學》，第272頁。

② 三千年前中國的《周易》就已提出有關陰陽的樸素辯證法思想，它一直影響着中國人對美和藝術基本類型的區分。明確作出這種區分，最著名的是清代文學家姚鼎。

的美學見解之一”[①]。鮑桑葵說,這一區分“同恪守純形式的希臘美學的態度是不相容的,因此是一種比較深入的分析的必要條件之一”[②]。這些評價都是應當重視的。我們認爲,這一區分爲西方把美區分爲崇高和優美兩種基本類型奠定了基礎,尊嚴之美與崇高這一美學範疇的形成不無聯繫。西塞羅不但對美做了這些區分,而且討論和揭示了各種類型的美的特徵及其相互關係,從而使美學範疇變得更加細緻和豐富了。據吉爾伯特和庫恩說:“在西塞羅的時代,有三十三種新的美學術語問世,這使文體評論得以更加細緻.西塞羅則是這些美學術語的主要創造人之一。”[③]應當說,對美的分類是西塞羅的又一個貢獻。

第三,他提出了美感的內在感覺說。西塞羅認爲,人與動物不同,人的感官(如眼睛和耳朵)勝過動物的感官,有更好的感受力;衹有人才能感受美,欣賞美和評價美,並對美和藝術作出恰當的判斷。這是因爲人有一種與生俱來的內在感覺即判斷力,它是“自然和理性”的表現,也就是說它是人的本性。他說:“因爲藉助一種內在的感覺,所有不懂藝術或推理的人,都能對藝術和推理中什麼是正確的和錯誤的東西做出判斷”[④]。“人是唯一對語言和行爲中的秩序、適宜和節制具有一種感受力的動物,這是自然和理性的一種良好表現形式。所以,任何別的動物對視覺世界裏的美、可愛與和諧都不具有感受力,當自然和理性把這種表現形式從感覺世界類推到精神世界時,它們發現美、一致和秩序被更多地保留在思想和行爲中”[⑤]。這個學說在西方美學史上是很重要的。後來英國經驗派的

① 吉爾伯特、庫恩:《美學史》上卷,上海譯文出版社 1989 年版,第 136 頁。
② 鮑桑葵:《美學史》,第 138 頁。
③ 吉爾伯特、庫恩:《美學史》上卷,上海譯文出版社 1989 年版,第 136 頁。
④ ⑤ 塔塔科維茲:《古代美學》,第 276 頁。

美學家哈奇生等人提出過“內在感官”説,康德把美感也稱作判斷力。西塞羅認識到並强調審美是人類的特點這是正確的、重要的,也是積極的。但他把美感的根源歸之於先天的“自然和理性”(即普遍人性),則是不科學的。這是因爲他没有實踐觀點,他不可能像馬克思那樣,認識到“五官感覺的形成是以往全部世界歷史的產物”[①]。這是歷史的局限,是不能苛責的。

在藝術問題上,西塞羅的基本觀點介於斯多噶派和新柏拉圖派之間。他追隨斯多噶派,歌頌大自然的創造力,主張自然高於藝術。他認爲,没有任何藝術能比大自然更美,“任何藝術都不可能摹仿自然的創造力”[②]。因此藝術應當遵循自然和摹仿自然。但在具體談到藝術創作時,他又遠離了斯多噶派,更接近新柏拉圖主義。他認爲,藝術家摹仿的不是自然的個別現象或過程,而是藝術家頭腦中更美的理想的形象。他説:“可以肯定,偉大的雕塑家在創作朱庇特或智慧女神米涅瓦的形象時,並不去看他用作模特兒的人,而是在他自己的心裏有着一個無比優越的美的幻象;在他凝神和專心致志於它時,它就指導他那雙藝術家的手去創造神的肖像。”[③]他明確指出,藝術家頭腦中關於事物的這種理想的形象或模式,就是柏拉圖所稱的“理念”。它們不能通過耳目感官“生產出來”,但却永遠存在,能通過心靈和想象把握住它。他十分强調想象,認爲我們能想象出比眼前的事物——包括菲底阿斯的雕像和宙克西斯的繪畫更美的東西,並能再現出並未呈現於眼前的事物。顯然,這種觀點與斯多噶派自然勝過藝術的觀點是相矛盾的。爲了替藝術創作中的想象和理想化作辯護,西塞羅找到了一個理由。他認爲,自然雖然在整體上勝過藝術,但自然創造的個別事物並非完美無缺。他舉

---

① 《馬克思恩格斯全集》第42卷,第126頁。

② 舍斯塔科夫:《美學史綱》,第32頁。

③ 塔塔科維兹:《古代美學》,第276頁。

希臘畫家宙克西斯找五個姑娘作模特兒，把她們的美點集中起來，畫了一幅“海倫”像爲例，説：“肖像中的所有特徵不可能在一個人身上發現，因爲自然還不曾在一個單獨事例中使事物變得完美無缺，並在各個部份都達到實現。”[①] 總之，在西塞羅看來，模仿不等於真實，在一定意義上説，模仿即不真實，模仿是與真實對立的。假如藝術衹是模仿，衹包含真實，那就不必要創造藝術。他强調藝術是一種想象和虚構。他説：“什麽東西能像詩，戲劇或者劇本那樣不真實呢？”在他看來，藝術家可能再現他所見到的東西，但他是有選擇地去再現的。更重要的是，藝術家模仿的原型是一種内在的形式或理想，即柏拉圖講的理念，只有再現出“理念”才是真正的真實，由此他有一句名言：“真實優於模仿”[②]。

西塞羅對藝術也進行了分類。他採用了一些傳統的分類法，區别出創造事物的藝術（如雕塑）和研究事物的藝術（如幾何學），自由的藝術和從屬的藝術，生活中必要的藝術和引起愉悦的藝術。同時他又提出耳朵的藝術和眼睛的藝術，他又稱之爲有聲的藝術和無聲的藝術。這就是後來的聽覺藝術和視覺藝術。作爲演説家，他把詩、演説和音樂歸入耳朵的藝術，並把演説置於詩歌之上，把有聲藝術置於無聲藝術之上，因爲無聲藝術衹表現肉體，而有聲藝術既表現肉體又表現心靈。

關於藝術創造的條件，西塞羅認爲，藝術既需要規則技巧，又需要天才靈感，而偉大的藝術必需要靈感。藝術需要理性的指引，但具體創作要靠“無意識直覺”。例如聲音和節奏的選擇要靠耳朵，耳朵是聲音和節奏的“法官”[③]。

此外，他還肯定了藝術形式和藝術風格的多樣性，注意到藝術與

---

①② 塔塔科維兹：《古代美學》，第 275 頁。

③ 同上書，第 277 頁。

公衆的關係。他有一句名言:"公衆的尊重是各門藝術的繆斯。"①

總之,西塞羅的美學思想是豐富的,在美學史上的貢獻是不可低估的,應進一步加强研究。

六　普魯塔克論醜

普魯塔克(Plutarch,約46－127年)是羅馬帝國時期的哲學家、傳記作家、演説家和自然科學家。他生於希臘的克羅尼亞,青年時代移居羅馬,據説在圖拉真和哈德良時代曾短期參與朝政,擔任要職。他有自己的學派,但思想折中,主要傾向柏拉圖,也受到斯多噶派、畢達格拉斯派和亞里斯多德派的影響。據一份流傳下來的不完整的目録記載,他寫有277種著作。其代表作是《比較列傳》,又稱《希臘羅馬名人比較列傳》,記述了希臘羅馬著名的政治家、立法者、軍事家和演説家的生平事蹟,共48篇。另有《道德論叢》60篇,廣泛涉及政治、宗教、道德、教育、文藝等許多方面。其中最爲後人重視、涉及美學的是《青年人應當怎樣學習做詩?》。

在這篇文章中,他從柏拉圖的道德主義立場出發,認爲詩人説謊,詩是有害道德的,危險的。因此,他提出了一個問題:怎樣才能使青年人在閱讀有害道德的詩歌時不受道德上的損害?他把這個問題同亞里斯多德《詩學》中的有關論斷聯繫起來,進一步提出了一個"真正的美學問題"(鮑桑葵語):現實中醜的東西能否在藝術中變美?他首先回答説:"從本質上來説,醜不可能變得美。……醜的東西的影像不可能是美的影像;如果它是美的影像的話,它就不可能適合於或符合於它的原型。"② 顯然,這一回答不能令人滿意,不

① 塔塔科維兹:《古代美學》,第279頁。

② 鮑桑葵:《美學史》,第142頁。

能説明人們爲什麼還會欣賞這樣的藝術形象。對此他又作了進一步的解釋。他認爲,任何模仿品,不論其模仿的對象是美還是醜,衹要模仿得逼真,酷肖原型,都會引起快感,受到人們的讚賞。但是,談到醜的藝術形象,人們欣賞的並不是美,而衹是藝術家的模仿和技巧。爲什麼人們會欣賞藝術家的模仿和技巧呢?他和亞里斯多德一樣,將其歸源於認知。他説:"我們理所應當對它產生快感,因爲要認出這是一個肖像,就需要有智慧。"[①] 他舉了一些例子來説明自己的觀點。例如,在現實生活中人們對真的猪叫和絞車的吱吱聲十分厭惡,但對口技者模仿的猪叫和絞車的吱吱聲却興趣盎然。最後,他進一步指出:"模仿美的事物和美地模仿事物完全不是一回事。"[②] 總之,他的基本思想是:第一,現實中的醜在藝術中不能變美;第二,藝術中的醜因模仿逼真也能給人快感和令人讚賞。

基於上述基本思想,普魯塔克主張,我們不應當"用蜂蠟堵住青年人的耳朵",讓青年完全避開詩,但却應當對青年人讀詩給予理性的指導,"用理性限制他們的判斷";衹要事先告訴他們什麼是道德上的典範,並應警惕邪惡的事例,就能防止他們由於愉悦的吸引而受到道德上的傷害。爲此,他還主張把詩和哲學結合起來。他説:"詩貢獻了智慧的美,它那愉快誘人的表現不是空洞的和無結果的,我們必須把哲學帶到那裏去,並使二者相互結合……當詩的神話和哲學的學説被結合時,詩同樣會給青年人一本輕鬆愉快的教材。"他還進一步指出:"未來的哲學家不可避開詩;他必須更多地使哲學面向詩,並且習慣於在愉悦中渴望尋求有益的東西,哲學不情願拒絶不是有益的東西,因爲這是真正博學的開端。[③]

① 鮑桑葵:《美學史》,第 144 頁。
② 塔塔科維兹:《古代美學》,第 258 頁。
③ 格拉吉:《美學史》第 1 卷《古代美的理論》,第 234 頁。

普魯塔克關於醜的論述，基本上没有超過亞里斯多德的水平。但他從自己時代的需要和青年讀詩的實際出發，把醜的問題提得更尖鋭、更突出了。更重要的是，他把醜與藝術模仿聯繫起來，多方面揭示了醜的問題的複雜性，把醜的問題進一步展開了。應當説，這是他對美學史的一個貢獻。我們知道，普魯塔克提出的關於醜的問題，或者説怎樣使青年人讀詩時不受道德上的損害問題，用我們的話説，實際上也就是青年人能否欣賞和如何欣賞思想内容不好的文藝作品的問題。這是歷代政治家、美學家和文藝理論家都十分重視的問題。這個問題直接涉及到藝術作品中美與善、内容與形式以及文藝的道德政治標準和藝術標準的相互關係等問題。它既是重要的美學理論問題，又是實踐問題。對此，歷來有兩種做法，一種是"堵"，一種是"疏"。柏拉圖驅趕詩人，嚴禁詩的流傳，這是"堵"，普魯塔克雖然也强調道德，但他没採用"堵"的辦法，他的基本立場是疏而不堵。他説："我們不能去掉詩或消滅詩。"① 當然"疏"也有各種不同的疏法。普魯塔克談到過把"酒和水混合"的辦法，這可説是緩和或減弱毒素的辦法。他還談到過"以任性發泄的厚顏無耻來提高神話和戲劇表演，剪掉淫蕩好色的幼苗和防止進一步傳播"②的辦法，這可説是放任主義或"以毒攻毒"的辦法。但他主要强調的是理性引導的辦法，要求詩與哲學結合，情感與理智結合，詩人應善於以理智控制情感，使情感通過理智恰當地表現出來。總之，普魯塔克提出的問題具有重大的理論價值和實踐意義，至今仍能給人啟發。應當指出，普魯塔克的用語常常是不科學的，例如他没有内容與形式的概念，時而試圖把二者加以區分，時而又把二者混淆起來，以至給人自相矛盾的印象。另外，他的審美趣味也是不高的，時常把生理快感和美感也混同了。

普魯塔克還談到過一些其它的美學問題。例如，關於詩和畫的

---

①② 格拉吉：《美學史》第1卷《古代美的理論》，第234頁。

關係,他談到過希臘詩人希門尼德的一句名言:"繪畫是無聲的詩,詩是有聲的畫",但他認爲,詩和舞蹈的關係比詩和繪畫的關係更緊密,古希臘人歌頌太陽神阿波羅和酒神狄俄尼索斯的歌舞,就是這兩門藝術的結合,因此,人們也可以把希門尼德的話從繪畫移到舞蹈,稱舞蹈爲無聲的詩,詩是有聲的舞蹈。在美感問題上,他認爲味覺也是美的。他說:"另一方面,我不讚成阿里斯多芬的見解。他說'美'這個詞衹是指這些感官(即聽覺和視覺)的快樂。人們把食物和香味都稱爲'美'的,他們說,他們享用了一頓令人愉快和奢侈的佳肴的那個時刻是美的。"① 他的這些看法時常被後人引用。

七 維特盧威的建築美學

維特盧威(Vitruvius, 約公元前1世紀)是羅馬凱撒時代著名的建築學家。他的論著《建築十書》是唯一幸存的關於古希臘羅馬建築理論的古代文獻。在維特盧威以前,西方曾產生過許多有關建築的著作,但均已失傳。《建築十書》保留了以往建築師的名單和豐富的思想資料,其中包括費奧多爾·薩莫斯(公元前6世紀),建造雅典女神殿的伊克廷(公元前5世紀)和海爾莫根(公元前3世紀)等人。《建築十書》共10卷95節。討論和涉及的範圍十分廣泛。其中包括建築師的條件和教育,建築的特性和分類,建築的結構、要素和原則,建築的範疇和理論,以及與建築相關的制圖、材料、水文、地質、氣象、天文、工具等問題,堪稱古代建築學的百科全書。維特盧威雖然是從事實際建築的建築師,但對美學有濃厚的興趣,常從美學角度觀察建築。《建築十書》不僅是關於建築的專著,而且是西方古代建築美學的權威。

維特盧威認爲,任何建築都有三個基本標準:效用、堅固和美。

① 《古代美學》,第395頁。

這就是說,建築物不僅要牢固、實有,有目的性,而且還要美。因此,建築物應當是實用和審美的統一。這是貫串《建築十書》的一個根本思想。

正是從這個根本思想出發,維特盧威提出了建築師的條件和教育問題。他指出,按照古代的傳統,建築不僅指業已完成的具體工程,不僅包括實踐知識,而且包括理論知識;從事建築的人應具有天生的能力、知識和經驗。他不否認先天的能力,但更强調後天的教育和訓練。他認爲,建築師有兩個必須具備的素質,一是實踐,一是想象。這也是建築師的教育必備的兩個基本要素。通過實踐可以實際完成作業,獲得直接的知識和經驗,通過想象可以達到理想的目標,產生迷人的藝術效果。他十分强調想象力的培養,他認爲,祇有通過理性和理論的培育,想象力纔可能不斷豐富和發達。因此,他要求建築師不僅要掌握實踐知識,而且要掌握廣泛全面的理論知識。按照他的要求,建築師不僅要掌握幾何、制圖、數學、力學、光學、天文學、地質學、氣象學、醫學等自然科學知識,而且還應當掌握歷史、法律、音樂、抒情詩以至哲學等社會科學知識。他認爲,這對於達到建築的目的,正確地評價建築形式,保證建築的藝術效果和美,是十分重要的。他甚至要求建築師必須進行哲學訓練,通過哲學塑造出自己獨特的個性。他說:“没有信念和純正的目的,什麼作品也創作不出來。”①

美是維特盧威討論建築時經常使用的基本概念之一,他没有給美直接下過定義。但他說:“當作品的外觀既優雅又令人愉悦,各構成部份被正確的計算而達到對稱時,我們就獲得了美。”②總的來說,他對美的看法是:美在於對稱,而對稱的基礎在比例。他十分强調比例,認爲建築物的比例是以人體的比例爲依據的。他把建築物

① 塔塔科維兹:《古代美學》,第 353 頁。

② 同上書,第 364 頁。

與人體相比,把建築的風格與人的風貌相比,認爲多利安式的建築具有男性的比例,愛奥尼亞式的建築具有女人的比例,而科林斯式的建築具有處女的比例。他還進一步認爲,自然是藝術的範本,不僅是繪畫和雕塑的範本,而且是建築的範本。人體各個部份都有固定的比例。建築物的比例和對稱,應當嚴格地按照健美的人體比例來制定。古人的神廟就是模仿人體的比例造成的。他寫道:"神廟的設計要依靠對稱的方式,建築師必須努力領會這種方式。它來自比例。比例在於從建築物的部份和整體兩者中取得確定的模數。祇有憑藉比例才能獲得對稱。没有對稱和比例,任何神廟都不可能有正規的設計,也就是説,它必須按照完美的人體形式而制定出精確的比例。因爲造物主所設計的人體,使他面部從下頦到前額發根的長度是全身的十分之一;手掌從腕部到中指尖也同樣長。從下頦到頭頂是全身的八分之一;從胸上部脖子下部到發根是六分之一;從胸中部到頭頂是四分之一;從下頦底到鼻孔底是臉長的三分之一;從鼻孔底到雙眉的長度也是三分之一;從這條綫到前額發根也是三分之一;雙脚是身長的六分之一;肘是四分之一;胸也是四分之一;其餘四肢也有各自的比例尺度。古代的畫家通過使用這些比例,使自己聲名大震。同樣,廟宇也應當使它們各自的部份尺度與整個建築的數量總數相符合。……如果造物主如此設計了人體,使得各部份的比例和整個構造相符合,那麽,古人就有理由做出決定,在建築中準確地調整某些部份使之適合於所設計的總樣式。"[①] 總之,維特盧威認爲,美,或者説對稱,是客觀的,是由自然法則決定的;是可以精確測量和計算的;這種對稱和比例從來就是建築美的標準。

但是,有趣的是,維特盧威在區分六種建築要素時,在對稱(Symmetria)這個範疇之外,還提出了一個重要範疇 Eurhythmy。這

① 塔塔科維兹:《古代美學》,第 365-366 頁。

個詞很難翻譯,找不到現代建築理論的精確對應詞。它指的也是對稱,不過這是另一種對稱,它不但不要求客觀上精確的比例,相反還要故意偏離客觀上的比例,以達到主觀上看起來對稱和美。我們可以根據這個詞的特定内涵,把這個詞稱作"主觀上的對稱"或"不合比例的對稱"。這樣,我們就在維特盧威那裏看到了兩種對稱。對稱就是美,我們也就看到了兩種美:客觀的美和主觀的美,儘管他還没有使用這樣的術語。應當説,這在美學上是一個很重要的思想。我們從《建築十書》的記述得知,eurhythmy 即主觀的或不合比例的對稱問題,是建築實踐中自古就已存在並熱烈争論的問題,這個範疇在維特盧威之前已有幾個世紀的歷史。古代的建築家們早已發現,嚴格遵循客觀上的比例,這樣造成的對稱,往往看起來並不對稱,達不到美的效果。這是因爲:在欣賞時,對象和欣賞者的距離遠近,視覺誤差或錯覺,以及光綫的反射和大氣的濃度等因素,對建築物的美與不美,有着明顯的影響。因此,聰明的建築師總要適當地偏離客觀的對稱,調整比例關係,使之增加一點、拿掉或減少一點,藉以消除透視産生的變形,以便適應欣賞者的視覺需要。維特盧威説:"眼睛對我們的欺騙要通過計算來彌補。……眼睛所要看的是悦目的景物,我們必須運用適當的比例,在似乎缺少什麽的地方加進一點東西,對模數做出附加的修正,以滿足眼睛的要求。否則,我們衹能使觀賞者看到令人不悦的、缺少魅力的東西"。"在近處看到的東西是一種樣子,在高樓上看到的東西又是一種樣子;狹窄的地方是一種樣子,開闊的地方又是一種樣子。針對這些不同的情况而恰如其分地決定如何變動,這需要出色的判斷力[①]。從總體上説,在維特盧威那裏,客觀的對稱(symmetria)是建築和藝術創作的基礎,而主觀的對稱(eurhythmy)則是對客觀上的對稱的糾正和補充。在他看來,在創作實踐中,追求主觀上的對稱(eurhythmy)是可以允許

① 塔塔科維兹:《古代美學》,第 366－367 頁。

的，必要的，也是更高級的。

顯然，主觀對稱(eurhythmy)這個範疇不僅適用於建築，也適用於其它藝術；它還涉及美的客觀性和主觀性，模仿或再現，以及真實性等許多問題，因而具有普遍的美學意義。一些與維特盧威持相同見解的數學家和建築師對這一範疇也做了很好的闡釋。例如，公元前2世紀的建築學家海隆說："雕像必須看上去美，不能因爲堅持客觀比例而破壞了這種美。作品如從遠處看，會與它們實際樣子不相同。既然對象在觀賞者看來與真實面目不同，那麼作品就必須根據計算好的與觀賞者視覺相關的比例來創作，而不能按照其真實的比例。藝術大師的目的是讓作品看上去美，並且儘最大可能發現導致視錯覺的方法；歸根結底，他關心的不是客觀的恰當與和諧，而是視覺的恰當與和諧。"[①] 數學家戈米那斯(公元前1世紀)說："人們稱之爲透視的那部份視覺所涉及的是應該如何再現出相類似的建築物這個問題。由於對象看上去的樣子和實際並不一致，人們研究的不是如何再現出真實的比例，而是如何把它們再現爲實際上看到的那個樣子，建築師的目的是展示作品，儘快發現抵制視錯覺的方法。他所尋求的不是真實的相等與和諧，而是人們眼中的相等與和諧。因此他們設計了圓形柱子。因爲柱子越到中間顯得越細，不那樣設計就顯得要折斷似的。有時建築師也把圓畫成橢圓，把正方形畫成長方形。他根據柱子的數目和大小長度，隨着柱子不同高度的變化而改變它們的比例。雕刻出巨像的雕塑家同樣考慮其作品完成之時作品比例的實際樣子，以便取悅於眼睛和耳朵"[②]。新柏拉圖派哲學家普羅克勒斯(公元5世紀)也說："至於視覺及其原則，它們產生於幾何學和數學。前者包括嚴格意義的視覺，並揭示了像兩條並行

① 塔塔科維茲:《古代美學》，第368頁。

② 同上書，第367頁。

不悖的綫合而爲一或方形變爲圓形這類遥遠對象出現虛假現象的原因;但它也包括對於反射的全部研究,這種反射通過圖像和認識發生聯繫;它也包括了所謂透視研究,這種研究揭示出,儘管繪畫對象在遠處或在高處,但它們可以真實地再現於作品中,不會扭曲對象匀稱的比例和形象。”①

維特盧威區分的六種建築要素是:結構安排(ordination)、設計佈局(dispositoin)、客觀對稱(symmetria)、主觀對稱(eruhythmy)、得體(decor)和節省。其中結構安排和設計佈局更多與實用有關;節省指花銷少,造價低,與經濟有關;客觀對稱、主觀對稱和得體,都與美有關。得體指建築要適合自然、傳統和習慣,涉及美的社會條件。這六種要素也包含了建築的基本原則:實用、經濟、美觀。

總之,維特盧威的《建築十書》具有重大的美學價值。它在文藝復興時期得到廣泛傳播,對後來建築美學的發展有重大影響。

八　賀拉斯的《詩藝》

賀拉斯(Horatius,公元前65-8)是羅馬帝國初期奥古斯都時代的著名詩人和文藝批評家。他出生於意大利南部的韋努西亞,其父爲獲釋奴隸。青年時代曾在羅馬和雅典求學,推崇古希臘文化。公元前44年,羅馬獨裁者凱撒被共和派刺死。不久,他參加了共和派軍隊,被委任爲軍團司令官,並於公元前42年,在腓力浦戰役中遭到失敗。公元前40年,他遇大赦重回羅馬,開始寫詩。公元前39年,由於大詩人維吉爾的賞識,他被推薦加入了屋大維的親信麥凱納斯的官方文學組織。公元前33年,麥凱納斯把羅馬附近薩比尼山上的一座花園賞給他。從此他便轉變爲帝制的擁護者,專心寫詩,一直到死。

---

① 塔塔科維兹:《古代美學》,第367-368頁。

賀拉斯的成就主要在諷刺詩和抒情詩。主要作品有:《諷刺詩集》2卷,《長短句集》,《歌集》4卷《世紀之歌》和《書信集》2卷。《詩藝》是他的詩體《書信集》第二卷中的第三封信,是寫給羅馬貴族皮索父子的。書名是在大約一百年後由羅馬修辭學家、演說家昆蒂良(約35-95)加上去的。該信的內容有三個部份:第一部份總論文藝創作的一般原則;第二部份討論詩的種類和規則,主要講戲劇,尤其是悲劇;第三部份討論詩的作用和詩人的天才以及批評的重要性。一般來說,《詩藝》主要談的是一些創作經驗和文藝規則,缺乏哲學的論證和深度,還不是一部體系精密的理論著作。但它是自亞里斯多德以來,保留最完整的詩學文獻,是理論聯繫實際,試圖解決羅馬文藝發展道路,因而提出古典主義美學理想的奠基之作。它不僅對羅馬文藝的發展,而且對文藝復興和17世紀法國古典主義都產生過重大影響。在美學和文藝理論史上,其地位和影響僅次於亞里斯多德的《詩學》,常被稱作"古典主義的第一部經典"。

賀拉斯的《詩藝》廣泛討論了詩,尤其是戲劇創作中的問題,結構鬆散,多是一些勸諭式的格言,要把握這部著作的古典主義精神,首先應當了解這部著作產生的歷史背景,所要解決的問題,以及他的基本立場和思想傾向。

規則和想象,傳統與獨創,理性與感性是《詩藝》貫徹始終的基本問題。這是當時羅馬文藝發展中迫切需要解決的基本問題。自亞歷山大里亞時期以來,古希臘文化就已明顯走向衰落,文藝由單一性轉向多樣性,由客觀型轉向主觀型,個人主義、感傷主義和形式主義日益擡頭,對於重大社會事件和人類理想的激情日益淡薄。羅馬文藝興起於公元前1世紀,它雖然取得了一些成就,但遠未能改變這種衰落局面。因此在賀拉斯所生活的羅馬帝國初期,屋大維提出了重振道德和民族精神的要求。賀拉斯的《詩藝》適應了這種要求,其目標就是要掃除自亞歷山大里亞時期以來的文藝頹風,改變羅馬文藝的落後面貌,求得羅馬文藝的繁榮。從《詩藝》中我們可以看到，當時在詩和戲劇的創作中，嚴重存在着一味討好觀衆，制造笑料，追求新奇，隨意虛構，隨意亂寫，胡亂拼凑藝術形象等不健康的風氣。賀拉斯對此進行了尖鋭的批評。他指出，羅馬“過分地放縱了羅馬詩人”，有的喜劇表演甚至“發展得過於放肆和猖狂，需要用法律加以制裁”①。在他看來，當時羅馬文藝的癥結在於想象和獨創的濫用，在於違背了文藝創作的規律和古代希臘文藝的傳統。因此，他給羅馬文藝指出了古典主義的方向，即向古代希臘文藝學習。他認爲，古希臘文藝符合自然和理性，掌握了正確的規則，是最好的榜樣。他雖然不反對想象、獨創和感性，但却提倡節制，加以限制。他的總的思想傾向是，以規則約束想象，在傳統中求獨創，用理性統帥感性。他要求文藝必須遵守前人的規則，符合傳統，符合自然，符合理性。這就是古典主義的基本精神。提出古典主義並不是主張復古倒退。賀拉斯對羅馬文藝的成就是肯定的，對其前途是充滿期望和信心的。他説：“我們的詩人對於各種類型都曾嘗試過，他們敢於不落希臘人的窠臼，並且（在作品中）歌頌本國的事蹟，以本國的題材寫成悲劇或喜劇，赢得了很大的榮譽。此外，我們羅馬在文學方面（的成就）也决不會落在我們的光輝的軍威和武功之後，祇要我們每一個詩人都肯花工夫、花勞力去琢磨他的作品。”②從上可見，賀拉斯提出古典主義是積極的，在歷史上是有進步意義的。

從文藝與自然的關係來看，賀拉斯接受了藝術模仿自然的看法。他强調文藝要真實，即使虛構也要“切近真實”，詩人應當“到生活中到風俗習慣中去找模型，從那裏汲取活生生的語言”③。但是，他對藝術模仿自然的理解同前人有很大的不同。他講模仿不是模仿可然性的現實（如亞里斯多德），也不是模仿理念（如柏拉圖），

---

①② 賀拉斯：《詩藝》，人民文學出版社 1962 年版，第 152 頁。

③ 同上書，第 154 頁。

而是模仿古典,模仿古典作品中的傳統成規。這就造成了從亞里斯多德式的模仿自然到模仿古典的重大轉變。他有兩句名言:一説"要寫作成功,判斷力是開端和源泉"①;一説"你們應當日日夜夜把玩希臘的範例"②。前一句講的判斷力即正確的思考,强調的是理性,後一句是説要以希臘爲師,强調的是繼承。這兩句話集中體現了古典主義的精神,在美學史上産生過很大影響。在我們看來,文藝離不開理性,也應當繼承歷史的遺産,但是文藝的源泉是生活不是理性,過去的優秀文藝作品衹是流而不是源。所以賀拉斯的古典主義,雖然也可以説是現實主義的,但却没能正確認識和解决好文藝的源和流的關係問題,因而衹能是膚淺的、不徹底的現實主義。比起亞里斯多德來,他的這種美學思想是有所退步的。

這種退步還突出表現在他對題材和人物性格的看法上。他雖然不反對新題材,但更强調古希臘的舊題材。他説:"用自己獨特的辦法處理普通題材是件難事;你與其别出心裁寫些人所不知、人所不曾用過的題材,不如把特洛亞的詩篇改編成戲劇。"③ 在人物性格的描寫上,他主張傳統人物的傳統寫照,也就是照古人的樣子去寫。他認爲,人有各種各樣的類型,如兒童、青年、中年和老年,他們各有一類共同的性格,這是古往今來永不變易的。因此"我們不要把青年寫成個老人的性格,也不要把兒童寫成個成年人的性格,我們必須永遠堅定不移地把年齡和特點恰當配合起來。"④ 在他看來,既然荷馬等古代詩人已經很好地描寫過這些性格,我們就應當謹遵這些典範照樣去寫。顯然,這是一種人物性格的"類型説",和典型説是大不相同的。這種"類型説",很容易導致公式化和概念化。

① 賀拉斯:《詩藝》,第154頁。
② 同上書,第151頁。
③ 同上書,第144頁。
④ 同上書,第146頁。

最能體現賀拉斯古典主義精神的不是模仿這個概念,而是另一個基本概念,即合式(decorum)或"妥貼得體"。《詩藝》通篇都要求文藝創作要做到"統一"、"一致"、"適宜"、"適合"、"和諧"、"恰當"、"恰如其分"、"恰到好處"、"恰當配合"、"合情合理",這些提法實質上指的都是合式或得體。這個概念亞里斯多德在《詩學》和《修辭學》中使用過,後來斯多噶派、西塞羅等人又加以强調和發揮,到了賀拉斯這裏,它已成爲幾乎涵蓋一切的最高的美學原則。賀拉斯所講的合式或得體,其内涵極爲豐富。它既涉及形式的整一,又涉及思想内容,既有審美意義又有道德意義。要做到合式或得體,當然就得有所限制或節制。根據這個概念,文藝就應當符合自然,符合理性,符合傳統和習慣,符合規則,做到合情合理。在他那裏,合式或得體成了文藝的最高標準。

從合式或得體這個根本原則出發,賀拉斯對文藝創作提出了許多要求。主要有三個方面。

首先,文藝創作要符合自然,做到整一。賀拉斯說:"不論作什麼,至少要作到統一、一致"①,"或則遵循傳統,或則獨創;但所創造的東西要自相一致"②。他舉例說,如果畫家畫了一幅畫,上面是美女的頭,長在馬的脖頸上,四肢由各種動物的肢體拼湊起來,上面覆蓋着各色羽毛,下面長着一條又黑又醜的魚尾巴,那麼人們看了一定會捧腹大笑。因爲這種缺乏整一、手和脚屬於不同族類的形象是"胡亂構成"的,不符合自然和情理。畫家和詩人雖有大膽創造的權利,"但是不能因此就允許把野性的和馴服的結合起來,把蟒蛇和飛鳥、羔羊和猛虎,交配在一起"③;"戲劇不可隨意虛構,觀衆纔能相信,你不能從吃過早餐的拉米亞的肚皮里取出個活生生的嬰兒來"④。在他看來,藝術的美就在於整一,真正的藝術家必須懂得表現整體。

① 《詩藝》,第138頁。
② 同上書,第143頁。
③ 同上書,第137頁。
④ 同上書,第155頁。

不拘泥於細節,注意總的效果,否則祇能象劣等的工匠,他們雖然能把銅像上的指甲、鬈髮雕刻得纖微畢肖,但作品總不成功。藝術的整一還涉及作品的語言、性格、音韻等方面,藝術家應選擇力能勝任的題材,加以恰當的取捨和安排,做到條理分明,文字流暢,首尾一貫,不自相矛盾。尤其要重視語言,考究字句,使之與人物的性格、年齡、遭遇相一致。他不反對創造新字,因爲"創造出標誌着本時代特點的字,自古已然,將來也永遠如此"[①],"但這種自由用得不可過分,"這種新創造的字必須淵源於希臘"[②],符合傳統和習慣,才能爲人所接受。他說:"'習慣'是語言的裁判,它給語言制定法律和標準。"[③]

其次,文藝創作必須要有魅力,要有真實情感,以情感人。說:"一首詩僅僅具有美是不够的,還必須有魅力,必須能按作者願望左右讀者的心靈。你自己先要笑,才能引起別人臉上的笑,同樣,你自己得哭,才能在別人臉上引起哭的反應。你要我哭,首先你自己得感覺悲痛。"[④] 他認爲,要打動人的心靈,通過聽覺比較緩慢,不如通過視覺來得迅速和直接,但在舞台演出中,有些情節祇要敘述即可,不必讓美狄亞當着觀衆屠殺自己的孩子,不必讓罪惡的阿特柔斯公開地煮人肉吃,不必把普洛克涅當衆變成一隻鳥,也不必把卡德摩斯當衆變成一條蛇。他說:"你若把這些都表演給我看,我也不會相信,反而使我厭惡。"[⑤]

最後,最根本、最重要的是文藝創作要有光輝的思想。他說:"時常,一齣戲因爲有許多光輝的思想,人物刻畫又非常恰當,縱使它没有什麼魅力,没有力量,没有技巧,但是比起内容貧乏、(在語言

① 《詩藝》,第 140 頁。
② 同上書,第 139 頁。
③ 同上書,第 141 頁。
④ 同上書,第 142 頁。
⑤ 同上書,第 147 頁。

上)徒然響亮而毫無意義的詩作,更能使觀衆喜愛,更能使他們流連忘返。"① 那麽,這種"光輝的思想"是從哪裏來的呢? 他指出:"判斷力是開端和源泉"。藝術家必須具有良好的判斷力,懂得他對於國家和朋友的責任,懂得怎樣去愛父兄、愛賓客,懂得元老和法官的職務是什麽,派往戰場的將領的作用是什麽,他才能把這些人物寫得合情合理。他所謂"判斷力"指的就是理性。文藝要有光輝的思想也就是要有符合理性的思想内容。

所有這些要求都是合式或得體這一原則的具體表現。這些要求包含了寶貴的創作經驗,但是,也往往帶有公式教條的味道。從根本上説,合式或得體是建立在普遍抽象的理性基礎之上的。正如朱光潛先生所説:"絶對普遍永恒的理性和'式'都是不存在的。賀拉斯的'合式'概念畢竟還是奴隸主階級意識的表現,合式其實主要是合有教養的奴隸主的'式'。"② 的確,賀拉斯把觀衆——文藝的接受者分爲有教養的羅馬貴族和没有教養的鄉下人兩類,他的合式或得體的理想主要反映了羅馬貴族的審美趣味、傳統習慣和生活理想。

關於文藝的社會功用問題,賀拉斯提出了著名的"寓教於樂"的思想。他説:"詩人的願望應該是給人益處和樂趣,他寫的東西應該給人以快感,同時對生活有幫助。……寓教於樂,既勸諭讀者,又使他喜愛,才能符合衆望。"③ 這個思想包含了理性與感性、内容與形式、思想性與藝術性的統一,既肯定了文藝的教育作用,又肯定了文藝的審美作用,是比較全面的,對後世有很大影響。不僅如此,他還提出了關於詩和詩人對人類文明的開創作用的思想。他認爲,古代詩人的智慧就在於利用神話傳説最早教導人們"放棄野蠻的生

① 《詩藝》,第 154 頁。
② 朱光潛:《西方美學史》上卷,人民文學出版社 1979 年版(下同),第 106 頁。
③ 賀拉斯:《詩藝》,第 155 頁。

活”,“劃分公私,劃分敬瀆,禁止淫亂,制定夫婦禮法,建立邦國,銘法於木”[①]。詩可以傳達神的旨意,可以指示人生的道路,可以激勵將士奔赴戰場,也可以給勞累的人們帶來歡樂,它既受到帝王的恩寵,又受到大衆的喜愛。因此詩和詩人的事業是神聖的、光榮的。這一思想後來在意大利思想家維柯的《新科學》中得到了進一步的發揮。

在天才和藝術的關係問題上,賀拉斯基本上是主張天人並重的。他說:“有人問:寫一首好詩,是靠天才呢,還是靠藝術?我的看法是:苦學而没有豐富的天才,有天才而没有訓練,都歸無用;兩者應該相互作用,相互結合。”[②]他對德謨克利特的天才論提出了批評。他説,由於德謨克利特相信天才比可憐的藝術要强得多,這就把頭腦健全的詩人排出了詩壇,在他的影響下,好大一部份詩人竟然連指甲也不願意剪了,胡鬚也不願意剃了,流連於人跡不到之處,迴避着公共浴場。假如他們不肯把那三副安提庫拉藥劑(一種治精神病的毒藥)都治不好的腦袋交給理發匠里奇努斯,那他們肯定是不會撞上詩人的尊榮和名譽的!在《詩藝》最後一段,他還勸人們不要理睬那些不懂道理、處於“迷狂”狀態的瘋顛詩人。他們兩眼朝天,口中吐出些不三不四的詩句,東遊西蕩,誰也不明白他們爲什麽要寫詩,也許是因爲他們的祖墳上撒過一泡尿,也許因爲他們驚動了“獻牲地”,褻瀆了神明。誰若被他們捉住,他們就强迫你聽他們朗誦歪詩,直念到你死爲止。他不否認天才,但更强調社會環境,更强調後天的培養和訓練。他説:“詩神把天才,把完美的表達能力,賜給了希臘人;他們别無所求,衹求獲得榮譽。而我們羅馬人從幼就長期學習算術,學會怎樣把一斤分成一百份。……當這種銅銹和貪得的欲望腐蝕了人的心靈,我們怎能希望創作出來的詩歌還

① ② 賀拉斯:《詩藝》,第158頁。

值得塗上杉脂,保存在光潔的柏木匣裏呢?"[①] 他認爲,從事詩歌和文藝創造的人,應當像體育或音樂賽會上渴望奪錦標的人,要經過長期的刻苦訓練,出過汗,受過涷,戒酒戒色,才能取得成就。

總之,賀拉斯的美學思想基本上是唯物主義的、現實主義的。《詩藝》雖然缺乏創見,但是一本重要著作,有不少平凡的真理,在歷史上產生巨大影響並不是偶然的。

九　朗吉弩斯的《論崇高》

羅馬時代古典主義的另一重要著作是《論崇高》。這是一本長期被埋沒,作者和成書年代尚無定論的書。起初人們有很多猜測,不少人認爲它的作者是生活在公元前 3 世紀的修辭學家卡蘇斯·朗吉弩斯。現在這種看法已被否定,多數學者認爲,它寫於公元 1 世紀,比《詩藝》出現要晚,作者是另一位朗吉弩斯,是一位住在羅馬講授雄辯術的希臘人,他對希臘古典文學很有研究,對羅馬文學和猶太文學也很熟悉,他還寫過一些其他的書,可惜均已失傳。在政治上,他反對君主專制政體,主張民主政治,平生不大得志[②]。我們姑且就叫他朗吉弩斯。有的美學史著作稱他作"假朗吉弩斯",我們不取,因爲人並不是假的。《論崇高》首次發現於 16 世紀。它自 1554 年由文藝復興時期的意大利學者勞鮑特利 (Robortella at Basel) 刊印發行以來,得到廣泛傳播,很受重視,常與亞里斯多德的《詩學》和賀拉斯的《詩藝》相提並論。布瓦洛在 1674 年曾把它譯成法文,對法國古典主義影響很大。

《論崇高》是寫給一位羅馬貴族的信,原名 Peri Hupsous, 一部

① 《詩藝》,第 154－155 頁。

② 參看牛津版《朗吉弩斯論崇高》的導言,並參看《西歐美學史論集》,中國社會科學出版社 1989 年版,第 154 頁。

份已有散佚。主要内容是批評1世紀著名修辭學家凱雪立斯所寫的一篇同名論文(已失傳)。朗吉弩斯認爲,凱雪立斯雖然"費力於羅列千百種例子來説明崇高的性質",實際上却"完全抓不住這問題的要害",無助於提高人們達到崇高的能力,因此他提出了自己的看法。《論崇高》在美學史上的突出貢獻,是第一次把崇高作爲一個美學範疇提出來加以研究,創立了最早的崇高學説。它對柏克、康德、車爾尼雪夫斯基都發生過影響。鮑桑葵説:"單是崇高一詞成爲美學批評或修辭批評的一個術語(這是希臘－羅馬時代流行的同類術語之一)就是一個值得注意的事實。"①

早在朗吉弩斯之前,崇高這個詞就已經出現在詩學和修辭學之中。朗吉弩斯的《論崇高》主要也還是一部修辭學著作。他所講的崇高,首先指的也是文章風格的崇高。它既適用於詩,也適用於散文和演講辭。但他對崇高的理解和考察,已超出修辭學的範圍,開始進入了美學領域。他還没能給崇高下一個明確嚴格的定義,但却作出很多生動的描繪和論斷。在《論崇高》中,他還使用了很多與崇高相近的詞用來描繪崇高的特性,如偉大、莊嚴、雄偉、壯麗、剛健、奇特、超凡、威嚴、遒勁等等。這説明崇高這個美學範疇當時還正在形成之中。

朗吉弩斯首先把崇高看作是一切偉大作品共有的一種風格,是文學作品的最高價值,也是衡量文藝作品的最高標準。他説:"所謂崇高,不論它在何處出現,總是體現於一種措辭的高妙之中,而最偉大的詩人和散文家之得以高出儕輩並在榮譽之殿中獲得永久的地位總是因爲有這一點,而且也衹是因爲有這一點。"② 根據朗吉弩斯的描述,崇高的文章風格有以下一些特徵:它是高超的,"不必説服

① 鮑桑葵:《美學史》,第139頁。

② 朗吉弩斯:《論崇高》,見《文藝理論譯叢》第2期,人民文學出版社1958年版,第34頁。

讀者的理智，就會使之超出自己"，提高人的精神境界。它是"使人驚嘆的"，能够"使理智驚詫而使僅僅合情合理的東西黯然失色"。它是"專横的、不可抗拒的"，能够"操縱一切讀者，不論其願從與否"、"相信或不相信"，令人不由自主。它不是表現爲文章的總體，而是使整體生輝的"畫龍點睛"之筆，它有如閃電，能在刹那間"照徹整個問題"，顯出全部威力。有真正的崇高和虚假的崇高。真正的崇高不在文辭的華美、雕琢和虚假的感情，而在思想感情的高超、强烈和莊嚴，它能提高我們的靈魂，産生一種激昂慷慨的喜悦，使我們充滿快樂與自豪。一段崇高的文辭，使我們覺得好像自己開創了所讀到的思想，並且超出了它所直接講到的思想，它使我們喜愛，頑强而持久地佔住我們的記憶，令人不能忘懷。從這些描述可以看出，朗吉弩斯講的崇高是一種强大的精神力量，是一種具有高超的思想感情，能産生强烈的感染力、誘導力和征服力的文章風格。它和賀拉斯所講的合式或得體明顯不同。合式或得體要求的是符合理性、合情合理，而崇高則要求超出一般的理性和常規。

這種崇高的風格從何而來呢？朗吉弩斯認爲，"除了掌握語言的能力"這個前提條件之外，崇高有五個來源：第一，"莊嚴偉大的思想"；第二，"强烈而激動的感情"；第三，"運用藻飾的技術"；第四，"高雅的措辭"，第五，"整個結構的堂皇卓越"。這五個來源也就是構成崇高風格的五種要素。其中前兩種依靠自然或天賦，後三種依靠藝術和人力。第五種是前四種因素的綜合。而最重要的是第一種，即莊嚴偉大的思想。他説："這是一種高尚的心型"，"是一個天生而非學來的能力"①，有了崇高的思想才有崇高的言語，而崇高的思想只屬於崇高的心靈，因此"崇高可以説就是靈魂偉大的反映"②。這也就是説，要創造出具有崇高風格的偉大作品，首先要有思想莊嚴偉大、高尚的人。在朗吉弩斯看來，這種人對財富、名譽、光榮、

①② 朗吉弩斯:《論崇高》，見《文藝理論譯叢》第 2 期，第 38 頁。

勢力或爲榮華富貴所圍繞着的一切所謂幸福,“是鄙視它而決不讚美它”[1],而“在生活中爲一切高尚心靈所鄙棄的東西,決不會是真正偉大的”[2]。把這一原則應用到詩文中的崇高上來,真正的崇高也就不能是“乏味的浮誇”、“無謂的雕琢”和無病呻吟的“假情感”,而是爲高尚心靈所讚美,並能使心靈趨向高尚的東西。顯然,朗吉弩斯在這裏强調的是藝術作品的内容和思想性,他看到了藝術作品的内容是經過藝術家的主觀意識改造過的,審美主體在藝術創造中有着巨大的作用。但是,一般説來,他往往誇大了這種作用,是站在唯心主義立場解釋崇高的,有時還帶有某些神秘主義的成分。

朗吉弩斯不祇講到文學作品的崇高,而且講到了社會政治生活和自然界的崇高。他講的崇高不僅僅是修辭學的概念,而且是一個美學範疇。在第九章他引《舊約·創世紀》中“上帝説要有光,於是就有了光”作爲崇高的例子,在第十章他還舉出荷馬描寫大風暴的一段詩。在第三十五章他更認爲,嚮往崇高是人的天性和使命。他説:“大自然把人放到宇宙這個生命大會場里,讓他不僅來觀賞這全部宇宙壯觀,而且還熱烈地參加其中的競賽,它就不是把人當作一種卑微的動物;從生命一開始,大自然就向我們人類心靈里灌注進去一種不可克服的永恒的愛。即對於凡是真正偉大的,比我們自己更神聖的東西的愛。因此,這整個宇宙還不够滿足人的觀賞和思索的要求,人往往還要遊心騁思於八極之外。一個人如果四面八方把生命諦視一番,看出一切事物中凡是不平凡的,偉大的和優美的都巍然高聳着,他就會馬上體會到我們人是爲什麼生在世間的。因此,彷彿是按照一種自然規律,我們所讚賞的不是小溪小澗,儘管溪澗也很明媚而且有用,而是尼羅河,多瑙河,萊茵河,尤其是海洋。我們對於自己所生的火不會感到奇怪,雖然它放出了純净

①② 朗吉弩斯:《論崇高》,第37頁。

的光，能使我們驚異的是天上的明星，儘管它們時常被黑暗吞没。最使我們讚嘆的莫過於埃得納火山了，在它爆發的時候，從山底裏噴出石頭和整座峭壁的巖石，有時甚至還噴射出地底下所產生的火來，形成火的河。”① 這是一段人性和生命的頌歌，從中可以看出，超出常規的龐大、不平凡、威嚴甚至可怕，都是崇高事物的屬性。朗吉弩斯並不否認自然界客觀存在着崇高的東西，他的唯心主義並不徹底。崇高和優美是有區別的。這裏已經有了後來柏克、康德等人關於美和崇高學説的萌芽。

在文藝與現實的關係問題上，朗吉弩斯和賀拉斯一樣，都是古典主義者，他們不否認文藝模仿自然，應當反映現實生活，也都强調模仿古典。但二人對模仿的理解和對待古典的態度又是很不相同的。賀拉斯强調的主要是技巧性的模仿，他從古典作品中汲取的是規則、技巧、形式，他要模仿的是古典作品中合情合理的傳統成規，主要是一般的東西。而朗吉弩斯强調的則是創造性的模仿，他要求藝術家從古典作品中汲取古人思想感情的高超、深刻，從中得到靈感，着重表現作者的靈魂和人格，更側重於個別，更强調天才、想象、激情和靈感，具有浪漫主義的傾向。他指出，摹仿不是剽竊，而是“從他人的靈魂得到靈感”，並且是同古人爭勝。他十分推崇柏拉圖，認爲柏拉圖對荷馬的模仿顯示了一條達到崇高的道路，“這就是摹仿過去偉大的詩人和作家，並且同他們競賽”②。當我們“用競賽的目光注視這些卓越的榜樣，它們就會像燈塔那樣放光來指導我們，而且會提高我們的靈魂使充分達到我們所設想的高度”③。他要求詩人在創作時要經常想到古人和無窮的後代在讀了自己的作品時會有什麼感受。他説：“永遠使人喜愛而且使一切讀者喜愛的

① 朗吉弩斯:《論崇高》，第35章第4節。

② 《西方文論選》上卷，上海譯文出版社1979年版，第127頁。

③ 朗吉弩斯:《論崇高》，見《文藝理論譯叢》第二期，第40頁。

文詞就是真正高尚和崇高的。”[①] 這就是説,衹有經過一切時代和一切人的考驗,能够持久遠行的作品才是好的。這仍然是賀拉斯所提出的普遍永恒的文藝標準。這種看法當然是缺乏歷史發展觀點的。但他要求和古人競賽,有所創新,勝過古人,顯然比賀拉斯更積極、更進步。

在天資和人力的關係上,朗吉弩斯認爲二者都是不可缺少的。在第二章,他批評了衹講天才,否定規則技巧的觀點。有人説:“崇高是天生的,並非依靠傳授所能獲得的,天才是唯一能够教授它的老師”。他認爲,這種觀點是錯誤的。因爲天才應受規則技巧的約束,巨大激烈的感情應受理智控制,衹有學到了技巧才能知道“什麽時候必須把自己交給天才的指揮”[②],從而避免錯誤,技術上不精益求精,才能就要枯萎。但總的説來,他認爲天才更根本、更重要,“藝術應該做自然的助手”[③]。與這一觀點相聯繫,朗吉弩斯還提出了一個有關評價藝術作品的重要問題,即没有毛病的平庸的作品和真正有才氣但有某些缺點的作品究竟哪一種更好?他明確肯定了後者,認爲“始終一致的正確衹靠藝術就能辦到,而突出的崇高風格,儘管不是通體一致的,却來自心靈的偉大”[④]。平庸的人從來不會往高處爬,所以決不會碰到危險;偉大的人正因爲本身偉大才會傾向於下滑。因此他要求從作品的整體和總的傾向評價作品,反對單憑個别的疏忽或優點就對一部作品肯定或否定。他認爲,藝術家成就的標準應當是其優點的質量而不是數量。

在文藝的社會作用問題上,朗吉弩斯還提出了“狂喜”這一新的概念。文藝的作用不衹在教育、娛樂和説服,而且還要能産生“狂喜”的效果,即有强烈的感情和感染力。他説:“强調感情在一般文學裏

---

① 朗吉弩斯:《論崇高》,見《文藝理論譯叢》第二期,第40頁。

② 同上書,第35頁。

③ ④ 轉引自朱光潛《西方美學史》上卷,第111頁。

有重大作用，尤其在有關崇高的這一方面。”[①] 在他那裏，强烈的感情是崇高不可缺少的要素，他强調並非任何激情都與崇高有關，有些激情，如憐憫、煩惱、恐懼之類是卑微的，衹有高貴的激情，纔具有崇高的性質。他十分重視情感問題，曾談到要另寫專著討論，可惜人們没能見到這一專著。

在《論崇高》的最後一章，朗吉弩斯提出了民主政體與文藝繁榮的關係問題。他猛烈抨擊了羅馬的專制政體和追求財富、享樂和虚榮對文藝的敗壞作用。他藉一位哲人之口説：“民主是天才的好保姆。”他認爲，奴隸之中所以没有演説家，是因爲“他的靈魂上挂着鎖鏈”，專制政治是“人的監牢”、“靈魂的籠子”[②]。《論崇高》長期被冷漠、埋没，也許正因爲它的作者是政治上不得志的人。然而他的書無疑是重要的、有貢獻的。朱光潛先生説：“朗吉弩斯的理論和批評實踐都標誌着風氣的轉變：文藝動力的重點由理智轉到情感，學習古典的重點由規範法則轉到精神實質的潛移默化，文藝批評的重點由抽象理論的探討轉到具體作品的分析和比較，文藝創作方法的重點由賀拉斯的平易清淺的現實主義傾向轉到要求精神氣魄宏偉的浪漫主義傾向。”[③] 這個總結是正確的、深刻的。

十　普洛丁的美學思想

普洛丁(Plotinos, 公元 204－270)是站在古代和中世紀交界綫上的人物。他是新柏拉圖主義哲學的真正創立者，又是中世紀宗教神秘主義的始祖。普洛丁生於埃及的吕波科里，年輕時在亞歷山大里亞師從薩卡斯學習哲學達十一年之久。後來參加羅馬皇帝組織的

① 朗吉弩斯：《論崇高》，見《文藝理論譯叢》第 2 期，第 51 頁。
② 同上書，第 49 頁。
③ 朱光潛：《西方美學史》，第 115 頁。

遠征軍,到過波斯,接觸過東方的宗教。公元243年,他在遠征失敗後重回羅馬,專心講學,一直到死。他的學説深受羅馬皇帝和貴族的賞識。他是當時影響最大的哲學家。他五十歲左右開始寫作,留有著作54篇,死後由其高足波菲利編輯成書,共六集,每集9篇,故稱《九章集》。其中第一集第六章《論美》和第五集第八章《論理性美》專門討論了美學問題,集中反映了他的美學思想,對後世有深遠影響。

普洛丁的哲學主要是柏拉圖哲學的變種,其中還融合了畢達格拉斯、亞里斯多德、斯多噶派的哲學,以及東方宗教的神秘主義。其核心思想是他所謂"流溢説"。這是一套神造世界的理論。他認爲,宇宙萬物的本源是"太一"。它是"第一性的存在",它就是神,就是柏拉圖講的最高理念,純粹理性,就是善,也就是真善美的統一體。由於神或太一是完滿的、充溢的,流溢出來的東西能形成别的實體,所以萬事萬物都是由它流溢出來的。神或太一首先流溢出心智,即宇宙理性,然後依次流溢出靈魂和感性世界。在感性世界裏最後碰到了與神或太一根本對立的萬惡之源——物質。神是完善的,而流溢出來的東西愈來愈不完善,有如太陽光的輻射,離它越遠光綫越弱。但一切流溢出來的東西最後都要回歸到神,衹有物質因與神對立不能回歸到神。人生的目的就是要回歸到神,與神契合一體,也就是要追求絶對永恒的真善美。而這衹有通過禁欲持戒擺脱物質、肉體的束縛,進入迷狂狀態才能達到。總之,萬物皆來自神,又都要回歸於神,這就是普洛丁哲學的基本要點。他就是用這套神秘主義的哲學來解決美學問題的。

普洛丁首先討論了美是什麼這個基本問題。他指出,美主要是通過視覺來接受的,美也可以通過聽覺來接受,如音樂的音調和節奏。比這些感性事物的美更高級的還有精神領域的美,如事業、行爲、風度、學問、品德的美。他稱這兩種美爲物體美和心靈美,也就是感性美和非感性美或理性美。這些都是此岸的美,塵世的美。

所以,他不否認現實世界存在着美的事物。但他極力否認客觀的現實世界是美的根源,否認美的本質在事物自身。他說:"同一物體,時而美,時而不美,仿佛物體的實質並不同於美的實質。"① 他特別反對西塞羅關於美的定義,即美在各部份與全體的比例對稱和悦目的顏色。這也是自古希臘以來廣泛流行的傳統定義。他的理由主要有以下三點:首先,如果美在比例對稱,美的東西就只能是由各部份復合而成的統一體,這樣,那些單純的東西如日光、黄金、單純的音就要被排斥在美的範圍之外,而這些單純的東西事實上是美的。第二,比例對稱顯然不適用於精神領域的事物,如美的事業和美的文詞。在法律、知識和學術的美裏又怎能見出什麽比例對稱呢?第三,同一張面孔,儘管比例對稱前後没有變,却時而顯得美,時而顯得醜,這說明比例對稱和比例對稱中的美並非一回事,即便比例對稱的面孔是美的,它之所以美,原因也不在比例對稱而在别的方面。在他看來,如果美在比例對稱,那就要承認美在事物自身,而他認爲,雖然人們能在現實事物上看到美,但美不是事物自身的屬性,其根源必另有所在。

那麽,美的根源究竟何在呢?他認爲,除了此岸的美之外,還有一種先於這一切美的美,這就是彼岸的美,神的美。這是"最高的本質的美",是"完全真純的美本身"。他說:"一切其它形式的美都是從本身以外得來的,攙雜的,不是原本的;它們這些美都是從完全真純的美本身來的。"② 並且說:"神才是美的來源,凡是和美同類的事物也都是從神那裏來的。"③　在他看來,此岸的美來源於神的美。一切現實事物的美都是低級的,與物質、肉體相攙雜的,是有如鏡花水月般的幻影,並不真實;而神的美才是高級的、精純的,是純精神性

① 《西方美學家論美和美感》,第 53 頁。

② 同上書,第 62 頁。

③ 同上書,第 57 頁。

的，是最高的純理性的美，唯一真正的美。他的全部美學思想都是爲神的美作論證的，美學在他手里開始走向了神學。

由於此岸的美來自彼岸的美，美根源於神，因此，在美的本質問題上，普洛丁認爲，美的事物之所以美，就是由於分有了神的理念或理性，分有了神的光輝。他說，當理念來到一件東西上面，就會把它的各部份加以組織安排，化爲一種凝聚的整體，創造出整一性。“一件東西既化爲整一體了，美就安坐在那件東西上面，就使那東西各部份和全體都美。”① 相反，任何没有形式的東西，包括可以取得形式但仍處於理念和理性之外，還没有取得形式的東西，就都是醜的。由於理念本身是整一的，物質由理念賦與形式以後也就是整一的、美的，否則就是醜的。總之，“物體美是因分享了一種來自神明的理性而產生的”②。這就是所謂“分有說”。顯然它主要來自柏拉圖，同時它也吸收了亞里斯多德的美在整一說。與柏拉圖把“分有”看作摹仿不同，普洛丁講的“分有”是流溢的結果，他的分有說也就是流溢說。

普洛丁討論的另一個重點是美的認識問題。他不否認人有識別美、判斷美的能力，他也不否認對物體美的認識要通過感官，並說過天生瞎眼的人無從察覺美、感覺美。但他認爲，要把握物體美的本質，要認識更高級的美，如事業、行爲、學問、品德之類心靈美，尤其是神的美，就不能憑感官，而要憑心靈和理性，憑所謂“內在的眼睛”、“靈魂的視覺”。在他看來，感官最多祇能認識低級的物體美，而且祇能認識其外表。他說：“當一個人觀看具體的美時，不應使自己沉湎其中，他應該認識到，具體的美不過是一個形象、一個暗示和一片陰影。他應當超越它，飛昇到美的本源那兒去。”③ 這本源指的

① 《西方美學家論美和美感》，第 54 頁。

② 普洛丁：《九章集》，《美學文獻》第 1 輯，書目文獻出版社 1984 年版，第 403 頁。

③ 塔塔科維茲：《古代美學》，第 417 頁。

是美本身,也就是神。因此,對美的認識也就是回歸到神,與神契合爲一。他稱對美的認識爲觀照。他說:“觀照不是觀看,而是另一種視覺類型,即迷狂。”① 如果一個人觀照到神,與神契合爲一體,就會在迷狂中驚喜交集,充滿狂熱和狂喜,就會爲神的美而熱愛他,就會鄙視過去那些僭稱爲美的事物。他把這種迷狂的神秘境界看作人生最高的理想境界。他說:“誰能達到這種觀照誰就享幸福,誰達不到這種觀照誰就是真正不幸的人。因爲真正不幸的人不是沒有見過美的顏色或物體,或是沒有掌握過國家權勢的人,而是沒有見過唯一的美本身的人。”② 怎樣才能達到這種境界呢?怎樣才能觀照到神,達到美本身呢?他說:“爲着它,心靈須經過最尖銳的最緊張的鬥爭。在這鬥爭中它須作出一切的努力,才不至於分享不到最優美的觀照。……如果要得到美本身,那就得拋棄塵世的王國以及對於整個大地、海和天的統治,如果能卑視這一切,也許就可以轉向美本身,就可以觀照到它。”③ 並且說,心靈“本身如果不美也就看不見美。所以一切人都須先變成神聖的和美的,才能觀照神和美。”④ 這就是說,必須鄙視、拋棄、遠離一切塵世生活,擺脱一切物質、利害、權力、感官和肉體的束縛,改善和洗滌自己的靈魂。他甚至說,要達到這個境界,雙腿和車船都無濟於事,“我們應該閉起肉眼,拋開用肉眼去看的辦法,採取另一種辦法去看,要把人人都有而人人都不會用的那種收心内視的功能喚醒起來”⑤ 。

從以上的分析可以看到:第一,普洛丁所謂“美的觀照”並不是建立在感性認識基礎上的。它不是觀照外在的美的事物,而是“收心内視”,深入自己的靈魂内部;它不依靠常人的感官,而是依靠假設的、至今未被科學證實的所謂靈魂内部的眼睛或視覺;它不是去

① 塔塔科維兹:《古代美學》,第 425 頁。

②③ 《西方美學家論美和美感》,第 62 頁。

④ 同上書,第 63 頁。

⑤ 普洛丁:《九章集》第 1 集第 6 章第 8 節。

認識事物自身的本質,而是在迷狂中去追求與神契合爲一的神秘體驗;它不但不要求接近外在對象,反而要求越遠離越好。這樣一種既無外在對象,又無正常感官的觀照當然是十分神秘的。這種理論把美歸之於神,完全否認了客觀的現實世界是一切美的源泉,顯然是唯心主義的。第二,普洛丁極端輕視感官和感性,他把理性片面擡高到了首位。他所謂"理性"實際上也就是所謂"先驗的、純粹的理性"。這種"理性"既然不以感性認識和社會實踐爲基礎,那就違背了人類認識的正常秩序,就不是真正的理性,而恰恰是反理性,或者說必然通向反理性。他所提出的美的觀照的理論,可以說是一種反理性主義的"先驗理性的審美觀照說"。第三,普洛丁的這套理論是來自柏拉圖的,但比之更精緻、更神秘。柏拉圖講美的認識畢竟還把它看作一個從感性到理性的發展過程,包含了辯證的因素,而普洛丁則拋棄了柏拉圖的合理因素,發展了他的神秘的唯心的方面。第四,普洛丁的這套理論不但是唯心主義、神秘主義、反理性主義的,而且是禁欲主義的,是適應宗教和貴族奴隸主的需要的。

當然,我們還應當看到,普洛丁關於美的認識的學說在西方美學史上是很重要的,其中也包含了不少合理的思想,對後世産生過重大的影響,不應當全盤否定。例如,普洛丁在談到物體美的認識時,就有一些值得重視的見解。他說,物體美是"一眼就可以感覺到的一種特質",認識物體美不需要經過推理,這就揭示了審美的直接性的特徵,這是後來不少美學家都津津樂道和認真探索的問題。他認爲感官不能認識物體美的本質,原因在於美不是物體的體積、形狀、顔色、比例對稱等所引起的單純的感覺。這表明他已看到美感比單純的感覺要更複雜、更高級。正是由於這一點纔引發了後世關於美感和快感的區分。他提出的"内在的眼睛"、"靈魂的視覺",後來在英國經驗派美學家那裏發展成了審美感官說。這個至今尚未證實的美學假説之所以能够成立,並令人感到興趣,也是因爲它是以美感比單純感覺更複雜這一事實爲依據的。另外,普洛丁還談到一個十分重要的思想，他說："美是由一種專門爲美而設的心靈的功能去領會的。這種功能對於評判特屬於它的範圍裏的那類對象，比起其它功能都較適宜，儘管其它功能也同時參加這種評判。"① 這種把審美看作各種心靈功能的共同合作的看法，顯然和康德關於美是各種心理功能的綜合遊戲的看法是完全一致的。總之，在所有這些方面，普洛丁在美學史上都作出了開創性的貢獻。

普洛丁的藝術觀點是他哲學觀點和美學觀點的延伸，同時也是柏拉圖唯心主義藝術摹仿論的修正和發展，同樣具有神學的、神秘的性質。他把藝術和藝術作品分割開來，認爲在藝術家創造藝術作品之前就已經存在所謂"先驗的藝術"。不是藝術家創造出藝術，而是藝術創造出藝術家。他說："沒有音樂就沒有音樂家，是音樂創造出音樂家來，而且是先驗的音樂創造出感性的音樂。"② 在他的心目中，神是最高的美，是萬事萬物的創造者，當然也是藝術的創造者，而藝術家只能創造具體的藝術作品，他衹不過是"參與藝術的創造"，把來自神的理念和美納入藝術作品。他認爲，藝術美的本質就在於理念，在於美，而這歸根到底都來源於神，不但與現實生活沒有絲毫關係，而且本質上也不是藝術家的創造。在美學史上他最早把美和藝術這兩個概念等同起來，把藝術片面地歸結爲美的體現。他舉例說，如果有兩塊石頭，一塊未經藝術點染，一塊已經藝術降伏，成爲一座神或人的雕像，那麼這座雕像之所以美，並不因爲它是一塊石頭，否則另一塊頑石也應該一樣美，而是由於被貫注到石頭里的理念或形式。這理念或形式在這之前就已經存在於藝術家的心裏，而藝術家的心裏之所以有這種理念或形式，也不是因爲他有"眼睛和雙手"，也就是說不是來自藝術家的認識和實踐，而是因爲他"參與了藝術的創造"。普洛丁這種關於"先驗藝術"和藝術創造的

① 《西方美學家論美和美感》，第 55 頁。

② 《美學文獻》，第 1 輯，書目文獻出版社 1984 年版，第 412 頁。

觀點,其實質是把藝術的本原歸結爲神。按照這種觀點,藝術作品無非是藝術家賦予物質以神的理念或形式的結果,藝術美既不來源於生活,又與物質材料無關,藝術家與其説是憑主觀創造,不如説是在代神創造。這和柏拉圖所謂詩人代神立言説實質上是完全一致的。

普洛丁關於藝術的觀點是以他的神造世界的流溢説爲基礎的。流溢和摹仿是兩個顯然不同的概念,照理説,普洛丁不能承認藝術摹仿論。事實上他也的確反對以亞里斯多德爲代表的唯物主義的藝術摹仿論,但他畢竟接受了柏拉圖的唯心主義摹仿論。二人在把藝術最終歸結爲摹仿理念這一點上是共同的,但普洛丁改造了柏拉圖的學説,二者又有區别。柏拉圖認爲藝術摹仿的是感性世界,所以藝術低於現實,而普洛丁認爲,藝術雖然也摹仿具體可見的感性世界,但主要是直接摹仿理念世界,由於藝術本身就包含理念和美,因此藝術高於現實,處於此岸世界和彼岸世界之間,能補充自然之不足,並且是通向彼岸世界的橋梁。所以他不像柏拉圖那樣鄙視藝術,相反却推崇藝術。他説:“雖然藝術是通過摹仿自然物來進行創造的,但根據這一點並不應該藐視它們;因爲,首先,那些自然物本身也只是摹仿,其次,我們必須認識到藝術不是單純地再現我們所見到的東西,而是返回到產生自然本身的那些理念。……藝術是美的佔有者,又補充自然之不足。因此費忌阿斯不是按照感性事物中的模型來塑造宙斯像的,而是按照宙斯假如立意要在我們面前呈現時所必須採取的形式來理解他的。”① 在普洛丁那裏,藝術補充自然之不足的思想,是和他鄙視現實生活,返回彼岸世界的思想密切相關的。他認爲,此岸世界是不完美的,生活在這個不完美世界中的人類,總希望返回由所從來的完美世界,藝術的使命就在於引導人類返回故鄉,回歸到神。普洛丁的藝術觀點在歷史上曾有重大的影

① 普洛丁:《九章集》第 5 集第 3 章第 1 節。

響，它不但激發過唯美主義和反動浪漫主義的創作靈感，而且一直影響到當代西方美學，如海德格爾的存在主義美學，容格的深層心理分析美學等等。車爾尼雪夫斯基在《亞里斯多德的詩學》一文中，把普洛丁的藝術觀點稱作藝術的"理想根源"説，稱他是這一學説最先的創立者，並且針對這種觀點流行的情況説："我們若果稱藝術根源説爲'現代的'學説，就不見得是正確，因爲這一學説所隸屬的觀念體系早已被人拋棄了。"[①] 這些見解是應當重視的。

總的説來，普洛丁上承古希臘羅馬美學，下啟中世紀美學，在美學史上佔有十分重要的地位。他第一次把美學問題置於哲學體系的中心，最早把美學轉向神學，建立了較爲系統的美學體系。他的美學體系雖然是唯心的、神秘的，但其中提出了許多重大的問題，一直引起人們的廣泛論爭，對後世直到今天產生了極爲深遠的影響。這種影響往往是很複雜的，有消極的方面，也有積極的方面，但都是不容忽視的。

① 車爾尼雪夫斯基：《美學論文選》，第 147 頁。

第二章　中世紀的美學

從公元5世紀末西羅馬帝國滅亡(476年)至14世紀,是西歐封建社會形成、發展和繁榮的時期,歷史上一般稱作中世紀。西歐的封建制是在羅馬帝國的廢墟上建立起來的。日爾曼人的入侵,摧毀了羅馬的奴隸制,造成了政治、經濟、文化生活的巨大破壞。因此,中世紀在最初的數百年裏,社會發展極爲緩慢。正如恩格斯所説"中世紀是從粗野的原始狀態發展而來的。它把古代文明、古代哲學、政治和法律一掃而光,以便一切從頭做起。它從没落了的古代世界承受下來的唯一事物就是基督教和一些殘破不全而且失掉文明的城市。"① 這種情況直到11世紀封建制開始走向繁榮才有所轉變。

基督教是在公元1世紀羅馬帝國初期產生的,最初流行于巴勒斯坦的下層猶太人民中間,後來傳播到整個羅馬帝國,到公元4世紀被定爲羅馬帝國的國教。羅馬帝國滅亡後,它由奴隸主的宗教變爲封建主的宗教,成爲維護封建統治的工具。在中世紀的西歐,羅馬的基督教會佔據至高無上的地位,擁有巨大的財富和權力。在經濟上,它本身就是最大的封建主,它利用土地殘酷剥削廣大農奴,向居民普遍徵收什一税,並利用各種迷信活動敲詐勒索,僧侶們過着奢侈腐化的生活。在政治上,它利用"教階制",把整個西歐聯合成龐大的政治體系,成爲封建統治的國際中心,並利用"神權説",代上帝封王,給國王加冕,把各國帝王和世俗政權置於自己的控制之下。在文化思想領域,它實行神學統治,成爲最高權威,殘酷迫害異

① 《馬克思恩格斯全集》第7卷,第400頁。

端，它把政治學、法律學、哲學、文學等意識形態都從屬於神學，使之成爲神學的分支，它把社會生活的各個方面都染上了宗教的色彩。

一般說來，中世紀的文化主要就是基督教的文化。基督教鼓吹君權神授、來世主義和禁欲主義，把世俗生活視爲孽海，要人們拋棄塵世的享受和歡樂，禁欲苦行，祈求上帝的保佑，來世好昇天堂。這種文化是與重視現實生活的古希臘羅馬文化相對立的。例如，在中世紀早期，教會曾多次野蠻鎮壓文藝活動，大量銷毀古希臘羅馬的廟宇、建築、雕像、繪畫等文物，開展過"銷毀偶像運動"，禁止人們畫基督、聖徒和一切生物的形象。它認爲文藝只是滿足肉體欲求、感官享樂的工具，挑動情欲，傷風敗俗，不能給人以真理。但是，這祇是問題的一個方面，我們還必須看到，宗教畢竟是現實在人們頭腦中的虛幻的、歪曲的反映，神學祇不過是改頭換面的人學。事實上，在中世紀漫長的歷史進程中，基督教文化也逐漸吸收了大量古希臘羅馬的文化，包含了一定的人世內容。教會對待文藝的態度也有明顯的變化，開初它反對文藝，後來又轉而利用文藝宣傳宗教教義，並且從感性世界祇是隱寓極樂世界的宗教觀念出發，形成和發展了以追求夢幻、寓意和象徵爲特點的官方教會文藝。中世紀在建築、音樂、騎士文學、英雄史詩等方面也有很高的藝術成就，它對人類文化也做出了寶貴的貢獻。因此，把中世紀視爲"人類歷史的簡單中斷"和"一片空白"或"黑暗時代"的看法是片面的，不符合事實的。當然，爲中世紀辯護，提出"回到中世紀"的口號，把中世紀看作人類文化的頂峰，更是錯誤的。這兩種錯誤傾向都不符合歷史的事實。

從古代到中世紀，西方美學發展到了一個新的階段。這一時期的美學已被納入神學，其中心任務是論證"上帝至美"。就其思想內容來說，主要表現爲柏拉圖的學說，普洛丁的新柏拉圖主義和基督教教義的相互融合。但中世紀美學不是古代美學的簡單重復。它的突出特點是以神學的形式發展了古代的本體論美學,使之擺脱自然哲學的束縛進入了新的階段。它所提出的一些基本概念和美學問題,對近現代美學的發展產生過重大的影響。因此,不應當忽視而應當充分重視中世紀的美學。

但是,對中世紀美學的研究一向是最薄弱的。一些著名的美學史著作如齊默爾曼的《美學史》、夏斯勒的《美學批評史》,完全没講中世紀美學,鮑桑葵的《美學史》和克羅齊的《作爲表現的科學和一般語言學的美學的歷史》雖然注意到中世紀美學,但講得也很不充分。直到近數十年,中世紀美學纔開始得到認真的研究,並取得一些新的進展和成果,尤其在吉爾伯特和庫恩、比爾兹利和塔塔科維兹的美學史著作中,中世紀美學已得到較詳細的闡述。此外,還出現了許多有關中世紀美學的專著。有關中世紀美學的研究已成爲當代美學論争的熱點之一。限於篇幅,我們祇簡要介紹中世紀最重要的美學代表人物——奥古斯丁、托馬斯和大詩人但丁。

第一節 奥古斯丁的美學思想

奥古斯丁(Augustins 350－430)是中世紀初期西方教父學即基督教神學的主要代表,號稱“教會之父”,他也是中世紀早期最重要的美學家,官方教會藝術的理論家。他出生於北非的塔加斯特。父親是異教徒,母親是基督教徒。奥古斯丁16歲時,去迦太基學習修辭學。19歲開始信仰波斯的摩尼教,384年在米蘭任修辭學教師期間,接受洗禮,改信基督教。兩年後回到北非,不久獲教會高級職位,396年被提昇爲非洲希波城的主教,積極從事教會事務和反異端鬥争,直到逝世。據他自己説,早年曾寫過《論美與適宜》,但當時就已失傳。他的主要著作是《上帝之城》、《懺悔録》、《三位一體》、《論自由意志》、《論音樂》、《論激情》等,都涉及到一些美學問題。

奥古斯丁的美學思想有一個形成、發展、變化的過程。在皈依基督教之前，他主要接受了亞里斯多德的整一性和西塞羅關於美的定義，認爲美是整一或和諧，物體美是“各部份的適當比例，再加上一種悦目的顏色”。這仍是美在形式的傳統看法。當時，他承認、肯定、讚賞物質世界的美，很爲具有“美麗動人之處”的金錢、榮華、權勢、地位、物體的顏色、大小、綫條、肉體接觸的快樂、友誼的温柔甜蜜等人間事物所吸引。他説：“除了美，我們能愛什麽？什麽東西是美？美究竟是什麽？什麽會吸引我們對愛好的東西依依不捨？這些東西如果没有美麗動人之處，便絶不會吸引我們。”① 他還在觀察物質世界的基礎上，對美的本質做過理性的思考，寫過一本《論美與適宜》的書。他寫道：“我觀察到一種是事物本身的和諧的美，另一種是配合其它事物的適宜，猶如物體的部份適合於整體，或如鞋子的適合於雙足。”② 我的思想巡視了物質的形相，給美與適宜下了這樣的定義：美是事物本身使人喜愛，而適宜是此一事物對另一事物的和諧，我從物質世界中舉出例子來證明我的區分。”③ 依照這種看法，美是獨立自足的、完滿和諧的整體，美的價值就是事物本身，而適宜則依賴其它事物，是事物相互之間的一種關係，與目的、效用有關。奥古斯丁把適宜與美區分開，也就是要從美中排除效用、合目的性和相對性的因素。他的這個見解也是新鮮的，但他仍把美的根源擺在物質世界。

在皈依基督教之後，奥古斯丁的美學發生了重大的變化。在《懺悔録》中，奥古斯丁站在基督教神學的立場上，對自己早期寫作《論美與適宜》時的美學思想進行了自我批判。他悔恨自己當時年輕，誤信了亞里斯多德和西塞羅的話，滿腦子都是物質的幻象，完全陷入了“美的羅網”，因而看不見上帝的至美，面臨深淵犯下了罪過，請求上帝的寬恕。他認爲自己最大的錯誤就在於從物質世界的内部

①② 奥古斯丁：《懺悔録》，商務印書館 1981 年版，第 64 頁。

③ 同上書，第 66 頁。

尋求美,而實際上美的根源衹在上帝 衹有上帝才是美的本體,才是美本身,一切物質世界的美都來源於上帝。上帝是獨一不變的本體或本質。上帝是至美,絶對美,無限美,萬美之美,是一切美的源泉和創造者,人間一切事物的美只是相對美、有限美,是低級的、卑下的。感性事物本來是雜多的,上帝賦予它和諧、秩序和整一,人們才能從事物的雜多中見出統一和美,而事物的美和上帝的美相比較不但微不足道,甚至根本就談不上美。他說:"是你,主,創造了天地;你是美,因爲它們是美麗的;你善,因爲它們是好的;你實在,因爲它們存在,但它們的美、善、存在,並不和創造者一樣;相形之下,它們並不美,並不善,並不存在。"[①] 同時他還認爲,美,不論上帝的美,還是萬物的美,都是人的肉體感官所不能認識的,人要認識美只能依靠來自上帝的理性,他甚至根本否認人可以成爲審美的主體。他向上帝說:"誰能通過你的'聖神'而觀察這些事物,你便在他身上觀看。因此,他看出萬有的美好時,是由於你看見其美好。"[②] 這就是說,並不是人而是上帝才能欣賞美,在事物中看出美。這種講法當然是很神秘的。總之,在皈依基督教之後,奥古斯丁放棄和批判了美在形式的傳統看法,完全割斷了美與物質世界的聯繫,把美衹歸結爲彼岸的上帝,把美學完全融合於基督教神學,創立了一套神學美學。

基督教神學是柏拉圖的理念説、普洛丁新柏拉圖主義的"太一"流溢説和基督教教義相互結合的產物,是由三位一體説、上帝創世説、原罪贖罪説、來世報應説等所構成的一整套宗教思想體系。它與新柏拉圖主義有聯繫,但又有很大的不同。首先,神或上帝在新柏拉圖主義那裏只有抽象的"太一",而在奥古斯丁這裏則變成所謂"三位一體",它具有"聖父"、"聖子"、"聖靈"三個"位格",三者共存

① 《懺悔録》,第 235 頁。
② 同上書,第 320 頁。

在同一“本體”,也就是說它已成爲有意志、有情感、有智慧的人格化的神。第二,奥古斯丁放棄了流溢説,他認爲世界不是太一的流溢,而是上帝按自己的意志設計和創造的。第三,新柏拉圖派認爲,靈魂是純潔的,它有擺脱肉體束縛回歸到神的自然傾向,可以通過凈化在迷狂中回歸到神,認識最高的美,而中世紀神學則認爲人類因爲其祖先亞當、夏娃在伊甸園偷吃禁果犯了“原罪”,經過遺傳,其子子孫孫都是有罪的。人在人間受苦受難是上帝的懲罰,此乃“天命”,而且由於人類失去了“自由意志”,人永遠也無法自救,衹能靠上帝派耶穌基督來教化人們接受天命,忍辱負重,一心熱愛上帝,拋棄塵世的一切物質欲望,向上帝贖罪,求得上帝的寬恕和恩賜才能在來世得救,進入永恒存在的“上帝之城”即天國,否則就會落入“世俗之城”即地獄遭受永刑。第四,新柏拉圖派認爲藝術高於現實,是人通向神的途徑之一,而奥古斯丁認爲藝術衹涉及情欲,人們創造藝術和美,不但不能凈化自己的靈魂、回歸到神,反而會被引向卑微的下界。所有這些差别都説明奥古斯丁已把哲學與美學納入了神學。

奥古斯丁還受畢達格拉斯學派的影響,把數加以絶對化和神秘化作爲美的基本要素。他認爲上帝是按數學原則創造萬物的。現實事物的美即和諧、秩序和整一,歸根結底是一種數學關係。他説:“數始於一,數以等同和類似而美,數與秩序不可分。”又説:“理智轉向眼所見境,轉向天和地,見出這世界中悦目的是美,在美裏見出圖形,在圖形裏見出尺度,在尺度裏見出數。”[①] 他特别强調“數的相等”,他把圓看成最美的圖形就因爲圓的半徑都是相等的。他認爲,美在完善,而完善的程度取决於尺寸、形式和秩序。美不在部份而在整體。這些形式主義的看法對後來有很大的影響。

奥古斯丁還提出過醜的問題。感性世界是上帝創造的,因而是

① 轉引自朱光潛:《西方美學史》上卷,第 129 頁。

美的，那麽在一個上帝所創造的世界裏是否有醜存在：醜佔什麽地位呢？顯然這是一個神學問題，在他那裏醜的問題具有了在古代不曾有過的神學的意義。他認爲，“世界美存在於對立事物的對比中”[①] 美與醜是相對應的，但醜不是實在的東西，衹是美的特徵的缺乏或不足，是較低級的美。因此醜是構成美的一個條件，是整體美的一個部份，醜不是消極的範疇，它在整體美中起烘托作用。美有絶對美，而醜却都是相對的。例如人的形體美高於猿猴的美，於是人們便稱猿猴的美爲醜，其實猿猴的形體也包含和諧、對稱等美的要素。

對待藝術，奥古斯丁也作過許多思考，總的來説，他對藝術是厭惡和反對的。在《懺悔録》中，他指責雜技表演是“荒謬的遊藝”，極力反對戲劇，認爲喜劇表演過於卑鄙，悲劇讓觀衆從旁人的悲痛中得到快感，而且使人養成説謊的習慣，都是不道德的。他追悔早年酷愛荷馬和維吉爾的愛情描寫，悲痛地説：“我童年時愛這種荒誕不經的文字過於有用的知識，真是罪過。”[②] 他甚至祈禱上帝，讓他擺脱“淫欲之念”。在他看來，世俗藝術一味挑逗情欲，引導人到上帝之外找美，應當加以反對。他説：“藝術家得心應手制成的尤物，無非來自那個超越我們靈魂，爲我們的靈魂所日夜嚮往的至美。創造或追求外界的美，是從這至美取得審美的法則，但没有採納利用美的法則。這法則就在至美之中，但他們視而不見，否則他們不會捨近求遠，一定能爲你（上帝——筆者）保留自己的力量，不會消耗力量於疲精勞神的樂趣。”[③] 但是，另一方面，他並不反對一切藝術，他認爲，藝術是人類獨有的活動，鳥的歌唱並不就是音樂。他不否認藝術是模仿，但他認爲模仿並非藝術的本質，藝術並不模仿事物的

---

① 塔塔科維兹：《中世紀美學》，中國社會科學出版社 1991 年版，第 76 頁。
② 《懺悔録》，第 17 頁。
③ 同上書，第 219 頁。

一切方面，而主要是發現事物的美，藝術是以認識爲基礎的。他肯定藝術的虚構和想象，他說，如果一幅畫中的馬不是虚構的馬，就不成其爲真正的繪畫，如果一個演員不想成爲虚構的角色，就不能成爲一個真正的演員。他還注意到欣賞繪畫和閲讀文學作品有不同的方式，他說："當你看到一幅畫時，過程已經結束了；你已看見它，讚美它。當你看到一篇文字時，過程却没有完結，因爲你還必須閲讀。"① 他要求藝術服從宗教，通過自然來歌頌神的理性、秩序和美。因此，他還有一些爲美和藝術辯護的言論，這些言論也還是合理的。

第二節　托馬斯·阿奎那的美學思想

托馬斯·阿奎那(Thomas Aquinas,1226－1274)是中世紀末期最大的神學家，經院哲學體系的完成者。他出身於意大利那不勒斯一伯爵家庭，青年時代在那不勒斯、巴黎、科隆求學，是著名經院哲學家、神學家阿爾伯特的學生，曾獲神學博士學位。後來在巴黎、科隆、羅馬和那不勒斯等地教授哲學和神學。1274年，他前往里昂參加宗教會議，死於途中。他的主要著作有《反異教大全》和《神學大全》，被奉爲經院哲學的百科全書，其中包含他的美學思想。

與奥古斯丁一樣，托馬斯也是從神學出發論證美學問題的，他的美學也是神學美學。他認爲，上帝是最高的美，一切感性事物的美都根源於上帝的美。但是，他所創立的經院哲學比奥古斯丁的教父神學已有很大進步，它突出表現在，其中吸收了亞里斯多德以經驗世界爲基礎的許多哲學觀點，因此，較少有神秘主義的色彩，尤其在對人的看法上，他雖然仍從教義出發把人看作上帝的造物，但同時他又讚成亞里斯多德的觀點，認爲人是自然的存在；人所具有的自

① 《中世紀美學》，第79－80頁。

然功能如情欲是人的一切實踐活動的自然基礎,並非全是罪惡,符合理性的情欲能引人向善,祇有違背理性的情欲才引人向惡。所以,他並不像奥古斯丁那樣鄙視塵世的生活和美,相反,他在上帝的美之外,對人的審美活動和感性事物的美有了更多的肯定和研究。

托馬斯把審美活動看作人與動物相區别的特點之一。他認爲,人的審美活動本質上是一種認識活動,這種認識活動不僅包含感性因素,還包含有理性因素,它滿足的不是生存需要,而是更高級的精神需要。他說:"人分配到感官,不祇是爲獲得生活的必需品,像感官在其它的動物身上那樣,並且還爲着知識本身。其它動物對感官對象不會引起快感,除非這些對象與食和交配有關,但是人却可以單從對象本身的美得到樂趣。"① 他舉例說,一頭獅子見到一只牡鹿感到愉悦,祇是因爲這預示了一頓佳肴,而人欣賞牡鹿所體驗到的愉悦却不僅由於可以美餐一頓,主要還是由於各種感性印象的和諧。因此,他認爲,審美的愉悦與生物性的愉悦,即美感與快感有本質的差異,美感不再與維持生存相聯繫,美感比快感更高級。

那麼,什麽是美呢?他認爲,美首先在於形式。人們通常都把善的東西稱讚爲美的,原因在於美與善不可分割,二者都以形式爲基礎。

托馬斯的貢獻在於,他還從美與善的區别,從審美主體的角度,對美的本質作了積極的探索,表現出有從客觀唯心主義向主觀唯心主義轉變的傾向。他認爲,善涉及欲念,是欲念的對象,有外在的目的,而美却祇涉及認識功能,是認識的對象,祇引起視聽的快感。由此,他給美下了一個定義:"凡是一眼見到就使人愉快的東西才叫作

① 《西方美學家論美和美感》,第 67—68 頁。

美的。”[①] 他進一步指出:“根據美的定義,見到美或認識到美,這見或認識本身就可以使人滿足。因此,與美關係最密切的感官是視覺和聽覺,都是與認識關係最密切的,爲理智服務的感官。我們祇說景象美或聲音美,却不把美這個形容詞加在其它感官(例如味覺和嗅覺)的對象上去。從此可見,美向我們的認識功能所提供的是一種見出秩序的東西,一種在善之外和善之上的東西,總之,凡是祇爲滿足欲念的東西叫做善,凡是單靠認識到就立刻使人愉快的東西就叫做美。”[②] 托馬斯關於美的這個定義是十分重要的。首先,美是通過感官使人愉快的東西。判斷事物的美醜離不開可感的形式,更離不開感官和審美主體。因此,是否使人愉快就成了判斷事物美醜的標準之一,顯然,這是一種主觀的標準,其次,並非所有使人愉快的東西都是美的,祇有在觀賞時立即直接使人愉快的才是美的,因此,美祇涉及感性形式,不涉及內容、功利和目的,對美的欣賞是一種“理性觀照”的認識能力,具有不假思索,無須推理等審美直接性的特點。他明確說:“美在本質上是不關欲念的。”[③] 總之,美是可感的,是認識的對象,祇涉及形式,不涉及內容;祇引起快感,不涉及欲念,没有外在的實用目的。所有這些觀點後來在康德的主觀唯心主義美學中都得到了進一步的發展。

關於藝術,托馬斯没有形成完整的藝術理論。藝術這個概念,在他那裏,是在製造的一般含義上使用的,其外延十分寬泛。他也講藝術摹仿自然。但他對此作了獨特的解釋。他認爲,上帝是自然萬物的根源和制造者,上帝雖然不創造藝術作品,但它制造的自然產品却可以爲藝術家的創造在一定程度上提供若干範例,準備好各種要素,而藝術家不能創造自然產品,他要創造藝術作品即人工產品,就必須以上帝創造的自然產品爲範例,摹仿上帝創造萬物的活動方

① 《西方美學家論美和美感》,第 66 頁。

②③ 同上書,第 67 頁。

式。他説:“藝術的過程必須摹仿自然的過程,藝術的產品必須仿照自然的產品。學生進行學習,必須細心觀察教師怎樣做成某種事物,自己才能以同樣的技巧來工作。與此相同,人的心靈着手創造某種東西之前,也需要受到神的心靈的啟發,也必須學習自然的過程,以求與之相一致。”[①] 在他看來,藝術創作的過程是,藝術家在神的啟示下首先在心裏形成所要製造的東西的觀念,然後仿照神造自然的技巧,從心靈“流出”藝術形式,使之“注入到外在的材料之中”,從而構成藝術作品。”[②] 他强調指出:“藝術作品起源於人的心靈”[③],藝術乃是製造者心裏有關製造事物的思想”[④]。因此,他所謂藝術摹仿自然,並不是反映自然或客觀現實,而是表現藝術家的主觀心靈。這是他以神學改造亞里斯多德“藝術摹仿説”的結果,是一種唯心主義的觀點,但也包含了反對機械摹仿自然,要求藝術把握自然實體和神韻的合理成份。

托馬斯的美學思想雖然包含了一些合理的因素,但其哲學基礎是完全錯誤的,是爲維護教會統治服務的,在歷史上的影響主要是消極的。19世紀末羅馬教皇宣布托馬斯主義爲天主教的官方哲學,由此形成了“新托馬斯主義”。以馬利坦《藝術與經院哲學》一書爲代表的新托馬斯主義美學在現代西方有廣泛的影響。新托馬斯主義是公然對抗馬克思主義的。

第三節　但丁的美學思想

意大利著名詩人但丁(Dante Alighieri,1265－1321)是文藝復興運動的先驅。馬克思和恩格斯説:“封建的中世紀的終結和現代資本

① 《西方文論选》上卷,第154頁。
② 同上書,第151頁。
③ 同上書,第153頁。
④ 同上書,第152頁

主義紀元的開端，是以一位大人物爲標誌的。這位人物就是意大利人但丁，他是中世紀的最後一位詩人，同時又是新時代的最初一位詩人。"[①] 他出身於弗洛倫薩一城市小貴族家庭。自幼好學深思，喜愛文學和修辭學。成年以後，他積極參加政治活動，加入了代表新興市民利益的圭爾弗黨，同代表封建貴族利益的吉伯林黨作鬥爭，並於1300年當選爲弗洛倫薩的行政官。後來圭爾弗黨分裂爲黑白兩黨，他接近擁護世俗君主專制的白黨。1302年他被擁護教皇的黑黨放逐，從此漂泊異鄉，晚年定居雷文納，因染瘧疾而逝。在政治上，他堅決反對教權，主張政教分離，擁護世俗君主專制，主張王權高於神權。他的代表作是長詩《神曲》，其中把教皇打入第十八層地獄。他的美學思想主要包含在《筵席》篇、《致斯加拉大親王書》和《論俗語》等著作中。

但丁在神學和哲學上是托馬斯・阿奎那的信徒。他也接受了神學美學的基本觀點。他認爲，上帝是美的本體，萬物之美來源於上帝之美的光輝照耀，美在各部分的秩序、和諧和鮮明。在《神曲》中，他所描寫的上帝，就是一個光輝不朽的至美形象。因此，但丁仍是中世紀美學的重要代表人物。但是，另一方面，但丁對西方美學史的重要貢獻却主要在於，他比托馬斯對人和塵世生活有了更多的肯定，因而開始突破了神學美學。在《筵席》篇中，他認爲，人與禽獸不同，人的本質在於天賦的理性和自由意志，這是上帝對人的恩賜，因此人是高貴的，自由的，人在愛上帝之外，還可以追求塵世之愛，追求塵世的快樂和幸福，人有追求真善美的自由和能力，藝術活動有益於人生，所有這些都符合人的本性。但丁對具體美學問題的論述，主要是從肯定人和現世生活的價值和意義出發的。在《筵席》篇中，他論及文藝作品中美與善的異同。他說："每一部作品中的善與美是彼此不同，各自分立的。作品的善在於思想，美在於詞

---

① 《馬克思恩格斯選集》第1卷，第249頁。

章的雕飾。善與美都是可喜的,這首歌的善應該特別能引起快感。由於這首歌裏出來説話的有幾個人,所要找出的區分也很多,這首歌的善是不易了解的,我看一般人難免更多地注意到它的美,很少注意到它的善。"[1]這就是説,作品的内容要善,形式要美,二者都能引起快感,但内容更重要。這表明但丁承認文藝有功利目的,但並不否認形式的美。

《致斯加拉大親王的信》主要從主題、主角、形式、目的、名稱和哲學六個方面對《神曲》作了分析。但丁特别强調了《神曲》的寓言意義。中世紀普遍流行一種詩的四義説,即詩具有字面的、寓言的、哲理的和奥秘的四種意義。但丁把這四種定義歸併爲兩點,後三種統稱爲寓言的意義。他認爲,要把握作品的主題,不但要從字面的意義,而且要從寓言的意義上去看。從字面意義看,《神曲》的主題是"亡靈的境遇",而從寓言的意義看.《神曲》的主題是人,人們在運用其自由選擇的意義時,由於他們的善行或惡行,將得到善報或惡報。他强調詩要體現懲惡揚善的寓言意義。但丁在這裏所持的觀點是一種"詩爲寓言"説,這是中世紀相當流行的看法。按照這種看法,任何藝術表現和事物形象都是象徵性的或寓言性的,背後都隱藏着一種奥秘的意義。中世紀的文藝的確是以追求象徵和寓言爲特徵的,例如中世紀的造型藝術就時常用牧羊人象徵基督或傳教士,羊象徵基督教徒,三角形象徵三位一體,蛇象徵惡魔等等。但是,寓言思維是一種低級的形象思維,在寓言和象徵中,感性形象和理性内容一般是相互脱節,没有必然聯繫的。作爲一種藝術手法,寓言和象徵在文藝創作中是可以而且經常出現的,但把寓言和象徵當作藝術的本質就完全錯誤了。不過,從創作實際看,《神曲》有些章節採用的是脱離形象的討論,答疑、對話的形式,和象徵、寓言毫不相關,但丁用這種議論的方式觸及了當時哲學、科學和神學上的

---

① 《西方美學家論美和美感》,第68頁。

重要問題和理論。對此，他辯護說，《神曲》是屬於哲學，“屬於道德活動或倫理那個範疇的，因爲全詩和其中和部份都不是爲思辨而設的，而是爲可能的行動而設的。如果某些章節的討論方式是思辨的方式，目的却不在思辨而在實際行動”①。這種辯護提高了議論在文藝創作中的地位，强調了詩屬於倫理哲學，目的不在思辨而在行動，又可以說是開始打破了詩爲寓言說，這在當時也應當說是一種進步。當然，議論不能代替形象思維，這裏仍没有解决好内容和形式的相互關係。

但丁最重要的理論著作是《論俗語》。它的主要價值是解决用意大利民族語言進行文藝創作的問題。中世紀以來，拉丁語是教會指定的通用語言，只有享受過教育的上層僧侶階級才懂。但丁對此提出挑戰，要用俗語即意大利民族語言來代替拉丁語。他說，俗語是人類真正的元初的語言，是孩子從保姆那里學到的語言，它是一切文學語言的基礎，它比文學語言更根本、更自然、更高貴。這表明但丁要求文藝更接近現實生活和人民群衆。但丁十分强調語言的社會性質和功用，給予語言問題以重大的社會意義，他認爲語言是人類區别於動物的特點之一，語言就它是聲音而論是可感覺的，就它傳達意義而論是理性的，因而它能成爲人類互相傳達思想的信號和工具。當時的意大利還没有統一的民族語言。但丁提出統一語言的必要，主張要從各地方的俗語中提煉出一種理想的、標準的、統一的民族語言。他形象地説，要把各地方的俗語“放在篩子裏去篩”，然後把“最好的字收集在一起”。他認爲，這種統一的民族語言，其標準應當是“光輝的，基本的，宫廷的，法庭的俗語”。所謂“光輝”的，是指“發光照亮别的，自己也被照亮的東西”，是“因練習和力量而高貴的”。它表現爲語言的優美、清楚、完整、流暢，具有激蕩人心的力量，使用它的人會博得榮譽和光榮。所謂基本的，就是核心

① 朱光潛:《西方美學史》上卷，第 140 頁。

的，它是所有各城市語言的核心，有如門樞，不論向里向外轉都以它爲核心，它是語言發展變化、新陳代謝的根基。所謂“宮廷的”，是指權威的，是適用一切城市的，是宮廷應當使用的。可是現在還没有使用這種語言的宮廷，這種語言還暫住在陋室(民間)。所謂法庭的，就是公平的，公正的，是最好的法庭使用的，可是現在還没有這樣理想的法庭，但這樣法庭的成員是有的，而且有一個分散在各地的這樣的法庭(暗指人民法庭)。他指出，這種統一的標準的俗語，既“屬於意大利的一切城市，而又不屬於任何一個城市”。①

語言問題是中世紀末期和文藝復興時期普遍關心的一個重要問題。但丁的《論俗語》不但較早提出這一問題，而且對以下兩方面作了比較正確的解決。第一，俗語或民族語言能不能更好地表達思想情感？但丁給了肯定的答復，爲俗語作了多方面的辯護。第二，使用俗語能不能更好地進行文藝創作？但丁肯定了對各地俗語加以提煉，建立統一民族語言的必要。他的看法是較爲辯證的。《論俗語》不但對意大利而且對歐洲其它各國民族語言和民族文學的發展都有重大影響。

此外，《論俗語》還講到詩的主題、題材、音律、風格等問題。但丁認爲，文藝作品的主題是人。武士的英勇，愛情的熱烈和意志的方嚮，即安全、愛情和才德應當是文藝最重大的題材。作家要比國王、侯爵、公爵以及其他王公大人更出名。總之，但丁雖然還没有擺脱中世紀神學觀念的影響，但人文主義的新思想在他那裏已見端倪。人們已可聽到新時代即將來臨的足音。

① 《西方文論選》上卷，第 166 頁。

第三章　文藝復興時期的美學

歐洲從 14 世紀下半葉到 16 世紀末，是封建社會日益瓦解，資本主義生産方式逐漸形成的時期。歷史上又稱作文藝復興時期。這是結束中世紀，開創資本主義新紀元的重大歷史轉變時期。當時歐洲各國仍處於封建制度的統治之下，但資本主義的生産關係已經萌芽，新興的資産階級開始登上歷史舞臺。他們一面在經濟上進行原始資本積累，大力發展資本主義工商業，一面在思想文化上藉助古希臘羅馬文化鼓吹人文主義，反對教會神權和封建文化，從而造成了全面而巨大的社會變革。正如恩格斯所説："這是一次人類從來没有經歷過的最偉大的、進步的變革，是一個需要巨人而且産生了巨人—— 在思維能力、熱情和性格方面，在多才多藝和學識淵博方面的巨人的時代。"①

文藝復興運動起源於"資本主義生産發展最早"的意大利，而後又相繼在歐洲各國發生。文藝復興這個詞最早是在意大利藝術史家 D. 瓦薩里 (1511－1574) 的《繪畫、雕刻、建築的名人傳記》(1550) 裏使用的。其本義是古典學問的再生。1453 年，東羅馬帝國首都拜占庭陷落以後，大批希臘古典學者携帶書籍逃亡到意大利，他們以講授古典學説爲業，促進了意大利對古典文化的研究。一般認爲，這是文藝復興産生的重要標誌。但是這個名稱並不準確。首先，這一時期的變革不僅僅表現在文化方面，更重要的還表現在經濟基礎方面；

---

① 《馬克思恩格斯選集》第 3 卷，第 445 頁。

其次,文藝復興的產生不僅受到古希臘羅馬文化的影響,還受到阿拉伯、印度和中國等東方文化的深刻影響。例如,被湮没一千六百多年的亞里斯多德的《詩學》在文藝復興時期才被發現和出版,就是由阿拉伯文本轉譯的。而從中國早已傳入的火藥、指南針、印刷術和造紙術等發明,對西方資本主義的興起和發展也發揮了重大的作用;最後,它也不是古希臘羅馬文化的簡單再生,而是創造了嶄新的資產階級文化。我們仍然沿用文藝復興這個名稱,但應當有全面科學的理解。

文藝復興產生的資產階級新文化,一般稱作人文主義,又稱作人本主義或人道主義。它標誌着世界觀和價值觀的根本轉變,即從神學到人學,從神性到人性的轉變。它主張以人爲本,以人爲中心,以人爲萬物的尺度和最高價值,反對神的權威,反對宗教神秘主義、蒙昧主義、禁欲主義和來世主義,它鼓吹以人性取代神性,以人權取代神權,讚美塵世生活和歡樂,歌頌人的偉大和理性的創造精神,提倡思想解放、個性自由、全面發展,反對封建特權和等級制度,要求打碎教會和封建統治的桎梏,爲確立資本主義制度鳴鑼開道,表現了新興資產階級的革命激情和樂觀的戰鬥精神。

文藝復興是一個人才輩出、群星燦爛的"巨人"時代。當時湧現了大批鼓吹人文主義的卓越代表,他們是學識淵博、思想解放、熱情積極的知識精英,是反封建、反神學的先進戰士,在各個文化領域都做出了重大的貢獻。恩格斯説:"給現代資產階級統治打下基礎的人物,決不受資產階級的局限。相反地,成爲時代特徵的冒險精神,或多或少地推動了這些人物。那時差不多没有一個著名人物不曾作過長途旅行,不會説四五種語言,不在幾個專業上放射出光芒。……那時的英雄們還没有成爲分工的奴隸,分工所具有的限制人的、使人片面化的影響,在他們的後繼者那裏我們是常常看到的。但他們的特徵是他們幾乎全都處在時代運動中,在實際鬥争中生活着和活動着,站在這一方面或那一方面進行鬥争,一些人用舌和筆，一些人用劍，一些人則兩者併用。”[①] 人文主義或人道主義在當時也還是革命的、進步的。但是，恰如馬克思所説，資產階級初期的進步是“用燃燒着的劍與火的語言記載到人類的編年史裏來的”的”[②]。人文主義畢竟是資產階級的思想意識，其思想核心是資產階級個人主義，他們雖然以“普遍人性”爲口號，但並不真正代表勞動人民的利益，他們以普遍人性爲基礎的社會理想也還是不徹底的，當時還不可能找到實現真理和美的王國的實際途徑。文藝復興在社會生活各個方面所造成的巨大變革，有力地促進了哲學、科學和文藝的發展。當時唯物主義哲學日益擡頭，自然科學有許多發現和發明，文學藝術打破了中世紀神秘主義和象徵寓言的藝術手法，表現出生動活潑的現實主義精神，達到了古希臘以來的第二次高峰。就繪畫而論，達·芬奇、米開朗琪羅、拉斐爾、提香等藝術大師的作品，如《蒙娜麗莎》、《創世紀》、《西斯庭聖母》、《聖母昇天》等，都揭示了人世生活的歡樂和美，洋溢着反封建反宗教的人道主義激情，達到了前所未有的成就。所有這一切都影響到了美學思想的發展。

這一時期的美學經過人文主義的洗禮，已經擺脱神學的束縛，把美從天國拉回到了人間。其主要特徵首先在於重視現實生活的美，崇尚自然美和人的美，爲美和藝術辯護，把文藝反映現實生活提到首位。其次，這一時期的美學同文藝實踐和自然科學結合得十分緊密。當時的美學家大半是藝術家、科學家，他們一面研究、評注古希臘羅馬時代的柏拉圖、亞里斯多德和朗吉弩斯等人的著作，研究自然科學，一面結合藝術實踐，注意吸收和利用自然科學的成就，寫下了大量有關雕刻、繪畫和建築的論著。他們的美學主要是文藝美學，還缺乏哲學的深度。由於這一時期美學上的代表人物很多，觀

① 《馬克思恩格斯選集》第 3 卷，第 445－446 頁。
② 馬克思《資本論》第 1 卷，第 94 頁。

點分歧、複雜，各自差異很大，我們僅就幾個人物略加介紹。

第一節　薄伽丘的美學思想

薄伽丘(Boccaccio,1313－1375)是意大利文藝復興時期傑出的作家和詩人。他和但丁、彼德拉克三人常被稱爲早期文藝復興的先驅和意大利文學的奠基人。他出身於佛羅倫薩一個富商家庭，早年曾經商，學習法律，後來參加政治活動，經常出入宮廷，擁護共和政體，反對貴族勢力，和人文主義者有廣泛的交往。他寫過很多傳奇、史詩、故事和詩篇，其中最膾炙人口的是《十日談》，此外還寫過《但丁傳》和《異教諸神譜系》等論文。他的美學思想具有明顯的反封建、反神學的性質。

《十日談》是歐洲文學史上第一部現實主義巨著，描繪了意大利廣闊的社會生活畫面，開創了歐洲短篇小説這一獨特的藝術形式。它通過十個青年男女在十天内每天每人講一個故事，共 100 個故事，揭露、批判和諷刺了教會的僞善、奸詐和罪惡，反對禁欲主義，真實揭示了現實生活和人性的美，讚美愛情，歌頌青年男女冲破封建禮教和金錢關係，追求自由幸福的鬥争。全書貫串了人文主義思想，肯定了現實美和人性美。他認爲，愛情是人類的天性。他諷刺有些人頭腦過於簡單，以爲一個美麗的少女一旦做了修女就“不再思春”，變得像一塊石頭，所以他們一聽到出乎意料的事就怒氣冲天，彷佛發生了什麼逆天背理的罪惡。他認爲，在所有的自然力量中，愛情的力量最大，最不受約束和阻攔。他還講過一個“綠鵝”的故事，説有一位做父親的帶他的兒子到佛羅倫薩，看到許多美麗的女人，他不願意讓兒子知道什麼是女人，生怕喚起他的肉欲，就告訴他：“它們是綠鵝”，並且説：“它們是邪惡的東西”。兒子迷惑不解，於是説，他不懂這究竟是爲什麼，邪惡的東西原來是這樣的呀！“我祇覺得我還没有看見過這樣美麗，這樣可愛的東西。它們比你時常給我看的天使的畫像好看的多呢。唉，要是你疼我的話，就讓我帶一頭綠鵝回去吧，我要喂它。”父親說，不行，你不知道怎樣喂它。到這時他才明白，自然的力量比他的説教真是力量大得多了，深悔自己不該把兒子帶到佛羅倫薩來。這樣尖鋭地批判禁欲主義，顯然是對教會的挑戰。據布克哈特在《意大利文藝復興時期的文化》中説，在描寫農村愛情故事的詩篇《愛彌多》裏，他還描寫了一個白面、金髮、碧眼的女人和一個皮膚、眼睛、頭髮都帶淺黑色的女人。他以古典式的筆觸，描繪了後者寬廣開闊的前額，波狀的眉毛，略帶鈎形的鼻子，寬大飽滿的前胸，長短適度的雙臂，美麗動人的手。在其它描寫裏，他還提到平直的(不是中世紀那種弧形的)眉毛，細長的、熱情的、粽色的眼睛，圓的没有頸窩的脖頸以及一個黑頭發少女的“纖小的雙足”和“兩隻淘氣的小眼睛”等等，所有這些描寫都預示了未來時代對美的理解，都可説是人性美的新發現。

薄伽丘不但發現和肯定了人性美，而且發現和肯定了自然美。他熱愛自然，深切感受到自然對人類精神的深刻影響。他的充滿浪漫氣息的田園詩，大量描繪和歌頌了鄉村景物的美，如叢林、牧場、溪流、牛羊群、牧舍等等，他區分了自然美和自然的實用價值，認爲自然美可以“陶冶性情”，有使人“一志凝神”的功效。應當指出，自然美的發現在人類審美意識發展史上是一件大事，具有重大的進步意義。在古代人們還不能把自然的實用價值和美區分開，加上宗教迷信，自然往往帶有神秘的、惡魔的色彩，因此欣賞自然美在任何民族那裏都是較晚的事，欣賞自然美的能力是長期複雜的歷史發展的成果。自然美的發現恢復了自然的本來面貌，肯定了自然對人的深刻影響，表明了人類審美能力的提高。

薄伽丘美學思想的核心是爲藝術和美辯護。這也是整個文藝復興時期美學的基本方向和特色之一。中世紀神學曾認爲文藝不能表現真理，它憑想象虛構故事，是説謊，詩人是騙子。針對這種詆毁文藝的觀點,在文藝復興的早期,但丁、彼德拉克和薄伽丘都提出過詩即寓言亦即神學説。在《但丁傳》中,薄伽丘説:"詩是神學,而神學也就是詩"①,因爲它們都是寓言,都把真理隱藏在虛構這幅障面紗的後面。詩離不開想象和虛構,但詩人不是瘋子和騙子,他們在作品裏都運用了最深刻的思想。詩人之所以虛構故事,是因爲"經過費力才得到的東西要比不費力就得到的東西較能令人喜愛。一目了然的真理不費力就可以懂,懂了也感到暫時的愉快,但是很快就被遺忘了。要使真理須經費力才可以獲得,因而産生更大的愉快,記得更牢固,詩人才把真理隱藏到從表面看好像是不真實的東西後面。他們用虛構的故事而不用其它方式,因爲這些虛構故事的美能吸引哲學證明和辭令説服所不能吸引的聽衆。"其實,"神學和詩可以説差不多就是一回事",神學和詩一樣也離不開虛構,例如"《聖經》里基督時而叫做獅,時而叫做羊,時而叫做蟲,時而叫做龍,時而叫做巖石,這不是詩的虛構又是什麽呢?"②既然神學能傳播真理,那麽詩也能傳播真理,並不像教會攻擊的那樣是説謊。顯然他的目的是提高詩的地位,使詩與神學平起平坐。但這種對文藝的辯護還没有徹底否定神學,仍是從宗教觀點所做的辯護。在《異教諸神譜系》中,他還認爲,詩出於神示,"導源於上帝的胸懷"③。詩的任務就是"要使人們時刻不忘上帝要實現的目的"④。所以,他並没有完全擺脱中世紀的神學觀念。

薄伽丘還認爲,詩是一種熱情而又精細的創作。因此詩人須有天才,要有反映生活的熱情,但是單有熱情或冲動還不够,他還應有豐富的生活,淵博的知識,以及表達思想的手段和技巧。例如,他要懂得語法和修辭的規則,"至少還須懂得關於道德和自然的其他學

①② 《西方文論選》上卷,第176頁。

③ 同上書,第177頁。

④ 吉爾伯特和庫恩:《美學史》,第221頁。

問的一些原則,掌握豐富有力的詞匯,觀玩古人的紀念碑和遺物,熟記各民族的歷史,熟悉各處的海、陸、河、山的地理情況"[①]。他强調:"假如缺乏這些條件,創造性天才所具有的能力時常會變得遲鈍和呆板。"[②]他認爲真正的詩人是極爲罕見的。

總之,薄伽丘雖然没有完全擺脱神學的影響,但他肯定人性美、自然美,爲文藝和美作了辯護,這爲文藝復興時期人文主義美學的形成和發展奠定了基礎。

第二節　阿爾倍蒂的美學思想

阿爾倍蒂(Alberti,1404－1472)是意大利文藝復興時期著名的建築家,同時又是詩人、畫家和科學家。他出生於佛羅倫薩,自幼聰明過人,喜愛各種技藝,善於向各類藝術家、學者和工匠以及補鞋匠學習。據説他學習音樂無師自通,譜寫的曲調得到了專門家的稱讚。他不但創造了許多教堂等建築作品,還寫了不少理論著作。主要有《論繪畫》(1435)、《論建築》(1450)、《論雕塑》(1464)、《論家庭》、《論心靈的安謐》等。其中最重要的是《論建築》共十卷,是模仿維特盧威的著作而寫成的。

像薄伽丘和其他人文主義者一樣,阿爾倍蒂雖然没有完全否定神,但却熱情肯定和頌揚人和現實生活的美,積極地爲美和藝術進行辯護。他認爲,愛美是人的天性,人有不可遏止的追求美、欣賞美的願望。這是人不同於動物的特點之一,凡是不讚賞美的事物,不爲美所感動,不因醜而感到羞耻的人,都是粗野落後的、不文明的。他説:"眼睛最渴望美與和諧,它們對美與和諧的探索特别堅決,特别頑强……有時候它們甚至無法説明,除去不能完全滿足看到美

①②　《西方文論選》上卷,第178頁。

的無限渴望而外,還有什麼東西能使它們感到委屈。”① 在他看來,中世紀的教會壓抑、貶斥人的審美活動是殘酷的、野蠻的,愛美、追求美絶不是罪惡,而是正當健康的審美要求,應當給予滿足,不應加以壓制。這種對美的辯護是建立在對現世生活和人的肯定和自信基礎上的。阿爾倍蒂堅决反對教會把人視爲“易摧之舟”、“風中之燭”,他說:“你要堅信,人生來不是爲了過碌碌無爲的淒涼生活,而是要從事偉大壯麗的事業。”②

阿爾倍蒂熱愛自然,讚賞自然,對自然美特别敏感。據布克哈特說,他曾被參天大樹和波浪起伏的麥田感動得落淚;當他生病時,不止一次因爲欣賞美麗的自然風光而霍然痊愈。他還在建築理論中要求師法自然,結合自然。他說:“最好要使人們有時候看到海,有時候看到山,有時看到流動的湖水或泉水,有時看到不毛的山巖或平地,有時看到叢林和山谷。”③ 在阿爾倍蒂看來,美就存在於自然之中,是不以人的意志爲轉移的。

關於美的學說是阿爾倍蒂美學的中心。他廣泛接受了畢達格拉斯、亞里斯多德、西塞羅和維特盧威的影響。他主張美在和諧,但他反對把美衹看作形式上的和諧。他認爲美主要是本質的和諧,即事物本身和本質中所存在的和諧。他說:“美是各個組成部份各在其位的一種和諧與協調,它們要符合和諧,即大自然的絶對要素和根本要素所要求的嚴格的數量、規定和佈局。”④ 他還說:“美是所有各部份之間的嚴格勻稱的和諧,而這些部份又是被它們所屬的那一事物結合在一起的;美是這樣的,它既不會增加,也不會減少,更不會有

① 阿爾倍蒂:《論建築》第1卷,1935年莫斯科(俄文版),第329頁。
② 奧夫相尼科夫:《美學思想史》,第72頁。
③ 布克哈特:《意大利文藝復興時期的文化》,商務印書館1979年版,第134頁注③。
④ 奧夫相尼科夫:《美學思想史》,第77頁。

任何的改變，它不會變得更壞些。”[①] 這就是說，美是客觀的，美根源於自然，“是物體本身固有的和天生的東西，是使整個物體變成美的東西”[②]。阿爾倍蒂對美的看法具有唯物主義的傾嚮。

阿爾倍蒂認爲，美是可以通過感官認識的。每個人都具有感受美的能力。他説：“一個人，無論多麽不幸和保守，多麽野蠻和粗俗，他也不會不讚賞美的東西，不會不喜歡最漂亮的東西，不會不討厭醜陋，不會不拒絶一切未經修飾的和有缺陷的東西。”[③] 他特别强調，對美的認識和理解，“感覺勝於言詞”。他的這種美感論是以感覺經驗爲基礎的，但却失之於膚淺。

阿爾倍蒂還力圖對美學範疇進行準確的區分。他區分了美和美化(Ornamentum)兩個概念。他認爲，美是事物内在本質固有的屬性，它不增不减，具有絶對性，而美化則是外部形式的主觀組合，是附加到事物上面的，因而具有相對的、偶然的性質。所以，美和美化是兩種獨立的類型。此外，他還追隨西塞羅把“尊嚴”、“優雅”等概念與美的概念聯繫起來，並且依據斯多噶派關於美與效益相關的思想，把建築的結構美與“必要和舒適”聯繫起來。

在藝術問題上，阿爾倍蒂把自然看作藝術的原型，主張藝術是自然的摹仿，他和維特盧威一樣，把建築物比作生物的有機體。他説：“建築物像生物一樣，建造它時也應當模仿自然。”[④] 他還讚同把繪畫當作捕捉藝術原型的鏡子這一當時流行的觀點。但他並没有停留在機械反映或再現自然的表面，他看到並强調了藝術不同於自然的主觀能動的方面。他認爲，高明的藝術不能簡單地摹仿自然，還應當表現理想的美。他認爲，藝術應當表現美，美是藝術的絶對對象，應當把分散在個别物體中的美集中起來，加以理想化，這樣

① 舍斯塔科夫:《美學史綱》，第 96 頁。
② ③ 奥夫相尼科夫，《美學思想史》，第 77 頁。
④ 舍斯塔科夫:《美學史綱》，第 99 頁。

藝術就要捨棄醜，遮蔽醜，避免醜在藝術中的出現。他說："如果身體的某些部份看上去不美，而其它類似部份也不特別雅觀。那不妨用衣服、任何樹枝或手把不美的那一部份遮蓋起來。古代人畫安提柯的肖像只是從他面部一只眼睛没有被打瞎的一面去描繪他的。據說，伯利克里的頭長得很長，也很難看，由於他不典型，所以他在畫家和雕塑家的手下是以帶頭盔的形象出現的。"① 阿爾倍蒂在美學史上的突出貢獻，在於他繼亞里斯多德之後，較早重提了藝術典型化的問題。他說："大自然賦與萬物之間的那種各得其所的高度美，而在這一點上，我們是效法那個給克羅多尼人塑造了女神形象的人，他從一些姿色出衆的少女那裏汲取了其中每一個人身上最優美、最秀麗的東西，而將它移植於自己的作品中，同樣，我們也選擇了很多被鑒賞家們認爲最美的形體，從這些形體中取得一定的尺度，然後把它們互相比較，抛棄在這一或那一方面過偏的東西，於是選出那些經過用淘汰法進行一系列測驗一再證實了的大小適中的尺度。"② 如果說阿爾倍蒂在這裏所講的典型化的方法還具有某種機械的性質，他所理解的理想美即所謂"大小適中的尺度"，還衹是"數學標準的平均化"。那麼，在另一段話裏，他却深刻揭示了藝術形象上個別與一般的辯證法。他說："雕刻家要做到逼真，就要做到兩方面的事：一方面，他們所刻畫的形象歸根到底須儘量像活的東西，就雕像來說，須儘量像人。至於他們是否把蘇格拉底、柏拉圖之類名人的本來形象再現出來，並不重要，只要作品能像一般的人——儘管本來是最著名的人——就够了。另一方面，他們須努力再現和刻畫的人還不僅是一般的人，而是某一個別人的面貌和全體形狀，例如愷撒、卡通之類名人處在一定情況中，坐在首長壇上或是向民衆集

① 舍斯塔科夫:《美學史綱》，第 98 頁。
② 蘇聯藝術科學院等編:"《馬克思列寧主義美學原理》上册，三聯書店 1961 年版，第 64 頁。

會講演。”①

在《論繪畫》中，阿爾倍蒂廣泛談到了繪畫藝術的數學基礎，構圖、透視、色彩配置、藝術家的培養等問題。他肯定虛構的美，反對傳統的刻板臨摹範本的主張，强調藝術家的使命是發掘新的形象和題材，反映生活現實的豐富多彩和特色。他說：“在菜肴中也和音樂中一樣，新穎和豐富總能使我們感到歡喜，它們越是不同於陳舊和習慣的東西就越使人喜歡，因爲人們對於任何豐富的和有特色的東西總是高興的，同樣，圖畫中的豐富性和富有特色也總會使我們感到歡快。”② 他主張，藝術應當以人民的快樂爲目的。

阿爾倍蒂的美學具有唯物主義和現實主義的傾嚮，它一反中世紀的美學原則，繼承和發展了古希臘羅馬的美學，具有重大的影響和意義。布克哈特說，達・芬奇和阿爾倍蒂相比，“就像完成者和創始者，專長的大師和業餘愛好者相比一樣”③。

第三節　達・芬奇的美學思想

達・芬奇(Leonardo da Vinci,1452－1519)是意大利文藝復興時期最重要的藝術家和科學家。恩格斯曾高度評價說：“列奥那多・達・芬奇不僅是大畫家，而且也是大數學家、力學家和工程師，他在物理學的各種不同部門中都有重要的發現。”④ 他出生在佛洛倫薩，自幼熱愛自然，早年在畫坊學徒期間就繪制了《受胎告知》、《德・邊溪肖像》等作品，顯示出傑出的繪畫才能。1482－1499年，他擔任米蘭大公洛多維克・斯福查的宮廷畫家和軍事工程師，曾研制過飛機和降落傘，爲格拉齊修道院繪制了《最後的晚餐》，後

① 阿爾倍蒂：《論建築》第2卷，第14頁。
② 舍斯塔科夫：《美學史綱》，第99頁。
③ 布克哈特：《意大利文藝復興時期的文化》，商務印書館1979年版，第135頁。
④ 《馬克思恩格斯選集》第3卷，第445頁。

來回到佛洛倫薩又繪制了《蒙娜麗莎》,這兩幅名畫是世界藝術寶庫中的珍品,標誌着達·芬奇藝術創作的高峰。1506－1519年,他應法國駐米蘭總督的邀請,再次前往米蘭,主要從事解剖學和植物學研究,1516年受法王法蘭西斯一世之邀,定居法國克魯城堡,安度晚年,直到逝世。他一生不但創作了大量繪畫,而且從三十歲左右開始,就自覺記録自己的創作心得,廣泛研究與繪畫相關的解剖學、光學、透視學、色彩學等自然科學。他的《筆記》和《畫論》不僅是繪畫理論,也包含了重要的美學思想。

達·芬奇在哲學上繼承了古希臘以來的唯物主義認識論。他十分重視感覺經驗和實踐,他說:"我們的一切知識都發源於感覺","經驗才是真正的教師"[①],"理論脱離實踐是最大不幸","科學是將領,實踐是士兵"[②]。唯物主義是達·芬奇美學的基本出發點。在文藝與現實的關係問題上,他主張文藝摹仿自然或再現現實這個唯物主義美學的基本綱領。他提出了著名的"鏡子説",把文藝比喻爲反映現實的一面鏡子。他說:"畫家的心應該像一面鏡子,經常把反映的事物的色彩攝進來,面前擺着多少事物,就攝取多少形象。"[③] 他稱鏡子爲"畫家之師",勸畫家拿一面鏡子去照實物來檢驗畫得是否與實物相符。這種鏡子説在文藝復興時期是很流行的。莎士比亞在《哈姆雷特》裏也曾教導演員要"拿一面鏡子去照自然",説"戲劇的目的在一切時代都是而且將來也是自然面前的一面鏡子"。把文藝比喻爲鏡子很容易給人以機械反映的印象,但文藝復興時期的鏡子説並不是後來的自然主義。它的基本精神是肯定自然或客觀現實是文藝最根本的源泉,主張"師法自然"。達·芬奇十分推崇自然,他說:"自然是一切可靠權威的最高嚮導",畫家應當

① 達·芬奇:《筆記》,見《世界文學》1961年第8期,第207頁。
② 《芬奇論繪畫》,人民美術出版社1979年版,第40頁。
③ 達·芬奇:《筆記》,見《世界文學》1961年第8期,第209頁。

是“自然的兒子”[①]。在文藝的源流問題上,他堅決反對脱離自然單純臨摹他人作品的古典主義。他説:“畫家如果拿旁人的作品作爲自己的典範,他的畫就没有什麽價值;如果努力從自然事物學習,他就會得到很好的效果。”[②] 他回顧了羅馬時代以後的繪畫史,指出羅馬時代以後繪畫迅速衰頽,一代不如一代,原因就在於畫家們“不斷地互相摹仿”,後來佛洛倫薩畫家喬托起來,超過了前幾百年所有的畫師,則是由於直接摹仿自然,而在喬托之後,由於大家全都摹仿現成的作品,藝術又繼續衰頽了幾百年,直到15世紀初意大利畫家托馬索出來,情況才有所轉變。根據歷史的經驗,他認爲,凡是抛開自然而到别處尋找標準或典範的人,都是白費心機,極端愚蠢的,那些衹注重權威而不研究自然的人都只配做“自然的孫子,不配做“自然的兒子”。他提出了一句名言:“誰能到泉源去吸水,誰就不會從水罐里取點水喝。”[③] 不僅如此,達・芬奇還明確提出了藝術是第二自然的學説。他説:“畫家應當獨身静處,思索所見的一切,親自斟酌,從中提取精華。他的作爲應當像鏡子那樣,如實反映安放在鏡前的各物體的許多色彩。作到這一點,他仿佛就是第二自然。”[④] 並且説畫家應當“與自然競賽,並勝過自然”[⑤]。這些觀點説明,達・芬奇主張的是一種包含理想和創造的現實主義,他對文藝與現實關係的理解還是較爲辯證的。這種現實主義在當時無疑是進步的。

達・芬奇既是藝術家,又是科學家。他十分重視藝術與自然科學的結合。他認爲,文藝要摹仿自然,應當對自然具有科學的認識,並藉助自然科學不斷提高和豐富藝術表達的形式技巧。他利用

① 達・芬奇:《筆記》,見《世界文學》1961年第8期,第209頁。
② 同上書,第208－209頁。
③ 同上書,第209頁。
④ 《芬奇論繪畫》,第41頁。
⑤ 同上書,第42頁。

光學、解剖學和數學等知識，廣泛研究過有關空間透視、綫條、比例、明暗、色彩等繪畫理論問題。在他看來，繪畫就是一門科學。他說："繪畫是從哲學角度細緻入微地審度海洋、陸地、樹木、動物、花草等一切形式的本質，即審度被陰影和光明所籠罩的一切。實際上，繪畫乃是科學和大自然的合法女兒，因爲它是大自然所生。"[①]他還認爲，繪畫高於數學，因爲數學"只限於研究連續量和不連續量，它們不關心質，不關心自然創造物的美和世界的裝飾"[②]。而繪畫則能"再現自然的作品和世界的美"[③]，能够把自然中轉瞬即逝的美生動地保存下來。關於美，達・芬奇没有做抽象的哲學議論，也没有給美下一個明確的定義。但從他的許多具體描述中，可以看出他的基本觀點。他認爲，美是客觀事物的和諧的比例。美是客觀的，是事物的本質屬性之一。美感來源於比例，是以美爲基礎的。他說："美感完全建立在各部份之間神聖的比例關係上，各特徵必須同時作用，才能產生使觀者往往如醉如痴的和諧比例。"[④]他還認爲，萬事萬物，從人體到動、植物，都各有不同的比例，因此美具有多様性，藝術家應當勤於觀察各種事物的美，把各自分散的美集中起來，加以理想化，創造出高於自然的藝術美。例如要畫一張美的面孔，就應當從許多美的面孔上選出最好的部份，而且在判斷這些面孔的美時，"須根據公論而不是單憑你個人的私見"。在他那裏，藝術美的創造，不但要求形似，而且要求神似。他說："繪畫裏最重要的問題，就是每一個人物的動作都應當表現它的精神狀態，例如欲望、嘲笑、憤怒、憐憫等。"[⑤]又說："一個優秀的畫家應描畫兩件主要的東西：——人和他的思想意圖。"[⑥]他認爲表面人的思想意圖更難。他的這些觀點雖然還較爲零散，但却都是實踐經驗的總結，

① 奥夫相尼科夫:《美學思想史》,第78頁。

②③ 《芬奇論繪畫》,第18頁。

④ 同上書,第28頁。

⑤⑥ 同上書,第169頁。

是十分寶貴的。

達・芬奇對美學的另一貢獻,是開創了對各門具體藝術的審美特性的比較研究。他在《畫論》中系統地分析了繪畫與詩、繪畫與音樂、繪畫與雕塑的異同。自古希臘羅馬以來,繪畫的地位一向低微,在中世紀,詩和音樂被視爲高尚的"自由藝術",而繪畫則被歸入"機械藝術"或手藝勞動。達・芬奇反對這種傳統觀念,竭力爲繪畫的地位和價值辯護。他指出,繪畫與詩和音樂不但有很多相同之處,而且有很多勝過詩的音樂的特點,因此繪畫也應當列入"自由藝術"。他得出的結論是:繪畫是最高最有價值的藝術。從畫與詩的比較來看,畫勝於詩。畫訴諸眼睛,詩訴諸耳朵。而"視覺比其它感官優越"①,眼睛是"心靈的窗子,是心靈最廣泛最宏偉地觀察一切事物的通道和工具。因此繪畫藉助眼睛就能描畫自然的一切形態,創造出維妙維肖、栩栩如生、以假亂真的形象,並直接地確實地把物象陳列或展示在欣賞者的眼前。而詩祇能通過語言文字表達事物的名稱,把事物陳列在想象之前。而且詩不能像畫那樣完整地表現美。"詩人在描寫人們的美或醜的時候,祇能零零碎碎地告訴你,而畫家則能同時而完整地表現它"②。所以,畫比詩更真實、更感人、更易爲公衆接受。他說:"毫無疑問,繪畫在效用和美方面遠勝過詩,在所產生的快感方面也是如此。"③他舉例說,有一位古代皇帝請詩人和畫家描繪他的寵姬,結果畫像比詩更博得皇帝的喜愛。試把描寫同一戰鬥題材的詩與畫同時展出,那麼畫肯定會吸引更多的觀衆。如果把上帝的名字寫在一個地方,再把他的圖像放到對面,那麼圖像一定比名字能引起人們更高的虔誠。在他看來,畫比詩更受人喜愛,更符合人的天性。至於音樂和雕塑,那就更趕不

① 《芬奇論繪畫》,第 25 頁。
② 同上書,第 28 頁。
③ 《西方美學家論美和美感》,第 71 頁。

上繪畫。音樂訴諸聽覺,它在節奏中旋生旋滅,方生即死,不像繪畫具有永久性,能生動地保存曇花一現的美。雕塑雖然也訴諸視覺,但它耗費體力太多,使用心思和智巧較少,缺乏色彩美和透視,較爲機械,缺乏創造,而“繪畫需要更多的思想和更高的技巧,它是一門比雕塑更神奇的藝術”[①]。達·芬奇所做的這些比較,把繪畫提到了至高無上的地位,其具體論述難免有矯枉過正之處,但其反對傳統觀念的基本精神和探索藝術審美特性的努力是應當肯定的。他對各門藝術的比較分析很多是精辟的、深刻的,他已揭示了後來所謂視覺藝術與聽覺藝術,空間藝術與時間藝術的基本特點。他的許多論點在 18 世紀德國美學家萊辛的《拉奥孔》中,得到了進一步的論證和發揮。

第四節　卡斯特爾維屈羅的美學思想

卡斯特爾維屈羅 (Castelvetro,1505－1571) 是意大利文藝復興時期著名的文藝理論家,研究亞里斯多德著作的權威。他出身於莫登納的一個貴族家庭。早年在博洛尼亞、帕多瓦、錫耶那大學學習法律。1529 年在摩納德大學講授法學。1555 年因異端罪遭教會迫害,長期流亡國外。他寫過許多著作,但多已失傳。他的代表作《亞里斯多德〈詩學〉詮釋》(1570),其中討論了不少美學問題,是一部影響很大的重要文獻。

在解釋亞里斯多德關於詩與歷史的區別時,卡斯特爾維屈羅談到了詩的本質問題,他認爲,詩是一種基於想象和虛構的創造。他指出詩與歷史有兩點不同。就題材說,歷史叙述的是曾經發生過的事,歷史家不能創造他的題材,而詩則描述從未發生或可能發生的事,詩人必須虛構故事,進行創造。“詩的題材是由詩人憑他的才能

---

① 《芬奇論繪畫》,第 35 頁。

去找到或想象出來的”[1]。就語言說，歷史家使用的是具有普遍性的推理的語言，而詩人則使用富有獨創性的韻文。他說：“‘詩人’這個名詞的本義是‘創造者’，如果他希望擔當這個稱號的真正意義，他就應當創造一切，因爲普通材料使他易於創造，他有可能做到。”[2]這就是說，詩人有創造一切的權利，可以自由地運用想象和虛構。但這種權利和自由並不是絶對的，仍要有現實生活爲基礎。他說，不能認爲詩人“可以憑空捏造一些子虛烏有的城市、河流、山脉、國家、習俗、法律，並改變自然事物程序，在夏天下雪，在冬天收獲，以及其它等等。”[3]一般來説，卡斯特爾維屈羅的美學思想依據的主要是亞里斯多德的唯物主義和現實主義，但他對亞里斯多德的思想也多有修正和獨立的發揮。

卡斯特爾維屈羅在美學上關心的中心問題是詩的目的和功用。這在文藝復興時期是人文主義者普遍關心和争論的問題。當時大多數人都受亞里斯多德的净化説和賀拉斯“寓教於樂”説的影響，强調文藝的功利目的和教育功用。例如薄伽丘等人提出的詩即神學説便是如此，而卡斯特爾維屈羅却獨樹一幟，明確反對“寓教於樂”説，提出了詩的目的和功用只在娱樂，不在教育的反功利主義的主張。他説：“詩人的功能在於對人們從命運得來的遭遇，做出逼真的描繪，並且通過這種逼真的描繪，使讀者得到娱樂。至於自然的或偶然的事物之中所隱藏的真理，詩人應該留給哲學家和科學家去發現；哲學家和科學家自有一種給人娱樂和教益的方法，這和詩人所用的是迥不相同的。”[4]在他看來，科學和哲學的目的在給人以真理，詩的目的只在給人以娱樂，因此他反對賦予詩以道德的教育的目的，認爲詩的目的不在傳授知識和培養美德。他還反對柏拉圖的迷

---

① 《西方文論選》上卷，第192頁。
② 《古典文藝理論譯叢》第6輯，人民文學出版社1963年，第8－9頁。
③ 同上書，第9頁。
④ 《西方文論選》上卷，第193頁。

狂說，認爲詩並不起於神靈憑附和"非理性的天才"，詩有自覺的目的，但這目的不在教益，只在娛樂。而追求快樂是符合人的本性的。他明確說："詩的發明原是專爲娛樂和消遣的，而這娛樂和消遣的對象我說是一般没有文化教養的人民大衆。"[①] 他指出，普通的人民大衆不懂得哲學家脱離實際經驗很遠的微妙的推理、分析和論證，聽了叫人無法聽懂的話就會不快和生氣。因此，詩的題材"應該是一般人民大衆所能懂的而且懂了就感到快樂的那種事物"[②]。同時，詩的題材要有新奇性，要獨出心裁，不摹仿古人。他的這些看法和主張顯然有片面性，但是把人民大衆說成文藝服務的對象是一種藝術民主化的思想，無疑是進步的，而强調娛樂是文藝的唯一目的的娛樂說，比起詩即神學說，在反對中世紀神學美學和爲文藝辯護方面，顯然更爲激進、有力和徹底。吉爾伯特和庫恩說："他這種主張，反映了他整個詩歌理論中的異端傾嚮，是我們所看到的當時最激進的詩歌理論。"[③] 這一評價是符合事實的。

卡斯特爾維屈羅對亞里斯多德的悲劇净化說的解釋，在歷史上是很著名的。他的娛樂說也是以這一解釋爲理論根據的。他說："有人認爲詩歌被創作下來，主要是爲了教益，或者爲了教益也爲快感，這些人應當考慮到自己的意見和亞里斯多德的權威是相冲突的。"[④] 按照他的理解，亞里斯多德認爲"快感是悲劇的唯一目的"[⑤]。他說："悲劇特有的快感，來自一個由於過失，不善亦不惡的人由順境轉入逆境所引起的恐怖和憐憫。"[⑥] 按理說，一個好人，偏偏遭殃，這應是不快，毫無快感可言。所謂悲劇的快感，實際上指的是"把恐懼從人心中清洗或驅逐出去"[⑦]。這類似於治病先吃很苦的藥，然後得到健康所産生的快感。因此這是一種"間接的快感"。

---

①② 《西方文論選》上卷，第 193、194 頁。

③ 吉爾伯特和庫恩:《美學史》，第 257 頁。

④⑤ 《古典文藝理論譯叢》第 6 輯，第 24 頁。

⑥⑦ 同上書，第 23 頁。

這種快感的産生是由於在憐憫中能認識到自己是善良的。在恐懼中能懂得世途艱險和人事無常的道理。他認爲,這種清洗或驅除,“完全有資格被稱爲‘黑多奈’(Hedone),亦即快感或者喜悦,同時也應當正確地稱爲實用,因爲這是靠很苦的藥劑得到的心情的健康”①。他認爲,經常和唤起憐憫、恐懼與卑鄙的事物接觸,並不使人過分憐憫、畏懼與下流,反而能把這些激情從人心中清除和驅逐出去。在他看來,柏拉圖由於不懂得這個道理,擔心悲劇污染道德,敗壞公民,因此才主張禁演悲劇,相反,亞里斯多德却認爲有悲劇比没有悲劇更能使恐懼和憐憫在我們的心中減弱,“由於悲劇人物的榜樣,並由於反復搬演,悲劇能使觀衆從下流變爲高尚,從恐懼變爲堅定,從過分憐憫變爲嚴正”②。可以看出,卡斯特爾維屈羅雖然强調文藝的目的在娱樂,在快感,但他認爲這娱樂和快感也就是實用,他並不像一些資産階級學者所講的是一個爲藝術而藝術論者。

卡斯特爾維屈羅還對悲劇和史詩(戲劇體和叙事體)作過比較研究。他認爲,悲劇和史詩在摹仿方式和表現能力上有很大的不同。史詩比悲劇幅度更大,受限制較少,而悲劇必須考慮到實際的舞台演出和觀衆,因而在時間、地點等方面受局限較多。例如戲劇不能同時表現出幾個相距很遠的地方,它也不能表現過於歷時長久的事。在作這種比較時,他説過,悲劇“祇能表現發生在同一地點與時間不超過十二小時的行動”③。他的這種觀點後來在17世紀的法國形成了所謂“三一律”。由於法國古典主義把“三一律”變成了僵死的規則,阻礙了戲劇的發展,卡斯特爾維屈羅長期被看作“三一律”的始作俑者而受到攻擊。其實,他對悲劇和史詩的比較研究,包含

① 《古典文藝理論譯叢》第6輯,第23頁。
② 同上書,第4頁。
③ 同上書,第25頁。

了很多合理的、有獨創性的見解,還是應當重視的。

卡斯特爾維屈羅的美學思想基本上是唯物主義的。他說:“在藝術問題上,只有經驗能提出最顛撲不破的證據,我們探討藝術,只應把經驗奉爲唯一的準則。”① 他强調創造,張揚想象,提倡娛樂說,有力地反對了神學美學,推動了美學的發展。

第五節　錫德尼的美學思想

錫德尼(Sidney,1554－1586)是文藝復興後期英國詩人和文藝理論家,他出身於貴族家庭,父親曾三度擔任愛爾蘭總督。他十四歲入牛津大學,十八歲遊歷歐洲,做過宮廷、外交、軍事方面的官吏。三十二歲時戰死於左芬特戰場。他一生雖很短促,但却很有成就。他的《爲詩辯護》是一部重要的美學和文藝理論著作。該書寫於1583年左右,當時有一位英國清教徒作家斯蒂芬·高森攻擊“詩是罪惡的學堂”,錫德尼對此予以回擊,並對自古以來各種詆毀詩和詩人的言論,逐一進行批駁,爲詩作了有力的辯護。該書在作者死後九年正式出版,産生過很大影響。

錫德尼主要從以下幾個方面爲詩作了辯護。

首先,他肯定了詩對人類文化開發的偉大歷史貢獻,高揚了詩在人類社會生活中的地位和價值。他指出,詩是人類文化“最初的保姆”。他說:“詩,在一切人所共知的高貴民族和語言裏,曾經是‘無知’的最初的光明給予者,是其最初的保姆,是它的奶逐漸喂得無知的人們以後能够食用較硬的知識。”“詩是一切人類學問中最古老、最原始的;因爲從它,別的學問曾經獲得它們的開端;因爲它是如此普遍,以致没有一個有學問的民族鄙棄它,也没有一個野蠻民族没

① 《古典文藝理論譯叢》第6輯,第23頁。

有它”[①]。他以大量的歷史事實來説明,在遠古的蒙昧時期衹有詩和詩人,正是詩人以他們那怡悦性情的特長,開發了從前舉世無所知曉的最高學術的各個方面。詩人是“學術之父”。詩人把知識帶給人類,使頑鈍的頭腦變得柔和起來,敏鋭起來,把心靈從身體的牢獄中解放出來,給人類指出光明的道路,使人類能享其神聖的本質,達到儘可能高的完美。因此,詩人自古以來便在各民族中間受到普遍的崇敬,以致哲學家和歷史家都不得不先以詩人的面貌出現,衹有先行取得詩的偉大護照,然後才能進入群衆審定之門,“這種情況,在學術不發達的國家裏,今天還是顯然可見的”[②]。他還把詩人與哲學家和歷史家加以比較。他認爲,詩人“不但勝過歷史家,亦勝過哲學家”,歷史家衹提供特殊的實例,哲學家衹提供一般的箴規,衹有詩人才把一般的概念和特殊的實例結合起來。人們在歷史裏尋求真實,結果却滿載謊言而歸,最出色的歷史家也趕不上詩人;哲學家固然教導,但他教導得難懂,衹有有學問的人才能了解他,而“詩人其實是真正的群衆哲學家”[③],因爲詩才是最適合大衆柔弱脾胃的食物。錫德尼説,在一切學問中,“我們的詩人是君王”[④]。他還批評貶低詩的功效,把寫詩看作浪費光陰的言論。他説,在大地上再也没有産生出來過比詩更有效的知識,紙和墨再也不能用在比詩更有益的地方了。他批評那些詆毀詩和詩人的人是數典忘祖,忘恩負義。

其次,他强調詩的本質在創造,詩的目的既在怡情又在教育,詩有“促使人去行善,感動人去行善的作用”。他認爲,詩是模仿的藝術,它是一種再現,一種仿照,或是一種用形象的表現,一種説着話的圖畫,但同時這種模仿就是創造,它不是搬借過去、現在或將來實

① 《爲詩辯護》,人民文學出版社 1964 年版,第 2、40 頁。
② 同上書,第 4 頁。
③ 同上書,第 23 頁。
④ 同上書,第 30 頁。

際存在的東西，而是模仿可然的和當然的事物，它能藉助想象和虛構創造出比自然更好的、嶄新的、自然中從來没有的形象，它使自然昇入另一種自然，並勝過自然，自然的世界是銅的，而詩人創造的世界是金的。他指出羅馬人和希臘人都曾給詩以神聖的名稱，羅馬人稱詩爲預言，希臘人稱詩爲創造，"而'創造'這一名詞是對它很切合的"①。他說，詩人的"創作是爲了模仿，模仿是既爲了怡情，也爲了教育；怡情是爲了感動人們去實踐他們本來會逃避的善行，教育則是爲了使人們了解那個感動他們，使他們嚮往的善行"②。他的這些看法是對古希臘以來藝術摹仿自然說的繼承的發展。

第三，他批駁了自古以來關於詩人說謊的謬論。他說："在白日之下的一切作者中，詩人最不是說謊者；即使他想說謊，作爲詩人就難做說謊者"③。因爲說謊就是肯定虛僞的爲真實的，而詩人從不肯定什麼，因此他是永不說謊的。當然，詩人離不開想象和虛構，但"事實上他努力來告訴你的不是什麼存在着，什麼不存在，而是什麼應該或不應該存在。因此他雖然不敘述真實的事情，但是因爲他並不當它真實的來敘述，所以他並不說謊"④。相反，天文學家和幾何學家在確定恒星高度的時候，醫生在斷定什麼有益於疾病的時候，歷史家在斷定歷史真相的時候，都是難以逃避說謊的。

第四，他還批駁了說詩人是"腐化的保姆"的謬論。這也是自古以來對詩的一個重要的譴責。錫德尼認爲，詩從本質上來說是引人向善、愛美的。他說："衹有人類而不是獸類，才有認識美的才能。"⑤因此詩並不注定導致腐化，應當把詩的濫用和詩的正當的功

① 《爲詩辯護》，第40頁。
② 同上書，第13－14頁。
③ 同上書，第45頁。
④ 同上書，第46頁。
⑤ 同上書，第47頁。

能區别清楚。他説:“詩不但可以被濫用,而且一經濫用,憑它的甜蜜醉人的力量,它能比其他成隊的文字造成更多的損害。然而總不能就此得出結論説濫用應當使被濫用的受到責難。”①

最後,針對攻擊詩的人常説柏拉圖把詩人逐出了他的理想國,錫德尼對此也作了辯護。他説,把柏拉圖説成詩的反對者是一種誤解,“其實柏拉圖所防範的也是詩的濫用,而不是詩”,任何人祇要去讀一讀柏拉圖自己的書就可以知道他的意思;他在叫做《伊安》的對話録裏,就給詩以崇高的和真正神妙的讚美。因此,由於柏拉圖祇是驅逐濫用而不是驅逐被濫用的東西,不但不驅逐而且給以應得的榮譽,他應當是我們的保護者而不是我們的敵人”②。

錫德尼對詩所做的這些辯護,主要是從詩的本質、目的和功用方面進行的,這比文藝復興初期的“詩即神學”説顯然更進步、更有力。在他那裏,詩學已完全擺脱了神學的束縛。

第六節　美的理論

美是文藝復興時期美學的基本概念之一,15世紀以來,許多藝術家都致力於探索美的理論。他們的觀點各不相同,但主導傾向是唯物主義的。中世紀時認爲,美在天國,上帝最美,現在却認爲,美在人世,人最美。人文主義者恢復、繼承了古代唯物主義的傳統,堅决肯定了美的客觀性。美是現實世界最深刻的本質,完全不是神的、超驗的本質,它就存在於現實事物本身的性質和規律之中。

人文主義者大多把事物的外表形式看成美的基礎或本質,這就是比例、對稱、和諧、整一等等。他們普遍相信,可以用數學的方法找出最美的綫、形,最美的比例,把它們定爲公式供藝術家應用.

---

① 《爲詩辯護》,第48頁。

② 同上書,第55頁。

達・芬奇認爲,比例是事物中最美的。魯德・巴契奧里奧認爲"黄金分割"最美。楚卡羅規定畫女神像應以頭長爲標準來定身長的比例,如天后和聖母頭身之比是1:8,月神是1:9。西蒙兹在《米開朗琪羅傳記》裏説:"他往往把想象的身軀雕成頭長的九倍、十倍乃至二十倍,目的衹在把身體各部份組合在一起,尋找出一種在自然形象中找不到的美。"① 德國畫家丟勒曾到意大利留學,後來大部份時間留在意大利工作。他談到威尼斯畫家雅各波研究比例的工作説:"他讓我看到他按照比例規律來畫男女形象,我如果能把他所説的規律掌握住,我寧願放棄看一個新王國的機會。"② 他説,"美究竟是什麼我不知道",但"如果通過數學方式,我們就可以把原已存在的美找出來,從而可以更接近完美這個目的"③。阿爾倍蒂也感到難給美下定義。他説,我們"用感覺來體會美"比用話來闡明美會更準確。但他還是爲美下了一個定義:"美就是一個整體中各部份之間的某種協調與一致,這種協調與一致符合於和諧所要求的那種嚴格數量、限度和佈局,這也就是自然界絶對的和首要的原則。"④ 認爲美在物體形式,這是一股自畢達格拉斯以來很强大的美學思潮,至今仍有影響。

人文主義者還强調、重視美的具體可感性。他們認爲,美可以通過人的感官來認識,並不是遠離人寰不可把捉的神秘的抽象物。在諸感官中,尤其被推崇的是視覺。對於達・芬奇來説,美首先就是視覺的美。他説,"眼睛"感受並矯正一切藝術的工藝,它把人引導到世界各國去,它是數學之王,是一切科學的創造者……它創造了建築術和透視學,它創造了絶妙的繪畫。"⑤ 對視覺的重視,也是人文主義者特别推崇繪畫藝術的理由之一。

---

①② 朱光潛:《西方美學史》上卷,第164頁。

③ 同上書,第164-165頁。

④ 阿爾倍蒂:《論建築》,俄文版,第313頁。

⑤ 轉引自《現代文藝理論譯叢》第5輯,人民文學出版社1963年,第89頁。

當時美的研究的另一個特點是重視人體美,特別是女性美。藝術家阿格斯齊諾·尼福宣稱女人的身體是美的標準,並認爲自己給塔里雅科超伯爵夫人所做的美的描寫是美的典範。羅倍脫·克諾克斯和海依東這兩位英國哲學家也把女人身體的美當作規範。費倫佐拉更專門寫了一本《論婦女的美》,他認爲,愛是美的基礎,肉體美是精神美的標誌,女性美是美的理想。他說:"漂亮女人是最美的對象,她只可能引起人們的喜愛,而美則是最大的幸福,這幸福上帝只恩賜給人類。"[①] 他還十分細緻地描繪了理想美女的人體細節,並力圖對"漂亮"、"嫵媚"、"美麗"、"迷人"、"優美"、"莊嚴"下定義。他坦率地承認,對美作出最後判斷的終極的美的原則,對他仍是一個秘密。對人體美、女性美的重視和肯定,在當時具有與中世紀神學美學相對抗的反封建的意義。

關於美的標準問題,即美是絕對的還是相對的?也就是說,美是一種普遍的永恒不變的價值,還是隨歷史情況和欣賞者的主觀條件而異呢?當時多數人把美與普遍人性的概念結合起來,認爲人性是永恒不變的,所以美也是絕對的。例如塔索就認爲,美不因時間、習俗而改變:"美是自然的一種作品,因爲美在於四肢五官具有一定的比例,加上適當的身材和美好悦目的色澤,這些條件本身原來就是美的,也就會永遠是美的,習俗不能使它們顯得不美,正如習俗不能使尖頭腫頸顯得美,縱使是在多數男女都是尖頭腫頸的國度里。自然的作品本身原來既是如此,直接摹仿自然的藝術作品也就應如此。……普拉克利特和斐底阿斯的雕像經過時間的襲擊而還流傳下來,古希臘人覺得它們美,我們現在還是覺得它們美;許多時代的消逝和許多種習俗的更替都不能使它們減色。"[②]

同時,也有人主張相對美。例如丢勒說:"美是這樣綜合在人體

① 舍斯塔科夫:《美學史綱》,第116頁。
② 《西方美學家論美和美感》,第73頁。

上的，我們對它們的判斷是這樣沒有把握的，以至我們可能發現兩個人都美，都很好看，但是這兩人彼此之間在尺度上或在種類上，乃至無論在哪一點或哪一部份上，都毫無類似之處。”[①]《太陽城》的作者康帕内拉也主張相對美，他認爲美與鑒賞者的立場有關，他舉過一個有名的例子，戰士的傷痕在友人看是美的，它是勇敢的標誌，但它同時也標誌着敵人的殘酷，因此又有醜的一面。他認爲，事物本無美醜之分，分别是由事物對人的社會意義决定的。美或醜本身無非是一種“符號”或“標志”，其意義是人從一定立場出發加上去的，一個對象從不同角度看可能美，也可能醜，完全是相對的。這個看法否認了美的客觀性，但却肯定了立場對判斷美醜的重要性。

總的説來，文藝復興時期的美學逐漸擺脱了中世紀的神學美學，它恢復和發展了古希臘羅馬以現世生活爲内容的美學，其基調是唯物主義和現實主義的。雖然這一時期還没有出現成熟嚴密的美學理論體系，對於各種美學和藝術問題頗多争議，但却爲美學提供了現實的基礎，造成了西方美學史上從古代美學向近代美學的轉變，這是不可磨滅的歷史功績。

16世紀末，意大利的政治經濟生活出現了衰退，文藝復興運動發生了危機，人文主義者所鼓吹的和諧和全面發展的人的理想受到懷疑，反映到藝術上則是巴洛克藝術風格和表現手法的風行，出現了巴洛克美學，它拋棄了和諧爲美的原則，提出了“反常爲美”，追求機智、驚奇、隱寓，鼓吹違反和超越規則，打破美與醜、悲劇與喜劇的界限，形成了新的美學理論。就西歐的範圍看，到17世紀，文藝復興運動就基本結束了，代之而起的是法國古典主義（又稱新古典主義），它以理性主義哲學爲基礎，揭開了近代美學的新篇章。

① 轉引自朱光潛《西方美學史》上卷，第172頁。

第四章　法國、德國理性主義美學

從17世紀開始，西方美學步入了近代，隨着資本主義經濟的發展，自然科學的進步，特別是近代哲學的興起，這一時期哲學美學的作用得到了加强，西方近代哲學在文藝復興運動的基礎上，進一步重視人的研究，强調理性和經驗，形成了兩大主要派别，即理性派和經驗派，哲學研究的重點從本體論轉向了認識論，這對美學的發展産生了深刻影響，並爲美學逐步形成爲哲學的獨立分支做了理論上的準備。在17世紀，西方美學的發展主要受法國笛卡爾和德國萊布尼兹理性主義哲學的影響，基本上是理性主義美學。而就文化藝術運動來説，則表現爲古典主義，法國成爲古典主義的故鄉和中心。

當時法國歷史發展的總趨勢是由封建社會向資本主義社會過渡。由於封建貴族階級和新興資産階級暫時還勢均力敵，因而産生了封建貴族階級同上層資産階級即所謂“穿袍貴族”相互妥協的君主專制國家。法王路易十四時代，君主專制已登峰造極。路易十四宣稱“朕即國家”，以太陽爲王徽，對外連年作戰，稱霸歐洲，對内高度中央集權，强調公民義務，反對封建割據，推行重商主義，保護文學藝術的發展。這一切促進了民族國家、民族文化和民族文學的形成。馬克思説，在法國，君主專制政體是“作爲文明開化的中心、社會統一的基礎出現的”①。法國君主專制政體爲使文化領域隸屬於皇權，還利用了學院這一組織形式。西方最早的藝術學院産生於文藝復興時期，當時不隸屬於國家，而這時在法國它已變成對文藝進行審查和管理的官方機構。紅衣主教黎賽留於1634年建立

① 《馬克思恩格斯全集》第10卷，人民出版社1962年版，第462頁。

的法蘭西學院,具有最高的權威,1648年又建立了繪畫和建築學院。古典主義體現了這一時期階級矛盾和階級妥協的特點,是這一特定歷史時期政治經濟在文化上的反映。古典主義繼承了文藝復興開始的反對中世紀盲目信仰、禁欲主義和經院哲學的鬥爭,它把人的理性提高到首位,在當時具有進步意義;但另一方面,它又把"理性規則"教條化、絕對化,因而引起後來進步啟蒙思想家的反對。

這一時期,出現了以笛卡爾爲代表的二元論和理性主義哲學,文藝,特別是戲劇得到高度發展,產生了高乃依、拉辛、莫里哀等戲劇大師。笛卡爾的哲學一面提倡理性和科學,一面又與神學相妥協,集中表現了時代精神。古典主義一詞的本義是第一流的,典範的。作爲一種文藝思潮,它把古代希臘羅馬的文藝作品當作典範,把亞里斯多德和賀拉斯的美學和文藝理論視爲金科玉律。在笛卡爾理性主義哲學的基礎上,詩人布瓦洛成爲古典主義的"立法者"和主要代表人物。

第一節　笛卡爾的理性主義美學

笛卡爾(Descartes,1596－1650)是17世紀法國著名哲學家。他出身於貴族家庭,幼年在教會學校接受過傳統教育,但他不滿意經院哲學,喜愛自然科學,畢業後曾遊歷歐洲各國,去讀"世界這本大書",一度還參加過軍隊,1629年定居荷蘭,專心研討哲學。1649年應瑞典女王邀請去斯德哥爾摩講學,次年病逝。笛卡爾時常被稱爲近代哲學的開山祖,這是因爲他把認識論的問題提到首位,創立了理性主義哲學,在哲學史上造成了哲學研究重點由本體論向認識論的轉移。他提倡理性,反對盲目信仰,以懷疑爲武器反對經院哲學。他主張物質與精神並存,是二元論者,他的哲學既有唯物主義的方面,也有唯心主義的方面,在認識論上,他主要是唯心主義的唯理論者。他的《物理學》對18世紀唯物主義哲學有重大影響。但對美學的影響主要是他的唯理論。鮑桑葵和克羅齊都曾指出，笛卡爾的理性主義哲學對西方近代美學的發展有重大的影響。

笛卡爾的理性主義哲學的基本原則，是在他的主要著作《方法論》、《形而上學的沉思》和《哲學原理》中提出的。笛卡爾的名言"我思故我在"，是他的哲學的第一條原理。他認爲，感覺、想象、書本知識、科學教條、世界上的一切都是不真實的，可以懷疑的，但祇有我是一個正在思維的存在，即理性的存在，是無可懷疑的，真實的。他把思維、理性看作存在唯一可靠的依據和標準。他認爲，理性是一切知識的基礎或源泉，是來自上帝的天賦能力，是人類普遍具有的判別是非、善惡、美醜的良知良能。據説每個人的理性都先天地包含一些不言自明的公理（如數學上的公理），人類的全部知識體系都是由這些公理演繹出來的。因此，只有符合理性的知識才是真理，而真理必然是明晰的、清楚明白的。他對美和藝術的態度，正是從這種理性主義出發的。在《音樂提要》(1618)中，他認爲音樂的目的在於激起人們的激情，而這種激情必須是有條理的，處於平衡狀態的，和諧的。在《論激情》(1649)中，他也發表了類似見解，認爲激情不應被壓抑，而應使之和諧，處於温和狀態。在《論巴爾扎克書簡》裏，他極力稱讚"文詞的純潔"，認爲藝術的美主要就在於合乎理性的文詞、結構、整體與部份的和諧。在他看來，分辨美醜的能力來自先天的理性，文藝雖然離不開想象和感性，但本質上是理性活動，應當服從和遵循理性的規律。這種貶低感性、擡高理性的觀點當然是機械的、片面的。

不過，笛卡爾的觀點往往是自相矛盾的，在談到具體的美學問題時，並没有嚴格遵循理性主義。他雖然片面擡高理性，但對感性也有研究。他較早提出人有六種原始情緒：驚奇、愛悦、憎惡、欲望、歡樂、悲哀。他認爲美和藝術與人的這些原始情緒有密切的關係。特別值得注意的是，他對美的本質和美的標準提出過一些重要的見解。早在《音樂提要》中，他就力圖給美下一個定義。他的基本看法是，美就是愉快。他認爲，美的事物應當是簡單明了的、合乎比例的，在感受時既不使人疲倦，又能使人愉快的。他說，愉快“需要在感官與客體之間有一定的比例。……在各種感覺客體中，最令人愉悦的，既非最易爲感官所感受的客體，亦非最難爲感官所感受的客體，而是這樣一種客體：它不像本能需要(感官憑藉這種需要被帶到令其愉悦的客體中，但這種客體並沒有使之得到完全滿足)那樣容易爲感官所感受，但也不是難到使感官疲瘰不堪”①。後來在1630年給麥爾生神父的信中，他認爲，美之所以爲美這個問題和爲什麼一個聲音比另一個聲音較愉快的問題是完全相同的。他指出：“一般地說，所謂美和愉快所指的都不過是我們的判斷和對象之間的一種關係；人們的判斷既然彼此懸殊很大，我們就不能說美和愉快能有一種確定的尺度。”②但是，他還是力圖找出美的標準。他重申了《音樂提要》中的觀點：“在感性事物之中，凡是令人愉快的既不是對感官過分容易的東西，也不是對感官過分難的東西。”同時，他又提出：“按理，凡是能使最多數人感到愉快的東西就可以說是最美的，但是正是這一點是無從確認的。”③笛卡爾對美的這些看法帶有折中的性質，他没有簡單地把美歸之於審美客體的屬性，而是把美看作客體和感官、判斷和對象之間的一種關係，這就肯定了審美主體的作用和美的主觀的心理的方面。他以感官接受的難易和多數人的快感爲審美標準，把美歸結爲愉快，說明他强調的正是美的主觀的心理的方面，在他那裏，美實質上是主觀的。他還看到了美很難找到一個確定的尺度和標準，說明他也承認美的相對性。

---

① 吉爾伯特和庫恩：《美學史》上卷，第253頁。

② 《西方美學家論美和美感》，第78－79頁。

③ 同上書，第79頁。

與上述觀點相一致,他還把美看作是審美客體和審美主體之間"同聲相應"的關係,刺激和反應的關係。在《音樂提要》中,他認爲,在各種聲音中,人的聲音最令人愉快,"因爲它與我們的精神最爲一致"。而音樂中的激情與我們心靈中的激情相似,所以緩慢的節拍引起從容、呆滯、消沉或悲哀的情緒,靈活輕快的節拍引起活潑、敏捷、快樂或憤怒的情緒。在給麥爾生神父的信中,他也談到由於觀念不同,美感也不相同。他說:"同一件事物可以使這批人高興得要跳舞,却使另一批人傷心得想流泪;這全要看我們記憶中哪些觀念受到了刺激。例如某一批人過去當聽到某種樂調時是在跳舞取樂,等到下次又聽到這類樂調時,跳舞的欲望就會又起來;就反面來說,如果有人每逢聽到歡樂的舞曲時都要碰到不幸的事,等他再次聽到這種舞曲,就一定會感到傷心。這正如一條狗每逢聽到小提琴的聲音時就挨一頓惡打,五六次之後,它如果再聽到小提琴的聲音,它就一定號叫起來,扯脚逃跑。"①

笛卡爾主要是哲學家,他談美並不很多,沒有建立完整的美學體系,他對美學的貢獻主要在於提供了理性主義的方法。他在總體上強調理性,貶低感性,但是具體美學問題上並不偏激,而他的後繼者和崇拜者在把他的理性主義原則運用於美學時,往往把他的觀點簡單化,推向了極端。

第二節　布瓦洛的《詩的藝術》

布瓦洛(Nicolas Boileau-Despr′ eaux,1636-1711)是17世紀法國著名詩人和文藝批評家,法國古典主義美學的立法者和發言人。他出身官吏家庭,父親是巴黎國會會員。早年在索爾朋即巴黎大學神學院學習神學,後改學法律。1657年,在他父親死後,他又獻

① 《西方美學家論美和美感》,第79頁。

身文學，擅長寫諷刺詩。1669－1674年，他用五年時間仿照賀拉斯《詩藝》的範式寫了《詩的藝術》，這是一部長達一千一百行的詩體理論著作。法王路易十四親自審定過該書，宣佈它爲法國古典主義的文藝法典。三年後布瓦洛被任命爲王室法官，並當選爲法蘭西學院院士《詩的藝術》在法國文壇，特別在戲劇領域專制了一百多年，它一出版很快就被譯成各種文字，在歐洲產生過巨大影響。此外，布瓦洛還著有《諷刺詩集》、《詩簡集》、《朗吉弩斯〈論崇高〉讀後感》、《1770年給貝洛勒的信》等著作。

《詩的藝術》共分四章。第一章總論文藝創作的一般原則；第二章論次要的詩體，如牧歌、悲歌、頌歌、諷刺詩等；第三章論主要的詩體，即悲劇、史詩、喜劇等；第四章討論作家的思想修養。布瓦洛沒有抽象地討論美學問題，他的美學是以文藝創作問題爲中心的。

《詩的藝術》的哲學基礎是笛卡爾的理性主義哲學，其根本出發點是理性。布瓦洛反復强調，詩人固然需要天才，但更需要理性，文藝創作應當遵循理性，以理性爲最高標準：

> 首須愛理性：願你的一切文章
> 永遠只憑着理性獲得價值和光芒。①

在他看來，文藝的美衹能來源於理性，衹有符合理性的東西才是美的。也就是說，文藝作品的音韻、音律等形式都應服從理性的內容，要有合乎邏輯的明確性和嚴整性，要在結構上，部份與整體的配合上見出理性的組織和指導作用。由於理性是普遍的、永恒的、絕對的，由它產生的美也就是普遍的、永恒的、絕對的。因此，美就是真：

> 只有真才美，只有真可愛，

① 布瓦洛：《詩的藝術》，人民文學出版社1959年版，第4頁。

真應統治一切，寓言也非例外；
一切虛構中的不折不扣的虛假，
也祇爲使真理現得格外顯眼①。

而真又是自然：

虛假永遠無聊乏味，令人生厭；
但自然就是真實，凡人都可體驗：
在一切中人們喜愛的只有自然②。

因此，在布瓦洛那裏，理性、美、真、自然實爲一體，爲了求美就要符合理性，就要求真，就要摹仿自然。他告誡詩人：

你們唯一鑽研的就該是自然人性，
誰能善於觀察人，並且能鑒識精審，
對種種人情衷曲能一眼洞徹幽深，
誰能知道什麼是風流浪子、守財奴，
什麼是老實、荒唐，什麼是糊塗、吃醋，
則他就能成功地把他們搬上劇場，
使他們言、動、周旋，給我們妙呈色相③。

切不可亂開玩笑，損害着常情常理：
我們永遠也不能和自然寸步相離④。

這里布瓦洛所謂自然，不是指感性的客觀的自然界或現實世

① 《西方美學家論美和美感》，第 81 頁。
② 朱光潛：《西方美學史》上卷，第 187 頁。
③ 《詩的藝術》，第 54 頁。
④ 同上書，第 57 頁。

界，而是指普遍理性的產物或表現，即“自然人性”、“常理常情”，他還稱之爲由理性加工過的“美的自然”。因此，布瓦洛雖然也講文藝摹仿自然，但他並不主張反映客觀的現實生活，而是主張表現普遍永恒的理性或人性。他繼承的主要是賀拉斯以來的古典主義傳統，同時又加上了笛卡爾的理性主義哲學。他强調的是理性、共性，否定的是感性、個性。他把文藝遵循理性，衹表現理性當作了文藝創作的首要原則。例如，他反對寫抒情詩，其理由就是認爲抒情詩以個人感受爲基礎，表現的衹是偶然的、個別的東西，不能表現理性。布瓦洛的這種文藝衹表現理性的觀點顯然是片面的，必將導致文藝脱離生活，造成文藝的概念化和公式化。但在當時反對輕視思想内容的自然主義和過分琢雕形式的“典雅派”文學上，則有進步的歷史意義。

從文藝衹表現理性這一基本觀點出發，布瓦洛提出了他的典型理論。他認爲，文藝不應當描寫真人真事，文藝的真實是“逼真”、“像真”：

> 切莫演出一件事使觀衆難以置信：
> 有時候真實的事很可能不像真情。[①]

這就是説，文藝不應當自然主義地摹仿“真實的事”，而應當通過理性對自然的原型進行加工。他認爲，文藝能化醜爲美，創造出理想化的形象。他反對活人寫生，主張憑理性創造概括的、典型的性格，以致這個性格的活的原型見了也開顔大笑，認不出是他本人：

> 人人巧妙地被畫在這新的明鏡裏，
> 不是看着無所謂，便以爲不是自己：

① 《詩的藝術》，第 33 頁。

對着忠實的肖像，守財奴笑守財奴，
却不知道所笑的正是他依樣葫蘆；
常常詩人精妙地畫出個糊塗大王，
大王却不識尊容，反問誰這般狂妄[①]

布瓦洛肯定文藝應當創造典型形象，這是合理的。他看到了文藝不是現實的機械摹仿，應當高於現實。但他所理解的典型實際上是類型，是體現普遍永恒理性的一種抽象的人性，基本上仍是賀拉斯的類型說。他認爲，文藝，尤其是悲劇，應當把人物性格寫得一成不變。他說：

你打算單憑自己創造出新的人物？
那麽，你那人物要處處符合他自己，
從開始直到終場表現得始終如一[②]。

他在《詩的藝術》第三章還有一段著名的年齡詩，描繪和規定了青年人、中年人和老年人的性格特點：

　　青年人經常總是浮動中見其燥急，
他接受壞的影響既迅速而又容易，
說話則海闊天空、欲望則瞬息萬變，
聽批評不肯低頭，樂起來有似瘋癲。
　　中年人比較成熟，精神就比較平穩，
他經常想往上爬，好鑽謀也能審慎，
他對於人世風波想法子居於不敗，

---

① 《詩的藝術》，第54頁。
② 同上書，第39頁。

把脚根抵住現實，遠遠地望着將來。
老年人經常抑鬱，不斷地貪財謀利；
他守住他的積蓄，却不是爲着自己，
進行計劃慢吞吞，脚步僵冷而連蹇；
老是抱怨着現在，一味誇説着當年；
青年沉迷的樂事，對於他已不相宜，
他不怪老邁無能，反而駡行樂無謂①。

他要求性格描寫不能"使青年像個老者，使老者像個青年"②。法國古典主義戲劇的性格描寫有些的確是符合布瓦洛的這種類型説的。例如，莫里哀筆下的阿巴公自始至終是一個吝嗇鬼，劇情的進展没有給他的性格增加新的特徵。僞善人達爾丢夫也始終是僞善的化身。在拉辛的悲劇中，費拉德一開始就是不滿於愛情的女人，到終場她還是那個老樣子。布瓦洛把典型理解爲類型，這就使得典型形象脱離了具體的生活環境，喪失了個性特徵和色彩，成爲抽象概念的化身，只是吝嗇、僞善、愛情、嫉妒之類抽象人性的表現，而不是個性與共性活生生的統一。因此這種典型説是形而上學的，片面的。

布瓦洛美學的另一特點，是力圖爲文藝創作制定出一套合乎理性、萬古不變的規則。他認爲，文藝作品的美與不美，標準在於理性，在於能否博得大多數人的讚賞。古代作家如荷馬、柏拉圖、西塞羅等人的作品早已充分表現了自然人性，體現了理性標準，並在許多世紀博得大多數人的讚賞，成爲文藝創作的典範。因此，他特別强調要向古典學習。他説："如果你看不出他們作品的美，你不能因此就斷定它們不美，應該説你瞎了眼睛，没有鑒賞力。"③他認爲，

①② 《詩的藝術》，第55頁。
③ 《西方文論選》上卷，第304頁。

古典就是自然,摹仿古典也就是摹仿自然。模仿古典不但要藉用古典的題材和人物,而且更重要的是要遵循古典的規則,尤其是亞里斯多德和賀拉斯所講的那些規則。在《詩的藝術》的第二、三兩章,他詳細列舉了各種文藝種類和體裁的區別和規則。他對當時熱烈討論的"三一律"作了明確的規定:

要用一地、一天内完成的一個故事,
從開頭直到末尾維持着舞台充實[①]。

他還規定悲劇主人公必須是上層人物,而第三等級只能在喜劇中出現。對於語言,他力主明晰、純潔、强調字分雅俗。他還提出"好好地認識城市,好好地研究宫廷"的口號。

與强調學習古典相聯繫,布瓦洛在《詩的藝術》第四章還强調了藝術的社會功能和藝術家的思想修養。他認爲作詩不可平庸,平庸即是惡劣,藝術家要愛道德、有修養、能處處把善和真與趣味融成一片。他反對背叛道德、滿紙誨淫誨盜、危害風化的作家,尤其反對把藝術變爲商品。他指出,詩原本是高貴的,詩在人類早期文化開發和建立文明的社會秩序方面有偉大的歷史功績,但後來

醜惡的牟利欲望熏昏了作者神思,
粗劣的諂諛之辭玷污了一切文字,
於是到處産生出千百無聊的著作,
憑利害决定褒貶,爲金錢出賣謳歌[②]。

他針對當時文壇的狀况大聲疾呼:

---

① 《詩的藝術》,第33頁。

② 同上書,第68頁。

為光榮而努力啊！一個卓越的作家
絶不能貪圖金錢，把得利看成身價。
我知道，高尚之士憑着自家的筆杆
獲得正當的收益，非罪惡、無可羞慚；
但是我不能容許那些顯赫的詩人
不愛惜既得榮名，專在金錢上打滾，
拿着他的阿波羅向書賈進行典當，
把這神聖的藝術變成了牟利勾當[①]。

總的說來，布瓦洛的美學是理性主義的美學。他片面强調理性，迷信古典權威，他對典型、文藝標準和文藝規則的看法都缺乏歷史發展的觀點和辯證觀點。但在當時這種理性主義美學是有進步意義的。布瓦洛把人類的理性置於至高無上的地位，是與中世紀的神學相對立的。他講的理性就是人性，這也是文藝復興時期人文主義美學的繼承和發展。他强調文藝要學習古典，創造概括的、高於自然的、表現人性的形象，肯定文藝的社會的倫理的功能和價值，在反對自然主義和形式主義方面也是有貢獻的、合理的。他的問題主要是把文藝遵循理性和規則絶對化和教條化了。他的美學是法國君主專制下的產物，有為封建貴族服務的一面，但主要反映了新興資產階級的理想和要求。某些封建貴族威脅要以棒擊懲罰這位資產者，教會的黑暗勢力要求處他以火刑，都並不是偶然的。需要説明的是，布瓦洛的美學在當時雖然具有法典的權威，但古典主義戲劇家高乃依、拉辛，特別是莫里哀的文藝實踐，並沒有完全遵循布瓦洛的美學。他們往往藉古人之口講自己的話，主要表現的是新興資產階級的思想感情和要求。正如馬克思所說：“……無疑地，路易十四時期的法國戲劇家從理論上所構想的那種三一律，是建立在對

① 《詩的藝術》，第 66 頁。

希臘戲劇(和他的說明者亞里斯多德)的不正確理解上。但是另一方面,同樣無疑的,他們正是按照他們自己的藝術需要來理解希臘人的,因而在達斯和其他的人向他們正確地解說了亞里斯多德之後,還長久地固持着這種所謂的'古典'戲劇,……不正確理解的形式正好是普遍的形式,並且在社會的一定發展的階段上,是適合於普遍使用的形式"。①

文藝復興以來關於古今文藝孰優孰劣的爭論,在17世紀的法國形成了有名的"古今之爭"。布瓦洛是保守派的代表,貝洛勒是今派的代表,雙方爭論激烈。今派中最傑出的代表是聖・厄弗若蒙,他在《論古代和現代悲劇》和《論對古代作家的模仿》等著作中表現了歷史發展的觀點。他認爲,亞里斯多德的《詩學》"固然是一部好書,但也並未完善到可以指導一切民族和一切時代"② 他主張詩人應根據時代的變化進行創作。他說:"我們應該把脚移到一個新的制度上去站着,才能適應現時代的趨向和精神。"③ 隨着時代的進步,布瓦洛的美學不再能滿足資產階級進一步發展的需要,受到了啟蒙主義者和浪漫主義者的反對。一般文學史家認爲,1830年2月25日巴黎上演浪漫主義作家雨果的《歐爾那尼》獲得成功,是古典主義終結的標誌。

第三節　萊布尼茲的美學思想

17世紀理性主義美學在德國的代表人物是萊布尼茲(Leibniz, 1646－1716)。他出生於萊比錫,其父是萊比錫大學的道德哲學教授。他自幼聰敏好學,自學過他父親遺留的大量書籍,15歲進入萊

① 《馬克思恩格斯論藝術》第1卷,第190頁。

② 朱光潛:《西方美學史》上卷,第198頁。

③ 同上書,第198－199頁。

比錫大學，20歲在紐倫堡附近的阿爾特多夫大學獲法學博士學位。畢業後，最初追隨博伊內堡男爵，在美因茲選帝侯門下任法律顧問的助手和陪審官。1672年被派往巴黎作外交工作，結識了哲學家阿爾諾和馬勒伯朗士，接觸到大哲學家帕斯卡爾和笛卡爾未發表的著作，並作了仔細研究。次年訪問倫敦，結識了著名科學家波義爾。回巴黎後潛心研究數學，於1676年創立了微積分。1676年返回德國後，長期服務於漢諾威公爵，擔任過漢諾威圖書館館長、柏林科學院院長等職。他一生不但在自然科學上有許多創造發明，而且寫了大量哲學著作。主要有:《人類理智新論》(1765)、《神正論》(1710)和《單子論》(1714)等。他没有專門的美學著作，他的美學思想散見於哲學著作。和笛卡爾一樣，他對美學史的貢獻主要在於他的哲學直接影響了美學發展的方向。

在哲學上，萊布尼茲是客觀唯心論者。他的哲學通常稱之爲“單子論”或“前定和諧論”。他認爲，單子是萬物的本質，是“自然的真正原子”，萬事萬物都是單子組成的復合物。單子不是物質性的存在物，而是單純的即没有部分的、不佔空間的精神實體。單子的基本性質在於具有知覺和表象的能力，因此也可以稱之爲“靈魂”。他説:“單子並没有可供某物出入的窗户。”[①] 也就是説，各種單子相互之間並不互相影響，每個單子都是孤立的封閉的系統，但另一方面，他又説，單子是由上帝創造的，“每個創造出來的單子都表象全宇宙”[②]，也就是説每個單子都像小宇宙，都能反映大宇宙，而單子之間的相互和諧，是由上帝預先謀劃和規定的。從美學角度來看，萊布尼茲肯定了宇宙美，他認爲，我們生活的這個世界，是上帝從無限的可能世界中挑選出來的最美最好的世界，因爲上帝在創造這個世界時就預先給了它以秩序與和諧。也就是説，宇宙美的本質在和諧，

① 《西方哲學原著選讀》上卷，商務印書館1981年版，第477頁。

② 同上書，第487頁。

宇宙美來源於上帝的創造。這種觀點顯然還具有神學的性質。

在認識論上,萊布尼茲和笛卡爾一樣,也是一位理性主義者。他反對洛克的經驗論的白板說,認爲人心並不像洛克所說是一塊白板,而是像一塊有紋路的大理石,感覺經驗不能向我們提供全部的知識,人的心靈先天地就包含了一些概念和學說的原則,外界的對象衹是靠一定的機緣才把這些原則喚醒。因此,他肯定"天賦觀念",把先驗理性看作認識的根本來源。他還把認識分爲兩類,即朦朧的認識和明晰的認識。朦朧的認識不能提供有關對象的清晰的表象,是由感官察覺不到的"微小的知覺"組成的,而當這些微小的知覺積聚到一定數量,感官便能覺察到對象的表象,獲得明晰的認識。而明晰的認識又分成"明確的認識"和"混亂的認識"。前者是理性的,能清楚分辨事物的各個部份及其相互關係,後者是感性的,它雖然不像理性那樣清楚,却能把握事物的情狀,得到生動的印象,衹不過我們還不能明確說出這種生動印象的足够的標誌。他對認識的這種分類,給美學帶來了重大的影響。在他看來,審美趣味或鑒賞力實際上就是一種混亂的認識。他說:"鑒賞力和理解力的差別在於鑒賞力是由一些混亂的感覺組成的,對於這些混亂的感覺,我們不能充分說明道理。它(鑒賞力)和本能很近似。"①他還說過一句很俏皮、很有影響的話:"畫家和其他藝術家對於什麼好和什麼不好,儘管很清楚地意識到,却往往不能替他們的這種審美趣味找出理由,如果有人問到他們,他們就會回答說,他們不歡喜的那種作品,缺乏一點'我說不出來的什麼'."②這個"我說不出來的什麼",其實指的就是美。他認爲,美的事物具有愉悦性,這是人所共知的,但"人們永遠無法探明,事物的令人愉悦性是什麼,或者,這

① 《西方美學家論美和美感》,第84-85頁。
② 同上書,第85頁。

種愉悦性爲我們提供了哪一類完善。因爲這種令人愉悦的事物被感知,是通過我們的情緒,而不是通過我們的理解力"[①]。萊布尼兹的這些言論表明,他已看到了審美活動不同於一般理性活動的特點,其中有感性的以至直覺的因素的參與,因此審美提供的是混亂的或模糊的認識,有一種"説不出來的什麽";但另一方面,他畢竟把審美看作一種認識,雖然它是混亂的、比較低級的認識,但却包含或孕育一定的理性内容,因此歸根結底仍是趨向理性的一種認識形式。這樣,他就把審美活動納入了認識的範圍,爲美學在認識論的體系中確立了地位。他的這種觀點直接啟發了鮑姆加敦,促成了作爲一門低級認識論的"美學"學科的誕生。

關於藝術,萊布尼兹談到過詩歌和音樂的感染力問題。他認爲,詩歌和音樂具有"令人難以置信的感人力量"。通過詩歌和音樂,一個人可以"唤起狂熱,平静下來,受到激勵,激起發笑,激起痛哭,激起任何一種感情"[②]。這種感染力從何而來呢?他認爲可以作出兩種解釋。一種是機械論的解釋,比如音樂,可以找出音樂的數學基礎。他認爲,音樂和諧和本質就在於數的比例。而另一種則是作出最終的形而上學的解釋,即藝術的感染力歸根到底來源於上帝創造宇宙和諧的直覺。因此,他指出:"音樂,就它的基礎來説,是數學的;就它的出現來説,是直覺的。"[③]在1712年4月17日給霍爾巴赫的信中,萊布尼兹還給音樂下過一個定義。他説,音樂"就像不知計算的人的朦朧的數學練習"[④]。他認爲,這種"數學練習"是以不自覺的形式進行的,是不知其所以然的。他的這些觀點突出了藝術的直覺性,也是後來的美學家普遍重視的。

① 吉爾伯特和庫恩:《美學史》上卷,第299頁。
② 同上書,第297頁。
③ 《西方美學家論美和美感》,第86頁。
④ 克羅齊:《美學的歷史》,第53頁。

第五章　英國經驗主義的美學

18世紀,歐洲資產階級在政治上和思想上向封建專制制度展開了猛烈進攻,掀起了聲勢浩大的啟蒙運動。這一運動發源於英國,在法國達到高潮,先後遍及歐洲各國,成爲資產階級革命的思想準備,其目標是要消滅封建專制制度,建立資產階級共和國。啟蒙運動深刻影響到了美學和文藝實踐的發展。

啟蒙運動在英國主要表現爲經驗主義。早在17世紀中葉,英國資產階級就進行了所謂"光榮革命",推翻了君主專制制度,18世紀中葉又進行了產業革命,以機器工廠代替了手工業工場。隨着政治、經濟的發展,自然科學發展起來,在哲學上勃發了一股經驗主義思潮。經驗主義與理性主義是相對立的,它否認任何天賦觀念,一切從經驗出發,認爲衹有感性經驗纔是認識的唯一源泉。就其主流來說,英國是近代唯物主義的誕生地。但正如列寧所指出的,以經驗爲出發點,既可能達到唯物主義,也可能達到唯心主義。在培根、霍布斯、洛克那里,經驗主義基本上是唯物主義的,而在貝克萊和休謨那里,則流爲主觀唯心主義、懷疑主義和不可知論。在文藝實踐方面,自從伊麗莎白時代以來,戲劇在莎士比亞那裏已衝破古典主義的束縛,達到了新的高峰。到18世紀,英國的文學藝術更進一步得到全面的發展。報刊文學、市民劇、詩歌、小說、繪畫作品陸續出現,浪漫主義文學也開始萌芽。著名作家斯威夫特、菲爾丁、斯摩萊特,詩人彭斯,造型藝術家荷加茲、雷諾茲,風景畫家康斯太勃,都產生在這一時期。他們的作品都適應了新興資產階級的需要,反映了資產階級的生活、願望和理想。英國經驗主義的美學,就是建立在這一時期哲學和文藝實踐基礎之上的。

英國經驗主義美學在西方美學史上佔有重要的歷史地位。它從經驗主義的哲學出發,拋棄了神學美學的觀念,把人的審美經驗或審美意識作爲美學研究的主要對象,提出了美感、想象和審美趣味等問題,力圖從主體的生理和心理方面揭示審美意識的結構和特徵,把握美的規律,開創了經驗主義的美學研究方向,這是一個很大的進步。英國經驗派的美學家很多,這裏我們祇介紹幾個最重要的代表人物。

第一節 培根的美學思想

培根(Bacon,1561－1626)是歐洲近代第一個唯物主義的大哲學家。馬克思和恩格斯說:"英國唯物主義和整個現代實驗科學的始祖是培根。"[①] 他在《學術的促進》、《偉大的復興》、《新工具》和《新大西洋》等著作中,奠定了英國經驗主義的哲學基礎。他的唯物主義在各方面都產生了深刻的影響,具有巨大的革命轉變的意義。他强調科學知識的作用,突出了認識的實踐功能。他有一句名言:"知識就是力量,要藉服從自然去征服自然。"他看到了感性認識和理性認識的辯證關係。他認爲,感性認識是知識的基礎,由此反對經院哲學的教條和玄學思辨,同時他又指出,感性認識往往帶有欺騙性,不完全可靠,還應當破除迷信、成見和偏見之類"偶像",通過不斷的觀察實驗去證實和糾正感性認識。他說,理性主義者好比蜘蛛,祇知從自己的腹中吐絲織網,經驗主義者好像螞蟻,祇知收集材料,二者都是片面的,而真正的哲學家應當像蜜蜂,從花園和田野中廣泛採集花粉,通過自己的消化來釀成蜜。由於重視觀察和實驗,培根創立了由個別事例上昇到一般原則的歸納法,用以代替長期統治西方的亞里斯多德的偏重演繹法的形式邏輯。培根的這些觀點

① 《馬克思恩格斯全集》第2卷,第163頁。

和方法爲近代科學的發展指明了唯物主義的方向，對美學也發生了巨大的影響。英國經驗派的美學正是得力於培根的觀點和方法，才得以從中世紀的玄學思辨中解放出來，跨入近代科學的領域。

培根主要是哲學家，但在美學上也有一些重要的看法。

首先，他把人類的學術活動分爲記憶、想象和理智三類。他說："歷史涉及記憶，詩涉及想象，哲學涉及理智。"①這裏不但揭示了文藝不同於抽象思維的特點，而且在美學上開創了文藝與想象的關係的研究。他指出："想象既不受物質規律的拘束，可以把自然已分開的東西合在一起，也可以把自然已結合在一起的東西分開，這樣就在許多自然事物中造成不合法的結婚和離婚。"②由此他區分了復現的想象（回憶）和創造的想象。他認爲詩不是復現的想象，而是創造性想象的產品，詩可以通過想象在虛構中表現真實，所以詩又是一種"虛構的歷史"。

其次，他闡明了爲什麼要有詩這種"虛構的歷史"，以及爲什麼詩比真實的歷史更能引起人的美感。他的基本看法是，人有自然和真實的歷史無法滿足的更高的精神需要，而文藝由於想象和虛構可以比自然和真實的歷史更高、更理想化，因此能够更好地滿足人的精神需要。具體說有三點理由：其一是詩能虛構出更偉大、更英勇的行動和事跡；其二是詩比真實的歷史在獎懲上更公平；其三是詩比歷史的真實在描寫上更奇特、更豐富多彩。他說："這種虛構的歷史的功用在於給人心提供一種陰影似的滿足，這是在事物的自然本性本來不能使它滿足的那些方面，因爲世界在比例上没有心靈那麼廣闊，如果有比在事物自然本性中所能找到的更偉大的偉大，更精確的善和更絶對的變化多彩，那對於人的精神是愉快的。由於真正歷史的行動或事跡没有能滿足人心的那種寬度，所以詩就虛構出一

①②　转引自朱光潛：《西方美学史》上卷，第 203 页。

些更偉大更英勇的行動和事跡;由於真正的歷史所叙述的行動的結果和終局不很符合德行和罪惡理所應得的酬懲,所以詩把它們虛構成爲酬懲上較公平、較符合啟示出來的天理;由於真正的歷史把行動和事跡寫得較平凡,較少交互的變化,所以詩使它們顯得較希奇,有較多的超出預料的變化。因此詩好像是有助於弘遠的氣度、道德和享樂。”①

在培根的心目中,詩是神聖的,詩不但能給人愉快,而且能產生巨大的教育作用。他認爲,我們受益於詩人比受益於歷史家和哲學家更多,因爲詩人在作品中能表現人類深刻的情感和追求,刻畫出人們的風俗習慣和道德品行。他説:“過去人一向認爲詩分享到幾分神性,這是有理由的,因爲詩通過使事物的現象服從人心的願望,確實能提高心靈,而理智則約束心靈,使它屈從事物的自然本性,我們看到,通過這種對人的本性和快感的浸潤和契合,再加上它和音樂的合作和協調,詩在未開化的時代和野蠻的地區就已得到歡迎和尊重,儘管其他學術還被排斥在門外”②。

在談到文藝的欣賞時,培根還提出了“寓言(虛構)在先”的思想。他認爲,後代讀者對詩的解釋和發揮往往是主觀的。他説,就拿荷馬來説,儘管晚期希臘各派把他的作品看成一種聖經,但我們却可以毫不費事地説明他的許多寓言在他自己的了解中並沒有那種内在的涵義。在培根看來,不能以讀者的解釋來代替作家本人的思想。

在一篇《論美》的短文裏,培根對美也提出了自己的看法。他認爲,美是自然的客觀屬性,主要表現爲“比例的奇特”,動態美勝於靜態美。他説:“論起美來,狀貌之美勝於顏色之美,而適宜並優雅的動作之美又勝於狀貌之美。美中之最上者就是圖畫所不能表現,初睹所不能見及者。没有一種至上之美是在規模中没有奇異之處

①② 參見《西方文論選》上卷,第247—248頁。

的。”[①] 他還强調美的整體性,認爲一張面孔,孤立地看它的各個部份,就看不出絲毫優點:“但是就整體看,它們却顯得很美。”[②] 談到人的美,他不否認外在的容貌美,但更强調内在的心靈美。他説,老年人比青年人往往美得更多,就像拉丁諺語講的“秋天的美才真正美”。他指出,美可以使德行放射出光輝,但它又是易逝的,“美就像夏天的果子,容易爛,留不住”。關於美的創造,他既反對希臘畫家亞帕勒斯的做法,也反對德國畫家丢勒的做法。前者“從好幾個不同的臉面中採取其最好的部份以合成一個至美的臉面”,後者則“根據幾何學上的比例來畫人”。他説,他並不反對要畫得比真人更美,但不應該憑藉死板的公式,而應該憑一種“得心應手的輕巧”。他的這個見解有辯證的意味,可惜他没做更多發揮。

第二節　舍夫茨别利的美學思想

舍夫茨别利(Shaftesbury,1671－1713)出身於蘇格蘭的一個貴族家庭。他的主要著作《論人、習俗、意見、時代等的特徵》(1711),是一部論述哲學、倫理學和美學問題的文集,其中《道德家們》、《給一位作家的忠告》等篇包含了豐富的美學思想,産生過廣泛的影響。在哲學上,他接受了多方面的影響。早年曾受洛克哲學的熏陶,人們常稱他是洛克的學生和當之無愧的繼承人,由於他接近劍橋學派,又常被看作新柏拉圖主義者,其實,他即不讚成洛克的白板説,也同新柏拉圖派有重大分歧,他的觀點既有經驗主義的方面,又有理性主義的因素,主要是一位自然神論者。在美學上,有一些學者認爲,“美學”作爲一門獨立學科的創立者是舍夫茨别利,不是鮑姆加敦。這種講法當然不符合事實,但也説明他在美學史上是有重大貢獻的。

① 《培根論説文集》,商務印書館 1983 年版,第 157 頁。

② 《西方美學家論美和美感》,第 78 頁。

一　美與自然神

自然神論是反對宗教的一種特殊形式。舍夫茨別利是著名的自然神論者。他講的神不是基督教的上帝,不是統治、支配世界的超驗的人格力量,而是一種創造世界,聽憑世界按照自然本身的規律存在和發展的非人格的理性力量。他認爲,宇宙是一個複雜的、和諧的整體,是由三種不同等級的形式構成的。第一級是死形式,這是自然界或人所賦予的形式,其本身没有賦予形式的力量,没有行動,也没有理性。第二級是賦予形式的形式,它們有理性,有行動,有創造。第三級是最高級的形式,它不僅賦予形式於物質,而且"賦予形式於心本身",它是一切形式的基礎和源泉。這指的其實就是自然神。在他看來,自然神是宇宙萬物的創造者,也是美的創造者。美的本質就在於自然神所賦予自然的形式的和諧。他説:"凡是美的都是和諧的和比例合度的,凡是和諧的和比例合度的就是真的,凡是既美而又真的也就在結果上是愉快的和善的。"① 與宇宙的三級存在形式相對應,他把美也分爲三種。第一種是死形式的美。例如,金屬、石頭、木料等各種物體的美。這是美的最低級的形式。第二種是賦予形式的形式所產生的美,即由一個物質與一定的形式和構思相結合而形成的美,實際上也就是由有理智的人所創造的美。藝術美即屬此列。他説:"美的、極好的和愉悦的都决不在於物質,而衹永遠在於藝術和構思之中;决不在於物體本身,而只永遠在於形式和賦予形式的力量之中。……要知道衹有智慧才賦予形式。凡是不體現智慧的東西,凡是空虛的和缺乏智慧的東西都是可怕的,没有形式的智慧本身就是無定形性——就是醜。"② 第三種是最

① 《西方美學家論美和美感》,第 94 頁。

② 舍斯塔科夫:《美學史綱》,第 170 頁。

高級的美。“這種美不僅創造了我們稱之爲普通形式的那些形式，而且也創造了賦予形式的形式本身。…… 順理成章地説，這就是一切美的基礎、關鍵和源泉。”① 在舍夫茨別利那裏，這三種美的形式構成了由低到高的“美的階梯”，組成了和諧的宇宙整體，而自然神則是美的總根源，他稱自然神是“至上的藝術家”，把宇宙比喻爲偉大的藝術作品，認爲自然神創造了“第一性的美”，而人是“小宇宙”，可以反映“大宇宙”，創造的是“第二性的美”。

舍夫茨別利把美的根源歸結爲自然神，試圖用自然神的觀點解釋審美現象，這在當時具有反對宗教神學的進步意義。但他的自然神論還明顯帶有柏拉圖和普洛丁的思想烙印，還不是唯物主義的。

二　審美與道德

審美與道德的關係問題是舍夫茨別利美學的中心問題。當時有一場關於人是否生來就有道德感和美感的争論。舍夫茨別利不讚成洛克的白板説，也不讚成霍布斯的性惡論。他認爲，人先天地便具有“德行“、“秩序”這類理性觀念和辨別善惡、美醜的能力，人性是善的，審美感和道德感在根本上是相通的。正是在這個基礎上，他繼普洛丁之後重新提出了“内在的眼睛”、“内在的形式”、“内在的節拍”等概念，後來形成了審美的“内在感官”説或“第六感官”説，在美學史上做出了貢獻。

舍夫茨別利認爲，審美是人區别於動物的特點之一。動物憑藉視聽嗅味觸五種外在的感官與外界發生關係，它們不能認識到美而産生快樂，因爲“它們所歡喜的並不是形式而是形式後面的實

① 奥夫相尼科夫：《美學思想史》，第 121－122 頁。

物"[1]。衹有人才能認識美並產生美感。這是因爲人不但有動物性的"外在感官",而且有一種屬於理性的"内在感官",它先天地便具有審辨善惡美醜的能力。他說:"如果動物因爲是動物,衹具有感官(動物性的部份),就不能認識美和欣賞美,當然的結論就會是:人也不能用這種感官或動物性的部份去體會美或欣賞美,他欣賞美,要通過一種較高尚的途徑,要藉助於最高尚的東西,這就是他的心和他的理性。"[2]從以上可以看出,舍夫茨別利反對把美感看成動物性的快感,認爲美感比動物性的快感要高尚,不是單純的五官感覺,他肯定了理性在審美活動中的作用。但另一方面還應當注意,舍夫茨別利也並沒有把美感歸結爲純粹的理性,他講的美感和分辨美醜的能力雖然隸屬於理性,但畢竟是一種感官能力,而不是理性的思辨能力,他並不認爲審美活動是一種思考和推理,相反,他認爲審美具有感受的直接性。他說:"眼睛一看到形狀,耳朵一聽到聲音,就立刻認識到美,秀雅與和諧。行動一經察覺,人類的感動和情欲一經辨認出(它們大半是一經感覺就可辨認出),也就由一種内在的眼睛分辯出什麼是美好端正的,可愛可賞的,什麼是醜陋惡劣的,可惡可鄙的。"[3]因此,從總體上說,舍夫茨別利的觀點仍是經驗主義的,但他已注意到經驗主義的機械性和片面性,他强調理性在審美中的作用,正是對此所做的矯正。

與"内在感官"說緊密有關,舍夫茨別利還在美學史上較早提出了"審美無功利性"的思想,這對後來康德等美學家有重大的影響。他認爲,美感和道德感都是無功利性的,都與任何利己之心和私人利益無關。在《道德家們》中,他指出,善和美是同一個東西,善就是美,惡就是醜,趨善避惡,愛美棄醜是人類的本性。他主張性善論,反對霍布斯的性惡論。在他看來,如果人生來就自私,一切行動都

①② 朱光潛:《西方美學史》上卷,第213頁。

③ 同上書,第212頁。

有利己的動機,那就和動物没有兩樣。而事實上,人天生地便具有辨别善惡美醜的道德感和美感,而這是適應人類群居的特性的。因此,他所講的"無功利性"指的實爲社會性。儘管他對"社會性"的認識是以普遍人性論爲基礎的,還不可能達到歷史唯物主義的水平,但却肯定了人與動物的不同,仍然有合理的因素。

此外,舍夫茨别利還提出過畫家在描寫動作時應選擇最富暗示性的頃刻,文藝的繁榮有賴於政治自由等看法。這些看法對萊辛、温克爾曼等都產生過積極的影響。

總之,舍夫茨别利在英國經驗派美學家中,是一個思想獨特的人物,他試圖糾正經驗派美學的片面性,提出了内在感官説和審美無功利性的思想,在美學史上有重大貢獻和影響。

第三節　哈奇生的美學思想

哈奇生(Hutcheson,1694－1747)是舍夫茨别利的學生。他的主要美學著作是《論美和德行兩種觀念的根源》(1725),全書由兩篇論文組成,第一篇《論美、和諧和合目的性》,第二篇《論道德上的善與惡》。當時舍夫茨别利的"性善論"已經遭到孟德維爾(1670－1733)等人的批評。孟德維爾認爲,人並非天生就是善的和美的,美和善往往隨着風俗習慣的改變而變化,同時歷史進步的動力也不是美和善,相反倒是肉體上和道德上的惡。哈奇生的著作就是在這種情況下爲舍夫茨别利作辯護的。他在書中試圖把舍夫茨别利的美學觀點系統化,進一步論證了外在感官與内在感官的聯繫和區别,並且把美區分爲絶對美和相對美。他的美學觀點對狄德羅、康德發生過影響。

一　爲"内在感官説"辯護

針對舍夫茨别利的反對者關於"美感是習慣和教育的結果"這種看法,哈奇生爲舍夫茨别利的内在感官説作了辯護。

首先,他認爲,"内在感官"是存在的,它不同於視聽等外在感官。因爲外在感官只能接受簡單的觀念,産生微弱的快感,而我們稱做美、整齊、和諧的東西,例如樂曲、繪畫、建築等,所引起的却是複雜的觀念,帶有遠較强大的快感。顯然,這不是靠外在感官,而是靠更高級的内在感官去接受的。在他看來,内在感官不同於外在感官的特點,就在於它能接受複雜的觀念,産生强烈的快感,是更高級的。

其次,"内在感官"這個名稱也是恰當的。因爲内在感官與外在感官在感覺的直接性上是類似的。他説:"把這種較高級的接受觀念的能力叫做一種'感官'是恰當的,因爲它和其它感官在這一點上相類似:所得到的快感並不起於對有關對象的原則,原因或效用的知識,而是立刻就在我們心中唤起美的觀念。"[①] 他還説:"事實顯得很明白:有些事物立刻引起美的快感,我們具有適於感覺到這種美的快感的感官,而且美的快感和在見到時由自私心所産生的那種快樂是迥不相同的。"[②] 這裏,他和舍夫茨别利一樣,看到了審美不是理性的思辨和推理,但又包含理性的因素,以及美感發生的直接性和無功利性等特點。

最後,他認爲"内在感官"是自然神造就的,因此人的審美能力或美感是天生的,是先於一切習俗、教育或典範的。他説:"我們假定神所具有的那種智慧的恩典把我們的内在感官造成現在的那樣是多麼合式;這樣就使得我們對於凡人心靈所能盡量圓滿地掌握住

①② 《西方美學家論美和美感》,第99頁。

而且記憶住印象的那些對象,一觀照到就得到快感。[①] 並說:“我們的審美感官好像是經過設計造出來,使我們享受到斷然是愉快的感覺,而不是斷然是苦痛或嫌厭的感覺,這種苦痛或嫌厭的感覺不過是起於失望。”[②] 按照這種看法,人的審美能力或美感應當是與後天的習俗和教育毫無關係的,美感既然是先天的就應當是普遍的、絶對的、必然令人愉快的。這也就是說,既然任何人都有共同的審美器官,那麽人們對美的感受和理解也應當是相同的。顯然,這與存在着美感差異性的事實是不相符的。哈奇生看到了美感差異性的存在,因此他没有簡單否定教育和習俗對美感的影響,他承認“教育和習俗可能影響我們的內在感官”,但又説:“這一切都須先假定美感是天生的。”[③] 這種講法當然是自相矛盾,不能自圓其說的。然而重要的是,他畢竟肯定了美感差异性的存在,並力圖回答產生美感差異的原因,提出了美感上的差異起於“觀念聯想”的思想。他說:“觀念的聯想使物體變成可愛的和令人神往的,這些物體本來並不具有使人獲得這種快感的屬性,同樣地,觀念的偶然的外部結合也可以引起對本來並不包含令人厭惡的形式產生厭惡。而這一點也是許多人毫無根據地對某些動物的形體和某些其他形式產生厭惡的理由。例如許多人由於聯想到猪、各種各樣的蛇和某些實際上非常美麗的昆蟲而產生某種偶然觀念,就會對這些東西表示厭惡。”[④] 這種觀念聯想説雖然有合理的因素,但與他所堅持的美感的先天性、直接性仍不免是相矛盾的。

在西方美學史上,最早提出審美感官說的是西塞羅和普洛丁,經過舍夫茨别利的重新提出和哈奇生的進一步論證,這一學說才得以完善並對後世產生長久的影響,但從根本上說,人是否真的具有專門

① 《西方美學家論美和美感》,第 99－100 頁。

②③ 同上書,第 100 頁。

④ 奥夫相尼科夫:《美學思想史》,第 126 頁。

審美的內在感官,至今還衹能說是一個假說,尚未得到科學的證實。但這一假說是合理的,其積極的意義主要在於揭示了美感不是動物性的快感,不是單純的感覺,美感既有感性因素,也包含理性因素,美感比一般快感要複雜、高級得多。歷史上的各種審美感官說都是唯心主義的,但並不能因此而否認其價值。

二　絶對美和相對美

哈奇生把美分爲兩類,即絶對美(又稱本原美)和相對美(又稱比較美)。

絶對美,指的是從對象本身感受到的美。例如,人們從大自然的造物、人工制造的各種形式、人物形體、科學定理所感受到的美。他認爲,絶對美不是對象固有的客觀屬性,而是對對象的一種主觀認識,這種認識是就對象本身孤立來看的,不是與其它對象相比較的結果。他說:"本原美或絶對美並非假定美是對象所固有的一種屬性,這對象單靠本身就美,對認識它的心毫無關係;因爲美,像其它表示感性觀念的名稱一樣,嚴格地衹能指某個人的心所得到的一種認識。……我們所了解的絶對美是指我們從對象本身裏所認識到的那種美,不把對象看作某種其他事物的摹本或影象,從而拿摹本和藍本進行比較。"[①] 應當注意的是,哈奇生雖然把絶對美的本質歸結爲一種主觀認識,但他並不認爲美和對象本身毫無關係。在他看來,絶對美的基礎在於對象本身的統一性,具體點說,這是一種多樣性的統一。他說:"在對象中的美,用數學的方式來說,仿佛在於一致和變化的復比例:如果諸物體在一致上是相等的,美就隨變化而異;如果在變化上是相等的,美就隨一致而異。"[②] 他舉一

① 《西方美學家論美和美感》,第97頁。
② 同上書,第98頁。

些幾何圖形爲例，認爲在等邊圖形中，邊數愈多就愈顯出變化和多樣，也就會愈美，如五邊形比正方形美，正方形比等邊三角形美等等，而在不等邊幾何圖形中，如果變化和多樣相等，愈有統一性者愈美，如等邊三角形比不等邊更美，正方形比斜方形、菱形更美。從這些例子可見，他講的絶對美主要側重的是形式方面。

所謂相對美，是指以摹本與藍本之間的符合或一致爲基礎的美。這是把摹本與藍本相比較而認識到的美，因此又叫比較美。他說："比較美或相對美也是從對象中認識到的，但一般把這對象看作另一事物的摹本或與另一事物相類似的。"①從他所舉的例子看，相對美主要指的是詩歌、繪畫、雕刻等摹仿性的藝術美。在他關於相對美或藝術美的論述中，有三點值得注意。一是他認爲，藝術美必不可少的要求是逼真或類似，摹本越接近藍本，美的感染力越强，越能打動讀者的心靈；二是他認爲，藝術不等於自然，"並不一定要藍本裏原來就有美"。例如肖像畫中老年人的面貌，風景畫中的荒山和頑石，藍本都並不美，但却能模仿得很美。三是他認爲，藝術可以想象和虛構，肯定象徵、寓言、比喻的美。他說："由於我們有一種奇怪的傾向，歡喜類似，自然中每一事物就被用來代表旁的事物，甚至於相差很遠的事物，特別是用來代表我們最關心的人性中的情緒和情境。"②

哈奇生十分重視美的本源問題。在他那裏，不論絶對美還是相對美，其基礎都是多樣性的統一，這被他視爲美的普遍規律，其最終的根源都在於自然神。他說："宇宙中各種形式的完全合於規矩、構造的完美、全部的相似之處，都是構思的推定。"③

總的說來，哈奇生的美學觀點不是唯物主義的，而是唯心主義的，但他對審美感官說的辯護和關於絶對美和相對美的劃分，都包

①② 《西方美學家論美和美感》，第 98 頁。

③ 奥夫相尼科夫：《美學思想史》，第 129 頁。

含不少合理的因素，在美學史上有不可低估的影響。

第四節　荷加斯的美學思想

荷加斯(Hogarth,1697－1764)是英國著名銅版畫家和藝術理論家。主要作品有《妓女生涯》、《浪子生涯》和《時髦婚禮》。他的理論代表作《美的分析》，開創了對美的形式規律的專門研究，不僅是一部繪畫理論著作，也是一部美學著作。在這本書中，荷加斯因提出最美的綫條是蛇形綫而頗爲著名。

一　研究和觀察的方法

在思想上，他傾向經驗主義，反對新古典主義，强調經驗觀察，從自然出發。與哲學家多從概念出發研究美的方法不同，《美的分析》採用的是理論聯係實際，從個别上昇到一般的經驗主義的方法。

在《美的分析》的序言中，荷加斯一開頭便説："雖然美是由視覺接受的，是人人都能感覺到的，可是，由於解釋美的原因的大量嘗試毫無結果，研究美的論著幾乎完全被人置諸腦後了。一般認爲美是一個崇高的和特性過於微妙的概念，是很難做明白淺顯的論述的。"① 並且説："這部著部必然會同某些流行的和早已成爲定論的觀點相抵觸，甚至可能會推翻這些觀點。"② 在他看來，要解决美的問題應當精通藝術，有豐富的審美經驗，傾聽"理解了美的吸引力的優秀的藝術家們"的意見，不能衹靠書本，從概念出發。他指出，"美如此長久地被認爲是不可解釋的，這毫不奇怪，因爲它的許多方面的本質不是光靠著作家所可能領悟的。"③

---

①②③ 荷加斯:《美的分析》，人民美術出版社 1986 年版，第 1 頁。

在考察了古希臘以來流行的美的觀點和文藝復興以來著名藝術家如米開朗基羅等人有關美的言論之後，荷加斯把研究的重點放到了形式美方面。在《導言》中，他説："究竟是什麼促使我們認爲某些東西的形式是美的、另一些東西的形式是醜的，某些東西的形式是有吸引力的，另一些東西的形式是没有吸引力的。我想比前人更詳細些考察一下使我們可以形成形式的無限多樣性的表象的綫條的本質及其各種不同組合，從而説明這個問題。"[①] 這就是《美的分析》一書的基本課題。爲此他特别提出了一種觀察物體的方法，即把觀察的對象想象爲"被挖得衹剩下一個薄薄的殼"，這個"殼"由挨得非常緊密的很細的綫所組成，其内外部都和這個對象的形狀完全符合，而且不論我們從外面或裏面觀察，眼睛都同樣能看見它們。這種方法的好處很多，它可以使我們"獲得關於整個對象的更加確定的表象"，更準確、更全面地把握形體的輪廓。與通常畫家所使的在平面上把物體放大或縮小的觀察方法不同，這種方法不僅可用於平面，還可用於立體，用於各種不規則的、複雜的形體。它還能增進想象力，使畫家"學會當對象本身不在他眼前時也能想象出這些對象來"[②]。荷加斯的這種"殼"觀察法可説是他的一大發明，是一種富有獨創性的方法。這實際上就是把形式單獨抽象出來進行觀察、把握的方法。形式是有相對獨立性的，把形式抽象出來觀察的方法是合理的，在藝術實踐上也是行之有效的，不能簡單斥之爲形式主義。

---

① 荷加斯:《美的分析》，人民美術出版社，第 15 頁。

② 同上書，第 21 頁。

二　形式美的規則

關於形式美的規則的探討，在《美的分析》中佔有大量篇幅。荷加斯指出："這些規則就是：適應、多樣、統一、單純、複雜和尺寸——所有這一切都參加美的創造，互相補充，有時互相制約。"[①]他對這些規則一一作了研究。

適應：指對象的局部與其總的意圖（目的性）相符合，也就是對象的形式美要適應或符合目的。他認爲，適應對整體的美具有最大的意義。祇有適應或符合目的的形式才是美的形式，否則就會失其爲美。例如造船時，船的每一個部份的尺寸都是有限度的，都要適於航行。其它如椅子、桌子、器皿、家具、建築、人體、動物形體等，其體積大小和比例的美，也都取決於合目的性，否則就不美。即便一些很美的形式，如螺旋形圓柱，如果用來支撐某個威嚴沉重的東西，由於用得不當，也不會討人喜歡。荷加斯在這裏揭示了意圖、目的、功能對形式美的決定意義，這也就是內容對形式的決定意義，他並沒有因爲主張抽象把握形式規律而忽視內容。

多樣：指的是多樣可以產生美。荷加斯指出，多樣性在美的創造中具有重要的意義。自然界中各種植物、花卉、葉子、蝴蝶翅膀、貝殼等的形狀和色彩，都因其多樣性而悦人眼目，引起美感。人的全部感覺都喜歡多樣，討厭單調。因此藝術美的創造應把多樣作爲規則，如遞增或遞減就是一種多樣性，就可以產生美。他强調說："我所指的是有組織的多樣性，因爲雜亂無章的和沒有意圖的多樣性，本身就是混亂和醜"[②]。

統一：指的是對象各部份的統一、整齊和對稱。荷加斯認爲，統

① 荷加斯：《美的分析》，第 22 頁。
② 同上書，第 26 頁。

一、整齊、對稱可以産生美，但這條規則不是美的主要原因和基礎，否則越顯得整齊也就越會使眼睛得到快感，而實際上遠非如此，統一、整齊、對稱常常顯得單調，不符合視覺美感的要求，人們更喜歡多樣，祇有打破單調，使之與多樣變化相結合，符合特定的意圖和目的，才能産生美。例如，"一位美婦把頭稍微轉動一點，從而打破面部兩側的完全對應，而面部微微的傾斜使得面部較之於完全正面的那種直的和平行的綫條有更多的變化時，這樣的面孔總是看來更令人喜歡。因此説，這是優美的頭姿"[①]。又如畫家在不得不從正面描繪建築物時，常常在建築物前畫上一棵樹，或在建築物上空加上幾朵雲，爲的也就是要破一破單調的、令人不快的外貌，給建築以多樣性。他指出，"整齊、統一或對稱，祇有能形成合乎目的性的觀念時，才能使人喜歡。"[②]

單純：荷加斯認爲，單純自身是平淡無味的，作爲美的一個規則，單純必須與多樣結合，才能具有美學價值。例如，金字塔就是既單純又多樣的，它由直綫構成，但從基部到頂端又不斷改變形式，比從各個視角看都幾乎同樣的圓椎體優越。出於同樣的理由，人們建造圓椎形的塔，爲了使它不顯得過於簡單，往往不用圓椎形作基座，而代之以各種多角形。他指出："單純甚至可以賦予多樣以美，使多樣更加便於接受。藝術作品總是在追求單純，因爲它能使優雅的形狀不顯得混亂"[③]。

複雜：指的是形體的複雜性。荷加斯認爲，複雜性適合人們愛活動、愛探索的天性，能增進智力，帶來滿意，把辛勤勞累的事變成娛樂和消遣。"它迫使眼睛以一種愛動的天性去追逐它們，這個過程給予意識的滿足使這種形式堪稱爲美"[④]。複雜性這條規則直接决定

① 荷加斯：《美的分析》，第 28－29 頁。
② 同上書，第 30 頁。
③ 同上書，第 33 頁。
④ 同上書，第 35 頁。

着吸引力的概念,實際上包括在多樣性的規則之中。迂回曲折的林間小徑,蜿蜒曲折的河流,流行的裝飾紋樣,靈活多姿的舞蹈動作,卷曲的頭髮和各種花樣的髮型,它們都由於能引導眼睛本身運動,追踪它們的形狀,因而引起相應的美感。但是,也要避免過分複雜,比如把頭發弄得很亂就不好看,因爲眼睛將没有出路,不可能追尋這樣多混亂的綫條。

尺寸:指的是對象量的大小。荷加斯説:"尺寸能使優美增添雄偉。但是,要避免過大,否則尺寸就會變成笨拙、沉重,甚至可笑了"①。他認爲,大的形體容易引人注意,令人讚美,能産生崇高感。如層巒叠嶂,汪洋大海,高大的樹林,雄偉的教堂和宫殿,温莎城堡,盧浮宫,它們之所以使人感到崇高,都根源於體積或數量的巨大。可是,"不恰當的和不可相容的過量,總會引人發笑"②,顯得滑稽。

荷加斯關於形式美的規則的分析,是藝術實踐經驗的總結,雖然大多還帶有經驗描述的性質,但也提出了一些重要的見解,如美在合目的性,統一、單純要與多樣性結合,美感依賴眼睛的運動,崇高感和滑稽感與對象大小的關係等,都能給人不少啟發,是很寶貴的。

三　蛇形綫是最美的綫條

在分析了形式美的一般規則之後,荷加斯專門研究了綫條。他認爲,對象的形式、外殼是由緊密相連的綫條組成的。他把綫條分爲直綫、曲綫、波狀綫、蛇形綫等幾個種類,認爲正是這些綫條的不同組合和變化,産生出無限多樣的形式,幫助我們形成各種物體的表象。在這些綫條中,他認爲波狀綫、蛇形綫都可以稱作美的綫

①② 荷加斯:《美的分析》,第39頁。

條,尤其是蛇形綫,不但是美的綫條,而且是富有魅力或吸引力的綫條,因此是最美的綫條。他指出:“蛇形綫靈活生動,同時朝着不同的方向旋轉,能使眼睛得到滿足,引導眼睛追逐其無限的多樣性……。由於這種綫條具有如此多的不同轉折,可以說(儘管它是一條綫),它包含着各種不同的內容”①;它“不僅使想象得以自由,從而使眼睛看着舒服,而且說明着其中所包括的空間的容量和多樣”②。這就是說,蛇形綫之所以是最美的綫條,主要在於它富有多樣性和表現力。他得出結論說,在美和藝術的創造中,“主要應當關心的恰巧是這種綫條”③,當然它還要依據形式美的規則與其它綫條配合起來使用。

爲了說明和證實自己的觀點,荷加斯還分析了人體的美。他認爲,人體的骨骼、肌肉、皮膚幾乎都是由蛇綫形構成的。尤其是女性的人體美比男性更顯得突出,因爲“女性的皮膚具有一定程度的誘人的豐滿性,正如在指關節上一樣,它在所有其它關節處形成富有魅力的漩渦,從而使之不同于甚至長得很標致的男子。這種豐滿性在皮下肌肉的柔軟形體作用下,把人體每一部分的多樣性充分展現在眼前,這些部份互相之間結合得更爲柔和,更加流暢,因而也具有一種優美的單純,它使以維納斯爲代表的女性人體的輪廓總是高於阿波羅的輪廓”④。在他看來蛇形綫是人體美高於自然的物體美的根據。他說:“人體較之於自然創造出來的任何形體具有更多的由蛇形綫構成的部份,這就是它比所有其他形體更美的證據,也是它的美產生於這些綫條的根據。”⑤

此外,荷加斯還考察了人的面部表情、姿態、動作、舞蹈、戲劇動

---

① 荷加斯:《美的分析》,第 45 頁。
② 同上書,第 56 頁。
③ 同上書,第 55 頁。
④ 同上書,第 65 頁。
⑤ 同上書,第 59 頁。

作等方面的美,分析了蛇形綫在其中所起的重要作用。在他的論述中,有幾點是特別值得注意的。關於動作,他認爲“通過動作,一個人可以充分地表現自己,在這種意義上說,形成美或醜的全部規則都與動作有關”①,並且說:“動作是一種語言,對這種語言將來也許會可以藉助於某種類似語法規則的東西來研究,但在目前,動作還衹能通過學習和模仿來領會。”② 他的這個預言是很深刻的,有啟發性的。有關舞蹈,他說:“小步舞包含有大量符合蛇形綫的,衹能納入一定大小限度的協調多樣的動作,因此這種舞蹈無疑是一種美妙的安排。”③ 關於戲劇,他認爲,舞台動作不同於日常生活中的動作,“一個在舞台以外可能顯得得體和優美的普通舉止風度,對於舞台動作來說可能不是很好的。正如一篇斯文的普通講話對於戲劇來說可能不是很正確和生動的語言”④,“模仿性的動作在舞台上可能引起觀衆的不滿。這種動作往往就是固定的一套手勢,由於重復而使觀衆生厭,結果會成爲嘲笑和出洋相的對象”⑤。他主張要把動作理解爲綫條,把握“撇開台詞意義的動作”,認爲“每一場的舞台動作都應該儘可能地是多種多樣動作的安排(從一般意義來説,即抽象地,從台詞意義以外來看的動作)”⑥。要在表演中充分運用蛇形綫這種美的和有吸引力的綫條,同時“演員動作的間歇也是完全必要的”⑦。他的這些思想是合理的、寶貴的。

第五節 休謨的美學思想

休謨(David Hume,1711－1776)不但是著名的哲學家,而且是美學家。他出生於蘇格蘭一地主家庭,畢業於愛丁堡大學,曾擔任

① ② ③ 荷加斯:《美的分析》,第121頁、121－122、127頁。
④ ⑥ 同上書,第130頁。
⑤ ⑦ 同上書,第131頁。

任英國駐法國大使館的秘書和英國副國務大臣。他對美學和文藝問題十分關心,寫過不少有關美學的著作,主要有《論人性》中的一部份,《論審美趣味的標準》、《論懷疑派》、《論悲劇》、《論辭辯》和《論趣味和欲望的奥妙》等等。

在哲學上,休謨繼承並發展了貝克萊的主觀唯心論,走到了懷疑論和不可知論。他稱貝克萊的哲學是"最深刻的哲學"[①],説貝克萊的著作是"古今哲學家中所能找到的最好的懷疑論的教本"[②]。他認爲,"在心靈面前呈現的,除了知覺以外,是根本没有别的東西的,它决不能經驗到知覺與對象的聯繫"[③]。這就是説,除了感覺之外,世界上是否存在客觀真實的事物完全是不可知的。列寧説過:"貝克萊認爲外部世界就是我的感覺,休謨把我們的感覺之外是否有什麽東西存在的問題取消了。"[④]又説:"不可知論者路綫的本質是什麽呢?就是他不超出感覺,他停留在現象的彼岸,不承認在感覺的界限之外有任何'確實可靠的'東西"[⑤]。休謨美學思想的哲學基礎正是這種不可知論和主觀唯心主義,在英國經驗主義美學中,他是唯心主義路綫的突出代表。

一　美的本質

在美的本質問題上,休謨堅决反對唯物主義關於美是事物的客觀屬性的觀點。他明確説:"美就不是客觀存在於任何事物中的内在屬性,它只存在於鑒賞者的心裏。"[⑥]並且説:"各種味和色以及

① 休謨:《人類理智研究》,商務印書館 1982 年版,第 154 頁。
② 同上書,第 155 頁。
③ 休謨:《論人性》(英文版)牛津 1888 年,第 16 頁。
④ 列寧:《唯物主義與經驗批判主義》,人民出版社 1960 年版,第 54 頁。
⑤ 同上書,第 97 頁。
⑥ 休謨:《論趣味的標準》,見《古典文藝理論譯叢》第 5 輯,人民文學出版社 1963 年版,第 4 頁。

其他一切憑感官接受的性質都不在事物本身,而是祇在感覺里,美和醜的情形也是如此"①。在談到藝術美時,他也說:"詩的美,恰當地說,並不在這部詩裏,而在讀者的情感和審美趣味。如果一個人没有能領會這種情感的敏感,他就一定不懂得詩的美,儘管他也許具有神仙般的學術知識和知解力。"②因此,他完全否認了美的客觀性,認爲美是純然主觀的東西。

由於否認了美的客觀性,休謨也就取消了美的客觀標準,陷入了相對主義。他說:"不同的心就會看到不同的美;每個人祇應當承認自己的感受,不應當企圖糾正他人的感受。想發現真正的美或醜,就和妄圖發現真正的甜和苦一樣,純粹是徒勞無功的探討。根據不同的感官,同一事物可以既是甜的,也是苦的,那句流行的諺語早就正確地教導我們:關於口味問題不必做無謂的争論。"③這就是說,事物本身無所謂美醜,一個對象,你認爲美,我可以認爲醜,美醜是由個人的主觀感受决定的。

人們對美醜的看法不同,但人人都有判斷美醜的能力,那麼人們究竟把什麼叫做美呢?美的本質何在呢?休謨在《人性論》中說:"美是一些部份的那樣一種秩序和結構,它們由於我們天性的原始組織、或是由於習慣、或是由於愛好,適於使靈魂發生快樂和滿意。這就是美的特徵,並構成美與醜的全部差異,醜的自然傾向乃是産生不快。因此,快樂和痛苦不但是美和醜的必然伴隨物,而且還構成它們的本質。"④他還在另一著作中以圓爲例說:"歐幾里德已經充分解釋了圓的一切性質,但從未在任何命題中說到圓的美。理由是明顯的。美不是圓的一種性質。美並不在圓周綫的任何一個部份上

① 《西方美學家論美和美感》,第108頁。
② 同上書,第111頁。
③ 休謨:《論趣味的標準》,見《古典文藝理論譯叢》第5輯,第4頁。
④ 休謨:《人性論》下册,商務印書館1983年版,第334頁。

(這圓周綫的部份與圓心的距離是相等的)。美衹是圓形在心靈上所產生的效果,心靈的特殊構造使它易於感受這種情感。如果你要在圓中找美,不管是用你的感官還是用數學推理在這圓形的一切屬性中找美都是徒勞的"[①]。這裏應當注意,首先,把快樂和痛苦説成美和醜的真正的本質,這表明休謨認爲快感就是美感,也就是美,顯然,這混淆了美、美感和快感三者的區别,是以快感或美感代替了美。這是休謨堅持主觀唯心主義立場的表現,也是他的全部美學思想的實質和核心。其次,休謨既談到了對象的"秩序和結構",又談到了"心靈的特殊構造",在他那裏,對象和心靈之間似乎有一種相互協調和適應的關係。那麼,這是否既肯定了美的客觀性,又肯定了美的主觀性,主張的是美在主客觀的統一呢?其實,在他那裏,不論對象還是心靈本身都還不就是美,而他所講的"圓形在心靈上所產生的效果",或者對象與心靈二者相互協調的關係,也衹不過是快感或美感的同義語。如果説這是一種主客觀統一論,歸根結底也是統一於主觀方面。因此他没有肯定美的客觀性,主張的仍是美在快感或美感這個主觀唯心主義的公式。

休謨雖然把美的本質歸結爲快感或美感,但他並没有否認客觀對象和人的感官是產生美感的條件。不過,他主要還是從審美主體的生理、心理方面來揭示美或美感的起源的。他提出了兩個密切相關的學説。一個是效用説。他説:"我們在動物或其他事物上面所欣賞的美,大部份都起於便利和效益的觀念……在這個動物身上,强有力的形狀才是美的,在另一個動物身上,輕巧的標誌才是美的。就一座宫殿的美來説,秩序與便利的重要並不在於單純的形狀外觀。由於同樣的道理,建築的規矩要求柱子上細下粗,因爲這個形狀才產生安全感,而安全感是愉快的;反之上粗下細的形狀就產

① 休謨:《人類理解研究和道德原則研究》,1902年牛津(英文版),第291－292頁。

生對危險的畏懼,這是令人不安的"[①]。根據效用説,美並不在對象本身,而在對象適合人的效益或便利的觀念。另一個是同情説或分享説。休謨認爲,美感雖然起於利益與便利的觀念,但並不一定就是自己的利益與便利,只要藉助同情的想象能够分享到這種利益和便利,旁人覺得美的對象自己也會覺得美。例如,我們不是果園的業主,對於肥沃豐産的果園没有直接的利益,但我們也覺得這果園是美的,這究竟是爲什麽呢?他説,這是因爲"通過生動的幻想,我們仿佛置身局内,在某種程度上和業主分享這些"[②]。他還舉過一個房主帶領客人看房子的例子。他説:"很顯然,房子之所以美,主要地就在這些細節。看到便利就起快感,因爲便利就是一種美。但是它究竟怎樣引起快感呢?這當然牽涉不到我們自己的利益,但這又實在是一種來自利益而不是來自形式的美,那麽,它之所以使我愉快,衹能由於傳達,以及由於我們對房主的同情。我們藉助於想象,設身處地想到他的利益,因而也感到他對這些對象自然會感到的那種滿足。"[③] 根據同情説,美感不涉及個人的利害,没有利己的動機,這在美學史上是一個十分重要的看法,無論效用説,還是同情説,都不是從客觀方面,而是單從主觀方面來規定美,其唯心主義是顯而易見的。但其中也的確揭示了美感的主觀心理方面的特徵,把握了一些重要的審美心理現象,包含了某些合理的因素。休謨關於美感産生的這些思想,對後來的康德美學,特別是 19 世紀下半葉的心理學派的美學如立普斯的移情説和谷魯斯的内摹仿説等,都是發生過很大影響的。

---

① 《西方美學家論美和美感》,第 109－110 頁。

②③ 同上書,第 110 頁。

二 想 像

想像涉及形象思維,在美學上是個重要問題。從西方美學史上看,在英國經驗派以前,有關想像問題的研究並不很多。英國經驗派的美學家由於强調審美主體的心理、生理功能,一般對想像問題都很重視。休謨也不例外。

休謨把知覺區分爲兩類:一類是印象,一類是思想或觀念。印象是較生動的知覺,“是指我們聽見、看見、觸到、愛好、厭惡或欲求時的知覺而言”①;觀念或思想則是指較不生動的知覺而言。休謨把想像和回憶都列入了觀念或思想一類。他認爲,從一個方面來看,想像是人的精神所具有的一種創造力量。想像可以形成怪物的觀念,它能將各種離奇的形象或現象聯繫在一起,這就是說,“我們所没有見過的東西,所没有聽到過的東西,都是可以想像出來的”②,因而想像使得思想或觀念似乎具有無邊無涯的自由。例如,本來世上没有“黄金山”,我們却可以想像出一座“黄金山”。但是,從另一方面來看,這種想像的自由實際上又是受限制的。我們想像出來的“黄金山”,無非是把早已熟知的“黄金”和“山”這兩個合理的觀念加以混合或組合而已。因此,休謨認爲,想像作爲思想或觀念衹不過是印象的摹本。它不如印象生動有力,比印象微弱、暗淡,“不外乎是將感官和經驗提供給我們的材料加以聯繫、置換、擴大或縮小而已”③。

休謨認爲,文藝離不開想象,正是想像的産物。文藝可以創造出新奇的形象,但是,由於“印象比觀念更强烈”,藝術的美畢竟趕不上自然美和現實美。他説:“詩文不管怎樣豐富多彩,總不能把自然事物描寫得同真的景致一樣。最生動活潑的思想還是抵不上最遲鈍

①②③ 《西方哲學原著選讀》上卷,商務印書館 1981 年版,第 518 頁。

的感覺。"[1] 可以看出,休謨是主張文藝低於現實的。

儘管如此,休謨在談及審美趣味和理智的區别時,對文藝的作用却有很高的估價。他的觀點或許是有矛盾的。審美趣味,又稱鑒賞力,這是英國經驗派美學普遍重視的新的美學範疇。休謨認爲,審美趣味和理智都是先天的能力,但二者有很大的區别。他指出:"理智傳達真和僞的知識,趣味産生美與醜的及善與惡的情感。前者照事物在自然中實在的情況去認識事物,不增也不減。後者却具有一種製造的功能,用從内在情感借來的色彩來渲染一切自然事物,在一種意義上形成了一種新的創造。理智是冷静的超脱的,所以不是行動的動力,… 趣味由於産生快感或痛感,因而就造成幸福或苦痛成爲行動的動力。"[2] 這裏談的理智和趣味的分别,實際上也就是邏輯思維和形象思維的區别。照休謨看來,趣味涉及情感,理智不涉及情感,趣味是新的創造,理智是如實反映,趣味是行動的動力,理智不是行動的動力。

三　審美趣味的標準

在西方美學史上,休謨較早提出和研究了審美趣味的標準問題,這是一個突出的貢獻。下面僅就他的《論趣味的標準》一文,略加介紹。

休謨十分强調審美趣味的相對性。他説,人們的趣味是多種多樣的,我們時常把與我們自己相反的别人的趣味斥爲"野蠻",而别人也時常把我們的趣味斥爲"野蠻"。每個人在談到美醜的時候,似乎都是自以爲是的,以至我們自己也不敢在這種趣味的争論面前肯定自己的趣味一定是正確的。似乎"趣味無争論"這個諺語已經得

---

① 《西方哲學原著選讀》上卷,商務印書館 1981 年版,第 517 頁。

② 《西方美學家論美和美感》,第 111 頁。

到了常識的認可。另一方面,人們對美醜的議論又往往是基本一致或相同的。例如,美總是衆口交讚的,醜總是齊聲申斥的,但一遇到具體的實例,這種貌似的一致就消失了,我們會發現,人們使用美醜這類概念時的具體感受和含義遠不是相同的。這種情形同科學和理論問題的争論恰恰相反,在那裏人們的分歧往往是在一般,而不在具體,往往看來懸殊很大,其實多爲概念之争,只要把名詞解説清楚就時常没有什麼可争論的了,甚至争論的雙方都會驚奇地發現,他們争執了半天,其實意見完全一致。休謨的這些看法,應當説是符合人們進行審美判斷或審美評價的實際的。審美趣味的多樣性、差異性、相對性是一個客觀存在的事實,休謨很好地描述和思考了這個事實。

但是,休謨没有停留在審美趣味的相對性上,而是在正視這個事實的基礎上提出了審美趣味的標準問題。他説:"我們想找到一種'趣味的標準',一種足以協調人們不同感受的規律,這是很自然的;至少,我們希望能有一個定論,可以使我們證實一種感受,否定另一種感受。"①

那麽,是否有一種趣味的標準呢?有的哲學家認爲,趣味没有標準,趣味的標準是永遠找不到的。休謨不同意這種觀點。他認爲,這些哲學家依據的是"趣味無争論"的諺語,即"趣味天生平等"的原則,他們把趣味衹看作感受,認爲一切感受都是正確的,都以自己爲準,這是把判斷和感受截然對立了。在他看來,趣味不是理性,但也不衹是感受,其中也包含判斷、褒貶,這具體表現在寫作規律或藝術規律上。他説:"詩歌永遠不能服從精確的真理,但它同時必須受到藝術規律的制約,這些規律是要靠藝術家的天才和觀察力來發現的。"② 在他看來,這些規律的基礎是經驗,是根據不同國家不同時

① 休謨:《論趣味的標準》,第3頁。

② 同上書,第5頁。

代都能給人以快感的作品總結出來的。所以,他得出結論說:"儘管趣味仿佛是變化多端,難以捉摸,終歸還有某些普遍的褒貶原則。這些原則對一切人類的心靈感受所起的作用是經過仔細探索可以找到的"[①]。《論趣味的標準》一文,其主題就在探索趣味的普遍標準和解釋審美趣味差異性的根源。

休謨肯定了人類的審美趣味有共同的標準,至於這標準究竟是什麼,他没有給以直接了當的回答,而是探討了達到這趣味標準的條件,揭示了妨礙達到這趣味標準,因而産生趣味多樣性和差異性的根源。他是從審美主體的生理、心理結構的角度開始分析的。

首先,他指出:"按照人類内心結構的原來條件,某些形式或品質應該能引起快感,其他一些引起反感;如果遇到某個場合没有能造成預期的效果,那就是因爲器官本身有毛病或缺陷。"[②] 例如,害黄疸病的人就不能正常感受顔色的美。這就是説,健全的生理器官是找到趣味標準的首要條件,只有在這一前提下,才能得到"一個趣味或感受的真實標準"和"至美"的概念。而人們的内心器官並非都很健全,有的生來就有毛病或缺陷,有的生來雖没毛病,但也會時常不斷地發生毛病,這都會抑制或削弱人們分辨和感受美醜的能力,同時這也是造成趣味差異性的一個根源。

其次,要找到趣味標準的另一個主要條件是應當具有想象力的敏感。休謨指出:"多數人所以缺乏對美的正確感受,最顯著的原因之一就是想象力不够敏感,而這種敏感正是傳達較細緻的情緒所必不可少的。"[③] 在他看來,美屬於感受範疇,是一種十分精細的情感,其中還包含有理性因素,因此並不是任何衹要具有正常感官的人都能感受得到的,爲此就需要想象力的敏感。人和人之間敏感的

① 休謨:《論趣味的標準》,第6頁。

② 同上書,第10頁。

③ 同上書,第11頁。

程度可以有很大的差異，趣味有高有低，一個人的鑒賞能力比另一個人强，這是不可抹殺的事實。他指出："理性儘管不是趣味的基本組成部份，對趣味的正確運用却是不可缺少的指導。"[①]"本文的宗旨就在對這個感受問題作出一定程度的理性解釋，給所謂'敏感'下一個比歷來各家所作出的更準確的定義應該説是必需的"[②]。休謨所講的趣味、想象力的敏感，實際上就是審美判斷力，即感受和分辨美醜的能力。他認爲要提高和完善這種能力必須經過不斷的訓練，最好在一門特定的藝術領域不斷觀察和鑒賞特定類型的美。同時還必須發展卓越的智力，以高明的見識清除偏見，因爲偏見對高尚的趣味有害，足以敗壞我們的審美感。

那麼，怎樣才能找到趣味的標準呢？休謨講了《堂・吉訶德》中的一個故事：有一次桑科的兩個親戚被人叫去品嚐一桶酒，據説是名牌的陳年好酒。頭一個品嚐後咂咂嘴思考説，酒倒不錯，可惜有一股皮子味；第二個品嚐後説，酒是好酒，美中不足的是有點鐵味。他倆受到了大多數人的嘲笑，但最後把桶倒干，桶底果然有一把拴根皮條的鑰匙。對藝術作品進行判斷和這個品酒的故事是類似的。趣味的原則雖然有普遍意義，可以説是人同此心，心同此理，但真正有資格對任何藝術作品進行判斷並且把自己的感受樹立爲審美標準的人還是不多，衹有當我們像拿出那把鑰匙一樣，拿出一條公認的藝術法則給人看，才能説服別人。而這條公認的藝術法則即美的一般規律，應當從已有定論的範例和觀察一些集中突出體現快感和反感的對象裏得出來。所以，要找出趣味的標準"最好的確定方法就是把不同國家不同時代的共同經驗所承認的模範和準則當作衡量尺度"[③]。這也就是説，應當把公衆輿論承認的、少數具有歷

---

① 休謨：《論趣味的標準》，第 11 頁。

② 同上書，第 7 頁。

③ 同上書，第 9 頁。

倒其他人的權威的趣味,作爲審美趣味的標準。顯然休謨揭示的這個標準,仍是以少數權威的個人感受爲標準,這不是客觀的、絕對的標準,而是主觀的、相對的標準。

休謨自己也説,我們雖然儘力找到了一個趣味的標準,但仍有兩個造成趣味差異的根源是無法避免的。一是個人氣質的不同,一是當代和本國的習俗與看法不同。他説:"在這種情况下,一定程度的看法不同就無法避免,硬要找一種共同標準來協調相反的感受是不會有結果的。"①

第六節 柏克的美學思想

柏克(Burke,1729-1797)是英國著名的哲學家、美學家和政論家。在英國經驗主義美學家中,他是唯物主義路綫的傑出代表。他的美學著作《關於崇高與美的觀念的根源的哲學探討》(簡稱《論崇高與美》),是西方關於崇高和美這兩個美學範疇最重要的文獻。這是柏克早年的著作,約寫於1747-1754年間,初版於1754年4月。當時他還站在啟蒙運動的立場,具有鮮明的唯物主義傾向。後來,他參加政治活動,思想發生蜕變,特别是到了晚年,立場日趨保守,甚至著書和發表文章大肆攻擊法國大革命。當然,作爲美學家和作爲政治家的柏克是應當加以區别的,他的美學觀點在當時是具有進步意義的。柏克的美學著作對後來頗有影響,萊辛和赫爾德曾於1775年將其譯成德文出版,對這本書作過很高評價。特别是他所採用的從生理學和心理學角度解釋審美現象的方法,在美學史上的影響更是很深遠的。

---

① 休謨:《論趣味的標準》,第14頁。

一　論審美趣味

柏克的《論崇高與美》是以《論趣味》一文作爲全書的導論開始的。這篇導論是在1757年再版時增補進去的。在這篇導論中，他主要試圖回答兩個問題，即審美趣味是否有共同標準以及審美趣味的客觀基礎究竟是什麼的問題。這是當時美學家們普遍關心的問題。

與休謨一樣，柏克在解决審美趣味問題時也是從感覺主義出發的。但是他與休謨又有所不同。休謨從感覺、經驗走向了主觀唯心主義和懷疑論，他過分强調趣味的主觀性和相對性，懷疑有任何共同的普遍適用的客觀標準，他雖然也承認並尋找趣味的標準，最後還是把少數權威的主觀趣味當作了標準，並且認爲這種標準也衹具有主觀的相對的意義。相反柏克則從感覺、經驗出發走上了唯物主義的道路。他認爲，審美趣味雖然受到各種主客觀因素的影響，因而具有差異性和相對性，但却具有共同的客觀基礎，遵循一定的客觀規律，因此可以找到普遍共同的客觀標準。

那麼，到哪裏去找到審美趣味的客觀規律和標準呢？他認爲，應當到人的感覺器官的生理結構中去找。他說："所有人的器官的構造是差不多相同或完全相同的，同樣地所有人感覺外部事物的方式也是相同的或　有很小的差別。"[①] 他舉出許多事例來加以說明。例如，只要器官没有毛病，某一個人看來是光亮的東西，另一個人看來也會是光亮的。人人都會同意，甜味是愉快的，苦味是不愉快的，光明比黑暗愉快，夏天比冬天舒服等等。人們對美的事物的感覺也是這樣："任何一個美的事物，無論是人，是獸，是鳥，或是植

① 柏克:《關於崇高與美的觀念的根源的哲學探討》，見《古典文藝理論譯叢》第5輯，第70頁。

物，儘管給一百個人去看，也無不立即衆口交加同意它的美的……没有一個人會認爲一頭鵝比一只天鵝更美。"① 總之，柏克的基本觀點是，由於生理構造人人相同，固而同一事物必然會對每一個人產生同樣的感覺，審美活動的情形也是這樣，一件美的事物必然會引起同樣的美感。這種觀點顯然排除了人的社會性和階級性，是單從人的感覺器官的生理結構方面尋找審美趣味的規律和標準。這是一種對審美趣味的生理學解釋，是舊唯物主義局限性的表現。它把審美趣味簡單化、片面化了，是不能令人滿意的。但在當時對於反對美學上的主觀唯心主義，無疑具有積極的進步的意義。

柏克還分析了審美趣味的結構。他認爲，審美趣味是一個相當複雜的觀念，是由感覺、想象力和判斷力三者組成的，其基礎是感覺，但不等同於感覺。因此，他不同意極端的感覺主義者把審美趣味僅僅同感覺聯繫起來。他認爲，想象力是人的一種特殊的創造能力，這種能力也是人人大體相同的，若有不同，也衹有程度上的不同。他特別强調了判斷力即推理的重要性，認爲審美趣味的差異往往是由判斷力的不同造成的。如果缺乏感性，就會造成審美趣味的貧乏，如果判斷力弱，就會産生不正確的或低劣的審美趣味。這説明他主張把感覺同判斷力統一起來，試圖越出感覺論的狹小圈子。

另外，柏克還反對理性主義者關於審美趣味或鑒賞力是天賦的和不變的錯誤看法。他認爲，審美趣味是隨着人類文化的進步和思維能力的發展而不斷發展和完善的。例如，在人類初期，由於人的判斷力還較弱，還只是以天真的態度對待周圍的一切對象，那時詩歌和音樂對人的影響很强烈，人還没有看到藝術的缺點。隨着人類社會的進步，人的判斷力發展起來，人就發現了藝術中的缺點，向藝術提出了更高的要求，這説明人的審美趣味也得到了提高和改善。

---

① 柏克：《關於崇高與美的觀念的根源的哲學探討》，見《古典文學理論譯叢》第5輯，第70頁。

總的來說，柏克關於審美趣味的觀點是以感覺論的唯物主義爲基礎的。在他那裏，美感歸根到底是由實在的客觀對象引起的，是由人的生理結構決定的，而不是主觀任意的。肯定審美趣味有客觀標準，反對了美學上的主觀主義，而主張鑒賞力人人相同，則打擊了區分高級鑒賞力與低級鑒賞力的封建等級觀念。但另一方面，他的觀點又是片面的、機械的，他沒有認識到審美趣味與人的社會實踐的內在聯繫，沒有估計到產生美感的原因的全部複雜性。事實上，人類的審美趣味或鑒賞力是在社會實踐的基礎上產生和發展的，它不僅有生理結構方面的根源，而且有社會方面的根源。離開人的社會性，離開人類社會實踐的共同性，不可能找到審美趣味的真正標準。

二　崇高與美的觀念的起源

在西方美學史上，柏克是第一個明確區分崇高與美的人。在柏克以前，崇高與美這兩個美學範疇雖然早已使用，但二者的界限並不很明確，經常被人混淆。柏克力圖糾正這種概念上的混亂。爲此，他在自己的美學著作中花了很大力氣來闡明崇高與美的區別。他的做法是，首先指出崇高與美這兩個觀念的起源完全不同，然後又進一步確定了崇高與美在客觀性質上的差別。

從起源來說，柏克認爲，崇高與美這兩個觀念分別起源於人類的兩種基本情欲，即自我保全和社會交往。自我保全是崇高感的基礎，社會交往是美感的基礎。他說，人類大多數能使人心產生痛感或快感的觀念，都可以歸入這兩大類。

爲什麼說自我保全是崇高感的基礎呢？因爲自我保全的觀念主要是由痛苦和危險引起的。痛苦和危險使生命安全受到威脅，它們在情感上一般都表現爲“最强烈的情欲”即痛感，使人產生恐怖和驚懼，而這種恐怖和驚懼就是崇高感的主要的心理內容。所以柏克説:“凡是能以某種方式適宜於引起苦痛或危險觀念的事物,即凡是能以某種方式令人恐怖的,涉及可恐怖的對象的,或是類似恐怖那樣發揮作用的事物,就是崇高的一個來源。”① 不過,並不是任何痛苦和危險都能引起崇高感,衹有那些事實上不會給人帶來危害,離開人還有一段距離的痛苦和危險才能引起崇高感。“如果危險或苦痛太緊迫,它們就不能産生任何愉快,而衹是可恐怖。但是如果處在某種距離以外,或是受到了某些緩和,危險和苦痛也可以變成愉快的。”② 這就是説,實際的危險和痛苦衹令人恐怖,産生痛感。而崇高感在柏克看來,却是夾雜着痛感的快感,它由痛感轉化而來,是一種消极的快感,又稱“喜悦的恐怖”。由此柏克解釋了爲什麽真正的危險令人畏避,而崇高的對象却因危險、恐怖而使人産生某種程度的快感,可持欣賞的態度。

在柏克看來,崇高感是很複雜的,具有豐富的心理内容,它不單包含恐怖和驚懼,還包含欣羡和崇敬。他對崇高感作過如下的心理分析:“自然界的偉大和崇高……所引起的情緒是驚懼。在驚懼這種心情中,心的一切活動都由某種程度的恐怖而停頓。這時心完全被對象佔領住,不能同時注意到其它對象,因此不能就佔領它的那個對象進行推理。所以崇高具有那樣巨大的力量,不但不是由推理産生的,而且還使人來不及推理,就用它的不可抗拒的力量把人卷着走。驚懼是崇高的最高度效果,次要的效果是欣羡和崇敬。”③

爲什麽説:“社會交往”是美感的基礎呢?柏克所謂社會交往,包括兩性之間的交往和一般的交往。這類情欲主要與愛相聯繫,它引起的是一種積極的快感,而愛正是美感的主要心理内容。柏克對社會生活的了解基本上是從生物學觀點出發的,人往往被看成生物

①② 見朱光潛:《西方美學史》上卷,第 237 頁。
③ 同上書,第 242 頁。

性的人,但他也看到了人與動物的不同。他説,動物選擇異性並不憑美感,人却不然,人可以"把一般性的性欲和某些社會性質的觀念結合在一起,這種社會性質的觀念指導而且提高人和其它動物所共有的性欲"[①]。因此,人愛異性固然因爲對象是異性,但同時也因爲異性的美引起了愛這種"復合的情欲",因而是有選擇的。所以他説:"我把這美叫做一種社會的性質,因爲每逢見到男人和女人以至動物而感到愉快或歡喜的時候,……他們都在我們心中引起對他們人身的温柔友愛的情緒,我們願他們和我們接近。"[②]柏克這裏講的社會性質,主要指的是滿足群居和社交的要求,還是從生物學角度出發的,在我們今天看來,當然還是有局限性的。

總之,柏克認爲,自我保全是崇高感的基礎,社會交往是美感的基礎,崇高感是危險或痛苦産生的消極的快感,美感則是愛所引起的積極的快感。

三　崇高與美的客觀性質

在闡明崇高與美的不同起源之後,柏克詳細地討論了崇高與美所特有的客觀性質。他把崇高和美的客觀性質只限制在事物的可感覺性上,認爲這些性質"機械地打動人心",立即引起崇高感和美感,理智和意志在這裏都不能起作用。這是一種機械唯物主義觀點,具有明顯的簡單化和庸俗化的傾向。

先談崇高的客觀性質。柏克認爲,一切崇高的對象都有一個共同點,即可恐怖性。他説:"凡是可恐怖的也就是崇高的。"[③]因此,無論在自然界中,還是在現實生活中,凡是能令人恐怖,在人看來可怕的東西,便都是崇高的。崇高對象的感性性質,主要表現在體積

---

①② 《西方美學家論美和美感》,第119頁。

③ 朱光潛:《西方美學史》上卷,第242頁。

的巨大，顏色的晦暗，力量的强大，無限、空無，突然性等等。例如，海洋、風暴、星空、瀑布、黑夜、毒蛇猛獸、電閃雷鳴、火山噴發等自然現象，神、國王、重大的社會震蕩、革命、戰争等社會現象，這一切都因爲令人恐怖而成爲崇高的對象。

在崇高的這些感性性質中，柏克特别强調的是力量。在他那里，没有一個崇高的事物不是某種力量的變形。體積的龐大和無限，顯然是一種力量，而朦朧的、陰暗的、模糊不清的形象，它們之所以比明朗清晰的形象更崇高，也是因爲它們具有更大的力量來激動人的想象。但是，並非任何力量都足以産生崇高感，衹有那些尚未被人征服和控制，還能盲目自由地發生作用，有可能給人帶來危害的力量，才具有崇高的性質。柏克舉馬爲例，一匹馴服的、駕犁耕地的馬，絶不會引起崇高感，但當馬豎起脖頸，張開鼻孔，狂怒地以蹄刨地的時候，就會使圍觀的人感到恐怖，引起崇高的印象。他還認爲，詩優於畫，就在於詩的形象總是朦朧模糊的，因而具有更强的效果和激動人心的力量。

柏克關於崇高的學説，廣泛涉及了自然和社會生活中極其多樣的現象，大大地擴展了崇高的範圍。他的觀點更接近浪漫主義。他没有像古典主義者那樣，把醜陋的現象排除在審美的範圍之外。他認爲崇高感來自非審美的痛感。這些都含有辯證的意味。

再談美的客觀性質。柏克從唯物主義出發，首先承認美的客觀性，肯定美是客觀事物本身的性質。他給美下了一個定義："我們所謂美，是指物體中能引起愛或類似情感的某一性質或某些性質，我把這個定義衹限于事物的單憑感官去接受的一些性質。"[1] 並且説："美大半是物體的一種性質，通過感官的中介，在人心上機械地起作用。所以我們應該仔細研究在我們經驗中發見爲美的那些可用感官察覺的性質，或是引起愛以及相應情感的那些事物究竟是如

① 《西方美學家論美和美感》，第118頁。

何安排的。”[①] 那麽,美的這些可用感官覺察的客觀性質究竟是什麽呢? 柏克首先批評了當時流行的三種關於美的學説,即美在比例説、美在效用説和美在完善説,然後才提出自己的看法。

首先,他認爲,美不在比例。原因有二: (1) 比例幾乎完全涉及便利,是理解力的産品,而美並不要求推理,人們並非經過長久的注意和研究才發現對象的美; (2) 比例是衡量相對數量的尺度,是靠測量的辦法發現的,它的數學研究的對象,但美不屬於測量的觀念,它與計算和幾何學毫不相干。他舉出大量事例,證明比例既不是植物美的原因,也不是動物美的原因,更不是人類美的原因。在談到植物美時,他强調美具有“形式的無限多樣性”。例如,在植物中間没有比花卉更美的東西,但花卉却有各種各樣的形狀和各種各樣的排列方式。“玫瑰花是一種大的花,但却長在小灌木上。蘋果花很小,却長在大樹上。然而玫瑰花和蘋果花這兩種花都是美麗的花,而開着這兩種花的樹木儘管存在這種比例不協調,却仍然非常可愛。”[②] 動物的美,其比例也是多種多樣的。“天鵝是衆所公認的一種美麗的鳥,它的頸部就比它身體其餘部份長,而它的尾巴却非常短。這是否是一種美的比例? 我們必須承認這是一種美的比例。但是另一方面關於孔雀我們將怎麽説呢?孔雀的頸部是比較短的,而它的尾巴却比頸部的身體其餘部份加在一起還要長。有多少種鳥都和這些標準以及你所規定的其他任何一個標準有着極大的不同,有着不同的而且往往正相反的比例! 然而其中許多種鳥都是非常美的。”[③] 因此,“美的産生不需要一種根據自然原理起作用的尺度”[④]。至於人體美,在比例上就更難一致了,就連比例美的擁護者其看法也大不相同,有人主張美的人體身長應當等於七個頭,有人認爲應該等於八個頭,有人

① 《西方美學家論美和美感》,第 121 頁。

② ③ 柏克:《論崇高與美》,見《古典文藝理論譯叢》,第 5 輯,第 41 頁。

④ 同上書,第 42 頁。

甚至把它延長到十個頭。無論畫像、雕刻，還是活人，儘管比例上相差很遠，却都可以是美的。

其次，美不在適宜或效用。柏克譏諷主張美在效用的人說，如果這樣，"猪的楔形大鼻子加上鼻尖强韌的軟骨，它的深陷進去的小眼以及整個頭部的形狀，既然非常適合於用鼻子挖地、掘地找東西吃的職能，就該是非常美了。"① 他還說："倘若我們人類本身的美是和效用有關的話，男人就該比女人更加可愛，强壯和敏捷就該被認爲是唯一的美。但是用美這個名詞去稱呼强壯，只用一種名稱去稱呼幾乎在一切方面都不同的女神維納斯和大力士赫拉克里斯所具有的品質，這必然是一種不可思議的概念的混亂和名詞的濫用。"②

最後，美也不在完善或圓滿。因爲"美這種品質在女性身上是最高級的，但它却幾乎總是伴隨着柔弱和不圓滿的觀念"③。

在指出美的原因不在比例、效用和完善之後，柏克把美的客觀性質歸結爲七個方面的特徵，並且認爲這些性質或特徵是不由主觀任性而改變的。

他指出："就大體說，美的性質，因爲祇是些通過感官來接受的性質，有下列幾種：第一，比較小；其次，光滑；第三，各部份見出變化；但是第四，這些部份不露稜角，彼此像熔成一片，第五，身材嬌弱，不是突出地現出孔武有力的樣子；第六，顏色鮮明，但不强烈刺眼；第七，如果有刺眼的顏色，也要配上其它顏色，使它在變化中得到冲淡。這些就是美所依存的性質，這些性質起作用是自然而然的，比起任何其它特質，都較不易由主觀任性而改變，也不易由趣味分歧而混亂。"④ 在這些特質中，柏克特别强調的是小。他認爲，美的

① 《論崇高與美》，第49頁。
② 同上書，第50頁。
③ 同上書，第53頁。
④ 《西方美學家論美和美感》，第122頁。

對象是小的，小往往引起愛，在大多數民族的語言中，愛的對象都是用指小詞來稱呼的，如“小親愛的”之類。人類傾向於喜愛各種小動物，如小猫、小狗、小鳥、小魚之類。通常我們很少聽人說“一個大美家伙”，但是“一個大醜家伙”的講法却很普遍。

柏克認爲，美的這些感性性質能使人在生理上感到舒暢和輕鬆愉快。他說：“鬆馳舒暢却是美所特有的效果”①他的立足點仍是生物學的。

柏克還把崇高和美作了如下的比較：“崇高的對象在它們的體積方面是巨大的，而美的對象則比較小；美必須是平滑光亮的，而偉大的東西則是凹凸不平的和奔放不羈的；美必須避開直綫條，然而又必須緩慢地偏離直綫，而偉大的東西則在許多情況下喜歡採用直綫條，而當它偏離直綫時也往往作强烈的偏離；美必須不是朦朧模糊的，而偉大的東西必須是陰暗朦朧的；美必須是輕巧而嬌柔的，而偉大的東西則必須是堅實的，甚至是笨重的。它們確實是性質十分不同的觀念，後者以痛感爲基礎，而前者則以快感爲基礎；儘管它們在以後可能發生變化，違背它們的起因的直接本性，可是這些起因却仍然使它們保持着永恒的區别，這種區别是任何一個以影響人們的情緒爲職業的人所永遠不能忘記的。”② 這一比較是對崇高和美的觀念的起源和客觀性質的一個總結。

柏克的美學思想體現了英國經驗主義美學的一般成就和缺陷。他從唯物主義的感覺論出發，採用經驗歸納的方法，從主體的生理結構和對象的客觀性質兩個方面，對崇高和美作了系統的研究，提出了許多富有啟發性的新鮮見解，在西方美學史上，具有開創的意義。但是，他的美學存在嚴重的缺陷，他不了解人的社會性和歷史發展，把社會的人幾乎降低到動物的水平，他把美和崇高的根源歸

① 柏克：《論崇高與美》，第 68 頁。

② 同上書，第 65 頁。

結爲主體的生理結構,把美感等同於生理快感,片面强調感性而忽視理性。他所提供的主要還是對崇高和美的生理學解釋,並没能達到真正科學的水平,這是舊唯物論的局限所致。當然,柏克的歷史地位是重要的,其影響也是巨大的。狄德羅、萊辛,特别是康德都受到他不可忽視的影響。康德早年的美學論文《關於美感和崇高感的考察》,就是經過門德爾遜的介紹讀過柏克美學著作後寫成的。晚年在《判斷力批判》中,他雖然批評柏克的感覺論,但却讚賞和吸收了柏克的許多美學觀點,尤其在有關崇高的學説方面。

第六章　法國啟蒙運動的美學

歐洲的啟蒙運動在法國達到高潮。法國成爲歐洲啟蒙運動的中心。法國啟蒙運動是繼文藝復興以後歐洲最大的一次思想解放運動,同時又是法國資産階級大革命的思想準備。“啟蒙”一詞的原義是“照亮”。法國啟蒙運動的傑出代表伏爾泰、狄德羅、盧梭等人,認爲,社會制度腐敗的根源是宗教迷信造成的思想混濁,要改革社會首先必須破除宗教迷信,以理性之光照亮人們的頭腦。爲此,他們通過編纂《百科全書》等活動,大力宣傳唯物主義和無神論,鼓吹理性和科學,並在政治上提出自由、平等、博愛三大口號,向封建專制政權和教會神權展開了無情的鬥争。恩格斯説:“在法國爲行將到來的革命啟發過人們頭腦的那些大人物,本身都是非常革命的。他們不承認任何種類的外界權威,不管這種權威是什麽樣的。宗教、自然觀、社會、國家制度,一切都受到了最無情的批判;一切都必須在理性的法庭面前爲自己的存在作辯護或者放棄存在的權利。思維着的悟性成了衡量一切的唯一尺度。……以往的一切社會形式和國家形式、一切傳統觀念,都被當作是不合理的東西扔到垃圾堆裏去了。”[①] 法國啟蒙運動是一場偉大的思想文化上的革命運動,具有激進的反封建、反教會的性質,在歷史上起過巨大的進步作用,這是應當肯定的。但是,法國啟蒙運動又具有階級的和歷史的局限性。從哲學上説,他們的唯物主義是機械的、直觀的和形而上學的,而歷史觀更是唯心主義的。他們用以觀察社會歷史問題的出發點是抽象的理性和普遍人性。他們認爲,單憑思想文化的啟迪,就

---

① 《馬克思恩格斯選集》第3卷,第56－57頁。

能鏟除人間的不平，建立起符合正義的“理性王國”，實現普遍的幸福。事實上，這衹不過是一種幻想。他們標榜自己是全人類的代表，實際上維護的仍是資產階級的利益。歷史已經證明，他們夢寐以求的“這個理性的王國不過是資產階級的理想化的王國”，“按照這些啟蒙學者的原則建立起來的資產階級世界也是不合乎理性的和不正義的”①。

法國啟蒙運動的美學是同整個啟蒙運動的一般特徵及其弱點相聯繫的。它一方面鮮明反對長期佔統治地位的唯心主義美學，反對古典主義的陳腐教條，把唯 物主義美學推進到一個新的階段，因而具有革命性和進步性；另一方面，它又具有機械的、形而上學的性質，並以資產階級人性論和人道主義爲中心，反映了資產階級的利益。

第一節　伏爾泰的美學思想

伏爾泰(Voltaire,1694－1778)，真名弗·馬·阿盧埃，著名作家、諷刺詩人、哲學家、史學家，法國啟蒙運動的領袖之一。他生於巴黎，早在青少年時代就開始寫諷刺詩，積極參加反對封建專制制度、天主教會和中世紀煩瑣哲學的鬥争，一生多次被關進巴士底獄。他的活動尚屬於啟蒙運動早期。在政治上，他主張開明君主制，不如晚期啟蒙主義者激進；在哲學上，他不是無神論者，而是自然神論者；在文藝和美學上，他積極鼓吹啟蒙主義思想，表現了一些新的時代精神和歷史發展的觀點，但仍未能完全擺脱舊的、古典主義的審美標準，他試圖以古典主義的形式來體現新的資產階級啟蒙主義思想，往往表現出一些矛盾。他的美學思想主要散見於《哲學辭典》有關條目、《論史詩》和《哲學通信》等著作。

① 《馬克思恩格斯選集》第3卷，第58頁。

一　關於美的本質問題

伏爾泰没有從哲學上對美的本質問題進行系統的研究，他對抽象地談論美的本質、給美下定義等做法不感興趣，而且時常抱有懷疑和嘲諷的態度。他所關心的主要是藝術的審美問題。他傾向從藝術和具體的經驗事實來談美。但是，他也發表了一些有關美的本質的零星見解，這些見解往往是十分機智、生動和深刻的。

伏爾泰認爲，美是能够引起驚讚和快樂這兩種情感的東西，不是某種符合功用或目的的抽象本質。在一篇《論美》的短文中，他十分風趣地説："有一天我坐在一位哲學家身旁看演一部悲劇。他説：'這真美呀！'我問他，'美在哪裏？'他回答説，'美在作者達到了他的目的'。第二天他吃了一劑藥，藥對他有效驗。我就向他説：'藥達到了它的目的，是一劑美藥呀！'他這才懂得我們不能説藥是美的，要用'美'這個詞來稱呼一件東西，這件東西就須引起你的驚讚和快樂。他才相信那部悲劇在他心裏引起了這兩種情感，這就是美。"① 在《哲學通信》第25封信中，伏爾泰針對帕斯卡主張"應該説'幾何的美'和'醫學的美'"這一看法，尖鋭指出："這種看法是非常謬誤的。人們既不應該説：'幾何的美'，也不應該説：'醫學的美'，因爲一條定理和一服瀉藥並不引起愜意的感覺，而'美'這個名稱衹給予官能的事，如：音樂、繪畫、辯才、詩歌、正規的建築等等。"② 可以看出，伏爾泰反對美在效用説，厭惡對美的理性思考，認爲美無關利害，無關概念，他把美歸結爲驚讚和快樂，把美這一名稱只限於藝術，反對美的濫用，其基本立場是經驗主義的。

伏爾泰十分强調美的相對性。他認爲，美並没有什麼抽象的原

① 《西方美學家論美和美感》，第124頁。

② 伏爾泰：《哲學通信》，上海人民出版社1961年版，第145頁。

型。他說:“美往往是非常相對的,在日本是文雅的在羅馬就不文雅,在巴黎是時髦在北京就不時髦。”[①]“如果你問一個雄癩蛤蟆:美是什麽?它會回答説,美就是他的雌癩蛤蟆,兩隻大圓眼睛從小腦袋裏突出來,頸項寬大而平滑,黄肚皮,褐色脊背。如果你問一位幾内亞的黑人,他就認爲美是皮膚漆黑發油光,兩眼窪進去很深,鼻子短而寬。如果你問魔鬼,他會告訴你美就是頭頂兩角,四隻蹄爪,連一個尾巴。最後,試請教哲學家們:他們會向你胡説八道一番,他們認爲美須有某種符合美的本質原型的東西。”[②]在伏爾泰看來,美的觀念往往取决於國家、種族和地理條件,“美對於英國人和對於法國人並不一樣”[③]。他不讚成柏拉圖以來關於美的本質的哲學探討,認爲“論美的著作是不足信的”,不存在什麽“美的本質原型”,這個見解是值得重視的。

伏爾泰還對美作了分類。他認爲,有兩種類型的美。一種是衹打動感官,想象和所謂“聰明勁兒”的美,一種是向人申訴的美。前一種美是“不定的”,“没有定準的”,你認爲美,我可能認爲不美,没有普遍性,衹有相對性;後一種美却“不是不定的”,而是人人都會讚同的,具有普遍性,因爲這種美是“向心腸申訴的美”,也就是説,它是植根於普遍人性的。伏爾泰講的這兩種美,實際上前一種指的是外表美或形式美,後一種指的是道德美或行爲美。他舉例説:“黑人不會説法國宫廷裏貴婦人美;却會毫不遲疑地説上述那些行爲和格言美,就連惡人也會承認他所不敢仿效的德行是美的。”[④]

二　關於審美趣味

審美趣味在伏爾泰的美學思想中佔有重要的地位。在《趣味》一

① 《西方美學家論美和美感》,第 125 頁。

② 同上書,第 124－125 頁。

③ ④ 同上書,第 125 頁。

文中，他把審美趣味解釋爲對藝術中的美和醜的感受性。他説："精確的審美趣味在於能在許多毛病中發見出一點美，和在許多美點中發見出一點毛病的那種敏捷的感覺。"① 這就是説，審美趣味是一種分辨美醜的敏捷的感受力。

伏爾泰認爲，審美趣味有好壞高低之分，也就是説，審美趣味不僅僅是主觀的素質，它還有客觀的内容和標準。俗諺説"談起趣味無争論"，但這衹適用於食物的品嘗，並不適用於審美和藝術。他指出："因爲在藝術中存在着真正的美，所以既有辨别美的良好的審美趣味，也有不能辨别美的低劣的審美趣味。"② 因此，能否辨别出真正的美，這就是審美趣味好壞的標準。"藝術中壞的審美趣味在於衹知喜愛矯揉造作的雕飾，感覺不到美的自然……乖戾的審美趣味在於喜愛正常人一見到就要作嘔的題材，把浮誇的看作比高尚的還好，纖巧的裝腔作態的看作比簡單自然的美還更好。"③ 這種低劣的審美趣味是愚昧、趕時髦和缺乏文化教養的結果，而良好的審美趣味則是文化修養的標誌。培養良好的審美趣味，反對低劣的審美趣味，是健全社會的手段，這不僅是藝術的重要職能，而且是全民族的任務。審美趣味不是天生的，"審美趣味是逐漸地在以前没有審美趣味的民族中培養起來的，因爲該民族是一點一滴地感受其優秀藝術家的精神的"④。審美趣味取決於各種不同的社會因素，衹有以理性爲基礎的社會，審美趣味纔能日趨完善，相反，當"社會生活氣息奄奄、精神衰微及其鋭氣銷蝕的時代，審美趣味就無從培養起來"⑤。伏爾泰十分重視審美趣味的培養和教育，表現了啟蒙主義改造社會的革命精神。

伏爾泰認爲，審美趣味雖然是有標準的，但這標準並不是絶對的，審美趣味没有絶對的規格。由於見解和風俗習慣的不同，各個

①③　《西方美學家論美和美感》，第128頁。

②④⑤　舍斯塔科夫：《美學史綱》，第186頁。

民族對美的認識往往是不同的。“在任何國家里，人們都有着一個鼻子、兩隻眼睛和一張嘴；但是一個人的容貌在法國被認爲美麗，在土耳其却不一定被認爲美麗；在亞洲和歐洲算是最可愛迷人的，在幾内亞却會被認爲是醜八怪。”[①] 那麽，是否有全人類共同的美呢？他寫道：“但是，你也許會問我：審美趣味方面就没有一些種類的美能供一切民族喜愛嗎？當然有，而且很多。從文藝復興以來，人們拿古代作家作爲典範，荷馬、德謨斯特尼斯、浮吉爾、西塞羅，這些人仿佛已經把歐洲各民族都統一在他們的規則之下，把許多不同的民族組成一個單一的文藝共和國。但是在這一般性的協調一致之中，每個民族的風俗習慣仍然在每個國家也造成了一種特殊的審美趣味。”[②] “有些美是通行於一切時代和一切國家的，但是也有些美是地方性的。”[③] 這裏伏爾泰明確肯定了美的時代性、民族性和地方性，同時又肯定了存在着超越一切時代、一切民族、一切地方的全人類共同的美。他的這個看法是十分重要的。他認爲，要透徹地了解一個民族的藝術，首先就要了解那個國家和民族。各民族之間不應當互相輕視，嘲笑别人，而應當相互尊重，相互學習，通過友好的交流和觀察，就可以發展出共同的審美趣味。

三　藝術觀點

在藝術上，伏爾泰寫過很多藝術作品，尤其擅長運用諷刺手法，同封建制度和天主教會進行鬥争。他在自己的悲劇作品中大量宣傳了啟蒙主義的思想，主張不同宗教之間的互相寬容（《扎伊爾》），反暴政（《布魯圖斯》），批判宗教狂熱（《穆罕默德》）等等。他把文藝

① 《西方文論選》上卷，第 323 頁。

② 《西方美學家論美和美感》，第 127 頁。

③ 同上書，第 126 頁。

當作維護人性和文明的利器，十分强調文藝的教育作用，他認爲："真正的悲劇是美德的學校。悲劇和勸善書之間的差別衹在於悲劇用情節來教訓人。"① 同時，他又認爲美與善畢竟是不完全相同的。

伏爾泰生活在古典主義向啟蒙主義過渡的時代，他的文藝觀點反映了這個時代的矛盾，他試圖以古典主義的形式表現新的內容，即表現新的資產階級的啟蒙運動的思想。他的思想矛盾突出表現在對待古典主義和莎士比亞的態度上。他强調文藝應當是對自然的理想化的模仿，應當氣派純正，有高雅的趣味，體現理性原則，認爲這是文藝成熟的標誌。他曾爲英國古典主義的支持者蒲柏辯護，認爲法國的高乃依和拉辛是無可爭議的權威，十七世紀的法國文藝是真正文明的文藝，並在《俄狄浦斯王》前言中爲古典主義的三一律辯護，從理論上論證了遵守三一律的必要性。他的思想的確有保守的一面，但他並不主張復古，相反，在古今之爭中，他主張今勝於古，反對古典主義所謂永恒、絶對的文藝標準，認爲文藝創作應當適應時代和民族的理想、要求。在《論史詩》中，他指出："我們應該讚美古人作品中被公認爲美的那一部份，我們應該吸取他們語言和風俗習慣中一切美的東西。在任何方面都逐字逐句地學步古人是一個可笑的錯誤。"② "簡而言之，我們可以讚美古人，但不要讓我們的讚賞變成爲盲從。"③ 尤其寶貴的是，他已經看到了文藝與歷史發展的聯繫，認爲文藝是不斷發展、變化的，没有永恒不變的藝術規則。他指出："幾乎一切的藝術都受到法則的束縛，這些法則多半是無益而錯誤的。"④ "不少批評家想從荷馬的作品中找尋法則，實際

① 《西歐戲劇史論文選》，莫斯科（俄文版），第 297 頁。
② 《西方文論選》上卷，第 323 頁。
③ 同上書，第 324 頁。
④ 同上書，第 318 頁。

上這種法則根本就不存在。"[1] 他還說:"荷馬、維吉爾、塔索和彌爾頓幾乎全是憑自己的天才創作的。一大堆法則和限制衹會束縛這些偉大人物的發展,而對那種缺乏才能的人,也不會有什麼幫助。"[2] 因此,他警告説,必須提防有關藝術的謬誤的定義,因爲"在純粹依賴想象的各種藝術中,有着像在政治領域中一樣多的變革。就在你試圖給它們下定義的時候,它們却正在千變萬化"[3]。在他看來,自然事物本身就是變化多端的、易變而不穩定的,因此文藝也不應當受制於一種完全受習慣支配的共同的藝術法則。總之,伏爾泰對古典主義既有讚美,也有批評,他已具有某些歷史發展的觀點,他所講的古典主義已不同於布瓦洛式的古典主義,寧可説這是一種啟蒙的古典主義。

伏爾泰對待莎士比亞的態度也是矛盾的。在《哲學通信》第十八封信中,伏爾泰對莎士比亞做了這樣的評價:"他創造性地發展了戲劇。他具有充沛的活力和自然而卓絶的天才,但毫無高尚的趣味,也絲毫不懂戲劇藝術的規律。……這位作家的功績斷送了英國的戲劇;他那些通常被人們稱爲悲劇的怪異笑劇,穿插了一些美麗的場面和偉大而恐怖的片斷,從而使這些劇本在演出中總是獲得很大的成功。時間是人們聲譽的唯一制造者,而最後竟把他們的缺點也變爲可敬的了。"[4] 伏爾泰的這個評價對莎士比亞有讚揚的方面也有不滿乃至反對的方面,他讚揚的是莎士比亞的天才,不滿和反對的是他的趣味。在伏爾泰看來,天才是一種創新的能力,在這方面莎士比亞的戲劇有很多優點,它情節生動,具有豐富的戲劇性,表現了强烈的自然情感和激情,提出了重大的社會歷史問題,因此,他

① 《西方文論選》上卷,第319頁。
② 同上。
③ 同上書,第320頁。
④ 《哲學通信》,第82頁。

最早把莎士比亞的戲劇介紹到法國,他認爲莎士比亞的優點足以掩蓋他的缺點,並且説,莎士比亞就是“真實本身,就是用自己的語言來説話而没有一點藝術成分的大自然”[①]。但是,另一方面,伏爾泰認爲,只有天才而缺乏審美趣味還不能成爲藝術家的典範。他批評莎士比亞的戲劇主人公過於任性、放蕩不羈、没有内在紀律,性格尚未開化,舞台上充滿野蠻的撕殺,令人厭惡和恐怖。在他看來,莎士比亞的人物形象和法國古典主義悲劇的人物相比,簡直是野蠻人和文明人的區别,他甚至罵莎士比亞是“野蠻人”,而對高乃依和拉辛推崇備至。這清楚地説明,伏爾泰的審美趣味仍在古典主義方面,並没有完全擺脱古典主義。不過,應當注意的是,伏爾泰認爲,莎士比亞的天才是屬於他的,而他的許多錯誤是該歸咎於他的時代的。伏爾泰還有要把英國莎士比亞的戲劇和法國古典主義戲劇結合起來的想法。他曾説:“我一向認爲,倫敦和馬德里的戲劇所洋溢的情節生動性同我國戲劇的合理性、優美和温文爾雅適當結合,會産生一種完美的東西。”[②]他的這種看法是很深刻的。

作爲諷刺詩人,伏爾泰對喜劇也很重視。他説:“好的喜劇是一個國家的滑稽事件的有聲繪畫,要是你們不深入了解那個國家,你們絶不能評論那幅繪畫。”[③]在談到笑話時,他還説過:“笑話一加解釋便不成其爲笑話了:凡妙語的注解者總是個蠢人。”[④]

此外,伏爾泰還强調戲劇在培養高雅的審美趣味和美德方面具有重大的意義。他指出:“我們這裏所上演的戲劇,是能够給予青年的最美好的教育,是勞動之餘的最好的休息,是對一切階層公民的最好的教育,這大概是團結人們,使我們合群的唯一方式。”[⑤]

① 《近代美學思想史論叢》,商務印書館1966年版,第57頁。
② 《近代美學思想史論叢》,第63頁。
③ 伏爾泰:《哲學通信》,第93頁。
④ 同上書,第103頁。
⑤ 奥夫相尼科夫:《美學思想史》,第176頁。

第二節　盧梭的美學思想

法國啟蒙運動的另一個著名領袖是作家、思想家讓・雅克・盧梭(Jean Jacques Rousseau,1712－1778)。他生於瑞士日內瓦一個鐘表匠家庭,祖籍法國,其先祖因參加新教受天主教會迫害而逃亡瑞士。盧梭的母親在他出世後幾天便患產褥熱去世,在他十歲時,他的父親又因與當地貴族發生衝突而出走,於是他便在舅父的幫助下開始讀書、學徒。從十三歲起,盧梭因生活貧困所迫開始了長達十三年之久的流浪生活,他進過難民收養所,當過學徒、僕役、店員、家庭教師,嘗盡人間疾苦。幸好他後來得到貴族華倫夫人的賞識,成了華倫夫人的情夫和管家,並得到鑽研各門學術著作的機會。1741年,盧梭定居巴黎,結識了許多百科全書派的先進思想家,如霍爾巴赫、孔狄亞克、伏爾泰、狄德羅、達蘭貝等,在他們的影響下積極投入了啟蒙運動。在法國啟蒙主義者中間,盧梭的思想比較激進,常與狄德羅等同時代人的意見相左,代表的主要是第三等級中小資產階級的利益和願望。他的第一部重要著作是《論科學和藝術》(17 49),這是應法國第戎科學院的征文而寫的,這篇論文使他一舉成名,並獲得了獎金。他的其它主要著作還有:《論人類不平等的起源和基礎》(1755),長篇小說《新愛洛綺絲》(1761),《社會契約論》(1762),小說《愛彌兒》(副標題《論教育》)(1762),自傳《懺悔錄》(1770)以及《音樂辭典》等.這些著作尖銳地批判了封建制度,特別是《愛彌兒》的出版,引來了反動當局和教會的迫害,使得盧梭不得不逃離法國,其間曾受休謨邀請在英國住了一年左右,直到 1770 年才重返巴黎,在清貧和孤獨中度過了最後一段人生。

盧梭是一個敏感而獨特的思想家,在近代歐洲,他最早發現和揭露了文明與社會進步之間的矛盾。在哲學上,他是自然神論者和二元論者,在社會歷史觀上,他從當時流行的"自然狀態"的學說出發,反對私有制和封建專制制度,鼓吹和論證人生而自由平等和天賦人權,痛斥世俗的虛僞,貴族的奢侈腐化,並提出社會契約論,要求建立以"自然狀態"爲最高理想的新社會,恢復人的權利。他的美學思想是與他的社會政治思想以及倫理思想緊密結合在一起的,至今仍有不可低估的影響。

一　科學和藝術能否敦風化俗

1749年,法國第戎科學院提出的征文題目是:科學和藝術的復興能否敦風化俗? 盧梭在《論科學和藝術》中對此做了明確果斷的回答。一般來説,啟蒙思想家對科學和藝術都採取肯定的態度,但盧梭却與衆不同,獨樹一幟,他對科學和藝術持否定態度。他認爲,科學和藝術不但不能敦風化俗,反而傷風敗俗,科學和藝術給人類帶來的不是幸福,而是災難。

盧梭這一見解的根本出發點是原始社會與文明社會,野蠻人與文明人,斯巴達與雅典,自然性與社會性的對立。在盧梭看來,原始時代的風尚純潔而質樸,野蠻人雖然粗獷,但却自然、真誠,他們能按照自己的天性生活,生活得自由、安全;而所謂文明時代的風尚却由於科學和藝術而越來越敗壞了。在文明社會和文明人那裏,流行和追求的是一種邪惡而虛僞的共同性即社會性,人們只聽從習俗和禮節的擺佈,追求虛榮華貴,不再聽從自己的天性,不敢表現真正的自己,每個人的精神都仿佛是從同一個模子裏鑄出來的,"再也没有誠懇的友情,再也没有真誠的尊敬,再也没有深厚的信心了! 懷疑、猜忌、恐懼、冷酷、戒備、仇恨與背叛永遠會隱藏在禮義那種虛僞一致的面幕下面"①。因此,文明人生活得並不自由、安全、幸福。他認爲,科學和藝術祇不過是社會的裝飾,並不是健全的社會和人所

① 盧梭:《論科學和藝術》,商務印書館1963年版,第10頁。

必不可少的，相反，隨着科學和藝術的臻於完美，我們的靈魂變得越發腐敗了。他說："我們可以看到，隨着科學與藝術的光芒在我們的天邊上昇起，德行也就消逝了。這種現象在各個時代和各個地方都可以觀察到。"①

盧梭還從科學和藝術的産生、目的和後果等方面，進一步論證和發揮了他的上述思想。他認爲，從起源説，科學和藝術並不誕生於美德，而是誕生於罪惡。他説："天文學誕生於迷信；辯論術誕生於野心、仇恨、諂媚和撒謊；幾何學誕生於貪婪；物理學誕生於虚榮的好奇心"；"甚至於道德本身，都誕生於人類的驕傲。因此，科學和藝術都是從我們的罪惡誕生的。"② 從目的説，科學和藝術的目的都是虚幻的，不是真實的。在他看來，科學和藝術很難給人提供真理。例如，在科學研究的過程中，真理是很難發現的，但却充滿了錯誤，而這些錯誤的危險要比真理的用處大千百倍。從後果説，科學和藝術不但對社會無用，而且是有害的、危險的，因爲科學滋長閑逸，藝術培養奢侈，而奢侈閑逸的必然後果就是趣味的腐化，道德的墮落，勇敢的削弱，武德的消失，以至産生人間致命的不平等。盧梭反對"奢侈能使國家昌盛"的説法，他認爲古代盛極一時的不少國家，如埃及、希臘、羅馬、拜占庭以及中國，都是由於科學和藝術造成的奢侈而走向沉淪的。

盧梭對科學和藝術的否定與他的社會歷史理論有着密切的聯繫。盧梭全部思想的中心是要探尋人類不平等的起源及其克服的途徑。他接受了17世紀以來廣爲流行的"自然狀態"説，斷定私有制是萬惡之源，對封建主義和早期資本主義的文明給以有力的抨擊。他認爲，現有的文化都是爲貴族統治階級服務的，他們的奢華生活是建立在大多數勞苦人民的貧窮災難上的。他全盤否定科學

① 盧梭：《論科學和藝術》，商務印書館 1963 年版，第 11 頁。

② 同上書，第 21 頁。

和藝術，抹殺科學和藝術對於人類文明和社會進步的積極意義，顯然是偏激的、片面的，但從實質上看，他反對的是貴族統治階級的科學和藝術。在《給達蘭貝論戲劇的信》和《新愛洛綺絲》中，他反對在日内瓦建立劇場，認爲上演戲劇會傷風敗俗，並且大量評述了古典的和當時的戲劇，證明戲劇起腐化作用。但另一方面他又提出"全民娛樂"的主張，讚賞人民大衆的各種節慶、婚禮、聯歡舞會、體育競賽等娛樂方式。他指出："没有全民的快樂就没有真正的快樂，真正的自然的感覺祇生長在人民中間。"[①] 他的這個思想是應當特别重視的。它説明，盧梭的内心深處存在着矛盾，他雖然得出了否定藝術的錯誤結論，但並不想從根本上否定藝術，他希望有屬於人民自己的藝術，能給人民以快樂和益處的藝術。與柏拉圖不同，他不是爲維護貴族統治而否定藝術，而是站在勞苦人民的立場爲反對貴族統治而否定藝術。他對藝術的否定揭露了統治階級的藝術有害人民與社會的方面，具有一定的合理性和進步性。他觸及了在階級對立條件下科學和藝術發展同社會文明進步之間的深刻矛盾，但却没能擺脱和正確解决這一矛盾。這主要是由於他的歷史觀還是唯心主義的，是以普遍人性論爲基礎的。他把文明與自然絶對地對立起來，認爲人天生是善良的，祇是文明把人教養壞了。在《愛彌兒》的開頭，他說："出自造物主之手的東西，都是好的，而一到了人的手里，就全變壞了。"[②] 他的理想是返樸歸真，返回太古的自然狀態，他提出了一個著名的口號："回到自然去"。這個口號當然是空想的和反歷史主義的。它説明盧梭雖然對私有制和資本主義的現實進行了尖鋭的批判，却没能找到一條正確的出路。席勒在談到盧梭的思想矛盾時説："他急於消除人的内心的鬥争，他寧可把人降低到單調

① 盧梭：《給達蘭貝論戲劇的信》，《文藝理論譯叢》第 2 輯，人民文學出版社 1959 年版，第 158 頁。

② 盧梭：《愛彌兒》，商務印書館 1991 年版，第 5 頁。

無味的原始狀態,而不願看到理智的和諧發展到盡善盡美,他寧可根本不讓藝術產生,也不願等待藝術的十全十美,總之,他寧可降低目標和理想,只求盡快地、準確無誤地達到它。"[1] 席勒的這段話對我們把握盧梭的思想矛盾是很有益的。由於時代和階級的局限,盧梭無法避免思想上的矛盾,這是他所生活的時代和社會的矛盾之反映,從資產階級人性論出發是無法解決這種文明進步的矛盾的。當然,這並不能否認盧梭的貢獻。他的貢獻不在問題的解決,而在問題的提出,他是歐洲第一個發現社會進步的矛盾的思想家。他的思想,特別是"回到自然去"這一口號,後來對浪漫主義文學和美學的發展有着很大的影響,在20世紀的現代美學中更激起了對現代資本主義的批判和反思。他雖然在理論上否定藝術,但在實踐上也寫過不少詩歌和小說,他的小說《新愛洛綺絲》在近代西方起了解放情感的作用,表現了浪漫主義的基本精神,所以他又常被稱頌爲"浪漫主義之父"。

二　關於美和審美力

在長篇小說《愛彌兒》中,盧梭提出了一整套自然教育的理論。他認爲,一個人在從嬰幼兒、兒童、少年到青年時代,在依次完成體格、感覺、智育、道德等教育之後,還應當接受審美教育,其主要任務是要培養審美力。因此他對人類審美的原理作了哲學的研究,提出了關於美和審美力的學說。

盧梭的審美觀仍是從他崇尚自然、反對文明的基本原則出發的,可以說,這是一套自然的審美觀。作爲自然神論者,盧梭認爲"一切真正的美的典型是存在在大自然中的"[2]。他把這種真正的

① 轉引自奧夫相尼科夫:《美學思想史》,第201頁。

② 盧梭:《愛彌兒》,第502頁。

美又稱作永恒的美，認爲它來自上帝，本於天然，是符合人性的。而一切人造的東西所表現的美則完全是摹仿的，摹仿應當以自然爲原型或模特兒，儘量符合自然，衹有這樣才能得到真正的官能享受和真實的快樂。否則，我們愈是違背自然這個老師的指導，我們所做的東西便愈不成樣子，越不美。因此，在真正的美和摹仿的美之外，他還提出有一種"臆造的美"。他說："至於臆造的美之所以爲美，完全是由人的興之所至和憑權威來斷定的，因此，衹不過是因爲那些支配我們的人喜歡它，所以才說它是美。"① 並且說："世人所謂的美，不僅不酷似自然，而且硬要作得同自然相反。這就是爲什麼奢侈和不良風尚總是分不開的原因。哪裏崇尚奢侈，哪裏的風尚就很糟糕。"② 在他看來，人應當追求的是真正的美，即自然美，這不僅包括自然物的美，也包括符合自然和人類本性的道德美，而不應當追求違背自然的"臆想的美"。

爲了追求真正的美，就需要具備相應的審美力。他認爲，"審美力是對大多數人喜歡或不喜歡的事物進行判斷的能力"③，"審美力是人天生就有的"④，"審美力是聽命於本能的"⑤。這就是說，審美力是一種天賦的感受力，是一種自然能力。但另一方面，他又認爲，並不是人人的審美力都是相等的，它的發展程度也是不一樣的；而且，每一個人的審美力都將因爲種種不同的原因而有所變化。他特別强調審美力的培養和形成取決於一定的社會生活環境，他反對"說有審美力的人佔多數"這種見解，不讚成以"多數人的看法"作爲審美的標準，因爲在風尚敗壞的社會中，"大多數人的看法並不是他們自己的看法，而是他們認爲比他們高明的人的看法；那些人怎樣說；他們就跟着怎樣說；他們之所以稱道某一個東西，並不是因爲它

---

①② 盧梭：《愛彌兒》，第 502 頁。

③⑤ 同上書，第 500 頁。

④ 同上書，第 501 頁。

好，而是因爲那些人在稱道它"[1]。一般說來，盧梭是把自然視爲審美的標準的，但他又不得不承認審美的後天差異性，他說："審美的標準是有地方性的，許多事物的美或不美，要以一個地方的風土人情和政治制度爲轉移；而且有時候還要隨人的年齡、性別和性格的不同而不同，在這方面，我們對審美的原理是無可爭論的。"[2]

關於審美力，盧梭還有一個很重要的看法，這就是他認爲審美應當是無功利的。他一再强調說："我們的審美力是祇用在一些不關緊要的東西上，或者頂多也祇是用在一些有趣味的東西上，而不用在生活必需的東西上的，對於生活必需的東西是用不着審美的，祇要我們有胃口就行了。"[3] 並且說："所謂審美，祇不過就是鑒賞瑣瑣細細的東西的藝術。"[4] 在他那裏審美趣味和利害關係是對立的。他認爲，利害關係一旦介入審美，就會敗壞審美趣味，形成不良的社會風尚，支配那些著名藝術家、大人物和大富翁的往往是他們的利益和虛榮。他們或是爲了炫耀財富，或是爲了從中牟利，競相尋求消費金錢的新奇手段，助長了奢侈的習氣，使人們遠離自然，反而喜歡那些很難得到和很昂貴的東西。所以他說："審美觀之所以敗壞，是由於審美審得過於細膩"[5]，而過分細膩就會引起爭論，以致"有多少人就會産生多少種審美觀"[6]。此外，盧梭還認爲，審美力在精神領域的規律和它在物質領域的規律是不同的；在一切摹仿的行爲中，都包含精神的因素，因此，美在表面上好像是物質的，而實際上不是物質的。

盧梭關於美和審美力的學説包含了對剥削階級的生活理想和生活方式的厭惡和批判，他崇尚自然，反對文明的污染，視"自然狀

①② 盧梭:《愛彌兒》，第 501 頁。

③ 同上書，第 500 頁。

④ 同上書，第 508 頁。

⑤⑥ 同上書，第 503 頁。

態”爲理想，要防止人們自然口味的改變，具有一定的民主性和進步性，但他不懂得社會實踐在人類審美活動中的決定作用，不懂得辯證法，没能正確區分和把握自然與社會、物質與精神、主觀與客觀之間的界限和辯證關係，因此在理論上又時常失之於偏，陷入自相矛盾。從他對衣、食、住、行、勞動、愛情等方面的審美追求的描述來看，盧梭所追求的衹不過是一種田園式的小康生活，他的立場是小資產階級的，其眼界也是十分狹小的。

除了美和審美力問題之外，盧梭的美學思想還有以下幾點應當給予注意。

首先。在談到近代資本主義的技術專業分工時，盧梭認爲專業分工把完整的人變成了片面的人，從而造成了義務與愛好、處境與願望、人與制度之間的矛盾。因此，他提出要“重新使人成爲完整的人”。這個思想在美學上是極爲重要的，後來席勒、黑格爾乃至馬克思都十分重視這個問題，並從盧梭那裏得到過啟發。

其次，在談論兒童教育問題時，盧梭曾把觀念和形象加以區分。他認爲，感性認識先於理性認識，人衹有先感覺到外在事物的形象，然後才會產生思維和判斷的能力；人的行動的動力不是判斷和理論，而是感覺和情感。例如，兒童在達到有理智的年齡以前，不能接受觀念，而衹能接受形象。觀念和形象不同，“形象衹不過是可以感知的事物的絶對的圖形，而觀念是對事物的看法，是由一定的關係確定的。一個形象可以單獨地存在於重現形象的心靈中，可是一個觀念則要引起其他的觀念。當你在心中想象的時候，你衹不過是在看，而你思索的時候，你就要加以比較”①。這裏實際上已涉及了形象思維和邏輯思維的區别。

此外，盧梭還爲《百科全書》寫過有關音樂方面的文章，出版過《音樂辭典》和《法國音樂書簡》等著作。他認爲，單純的“聲音美是

① 盧梭：《愛彌兒》，第 120 頁。

自然現象[①]，它可以引起快感，但不能給人高度的精神享受，音樂本質上是對自然和人的感情的摹仿。他指出："除絶少例外，音樂家的藝術絶不在於對象的直接摹仿，而是在於能够使人們的心靈接近於(被描述的)對象存在本身所造成的意境。"[②] 他對音樂美學問題也是有深刻研究的。

第三節　狄德羅的美學思想

狄德羅(Diderot,1713－1784)是法國啟蒙運動最重要的領袖，最傑出的唯物主義哲學家，也是法國啟蒙主義美學最主要的代表。他出生於香檳省朗格勒一個制刀匠家庭，少年時期在本地耶穌會學校讀書，後入巴黎大路易耶穌學院深造，1732年獲學位畢業。1746年匿名發表《哲學思想録》，1749年出版《盲人書簡》，因"冒犯上帝"被監禁三個多月。1750年開始組織編纂著名的《百科全書》，親自擔任主編，並撰寫一千多個條目，該辭書從1751年出版第一卷起，每隔一年出一卷，歷經21年，直至1772年共28卷全部出齊。狄德羅把《百科全書》的編纂工作當作具有全民族意義的大事，爲此克服了難以想象的艱難困苦，遭到官方和教會的仇視、攻擊和迫害。恩格斯對他曾給以這樣高度的評價："如果説，有誰爲了'對真理和正義的熱誠'(就這句話的正面的意思説)而獻出了整個生命，那末，例如狄德羅就是這樣的人。"[③]

在西方美學史上，狄德羅佔有突出的地位。他把唯物主義運用於美學，創造了符合時代要求的嶄新的現實主義美學和文藝理論體系，並且和後來德國的萊辛一起，粉碎了古典主義的長期統治，爲進

① 《西方哲學家文學家音樂家論音樂》，人民音樂出版社1983年版，第52頁。
② 同上書，第50頁。
③ 《馬克思恩格斯選集》第4卷，第228頁。

步資産階級佔領文藝陣地奪取了全面勝利。他寫過劇本《私生子》和《一家之主》,小説《修女》、《拉摩的侄兒》、《宿命論者雅克》,並擔任過美術沙龍的評論員,對文藝有廣泛精湛的研究。他的主要美學著作是:《關於美的根源及其本質的哲學探討》(1751)、《關於"私生子"的談話》(1757)、《論戲劇詩》(1758)、《演員奇談》(1770)、《畫論》(1765)和《沙龍隨筆》(1759－1781)等。

一　美在關係説

《論美》即《關於美的根源及其本質的哲學探討》(1751),是狄德羅爲《百科全書》撰寫的專題長文,也是他唯一論美的文章。在文章一開頭,他就提出了美的本質問題。他指出:"人們談論最多的事物,像命運安排似的,往往是人們最不熟悉的事物;許多事物如此,美的本質也是這樣。大家都在議論美:在自然界的事物中欣賞美;在藝術作品中要求美;時刻都在品評這個美,那個不美;但是如果問一問那些最高雅最有鑒賞力的人,美的根源、它的本質、它的精確概念、真正的意思、確切的涵義是什麼?美是絶對的還是相對的?有没有一種永恒的、不變的、能作爲起碼的美的尺度和典範的美?或者美是否也是一種類似時式的東西?馬上就可以看到這些人的看法是各不相同的,有的人承認自己一無所知,有的人則抱懷疑態度。爲什麼差不多所有人都同意世界上存在着美,其中許多人還强烈地感覺到美之所在,而知道什麼是美的人又是那樣少呢?"① 接着,他從唯物主義出發,對歷史上關於美的各種主要學説,如柏拉圖、聖・奥古斯丁、沃爾夫、克魯沙、哈奇生、舍夫茨别里等人的觀點,一一作了回顧和批判。在他看來,美是一個十分複雜的問題,在歷史上一直没有得到完滿的解决。因而他提出了自己嶄新的學

① 《狄德羅美學論文選》,人民文學出版社 1984 年版,第 1 頁。

說：美在關係。

狄德羅反對唯心主義者把美看成天賦觀念，他力圖用唯物主義原則來解釋美的問題。他認爲，我們的一切觀念都來自感覺，美的觀念也不例外。人們通常都把美歸結爲秩序、和諧、對稱、結構、比例、統一之類概念，但這些概念正是通過感官才來到我們的心中。因此，美不是上帝的賜予，不是主觀的判斷，而是客觀事物的一種性質，美的概念就是這種性質在我們頭腦中的反映或抽象物。那麼，美究竟是怎樣的一種性質呢？狄德羅說，美不可能是構成物體獨特差異的性質，否則就祇能有一個物體或一類物體是美的，而事實上，美是應用於無數存在物的名詞，我們總是用這個概念來標記一切美的事物，因此美祇能是我們稱之爲美的事物所共有的性質。它存在，事物就美，它存在得多些或少些，事物就美得多些或少些，它不存在，事物就不再美了。在狄德羅看來，"唯一能適用這一切物體的共同品質，只有關係這個概念"[①]，"美總是由關係構成的"[②]，離開關係，就無所謂美也無所謂醜。他舉例說，高乃依的悲劇《賀拉斯》裏有一句卓越的台詞"讓他死！"如果不從關係着眼孤立地去看，人們就會覺得它既不美也不醜。如果告訴人們這是對另一個人應該如何進行戰鬥所作的回答，關係就較爲明確，人們就能看出答話人具有一種勇氣，並不認爲活着總比死去好，於是就開始對這句話有點興趣了。如果再進一步說明這場戰鬥關係到祖國的榮譽，而戰士是被問的老人剩下的最後一個兒子，他正在抵擋殺死他兩個弟兄的三個敵人，那老父親是羅馬人，他在回答自己女兒的問話，鼓勵他的兒子抗敵報國，那麼，這句原先既不美也不醜的"讓他死"，就會隨着劇情和關係的進展逐漸變美，終於顯得崇高偉大了。"因此，美總是隨

① 《狄德羅美學論文選》，第 32 頁。

② 同上書，第 31 頁。

着關係而產生,而增長,而變化,而衰退,而消失。"[1]

狄德羅認爲,關係是一種悟性的活動,"儘管從感覺上說,關係衹存在於我們的悟性里,但它的基礎則在客觀事物之中"[2]。他把關係分爲三種,即真實的關係,見到的關係和智力的或虛構的關係。他指出:"一個物體之所以美是由於人們覺察到它身上的各種關係,我指的不是由我們的想象力移植到物體上的智力的或虛構的關係,而是存在於事物本身的真實的關係,這些關係是我們的悟性藉助我們的感官而覺察到的。"[3] "對關係的感覺就是美的基礎"[4]。《論美》是狄德羅的早期著作,"關係"一詞的含義還不甚明確清晰,但他要從唯物主義認識論的立場去尋找美的客觀基礎和根源,是無可懷疑的。

狄德羅給美下了這樣一個定義:"我把凡是本身含有某種因素,能够在我的悟性中喚起'關係'這個概念的,叫作外在於我的美;凡是喚起這個概念的一切,我稱之爲關係到我的美。"[5] 這里狄德羅區分出兩種美,一種是外在於我的美,即客觀事物本身的美,一種是關係到我的美,即主觀認識上的美。客觀事物本身的美是不以人的主觀感覺爲轉移的。他說:"我的悟性不往物體裏加進任何東西,也不從它那裏取走任何東西。不論我想到還是没想到盧浮宮的門面,其一切組成部份依然具有原來的這種或那種形狀,其各部份之間依然是原有的這種或那種安排;不管有人還是没有人,它並不因此而減其美。"[6] 但是,關係到我的美,主觀認識上的美,却離不開審美主體——人,完全是相對的。盧浮宮門面的美,"衹是對可能存在的、

① 《狄德羅美學論文選》,第 29 頁。
② 同上書,第 30 頁。
③ 同上書,第 31 頁。
④ 同上書,第 34 頁。
⑤ ⑥ 同上書,第 25 頁。

其身心構造一如我們的生物而言，因爲，對別的生物來説，它可能既不美也不醜，或者甚至是醜的。由此得出結論，雖然没有絶對美，但從我們的角度來看，存在着兩種美，真實的美和見到的美。”① 從美在關係的角度説，真實的美是孤立地就客觀事物本身各組成部分之間的關係來看的美，比如説這朵花是美的，那條魚是美的，指的就是在它們的構成部份之間看到了秩序、安排、對稱等關係。而見到的美則是我們把一物與他物的關係相比較而得到的美，如一朵馬蘭花可以在馬蘭花中是美的或醜的，也可以把它放到花類、植物以至全部大自然的産物中來看它是美的或醜的。狄德羅不僅承認美的客觀性，承認有不依賴於“有没有人觀察它”都依然存在的客觀美，而且看到了美的認識的複雜性，承認美的概念的歷史發展和相對性，他反對把美絶對化，並没有簡單否定主觀的作用。他清楚地知道，人們對美的看法是千差萬别的，美的概念、判斷總是受一定歷史條件、社會條件和個人主觀條件限制的，因此不同時代、不同民族、不同個人，例如野蠻人和文明人，兒童和老人，對美都會有不同的看法。他詳細列舉了造成人們對美的判斷分歧的十二種原因，認爲“這一切分歧都來自人們在大自然或藝術的産品中所見到的或引進的各種不同的關係”②.狄德羅之所以區分出兩種美，又把它們納入一個統一的定義，目的是試圖以這種嚴格的區分更牢固地確立美的客觀性，並且肯定和説明美的認識的複雜性和相對性。他的主導思想是，儘管美的認識千差萬别，但仍然存在着客觀的美。

在西方美學史上，狄德羅的這個著名的“美在關係”説，是一個嶄新的看法，這個看法基本上是唯物主義的。狄德羅力圖尋找美的客觀基礎和根源，强調要在關係中，即在事物和現象的相互聯繫中

---

① 《狄德羅美學論文選》，第 25 頁。

② 同上書，第 34 頁。

去把握美,並且肯定人的主觀對美的認識的作用,這些都是十分寶貴的歷史貢獻。但是,由於機械唯物主義世界觀,狄德羅還没能正確理解主觀與客觀、相對與絶對的辯證法,因而在具體論述中時常自相矛盾,陷入混亂。例如,他講客觀美與人全然無關,講相對美又時常否定絶對美,有時甚至混淆了美和對美的感知,“關係”這個主要的範疇,不但外延過於寬泛,無所不包,而且含義不清,易生誤解。他講的客觀美更多指的還是物體的一些形式因素,往往忽略了美的社會本質,講到作爲審美主體的人,又往往衹從生理學角度强調一定的身心構造,還不了解人的審美能力是在社會實踐過程中歷史地形成的。總之,狄德羅還没有超出馬克思主義以前舊唯物論的局限,他的“美在關係”説雖然是一大歷史進步,但還没能提供美的科學定義,真正解决美的本質問題。

二　現實主義的文藝理論

狄德羅在恢復和發展古希臘以來唯物主義美學傳統的基礎上,提出了一套比較完整的現實主義的文藝理論,從而爲近代資産階級現實主義文藝的發展奠定了基礎。這是他對美學史的又一重大貢獻。

在文藝與現實的關係問題上,狄德羅堅持唯物主義原則,認爲自然是文藝的源泉和基礎,文藝的本質是對自然的模仿或再現。他明確指出:“自然是藝術的第一個模特兒”①。在他看來,大自然的産物没有一樣是不得當的,任何形式,不管是美的還是醜的,都有它形成的原因。因此,“我們最好是完全按照物體的原樣把它們表現出來。模仿得愈周全,愈符合因果關係,我們就愈滿意”②。例如,一

---

① 《片斷思想》,《狄德羅全集》第12卷,法文版,第76頁。
② 《狄德羅美學論文選》,第364頁。

個自青年時代就雙目失明的婦女,一個鷄胸駝背的人,身體這部份的損傷必會引起其它部份的變形,在這些畸形中間自有一種隱秘的聯繫和必然的配合,畫家應當精細地觀察和領會其中的奥妙,把它如實地表現出來。你可能說,這是畸形,長得難看,但那衹是拿我們人爲的規則作標準的,而根據自然,那就是另一回事了,"一個天然的歪鼻子並不使人難受,因爲一切都是相互制約的;附近器官的細微變化,導致這種畸形並且彌補了這種畸形"[①]。由此,狄德羅進一步提出了文藝的標準問題。從文藝模仿自然的原則出發,狄德羅極力强調文藝的真實性,他認爲,文藝的規則和標準不應當是人爲的、主觀的,文藝應當全面地真實地反映真實,衹有真實才是文藝優劣美醜的最高標準。他寫道:"衹有建立在的自然萬物的關係上的美才是持久的美。……藝術中的美和哲學中的真理有着共同的基礎。真理是什麼?就是我們的判斷符合事物的實際。摹仿的美是什麼?就是形象與實體相吻合。"[②] 在狄德羅看來,自然的美是第一性的,藝術形象的美是第二性的,文藝應當說真話,如實地反映自然,文藝的力量就在於真實,藝術家應當服從自然。他强調指出:"自然!自然!人們是無法違抗它的。要麼把它趕走,要麼就服從它。"[③] 他向藝術家呼籲:"切勿讓舊習慣和偏見把您淹没。讓您的趣味和天才指導您;把自然和真實表現給我們看。"[④]

文藝模仿自然本是古希臘素樸唯物主義美學的基本觀點,狄德羅在新的歷史條件下重申這一觀點,提出文藝真實性問題,其矛頭是針對法國古典主義的。法國古典主義者也講模仿自然,但其理論基礎是唯心主義的唯理論,他們講的自然指的是自然人性,是理性加工過的自然,實際上是經過封建貴族趣味清洗過的自然,他們並

① 《狄德羅美學論文選》,第 364 頁。
② 同上書,第 114 頁。
③ ④ 同上書,第 213 頁。

不要求文藝如實反映客觀世界的本來面目。狄德羅堅決反對這種對模仿自然的唯心主義歪曲,他講的自然就是客觀的物質世界,不衹是自然界,還包括全部社會生活。模仿自然主要就是要真實地反映或表現客觀的現實生活。在他看來,生活是文藝的源泉,藝術家應當走出自己狹小的圈子,擺脱舊的文藝規則和審美趣味,深入生活,觀察、體驗社會各階層的各式各樣的人物,研究人生的幸福和苦難,把豐富生動的現實生活真實地描繪出來。他勸告藝術家不要衹知師承舊法,在學院和博物館裏依樣畫葫蘆,他把盧浮宫比作"出售格式的鋪子",號召藝術家到教堂去,到鄉間小酒店去,到街道、公園、市場等一切公共場所去。古典主義者布瓦洛也曾教導藝術家"好好地認識都市,好好地研究宫廷",但他注重的衹是宫廷生活和貴族社會,狄德羅則要求藝術家冲破這種封建貴族趣味的束縛,到更廣闊的社會生活中去,特别是要到下層人民中間去。狄德羅不但恢復了古希臘素樸唯物主義的美學,而且把它推進到了一個新階段。狄德羅的美學顯然具有重大的進步意義。

這裏還應指出,狄德羅主張藝術要真實地反映生活,但並没有把藝術與生活混爲一談。他認爲,藝術真實並不排斥想象和虚構,並不是自然主義地照抄現實,而是要求做到"逼真"。他指出:"詩裏的真實是一回事,哲學裏的真實又是一回事。爲了真實,哲學家説的話應該符合事物的本質,詩人説的話則要求和他所塑造的人物性格一致。"[①] 因爲"詩人善於想象,哲學家長於推理"[②]。同時,他又指出,藝術的真實不同於歷史真實,藝術的目的比歷史的目的更一般,更廣泛,它容許想象出一些事件和言詞,對歷史添枝加葉,重要的是不應失其爲逼真,要使想象處於一定的範圍。

在肯定文藝反映現實生活的基礎上,狄德羅十分重視文藝的社

① 《狄德羅美學論文選》,第 196 頁。
② 同上書,第 163 頁。

會作用。他認爲,文藝具有認識作用,它能幫助人們認識客觀世界.認識社會生活,爲人們指引“人生的重要目標”①。例如對於周圍發生的許多事情,人們常常視而不見,忽略過去了,文藝真實地描繪出這些事件,就可以使人們更好地認識生活,追求真理。作爲啟蒙主義者,狄德羅特别强調文藝對人的教育和改造作用。他認爲,戲劇作品的目的“是引起人們對道德的愛和對惡行的恨”②。劇院應當而且可以成爲改造壞人的學校。他說:“衹有在戲院的池座裏,好人和壞人的眼泪才融匯在一起。在這裏,壞人會對自己可能犯過的惡行感到不安,會對自己曾給别人造成的痛苦産生同情,會對一個正是具有他那種品性的人表示氣憤。當我們有所感的時候,不管我們願意不願意,這個感觸總是會銘刻在我們心頭的;那個壞人走出包廂,已經比較不那麽傾向作惡了,這比被一個嚴厲而生硬的説教者痛斥一頓要有效得多。”③因此,他把文藝看作改造社會、移風易俗的手段,要求藝術幫助法律,引導人們熱愛道德而憎恨罪惡,培養高尚的趣味和習俗。

從文藝應起强大的教育和改造作用出發,狄德羅要求文藝必須具有鮮明的思想性和傾向性。藝術家不僅應當真實地反映生活,而且應當愛憎分明,主持正義,“爲不幸人灑同情之泪”,而對人民的壓迫者作出“判决”,“使暴君喪膽”。爲此,藝術家應當敢於正視社會矛盾,積極干預生活,觸及重大的社會問題。他指出,真正優秀的作品應當“使全國人民因嚴肅地考慮問題而坐卧不安。那時人們的思想將激動起來,躊躇不决,摇擺不定,茫然不知所措;你的觀衆將和地震區的居民一樣,看到房屋的墻壁在摇晃,覺得土地在他們的足下陷裂”④。狄德羅是主張人性善的,他對文藝的教育和改造作用

① 《狄德羅美學論文選》,第 250 頁。
② 同上書,第 106 頁。
③ 同上書,第 137 頁。
④ 同上書,第 139 頁。

的看法是以人性論爲基礎的，他講的道德當然還是資產階級的道德，但其矛頭直指封建統治者，表現了新興資產階級的革命精神。

三　戲劇理論

狄德羅不單是哲學家，而且是戲劇家。他寫過劇本《私生子》和《一家之主》，作爲這兩個劇本的附録發表的《關於私生子的談話》(1751)和《論戲劇詩》(1758)，是兩篇專談戲劇理論的論文，集中反映了狄德羅的戲劇美學思想，並爲近代西方資產階級的戲劇理論奠定了基礎。狄德羅廣泛探討了戲劇的體裁、佈局、情節、人物性格、劇情安排和分幕以及服裝、布景和演技等許多戲劇美學問題，發表了許多精闢獨到的見解。而其主要貢獻則是創立了以現實生活爲題材的"市民劇"。

自古希臘以來，戲劇體裁一直被分爲悲劇和喜劇兩類，悲劇以上層貴族社會的大人物爲主人公，描寫他們的遭遇和美德，喜劇的主人公則是下層社會的小人物，專寫他們的可笑和卑俗。16世紀末以來，莎士比亞等戲劇家開始打破悲劇和喜劇的界限，創作出新的悲喜混合劇。但在17世紀的法國，古典主義者布瓦洛等人爲使戲劇爲宫廷服務，不但在古希臘傳統的基礎上進一步加强了悲劇和喜劇的嚴格劃分，而且制定出許多清規戒律，使得上昇的資產階級在戲劇中没有自己的地位。在18世紀上半葉，法國出現了一些戲劇家，他們試圖創造一種不同於古典主義戲劇及其等級限制的新戲劇，狄德羅就是其中之一。狄德羅不滿意戲劇發展的狀況。他認爲，"一部作品，不論什麼樣的作品，都應該表現時代精神"①。因此，他不反對英國莎士比亞等人創造新劇種的努力。但他認爲，"悲喜劇衹能

① 《狄德羅美學論文選》，第85頁。

是個很壞的劇種。因爲在這種戲劇裏,人們把相互距離很遠而且本質截然不同的兩種戲劇混在一起了。想用不易看出的不同色調來把兩種本質各異的東西調和起來是根本不可能的。每一步都會遇到矛盾,劇的統一性就消失了"①。他反對古典主義戲劇的等級限制和過分的清規戒律,但不簡單拋棄三一律,他說:"三一律是不易遵循的,但却是合理的。"② 作爲啟蒙主義者,爲了給第三等級争得一席之地,在總結自己和同時代戲劇家創作經驗的基礎上,他提出了自己關於戲劇藝術的新的理論。

他說:"一切精神事物都有中間和兩極之分。一切戲劇活動都是精神事物,因此似乎也應該有個中間類型和兩個極端類型。兩極我們有了,就是喜劇和悲劇。但是人不至於永遠不是痛苦便是快樂的。因此喜劇和悲劇之間一定有個中心地帶。"③ 這就是說,在悲劇和喜劇之間應當有一個新的劇種。他把這個新劇種總稱之爲嚴肅劇,其中又分爲嚴肅喜劇和家庭悲劇。這樣,整個戲劇系統在他那裏被分爲四類:輕鬆喜劇(以人的缺點和可笑之處爲對象),嚴肅喜劇(以人的美德和責任爲對象),家庭悲劇(以日常家庭的不幸事件爲對象),歷史悲劇(以大衆的災難和大人物的不幸爲對象)。狄德羅提出的這個包括嚴肅喜劇和家庭悲劇的嚴肅劇種,顯然打破了悲劇和喜劇的界綫,擴大了戲劇表現現實生活的範圍。他要求這個新劇種要以普通人即第三等級的人物爲主人公,描寫和反映資産階級的生活和思想,劇情要簡單和帶有家庭性質,要和現實生活很接近,並且應當在舞台上提出和討論重要的社會道德問題。這種嚴肅劇,實際上就是市民劇,也就是近代西方的話劇。狄德羅多方面爲嚴肅劇作了論證和辯護,認爲它最真實,最感人,最有教益,最有普

① 《狄德羅美學論文選》,第 92 頁。
② 同上書,第 45 頁。
③ 同上書,第 90 頁。

遍性。

爲了使嚴肅劇接近生活的真實，狄德羅還提出了情境説和對比説。他認爲，過去的戲劇都偏重人物性格的描寫，而嚴肅劇應當以描寫情境爲主，因爲性格是由情境決定的。在現實生活中，人物的性格總是千差萬别的，因此不應當把人物性格寫成正反對比、"截然對立"。他指出："真正的對比是人物性格和情境之間的對比，是不同的利害之間的對比。"[①] 這樣，他就把戲劇的人物性格和矛盾冲突放到了特定情境和利害關係的基礎上，這是符合唯物主義的、現實主義的。從亞里斯多德强調性格到狄德羅强調情境，這是戲劇美學理論的一大進步。他的戲劇理論爲近代西方話劇的興起和發展奠定了理論基礎，對新興資産階級佔領文藝舞台起了鳴鑼開道的作用。

狄德羅在《演員奇談》一文中，專門探討了戲劇表演藝術方面的問題，這應當給以特别的注意。他提出了一個問題：演員究竟應該憑情感還是應當憑理智進行表演。這就是著名的所謂"演員矛盾"的問題。狄德羅認爲，"易動感情不是偉大天才的長處"[②]。憑感情去表演的演員總是好壞無常，忽冷忽熱，偉大的演員應當有豐富的想象力，高超的判斷力，他必須是一個冷静的、安定的旁觀者，他應當不動感情，衹憑理智去適應劇本中的角色，在舞台上把他事先經過鑽研而胸有成竹的"理想的範本"和各種情感的外部標誌精確地表演出來。這樣他才能把各種性格和角色表演得淋漓盡致，應付裕如，而且會越演越好。狄德羅聲明説："極易動感情的是平庸的演員；不怎麼動感情的是爲數衆多的壞演員；唯有絶對不動感情，才能造就偉大的演員。"[③] 狄德羅是從唯物主義出發的，他要求演員首先

① 《狄德羅美學論文選》第 179 頁。
② 同上書，第 285 頁。
③ 同上書，第 287 頁。

要深入認識生活,鑽研人性,精讀劇本,反復模仿劇中的角色,然後再憑理智、想象和記憶登台表演。但他對舞台上和舞台下的工作往往没有明確區别,衹是一味擡高理智,貶低情感,把理智和情感對立起來,這不免失之於偏激、片面。然而,他較早明確提出了演員表演中的矛盾問題,引起人們廣泛的注意和探索,仍是一個重大貢獻。他的觀點至今仍是戲劇表演理論中表現派(如布萊希特)的重要支柱。

四 繪畫理論

狄德羅對繪畫十分内行,具有很高的鑒賞力。他的理論著作《畫論》,對繪畫的色彩、明暗、表情、構圖等都發表了很多有價值的觀點,曾受到萊辛和歌德的稱讚。他的《沙龍》是一部評介1759－1781年歷届巴黎畫展的評論集,開創了法國的美術批評,對繪畫實踐有很大影響。

狄德羅的繪畫理論基本上是現實主義的。他要求繪畫、雕塑首先要"師法自然",要真實。他説:"藝術家應該對他的題材深思熟慮。問題不在於把許多形象塗在畫布上!問題是要這些形象像在自然界中一樣,自然而然地安排在畫幅之中。"① 因此,他反對畫家衹在學院或博物館裏摹仿古代作品,而要求他們到現實生活中去描繪第三等級。其次,他要求繪畫和詩要合乎道德,具有積極的思想内容。他説:"使德行顯得可愛,惡行顯得可憎,荒唐事顯得觸目,這就是一切手持筆杆、畫筆或雕刻刀的正派人的宗旨。"② 基於上述要求,他猛烈抨擊當時畫壇上佔統治地位的洛珂珂風格的浮華纖巧,矯揉造作,脱離實際,對它的代表人物法國藝術科學院院長和御前

① 《狄德羅美學論文選》,第410頁。
② 同上書,第411頁。

首席畫師布歇作了尖鋭批判。他指責布歇的作品縱欲放蕩，低級趣味，不但人品墮落，而且色彩、構圖、人物性格、表現力和綫描也跟着墮落。相反，他高度稱讚了沙爾丹、格勒兹等現實主義畫家，因爲他們的作品簡樸、真實，表現了普通人應有的道德。狄德羅還認爲，"畫家衹能畫一瞬間的景象；他不能同時畫兩個時刻的景象，也不能同時畫兩個動作"。因此構圖應當簡單明了，"不要任何多餘的形象，無謂的點綴"，繪畫應當給人純粹的、自然的快感，不應當成爲"叫人猜不透的象徵或字謎"①。他認爲，"真、善、美是緊密結合在一起的。在真或善之上加上某種罕見的、令人注目的情景，真就變成美了，善也就變成美了"②。他給藝術鑒賞力下了一個定義："藝術鑒賞力究竟是什麽呢？這就是通過掌握真或善（以及使真或善成爲美的情景）的反復實踐而取得的，能立即爲美的事物所深深感動的那種氣質。"③所有這些精闢的論點，在繪畫理論和實踐上都是十分重要的。狄德羅的繪畫理論和評論起到了扭轉畫壇風氣的作用，推動了法國現實主義繪畫的發展。

總觀狄德羅的美學思想，儘管它仍然具有馬克思主義以前舊唯物論的各種弱點，但它的確反映了新的時代精神，它不但恢復了古希臘以來唯物主義美學的地位，而且把唯物主義美學提高到了一個新的階段。

---

① 《狄德羅美學論文選》，第405頁。

② 同上書，第429頁。

③ 同上書，第430－431頁。

第七章　意大利啟蒙運動的美學

意大利資産階級在近代歐洲最早登上歷史舞臺，領導了文藝復興運動，但從15世紀末開始，由於美洲新大陸的發現（1492年）和印度新商路的開通（1498年），商業中心由地中海移到大西洋東岸，這導致了意大利經濟和政治的衰落。隨着國内階級矛盾的加劇，法國、西班牙、奥地利等外族的相繼入侵和統治，以及天主教的日益猖獗，在長達二百多年的時間裏，意大利的文化和學術一直是處境艱難的。早在16世紀初産生的巴洛克藝術明顯反映了人文主義理想的危機，不再强調人性中的和諧和公民激情，以馬里諾、泰紹羅等人爲代表的巴洛克美學主張"反常爲美"，强調非理性的直覺，認爲統治世界的不是和諧而是不和諧，人是受盲目自然力控制的脆弱生物，藝術應當反映這種不和諧。在17世紀，法國古典主義雖然也影響到了意大利，但古典主義基本上是與巴洛克藝術並行發展的，直到17世紀末，才有較大的發展，而在18世紀上半葉佔居重要地位。意大利古典主義的主要代表人物是格拉維拿（Gravina，1664－1718）和穆拉托里（Muratori，1672－1750）。格拉維拿反對巴洛克藝術，論證了古典主義的美學原則，對穆拉托里有較大影響，而穆拉托里雖然基本上還是古典主義者，但已開始具有啟蒙主義的氣息。意大利的啟蒙主義是在18世紀上半葉古典主義尚佔優勢的情形下，在英、法等先進國家的影響下逐步形成的。意大利最重要的啟蒙主義者則是維柯。

第一節　穆拉托里的美學思想

穆拉托里(Muratori,1672－1750)是意大利歷史學家、美學家。他出生在摩德納附近的一個貧苦農民家庭。1695年當僧侶,後在米蘭擔任安布魯西亞納圖書館館長,1700年返回摩德納,負責宮廷圖書館和檔案館。他的著名歷史學著作是12卷《意大利編年史》(1744－1749),主要美學著作有《論意大利詩的完美化》(1706)、《關於良好趣味的沉思》、《彼特拉克詩歌研究》(1712)和《論想象》(1745)等。

穆拉托里主要是古典主義者。他把亞里斯多德的《詩學》視爲權威,擁護古典主義的規則和鑒賞力。他甚至批評莫里哀,認爲“這位作者的作品有時違背了詩歌的戒律,由於他對亞里斯多德和其他詩藝的導師們研究得不够”①。並且說莫里哀宣揚的生活方式有悖於“新約聖訓”。他還强調亞里斯多德關於詩比歷史更一般、更真實的見解,認爲詩給歷史的敘述增添了道德評述。

穆拉比里對美有較多的注意。他認爲,美是在人心中引起快感和喜愛的東西。他説:“我們一般把美了解爲凡是一經看到、聽到或懂得了就使我們愉快、高興和狂喜,就在我們心中引起快感和喜愛的東西。在一切事物中上帝最美。”② 在他看來,人的心靈具有求真求善的自然傾向,這是理智和意志的終極目的,理智要求知道我們向外的一切,意志要求得到由於善而使我們快樂的東西。但由於情欲,人犯了原罪,自此這種自然傾向遭到許多障礙,爲了加强人的求真求美的自然傾向,上帝就“把美印到真與善上面”③。因此,在

① 轉引自奥夫相尼科夫:《美學思想史》,第434頁。

② 《西方美學家論美和美感》,第89－90頁。

③ 同上書,第90頁。

穆拉托里那裏,美根源於上帝,美的本質就在於其和善。

穆拉托里認爲,詩有兩種美,一種是屬於聽覺的美的因素,即詩律的和諧與音樂性,這種美不過是表面的裝飾,這實際上指的是詩的外在的形式美。另一種則是詩的真正的内在的美。這種美"憑它的和婉去怡悦和感動人的理解力","是真理所焕發的光輝","形成這種光輝的因素是簡潔、明晰、證據確鑿、力量氣魄、新穎、高貴、有用、壯麗、比例匀稱、佈局妥貼、近情近理以及其它可能跟着真理走的一些優美品質"[①]。衹有這種美才能引起美感。詩的這兩種美都是必要的,但内在美比外在美更重要。穆拉托里强調的是美在真,美訴諸理性,美感是一種理性的愉悦。

穆拉托里對想象的研究開始有了一些新時代的氣息。他認爲,美感産生於新奇,詩應以新奇引人入勝。他説:"詩人所描繪的事物或真實之所以能引起愉快,或是由於它們本身新奇,或是由於經過詩人的點染而顯得驚奇。這種(發見新奇或制造新奇的)功能同時屬於理智和想象。"[②] 這就是説,詩的美不僅在題材本身,也在處理題材的藝術手段。他指出,想象不同於理智,它的"功能不在指出或認出事物的真或假,而只是領會它們"[③]。但對於形象的創造來説,想象還要與理智合作,想象提供感性材料,理智加以組織安排。形象的創造有三種情況:第一種情况是所造出的形象對想象和對理解都直接是真實的。這種形象表現出由感官供給想象的一種真相,而理解也承認它是真相。這强調的是理智單憑想象提供的材料造成形象,也就是如實地描繪。例如把一道虹光、一次搏鬥或一匹烈馬生動妥貼地描繪出來。第二種情况是所造出的形象對於想象和理解都直接的衹是逼真的或是近情近理的。這種形象並不完全

① 《西方美學家論美和美感》,第 90 頁。
② 同上書,第 91 頁。
③ 朱光潛:《西方美學史》上卷,第 325 頁。

是如實描繪，而是逼真，是由理智和想象的合作而產生的。它對於想象和理解都衹是可能的，近情近理的。例如對特洛伊城的陷落和羅蘭的瘋狂之類假想事件的描寫。第三種情況是造出的形象只對想象才是直接地真實或近情近理，而對理解却間接地顯得真實或近情近理。也就是説，這種形象衹是憑想象造出的。例如看到在一片可愛的自然風景中有一條蜿蜒緩流的河，就想象出那條河愛上了那片花草繽紛的草地，這對想象是真實的，近情近理的，而對理解則衹能領會其中的真理，即這地方可愛，令人流連不捨，但這種領會不是直接的而是間接的。這裏講的實際上已是一種移情現象，其它如夢中和迷狂狀態中的形象，也屬於這種情況。在這三種情況中，穆拉托里推崇第二種情況，即"理解力和想象力合作得很和諧，因而構思成並且表達出來的形象"[①]。他認爲這樣創造出的形象最爲理想。在他看來，文藝主要不在如實模仿，詩人應當長於想象，想象能把兩個單純的自然形象結合在一起，"想象大半都把無生命的事物假想爲有生命的"[②]。例如戀愛者的想象就往往這樣，他們時常很自然地想到其它一切事物如花草，也在如饑似渴地追求那種幸福，以至產生出某種錯覺。穆拉托里指出："但是詩人就是要把在他的想象中所產生的這種錯覺描繪給旁人看，讓他也生動地領會到他自己的强烈的熱情。"[③]

穆拉托里還論及審美判斷。他指出，審美判斷有各種名稱，如"斟酌"、"直接的理智活動"、"好的趣味"或"精審的鑒賞力"等等，總之，它是理解力的一個部份、品德或功能。這主要表現在它以對個別特殊事物的審辨爲根據，其規律和法則如個別特殊事物一樣不可勝數，而另一方面，它又能指導我們撇開對本題無關或有害的東西，選出適合本題的東西，它有如一道亮光，可使我們看清介乎太過

① 《西方美學家論美和美感》，第 91 頁。

②③ 同上書，第 92 頁。

和不及兩個極端中間的美。

穆拉托里對想象的重視和研究,說明他不再絕對地拘泥於古典主義的規則,有了一定的進步。他的思想引起了維柯的注意。但正如克羅齊所說,維柯並不滿足於他的論述,正是維柯對想象這種能力,"賦予了極大的力量和非常的重要性"①。

第二節 維柯的美學思想

喬巴蒂斯達·維柯(Giambattista Vico,1668-1744)是意大利法學家、歷史學家、語言學家、美學家,也是歐洲啟蒙運動時期最傑出的大思想家之一。他出生在意大利南部的那不勒斯城,家境貧寒,學程艱苦,早年曾在那不勒斯大學聽過法學課程,當過家庭教師,主要從事法學研究,後來轉向歷史、宗教、神話、哲學研究,曾擔任那不勒斯大學修辭學教授和那不勒斯王室史官。在哲學上,他受柏拉圖影響較大,對笛卡兒的理性主義持反對態度,他是虔誠的基督教徒,對天主教會勾結外族勢力盡力迴避。他的主要著作有《君士坦丁法學》和《新科學》,後者尤爲著名,其中包含維柯豐富的美學思想。

維柯在西方美學史上佔有重要的地位。他的弟子、美學家克羅齊稱維柯是"美學科學的發見者",說"維柯的真正的新科學就是美學"②。這種講法雖然有一定理由,但並不準確。《新科學》出版於1725年,書名全稱是《關於各民族共同性的新科學的一般原則》,從内容看,它並不是專門談論美學的著作,維柯也沒有像後來鮑姆加敦那樣提出和使用"美學"這一術語,建立一門獨立的美學科學。新科學博及哲學、歷史、法律、語言、民俗、心理以及各門自然科學,其總目

① 克羅齊:《美學的歷史》,中國社會科學出版社1984年版,第72頁。
② 同上書,第64、75頁。

標是要建立一門包羅萬象的社會科學，探討人類社會全部歷史文化的發展規律，其最重要的成就在於提出了歷史規律性的思想。所以，它主要是一部歷史哲學。史家公認，維柯是歷史哲學的始祖。但在《新科學》中，維柯對想象即形象思維的研究，的確爲近代美學科學的誕生準備了條件，他雖然談不上是近代美學科學的奠基人，却可以説是一個先驅者。

一　人類世界是由人類自己創造的

要了解維柯的美學思想，首先需要了解他的歷史觀點，因爲他的美學思想是包裹在他的歷史哲學的框架之内的。

從總體上看，維柯是一個崇奉柏拉圖的客觀唯心主義者，在他生活的時代，基督教的上帝創世説或天意安排説佔據統治地位，對此稍有觸犯就會被視爲異端遭到迫害。維柯没有完全擺脱神造世界的觀點，他仍相信天神意旨，甚至表示他的《新科學》所揭示的原則有助於基督教《聖經》的真理。但是，在他那裏，神造世界主要是指上帝創造了自然界，而人類世界則是由人類自己創造的。他明確説："這個包括所有各民族的人類世界確實是由人類自己創造出來的。"[①] 並且説，這是"本科學的第一條無可爭辯的大原則"[②]。他還經常把人類世界稱爲"民政世界"、"民政社會的世界"、"各民族世界"。他説："民政社會的世界確實是由人類創造出來的"[③]。"過去哲學家們竟傾全力去研究自然世界，這個自然界既然是由上帝創造的，那就衹有上帝才知道；過去哲學家們竟忽視對各民族世界或民政世界的研究。而這個民政世界既然是由人類創造的，人類就應該

①② 維柯：《新科學》，人民文學出版社 1987 年版，第 573 頁。
③ 同上書，第 134 頁。

希望能認識它"[①]。他還進一步認爲,人類世界不是永恒不變的,而是發展變化的,人類的歷史發展有一定的規律性。這些思想在當時是大膽的、新穎的。馬克思對此十分重視,在《資本論》的一個脚注中,他寫道:"如維柯所説的那樣,人類史同自然史的區别在於,人類史是我們自己創造的,而自然史不是我們創造的。"[②]

那麼,人類世界是怎樣由人類自己創造出來的呢?維柯根據古代埃及的傳説,把人類歷史劃分爲三個階段:神的時代,英雄時代和人的時代。這三個時代相應地有着各不相同的語言、心理、宗教、藝術、政治和法律。維柯認爲,人類的歷史開始於最初的神的時代,也就是《聖經·創世紀》所講的世界大洪水之後一百年至二百年間,當時在深山野林並浪遊着一種野獸般的"巨人們",他們身軀高大,四肢發達,但頭腦愚笨,不會説話和思考,野蠻殘酷,衹顧自己,男的任意追逐女的,公開雜交,死了就倒在地上任烏鴉狼狗吞食或任風吹雨打腐爛,他們野獸般的生活衹靠本能和肉體方面的想象力。當他們第一次碰到天空中電閃雷鳴,由於不知道原因,就感到無比恐懼和驚奇,於是内心就唤起一種以己度物的想象,以爲天空像人一樣具有生命,是在發怒咆哮告誡什麼,這樣就把天空稱作天神或雷神。由此便産生了宗教和占卜。世界各民族的第一位神都是天神和雷神,神本是人憑想象虚構出來的,但人却信以爲真,對之敬畏虔誠。由於敬畏天神,巨人們開始感到公開雜交羞耻,於是每個男人就把一個女人拖進巖洞,在隱蔽中進行婚媾,開始定居,這樣就産生了結婚儀式和家庭,同時爲了不讓死者的屍體污染環境,妨礙生者的生存,就開始收屍埋葬,並産生了靈魂不朽的觀念。

維柯通過大量歷史材料和各民族神話故事的比較研究斷定,宗教、婚姻和埋葬這三項習俗或制度是世界一切民族所共有的。他指

① 維柯:《新科學》,人民文學出版社 1987 年版,第 135 頁。
② 馬克思:《資本論》第 1 卷,人民出版社 1975 年版,第 395 頁。

出:“我們觀察到一切民族,無論是野蠻的還是文明的,儘管是各自分別創建起來的,彼此在時間和空間上都隔很遠,却都保持住下列三種習俗:(1)它們都有某種宗教,(2)都舉行隆重的結婚儀式,(3)都埋葬死者。”[①]維柯認爲,這三種習俗的起源就是最初人類社會的誕生,也就是從動物到人,從野獸般的野蠻生活到社會性的人類生活的開始,後來的一切人類事物和制度,諸如政權、財權、法律、政治以及語言文字、藝術、哲學和科學等等,都是由此產生的。所以不但這三項習俗是人類自己創造的,而且整個人類世界都是人類自己創造的。他説,一切民族“都要從這三種制度開始去創建人類,所以都要最虔誠地遵守這三種制度,以免使世界又回到野蠻狀態。因此,我們把這三種永恒的普遍的習俗當作本科學的三個頭等重要的原則”[②]。

維柯的上述觀點不但肯定了人是歷史的創造者,而且肯定了神也是人憑想象創造出來的,這比後來費爾巴哈在《基督教的本質》一書中提出的類似觀點要早得多。維柯還反對英雄創造歷史的觀點,實質上提出了人民歷史本位和人民是歷史創造者的光輝思想,這具有重大的歷史進步意義。馬克思在《路易・波拿巴的霧月十八日》一文中也説過:“人們自己創造自己的歷史。”[③]他在給拉薩爾的一封信和《資本論》的一個脚註中,都給了維柯以肯定的評價。但是,應當指出,維柯的根本出發點是共同人性論,他時常把人性歸結爲天神意旨,他看不到馬克思後來講的生產方式諸因素(如生產勞動)在歷史發展中的作用,他講的人類歷史實際上是制度史、習俗史、理念史,歸根結底是人類心智的共同意識的歷史。因此他的歷史觀仍是唯心主義的,與唯物史觀是有原則區別的。

---

① 維柯:《新科學》,第135頁。

② 同上書,第135頁。

③ 《馬克思恩格斯全集》第8卷,人民出版社1961年版,第121頁。

二 詩性的智慧

“詩性的智慧”是維柯《新科學》特有的一個核心概念。它指的是“世界中最初的智慧”,即原始人的智慧,神學詩人的智慧,又稱凡俗的智慧,是同後來才出現的哲學家和學者們所有的那種理性的抽象的玄奧智慧相區别的。在古希臘文裏,詩即創造,詩人即創造者,因此詩性的智慧也就是創造性的智慧。它的特點在於想象、虚構和誇張。在我們今天看來,這種分别正是形象思維和邏輯思維的區别。所謂詩性的智慧也就是形象思維。

維柯認爲,原始的人類還没有抽象思維,祇有形象思維即詩性智慧。因此,他們也没有理性的抽象的玄學,而祇有一種感覺到的想象出的玄學。他説:“原始人没有推理的能力,却渾身是强旺的感覺力和生動的想象力。這種玄學就是他們的詩,詩就是他們生而就有的一種功能(因爲他們生而就有這些感官和想象力);他們生來就對各種原因無知。無知是驚奇之母,使一切事物對於一無所知的人們都是新奇的。……同時,他們還按照自己的觀念,使自己感到驚奇的事物各有一種實體存在,正像兒童們把無生命的東西拿在手里跟它們遊戲交談,仿佛它們就是些活人。”① 在維柯看來,原始人的心智還完全沉浸在感覺裏,他們的詩性智慧是與他們的身體、情欲、感覺緊密結合在一起的,因此詩性智慧又稱作“肉體方面的想象力”。原始人就是憑這種詩性智慧或想象力來認識周圍的一切,並把周圍的一切事物都當作有生命的實體,從而創造了神、神話、詩以及一整個具有詩的性質的古代世界。在維柯那裏,詩性智慧具有多方面的功能,它不僅是一種認識,也是一種創造,實際上就是原始人憑想象虚構來認識和創造世界的方式。他認爲,要理解令我們大惑不解的古

① 維柯:《新科學》,第161－162頁。

代世界，必須把握詩性智慧這把“萬能鑰匙”，因爲一切歷史文化的構成因素都可以在古代的詩性智慧中找到起源。

從美學方面說，維柯的主要貢獻在於，揭示了詩性智慧即形象思維的一些本質特徵和基本規律。這主要有以下三點：

第一，形象思維在先，是抽象思維的基礎。維柯說：“最初的各族人民都是些人類的兒童，首先創造出各種藝術世界，然後哲學家們在長期以後才來臨，所以可以看作各民族的老人們，他們才創造了各種科學的世界，因此，使人類達到完備。”① “神學詩人們是人類智慧的感官，而哲學家們則是人類智慧的理智。”② 因此，在人類的歷史上，藝術產生在前，科學、哲學出現在後。這是維柯的一個重要發現，它已爲現代人類學和心理學所證實，但維柯往往把形象思維和抽象思維簡單對立起來，甚至否認荷馬史詩和古希臘神話有任何抽象的哲學意蘊，斷言詩（藝術）將被哲學代替，也未免失之於偏。

第二，形象思維的基本方式是以己度物的隱喻。維柯說：“人心由於它的不確定性，每逢它墮入無知中，它就會對它所不認識的一切，把自己當作衡量宇宙的標準。”③ 例如人們說：“磁石愛鐵”，就是由於還不了解磁石何以互相吸引，而把人由於愛而相互吸引的心理經驗移到了磁石上去，這樣本來無生命的事物就顯得具有感覺和情欲，有了人的本性，這其實是一種隱喻。由此維柯解釋了最初產生的詩和寓言故事。他說：“最初的詩人們就用這種隱喻，讓一些物體成爲具有生命實質的真事真物，並用以己度物的方式，使它們也有感覺和情欲，這樣就用它們來造成一些寓言故事。”④ 維柯還用各民

① 維柯：《新科學》，第 231 頁。
② 同上書，第 407 頁。
③ 同上書，第 97 頁。
④ 同上書，第 180 頁。

族語言中的大量實例來證實形象思維的存在。他指出:“在一切語種裏大部份涉及無生命事物的表達方式都是用人體及其各部份以及用人的感覺和情欲的隱喻來形成的。例如用‘首’(頭)來表達頂或開始,用‘額’或‘肩’來表達一座山的部位,針和土豆都可以有‘眼’,杯或壺都可以有‘嘴’,耙、鋸或梳都可以有‘齒’,任何空隙或洞都可以叫做‘口’,麥穗的‘須’,鞋的‘舌’,河的‘咽喉’,地的‘頸’,海的‘手臂’,鐘的指針叫做‘手’,‘心’代表中央,船帆的‘腹部’,‘脚’代表終點或底,果實的‘肉’,巖石或礦的‘脉’,‘葡萄的血’代表酒,地的‘腹部’,天或海‘微笑’,風‘吹’,波浪‘嗚咽’,物體在重壓下‘呻吟’,拉丁地區農民們常説田地‘干渴’,‘生産果實’,‘讓糧食脹腫了’,我們意大利鄉下人説植物‘在講戀愛’,‘葡萄長的歡’,流脂的樹在‘哭泣’,從任何語種里都可舉出無數其它事例。”[①] 維柯認爲這種形象思維是一種創造性思維,是“人在不理解時却憑自己來造出事物,而且通過把自己變形成事物,也就變成了那些事物”[②]。這裏維柯揭示的正是後來德國心理學派美學家立普斯所講的審美的移情作用,也是人把自己對象化爲萬事萬物。這在中國的語言和古代詩詞中也可以找到無數的實例,所謂隱喻也正是中國古代詩論賦比興三體中的“興”。

第三,形象思維實質上是一種“想象性的類概念”。維柯説:“凡是最初的人民仿佛就是人類的兒童,還没有能力去形成事物可理解的類概念,就自然有必要去創造詩性人物性格,也就是想象的類概念,其辦法就是制造出某些範例或理想的畫像,於是把同類中一切和這些範例相似的個别具體人物都歸納到這種範例上去。”[③] 這裏講的“想象的類概念”不同於抽象的類概念,它是形象思維所特有

① 維柯:《新科學》,第180-181頁。

② 同上書,第181頁。

③ 同上書,第103頁。

的,形象思維創造的是詩性的人物性格,理想的範例,不是現實中個別的人或事的鏡子般的反映,而是有所概括和誇張的。他認爲,各民族最初的創建人,如埃及的霍彌斯,希臘的奥輔斯,迦勒底的佐羅斯特,其實都是想象虛構的詩性人物。

三　神話和歷史

維柯的《新科學》還廣泛涉及神話的起源、本質、創作過程、流傳異變、語言音律、創作主體與歷史的關係等問題。他較早開闢了神話研究的道路,被後人視爲西方神話學的開創人。他有關神話的見解,實際上也是他的美學思想的重要組成部份。這裏有以下幾點應當注意。

第一,神話即歷史。維柯認爲,神話是人類最初的藝術,各族人民的歷史都是從神話故事開始的,而神話故事就是各族人民最古老的歷史。他從語源學角度指出:"神話故事在起源時都是些真實而嚴肅的叙述,因此 mythos(神話故事)的定義就是'真實的叙述'。"[①] 另一方面,他又從心理學角度指出,原始人的心理簡單得就像兒童,他們的行爲都很忠實,因此最初的神話故事不可能是僞造的。相反,原始人創造神話都是嚴肅認真的,感情真實的,自然而然的,不論神話的人物和内容在今天看來多麽離奇難解,原始人總是信以爲真,就像兒童往往和玩具的猫狗説話那樣,他們甚至説親眼見到過神,這實際上都植根於原始人特有的詩性智慧。他認爲,原始的神話故事並不是隨意創造的,神話的創造本身就是原始人社會生活的有機組成部份,如果用詩性智慧這把鑰匙去理解,那麽神話就包含着人的歷史内容,或者説,神話就是歷史,而且是真實可靠的歷史。他指出:"我們的各種神話和我們所要研究的各種制度符合

① 維柯:《新科學》,第 425 頁。

一致,這種一致性並非來自牽强歪曲,而是直接的,輕而易舉的,自然水到渠成的。這些神話將會顯出的就是最初各族人民的民政歷史,最初各族人民到處都是些天生的詩人。"①

第二,對神話世俗内容的分析。維柯分析了大量古希臘羅馬的神話故事。其中包括天神約夫的故事,大力神赫庫勒斯的故事,卡德茂斯的故事,金枝的故事以及阿加門農的王杖,阿喀琉斯的盾牌,維納斯的裸體等等,他生動有趣地揭示了這些神話故事所包含的世俗的歷史内容。例如,維柯認爲,各民族都有自己的赫庫勒斯,他被説成天帝約夫的兒子,這其實就是英雄時代起源的標誌,赫庫勒斯實際上就是各民族的始祖,而貴族統治平民的英雄政體就是建立在英雄們來源於天神的誤解上面的。他還認爲,阿喀琉斯的盾牌實際上描繪了一部世界史:從盾牌上可以看到天、地、海、日、月、星辰,這是創造世界的時代,接着描繪的是兩座城市,一座城市裏有歌唱、頌婚歌和婚禮,另一座則没有,這表現了自然體制和接着而來的家族體制;在舉行婚禮的城市裏描繪了議會、法律、審判和刑罰,這是奉行嚴格貴族型體制的英雄城市的時代;另一座城市遭到武裝圍攻,表現了貴族與平民互相敵對的戰爭;最後盾牌上還描繪了從氏族時代就開始了的人類各種技藝的歷史,依次反映出人類的各種制度,表現出首先發明的是些必需的技藝,例如農藝首先着眼於飯食,然後是酒,接着是畜牧,城市建築,最後才是舞蹈等娱樂的技藝。維柯還給希臘神話中的十二位天神列了一個神譜,標誌着人類社會發展的十二個階段。如最初的天神約夫標誌宗教的產生,最後的海神内普敦標誌着航海事業的開始。特别難能可貴的是,維柯在分析古希臘神話時,始終重視揭示反映在希臘神話内部的貴族與平民之間的階級鬥爭。他指出,在古希臘神話中始終有三個意指英雄神的性格,另有三個意指平民神的性格(烏爾坎、馬斯、維納斯),這兩類

① 維柯:《新科學》,第147頁。

性格總表現得涇渭分明，彼此有別。他稱這是一條重要的神話法規。

第三，神話的流傳變異。維柯認爲，由於人性相同，由於有一種通行於一切民族的“心頭語言”，各民族的神話雖然表現方式不同，其實質意義却是大致相同的。它們之所以得以流傳就在於有着真實的和公衆信仰的基礎。但是“由於歲月的遷移以及語言和習俗的變化，流傳到我們的原來的事實真相已被虛僞傳説遮掩起來了”①。這就是説，神話在流傳中會發生變異，有真有假，需要加以分辨。他認爲：《新科學》的任務之一就是要重新找到原來的事實真相。爲此他反對某些神話學家對古希臘神話所做的主觀神秘的、非歷史主義的解釋。他還明確指出了神話疑難的七個來源：(1)大部份神話故事都很粗疏；(2)後來逐漸失去了原義；(3)往往遇到竄改；(4)變成不大可能；(5)曖昧不明；(6)惹笑話；(7)不可信。他的基本態度是去僞求真，歷史主義的。

第四，神話的本質。維柯認爲，神話本質上是詩性智慧即形象思維的產物，是些想象的類型，使用的是詩性文字和詩性詞句，但又是真實的故事。從語義上看，神話故事的另一個定義是“不同的或另一種説法”②，也就是“把各種不同的人物、事跡或事物總括在一個相當於一般概念的一個具體形象裏去的表達方式”③。因此，它是以個別表現共性、一般，創造的都是理想的‘具有詩性性格的人物。他説：“希臘各族人民把凡是屬於同一類的各種不同的個別具體事物都歸到這類想象性的共性上去。例如阿喀琉斯原是《伊利亞特》這部史詩的主角，希臘人把英雄所有的一切勇敢屬性以及這些屬性所產生的一切情感和習俗，例如暴躁，拘泥繁文細節，易惱怒，頑强到

① 維柯：《新科學》，第 89 頁。
② 同上書，第 179 頁。
③ 同上書，第 104 頁。

底不饒人。狂暴,憑武力僭奪一切權力(……)這些特徵都歸到阿喀琉斯一人身上。再如攸里塞斯是《奧德賽》這部史詩的主角,希臘人也把來自英雄智慧的一切情感和習性,例如警惕性高,忍耐,好僞裝,口是心非,詐騙,老是説漂亮話而不願採取行動,誘旁人自墮圈套,自欺這些特性都歸到攸里塞斯一人身上。”[①] 維柯没有使用“典型”這一術語,他也很少談到美,但他這裏講的正是典型,在他看來神話故事的美正在於創造了典型。他接着説:“這兩種人物性格由於都是全民族所創造出來的,就衹能被認爲自然具有一致性(這種一致性對全民族的共同意識〔常識〕都是愉快的,只有它才形成一種神話故事的魔力和美);而且由於這些神話故事都是憑生動强烈的想象創造出來的,它們就必然是崇高的。從此就產生出詩的兩種永恒特性,一種是詩的崇高性和詩的通俗性(人人喜聞樂見)是分不開的,另一種是各族人民既然首先爲自己創造出這些英雄人物性格,後來就衹憑由一些光輝範例使其著名的那些人物性格來理解人類習俗。”[②] 這是對神話藝術的美及其作用的十分重要而深刻的見解。

四 人民是真正的荷馬

維柯對美學的另一突出貢獻,是他回答了荷馬是否確有其人的問題,肯定了人民是真正的荷馬,這是同他肯定人民是歷史文化的創造者的觀點相一致的。

荷馬是歐洲最早的詩人,一向被尊爲文化的創始者,一切技藝知識的大師和道德、宗教的導師,智者或哲學家,具有超人的玄奧智慧。但是早在賀拉斯的時代,對於荷馬是否確有其人,他的出生地

① 維柯:《新科學》,第 423-424 頁。
② 同上書,第 424 頁。

和年代,他的兩部史詩是否出自一人之手等等,就已產生了一些懷疑,引起過爭論。直到維柯的時代,這些爭論仍在語言學家等學者之間進行,許多希臘城市還在爭奪"荷馬故鄉"的榮譽,甚至有人認爲荷馬是出生於意大利的希臘人。

維柯就這些爭論一一進行了辨析和探索,他發現"荷馬純粹是一位僅存在於理想中的詩人,並不曾作爲具體的個人在自然界存在過","荷馬是希臘人民中的一個理想或英雄人物"①。這就是説,荷馬並不是希臘確有的某一個人,而是一個理想化的詩性人物,即希臘各族人民的總代表。維柯指出,從兩部荷馬史詩來看,它們都出現在英雄時代的末期,但有充分的證據説明《伊利亞特》在前,《奧德賽》在後,前後相距八百年之久;前者的作者應當生活在希臘東部偏北,後者的作者應當生活在希臘西部偏南;二者的詩風也懸殊很大,描繪的並不是同一時期的人物性格,而且野蠻習俗和文明習俗相互混雜;所以這兩部史詩絶不可能出自一人之手。他認爲,要尋找真正的荷馬,就應當到"詩的本質即詩性人物性格中去找"②。荷馬既然是最早的詩人,他就應當是民族創建人那樣的詩性人物,他的智慧只能是凡俗的詩性智慧,決不是另外一種玄奥智慧,他決不可能是一個哲學家,他的兩部作品所表現出的崇高風格、烈火般的想象力、個性化等無比才能,都證明衹是詩性智慧的産品而不是玄奥智慧的産品。所以作爲一個詩性人物,荷馬衹能是希臘全民族的代表,人民的代表,一切神話故事説唱詩人的代表,衹有人民才是真正的荷馬。這也正是荷馬何以具有最崇高的地位、何以後來竟然没有一個詩人能遠望荷馬後塵而和他競賽的原因。維柯高度評價荷馬史詩是希臘習俗的兩大寶庫,是世界最早的歷史,同時也就高度肯定了人民在創造歷史文化中的作用。

維柯的美學思想在 18 世紀的意大利,由於政治、經濟的落後,並

① 維柯:《新科學》,第 442 頁。

② 同上書,第 422 頁。

没有受到應有的重視和産生廣泛的影響。這種情况直到19世紀才有所改變。克羅齊曾大力介紹維柯,對他給以很高的評價,但正如朱光潛先生所説:“在克羅齊的手裏,維柯在受到推崇中也受到了歪曲。”① 克羅齊誇張了維柯把形象思維和抽象思維絶對對立的弱點,硬説維柯的“想象”就是“直覺”,没能真正看清維柯的貢獻。維柯的《新科學》雖然是以人性論和歷史唯心論爲出發點的,但在他的唯心主義的思想體系中的確有很多合理的東西。維柯的貢獻首先在於他給美學帶來了歷史發展觀點,這比黑格爾要早一個世紀;其次,他對原始人的詩性智慧即形象思維的研究,更把想象的原則引入了美學,促進了有關神話、原始文化藝術、社會學美學以及心理學美學的發展;第三,他認爲人民是真正的詩人,要求文藝表達民族的共同理想,爲人民所喜聞樂見,並以此作爲衡量美和崇高的標準。所有這些都是十分寶貴的。趁便指出,朱光潛先生十分重視維柯,他以80以上的高齡翻譯了維柯的《新科學》,一直奮戰到生命的最後一息。他認爲,馬克思高度評價維柯並不是偶然的。

① 朱光潛:《西方美學史》上卷,第346頁。

第八章　德國啟蒙運動的美學

與英國、法國相比，德國的啟蒙運動發生較晚。16世紀馬丁・路德的宗教改革以來，德國的發展就具有了完全的小資產階級性質，舊的封建貴族絕大部份在托瑪斯・閔采爾所領導的農民戰爭中被消滅了。但這兩大運動的失敗，使反封建的鬥爭受到嚴重的挫折。17世紀的三十年戰爭(1618－1648)更使德國遭受空前的摧殘，所謂德意志民族的“神聖羅馬帝國”已經名存實亡，全國分裂成三百多個小公國和一千多個騎士領地。因此，18世紀的德國仍是一個封建農奴制的國家，封建勢力佔居統治地位，他們對外屈從外國勢力，對內實行殘暴統治，鬧得經濟凋蔽，怨聲載道，民不聊生，國家百孔千瘡、殘破不堪。而資產階級當時還處於依附地位和形成階段，政治上和思想上都十分軟弱。總之，舊制度的崩潰之勢已成，但建立新制度的社會力量還没有成熟。這是德國民族災難深重的時代。

但是，隨着資本主義生產和科學的逐漸發展，德國資產階級反對封建割據，要求民族統一的情緒日益增長，在英、法等國先進思想的影響下，啟蒙運動在德國終於開展起來，並取得了相當顯著的成就。當時擺在德國啟蒙主義者面前的迫切任務是要鼓吹資產階級民主革命，推翻封建統治，實現民族統一。作爲資產階級的思想代表，德國啟蒙主義者反映了歷史的潮流和時代要求，他們高舉理性和自由的旗幟對封建專制統治及其意識形態進行了尖鋭的批判。但是，德國的啟蒙運動主要還是局限於文藝和文化思想領域，不像法國啟蒙運動那樣激進。德國啟蒙主義者往往迴避政治問題，只談文藝學術，還没有把進行資產階級革命當作直接目標，而衹是致力於建立統一的民族文學和民族文化去實現民族統一。因此,他們的思想往往帶有抽象思辨的性質,隱晦曲折,脱離實際,並具有嚮往古代希臘文化的色調,這在德國啟蒙運動的早期尤爲明顯。

德國啟蒙運動的美學與德國資産階級的一般政治特點是相一致的。主要的美學家有高特謝特、鮑姆加敦、温克爾曼、萊辛、赫爾德、福斯特等人。在美學史上,德國啟蒙運動的美學具有重要地位。美學作爲一門獨立的科學是在這個時期産生的,一系列重要美學問題的提出,爲德國古典美學的産生準備了條件。

第一節　鮑姆加敦的美學思想

通常人們都把高特謝特(Gottsched,1700－1766)當作德國啟蒙運動早期的代表,他是萊比錫大學的教授,專講修辭學、邏輯學和形而上學。他的理論著作《批判的詩學》,實際上是布瓦洛《詩的藝術》的翻版。在18世紀三、四十年代,德國文學界發生一場蘇黎士派和萊比錫派的大辯論,争論焦點是德國文學應當藉鑒的是法國還是英國?高特謝特是萊比錫派的領袖,主張藉鑒法國,産生過很大影響,被奉爲德國文學理論的最高權威。從思想和活動看,他主要是把法國古典主義引進了德國,缺少創新精神,領導的祇是一種古典主義文學運動。

德國啟蒙運動美學的真正創立者應當是鮑姆加敦(Baumgarten,1714－1762)。他生於柏林,父親是一位牧師,青年時代在哈列大學學習神學,深受萊布尼茲、沃爾夫理性主義哲學的熏陶,大學畢業後留校任教,後來長期擔任哈列大學和奥得河畔法蘭克福大學的哲學教授。鮑姆加敦的突出貢獻,是他在美學史上第一個採用"Aesthetica"這一術語,提出並建立了美學這一特殊的哲學學科,因而他享有"美學之父"的光榮稱號。他的主要美學著作是博士論文

《關於詩的哲學沉思録》(1735)和未完成的巨著《美學》(1750－1758)。此外,在《形而上學》(1739)、《'真理之友'的哲學書信》(1741)和《哲學百科全書綱要》(1769)中也談到了美學問題,他的美學思想對康德、謝林、黑格爾等德國古典唯心主義美學家發生過重大影響。

一　美學作爲一門新學科的提出

18世紀上半葉,萊布尼茲和沃爾夫的理性主義哲學在德國仍佔統治地位。鮑姆加敦基本上還是萊布尼茲和沃爾夫的信徒。但他已經不滿意理性主義哲學對感性認識的貶低和輕視。在沃爾夫的哲學體系中,理性認識被看成高級的,感性認識是低級的,哲學衹被歸結爲研究高級的理性認識的邏輯學,這樣低級的感性認識就被排斥在哲學研究之外。鮑姆加敦認爲,以往的人類知識體系有一個重大缺陷,就是缺乏對於感性認識,主要是審美意識和藝術問題的嚴肅的哲學沉思。理性認識有邏輯學在研究,意志有倫理學在研究,感性認識還没有一門學科去研究。因此,他提出應當有一門新學科來專門研究感性認識。感性認識可以成爲科學研究的對象,它和理性認識一樣,也能通向真理,提供知識。

鮑姆加敦的建議是在1735年提出的。他在博士論文《關於詩的哲學沉思録》中指出,以往邏輯學研究的範圍太狹窄了,它衹研究理性認識,忽略了感性認識,因而使得這個領域十分荒蕪,人們往往認爲詩衹關感性認識,因而不值得哲學家注意,其實詩不但能供人欣賞,而且從詩的概念還可以得出許多有益的結論。在本書的最後部份,他寫道,哲學應當研究低級的感性認識,以求"改進感性認識能力,增强它們,而且更成功地應用它們以造福於全世界。既然心理學提供了許多可靠的原理,我們不用懷疑也可以有一種有效的科學，它能够指導低級認識能力從感性方面認識事物”[1]。並且説：“理性事物應當憑高級認識能力作爲邏輯學的對象去認識，而感性事物（應該憑低級認識能力去認識）則屬於知覺的科學（επlστημηαιονητlχη＝die ästhetischen Wissenschaft），或感性學（Aestheticae＝die Asthetik）。”[2] 這裏鮑姆加敦特意從希臘文中找出了“埃斯特惕卡”（感性學）這個詞來給這門學科命名，這就是我們今天所講的美學。他講的“知覺的科學”也就是審美的科學。從博士論文來看，鮑姆加敦是從研究詩學和認識論的角度提出建立美學這門新學科的，他把感性認識當作這門新學科的研究對象，而感性認識主要指的就是美或藝術中的美。在他看來，美學是與邏輯學相平行的學科，研究高級的理性認識的是邏輯學，研究低級的感性認識的美學相當於低級的邏輯學，美學是邏輯學的小妹。

鮑姆加敦的貢獻不僅表現在他提出了建立美學新學科的建議，也不祇是爲這門自古就已潛在的學科取了“美學”這個名字。早在1725年，就有一位名叫比芬爾格爾（Bilfinger/Bülringer）的哲學家，也曾提出過類似的建議，他在《對上帝、人的靈魂、世界與事物一般特徵的哲學説明》一書中提出，應當建立一門想象力的邏輯學，但是他並没有把這個建議付諸實現，同時他要建立的新學科祇以想象力爲研究對象，範圍比鮑姆加敦的美學要狹窄得多。鮑姆加敦不僅提出了建議，而且爲建立美學付出了畢生精力。1742年，他在大學里開始講授“美學”這門新課，他的學生格·弗·邁埃爾在1748年出版的三卷本《一切優美藝術和科學的基本原理》中，整理公佈了他的講稿，接着又在1750年和1758年正式出版《美學》第一、二卷。在《美學》中，他實現了學位論文中的建議，駁斥了十種反對設立美學的意見，初步規定了這門科學的對象、内容和任務，確定了它在哲學科學

①② 鮑姆加敦：《關於詩的哲學沉思録》，1983年漢堡（德文版），第115、116節，第85、87頁。

中的地位,使美學成爲一門獨立的近代學科。因此,1750年常被看成美學成爲正式學科的年代,鮑姆加敦也由此獲得"美學之父"的稱號。

按照鮑姆加敦在《美學》中的構想,美學應當包括兩個部份,即理論的美學部份和實踐的美學部份。理論美學又分三個方面,一是發現學(Heuristik)[①],研究關於事物與思維的一般規則;二是方法學(Methodenlehre),研究關於條理分明的安排的一般規則;三是符號學(Semiotik),研究關於用美的方法表達的一般規則。可惜的是鮑姆加敦衹完成了發現學,他的《美學》衹是一部尚未完成的著作,但他未完成部分的內容,可以在邁埃爾的上述著作中看到一些原則性的意見。趁便指出,鮑姆加敦的《美學》是用當時科學通用的語言拉丁文寫作的,文字艱深晦澀,至今也沒有全譯成任何文字,直到1983年才有題名爲《理論美學》的一本拉德對照本,而且也衹是選譯了《美學》中最重要的章節。這種情況自然妨礙了對鮑姆加敦美學思想的了解和研究,以至與他同時代的一些著名學者如萊辛、溫克爾曼、赫爾德、康德、黑格爾等人,也對他缺乏應有的理解,往往提出一些否定性意見。至於一般的美學史著作,更少對他的美學思想本身進行評述,而衹限於肯定他是"美學"這門學科的創名人,似乎他並沒有提出什麽值得注意的美學問題。應當説,這不符合實際,降低了鮑姆加敦的歷史功績。美學作爲一門獨立的哲學學科之建立,無疑是人類思想史上的一件大事。自從古希臘以來,有關美和藝術問題的研究雖然從未中斷,但一般都是在哲學、修辭學、文藝學、心理學、政治學等內部零散進行的,沒有受到應有的重視,基本上仍處於"附屬"地位。鮑姆加敦從根本上改變了這一狀況。如果聯繫到自鮑姆加敦以來美學的長足進步和發展,那麽建立美學學科

① 又譯"研究法"、"啟迪學",查Heuristik源於希臘文,本義爲"發現",指發現的藝術,即發現新知識的全部方法上的途徑之總和,似譯"發現學"較妥。

無疑是必要的、合理的,這是鮑姆加敦不可磨滅的貢獻。我們從鮑姆加敦建立美學學科的事實可知,他提出建立美學學科並不是出於盲目創新的激情,而是他對萊布尼茲、沃爾夫理性主義哲學以及人類全部知識體系進行深刻反思的成果,同時這也是前此西方哲學發展的一個歷史成果。

二 美學是感性認識的科學

爲了進一步了解鮑姆加敦的貢獻,下面我們介紹一下他的《美學》的基本內容。

鮑姆加敦《美學》的第一句話,就給美學下了一個定義:“美學(作爲自由藝術的理論、低級認識論、美的思維的藝術和與理性類似的思維的藝術)是感性認識的科學。”① 這裏鮑姆加敦從總體上把美學看作是感性認識的科學,這是美學的總定義;同時,他在括號裏又從四個方面對美學作了具體的規定,這是四個解釋性的定義。我們先來分析這四個解釋性的定義。

1. 美學是自由藝術的理論。在西方,“藝術”一詞自古以來就包含技藝,到了18世紀,爲了區別於一般技藝,人們已普遍把詩歌、文學、繪畫、音樂、舞蹈、戲劇等稱作“自由的藝術”或“美的藝術”,這也就是我們今日所說的藝術。鮑姆加敦也是在這個意義上使用“自由藝術”一詞的,因此,他所謂美學是自由藝術的理論,也就是說美學是一般的藝術理論。由此可以看出,鮑姆加敦的美學並不像有人講的那樣衹是一種抽象的脫離藝術實踐的認識論。特別值得注意的是,鮑姆加敦一面稱美學是感性認識的科學,一面又稱美學是藝術理論,他顯然已把藝術看成是一種感性認識了。不僅如此,在他看來,藝術作爲感性認識也包含真,能提供知識,上昇爲理論。這在18

① 鮑姆加敦:《理論美學》,梅諾爾出版社,1983年漢堡(德文版),第2頁。

世紀理性主義佔統治地位的時代，無疑是理論上的一個重大的突破。當時人們或者把文學藝術看作祇受理性支配而與想象、幻想等無關的高尚的精神活動(如高特謝特)，或者把文學藝術看作祇受想象、幻想等感性支配，一味任性追求變異、非凡，而與真理無關的低下的行徑(如波德默和布萊丁格)。鮑姆加敦的觀點有力地反對了這兩種錯誤傾向，提高了藝術的地位，端正了藝術發展的方向。

2. 美學是低級認識論。在萊布尼茲和沃爾夫的哲學體系中祇有一種認識論，即研究理性認識的邏輯學，鮑姆加敦認爲還有一種認識論，即研究感性認識的美學，他把邏輯學稱作高級認識論，而把美學稱作低級認識論。但是，他祇是沿用了理性主義哲學關於高級認識和低級認識的概念，並不是認爲這兩種認識論有高低之別，在他看來，這是兩種平行的姐妹學科，彼此並列，同屬哲學。他把美學作爲認識論，把美學與邏輯學加以區分，實質上就是把感性認識(藝術)擡高到與理性認識(哲學)平起平坐的地位，肯定感性認識(藝術)具有不能被理性認識(哲學)所代替的獨立價值。

3. 美學是美的思維的藝術。鮑姆加敦説："美學的目的是感性認識自身的完善(使之完善)，而這人們就稱作美；與此相反的則是感性認識的不完善，人們稱之爲醜，是應當避免的。"① 所謂美的思維就是達到感性認識完善的思維，美學的任務就是要教導人們"以美的方式進行思維"。完善本是沃爾夫哲學的概念，因沃爾夫那裏，完善祇屬於理性認識，而鮑姆加敦認爲既有理性認識的完善，又有感性認識的完善，前者是邏輯學的目的，後者則是美學的目的。完善無非是某種完整的，而且無疑是好的東西。但並非任何完善都是審美意義上的完善。在他看來，審美意義上的感性認識的完善，就是思想内容、秩序和表現力三者的和諧統一。只要具備這三個

① 鮑姆加敦：《理論美學》，第 11 頁。

條件,現實中醜的東西在藝術中也可以是美的。他把描繪對象的美和美麗地描繪對象作了區分。他說:“醜的事物自身可以想成是美的;較美的事物也可以想成是醜的。”① 所以,他所謂美的思維是指想象的思維,即我們今天所說的形象思維,他認爲這是藝術家特有的思維。在他看來,美的思維不同於邏輯思維,二者不能互相代替,美的思維可以達到真,但這衹是審美的真不是邏輯的真,但另一方面二者既然都屬於思維,都以求真爲目的,它們也並不絕然對立。所以他又說:“以美的方式和以嚴密的邏輯方式進行的思維完全可以和諧一致,並且可以在一個並不十分狹窄的領域中並存。這也適用於哲學家和數學家所從事的嚴格的科學。”② 鮑姆加敦把美學看作美的思維的藝術,實際上就是認爲美學應當研究藝術家的形象思維的各種規則,他所謂“藝術”有特殊的含義,指的就是“使某物更加完善的各種規則的總和”③。

4. 美學是與理性類似的思維的藝術。什麼是與理性類似的思維呢?在《形而上學》第640節,鮑姆加敦作過一個解釋。他認爲“類似理性”包含以下内容:(1)認識事物一致性的低級能力;(2)認識事物差異性的低級能力;(3)感官的記憶力;(4)創作的能力;(5)判斷的能力;(6)相似情況的預感力;(7)感性的符號指稱能力④。這種類似理性實際上是一種介乎感性認識和理性認識之間的審美能力,或者說它是感性認識,但又具有類似理性的性質。“類似理性”這一概念是鮑姆加敦的獨創,它所揭示的是一種特殊的主客體關係即審美關係,這是一個重大的發現。鮑姆加敦把美學規定爲感性認識的科學,但他理解的感性認識並不是純粹的,他在感性認識中揭示了某種與理性認識相類似的東西,已經顯示出把感性認識和理性認

① 鮑姆加敦:《理論美學》,第18節,第13頁。
② 同上書,第43節,第27頁。
③ 鮑姆加敦:《美學講課稿》,第8節。
④ 參看鮑姆加敦:《理論美學》,第207頁注2。

識加以調和的傾向。如果說,德國古典唯心主義哲學和美學的突出特徵在於調和英國經驗主義和大陸理性主義的話,那麼鮑姆加敦的確最早作出了這種努力,也正是在這個意義上,有的學者把鮑姆加敦看作是德國古典哲學和美學的真正奠基人,而不同意把比他晚了大約四十年的康德看作德國古典哲學和美學的奠基人。這或許不是毫無道理的,至少是應當重視的。

從以上的分析可以看出,鮑姆加敦的美學定義表明,美學是一門哲學科學,但具有雙重性質,它既是一種認識論,又是關於藝術的哲學理論。因此,把鮑姆加敦的美學僅僅看成一門抽象的認識論是不恰當的。

三　美學是一門指導藝術的哲學科學

在《美學》第 71 節中,鮑姆加敦說,美學研究的規則可以應用於一切藝術,"對於各種藝術有如北斗星"[①]。因此,在他那裏美學不衹是認識論,而且是一門指導藝術的科學。鮑姆加敦十分强調美學對藝術創作的指導意義,有的學者對此提出批評,似乎他是存心制造一些規則,强加到藝術家頭上,其實,任何一門學科的建立如果與人類實踐完全無關,那就没有存在的根據,要求美學指導文藝創作,"造福於人類",不但是合理的,而且是高尚的。

關於文藝美學,鮑姆加敦主要探討和研究了兩大類問題。一類是有關藝術創作的,他稱之爲關於藝術思維的智慧組成因素的學說,主要反映在《美學》的第三章至第六章,其中考察了先天的美感能力,藝術創作中的練習,美學學說,審美靈感以及藝術加工等問題,另一類是關於藝術作品的内容的分析,主要反映在《美學》的第二十二章,其中考察了豐富性、偉大、真實性、鮮明性以及說服力等

① 鮑姆加敦:《理論美學》,第 45 頁。

問題。

鮑姆加敦認爲,先天的審美感知力是藝術創作的首要條件。它包括情感、想象、洞察力、記憶、趣味、預見以及表達個人觀念的能力等基本素質。這些素質都屬於感性的範圍,但又都包含理性的因素。他認爲,如果没有理性的指導,感性就會導致深刻的謬誤,各種感性能力的協調,需要理性的幫助,否則藝術創作也是不可能的。因此,藝術家應當具備關於人、歷史、神話、宇宙以至神的各種理性知識。不過,總的説來,他還是强調情感和想象的。把審美感知力説成是先天的,這顯然是從理性主義的唯心論出發的,但他認爲,這種先天的審美感知力並不能長久保持,還必須經過後天的經常不斷的練習,才能不斷地得到鞏固和加强,才能創造出美的藝術作品,否則先天的審美感知力就會逐步衰退以至消失。

關於藝術創作的過程,鮑姆加敦的了解仍很籠統,缺乏細密的分析。他基本上仍沿用傳統的"靈感"這個概念,但他對"靈感"的認識和分析,比歷史上各種舊的靈感説有很大進步。他認爲,靈感有以下幾個特點:(1)靈感狀態下産生的藝術作品具有非摹仿性和不可重復性;(2)在靈感狀態中,思想感情的表達十分敏捷和有秩序;(3)理智在靈感狀態中,一面承受鮮明的形象,一面又不下降到感性世界,即陷入迷狂和熱情。但他没有像柏拉圖把這看成神靈憑附,而祇認爲是一種先天的能力。因此他没有把靈感看成超自然的神秘現象。他曾提出一個問題:藝術家能不能按照自己的願望産生靈感?他的回答是肯定的。在《美學》第五章中,他把形體的訓練、摹仿的願望和情感的體驗(如愛情、貧困、惱怒、歡樂等)都看作激發靈感的條件,它們同藝術家的個性和身心狀態有密切的聯繫。因此,在他那裏,靈感是一種現實的心理過程,能够確切地表達和歸結爲自然的心理條件,祇要條件具備就能由藝術家自身激發出來。當然,他認爲這些條件還祇是外在的,即便没有它們,藝術家也能産生靈感,因爲靈感説到底仍是一種先天的能力。這表明他没有完全冲破唯心論的影響，但他的靈感説無疑提供了新東西。還應指出，鮑姆加敦並没有把藝術創作衹看成靈感或純感性的活動，他認爲在靈感階段創作出來的作品未必盡善盡美，還需要在理性的指導下進行藝術的加工、琢磨和修改，才能臻於完善。

對於摹仿自然這個傳統原則，鮑姆加敦地提出了新的看法。他認爲，摹仿不就是感性事物的再現，自然也不應理解爲“一切存在物的總和”。所謂摹仿自然就是要表現自然呈現於感性認識的完善。同時，他也反對人爲的、矯揉造作的創作作風，認爲摹仿自然應當自然而然，具有“自然的風格”。爲此需要三個條件：(1)藝術家對自己的自然素質和力量要有足够清楚的認識；(2)藝術家應當很好地熟悉和理解作品描寫的對象；(3)藝術家要了解感受作品的公衆，了解自己的作品訴諸於誰。否則，創作就會失敗。與此相關，他還談到藝術真實問題，他認爲，藝術真實不同於邏輯的真實。他説：“凡是我們在其中看不出什麽虚僞性，但同時對它也没有確定把握的事物就是可然的，所以從審美見到的真實應該稱爲可然性，它是這樣一種程度的真實：一方面雖没有達到完全確定，另方面也不包含顯然的虚僞。”① 這就是説，藝術的真實是可然的真實，因此，他不僅允許藝術虚構，而且認爲虚構是不可避免的，是構成藝術本質的重要條件。總的説來，他的摹仿自然説還是以“完善”這個理性主義概念爲基礎的，是唯心主義的，但他關於自然條件和藝術真實的看法包含了合理的内容。

上述鮑姆加敦關於藝術創作問題的研究，是具有開創性的。它對 18 世紀後半葉以來美學的發展有重大影響。這類問題的研究後來被稱作“天才”研究，在 19 世紀的心理學和美學中被稱作“藝術創作的主體”或“審美主體的”的研究。

關於另一類文學美學問題，即關於藝術作品内容的分析，鮑姆加

---

① 鮑姆加敦：《理論美學》，第 483 頁。

敦也做了大量的探索。一般來說,他是從審美主體(藝術家)和審美客體(描寫對象)兩個方面,對藝術作品内容的構成進行分析的。他認爲,“豐富性”在藝術作品内容諸因素中佔據首要地位。他明確區分了主觀的豐富和客觀的豐富。主觀的豐富是指作品主題的豐富,是由藝術家的思想决定的;客觀的豐富是指作品本身的豐富,是由描寫對象决定的。他特別强調審美形象的具體性的確定性,認爲個體、個性最豐富,最有詩意,單一的、個別的事物比一般概念和類型更豐富。同時,他指出,豐富性並不是在藝術形象中毫無遺漏地表達對象的全部特點和因素,藝術應當捨棄、省略一些不必要的因素,豐富與簡練是一致的,“過剩”與藝術是不相容的。此外,在談到藝術内容的其它因素時,他對藝術作品中美與善、真與假、鮮明性與説服力等的相互關係問題,也都提出了一些頗有啟發的見解。他認爲,藝術家不應當選擇一些“小玩物”、“低級的、不重要的東西”作爲題材,而應當表現道德的偉大和高尚的趣味,但這祇能通過感性的形象來表現,不能把藝術與道德的任務相混淆,以致使藝術家完全服從於道德的説教。他要求藝術的内容必須使欣賞者感到明確、易懂,並且有感人的力量。

總之,鮑姆加敦不但提出了建立美學學科的建議,而且初步勾畫和提供了美學的輪廓,提出了許多影響到美學發展的重大問題。他所做的是開創性的工作,其歷史功績是不可磨滅的。鮑姆加敦生活在18世紀中葉落後的德國,當時佔統治地位的精神氛圍,在哲學和科學上是崇尚理性、輕視感性的理性主義,在宗教上是神秘的虔誠主義,在文藝上是反對表現個性的新古典主義,所有這一切對於美學的研究都是極爲不利的。鮑姆加敦擡高感性,提出建立一門研究感性認識的美學,把它提高到科學的地位,强調想象和情感在文藝創作中的作用,要求表現個性和個別事物的具體形象等等,無疑包含了大膽造反的因素,具有巨大的進步意義,是與封建政權和宗教僧侶所崇奉的意識形態，以及要求文藝成爲“懲惡勸善”的道德説教的工具等統治思想相背離的。從當時整個歐洲文藝實踐和文藝思想的總趨勢來看，當時已出現從封建的新古典主義文藝嚮新興資産階級文藝的轉變。在這個轉變的過程中，鮑姆加敦是站在資産階級新生事物方面，而不是站在垂死的事物方面。

第二節　温克爾曼的美學思想

温克爾曼(Winckelmann,1717－1768)是一位卓越的藝術史家和文藝理論家。他出生於斯騰達爾一個鞋匠家庭，自幼生活貧困，刻苦好學，1738年考入哈列大學神學系，畢業後當過家庭教師、圖書館館長。政治上傾向民主，厭惡德國的封建專制。1755年他發表《關於在繪畫和雕刻中摹仿希臘作品的一些意見》一文，同年4月前去意大利的羅馬，潛心研究古希臘羅馬藝術史，長達八年之久，做過大量有關考古、歷史、藝術和美學的考察和研究，並於1764年出版《古代藝術史》這部名著，掀起了崇拜希臘古典和民主政治的浪潮，提出了一系列重要的美學理論問題，受到廣泛重視，引起了熱烈的辯論。他的影響遠遠超出了18世紀末葉德國的範圍。

一　關於美的見解

温克爾曼不是一個哲學家，他對美的本質問題主要不是進行抽象的哲學探討，而是結合藝術史的實踐經驗進行的。他曾説過：“美是自然的偉大奥秘之一，它的作用我們所有的人都看到和感覺到，但關於美的本質的清晰的一般概念，依然屬於許多未被揭示的真相之列。”[①] 在《古代藝術史》第四卷第二章《論藝術的本質》中，他首先一般地論述了美，然後論述了比例以及人體各部位的美。他認爲，美是由和諧、單純、統一等特徵構成的，“美被視覺感受到，但被理智認識和理解”[②]，美是藝術最崇高的目的和表現，藝術美高於自然美，而古希臘藝術的美則是美的典範。在他看來，並非所有的人都能正確地認識美，有一些“感覺不正確和愚頑不化的人”，他們對美祇有荒謬的知識，又不肯於接受任何關於美的正確概念，往往把實用、欲念等非美的屬性誤認爲美，以至以醜爲美，而我們在審美方面又没有法律和章程可以遵循，用來制裁醜，因此人們關於美往往有很大的分歧。他說：“藝術美不祇對感覺的影響小於自然美，而且由於藝術美是按照崇高的美的概念創造的，它的特點是嚴肅而不是輕佻，對於没有受過教育的頭腦來說，它比任何日常生活中的優質用品較少受過歡迎，因爲這些日常生活中的用品可以談論和使用。這原因還應該在我們的欲念中尋找，在多數人那裏，從第一眼就會引起欲念，當理智還祇是準備享受美的愉悦時，已經充滿了感性。在這種情況下，我們要談論的已經不是什麼美感，而是一種性欲的冲動。基於這一點，那些並非以美爲特徵的人，很有柔情和熱忱而顯得聖潔非凡，也會使青年人情思紛擾和産生纏綿之情，同時，他們甚至不爲美的女性的容態所動，儘管這些女性的舉止端莊和有節制。”[③] 他認爲，多數藝術家的美的概念也是從類似這種不成熟的最初印象中形成的，他們往往不能通過直觀古代美的典範作品修正自己的私欲。他承認在不同民族之間關於美的認識有很大的分歧，“這種分歧比我們對於在味覺和嗅覺的概念上的分歧還要大”，但是“說到美的普遍形式，那麼不論在歐洲、亞洲或非洲，多數有文化的

① 温克爾曼：《古代藝術史》，見《世界藝術與美學》第 2 輯，文化藝術出版社，1983 年版，第 360 頁。

②③ 同上書，第 361 頁。

民族關於它們的概念總是相近的。”[①]因此,美這個概念並不是隨意的,儘管人們對它往往没有明確的認識。

在排除了非美的特性之後,温克爾曼又從正面對美的概念作了論述。他說:“關于美的正確概念需要掌握有關它的本質的知識,而我們又祇能在某些方面能把握其本質。”[②]他認爲,要確定美的本質,“不能運用從普遍到部份、到個别的幾何學方法以及從事物的本質中抽出關於它的特徵的結論。我們不得不滿足於從一系列個别的實例中引出大致性的結論。”[③]他的《古代藝術史》就是要以古希臘藝術爲實例來揭示美的一般本質。他極力推崇古希臘藝術,認爲祇有古希臘藝術才是真正的藝術。因爲它不僅提供了自然的真實形象,而且提供了一種理想的美。藝術的最高題材是人,在對人體的描繪方面,古希臘雕刻是最高的美的典範。誰要想成爲藝術大師,就應當以古希臘藝術爲典範,從中汲取靈感,模仿古人。在他看來,美是精神性的,“神靈是最高的美;我們愈是把人想象得與最高存在相仿和相似,那麼關於人類的美的概念也就愈完善,最高存在以其統一與整體的概念區别於物質。關於美的這個概念與從物質中產生的精神相似,這精神經過火的冶煉,竭力按照由神的理智設計的最早的有智慧的生物的形象和模樣來創造生物。其形象的形式單純,繼續不斷,在統一中豐富多樣,因而也是諧調的。”[④]因此美不同於物質的東西,相反,美是人的創造,是物質的克服,是“賦予物質以精神”,主要表現爲整體、一般,其形象是單純、統一和諧調。他說,古代大師在創造神和人的形象時,總能排除自然的局限,凌駕於尋常的物質形式之上,就連在肖像畫中,也不僅追求酷似,而且要求再現得更美。在古希臘,美是藝術的目的和最高法律,表情和動作

① 温克爾曼:《古代藝術史》,見《世界藝術與美學》第2輯,第365頁。

②③ 同上書,第366頁。

④ 同上書,第366－367頁。

固然可以是美的要素,但也時常構成對美的威脅,所以古代大師時常爲了保留美而寧肯放棄真。温克爾曼把從古希臘造型藝術概括出來的這種理想美的特徵概括爲:“高貴的單純,静穆的偉大”。他説:“美頗有些像從泉中汲取出來的最純净的水,它愈是無味,愈是有益於健康,因爲這意味着它排除了任何雜質。……最高美的觀念似乎是最單純和輕鬆的,它既不要求哲學地認識人,也不要求研究内心的激情及其表現。”① 例如古代群雕拉奥孔就是這種美和理想的化身。拉奥孔以冷漠寧静的心情忍受着肉體的劇烈痛苦,顯示出了戰勝人間苦難的巨大精神力量和沉着剛毅的尊嚴。在温克爾曼看來,這種理想美不是自然界所固有的,它是藝術家的創造,衹存在於真正的藝術作品之中。這也正是他把模仿古人置於首位的理由。應當説,肯定藝術高於自然,表現理想,比自然更美,這有積極合理的一面,但因此衹要求模仿古人,就會否認現實生活是文藝的源泉,導致片面的唯心主義。從根本上説,温克爾曼還没有超出古典主義,但他的古典主義不同於以羅馬藝術爲典範的17世紀的古典主義,而是推崇古希臘民主藝術的古典主義,具有較多民主主義的因素。

二　藝術史觀

温克爾曼是最早深入系統地研究古希臘藝術史的人。他把美學理論和藝術實踐緊密結合起來,不僅對古希臘藝術史作出了歷史分期的最初嘗試,並對古希臘藝術的興衰成敗作了具體的分析、評論和理論概括,而他對美學史的最主要貢獻却是明確提出了研究藝術史的歷史主義觀點和方法,開創了研究藝術史的新風氣。因此,他常被看作藝術史學科的真正創始人。

---

① 温克爾曼:《古代藝術史》,見《世界藝術與美學》第2輯,第367頁。

温克爾曼認爲，藝術是隨着時代的變遷而發展的，藝術的興衰與一定的物質環境和社會生活有着密切的聯繫，不同時代的藝術有着不同的藝術風格。他指出："藝術史的目的在於叙述藝術的起源、發展、變化和衰亡，以及各民族、各時代和各藝術家的不同風格，並且儘量地根據流傳下來的古代作品來作説明。"[①] 温克爾曼把希臘藝術史分爲四個階段，每個階段都有不同的風格。第一階段是在雕刻家費忌阿斯（前5世紀）以前，這是希臘藝術的初創時期，當時藝術表現出的是一種"遠古的風格"，特點是粗獷、堅硬、有力，但還没有抓住美的形式。第二階段是費忌阿斯和斯柯巴頓的時代，也就是貝里克利統治雅典的全盛時期，這時希臘藝術達到了最高階段，顯出的是"崇高的或雄偉的風格"，特徵是純樸和完整，表現了"真正的美"。第三階段是雕刻家普拉克西泰勒斯的時代，盛行的是"優美的風格"，希臘藝術的技巧日趨高超，以至由於精致文雅而逐漸使藝術失去了力量和英雄氣概。第四階段是亞歷山大時代以後，這是希臘藝術全面走向衰落的時代，希臘藝術失去了創造活力和獨立的藝術風格，盛行的是一味摹仿和折衷混合。温克爾曼認爲，古希臘藝術由盛而衰是與自由的逐步喪失分不開的。

温克爾曼從三個方面揭示了古希臘藝術繁榮的原因。一是由於氣候的影響。温克爾曼説，希臘的大自然賦予希臘人以高度的完善，有利於藝術的繁榮發展。那裏氣候温和、陽光充沛、人體發育成熟較早，女性的體態尤爲美麗，藝術家每天都能看着美，没有一個民族像他們那樣重視美。二是由於政治體制和由此産生的思維方式。温克爾曼推崇古希臘民主制，認爲在這種民主制下，希臘人得到了全面自由協調的發展，他們不但有健美的體魄，還有不同於被征服民族的自由的思維方式，這爲藝術繁榮創造了條件。温克爾曼指出："在國家體制和機構中佔統治地位的那種自由，乃是希臘藝術繁

① 轉引自朱光潛:《西方美學史》上卷，第303頁。

榮的主要原因。希臘永遠是自由的故鄉。"[1]這就是說,政治上的自由是美和藝術繁榮的基礎,祇有在有自由的地方才有美,沒有自由就不會有美和真正的藝術。三是由於藝術家所處的受尊敬的地位和作用。温克爾曼說,古希臘藝術家有如今日的富翁,享有最大的榮耀和榮譽。他們能够成爲立法者,也能成爲統帥。他們的創作和命運不受無知外行的干預,評獎會上也沒有任性專斷的評判。他們到處受到尊敬,甚至有的藝術家被授以神的名字。

温克爾曼的藝術史觀自然還有歷史的局限,不能同歷史唯物主義相提並論。他所謂"氣候的影響",帶有孟德斯鳩以來地理環境決定論的色彩,他對古希臘民主制的讚頌,也顯然是一種不完全符合奴隸制歷史事實的美化,然而他的觀點表達了對理想的社會和理想的人的熱烈的渴望,具有積極的進步的因素,是不容忽視的。首先,他把藝術發展的根源不是歸結爲藝術家的主觀條件,而是歸結爲自然的和社會的環境,這有唯物主義的因素;其次,他把政治自由看作藝術發展的基礎,這個看法極爲深刻,政治自由不僅關係到一個民族藝術的繁榮,而且關係到一個民族的命運,這也是符合歷史實際的;第三,他對古希臘民主制的歌頌充滿了反封建的意向,決不是有些資產階級美學史家所講的復古。他的目的是要藉此抨擊和抗議落後的德國封建專制社會對人性、自由和民主的摧殘,這表達了他對自由、民主的熱烈嚮往,對自由祖國和偉大藝術的深沉渴望。後來萊辛、赫爾德、歌德、黑格爾等偉大思想家無不熱烈同情和接受了他的這一思想,在德國形成崇拜希臘古典和民主制的强大思潮,這都不是偶然的。

不過,我們仍應指出,温克爾曼的美學思想的確也有内在的矛盾,這突出表現在他對理想美的看法上,一方面,他把美和政治自由聯繫起來,對醜惡的德國現實發出抗議,另一方面,他心目中的正面

---

① 轉引自汝信:《西方美學史論叢續編》,上海人民出版社 1983 年版,第 98 頁。

理想人物却又不是争取自由的積極的戰士,而是消極忍受痛苦磨難的斯多噶式的人物。這就使他的理想美具有了空想和脱離實際的性質。另外,他對美的看法,也更多偏重形式,對内容有所忽視,因而也引起了萊辛等人的批評,由此展開了熱烈的辯論。

第三節　萊辛的美學思想

萊辛(Lessing,1729－1781)是德國啟蒙運動最傑出的代表、戲劇家、批評家和美學家。他出生於薩克森小城卡曼茨一個貧苦牧師家庭,早年曾入萊比錫大學學習神學和醫學。1760－1765年去布雷斯勞任城防司令的秘書,1767年任漢堡民族劇院藝術顧問。萊辛深入研究過古希臘的文化和藝術,以及宗教史和斯賓諾莎等人的哲學,具有淵博的知識。他曾寫過許多膾炙人口的寓言故事以及《愛米麗亞・迦洛蒂》、《明娜・馮・巴爾赫姆》、《智者納丹》等劇本,猛烈抨擊日益腐敗的德國封建專制制度。在美學史上,他和狄德羅一起,爲18、19世紀歐洲現實主義文學藝術的勝利奠定了理論基礎。他的主要美學著作有《文學書簡》、《拉奥孔》和《漢堡劇評》。在《拉奥孔》這部名著中,他區分了詩和畫的界限,批評了古典主義的藝術原則和温克爾曼强調古典美的特徵在静穆的片面性,從而把人的運用提到首位,維護和發展了現實主義的文藝理論。在《文學書簡》和《漢堡劇評》中,他建立了市民劇的理論,探索了德國文學統一和民族統一的道路。馬克思主義經典作家對他有過很高評價,充分肯定了他對德國民族文化發展的貢獻。

一　《拉奥孔》——論詩和畫的區别

《拉奥孔》一書出版於1766年,是西方美學史上爲數不多的名著之一。它對赫爾德、歌德、席勒和海涅等德國文學的卓越代表,産生過深刻的影響。歌德在《詩與真》中曾說:“我們必須回到青年時代,才能體會到萊辛的《拉奥孔》對我們産生了多麽深刻的影響,這部著作把我們從一種幽黯的直觀境界引導到思想的寬敞爽朗的境界。”①

《拉奥孔》的副標題是《論繪畫和詩的界限》。拉奥孔(Laokoon)是希臘神話中特洛伊城日神廟的司祭。傳説由於特洛伊的王子巴里斯拐走了希臘王后美麗的海倫,希臘人便組成遠征軍,攻打特洛伊城。戰爭進行了十年,特洛伊城久未攻下。於是俄底修斯巧設“木馬計”,把一隻肚内藏有兵將的大木馬遺棄在城外,佯裝撤退。特洛伊人出於好奇,就把木馬拖進城内,入夜,希臘伏兵跳出木馬,打開城門,裏應外合,終於攻陷了特洛伊城。希臘人用“木馬計”攻城,由於拉奥孔曾極力勸阻特洛伊人,不要把木馬移入城内,這觸怒了偏袒希臘人一方的海神。於是海神便派兩條大蛇把拉奥孔和他的兩個兒子一起絞死。大約在公元前1世紀希臘晚期羅底斯派雕刻家曾以這個故事爲題材,塑造了一座大型群雕,後來被長期埋没於羅馬廢址,直到1506年才被發掘出來,現藏羅馬梵蒂岡博物館。羅馬詩人維吉爾在他的史詩《伊尼德》第二卷也描寫過這段故事。但是,同樣的題材在詩和雕刻里處理的方法却大不相同。拉奥孔的激烈的痛苦在詩里表現得淋漓盡致,而在雕刻裏却大大地冲淡了。在詩裏拉奥孔放聲哀號,在雕刻裏他的面部表情祇是輕微的嘆息,在詩裏兩條長蛇繞腰三道,繞頸兩道,在雕刻里却祇繞着腿部,在詩裏拉奥孔父子是身着衣帽的,但在雕刻里都是裸體的。爲什麽會有這樣明顯的差異呢?萊辛通過對這個問題的研究,揭示了詩和畫的界限和規律,提出了自己的美學理想和現實主義的美學原則。

對於拉奥孔在詩裏哀號,而在雕刻裏不哀號,温克爾曼曾經從斯

① 轉引自朱光潛:《西方美學史》上卷,第322頁。

多噶主義道德觀的立場作過一種解釋。他認爲，古希臘的藝術傑作追求的是高貴的單純和静穆的偉大。雕刻中的拉奥孔忍受痛苦、不動聲色的表情，顯示了一種戰勝痛苦的超人的精神力量，這完全符合希臘人"静穆"的理想。萊辛不同意這種觀點。在他看來，這種斯多噶主義的静穆實際上是逆來順受、聽天由命、無能爲力的表現。他以荷馬史詩和索福克勒斯悲劇中的英雄人物爲例，證明了按照古希臘人的思想方式，哀號同心靈的偉大並非水火不容，古希臘的英雄也是有血有肉的人，他們也有痛苦和哀傷，"並不以人類弱點爲耻"[①] 他説："荷馬所寫的負傷的戰士往往是在號喊中倒到地上的。女愛神維納斯祇擦破了一點皮也大聲地叫起來，這不是顯示這位歡樂女神的嬌弱，而是讓遭受痛苦的自然(本性)有發泄的權利。就連鐵一般的戰神在被狄俄墨得斯的矛頭刺痛時，也號喊得頂可怕，仿佛有一萬個狂怒的戰士同時在號喊一樣，惹得雙方軍隊都膽戰心驚起來。"[②] "荷馬的英雄們却總是忠實於人性的。在行動上他們是超凡的人，在情感上他們是真正的人。"[③] 這樣，萊辛就推倒了温克爾曼的解釋。接着，他提出自己的解釋。他認爲，拉奥孔在雕刻和詩裏的表情不同，根本的原因在於，詩和畫在摹仿的對象和方式上各有自己的範圍和特殊的規律。"在古希臘人來看，美是造型藝術的最高法律"，"凡是爲造型藝術所能追求的其它東西，如果和美不相容，就須讓路給美；如果和美相容，也至少須服從美"[④]。劇烈的痛苦必然造成面部的扭曲，這會産生醜的心理效果，古代藝術家對於這種醜，總要竭力避免或加以冲淡。但是，即便在古希臘，美也只是造型藝術的最高法律，而不是普遍的規律。

萊辛以大量生動的藝術作品爲實例，對詩和畫作了細緻的比較

①③　萊辛:《拉奥孔》，人民文學出版社 1979 年版，第 8 頁。
②　同上書，第 7－8 頁。
④　同上書，第 14 頁。

和分析，指出詩和畫的界限主要有三點。第一，媒介不同。畫以顏色和綫條爲媒介，這是在空間中並列，鋪在一個平面上的；詩以語言爲媒介，言發爲聲，這是在時間中先後承接、直綫流動的。第二，題材不同。畫適宜於寫空間並列的、静止的物體，詩更適宜寫時間中先後承接的動作。第三，感受的途徑不同。畫要用眼睛來看，可以把空間並列的對象同時攝入眼簾，適宜於感受静止的物體；詩要用耳朵來聽，衹能在時間的一點上聽到聲音之流的某一點，對於静止物體的羅列和描繪，不易産生完整印象，而衹適宜於感受動作的叙述。這三個分别，實際上就是所謂時間藝術與空間藝術的分别。萊辛説："我用'畫'這個詞來指一般的造型藝術，我也無須否認，我用'詩'這個詞也多少考慮到其它藝術，衹要它們的摹仿是承續性的。"[①] 把時間空間作爲藝術分類的標準，萊辛大概是最早的。

萊辛不但看到了詩和畫的區别，而且看到了二者在一定程度上也可以交融和結合，問題是必須服從各自特有的規律。畫可以描寫動作，但由於媒介的限制，衹能選用動作的某一頃刻，最好是最富有暗示性的、給想象留有餘地的頂點前的頃刻，也就是"最有包孕的頃刻"。萊辛認爲，拉奥孔群雕正是這樣處理的。拉奥孔在嘆息，想象就聽得見他哀號；但是如果他哀號，想象就到了止境，就衹會聽到他在呻吟，或是看到他已經死去了。藝術家應當避免動作的頂點和一縱即逝的動作，因爲畫的媒介將使這一頃刻得到一種常住不變的持續性、永久性，從而産生違反自然的心理效果。萊辛舉例説："拉麥屈理曾把自己作爲德默克利特第二畫過像而且刻下來，衹在我們第一次看到這畫像時，才看出他在笑。等到看的次數多了，我們就會覺得他已由哲學家變成小醜，他的笑已變成獰笑了。"[②] 詩也可以描寫物體，但也衹能依據本身的特點，通過動作去暗示，這就要化静爲

① 萊辛:《拉奥孔》，第 4 頁。
② 同上書，第 19 頁。

動,不能羅列一連串静止的現象。例如“荷馬要讓我們看阿伽門農的裝束,他就讓這位國王當着我們面前把全套服裝一件一件地穿上:從綿軟的内衣到披風,漂亮的短筒靴,一直到佩刀。衣服穿好了,他就托起朝笏。我們從詩人描繪穿衣的動作中就看到衣服。如果落到旁的詩人手裏,他會件件描繪,連一根小飄帶也不肯放過,我們就不會看到動作了。”[①] 其次,詩人還可藉美的效果來寫美,例如荷馬寫美人海倫很少用胳膀白、頭髪美之類的話,而他描寫特洛伊城元老們見到海倫時驚讚私語的情景,却使我們對海倫的美獲得了深刻和印象。萊辛説:“詩人啊!替我們把美所引起的歡欣,喜愛和迷戀描繪出來吧,做到這一點,你就已經把美本身描繪出來了!”[②] 此外,詩人還可以“化美爲媚”,“媚就是在動態中的美”[③]。媚的效果更强烈。例如意大利詩人阿里奥斯陀在《瘋狂的羅蘭》裏塑造的美人阿爾契娜的形象至今還令人欣喜和感動,就在於她的媚,即有關她的眼、唇、乳房的動態的描寫,如“左顧右盼、秋波流轉”、“嫣然一笑”、“時起時伏”,而不在“黑眼珠”、“唇上銀朱的光”、“皙白如鮮乳和象牙的乳房”之類静態的羅列。

《拉奥孔》在基本論點大體如上所述。關於詩和畫的關係問題,萊辛以前的美學家和文藝理論家大多强調詩畫的共同點,古希臘詩人西蒙尼德斯説:“畫是無聲的詩,而詩則是有聲的畫。”羅馬詩人賀拉斯也説過:“詩如畫”。這種詩畫同源説一直影響很大。萊辛並不否認詩畫就其同爲藝術而言,確有某些共同點,但他更强調詩畫各自的特點,突出了歷來被人忽視的一面。按照辯證法,衹有把握矛盾的特殊性,才能更好認識事物的本質。萊辛指出詩畫的界限開啟了藝術分類和各門藝術具體特點的美學研究,這在美學史上是有功

① 萊辛:《拉奥孔》,第 85－86 頁。
② 同上書,第 120 頁
③ 同上書,第 121 頁。

績的。

應當指出,萊辛研究詩畫界限並不是把它當作一個抽象的純學院式的理論問題,而是要爲德國資産階級的文學開拓道路。他對温克爾曼的批評是要爲新興的德國資産階級文學提供藝術新人、新的英雄人物的理想。他認爲,真正理想的人物應當是一個“有人氣的”英雄,他有喜怒哀樂,讓情感自然流露,是積極争取光榮、獻身職責、敢於進行鬥争的戰士,也不是對生活冷漠無情、消極被動、逆來順受的斯多噶式的人物。不過萊辛的主要矛頭却是針對着當時尚有勢力的古典主義的。古典主義者崇尚理性,輕視生活,一味迎合狹隘的宫廷貴族趣味,他們在畫裏追求“寓意”,在詩里追求“描繪”,實際上混淆了詩畫的界限,使文藝脱離現實,特别是限制了詩的作用和範圍。萊辛《拉奥孔》總的傾向是揚詩抑畫。他認爲,美是造型藝術的最高法律,而詩的最高法律則是真實,如果要詩等同於畫,衹服從美,就會縮小詩的表現能力。他説:“藝術在近代佔領了遠較寬廣的領域。人們説,藝術摹仿要擴充到全部可以眼見的自然界,其中美衹是很小的一部份。真實與表情應該是藝術的首要的法律。”① 這就是説,藝術大於美,藝術不能衹表現美,它的範圍比美更廣大,藝術應當反映全部的社會生活,醜也可以入詩,各種情欲的相互鬥争和衝突都可以入詩。詩雖然在描繪静態的物體美上不如造型藝術,但詩可以比畫更廣泛更全面的描繪人生。因此,詩人高於畫家。對此車爾尼雪夫斯基讚賞説:“自從亞里斯多德以來,誰也没有像萊辛那樣正確和深刻地理解了詩的本質”②

總觀《拉奥孔》,其中也有某些片面性。例如萊辛還缺乏歷史觀點,他所了解的美主要還是静態的物體美,仍然偏重於形式,而他對

① 萊辛:《拉奥孔》,第18頁。

② 車爾尼雪夫斯基:《萊辛,他的時代、生平和活動》《車爾尼雪夫斯基論藝術》,1950年莫斯科(俄文版),第253頁。

詩畫的區分，主要依據的仍是歐洲的藝術實踐，這也難免有以偏概全之處。我國古代學者雖然也注意到了詩畫的不同，如陸機說："宣物莫大於言，存形莫善於畫"；邵雍說："史筆善記事，畫筆善狀物，狀物與記事，二者各得一。"但更强調詩畫的共性和交融，如蘇軾說："詩畫本一律"，"味摩詰之詩，詩中有畫；觀摩詰之畫，畫中有詩"；葉燮說："畫與詩初無二道"，"畫者，天地無聲之詩；詩者，天地無色之畫"；張舜民說："詩是無形畫，畫是有形詩"等等。當然《拉奥孔》的基本精神是唯物主義的、現實主義的，它不但在歷史上起過巨大的進步作用，而且在今天仍有深遠的影響。它不愧爲啟蒙運動時期美學思想的一座里程碑。

二　《漢堡劇評》——戲劇理論

萊辛十分重視戲劇的教育作用。他認爲，戲劇是向人民群衆宣傳進步思想的最有效的手段之一，戲劇可以教會我們應當做什麽和不應當做什麽，能使我們正確分辨善惡美醜，培養我們的道德情操。因此，"劇院應該是道德世界的大課堂。"① 萊辛的另一部美學名著是《漢堡劇評》，這是爲漢堡民族劇院的演出所寫的一百零四篇劇評。萊辛通過具體分析漢堡民族劇院的演出，深刻地、多方面地探討了戲劇美學的一系列重大理論問題。他的目標和狄德羅一樣，是要建立資産階級的市民劇。《漢堡劇評》不僅對歌德和席勒，而且對現代德國戲劇大師布萊希特都發生過影響。

《漢堡劇評》是一部論争性的著作，它的批判鋒芒針對的主要是古典主義。萊辛反對古典主義戲劇的等級界限，堅決主張戲劇要面向普通人的生活。他寫道："王子和英雄人物的名字可以爲戲劇帶來華麗和威嚴，却不能令人感動。我們周圍人的不幸自然會深深

① 萊辛：《漢堡劇評》，上海譯文出版社 1981 年，第 10 頁。

侵入我們的靈魂;倘若我們對國王們產生同情,那是因爲我們把他們當作人,並非當作國王之故。他們的地位常常使他們的不幸顯得重要,却也因而使他們的不幸顯得無聊。"[①] 萊辛有力地抨擊了虛僞的封建宮廷趣味和道德觀念,他要求戲劇要表現自然的真實的人生。他指責古典主義戲劇充滿了僵死空洞的、體現德行和原則的程式,稱三一律爲"折磨人的規則"。他批評古典主義戲劇的矯揉做作、裝腔作勢。他說:"我早就認爲宮廷不是作家研究天性的地方。但是,如果說富貴榮華和宮廷禮儀把人變成機器,那麼作家的任務,就在於把這種機器再變成人。真正的女王們可以這樣精心推敲和裝腔作勢地說話,隨他們的便。作家的女王却必須自自然然地說話。"[②] 在他看來,封建制度壓抑、歪曲了人性,必須打碎封建桎梏,才能求得人的解放。與法國啟蒙主義者伏爾泰和狄德羅相比,在反封建和反古典主義戲劇方面,萊辛表現得更堅決、更徹底。伏爾泰駡莎士比亞爲"野蠻人",狄德羅不反對三一律,他們都不理解莎士比亞戲劇的意義,萊辛在這些方面對他們都有所批評。他肯定莎士比亞的戲劇是現實主義的勝利,主張用莎士比亞的現實主義戲劇來代替法國古典主義的戲劇。

萊辛的《漢堡劇評》是以亞里斯多德的美學爲出發點的。他把亞里斯多德的美學同法國古典主義美學作了廣泛的對比,尖銳地批判了法國古典主義對亞里斯多德的許多歪曲,恢復並發展了亞里斯多德美學的現實主義。與亞里斯多德相一致,萊辛認爲,藝術是"自然的摹仿",但這不是自然主義的抄襲。他指出:"在自然裏,一切都是互相聯繫的,一切都是互相交錯的,一切都是互相變換的,一切都是互相轉化的"[③],因此藝術家如果衹是自然主義地抄襲現實,那就不

① 萊辛:《漢堡劇評》,第 44 頁。

② 同上書,第 308—309 頁。

③ 同上書,第 359 頁。

會創造出比用石膏描摹大理石花紋更高明的藝術，藝術家必須要有鑒別紛雜的生活現象的能力，不應當停留在生活現象的表面，而應當揭示生活的內在本質和必然性。他説："藝術的使命，就是使我們在這種鑒别美的領域裏得到提高，減輕我們對於自己的注意力的控制。我們在自然中從一個事物或一系列不同的事物，按照時間或空間，運用自己的思想加以鑒別或者試圖鑒別出來的一切，它都如實地鑒別出來，並使我們對這個事物或一系列不同的事物得到真實而確切的理解，如同它所引起的感情歷來做到的那樣。"① 萊辛認爲，戲劇的基本要求是真實，但是戲劇不是歷史，"悲劇的目的遠比歷史的目的更具有哲理性"②，"戲劇家畢竟不是歷史家。……歷史真實不是他的目的，衹是達到他的目的的手段。"③ 因此戲劇家有對生活進行加工和虛構的權利。他説："一切與性格無關的東西，作家都可以置之不顧。對於作家來説，衹有性格是神聖的，加强性格，鮮明地表現性格，是作家在表現人物特徵的過程中最應着力用筆之處。"④ 萊辛的這些思想説明他對典型的問題已有一定的理解。

萊辛在《漢堡劇評》中以很大的篇幅尖鋭批評了高乃依對悲劇净化問題的理解，反復討論了亞里斯多德有關悲劇净化的理論。他認爲，高乃依雖然也奉亞里斯多德爲權威，但却處處違背了亞里斯多德的思想。這主要表現在以下三點：第一，亞里斯多德認爲，悲劇應該引起憐憫和恐懼（這裏所説的"憐憫與恐懼"是分不開的）。對此高乃依的理解是，悲劇可以或者衹引起憐憫，或者衹引起恐懼，而且可以不是由一個人物引起的。萊辛指出，"憐憫的引起和恐懼的引起是分不開的"，把悲劇的激情分成憐憫與恐懼的，顯然不是亞里斯

① 萊辛：《漢堡劇評》，第 359 頁。
② 同上書，第 101 頁。
③ 同上書，第 60 頁。
④ 同上書，第 125 頁。

多德,人們錯誤地翻譯了他的論點。悲劇引起的恐懼並非一種特殊的、與憐憫無關的激情,把悲劇的激情分成憐憫與恐懼兩種是高乃依的誤解,不是亞里斯多德的本意。其次,高乃依認爲,悲劇净化的是"表演出來的激情"如好奇心、虛榮心、愛情、憤怒等等,萊辛指出,按照亞里斯多德的觀點,悲劇净化的祇是在我們(觀衆)身上引起的憐憫和恐懼,以及類似的激情,而"不是什麼別的激情","不是無區別地净化一切激情"。第三,亞里斯多德要求悲劇人物的品質應該是善良的,而高乃依却無視這一要求,他的審美趣味與亞里斯多德所講的悲劇的目的是相抵觸的。萊辛指出:"由於高乃依賦予他的悲劇完全另外一種目的,他的悲劇必然成了完全另外的作品,跟亞里斯多德藉以總結出他的悲劇目的的作品完全不一樣;這些悲劇不是真正的悲劇。不僅他的悲劇如此,所有法國的悲劇都是如此;因爲他們的作者全都不是遵循亞里斯多德的目的,而是遵循高乃依的目的。"① 萊辛對高乃依和法國古典主義戲劇的這種批評,其目的是要反對宫廷貴族趣味和爲第三等級在文藝中爭得一席地位。他也並不是全盤否定法國悲劇,他說:"許多法國悲劇都是很好、很有教益的作品,它們都使得我稱讚;不過,他們都不是悲劇。"②

關於喜劇,萊辛很重視它的情感效果,他說:"喜劇要通過笑來改善,但却不是通過嘲笑;既不是通過喜劇用以引人發笑的那種惡習,更不是僅僅使這種可笑的惡習照見自己的那種惡習。他的真正的、具有普遍意義的裨益在於笑的本身;在於訓練我們發現可笑的事物的本領;在各種熱情和時尚的掩蓋之下,在五花八門的惡劣的或者善良的本性之中,甚至在莊嚴肅穆之中,輕易而敏捷地發現可

① 萊辛:《漢堡劇評》,第415頁。
② 同上書,第416頁。

笑的事物。”[1] 在他看來,喜劇的笑即使不能使人改善惡習,醫好絶症,只要能使健康的人保持健康,也就够了。發現可笑的事物可以起預防的作用,“預防也是一帖良藥,而全部勸化也抵不上笑聲更有力量、更有效果”[2]。

萊辛還十分重視演員的表演藝術問題。他認爲:“演員的藝術創造具有時間的局限性”[3],因爲演員表演的得與失轉瞬即逝,時常受觀衆情緒的影響。漂亮的身段,迷人的表情,寓意豐富的眼神,興味盎然的步態,討人喜歡的風度,娓娓動聽的音調,這些“既不是演員唯一的,也不是最大的才幹。寶貴的天賦對於他的職業來説是非常必要的,但這還遠不能滿足他的職業的要求!他必須處處跟作家一同思想,凡是作家偶然感受到某種人性的地方,演員都必須替他着想”[4]。他和狄德羅一樣,也注意到了演員的矛盾,並傾向更多肯定冷静理智的表演,但比狄德羅似更辯證。他認爲,演員的表演應發自内心,首先要有理解力,但衹做到理解還不够,其表演仍可能没有感情,所以還要同時具備感受力。不僅如此,還要善於表現,即善於把握内在情感的外部特徵,恰當地傳達給觀衆。他説,有的演員縱然感受得再深,表現出來的却似乎一無所感,令觀衆難以相信;而有的演員按照某種範例表演得十分成功,似乎有十分深刻的感受,其實呢,他説和做的一切,無非都是機械的摹仿。他説,毫無疑問,後者的表演是無動於衷的、冷淡的,但在舞臺上却比前者有用。萊辛很讚賞莎士比亞通過哈姆雷特教訓演員的話,强調演員要節制熱情和手勢。最主要的是,萊辛還深刻揭示了演員表演藝術的美學特徵。他指出:“演員的藝術,在這裏是一種處於造型藝術和詩歌藝術之間的藝術。作爲被觀賞的繪畫,美必須是它的最高法則;但作爲

①② 萊辛:《漢堡劇評》,第152頁。
③ 同上書,第3頁。
④ 同上書,第4頁。

迅速變幻的繪畫,它不需要讓自己的姿勢保持靜穆,靜穆是古代藝術作品感動人的特點"[①],"在表演藝術中演員所表現的一切,都不應該帶有令人耳目不悦的東西","這種表演是直接讓我們用眼睛來理解的無聲的詩歌"[②]。

萊辛生活在一個民族屈辱的時代,他對當時德國戲劇一味摹仿法國、崇奉古典主義十分氣憤。他深沉而又痛心疾首地寫道:"我們德國人還不成其爲一個民族!我不是從政治概念上談這個問題,而衹是從道德的性格方面來談。幾乎可以説,德國人不想要自己的性格。我們仍然是一切外國東西的信守誓約的摹仿者;尤其是永遠崇拜不够的法國人的恭順的崇拜者;來自萊茵河彼岸的一切都是美麗的、迷人的、可愛的、神聖的;我們寧願否定自己的耳目,也不想作出另外的判斷;我們寧願把粗笨説成瀟灑,把厚顔無耻説成是温情脉脉,把扮鬼臉説成是作表情,把合仄押韻的'打油'説成是詩歌,把粗魯的嘶叫聲説成是音樂,也不對這種優越性表示絲毫懷疑,這個可愛的民族,這個世界上的第一個民族(他們慣於這樣非常謙遜的稱呼自己),在一切善、美、崇高、文雅的事物中,從公正的命運那裏獲得了這種優越性,並且成了自己的財産。這種口頭禪是如此陳腐,引用得多了很容易令人惡心,我寧願就此打住。"[③] 萊辛關於文藝一味摹仿外國,有害民族性格的形成這一論點,是發人深省的。

總之,《漢堡劇評》是一部内容豐富的美學名著,它不但對德國的,而且對整個歐洲資産階級市民劇的勝利,都作出了重大貢獻;它影響過歌德和席勒,也影響過布萊希特,至今仍有重大意義。

---

①② 《漢堡劇評》,第30頁。

③ 同上書,第512頁。

第四節　赫爾德的美學思想

在萊辛之後，德國啟蒙運動美學進入晚期，主要代表人物是赫爾德和福爾斯特。赫爾德(Johann Gottfried Herder,1744－1803)是德國著名的歷史哲學家、神學家和詩人，同時又是德國文學中"狂飈突進"(Strum und Drang)運動的重要代表和理論家。他出生于東普魯士的摩隆，少年時代受過嚴格、良好的教育，很早就接觸到盧梭和萊辛的著作，18歲(1762)前往哥尼斯堡大學學醫，後改學神學與哲學，聽過康德關於形而上學、邏輯學、道德哲學和自然地理等講座，並與哈曼結下友誼。1764年起在教會學校任教，同時擔任教師。1767年發表處女作《關於近代德意志文學的斷想》，1769年又發表《批評之林》，並經海上航行去法國旅行，深入研究了百科全書派的著作，在巴黎拜會了狄德羅、達蘭貝爾等人，在回程中於漢堡拜會了萊辛，共同探討哲學、歷史和文藝問題，又於施特拉斯堡同歌德作了重要談話，這次談話使他成爲"狂飈突進運動"綱領的制訂者。1771年在布克堡擔任列波伯爵的宗教顧問，進一步研究神學、語言學、歷史哲學，積極投身狂飈突進運動，1776年經歌德介紹到魏瑪任教區總監等職，1803年病逝於魏瑪。在政治上，赫爾德擁護法國大革命，反對封建專制，在哲學上，他基本上是斯賓諾莎主義者，他的世界觀没有完全擺脱唯心主義，但包含了許多唯物主義的成份。他一生寫過很多著作，共三十三卷之多，廣泛涉及哲學、神學、語言、歷史、文學和美學等領域。他肯定自然界的進化規律，提出過有機力的理論，並從歷史發展的觀點考察過人類文化史，肯定社會進步和人道主義，探討過語言和思維的起源，對康德的哲學和美學進行了尖鋭的批判。他還大量搜集整理過古代和東方的民謡，開拓了民間文學研究的領域。他與維柯、黑格爾並列爲近代西方三大歷史哲學家。他的主要代表作是《關於人類歷史哲學的沉思》(1784)，有關美學的主要著作有《關於近代德意志文學的斷想》、《批評之林》、《論雕塑》、《論莎士比亞》、《論語言的起源》、《各民族發達一時的審美鑒賞力衰落的原因》和《卡利貢涅》(《論美》)等。

一 美學的對象和方法

赫爾德高度評價了鮑姆加敦在德國美學發展中的貢獻,稱他是“我們時代的亞里斯多德”[①]。他完全讚成創立一門獨立的美學新學科。但他對鮑姆加敦又有所批評。在他看來,鮑姆加敦並沒有成功地規定美學的對象。鮑姆加敦把美學看成感性認識的科學,説它是美的思維的藝術,主要是把歷史上一些思想家(如西塞羅、賀拉斯、昆蒂良、哈奇生等人)有關美和藝術的言論進行了折中整理,其缺點是沒有從藝術這一對象本身出發進行客觀的考察,注重的衹是美的主觀方面和心理學方面。赫爾德説,教人從美來思考並不是美學的任務,人們必須“從藝術作品中客觀地和從感覺中主觀地”搜集和整理美。由此他提出,美學是美的藝術的理論,應當把感受和創造藝術美的規律當作美學研究的對象。他説:“人們把我們心靈感受美的能力和這種能力產生出來的美的產品,作爲研究的對象。”[②] 這裏所謂“美的產品”指的就是藝術作品。他不否認存在着自然美和現實美,但他更强調美學研究的對象應當是藝術美。他認爲,藝術美根源於自然美和現實美,但比自然美和現實美更高級,藝術美本身就包含了自然美和現實美,因爲較高級的東西總是包含較低級的東西。

關於美學研究的方法。他首先反對純主觀的研究方法,他説:“從心理學方面研究因而就是主觀地研究的美學那麼多,而從對象

① 參看古雷加:《赫爾德》,1963 年莫斯科(俄文版),第 133 頁。
② 《赫爾德全集》第 4 卷,1891 年,柏林(德文版),第 22 頁。

和它們美的感性方面研究的美學還很少；然而没有這種美學，一種豐富的‘一切藝術美的理論’根本不可能出現。”① 同時，他也反對純客觀的方法。他認爲，把自然美和現實美規定爲美學的對象，表面上看似乎擴大了美學研究的範圍，實際上却是一種縮小，因爲自然美和現實美並不包括對藝術有決定性意義的藝術美的特殊規律，在自然界和現實生活中，人們到處都能碰到美，但自然美和現實美是不充分、不完善的，祇是部份地在某一或某幾方面才有美的意義，而藝術美則是我們有意識地按照生活和形式的本質和規律創造出來的，因而藝術美更充分、更高級，更有價值和意義。總之，美學既不能採用純主觀的方法，也不能採用純客觀的方法，而應當採用主觀與客觀相結合的方法，這就必須把藝術美作爲美學的對象，因爲通過藝術美的研究纔能既揭示出藝術本身特有的規律，又能把握現實美的規律。

赫爾德關於美學對象的看法，實際上把美學由鮑姆加敦的感性認識的科學改變成了美的藝術的理論，這直接影響到後來整個德國古典美學，成爲一種流行的普遍看法。不難發現，黑格爾把美學規定爲藝術哲學或美的藝術的哲學，其理由和赫爾德大多是一致的。

二　論　美

赫爾德美學思想的突出特點和貢獻，是他把歷史主義引進了美學。這在很大程度上是受到溫克爾曼和萊辛的影響和啟發。他的《批評之林》的第一篇就是針對萊辛的《拉奥孔》所寫的，他同意萊辛的一些基本思想，對萊辛表示敬意，稱頌他是“獨一無二”的人物，但又

① 《赫爾德全集》第4卷，第127頁。

尖鋭批評萊辛用的是非歷史主義的方法。他認爲,温克爾曼和萊辛關 於拉奥孔群雕的争論,就雙方的論點來説並非水火不能相容。但從方法上看,温克爾曼是從歷史條件、民主政治和民族性格等方面來説明古希臘的藝術,這比萊辛脱離歷史條件抽象地考察藝術要高明得多。他通過大量實例的分析指出,古希臘藝術把美作爲藝術的最高法律,是由許多歷史條件决定的,主要不是由於詩和畫的特性不同,事實上,美在古希臘不僅僅適用於造型藝術(雕刻),也適用於詩,不應該像萊辛那樣把詩和畫對立起來。赫爾德認爲,整個人類的歷史和文化都不是凝固的,一成不變的,而是不斷變化和進步的,人類的美感和美的觀念也是隨着歷史的發展而不斷變化和完善的。這就是説,美不但是客觀的,而且是具有歷史性的,應當把美作爲社會歷史現象來把握。早在1774年有關一部辭書的評論中,赫爾德就已指出:"不僅有關美的具體特性和種類的許多詞條完全祇以歷史爲基礎,從那兒形成,隨時代和環境而改變等等,因此没有歷史就永遠祇有無核的語言外殼,而且名詞的所有冠詞,各種性的冠詞及其理論概念本身没有歷史也始終是不定的。"[①]

對於美的本質問題,赫爾德作了大量深入細緻的分析。在《批評之林》的第四篇中,他指出,鮑姆加敦雖然對美學的建立很有貢獻,但却忽視了美的客觀性。一些追隨鮑姆加敦的學者如里德爾、克洛茨等人,把美看成純主觀的、相對的性質,完全否定了美的客觀性。里德爾認爲,真、善、美是彼此分立的。美是不經判斷就能感知因果的"直接的感受"或"感受的直接觀念"[②]。他説:"在一門美學中,我將要説:美是純粹主觀的性質,並不是所謂美的事物的一種客觀性質。"[③] 他認爲,美祇與個人的感受有關,"美是使我愉快的東西"[④],人們的審美趣味的審美判斷總是多種多樣、彼此矛盾、同時並

① 《赫爾德全集》第5卷,第380頁。

②③④ 《里德爾選集》,耶拿1768年(德文版),第37、45、16、39頁。

存的,“至今我們仍然無權把一個事物對我們來説是美的,説成對大家來説也是美的;也無權把一個事物對我們來説是醜的,説成對大家來説也是醜的;除非我們完全確信别人的感受和我們的感受一致”①。赫爾德尖鋭批評了里德爾的主觀主義和相對主義觀點,他指出,人的感受(包括美感)是通過各種個别的感覺,通過長期的比較、判斷和推論形成的,感覺由思維引導,人在感覺中判斷,感覺本身就成了理論家和思想家,因此美感不可能是個人的直接的感受或内在的感覺。美感(審美趣味和審美判斷)雖然由於時代、民族、階級、宗教、地點、年齡、地位和道德性格的不同而不同,但美仍有客觀的基礎和條件。

赫爾德認爲,真、善、美是統一的。歸根到底,美是“真的感性形式”②。在他看來,没有真就没有美,同樣没有美也就没有真。他説:“一切美都以真爲基礎,一切美都必定衹通向真和善。因此,我所説的美,如果多少是合乎人性的,也就是説,引向了真的事物和善的事物,那麽真就成爲美的,因爲美衹不過是真的外在形象”。③這里赫爾德表面上强調的仍是形式,但他一再伸明,這不是空洞的、抽象的形式,而是包含豐富内容的個别的真的形式。他贊同英國畫家荷加兹關于美的綫形的論斷,認爲人們之所以喜愛曲綫美,正是由于它使人想到人體的綫條。他説:“人體的美就在於健康的、生命的形式”④。

赫爾德在晚年寫的《卡利貢涅》(Kalligone,《論美》,1800年)一書中,對康德的《判斷力批判》進行了批判。其要點有三:首先,他批判了康德關于審美判斷不涉及任何利害關係的觀點。他説:“在自然

① 《里德爾選集》,第39頁。
② 《赫爾德全集》第9卷,第112頁。
③ 同上書第30卷,第79頁。
④ 同上書第8卷,第56頁。

界和人類社會里,無益的美是完全不能想象的。"[1] 美如果對人無益,不是人所必需的,那麼人們就絶不會去追求美。因此,美客觀地存在於美的對象本身,並非康德所説是純主觀的東西;其次,他批判了康德的形式主義和主觀的、形式的合目的性的觀點。康德認爲,美衹涉及對象的形式,與對象的内容無關,衹具有主觀的、形式的合目的性。赫爾德説:"没有内容的形式——這就是空瓦罐、碎片。精神賦予一切有機體以形式,使形式有生氣;如果没有精神,形式就衹是死板的圖畫、屍體。"[2] 他主張美是形式和内容的和諧統一。他重視形式,但認爲衹有表現事物本質的形式才能是美的。最後,他還批判了康德關於先天的審美能力的觀點。他認爲,康德割斷了審美主體與社會、歷史的聯繫,衹孤立地從個體心理學的角度分析美,這是片面的和錯誤的。事實上,人的審美能力是在現實的社會實踐活動中歷史地産生和發展起來的。赫爾德的這些批判是富有啟發性的。

三 論藝術和民間文學

關於藝術的本質,赫爾德認爲,藝術是人類活動的一種形式。他反對康德和席勒的藝術起源於無利害關係的遊戲説,明確提出藝術起源於滿足人類需要的勞動説。他認爲,居住的需要産生了建築,這是人類最早的藝術,食物的需要産生了園藝,衣物的需要産生了手工藝,狩獵和防禦外敵的需要産生了頌揚男性美(勇敢和力量)的雕塑,最後,由於交往的需要産生了語言、文學、詩和音樂等高級的藝術。因此,藝術從來也離不開利害關係,總是同滿足人類物質上和精神上的各種需要相聯繫的。依據這種觀點,赫爾德還試圖解釋

① 赫爾德:《論美》,1955年版魏瑪,第98頁。
② 同上書,第158頁。

藝術由低級向高級的歷史發展，並對藝術體系加以分類。

赫爾德對於民間文學的研究，有着巨大的歷史功績，在西方美學史上，他是最早試圖從理論上論證人民和民間文學在文化藝術發展中的作用的思想家之一。他雖然還没有使用“人民性”這一術語，實質上却已形成了“人民性”的思想。與維柯的觀點相似，他認爲詩並非個别“文人雅士”的主觀創造，而是整個民族活動的産物。每個民族的詩，都反映着這個民族的氣質、風俗、勞動和生活狀況。衹有研究産生詩的社會歷史條件，纔能真正地理解詩，每個民族都有自己的、可以與荷馬比美的詩人。他十分重視民間文學，尤其是民歌。他曾廣泛搜集整理了歐洲各民族的民歌，掀起了研究民間文學的風氣，他認爲，民歌是由普通人民創造的。真正的審美趣味不在宫廷和上流社會，而在民間，衹有人民才有真正健康的審美趣味。民歌的特徵是粗獷、豪放、生動活潑、具體形象、富有抒情意味，它體現着人民的思想、情感和心靈，是各族人民的聲音，具有强大的生命力。因此，民間文學不但構成一切文學的真正源泉和基礎，而且對於民族感情、民族性格的發展有着重大的意義。他説：“我們如果没有普通人民，我們也就没有自己的群衆、民族、語言和文字，它們將不會活在我們的心中，不會對我們起作用。”[①] 他針對當時德國文學的現狀指出，荷馬和莎士比亞的作品之所以偉大，就在於他們大量汲取了民間創作的豐富養料，與人民群衆有密切聯繫，而當時德國文學界的主要毛病恰恰在於脱離人民群衆。他寫道：“我們德國的文學名著，却像天堂里的一隻鳥，雖然色彩鮮艷，很美麗，飛得挺高，但鳥脚却從未碰到德意志普通人的土壤”[②]。因此，他極力主張要創立德國自己的民族文化，必須反對盲目抄襲外國，大力發掘民間文學遺産，繼承本民族的優良傳統。赫爾德的民間文學觀點具有很大的進步意義，産生過廣泛深遠的影響。歌德稱讚説：“他教導我們懂得詩

①② 《赫爾德全集》第 25 卷，第 530 頁。

歌是全人類的共同財富,而不是少數文人雅士的個人財產……他是第一個非常明確地和系統地把全部文學作爲生動的民族力量的表現,作爲整個民族文明的反映加以研究的人。"①

第五節 福爾斯特的美學思想

福爾斯特(Georg Forster,1754－1794)是德國啟蒙運動最後一個傑出代表。他不但是一個具有唯物主義和無神論傾向的作家和學者,而且是一個戰鬥的革命民主主義者。福爾斯特生於但澤附近的納森胡本,父親是博物學家,他自幼刻苦好學,起初研究自然科學,曾隨其父前去俄國以及南太平洋和南極,進行考察和探險。24歲起在卡塞爾和維爾納擔任教授,1788年任美因茨大學圖書館長。1790年與亞・洪堡一同沿萊茵河作考察旅行。他對哲學、政治、文藝和美學都有廣泛深入的研究,并同歌德、赫爾德、洪堡有密切的來往。在政治上,他熱烈讚同並積極投身法國大革命。1792年,法國軍隊開進萊茵河地區的美因茲城,德國的雅各賓派成立了"自由與革命之友社",他先後擔任過該社的副主席和主席。次年美因茲宣告獨立,成立共和國,他又當選爲領導人之一。不久,美因茲共和國遭到失敗,他就流亡巴黎,在法國革命政府中任職,並於1794年1月10日犧牲在斷頭臺上,爲革命獻出了寶貴的生命。恩格斯對他作過肯定的評價,稱他是德國優秀的"愛國志士",把他的名字同農民領袖閔采爾並列。在美學上,他是萊辛的優秀的繼承者,他的美學思想主要見於《萊茵河下游景物志》(1791)、《藝術與時代》(1789)等論著。

福爾斯特沒有建立完整的美學理論體系,但他對美和美感、藝術的本質、藝術和現實的關係以及藝術的社會作用和意義等問題,都

---

① 轉自奥夫相尼科夫《西方美學思想史》,第240頁。

發表了一些重要的見解。

在美的問題上，福爾斯特反對康德的主觀唯心主義美學，他力圖對美和美感作出唯物主義的解釋。在《英國文學史》等著作中，他認爲，美這個範疇具有極爲豐富的內容，因此給美下定義是困難的，要把握美，重要的是應確立伴隨着美的各種客觀現象之間的關係。他認爲，美的"伴生現象"就是完整、和諧、完善、優雅、協調、相稱等等。這些現象集合在一起就構成了美。因此美是客觀的，不是主觀的。同時，他又指出，單有這些客觀條件還不一定談得上美，要認識美，還需要有人的主觀條件。關於美感，福爾斯特認爲，美感不是先天的，而是後天的，是在審美實踐中歷史地産生和發展的，美感不同於一般的快感，在美感中情感和想象有着突出的作用。這些觀點與康德把美和美感看作主觀的、先天的和一成不變的觀點相對立的，包含了某些歷史主義和辯證法的合理因素。

同美的問題相比，福爾斯特更重視的是藝術問題。在文藝與現實生活的關係問題上，他肯定現實生活是文藝的源泉，堅持了文藝摹仿自然，藝術是生活的反映這一唯物主義原則。他指出："自然界和歷史，這是詩人取之不盡、用之不竭的源泉；但是，這些表象是由他的內在感覺形成的，作爲他所描繪的東西，它們被賦予了新的生命。"①"自然界用比我們所用的更美妙的顔色來作畫"②。同時，他又指出，藝術不僅僅是自然的摹仿，而且是一種創造。他强調説："忠實地摹仿自然從來也不是藝術的目的，而衹是一種手段。"③因此，他既反對藝術脱離現實，又反對文藝奴隸般地抄襲現實。在他看來，藝術的重要特徵是對現實生活進行藝術概括，而這種藝術概括不同於科學理論的抽象思維，它是以感性形象的形式反映現實生

① 福爾斯特：《十八世紀的德國民主主義者》，1956年莫斯科（俄文版），第230頁。
② 福爾斯特：《1790年的書信和日記》（德文版），第99頁。
③ 同上書，第95頁。

活的本質特徵,也就是説,它不是脱離個别感性形象的抽象,而是通過個别的形象來揭露生活的本質。因此,藝術既要有個别的感性的形象,又不能原樣照搬現實生活。他舉例説,荷馬、莎士比亞和歌德作品中的主人公,就不是直接從生活中搬來的活人的肖像,而是被純青的詩歌之火所鑄煉出來的理想的人物。福爾斯特雖然没有使用典型這個詞,但已接觸到了典型的本質。他認爲,衹有人才是藝術的最高對象,在對人的描繪中美才達到自己的最高形式。理想即"道德的完善在感性可見形式下的表現。"[①]理想的人就是人體美和道德完善的統一。

福爾斯特的藝術史觀同樣表現了唯物主義的傾向。在《藝術與時代》(1789)一文中,他認爲,藝術是一定環境的產物,藝術的興衰主要不是取決於藝術家的主觀條件(如天才之類),而是決定於外在的客觀條件。例如古希臘藝術的繁榮是由於温和的氣候、良好的地理位置和國家制度的自由造成的。其中他特别强調社會條件,認爲古希臘是美和適度的國家,是社會民主生活的榜樣。希臘藝術的成就在於它面向人民,謳歌了公民的美德、愛國主義和社會責任感。後來古希臘藝術之所以衰落,則是由於封建專制制度和基督教的反動統治造成的。他尖鋭指出,封建專制制度和基督教敵視藝術和美,敵視人的全面和諧發展,它們是畸形和醜惡的淵藪,是必然要滅亡的。他十分崇拜古希臘的藝術和文化。他説:"對我們的精神而言,希臘比母親和乳娘更重要"[②],但他也反對復古。他指出,"要求全部生活都停留在乳娘的社會,總是俯首貼耳地傾聽她講的神話,從不懷疑她的正確性"[③],這也是不對的。他把古代藝術和近代藝術加以對比,公開譴責和批判了德國的現存制度,表現了革命民主主義的戰鬥精神,同時他也敏鋭地猜測到正在形成的資本主義制度,特别是

① 《福爾斯特文集》第9卷,第66頁。

② ③ 《十八世紀的德國民主主義者》,第229頁。

利已主義和拜金主義對藝術的發展是有害的。

與其他啟蒙運動者一樣，福爾斯特也十分重視文藝的社會作用。他認爲，文藝的目的是宣傳進步的思想，給人以教育。他說："每一部作品都應當是有教益的；它應當以新的思想充實我們，激起我們的美感，鍛煉、磨鋭、加强我們的精神力量，在可能的形象中以鮮明而生動的描寫向我們展示對現實事物的理解。"① 但是，比其他啟蒙運動者高明，福爾斯特没有片面誇大文藝的社會作用，没有把文藝看作拯救人類的唯一的或最高的手段。他認爲，藝術不能代替革命，祇有通過實際的政治鬥爭，通過革命，才能粉碎封建專制，真正實現自由，建立合理的社會制度。企圖單純依靠藝術、進行審美教育去實現自由和理性王國，祇能是天真的幻想。因此，福爾斯特比他的同時代人站得更高一些，他是從藝術應當服從於革命鬥争的高度來觀察藝術的社會作用問題的。在他看來，藝術應當成爲推動人民群衆進行實際政治鬥爭的有力工具。這種思想無疑具有更大的革命性和進步性。

福爾斯特的美學遺產還没有得到充分研究，資產階級美學史家對他只字不提，然而在一定意義上，可以説福爾斯特是德國啟蒙運動的頂峰，他繼承和發展了萊辛的美學思想，並對德國古典美學，特別是歌德、青年黑格爾都産生過良好的影響。

---

① 《十八世紀的德國民主主義者》，第 231 頁。

第九章　德國古典美學

18 世紀末到 19 世紀初，美學在德國得到蓬勃發展。從康德開始，經過歌德、席勒、費希特、謝林，直到黑格爾，形成了一個强大的唯心主義的美學流派，美學史上一般稱之爲德國古典美學。這一流派以德國古典哲學爲理論基礎。同時又是德國古典哲學的重要組成部分，它在西方美學史上佔有極爲重要的歷史地位。首先，它全面總結了以往美學的歷史經驗，特别是批判地繼承了英國經驗主義和大陸理性主義的美學經驗，爲我們提供了從有人類歷史以來直到馬克思主義以前規模最大，内容最豐富，最有嚴謹科學形態的美學思想體系，成爲資産階級美學的高峰。第二，它直接影響到 19 世紀末到 20 世紀資産階級形形色色的美學思想，成爲現代資産階級美學的源頭。第三，它把辯證法和歷史觀全面引進美學研究領域，以抽象的哲學思辨的方式，辯證地提出和解决了許多重大的美學問題。第四，它在 18 世紀機械唯物主義的美學和馬克思主義美學之間起着橋梁作用，特别是黑格爾的美學，構成了馬克思主義美學産生的重要的思想來源。因此，我們應當充分重視德國古典美學的研究和學習。

德國古典美學的産生同德國文藝和哲學的發展有着密切的聯繫。18 世紀中葉以後，在狂飈突進運動的推動下，德國文藝出現了空前繁榮的局面，湧現出萊辛、歌德、席勒、温克爾曼、赫爾德、莫扎特、貝多芬這樣一些著名的詩人、作家、音樂家、文藝史家和批評家。作爲新興資産階級的代表，他們在文藝上要求擺脱封建領主的控制，主張創作自由，個性解放，要求從古典主義的清規戒律下解放出來，從寫帝王將相、上層人物轉到描寫下層的普通人物（即市民階層》的主觀情感和現實生活。恩格斯在談到狂飈突進運動時說:“這個時代的每一部傑作都滲透了反抗當時德國社會的叛逆精神。”[①]這實際上是在落後的德國所產生的一場文藝革命,它給美學自然提出了許多新的課題。與此同時,德國哲學也發生了一場革命,隨着自然科學的發展和法國大革命等重大政治事件所造成的巨大社會波動,哲學上的形而上學受到沉重打擊,促成了德國古典哲學的產生,特别是辯證法思想的創立。所有這些都爲德國古典美學的產生提供了必要的前提。就階級基礎説,德國古典美學是資產階級的意識形態。從康德到黑格爾這一歷史時期,德國的政治和經濟依然處於落後狀態,社會的基本矛盾依然是上昇的資產階級同没落的封建貴族之間的矛盾,歷史發展的總趨勢是要以資本主義的生產方式代替封建制度。德國古典美學家如同法國啟蒙運動者狄德羅等人一樣,都是新興資產階級的代言人,他們有着變革德國現實的反封建的革命要求,但是由於社會的、歷史的、民族的特點,德國資產階級和法國資產階級所走的具體道路大不相同。法國人走的是現實的、激進的革命道路。而德國人走的却是一條温和、妥協思辨的道路。德國資產階級的軟弱性和兩面性突出表現在對待法國大革命的態度上。當“法國革命像霹靂一樣擊中了這個叫做德國的混亂世界”的時候,他們無不熱情歡呼,然而這種熱情“祇是對法國革命者的理論表示的”,一到人民確立了自己的主權,特别是吉倫特派覆滅時,這種熱情就變爲憎恨,“所有這些當初爲革命歡欣鼓舞的朋友現在都變成了革命的最瘋狂的敵人”[②]。軟弱的德國資產階級既害怕君主,又害怕人民,他們雖有某些革命要求,但在現實的政治鬥争中却惶恐無能,因此他們祇好從現實轉入觀念的領域,把當時碰到的各種矛盾在觀念中加以克服和解決。這種情形就使德國哲學和

① 《馬克思恩格斯全集》第2卷,第634頁。

② 同上書,第635頁。

美學具有濃厚的思辨的唯心主義性質,以及這種思辨的形式和它所包含的革命內容之間的矛盾。應當指出,在法國大革命以後,歐洲資產階級所謂"自由、平等、博愛"的理性王國和啟蒙理想已經破滅,新時代資本主義文明內部的矛盾日益增長,在這種情況下,德國資產階級要實現資產階級革命,樹立自己的社會理想,已經不能簡單地接過法國啟蒙主義的理性旗幟,不能不考慮現代文明的危機,因此,他們的主要目標是要把感性和理性結合起來去尋求自由。可以說,自由——這就是德國古典哲學和美學的綱領、精髓和社會理想,這也就是德國古典哲學和美學重視人的地位和現實生活,包含對現代文明、現代社會尖鋭批判,因而具有深刻的思想性、人道主義和超出資產階級狹隘利益而具有國際主義的重要原因。馬克思主義經典作家對待德國古典哲學和美學一向採取批評分析的態度,這也是我們應當具有的基本態度。

第一節　康德的美學思想

康德(Immanuel Kant,1724－1804)是德國古典哲學的奠基人,也是德國古典美學的奠基人。他生於東普魯士的哥尼斯堡,父親是制革匠,虔敬派教徒。1740－1745年康德上大學攻讀自然科學,哲學和神學;1746－1755年當家庭教師,1755年任哥尼斯堡大學編外講師;1766－1772年兼任哥尼斯堡皇家圖書館職員;1770年起正式成爲哥尼斯堡大學教授,主講形而上學、邏輯學和數學,一直到死。康德的一生是學者的一生,寫過許多晦澀難讀的著作,但卻深刻反映了他的時代所面臨的各種問題。馬克思曾説康德哲學"是法國革命的德國理論"[①]。

康德早期主要從事自然科學研究,提出過地球自轉因潮汐摩擦

① 《馬克思恩格斯全集》第1卷,第100頁。

而變緩的假説和太陽系起源於原始星雲的假説，得出過一些符合辯證法，傾向唯物主義的結論。1770年以後，轉向哲學研究，提出了一整套"批判哲學"的體系。這一體系基本上由他的三大批判著作所構成。第一部《純粹理性批判》(1781)相當於一般所謂哲學或形而上學，專門研究知性的功能，探討人的知識何以可能；第二部《實踐理性批判》(1788)相當於倫理學，專門研究意志的功能，探討人應當以什麼爲道德行爲的最高指導原則；第三部《判斷力批判》(1790)，前半部分相當於美學，後半部是目的論，專門研究情感的功能，探討人心在什麼條件下才感覺到美和完善。因此康德的三大批判是對人的知、意、情三種心理功能的分別研究，所要解決的是真、善、美的問題，美學是他的整個哲學體系中的有機組成部份。

康德哲學的基本方向是企圖調和前此西方哲學史上經驗主義和理性主義的對立。但這種調和的結果，是提出了一套以先驗唯心主義(實質上是主觀唯心主義)爲基礎的二元論和不可知論。康德把世界區分爲現象界和物自體，他認爲，人的知性或知解力(Verstand)祇能認識現象界，不能認識物自體，物自體雖然不依人的意志爲轉移，但却處於人的感覺範圍之外，因而是不可知的。但是，人並不滿足於局部的認識，人要安身立命，使生活具有堅實的根據，他的理性(Vernunft)又渴望知道宇宙的究竟和全體，把握物自體，否則他就會彷徨不安。因此康德一面承認物自體，自由意志、上帝，靈魂不朽都是理論上無法證實的，但另方面又主張必須假定它們的存在，在實踐上去信仰，以便爲道德實踐活動找到最高的指導原則。這樣，他就爲宗教保留了地盤。列寧指出："康德：限制'理性'和鞏固信仰。"① 這打中了康德哲學的要害。

康德對待美學的態度有一個發展和演變的過程。起初，他受英國經驗主義的影響，主要從生理學和心理學的角度考察有關美學的

① 列寧：《哲學筆記》，第99頁。

問題。1764年他寫的《關於美和崇高的情感的觀察》,主要就是在柏克的影響下寫成的,具有强烈的經驗主義的色彩。當時他對從哲學理論上研究美學的可能性尚持懷疑態度。在《純粹理性批判》中,他有一章題目叫做《先驗感性論》,闡述了他對"感性論"這個術語的理解。他寫道:"如今衹有德國人用感性論這一名詞來代表他國人稱之爲鑒賞批判。這一名稱的用法起於卓越的分析家鮑姆加登的錯誤希望,即把對美之批評的評價歸結於理性原則之下,把美之規則提高到科學的水平,然而,這種努力是徒勞無益的。問題在於,這些規則或標準性的主要來源僅具有經驗的性質,因此它們不能用來確定我們有關鑒賞力的判斷應當與之相符合的一定的先驗規律,更確切地説,我們的判斷倒是這些先驗規律之正確的真正準則。"[①] 可以説,當時康德認爲不可能有鑒賞力的理論,美學還不可能成爲一門科學。

但是康德哲學體系的進一步發展,使他重新評價了美學的地位和作用,轉到了承認美學作爲一門科學的必要性。在《判斷力批判》的序言和導論部份,康德説過,他要以本書在《純粹理性批判》和《實踐理性批判》之間架橋,進一步完成他的批判哲學體系。康德發覺,他在前兩大批判中把世界分割成互不聯繫的現象界和物自體,從而也就在知性和理性,有限和無限,必然和自由,理論和實踐中間留下了一道不可跨越的鴻溝,而這是難以自圓其説的。因爲人是一個整體,人要從必然到自由,從有限到無限,人的道德理想要在自然界實現,道德秩序要服從自然規律。因此,在兩大批判之間必定還有一種認識能力,即所謂判斷力(Urteilskraft),它介於知性和理性之間,既略有知性的性質,又略有理性的性質,因而可以成爲溝通二者的橋梁。《判斷力批判》正好填補了這道鴻溝。早在1787年給K.萊茵霍爾德的信中,他就談到了這一點:"目前我正在從事鑒賞力的批

① 轉引自舍斯塔科夫:《美學史綱》,第223頁。

判，在這方面發現另一種 a priori(先天)原則，它們不同於上述那些原則。因爲心靈的功能有三種，即認識能力、快感與不快感和願望的能力。我在《純粹理性批判》中發現了認識能力的 a priori 原則，在《實踐理性批判》中發現了願望和能力之 a priori 原則。我正在尋找快感與不快感 a priori 原則，儘管我一嚮認爲這種原則是難以找到的……現在我承認，哲學的三個部份中每一部份都有它的 a priori 原則”。①

康德的《判斷力批判》是西方美學史上最重要的著作之一。在這部著作中，康德汲取和批判了英國經驗主義和德國理性主義的美學，繼鮑姆加敦之後使美學進一步成爲哲學的一個部門，賦予它以哲學理論的形式，廣泛地研討了美學領域中的各種問題，如鑒賞力的理論，美學的基本範疇，關於天才的理論，關於藝術的本質及其與自然的關係，藝術形式的分類等問題。康德美學的基本思想是主觀唯心主義的，形式主義的，它不但開啟了德國古典美學，而且對西方現當代各種美學流派和思潮都產生了難以估量的影響。下面我們就來簡要介紹《判斷力批判》的基本思想。

一　美的分析

《判斷力批判》的上卷是《審美判斷力批判》，其中分爲兩部份，《審美判斷力的分析》和《審美判斷力的辯證論》。前者是康德美學的主要部份，其中又包含《美的分析》和《崇高的分析》兩部份。康德對美的分析是從分析鑒賞判斷(Geschmachsureil)即審美判斷入手的。康德認爲，判斷力是把特殊包涵在普遍之中來思維的能力。有兩種判斷，一種是先有普遍，再找特殊，這就是規定判斷或科學判斷，另一種是先有特殊，再找普遍，這才是審美判斷或反思判斷。他

① 轉引自舍斯塔科夫:《美學史綱》，第 224 頁。

從形式邏輯判斷的質、量、關係和方式四個方面對審美判斷進行了分析,提出了著名的審美判斷四契機學說。

1. 審美判斷的第一契機

首先,從質的方面說,美是主觀的,無利害的快感。康德說,我們判別某一對象美或不美,並不是對某個對象作出邏輯判斷,而是藉助想象力作出情感上的判斷,看它是否引起主體的快感或不快感。通常邏輯判斷的主詞和賓詞都是概念,例如在"這朵花是紅的"這個邏輯判斷中"花"和"紅"都是概念,都包含一定的意義,能給我們有關客體方面的知識。但是當我們作出審美判斷或鑒賞判斷,說:"這朵花是美的",這"花"就衹涉及形式,而不涉及內容意義,因而不是概念。這"美"也不是概念,不是花的屬性,而是一種主觀的快感,它衹是藉助想象力與花的形式相聯繫。在這裏主詞"花"衹作爲單純的形式而存在,賓詞"美"也衹作爲主觀的快感而存在。所以,審美判斷不是邏輯判斷,審美不是求知,不是認識活動,從審美判斷中我們得到的不是客體的性質或屬性,不是知識,而衹是主觀的快感。康德說:"審美判斷的規定根據,衹能是主觀的,不可能是別的。"①

在康德以前,經驗主義美學混淆了美感與快感。爲了揭示美感的特質,康德區分和比較了三種不同的快感:一種是感官滿足的快適,即生理上的快感,一種是道德上的讚許或尊重引起的快感,即善或道德感,一種是欣賞美的對象引起的快感,即美感。康德說:"在這三種愉快裏衹有對於美的欣賞和愉快是唯一無利害關係的和自由的愉快;因爲没有利害關係,既没有官能方面的利害關係,也没有理性方面的利害關係來强迫我們去讚許。"②一般的快感都涉及利

① 康德:《判斷力批判》,1963年斯圖加特(德文版),第68頁;參看中譯本,商務印書館1964年版,第39頁。

② 同上,德文版第78頁;參看中文版第46頁。

害關係，感官的滿足是直接的利害關係，道德的讚許是理性上的利害關係，它們都對客體有所欲求，只是欲望的滿足，因而　關心實踐活動。而美感却不涉及利害，不是欲望的滿足，審美活動不關心對象的存在，衹是對對象形式的靜觀。例如，我們欣賞“紅杏枝頭”的美，無非是冷靜觀照對象的形象，姿態，如果產生實踐活動，把紅杏摘下來吃掉，那就不能獲得美感，不再是審美活動了。康德說：“一個關於美的判斷，衹要裏面摻雜極少的利害計較，就會是很偏私的，而不是純粹的鑒賞判斷。人們必須完全不對這事物的存在存有偏愛，而是在這方面純然淡漠，才能在鑒賞方面做裁判人。”[①] 審美判斷既然不涉及利害關係，那麼審美活動就是自由的。在康德看來，“美衹適用於人類”[②]，這種不關利害，無所欲求的自由的審美活動，正是人類高於動物的一個特點。

由此，康德對審美判斷的第一契機做出如下總結：“審美趣味是一種不憑任何利害計較而單憑快感或不快感來對一個對象或一種形象顯現方式進行判斷的能力。這樣一種快感的對象就是美的”[③]。

康德的這種分析，把美感與快感嚴格區分開來，糾正了歷史上經驗主義美學家把美感與一般生理快感或道德感相混淆的錯誤，顯然是有歷史功績的。但他把美看成純主觀的東西，不涉及利害，與客體的存在無關，最多衹涉及客體的形式，則是主觀唯心主義，形式主義和超功利主義的。

2.　審美判斷的第二契機

康德認爲，從量的方面看，審美判斷是無概念而又有普遍性的。審美判斷都是單稱判斷，都是個人對個別對象的具體形象的判

① 《判斷力批判》，德文版第 70 頁；中文版第 41 頁。
② 同上書，德文版第 78 頁；中文版第 46 頁。
③ 同上書，德文版第 79 頁；中文版第 47 頁。

斷，因而是主觀的，個別的，但它又有普遍性，它離不開個人的主觀感受，但又不是祇憑個人的主觀感受所作出的判斷，例如，我說："這酒對我是快適的"，我並不要求別人的讚同，這種感官的滿足祇關個人的感受，談起口味無争論，别人對這個判斷祇好同意，儘管這酒對於他並不快適。但是審美判斷却是另一回事。如果我對一個審美對象，比如一座建築，一件衣裳，一支樂曲或一首詩，説它祇"對於我是美的"，那就很可笑，因爲那不能算是美，美期待普遍的讚同，我覺得美，別人也會覺得美。因此，美雖是個別的却具有普遍性或普遍的可傳達性。康德反對休謨把美的標準看作純主觀的和個人的。

那麽美的普遍性從何而來呢？首先，它不是來自概念。概念是有普遍性的，它能揭示客觀對象的某種性質，因此，概念的普遍性或邏輯判斷的普遍性是一種客觀的普遍性，審美判斷不是邏輯判斷，它祇是表面上容易被人誤以爲邏輯判斷，以爲美是概念，顯示出客觀對象的屬性，其實，美不是概念，美的普遍性也不是客觀的普遍性，美祇顯示出主體的一種"心意狀態"，完全是無利害的，因而有理由期待着別人的普遍讚同，因此我們的審美判斷具有普遍性，對每個人都有意義；美的普遍性是一種主觀的普遍性。

其次，康德進一步提出了一個耐人尋味的問題："是快感在先，還是審美判斷在先"，他認爲："這個問題的解決對於審美判斷力的批判是一把鑰匙"①。他的回答是快感不能在判斷之先。因爲如果快感在先，因對某物感到愉快而判斷它美，如果覺得某食品好吃而稱之爲美，那就祇能是生理感官上的滿足，祇能具有個人有效性，而不會具有普遍性或普遍可傳達性。審美判斷不同於邏輯判斷，審美判斷的普遍性是主觀的，它所傳達的祇是一種主觀的"心意狀態"。這種"心意狀態"雖有感覺的形式，却也包含一定的理性内容，它的

① 《判斷力批判》，德文版第89頁，中文版第54頁。

特徵就在於對象的形象顯現的形式可以引起想象力和知解力這兩種心理認識功能和諧的。不確定的自由遊戲(freiesspiel)。康德假定,每個人都有共同的心理認識功能,都有一種“共同感覺力”,即“人同此心,心同此理”,因而都能在一定條件下產生和感覺到這種心理認識功能的自由遊戲。也正因爲如此,這種雖然是主觀的個人的“心意狀態”,却可以期望別人普遍的讚同,具有普遍的可傳達性。審美判斷正是對這種“心意狀態”的普遍可傳達性所下的判斷,而把這種心意狀態能够傳達出來的能力,本身就帶有愉快。所以審美判斷在先,美感是由審美判斷引起的。因此,康德說明了爲什麼審美判斷是個人的,感性的而又具有社會性和一定的理性內容。

關於審美判斷的第二個契機,康德下結論說:“美是不涉及概念而普遍地使人愉快的。”①

康德的上述分析,揭示了審美心理的特殊性,美感中想象力和理解力的關係,美感的主觀性和社會性的關係等問題,這在美學上是重要的,而他假定人類有“共同感覺力”,作爲審美判斷的先決條件,顯然是建立在普遍人性論基礎上的。

3. 審美判斷的第三契機

從關係上看,審美判斷沒有目的又有合目的性。康德認爲,審美判斷“既無客觀的也無主觀的目的”②。之所以無主觀的目的,是因爲審美時若帶有主觀的意圖和要求,就會導致利害感,那就不成其爲審美判斷;之所以無客觀的目的,是因爲審美判斷“沒有一個客觀的目的表象”③。也就是說,它不是對客體的本質和功用的認識,不是邏輯判斷或認識判斷。但是,它雖然沒有明確的目的却又含有目的性,康德稱之爲“無目的的合目的性”。這是因爲在審美時,主體

---

① 《判斷力批判》,德文版第93頁;中文版第57頁。

② 同上書,德文版第96頁;中文版第59頁。

③ 同上書,德文版第95頁,中文版第58頁。

的想象力和知解力的和諧自由的遊戲同客體對象的單純形式，二者之間是相互契合的，就仿佛這是某種意志的安排。康德指出，這種審美的合目的性不是客觀的合目的性，而是一種特殊類型的合目的性，即“形式的合目的性”，“主觀的合目的性”。客觀的合目的性或爲外在的，即有用性，或爲內在的，即對象的完滿性，都要通過概念纔能認識，而審美判斷不涉及概念。康德説：“鑒賞判斷是審美判斷，即建立在主觀基礎上的判斷，它的規定根據不能是概念，也不能是一定的目的。……審美的判斷衹把一個對象的表象聯繫於主體，並且不讓我們注意到對象的性質，而衹讓我們注意到那決定與與對象有關的表象諸能力的合目的的形式。”[①] 例如，我們欣賞一朵花，並不需要像植物學家那樣知道它是植物的生殖器官(目的功能)，我們欣賞的衹是花的形式(外在形象)，花的形式完全符合我們各種心理認識功能的自由遊戲，喚起我們主觀情感上的愉快，這就是審美的合目的性。康德的這種觀點顯然是形式主義的。美不涉及利害，不涉及概念，不涉及目的，“實際上衹應涉及形式”[②]，這就完全取消了美的內容，割裂了內容與形式的關係，剩下來的衹不過是單純的顏色、聲音、花紋、素描之類，後來的資產階級形式主義美學大肆張揚的正是康德美學的這種形式主義。

但是，我們還不能像後來資產階級的形式主義美學那樣，把康德説成純粹的形式主義者。康德自己大概也多少看到了用純形式主義觀點來解釋一切審美現象的困難，他接着提出了純粹美(自由美)和依存美的分別。他説：“有兩種美：自由的美和衹是依存的美。前者不以對象究竟是什麽的概念爲前提，後者却要以這種概念以及相應的對象的完善爲前提；前者是事物本身固有的美，後者却

① 《判斷力批判》，德文版第107頁；中文版第66頁。
② 同上書，德文版第99頁；中文版第61頁。

依存於一個概念(有條件的美),就屬於受某一特殊目的概念的制約的那些對象。”[①] 按照康德的劃分,貝殼,圖案,像框或壁紙上的簇葉飾,無標題的幻想曲等,它們本身並無明確的內容意義,並不表示什麼,也不隸屬於一定的概念之下,因而都屬於自由美或純粹美;而“一個人的美”,“一匹馬或一建築物的美”,則以一個目的和完善的概念爲前提,要談這類事物的美,首先就要知道它應當是什麼,也就是說要依賴於對象的存在,因而都不是純粹的依存美。事實上康德把大部份自然美和藝術美都歸入了依存美。進而康德又提出了美的理想問題。他認爲,理想是建立在理性基礎上的,它要涉及整個的對象和整個的人(主體),因此,無生命的,没有内容的純形式的自由美不能成爲理想美,它們没有任何既定的目的,衹有依存美才能是理想美。他說:“美的花朵,美的家俱,美的風景等的理想(典範)是不可想象的。”[②]“衹有‘人’才獨能具有美的理想”[③],因爲衹有人才結合着理性的純粹觀念及想象力的巨大力量,才能把理性和道德的善在最高合目的性聯繫中結合起來。也正是在這個基礎上,康德後來說,“美是道德的象徵”[④]。康德的這個思想是很重要的,對席勒、費希特、謝林、黑格爾都有很大影響。不過,康德雖然劃出依存美和理想美,却一再强調它們已不再是單純的審美判斷了,他的總的思想傾向仍是形式主義的。因此,他對審美判斷的第三契機作了如下總結:“美是一個對象的符合目的性的形式,但感覺到這形式美時並不憑對於某一目的的表現。”[⑤]

4. 審美判斷的第四契機

從方式上看,即從判斷的可能性,現實性和必然性看,審美判斷不但是可能性、現實性;而且要求必然性。也就是說,審美對象對任

① 《判斷力批判》,德文版第 109 頁;中文版第 67 頁。

② ③ 同上書,德文版第 115 頁;中文版第 71 頁。

④ ⑤ 同上書,德文版第 308、120 頁;中文版第 201、74 頁。

何人都具有必然性，必然引起審美快感，二者之間有着必然聯繫。你欣賞玫瑰花，你必然會覺得它美，作出審美判斷。康德認爲，審美判斷不同於知識判斷，審美判斷的必然性既不能來自概念，也不能來自經驗，它既不是理論上的客觀必然性，也不是實踐上的道德必然性，而祇是一種範例的必然性。也就是說，“它是一切人對於一個判斷的讚同的必然性”[①]。我們審美並不是通過概念推論判定對象爲美，也不是基本道德義務判定對象爲美，我們祇是主觀上期望着，我們審美時所感受到的情感能够得到每個人的讚同，我覺得美，别人也會覺得美。因此這是一種主觀的必然性。問題在於這種主觀的必然性何以可能？它的依據是什麽？康德認爲，它的依據就在於審美時的“心意狀態”或情感，然而這不能是私人的情感，而祇能是人類共同的情感即所謂“共通感”。康德假定的這種共通感是先驗的，人人具備的。所以審美判斷雖是個别的却可以普遍傳達。審美判斷雖是我的私人的判斷，但我並非根據個人怪癖的情感，而是根據人人共有的“共通感”，這就建立了一個理想的範例，我認爲美，别人也應當認爲美。我們根據共通感作審美判斷。就可以規定何物美，何物不美。

關於審美判斷的第四契機康德總結説：“美是不依賴概念而被當作一種必然的愉快的對象。”[②]

康德的“共通感”當然是一種主觀唯心主義的假定，但重要的是他在這裏强調了美感的社會性。審美活動在他那裏雖然是主觀的，却並不是狹隘的個人私事，而是一種社會交往，是有社會意義的事。這個思想在美學上無疑是極端重要的。

總觀康德關於審美判斷四契機的學説，其中揭示了審美現象的一系列矛盾或二律背反。審美判斷不涉及利害，不是實踐活動，却有

① 《判斷力批判》，德文版第 122 頁；中文版第 75 頁。

② 同上書，德文版第 127 頁；中文版第 79 頁。

與實踐活動類似的快感。它不涉及概念,不是認識活動,却又需要想象力和知解力兩種認識功能的和諧合作;它没有明確的目的,却又有符合目的性,它是主觀的個别的,却又有普遍必然性和社會性。總之,它不是實踐活動又近於實踐活動,不是認識活動又是近於認識活動,所以它能成爲認識與實踐,悟性與理性之間的橋梁。康德把這一切都建立在先驗的"共同感"的假定上面,其哲學基礎是主觀唯心主義的。儘管康德並不想把審美現象的矛盾簡單化,絶對化,而是力圖使矛盾雙方相互調和,但其基本傾向仍是主觀主義形式主義的。康德美學成爲形形色色的現當代資産階級美學的源頭,並非偶然。現當代資産階級美學家往往片面誇大康德美學的某一方面,引導出一些十分荒謬的結論。他們片面强調美的無利害性,否定美的功利性和社會性,宣揚爲藝術而藝術的純藝術論;片面强調美的無概念性,否定理性在審美活動中的作用,宣揚反理性主義觀點;片面强調美的無目的性,否定美的現實内容和思想性,宣揚純形式主義觀點;片面强調美的普遍必然性,否定美的時代性、階級性和社會性,宣揚普遍人性論。對於康德的美學,我們應當予以必要的批判。但也應當看到康德在美學史上的貢獻:首先,他比前人更充分更廣泛更系統地分析了審美現象的矛盾,揭示了審美問題的極端複雜性;其次,他糾正了經驗派美感等於快感和理性派美等於"完善"這兩種片面的看法,力圖在二者調和的基礎上確定真善美的聯繫和區别。儘管他没有解决好這個問題,不免片面强調了區别的一面,但却鮮明突出了美的本質和特性問題,使這一問題的探討進入了新的階段;最後,他還明確提出了美感經驗的理性基礎和社會性問題,從而把美的問題同人的全部心理和人類整體聯結起來。這些都是康德美學的合理内核,後來對黑格爾的美學産生過良好影響,在歷史上具有進步意義。

二 崇高的分析

康德早年在柏克的影響下寫過《關於美感和崇高感的考察》(1764),但他對美和崇高的哲學論證,是在《判斷力批判》中完成的。許多資產階級學者講康德美學祇講美的分析,對崇高的分析重視不够。其實這部份很重要,這不僅因爲康德以前講崇高的人不多,而且因爲康德在這裏强調了崇高感的道德性質和理論基礎,因而在一定程度上克服了"美的分析"中的形式主義。康德對崇高的分析對浪漫派運動也發生過重大影響。

崇高和美既有共性又有差異。就共性説,二者都是審美判斷即反思判斷,都是自身令人愉快的,並不涉及利害、目的和概念,但又都具有主觀的合目的性、必然性和普遍可傳達性。康德的重點是分析崇高和美的差異:第一,從對象看,美祇涉及對象的形式,崇高却涉及對象的無形式。形式總是有限制的,無形式則是無限的。例如,花的形式是有限的,憑知解力就可以理解把握,而茫茫大海却是無限的,知解力無能爲力,祇能設想它是一個整體,藉助先驗理性來把握。因此美好像是不確定的知解力概念的表現,崇高則是不確定的理性概念的表現,美同對象的質的表象相聯繫,而崇高則同對象的量的表象相聯繫。第二,從快感的類別看,美感是直接的、單純的、積極的快感,是一種促進生命力的感覺,它同對象的吸引力和遊戲的想象力相契合,心靈處於平静安息的狀態;崇高感則是一種間接的快感,它先有生命力暫時受到阻礙的感覺,繼之才有生命力的洋溢迸發,它不是想象力的遊戲,而是想象力嚴肅認真的活動,更多包含着驚嘆或崇敬,它同吸引力不相合,主體的心情不單爲對象所吸引,而且更番不絶地被推拒,造成心靈的巨大震蕩。因此它是一種包含痛感或由痛感轉化而來的快感,是一種消極的快感。第三,康德認爲美與崇高最重要的和内在的分别是:美可以在對象的形式中找到根據，而崇高的根據則完全是主觀的。仿佛經過預先安排，美的對象的形式帶有一種合目的性，恰好適合我們想象力與知解力的和諧合作，因而能產生美感；但崇高對象的特點是"無形式"，它和我們的判斷力相抵觸，仿佛在對我們的想象力施加暴力，令人震驚、讚嘆、彷徨、崇敬，而越是這樣越令人感到崇高。因此崇高感不是由對象的形式引起的。那麼它是從何而來呢？康德説："真正的崇高不能含在任何感性的形式裏，而衹涉及理性的觀念。"① 例如，遼闊的，被風暴激怒的海洋，本身不能稱爲崇高，它的景象衹是可怕的。衹有當我們的心中預先充滿一些觀念，離開感性去追求更高的合目的性的觀念，我們在觀賞海洋時，才能激發出一種崇高感，它顯示着人的理性和道德精神力量的勝利。因此崇高純粹是主觀的。

康德把崇高分爲兩種，一種是數學的崇高，一種是力學的崇高。

數學的崇高指的是體積的無限大。一般我們在比較大小時説的大，衹是有限大，不能算作崇高。"但是假使我們對某物不僅稱爲大，而是全部地，絶對地，在任何角度(超越一切比較)都稱爲大，這就是崇高"②。因此這是没有任何尺度可以比較測量，而衹能"自身相等的大"③。崇高的大是感官無法把握的，或者説感官不適應這種無限大，因而就在我們内部唤醒一種"超感性能力的感覺"，即理性觀念，它要求而且可以把對象作爲整體來思考。崇高感也就是理性功能彌補感性功能的勝利感。因此被稱作崇高的並不是感官對象本身，而衹是欣賞者主觀的一種精神情調。康德説："真正的崇高衹能在評判者的心情裏尋找，不能在對其評判而引起崇高情調的自然對象裏尋找。誰會把雜亂無章，冰峰相互亂叠的山岳群，或那陰

①　《判斷力批判》，德文版第136頁；中文版第84頁。

②③　《判斷力批判》，德文版第142頁；中文版 第89頁。

慘狂嘯的海洋之類喚做崇高呢？但是當觀照它們的時候，不顧及它們的形式，聽任想象力和那雖然完全沒有明確目的而祇是擴張着的理性結合在一起，而想象力的全部威力仍覺得同理性的觀念不相稱，這時，心情就會感到在自己的判斷中提高了。”① 康德還進一步指出，我們對某些自然對象的崇高感實際上是一種“偷換”(Subreption)，是把對於我們人類主體的理性使命或理性觀念的崇敬，變換成了對於自然客體的崇敬。唯有人才有這種理性使命，這是一種要把握宇宙整體和無限的超感性的使命，它在主觀上是合目的性的、因而能產生愉快。

力學的崇高指的是巨大的威力。康德下定義說：“威力是一種超過巨大阻礙的能力，如果它也超過了本身就具有威力的東西的抵抗，它就叫做支配力。在審美判斷中，當自然被看成對我們沒有支配力的威力時，它就是力學的崇高。”② 這就是說，力學崇高的對象具有難以抵擋的巨大威力，它是一種“恐懼的對象”，但另一方面，它對我們又没有實際的支配力，因此我們對它並不害怕，相反，它還在我們心裏激起一種有足够抵抗力來勝過它的感覺。康德說：“好像要壓倒人的陡峭的懸崖，密佈在天空中迸射出迅雷疾電的黑雲，帶有毁滅威力的火山，勢如掃空一切的狂飈，驚濤駭浪，無邊無際的汪洋以及從巨大河流投下來的懸瀑之類景物使我們的抵抗力在它們的威力之下相形見絀，顯得渺小不足道。但是祇要我們自覺安全，它們的形狀愈可怕，也就愈有吸引力，我們就欣然把這些對象看作崇高的，因爲它們把我們心靈的力量提高到超出慣常的凡庸，使我們顯示出另一種抵抗力，有勇氣去和自然的這種表面的萬能進行較量。”③ 這裏講的“另一種抵抗力”，就是我們在精神上顯示出來的比

① 《判斷力批判》，德文版第152頁；中文版第95頁。
② 同上書，德文版第159頁；中文版第100頁。
③ 同上書，德文版第160－161頁；中文版第101頁。

自然威力更大的威力。我們的肉體在自然威力面前顯得渺小，軟弱，但我們是獨立於自然的有理性的人，我們有一種超過自然的優越性。爲了自我保存，使人性免遭屈辱，我們敢於以理性的力量同自然較量並戰勝自然。所以，我們把自然威力的對象看作崇高，並不是自然對象本身崇高，而是在我們身上喚醒了理性勝于自然的意識，它顯示出人的勇氣，人的使命感和自我尊嚴感。自然威力本來是不能産生快感，而祇能引起痛感的，它令人覺得面臨災禍，感到壓抑和恐懼，但當我們把它作爲崇高的對象來鑒賞，就會在我們心裏喚起一種理性的力量，使我們覺得從一種危險裏解脱出來，因而産生一種從重壓下解放出來的輕鬆的愉快，痛感就轉化爲快感，這個過程也就是對人的理性、使命、勇氣和尊嚴的一種自我肯定，由此可見，康德講力學的崇高是十分主觀的。

總的説來，康德的崇高學説否認崇高現象的客觀根源，把崇高歸結爲主體内心的觀念，基礎是主觀唯心論的，兩種崇高的分别也未見出本質的差别，有些論點還自相矛盾，這些都是缺點。但它也包含了一個重要思想，即人比自然優越。康德講的崇高其基本内容就是對人的使命的崇敬，這種崇敬本質上是一種道德情操，至上命令，雖然欣賞崇高對象時的心境並不就是道德實踐本身，但却是嚴肅認真的。康德特别稱讚了戰士不畏險阻，百折不撓的勇敢精神，認爲這是一定社會文化修養的結果。他説："如果没有道德觀念的發展，對於有文化教養的人是崇高的對象，對於無教養的人却是可怕的。"①康德講人，講人的使命和尊嚴當然都是從資産階級人性論出發的，有歷史局限性的一面，但肯定人要有文化修養，道德情操，要有使命感，實際上就是肯定了人要有理想，要超脱低級趣味，動物本能，以整個人類的使命爲己任，這應當説是十分寶貴的。

① 《判斷力批判》，德文版第 167 頁；中文版第 105 頁。

三 藝術與天才

在美的理論的基礎上,康德提出了一整套藝術理論,主要包括藝術的特徵,天才,審美意象和藝術分類等有關藝術創造的學說。

1. 藝術

康德首先分析了藝術的特徵,提出了關於藝術和藝術活動的學說。他認爲,藝術活動是人類創造美的活動,如同鑒賞力是一種獨立的能力一樣,藝術也是不同於其它活動的一種特殊活動。首先,藝術不同於自然,正如制作(tun)不同於一般的動作(handeln)和活動(wirken),藝術的產品不同於自然的產品。例如,人們總喜歡把蜜蜂造成的合規則的蜂窩叫做藝術,其實這衹是由於蜂窩同藝術作品相似,二者實際根本不同,蜜蜂的勞動衹是出於本能,並不是建立在自己理性的基礎上。他指出:"正當說來,人們衹能把通過自由,即通過以理性爲基礎的爲所欲爲而制造出來的東西叫做藝術。"[①] 這就是說,藝術是人憑理性,有目的的一種自由的創造活動。其次,藝術不同於科學,正如能(können)不同於知(wissen),技術不同於理論。藝術是人的一種技能,一種實踐能力,科學衹是一種知識,一種理論能力。光有知識不一定能做;由於有了知識,因而充分了解到欲求的結果而能做,即在科學知識和欲求目的支配下而能做,也不就是藝術;衹有當人們雖然有了知識,然而還缺少一種技能立刻來做,這才談得上藝術。也就是說,藝術是一種變知爲能的本能。第三,藝術不同於手藝。正是在這裏,康德提出了著名的藝術遊戲說。他說:"藝術還有別於手工藝,藝術是自由的,手工藝也可以叫做挣錢的藝術。人們把藝術仿佛衹看作一種遊戲,它是本身就令人愉快的活動,達到了這一點,就符合目的;手工藝却是一種勞

① 《判斷力批判》,德文版第229頁,中文版第148頁。

動，它本身就是令人不愉快(勞累辛苦)的事，祇是它的效果(如報酬)有吸引力，因而它是强迫承擔的。"[①] 康德講的勞動自然是資本主義下的勞動，他看到了資本主義下勞動的强制性，强調自由是藝術的精髓，這同馬克思分析資本主義生產不利於藝術和美的論述，有某些相通之處，但他把藝術歸結爲遊戲，把藝術與勞動對立起來，顯然又同馬克思主義根本對立。馬克思主義認爲，藝術是由勞動創造的，藝術活動本身就是一種勞動，到了共產主義社會勞動可以成爲人類的第一需要。

康德雖然認爲藝術不同於手工藝，但並不否認藝術也要有某種技巧，某種機械性的東西，在這一點上藝術又與手工藝是相通的。當時某些浪漫主義領袖鼓吹，要把藝術從一切强制下解放出來，變爲單純的遊戲。康德針對這種論調尖鋭指出，如果藝術裏没有某種强制性或機械性的東西，那麼"使作品有生氣的精神就會完全没有形體而化爲空虛"[②]。應當説，這個見解仍是合理的。

在分析了藝術的特徵之後，康德又把藝術分成機械的和審美的兩種。機械的藝術以實現可能的對象爲目的，審美的藝術却祇是爲了産生快感。由於快感性質的不同，審美的藝術又分爲快適的藝術和美的藝術。快適的藝術，其快感伴隨着表象祇作爲單純的感覺，它以享樂消遣爲目的，如筵席間的即興談笑，音樂伴奏和遊戲等。美的藝術，其快感伴隨着表現則作爲認識的形式，它雖然没有目的却又以自身爲目的，即有"形式上的合目的性"，因而具有一定的社會功能，能溝通社會交往，促進各種精神力量的修養。美的藝術是以反思判斷，而不是以官能感覺爲準則的。由此康德又揭示了藝術作品的一個特點，即美的藝術作品既不同於自然，又令人覺得好像是自然的産物。他説："自然只有在貌似藝術時才顯得美，藝術也祇

① 《判斷力批判》，德文版第 230－231 頁；中文版第 149 頁。
② 同上書，德文版第 231 頁；中文版第 149－150 頁。

有使人知其爲藝術而又貌似自然時才顯得美。”[①] 也就是說，美是自由與必然的結合，自然要顯出藝術的自由，藝術要顯出自然的必然，不矯揉造作，不露出一點人工的痕跡，這樣才能美，才能具有普遍的可傳達性，這個看法也是深刻的。

2. 天才

康德關於藝術天才的理論直接關係到審美活動和藝術創作的主體。他着重論述了藝術天才的本質及其與自然的關係，以及天才的條件等問題。康德認爲，美的藝術是天才的藝術。他說："天才是給藝術定規則的一種才能(天然資稟)。因爲藝術家天生的創造才能，本身就是屬於自然的。所以我們也可以這樣說：天才是一種天生的心靈禀賦，通過它，自然給藝術定規則”[②]。康德不讚成“狂飈突進”時期流行的一種主觀主義的觀念，即把天生看作勇於破壞自然規律的特殊個性。在他看來，藝術創造不能没有規則，但對藝術作品的美所下的判斷，不能從以概念爲基礎的規則引伸出來，所以美的藝術的規則是不可傳達的，不能由旁人事先定成公式，强加給藝術家。那麽，這規則又從何而來呢？它衹能是自然通過藝術家的天才在作品上面體現出來。人們可以把天才的作品當作範本，從中領悟到規則，但不應定成公式去摹仿，而是要藉以考驗和發揮自己的才能，進行新的創造，天才的作品不過是另一個天才的範本。藝術天才與摹仿精神是對立的。牛頓可以把他的科學理論教給別人，別人也能照樣學會這些知識，但荷馬却不能把自己的詩才教給别人，因爲他自己也不知道是憑什麽創造的。這也正是藝術的天才和技巧爲什麽常常“人亡技絶”的緣故。所以，在康德那裏，天才是一種天賦的才能，是藝術作品中具有典範意義的獨創性。康德的這些言論既不同於美學上的主觀主義，又不同於機械摹仿，本身就是

① 《判斷力批判》，德文版第 234 頁，中文版第 152 頁。

② 同上書，德文版第 235 頁；中文版第 152－153 頁。

有獨創性的。

康德總結出天才的四大特徵:(一)獨創性。天才是一種天賦的才能,天才創造的作品不提供任何特定的規則,天才不是依照某種規則就能學會的技巧,因而是不可重復的。(二)典範性。荒謬的東西也可能有某種獨創性,但却毫無意義;天才的獨創性是具有典範意義的獨創性,"它本身不由摹仿產生,而它對別人却能成爲評判或規則的準繩"①。(三)自然性。天才怎樣創造出作品,它本身不能描述和給以科學的說明,因而是衹知其然不知其所以然,無法向別人傳授的,即"無法之法","它衹是作爲自然給藝術定規則"②。(四)不可摹仿性。天才不給科學,衹給藝術定規則,而且衹給美的藝術定規則。科學可以摹仿,天才不可摹仿。

在分析"審美意象"以後,康德又對天才提出了四點總結:(一)天才是藝術才能,不是科學才能;(二)藝術天才以理解力和想象力的一定關係爲前提;(三)天才的主要任務不在表現一定的概念,而在描繪或表現審美意象,想象力對於規則的引導是自由的,然而對於表現既定的概念又是合目的的;(四)在想象力和理解力規則的自由協調中自然流露出來的主觀合目的性,其前提是:這些能力的比例和協調不是遵照規則造成的,而衹能是主體的自然本性產生出來的。這四個特點是對前四個特點的補充。如果說前四個特點過分强調了天才的自由性的一面,那麽這四個特點則强調了天才的理性方面。天才的自由不是任意的,無邊的,它要符合理性的規律。天才的本質就在於想象力和理解力的諧調合作,自由和理性的統一。

康德還提出了天才和鑒賞力的關係問題。他說:"爲着評判美的對象(就其是美的對象來說),需要的是鑒賞力,但是爲了美的藝術

① 《判斷力批判》,德文版第236頁;中文版第153頁。

② 同上書,德文版第237頁;中文版第153頁。

本身，即創造美的藝術作品，却要求天才。”① 因此，二者的區別在於，鑒賞力是評定美的能力，天才是創造藝術的才能，前者涉及美的對象，後者涉及藝術，因而這就牽涉到自然美與藝術美的關係。康德認爲，“自然美是美的對象，藝術美是對象的美的表象”②。自然美是自然天成的，無須天才的創造，評定它不必知道“它是什麽”的概念，不必了解物質的合目的性，衹要對象的單純形式令人滿意就可以，所以衹需要鑒賞力就够了。但是，評定藝術的美衹靠鑒賞力還不行，因爲藝術美作爲對象的美的表現是由人(天才)創造的，它是想象力和知解力諧調合作的産物，並不是單純的形式，還包含一定的內容。要評判藝術美，首先就要知道它是什麽，這要涉及目的和完善等概念。例如：“人們説這裏是一個美女，那無非是説，自然在她的形體裏美麗地表象着女性軀體結構的目的；因爲人們必須越過單純的形式去看出一個概念，才能以邏輯制約了的審美判斷去思考這種對象。”③ 所以評定藝術美雖然也要鑒賞力，但已不是單純的審美判斷，還必然伴有目的論的判斷，正是“這種目的論的判斷構成審美判斷的基礎和條件”④。由此可見，在談到藝術時，康德的形式主義觀點已有所改變，《美的分析》衹適用於自然美，不適用於藝術美。也正是從藝術美是對象的“美的表象”這個見地出發，康德看出了藝術美優越於自然美，因爲，藝術可以美麗地描繪自然事物，以至可以把本來是醜的東西如狂暴、疾病、戰禍等描繪得很美。衹有一種醜的東西不能用藝術描繪，這就是令人厭惡的東西，因爲它會完全破壞美感。

總的説來，康德認爲，美的藝術作品總是鑒賞力和天才的某種結合。天才爲美的藝術作品提供豐富的內容，鑒賞力賦予美的藝術作

① 《判斷力批判》，德文版第 241 頁；中文版第 157 頁。
② 同上書，德文版第 242 頁；中文版第 157 頁。
③ 同上書，德文版第 242－243 頁；中文版第 158 頁。
④ 同上書，德文版第 242 頁；中文版第 157－158 頁。

品以形式。但是這種結合並不總是和諧的,人們常在"一個應該成爲美的藝術作品上面有時見到有天才而無鑒賞,在另一作品上見到有鑒賞而缺天才"①。那麼在藝術作品中天才和鑒賞力哪一個更重要呢?康德說這實際上等於問想象力和判斷力哪個更重要。他回答說判斷力比想象力更重要,也就是鑒賞力比天才更重要,因爲天才是一種"才氣煥發",鑒賞力則像判斷力一樣是天才的紀律,它能剪掉天才的一些羽翼,使想象力和知解力諧調,"給天才引路","使豐富的思想具有明晰性和條理性,因而使思想具有穩定性,能博得普遍長久的讚賞,備旁人追隨,不斷地促進文化"②。因此,康德主張如果發生了天才與鑒賞力二者不可兼得的情形,"那就寧可犧牲天才"③。康德這樣强調鑒賞力,當然是把藝術形式看得比內容重要,這同他前邊講天才重視內容確有一些矛盾。康德生活在古典主義和浪漫主義交替的時代,天才與鑒賞力,內容與形式的關係是當時爭論的重大問題。康德思想上的矛盾正是這個時代的矛盾的反映。他一面頌揚天才和自由,推崇想象力和獨創性,這與浪漫運動是合拍的,另一方面,他又伸張理性和規則,擡高形式的地位,又未完全擺脱古典主義的影響。然而康德並不是保守派,他强調要以規則約束天才,也確實擊中了當時文壇的時弊。他説:"天賦才能的獨創性是構成天才品質的本質的部份,所以一些淺薄的頭腦相信,祇要他們從一切規則的束縛中解放了,他們就是開花結果的天才了,並且相信,他們騎在一匹狂暴的悍馬上會比跨在一匹訓練過的馬上要威風些。"④由此可見,康德反對把天才和自由看作完全任性的,這同某些浪漫主義者是有區别的,他的觀點基本上是天人並重,含有辯證的意味。

① 《判斷力批判》,德文版第245頁;中文版第159頁。

②③ 同上書,德文版第255頁;中文版第166頁。

④ 同上書,德文版第240頁;中文版第156頁。

3. 審美意象

康德在講藝術天才的同時,還研究了構成天才的各種心理能力。他指出,有些藝術作品雖然就鑒賞説無瑕可指,但却没有精神。這種“精神”是什麼呢?它不是别的,正是“表現審美意象的能力”[①]。而這也就是天才。康德給審美意象下定義説:“我們説的審美意象,是想象力所形成的那種表象,它能引人想到很多東西,却又不可能有任何明確的思想即概念,能與之完全相適合,因此也没有語言能充分表達它,使之變成可理解的。很明顯,它是理性觀念的對立物,而理性觀念是一種概念,没有任何直觀(想象力所形成的表象)能與之完全適應。”[②]這裏有兩個要點,一方面,審美意象是一種表象,即感性的形象,它與理性觀念即概念不同;但另一方面,審美意象又包含豐富的思想,衹是不能用明確的語言和概念表達出來。因此,審美意象實質上是由人的想象力創造出來的一種能够充分顯現理性觀念的感性形象。這種感性形象不是經驗自然的翻版,而是高於經驗自然的創造,人的想象力是一種創造性的認識功能,它可以根據自然提供的材料,根據植根於理性的更高原則,創造出一個“第二自然”即“超越自然的東西”[③]。康德正是把這種由想象力創造出來的“超越自然的”表象稱作“意象”。在康德那裏,審美意象的基本特點,就在於它雖然是感性的、個别的、具體的形象,却力求超越於經驗範圍之外,去表現一般的、普遍的理性概念,因而具有更高的普遍性和概括性。例如詩人總是把那些不可見的理性觀念,如天堂、地獄、永恒、創世等觀念,造成具體的感性形象,而對那些經驗世界内的事情,如死亡、忌妒、罪惡、榮譽、愛情等,却又總是努力追隨理性,使之超出經驗世界,在感性上達到完美,成爲自然裏找不到的範例。詩人這樣造成的審美意象,實際上是個别與一般、感性形象與理性觀念的統一。它以有限的感性形象表現着無限的理性

① ② ③ 《判斷力批判》,德文版第 246 頁;中文版第 160 頁。

觀念。作爲表象,它雖然不是明確的概念,但却包含豐富的思想,以致"大大地多過於在這表象里所能把握和明白理解的"①。這也就是我們常講的"言有盡而意無窮"。康德認爲,審美意象的這個特徵在詩裏表現得最爲突出。他說:"在一切藝術之中佔首位的是詩(詩的根源幾乎完全在於天才,它最不願意受陳規和範例的指導),詩開拓人的心胸,因爲它讓想象力獲得自由,在一個既定的概念範圍之中,在可能表達這概念的無窮無盡的雜多的形式之中,祇選出一個形式,因爲這個形式才能把這個概念的形象顯現聯繫到許多不能完全用語言來表達的深廣思致,因而把自己提昇到審美的意象。詩也振奮人的心胸,因爲它讓心靈感覺到自己的功能是自由的,獨立自在的,不取决於自然的;在觀照和評判自然(作爲現象)中所憑的觀點不是自然本身在經驗中所能供給我們的感官或知解力的,而是把自然運用來仿佛作爲一種暗示超感性境界的示意圖。詩用它自己隨意創造的形象顯現(Schein)來遊戲,却不是爲着欺騙,因爲它說明自己祇是爲着遊戲,但是知解力却可以利用這種游戲來達到它的目的。"②這就是說,詩能以個別的形象使人由自然躍入超感性境界,它雖然是遊戲,却能爲知解力服務。在講過審美意象以後,康德指出:"美(無論是自然美還是藝術美)一般可以說是審美意象的表現。"③康德的審美意象說實際上就是藝術典型說,它包含了黑格爾"美是理念的感性顯現"說的萌芽。

4. 藝術分類

康德的美學是以藝術分類告終的。他没有把自己所做的分類當作定論,而是看成一種試驗。首先,康德把藝術同人類使用語言的表達方式加以類比。他看出,說話者把自己的心情傳達給別人,實

---

① 《判斷力批判》,德文版第 247－248 頁;中文版第 161 頁。

② 同上書,德文版第 266－267 頁;中文版第 173－174 頁。

③ 同上書,德文版第 256 頁;中文版第 167 頁。

際上是三種傳達手段的結合: (1) 詞或發音; (2) 動作或手勢; (3) 音調或變調。根據這三種傳達手段,他把美的藝術也分成三類: (1) 語言的藝術; (2) 造型的藝術; (3) 感覺遊戲的藝術。他認爲,這也可歸併爲兩類: (1) 表達思想的藝術; (2) 表達直觀的藝術。但這樣分類將顯得太抽象。

第一類語言的藝術包括雄辯術和詩的藝術兩種。雄辯術把知解力的事情當作想象力的自由遊戲來進行,而詩則把想象力的自由遊戲當作知解力的事情來進行。這就是説,雄辯術本是知解力的合目的的活動,它應傳達某件嚴肅的事情,但爲了宣傳鼓勵,演説家竟把它弄得好像觀念的遊戲,從而使聽者樂而不倦,這樣,他允諾的多,而做的却少。相反,詩人允諾的甚少,他仿佛祇在進行無目的的觀念遊戲,但實際上却在遊戲時給知解力以養料,並通過想象力給悟性的概念以生命,所以他允諾的少,而做的却多。在這兩種藝術中,感性和理性互不可少,應當自由協調,避免一切矯揉造作和令人不快的東西。

第二類造型的藝術,是通過感性直觀表現意象的藝術,其中雕塑和建築是感情真實的藝術,繪畫是感性外觀的藝術(包括園林藝術)。它們都在空間中創造形象來表現意象,但雕塑和建築涉及視覺和觸覺,繪畫却祇涉及視覺。可是它們的基礎又都是想象力所造成的審美意象。

第三類感覺遊戲的藝術,又可分爲音樂藝術和色彩藝術兩種。這些感覺是由外界對象引起的,但同時又必須能普遍傳達。與色彩和音調相結合的祇是快適的感覺,而不是它們結構的美,但人們不應把這兩種感覺看作單純的感官印象,而應看作判斷存在於許多感覺的遊戲中的形式所產生的效果。例如音樂僅僅因爲它是諸感覺的美的遊戲,才屬於美的藝術,不然它就祇是快適的藝術。

在對藝術進行分類以後,康德指出,任何藝術,不論它屬於哪一類,也不論它們怎樣結合,本質的東西都不在感覺的質料,即不在感官的刺激和感動，而在符合觀賞和評判目的的形式。這形式引起的快感，本身就是一種教養，能使精神提高到觀念的高度；相反，單純的感官享樂則使人精神麻木愚鈍，使對象令人厭惡，使人的心情不得滿足和變幻無常。因此，他强調藝術要與道德目的相結合，不然藝術就無非是一種消遣，就會喪失自己的意義。這個看法也説明康德是重視藝術的道德作用的。

康德美學涉及的範圍非常廣闊，我們以上衹介紹了其中最主要的問題。一般説來，康德力圖調和經驗主義美學和理性主義美學，他分析了審美和藝術創作中的許多矛盾現象，力圖達到感性與理性，内容與形式的統一，因而他的觀點富有啟發性，包含了許多合理的東西。但另一方面，由於他的美學是建立在他的偏重唯理論的先驗唯心主義哲學基礎上的，他往往過分强調了矛盾雙方的對立，而没能達到真正的統一，因而他的觀點又顯出許多内在的矛盾。也正因此，他的美學對後世的影響也顯得十分複雜，特别是現當代資産階級美學常常誇大了他的思想中的錯誤方面，但從總體上看，康德美學是西方美學史上的一大進步，他不愧是德國古典美學的奠基人。

第二節　歌德的美學思想

歌德(Johann Wolfgang von Goethe,1749－1832)主要是詩人和作家，同時也是一位思想家和美學家。他出生於美因河畔法蘭克福城的一個富裕市民家庭，1765－1768年在萊比錫大學學習法律，1770－1771年轉學於斯特拉斯堡大學。青年時代，他同赫爾德一起發動和領導了著名的"狂飇突進運動"[①]。這是一場聲勢浩大的資

① 因青年作家克林格爾(1752－1831)的同名劇作而命名，參加者還有楞茨、蕭伯爾特、赫爾德和青年席勒等人。

產階級反封建的社會文學運動，是啟蒙運動在德國的進一步發展，其基本精神是要求冲破一切封建約束，張揚叛逆精神，提倡個性解放，創作自由，建立嶄新的德國民族文學。歌德的《莎士比亞紀念日》《論德國建築》等論文和《葛茨・封・白里興根》等劇作充分體現了這種理想和精神。1775－1786年，歌德受邀在魏瑪宮廷擔任樞密顧問和大臣，這時沉悶鄙俗的宮廷生活和國務活動使他的理想受挫，正如恩格斯所說："在他心中經常進行着天才詩人和法蘭克福市議員的謹慎的兒子、可敬的魏瑪的樞密顧問之間的鬥爭；前者厭惡周圍環境的鄙俗氣，而後者却不得不對這種鄙俗氣妥協，遷就。"①1786年，他終於擺脱了宮廷的生活，去意大利遊歷了三年，由於細心研究古代希臘羅馬雕塑和文藝復興時期的繪畫，以及各種自然科學，他的美學思想發生了由早期傾向浪漫主義向古典主義的轉變。回魏瑪後，1794－1805年，他同大詩人席勒親密合作，自覺走古典主義道路，共同爲創立德國民族文學作出了傑出貢獻。

歌德對美學的興趣曾受到康德的啟發。他說"我得到了一本《判斷力批判》，我一生中最愉快的時刻都應歸功於它。在這本書裏我找到了我的那些井然有序的極其多種多樣的興趣：對藝術作品和自然界作品的解釋是按同一方式進行的，審美的和目的論的判斷力是相互得到闡明的，……這部作品偉大的主題思想同我先前的創作、活動和思想完全相吻合；藝術與自然的內在生命，它們雙方的活動從裏到外在書中都講得清清楚楚。"②但是，歌德並不是康德的忠實信徒，没有跟着他亦步亦趨，如果説康德更多面向抽象理論，那麼歌德却更多面向實際。歌德的美學思想內容極爲豐富，但却顯得零散，缺乏系統，多是結合藝術實踐的經驗和體會，主要散見於他的

① 《馬克思恩格斯全集》第4卷，第256頁。

② 轉引自舍斯塔科夫《美學史綱》，第248頁。

詩歌,劇本,書信,自傳,談話録以及一些零星的論文之中。歌德活動的時期很長,美學思想前後有很多變化。這些都給研究歌德美學帶來了困難。下面我們只略談幾點。

一　美和藝術美

歌德的美學思想雖然龐雜,但從總體上看是傾向唯物主義和現實主義的。在哲學上,歌德相信斯賓諾莎的泛神論,同時也受到康德先驗目的論的一定影響,但它並不否認外部客觀現實世界存在於我們的意識之外。相反,他十分重視實踐和感性經驗的作用。他曾説:“做和想,想和做,這就是全部智慧的總合。”[①] 他反對認識與實踐的分離,認爲二者應當像生命的呼與吸,像問與答一樣,缺一不可。在悲劇《浮士德》中,他否定了聖經上“泰初有道”的唯心主義公式,肯定了“混沌初開,實踐唯先”的唯物主義公式。因此,歌德在談到美學和藝術問題時,一貫反對抽象的哲學思辨,注重從客觀的現實出發。

關於美,歌德認爲,美是自然的一種“本原現象”或者説,美是自然規律的表現,也就是説,美是自然本身所固有的,在和愛克曼的一次談話中,他説:“我對美學家們不免要笑,笑他們自討苦吃,想通過一些抽象名詞,把我們叫做美的不可言説的東西化成一種概念。美其實是一種本質現象,它本身固然從來不出現,但它反映在創造精神的無數不同的表現中,都是可以目睹的,它和自然一樣豐富多彩。”[②] 在《歌德的格言和感想集》中,他還説過:“美是自然的秘密規

① 《威廉・邁斯特的漫遊》,轉引自吉爾努斯編《歌德論文藝》,1953 年柏林(德文版),第 215 頁。

② 《歌德談話録》,人民文學出版社 1978 年版,第 132 頁。

律的表現,没有美的存在,這些規律也就絶不會顯露出來。"[①] 歌德所講的自然,是指包圍着人的外部客觀世界,既包括自然界,也包括人類社會生活。他認爲世界是一個充滿生命和創造力的整體,它日新月異,不斷地運動和變化,它是多與一的統一,一切都是自然,而自然又表現爲萬物,美就在這萬事萬物上顯露出來,實質上是創造精神的表現。但他"並不認爲自然的一切表現都是美的"[②],祇有那些具備了良好的條件,從而達到自然發展的頂峰,實現或符合自然目的的事物才是美的。例如,橡樹可以長得很美,年輕的姑娘也可以長得很美,但決不是所有的橡樹和所有的年輕姑娘都美,祇有少數橡樹和姑娘,由於各種有利條件的配合,才成爲同類的頂峰,符合自然的目的,因而是美的。歌德的看法,明顯受到康德先驗目的論的影響,但重要的是,他肯定了美是存在於我們的意識之外,可以從自然對象上目睹的,因而基本上仍是唯物主義的。

歌德談美更多談的是藝術美。歌德不同意温克爾曼把美看作"無味之水"似的單純形式和抽象一般,他認爲藝術美主要表現在特徵、内容和意藴方面。早在《論德國建築》一文中,他就說:"顯出特徵的藝術才是真正的藝術"[③]。後來在《搜藏家和他的伙伴們》裏,他更明確地提出:"我們應該從顯出特徵的開始,以便達到美的"[④]。所謂"顯出特徵",就是"在特殊中顯現一般"。歌德認爲,藝術不同於科學,藝術是個别的、形象的,科學是概念中的真,藝術則是"圖像中的真"("Wahrheit in Bilde")[⑤],科學提供的概念總是抽象的,内涵有限的,而藝術提供的形象却是活生生的,具體的,完

① 《歌德的格言和感想集》,中國社會科學出版社 1989 年版,第 90 頁。

② 《歌德談話録》,第 132 頁。

③ 《論德國建築》,見《歌德全集》第 19 卷,1985 年版,建設出版社出版(德文版),第 36 頁。

④ 《搜藏家和他的伙伴們》轉引自朱光潛《西方美學史》下卷,第 421 頁。

⑤ 見吉爾努斯編《歌德論文藝》,第 147 頁。

整的,無限的。所以,歌德認爲,藝術或藝術美應當是“有生命的顯出特徵的整體”。所謂特徵,强調的是内容,美學史家一般都把希爾特(1756－1839)看作美在特徵説的代表。希爾特是一位批評家,1797年他在席勒主編的《季節女神》雜志第七期發表了《論藝術美》一文,針對温克爾曼的觀點,提出了美不在形式和表情的冲淡,而在個性方面有意義的或顯出特徵的東西,從而引起了争論。另一位藝術家邁約(1760－1832)不完全同意希爾特,力圖把希爾特的“特徵”和温克爾曼的“理想”調和起來,他讚賞並援引了歌德的一些見解,提出了美在意藴説。其實特徵説和意藴説並無本質的區别,歌德提出美在特徵和意藴的見解比希爾特早了 34 年。黑格爾後來在《美學》中評述了他們的觀點,他十分讚賞歌德的一句名言:“古人的最高原則是意藴,而成功的藝術處理的最高成就就是美”①。這句話出自歌德 1818 年發表的《菲洛斯特拉圖斯的〈畫〉》一文,大意是説藝術美在於内容和形式的藝術處理,美寓於藝術處理之中,黑格爾對此加以分析説:“按照這種理解,美的要素可分爲兩種:一種是内在的,即内容;另一種是外在的,即内容所藉以現出意藴或特徵的東西。内在的顯現於外在的;就藉這外在的,人才可以認識到内在的,因爲外在的從它本身指引到内在的。”② 黑格爾關於“美是理念的感性顯現”的定義,正是從批判温克爾曼和希爾特以及進一步發揮歌德的見解而來的。由此可以看出,歌德關於藝術美的見解在德國古典美學的發展中是很重要的一環。

二　藝術與自然

在藝術與自然的關係問題上,歌德首先强調的是文藝要忠實地摹

---

① 黑格爾:《美學》第 1 卷,第 24 頁。
② 同上書,第 25 頁。

仿自然。他說:“對天才所提的頭一個和末一個要求都是:‘愛真實’.”[①]“藝術家首須遵守、研究、摹仿自然,其次應創造出畢肖自然的作品”[②]。藝術家要“用熱愛的心情摹仿自然,同時在這摹仿中跟隨自然”[③]。因此,在他看來,現實是詩的基礎,是從生活到詩,而不是相反。他總結自己的創作經驗說:“我的全部詩都是應景即興的詩,來自現實生活,從現實生活中獲得堅定的基礎。我一向瞧不起空中樓閣的詩。”[④]“我和整個時代是背道而馳的,因爲我們的時代全在主觀傾向籠罩之下,而我努力接近的却是客觀世界。”[⑤]其次,歌德反對自然主義,要求藝術高於自然。他認爲,藝術不但要服從自然,而且要超越自然,藝術並不是機械的摹仿,而是基於自然的一種創造,是“對自然的最稱職的解釋者”[⑥]。藝術應當把自己的美加到自然身上,使題材得到昇華,通過個別表現出一般。對於藝術家來說,自然祇是藝術的“材料寶庫”,藝術家要憑偉大的人格去勝過自然,創造出“第二自然”,這是“一種感覺過的,思考過的,按人的方式使其達到完美的自然”[⑦],也就是一個美的有生命的顯出特徵的整體,爲什麼藝術應當基本自然又高於自然呢?歌德跟愛克曼講過一段十分著名的話:“藝術家對於自然有着雙重關係:他既是自然的主宰,又是自然的奴隸,他是自然的奴隸,因爲他必須用人世間的材料來進行工作,才能使人理解;同時他又是自然的主宰,因爲他使這種人世間的材料服從他的較高的意旨,並且爲這較高的意旨服務”。“藝術要通過一種完整體向世界説話。但這種完整體不是他在自然中所能找到的,而是他自己的心智的果實,或者説,是一種豐產

① ⑥ 《歌德的格言和感想集》,第 60 頁。

② 《〈希臘神廟的門樓〉發刊詞》轉引自朱光潛《西方美學史》下卷,第 426 頁。

③ 《西方文論選》上卷,第 448 頁。

④ ⑤ 《歌德談話録》,第 6、40 頁。

⑦ 轉引自朱光潛《西方美學史》下卷,第 426 頁。

的神聖的精神灌注生氣的結果。"[①] 這裏所說"較高的意旨",就是高於自然的、人的道德的意旨,在歌德看來,"藝術應該是自然的東西的道德表現"[②]。所謂"整體",就是個別與一般,主觀與客觀的統一,自然性與社會性的統一,在歌德看來,藝術創造就是這些對立面由對立達到統一的過程。很明顯,在藝術與自然的關係問題上,歌德的思想基本上是唯物主義和現實主義的,而且還閃耀着一些辯證思想的光輝。

正是基於對藝術與自然關係的這種理解,歌德在創作方法上主張藝術要從客觀現實出發,不讚成"爲一般而找特殊"的從主觀自我出發的方法,而要求抓住現實中富有特徵的東西,在特殊中顯示出一般。這基本上是一種現實主義的方法。歌德曾多次談到他和席勒雖有共同的文藝目標,但却採取了不同的方法。他指出:"詩人究竟是爲一般而找特殊,還是在特殊中顯出一般,這中間有一個很大的分別。由第一種程序產生出寓意詩,其中特殊祇作爲一個例證或典範才有價值。但是第二種程序才特別適宜於詩的本質,它表現出一種特殊,並不想到或明指到一般。誰若是生動地把握住這特殊,誰就會同時獲得一般而當時却意識不到,或祇是到事後才意識到"[③]。他讚成"在特殊中顯出一般"的方法,批評席勒從一般概念出發,是"用完全主觀的方式寫作",顛倒了創作的程序。這里所講的分別,也正是後來馬克思所講的席勒化和莎士比亞化的分別,馬克思也不讚同"席勒式地把個人變成時代精神的單純的號筒"[④]。那麼,怎樣才能做到從客觀現實出發呢?歌德認爲,藝術創作不能祇局限於個人主觀的智慧,天賦的感情,而要首先克服主觀的片面性。他說:"我的作品决不僅是由於我個人的智慧,而是由于我周圍

① 《歌德談話録》,第 137 頁。
② 轉自朱光潛《西方美學史》,第 429 頁。
③ 同上書,第 416 頁。
④ 《馬克思恩格斯選集》第 4 卷,第 340 頁。

成千上萬的人和事，他們給我提供了材料。”[①] 又説：“一個人學唱歌，天賦的東西是容易掌握的，不是天賦的東西則開始時很難。但如果你要當一個歌唱家，你必須征服這些非天賦的東西，並且完完全全地掌握它們。詩人也是如此。當他袛是述説他主觀的那一點感情時，還配不上詩人的稱號；袛有當他把握了現實的世界，並能加以表現時，他才算是一個詩人。”[②] 因此，藝術家應當細心地觀察自然，養成對周圍事物的敏感，積累豐富的生活經驗和内心體驗，同時還要有廣博的知識和良好的教養，這樣才能把握住現實，創造出優秀的作品。歌德關於藝術創作要從客觀出發的思想基本上是唯物主義的。但有時他又用所謂“魔術精神”或“預感”之類唯心主義的觀點，却解釋文藝創作中的一些“無意識”的現象，因而也表現出一定的局限性。

三　古典的與浪漫的

歌德還提出了浪漫主義與古典主義的區别和優劣的問題。歌德所説古典的或古典主義，一般指古代希臘羅馬的詩及其體現的創作原則和風格；浪漫的或浪漫主義則一般指近代的詩。歌德説：“古典詩和浪漫詩的概念現已傳遍全世界，引起許多争執和分歧。這個概念起源於席勒和我兩人。我主張詩應採取從客觀世界出發的原則，認爲袛有這種創作方法才可取。但是席勒却用完全主觀的方法去寫作，認爲袛有他那種創作方法才是正確的。爲了針對我來爲他自己辯護，席勒寫了一篇論文，題爲《論素樸的詩和感傷的詩》。他想向我證明：我違反了自己的意志，實在是浪漫的，説我的《伊菲姬尼亞》由於情感佔優勢，並不是古典的或符合古代精神的，如某些人

① 《歌德談話録》，第 250 頁。譯文略有變動。
② 同上書，第 96 頁。譯文略有變動。

所相信的那樣。史雷格爾弟兄抓住這個看法把它加以發揮，因此它就在世界傳遍了，目前人人都在談古典主義和浪漫主義，這是五十年前没有人想得到的區别。"[①] 這段話説明，古典的與浪漫的之争是由討論從客觀出發還是從主觀出發這個問題派生出來的，同時，席勒的素樸詩和感傷詩的分别大體也就是古典的與浪漫的之區别。這裏應當指出，席勒雖然主張從主觀出發，但仍要求反映現實，同後來史雷格爾兄弟等浪漫派不同，事實上，歌德和席勒在這個問題上的見解基本一致，他們都要分别古代詩和近代詩，都要走古典主義道路，把古典作爲理想，同時也都認爲古典主義與浪漫主義可以達到統一。因此，歌德提倡古典的，反對浪漫的，並不是反對一切浪漫主義，而衹是反對消極的浪漫主義。這從歌德對古典的與浪漫的區分上可以看得出來。這種區分主要有兩點：第一，歌德認爲，古典主義是客觀的，浪漫主義是主觀的。他是堅持詩要從客觀現實出發的原則，來反對文藝上的主觀主義。他認爲古典藝術的優點在於客觀、自然而真實，而消極浪漫主義文藝衹從自我出發，完全脱離現實，最大的毛病是主觀性，完全違背了客觀自然的真實。所以，歌德講的古典主義實際上是現實主義。第二，他認爲，古典主義是健康的，浪漫主義是病態的。他説："我把'古典的'叫做'健康的'，把'浪漫的'叫做'病態的'。這樣看，《尼伯龍根之歌》就和荷馬史詩一樣是古典的，因爲這兩部詩都是健康的、有生命力的。最近一些作品之所以是浪漫的，並不是因爲新，而是因爲病態、軟弱；古代作品之所以是古典的，也並不是因爲古老，而是因爲强壯、新鮮、愉快、健康"[②]。

由此可見，歌德並不籠統否定一切近代詩，他衹反對那種"軟弱的"，病態的"文藝，這正指的是消極的浪漫主義，而他要求的也不

① 《歌德談話録》，第 221 頁。

② 同上書，第 188 頁。

是復古，而是“强壯的”，“新鮮的”，“愉快的”文藝。在《說不完的莎士比亞》中，他曾把古典的與浪漫的加以對比，指出古代詩突出的是職責與完成之間的不協調，近代詩突出的是意願與完成之間的不協調。他稱讚莎士比亞的獨特處在於把古代詩與近代詩結合起來。因此歌德的向往是要創造一種現實主義與浪漫主義相結合的文藝。他從未否定過積極的浪漫主義，他的《浮士德》第二部描寫浮士德和希臘美人海倫的結合，也正是他追求古典精神與浪漫精神相結合的範例。這種歌德的美學追求深刻反映了他的美學理想和社會理想。他認爲古希臘人是幸運的，在他們身上，感性和理性得到了全面均衡和諧的發展，保持了人性的完整性，而近代人則喪失了人性的完整性，他相信，藝術就其本質來說，有助於改變現實，改善人性，恢復人性的完整。他說：“每一件藝術都要求整體的人，它可能達到的較高階梯是整個人類。”① 在審美教育問題上，他完全讚同和支持席勒的《審美教育書簡》，也是基於共同的理想。

四　關於民族文學與世界文學

歌德的另一美學貢獻，是他探討了建立民族文學的道路問題和最早提出了世界文學的口號。這在今天是很有現實意義的。

歌德畢生都在爲建立德國的民族文學而奮鬥，以求達到德意志民族的統一。他總結了西方自古希臘以來各民族文學的歷史經驗，在《文學上的無短褲主義》一文中，着重探討了產生民族作家的條件。他說：“一個古典性的民族作家是在什麼時候和什麼地方生長起來的呢？是在這種情況下：他在他的民族歷史中碰上了偉大事件及其後果的幸運的有意義的統一；他在他的同胞的思想中抓住了偉大處，在他們的情感中抓住了深刻處，在他們的行動中抓住了堅强和

① 轉引自舍斯塔科夫：《美學史綱》，第 250 頁。

融貫一致處；他自己被民族精神完全滲透了，由於内在的天才，自覺對過去和現在都能同情共鳴；他正逢他的民族處在高度文化中，自己在教養中不會有什麽困難；他搜集了豐富的材料；前人完成和未完成的嘗試都擺在他眼前，這許多外在的和内在的機緣都匯合在一起，使它無須付很高昂的學費，就可以趁他生平最好的時光來思考和安排一部偉大的作品，而且一心一意地把它完成。祇有具備這些條件，一個古典性的作家，特别是散文作家，才可能形成。"[①] 從這裏可以看出，民族文學和民族作家是偉大的時代和民族歷史的産物，要造就偉大的文學和作家，首先必須造成偉大的時代和民族，但是祇有外在的客觀條件還不够，還要有主觀條件：首先，民族作家必須反映全民族思想的偉大，情感的深刻以及行動的堅强和融貫一致；其次，民族作家必須深刻了解和把握本民族的的歷史和文化，正確吸取前人成功的經驗和失敗的教訓。

歌德不但提倡民族文學，他還最早提出建立世界文學的口號，預報了世界文學的來臨。在 1827 年 1 月 31 日與愛克曼的談話中，他把中國傳奇與貝朗瑞的詩加以對比，盛讚中國人的思想、行爲和情感更加明朗、更純潔，也更合乎道德。然後，他明確地説："我愈來愈相信，詩是人類的共同財産。詩隨時隨地由成百上千的人創作出來。……民族文學在現代算不了很大的一回事，世界文學的時代已快來臨了。現在每個人都應該出力促使它早日來臨。不過我們一方面這樣重視外國文學，另一方面也不應拘守某一種特殊的文學，奉它爲模範。"[②] 在歌德看來，世界文學是由各民族文學相互交流、藉鑒而形成的，各民族都有自己的貢獻，不是把某一"優選"民族的文學强加於世界，民族文學和世界文學不是對立的，而是辯證統一的，各民族的文學都應當既保存自己的特點，同時又吸收他人的

① 見朱光潛《西方美學史》，第 433 頁。

② 《歌德談話録》，第 113 頁。

長處。他說:“問題並不在於各民族都應按照一個方式去思想,而在他們應該互相認識;互相了解,假如他們不肯互相喜愛,至少也要學會互相寬容。”[①] 歌德的這個偉大思想今天正在成爲現代人類生活的準則。

第三節　席勒的美學思想

席勒(Friedrich Schiller, 1759－1805)是詩人、劇作家、歷史學家和美學家。他出生於涅卡河畔的馬爾巴赫,青年時代受法國啟蒙思想影響,積極投身狂飈突進運動,熱烈追求自由、平等、人權,大膽向德國封建專制社會挑戰。1781年,他發表第一個劇本《强盜》發出了“德國應該成爲共和國”的革命呼聲。1792年,他得到法國國民大會授予的法蘭西共和國榮譽公民的稱號。馬克思主義經典作家高度評價過席勒。恩格斯稱他的劇本《陰謀與愛情》(1783)是“德國第一部有政治傾向的戲劇”[②]。但是,由於德國政治經濟的落後和資產階級的軟弱,當法國大革命進入雅各賓專政時期,席勒就對法國大革命感到不滿和失望了,他逃向康德的理想,埋頭哲學和美學研究,寫了一系列理論著作,幻想尋找一條不經暴力革命而能實現政治自由的途徑。直到1794年,由於同歌德合作,纔又逐漸轉向文藝和現實。從哲學世界觀說,席勒廣泛接受了盧梭、狄德羅、萊布尼茲、萊辛、温克爾曼、鮑姆加敦、康德、歌德和費希特等人的影響。早期他主要接受了康德的影響。但在《論秀美與尊嚴》(1793)一文中,他就開始逐漸地離開了康德,試圖克服康德美學的主觀主義和相對主義,後期,他更多受到歌德的影響,把美與人性的和諧完整聯結起來,把藝術視爲重建人的整體和諧的手段。他的美學著作主要

① 見朱光潛《西方美學史》,第435頁。

② 《馬克思恩格斯書信選集》,人民出版社1962年版,第435頁。

有:《論當代德國戲劇》(1782)、《劇院是德育機構》(1784)、《哲學通訊集》(1786)、《論悲劇題材産生快感的原因》(1791)、《論悲劇藝術》(1792)、《給克爾納論美的信》、(1793)、《論激情》(1793)、《論秀美與尊嚴》(1793)、《美育書簡》(1793－1794)、《論崇高》(1793－1794)、《論運用美的形式所必有的界限》(1793－1795)和《論素樸詩和感傷詩》(1795)等。其中尤以《美育書簡》和《論素樸詩和感傷詩》最爲重要,影響最大。在美學史上,席勒是從康德的主觀唯心主義美學向黑格爾的客觀唯心主義美學轉變的重要環節,佔有重要的歷史地位。

一　《美育書簡》

《美育書簡》是席勒寫給丹麥王子奥格斯堡公爵的27封信。這部著作晦澀難讀,但並不脱離現實,毋寧説,它是對法國大革命進行哲學沉思的産物。歌德説過:“貫串席勒全部作品的是自由這個理想。”[①] 這對《美育書簡》是完全適用的。席勒認爲,法國大革命没能解決政治自由問題,通向自由之路不應當是政治經濟的革命,而應當是審美教育。他説,應當“把美的問題放在自由的問題之前”,“我們爲了在經驗中解決政治問題,就必須通過審美教育的途徑,因爲正是通過美,人們才可以達到自由”[②]。這也就是《美育書簡》的基本思想或總綱。

1. 理論基礎:人性及其演變

爲什麽席勒把美的問題放在自由之前?這首先要弄清席勒美學的理論基礎。席勒的美學理論的出發點是人。他認爲,要實現政治自由,先決條件是要有具備完整性格的人,而這種人又衹能通過審美

① 《歌德談話録》,第108頁。

② 席勒:《美育書簡》,中國文聯出版公司1984年版,第38頁。譯文略有改動。

教育才能培養出來。因此,他首先從歷史的高度對人性及其演變作了分析,進而把美育同人類的崇高理想和歷史的發展前景緊密聯繫起來。

席勒認爲,人不僅是自然的産品,而且是"自由理智","使人成其爲人的正是人不停留在單純自然界所造成的樣子,而有能力通過理性完成他預期的步驟,把强制的作品變爲他自由選擇的作品,把自然的必然性提高到道德的必然性"①。人首先在國家中發現了自己,但最初的國家是由需要按照單純的自然規律,而不是按照理性規律造成的,它的基礎是力量而不是法律。這種自然國家不能給人自由,實爲一種災難,它衹適合於自然的人;而與道德的人相矛盾。所以人的理性要求擺脱這種盲目必然性的統治,廢除自然的國家,變自然的人爲道德的人,用理想社會取代現實社會。在席勒看來,一個達到成熟的民族的最高的終極目標,就是要把自然的國家改造成爲道德的國家。這也正是人類的崇高理想和使命。

問題在於要實現這一理想,首先要有具備完整性格的人,而近代人却處在墮落的兩極:一方面是野蠻,另一方面是頹廢。"在人數衆多的下層階級中,表現出粗野的無法無天的本能。由於擺脱了社會秩序的繩索,正以無法控制的狂怒忙於獸性的滿足"②。"另一方面,有教養的階級則表現出一幅更加令人作嘔的懶散和性格腐化的景象"③。靠這樣的人是不可能建立道德的國家,實現政治自由的。

爲什麼近代人墮落了呢?席勒認爲這是人性分裂的必然結果。他受温克爾曼的影響,把古代社會和近代社會加以對比,指出古代希臘人的性格原是完整和諧的。"他們既有豐富的形式,又有豐富的

① 《美育書簡》,第39頁。

② 同上書,第46頁。

③ 同上書,第47頁。

内容，既能從事哲學思考，又能創作藝術；既温柔又充滿力量。在他們的身上，我們看到了想象和青年性和理性的成年性結合成的一種完美的人性"[①]。在那時感性和理性還没有嚴格地區别而成相互敵對又界限分明的不同領域，個體與類、個人與國家相互和諧統一，個體本身就能表現類的完整，單個的希臘人就能代表他的時代。然而近代人却完全不同了，根源在於近代社會和文化的發展給人性造成了創傷。科技發達造成的勞動分工，國家機器造成的等級分離，已經把人性撕成了碎片。"現在，國家與教會、法律與習俗都分裂開來，享受與勞動脱節、手段與目的脱節、努力和報酬脱節。永遠束縛在整體中一個孤零零的斷片上，人也就把自己變成一個斷片了。耳朵裏所聽到的永遠是由他推動的機器輪盤的那種單調乏味的嘈雜聲，人就無法發展他生存的和諧，他不是把人性印刻到他的自然(本性)中去，而是把自己僅僅變成他的職業和科學知識的一種標誌"[②]。"人們的活動局限在某一個領域，這樣人們就等於把自己交給了一個支配者，他往往把人們其餘的素質都控制了下去"[③]。總之，人性分裂了，社會衹把職務作爲衡量人的尺度，它對某人衹要求記憶力，對另一個衹要求圖解式的知性，對第三個人衹重視機械的技巧熟練。席勒敏鋭而深刻地揭示了資本主義勞動分工的對抗性發展及其所造成的人性的瓦解：片面，畸形和精神空虛。席勒對法國大革命的確充滿悲觀失望的情緒，但他絶不是歷史的悲觀主義者。他並不否認勞動分工對歷史進步的重大意義。他認爲，個體在人性的分裂中固然受到摧殘，然而非此方式人類就不能取得進步，要發展人的多種素質，除了使它們相互對立之外，别無它途。因此，近代人性的分裂是具有歷史必然性的。問題是人類是否能够恢復人性

① 《美育書簡》，第 49 頁。
② 同上書，第 51 頁。
③ 同上書，第 50 頁。

的完整,實現自由的理想呢?席勒的回答是肯定的,樂觀的,是向前看的而不是向後看的。在這一點上,他和盧梭以及一些消極浪漫主義者的看法是斷然有別的。當然,他嚴正指出,我們不能期待"國家"來恢復人性的完整,因爲"國家"正是造成人性分裂的禍首;我們也不能用革命的手段,因爲革命並不能克服人性的分裂。那麼怎樣才能恢復人性的完整呢?席勒明確而堅定地指出,要走審美教育的道路。因爲祇有通過美和藝術,才能把近代人從墮落的兩極引上正路,克服人性的分裂,把自然的人提昇爲道德的人,從而把自然的國家改造成爲道德的國家,實現人類自由的崇高理想。這也就是審美教育的根本任務。

應當指出,席勒從抽象的"人性"出發,不了解人的本質是"一切社會關係的總和"①,他把歷史的發展看作人性——人性分裂——人性復歸的過程,把歷史發展的動力歸結爲文化、教育,這完全顛倒了社會存在和社會意識的關係,是一種典型的歷史唯心論,他所指出的人類理想和實現理想的道路固然是誘人的、合理的,却具有空想和改良主義的性質。但是,難能可貴的是,席勒已經敏銳地覺察到了資產階級革命的狹隘性和局限性,預感到了資本主義社會難以擺脱的深刻矛盾,對資本主義採取了嚴肅批判的態度。他所揭示的近代人性的分裂,正是馬克思後來在《經濟學哲學手稿》中所揭示的資本主義下勞動異化的現象。在美學史上,還從來未有過像席勒那樣從整個人類歷史發展的高度來規定美育的任務,把美學與政治、與人類進步這樣緊密結合起來的先例。所有這些無疑都有巨大的進步意義。

2. 美的本質的探索

爲什麼美育可以解決近代人性的分裂呢?這涉及對美的本質的認識。席勒認爲,美的概念表面上來源於經驗,實際上却植根於人

① 《馬克思恩格斯選集》第3卷,第18頁。

性。“要確定美的概念，祇能用抽象的方法，從感性—理性本性的能力中推論出來，總之，美祇能表現爲人性的一種必然條件”①。他從康德的觀點出發，首先把人性分成感性和理性兩個部份，認爲人身上具有兩種對立的因素，一是人格(Person)，一是狀態(Zustand)，二者在絶對存在(神)那裏是同一的，而在有限存在(經驗界)中則永遠是兩個。人格即自我、形式或理性，狀態則是自我的諸規定，也就是現象、世界、物質或感性。人格的基礎是自由，狀態的基礎是時間，有如花開花落，花總是花，人格持久不變，而狀態(花開、花落)則隨時而變。這就是説，人既有超越時間的一面，又有受制於時間的一面，人既是有限存在又是絶對存在，既有感性本性又有理性本性。這樣，人就必然具有兩種相反的要求，構成行爲的兩種基本法則：一方面感性本性要求絶對的實在性，要把一切形式的東西轉化爲世界，把人的一切資稟表現爲現象，也就是“把一切内在的東西外化”②；另一方面，理性本性又要求絶對的形式性，要把一切純屬世界的東西消除掉，“給一切外在的東西加上形式”③。由於要實現這兩種要求，我們便受到兩種相反力量的推動，一種是感性衝動，它來自人的感性本性，把人置於時間的限制之中，使人變爲物質；一種是形式衝動，它來自理性本性，保持人格不變，揚棄時間和變化，追求真理和正義。前者造成各種個別情況，後者則建立起一般原則，這兩種要求和衝動都是人所固有的天性，理想的完美人性就是二者的和諧統一。但是，近代人性的分裂破壞了這種統一，因此，席勒又提出第三種衝動即遊戲衝動，他認爲，祇有遊戲衝動才能恢復人性的完整。

什麽是遊戲衝動？它是怎樣産生的呢？乍看起來，感性衝動和

① 《美育書簡》，第 70 頁。

② 同上書，第 74 頁。譯文略有改動。

③ 同上書，第 75 頁。譯文略有改動。

形式衝動是完全對立的，似乎正是它們破壞了人性的統一，但席勒說這種對立實際上並不發生在同一個對象上，它們各有界限，並不相互侵犯，而是相互作用，相互促進的。“一種衝動的作用同時就奠定和區分了另一種衝動的作用，每一種衝動正是通過另一種衝動的活動而達到它的最高表現”①。文化的任務就在於監視這兩種衝動，確定它們各自的界限，使之互不侵犯，相得益彰，進而把感性功能和理性功能都充分地予以實現，使之相互結合起來。如果這種情形在經驗中出現，就會産生第三種新的衝動即游戲衝動。所謂遊戲，是與强制相對立的。不論感性衝動還是形式衝動，對人心都是一種强制。因爲感性衝動要感受自己的對象，從而排除了自我活動和自由。而形式衝動要創造自己的對象，從而排除了主體的依附性和受動性。祇有遊戲衝動才能把這兩種衝動的作用結合起來，排除一切强制，使人在物質方面和精神方面都達到自由。這也正是遊戲衝動能使人性歸於完整的根本原因。

由此，席勒把美同遊戲衝動聯繫起來。他明確指出，美是遊戲衝動的對象，即活的形象。所謂活的形象並不限於生物界，“一塊大理石，儘管是而且永遠是無生命的，却能由建築師和雕刻家把它變爲活的形象。一個人儘管有生命和形象，却不因此就是活的形象。要成爲活的形象，那就需要他的形象就是生命，而他的生命就是形象。祇要我們祇想到他的形象，那形象就還是無生命的，還是單純的抽象；祇要我們還祇是感覺到他的生命，那生命就還没有形象，還祇是單純的印象。祇有當他的形式活在我們的感覺裏，他的生命在我們的知性中取得形式時，他才是活的形象”②。所以，美或活的形象是感性與形式(理性)，主觀與客觀在審美主體(人)的意識中的統一，或者説是對象與主體的統一，美對我們是一種對象，同時又是我

① 《美育書簡》，第 83 頁。

② 同上書，第 87 頁。

們主體的一種狀態。在席勒看來,美根源於兩種衝動的相互作用,相互結合,實質上是人性的完成,是自由。人不衹是物質,也不衹是精神,因此美既不衹是生命也不衹是形象,生命受感性需要的支配,形象受理性需要的支配,都没有真正的自由,衹有在遊戲衝動中,人才避免了來自兩方面的强制,把生命與形象,感性和理性統一起來,獲得充分的自由。由此席勒得出一個結論:"人應該同美一起衹是遊戲,人應該衹同美一起遊戲","衹有當人在充分意義上是人的時候,他才遊戲,衹有當人遊戲的時候,他才是完整的人。"①

席勒還認爲,理想的美衹有一種,而經驗的美却是雙重的:一種是融合性的美,一種是振奮性的美。前者能在緊張的人身上恢復和諧。後者能在鬆弛的人身上恢復能力,從而使人成爲自身完美的整體。在他那裏,美是從兩種對立衝突的相互作用,兩種對立原則的結合中產生出來的,美聯結着對立的兩極,使我們處於物質與精神,感性與理性,感覺與思維,素材與形式,受動與能動之間的中間狀態,因而又可以消除兩極的對立,把感性的人引向形式和思維,使精神的人回到素材和感性世界。經過繁瑣的論證,席勒反復强調,要使感性的人成爲道德的人,除了使他首先成爲審美的人,就别無他徑。

如同康德一樣,席勒對美的本質的探討,力求避免歷史上經驗派與理性派的片面性,而對二者加以調和。同時,他又不滿意康德把美歸結爲主觀性,而要爲美建立客觀的原理,因此,他把美放在人性的高度和歷史發展的背景下加以研究,努力從真、善、美的統一中去把握美的客觀性。這比康德有所進步。黑格爾曾説:"席勒的大功勞就在於克服了康德所了解的思想的主觀性與抽象性,敢於設法超越這些局限,在思想上把統一與和解作爲真實來了解,並且在藝術

① 《美育書簡》,第 90 頁。

裏實現這種統一與和解”①。

3. 審美外觀的遊戲説

席勒美學思想的另一個重要方面是審美外觀和遊戲説。席勒認爲，從單純的生命感達到美感，即從野蠻人達到人性的標誌，就是“對外觀的喜悦，對裝飾和遊戲的愛好”②。而審美活動和藝術的本質就是外觀和遊戲。所謂外觀(Schein)是獨立於實在的，當人能够擺脱對實在的需求和依附，能够對事物的外觀作出無利害關係的自由評價，衹以外觀爲樂的時候，真正的人性方才開始。另一方面，外觀“起源於作爲具有想象力的主體的人”③，它是主體想象力的一種創造或遊戲。“以外觀爲快樂的遊戲衝動一出現，立刻就產生出模仿的創造衝動，這種衝動把外觀作爲某種獨立的東西來對待”④。“一個以外觀爲樂的人，不再以他感受的事物爲快樂，而是以他所產生的事物爲快樂”⑤。

席勒强調：“人要達到外觀，就要遠遠超越實在”⑥。也就是要掙脱一切物質需要和目的的束縛，而這要求人具有更大的抽象力，更大的心靈自由和意志力，所以審美和藝術活動比追求滿足物質需要和享受的有用性活動要起源得晚，但却更高級。例如，動物也遊戲。當獅子不受饑餓所迫，無須和其它野獸搏鬥時，它的剩餘精力成爲活動的推動力，使它雄壯的吼聲響徹荒野，它在旺盛的精力在這無目的的使用中帶來了享受，這也可以叫做遊戲。但這衹是由於過剩精力的强制，衹是自然的物質的遊戲。還不是創造形象、以外觀爲樂的審美的遊戲。衹有人才能憑藉它的想象力創造自由的形式，最終飛躍到審美的遊戲。這時“他所擁有和創造的事物，不能

---

① 黑格爾:《美學》第1卷，第76頁。

② 《美育書簡》，第133頁。

③④ 同上書，第135頁。

⑤ 同上書，第133－134頁。

⑥ 同上書，第139頁。

再祇具有用性的痕跡、祇具他的目的的過分拘謹的形式，除了有用性外，它還應該反映那思考過它的豐富的知性、創造了它的撫愛的手以及選擇和提出了它的爽朗而自由的精神。"[①] 在席勒看來，藝術就產生於這種自由的審美的遊戲，它終於完全掙脫了需要的枷鎖，把美本身作爲人所追求的對象。形式逐漸深入人的全部生活，以致能够改變人本身。這樣，"在力量的可怕王國中以及在法則的神聖王國中，審美的創造衝動不知不覺地建立起第三個王國，即遊戲和外觀的愉快的王國。在這裏它卸下了人身上一切關係的枷鎖，並且使他擺脱了一切不論是身體的强制還是道德的强制"[②]。所以祇有在這第三個美的王國裏，人才能得到真正的自由。在自然的王國中，人和人以力相遇，他的活動受到限制，在倫理的王國中，人和人以法律的威嚴相對峙，他的意志受到束縛，而在審美的王國中，人祇須以形象顯現給别人，祇作爲自由遊戲的對象與人相處。"通過自由去給予自由，這就是審美王國的基本法律"[③]。

席勒的審美外觀説和遊戲説後來經過斯賓塞等人的片面發展，在歷史上產生過重大影響，但是，席勒把審美活動和藝術和本質歸結爲外觀和遊戲，使之獨立於一切物質實踐關係之外，祇以美爲追求的對象，實際上仍是從康德唯心主義立場出發的。席勒顛倒了物質實踐活動和審美活動的關係，他把人的審美活動看作通向自由的唯一途徑，把一切自由、平等、博愛的希望都寄托到審美教育上面，鼓吹建立一個美的王國，使人人都成爲個性全面發展的審美的人，這無疑是一個美好的理想，然而他没有看到人類社會不可能單純建立在遊戲和審美活動之上，離開物質實踐活動，人類社會便不可能存在，祇有通過物質實踐活動，改造現存的社會條件，造成社會的變

① 《美育書簡》，第 143 頁。
② ③ 同上書，第 145 頁。

革,才能爲審美活動的發展創造必要的條件,開闢廣闊的道路,進而實現真正的自由。因此席勒的理想衹是一種片面的空想,能使這種空想成爲現實的則是馬克思主義的科學。馬克思主義揚棄了席勒幻想的美的王國,認爲人類的最高理想,是未來的共産主義社會,並且指明了實現這一崇高理想的現實的道路;在這條道路上,審美教育應當有它的位置,但不能凌駕於政治、經濟的革命之上。美並不是拯救人類的唯一途徑和萬靈藥方。席勒固然有他重要的歷史貢獻,但把席勒的思想同馬克思主義混淆起來則是完全錯誤的。

二 《論素樸的詩和感傷的詩》

席勒的美學思想在他於1795年寫的《論素樸詩和感傷詩》中,得到進一步的發展。這篇論文的重要性在於,它最早區别了現實主義與浪漫主義兩種文藝創作方式的特徵和理想,並且指出了二者統一的可能性。

席勒的根本出發點依然是以人性爲基礎的唯心史觀。他認爲,任何詩人都企圖表現人性,都是從自然取得靈感,衹是由於時代不同、人性發展的程度不同,對自然的感受方式不同,因而具有不同的創作方式。他所講的自然,既包括自然界和現實社會,也包括人的自然本性。他把古代詩人和近代詩人加以對比,指出:“詩人或則就是自然,或者尋求自然。在前一種情况下,他是一個素樸的詩人;在後一種情况下,他是一個感傷的詩人。”① 他認爲,古代社會是人類的童年,那時人作爲一種和諧和整體在活動,人與自然,個人與社會,個人的感性功能和理性功能都還處於和諧之中,没有相互分裂

① 《西方文論選》上卷,第489頁。

和矛盾,“他的感覺出發於必然的規律;他的思想出發於現實”[①]。因而也就不存在理想和現實之間的不協調,所以古代詩人就是自然,他模仿現實,並不需要使自己的個性過於突出,祇須忠實地,不偏不倚地把它再現出來就能表現人性。而在近代社會,人性分裂了,人與自然,個人與社會,感性與理性都處於相互割裂和對立的狀態;人喪失了完整性。同時也喪失了“感覺上的和諧”,往古的和諧不再是現實,在現實中和諧已成爲一種理想和觀念,理想與現實的分離成了近代社會的特點。這時詩人失掉了自然,祇能在觀念中“追尋自然”,於是把自己對現實的主觀態度,自己的情感和心靈貫注到作品中去,他對自然的態度,有如對待失去的童年,往往是依戀和感傷的。席勒所說的素樸詩就是古典主義的詩,也就是現實主義的詩,他所說的感傷詩則指近代的詩,浪漫主義的詩。席勒雖然是從人性論出發的,但却貫串了歷史主義的觀點,他力求從不同發展階段上的社會和文化的性質來解釋文藝的創作方式及其演變。

席勒明確指出,古代詩和近代詩,即素樸詩和感傷詩的重大區別,主要不在於古代和近代,而在於模仿現實和表現理想。他說:“在自然的素樸狀態中,由於人的全部能力作爲一個和諧的統一體發生作用,結果,人的全部天性就在現實的本身中表現出來,詩人的任務必然是盡可能完善地摹仿現實。反之,在文明狀態中,由於人的天性,這種和諧的競爭祇不過是一個觀念,詩人的任務就必然是把現實提高到理想,或者是表現理想。”[②]“古代詩人打動我們的是自然,是感覺的真實,是活生生的當前現實;近代詩人却是通過觀念的媒介來打動我們”[③]。一般說來,素樸詩祇有一種處理方式,而感傷詩因爲要處理理想和現實的矛盾,所以必然有多種多樣的處理方

① 《西方文論選》上卷,第 489 頁。

② ③ 同上書,第 490 頁。

式。感傷詩人面臨的新課題是"把他自己附麗於現實呢？還是附麗於理想？是把現實作爲反感和嫌惡的對象而附麗呢？還是把理想作爲嚮往的對象而附麗？"[①] 在第一種情況下，詩將是諷刺的，在第二種情況下，詩將是哀傷的。如果描寫的自然受到污損，理想表現爲不可企及，那麼這將是狹義的哀傷詩，如果自然和理想被表現爲現實的存在，那麼就會產生牧歌或田園詩。席勒對這些近代詩作了詳細的分析和評論。

應當指出，席勒並沒有把素樸詩和感傷詩簡單地加以對立，他認爲二者各有優缺點，並不是互相排斥的。如果説素樸詩人在現實性方面優越於感傷詩人，能在真實的描繪中使我們享受到自己的精神活動和感性生活的豐富性，那麼感傷詩人也有大大勝過素樸詩人的地方，他雖然使我們討厭現實生活，但却表現了理想，能提供更爲偉大的目的。在席勒看來，素樸詩容易蜕化爲自然主義，感傷詩則容易流於妄誕和空想，理想的未來藝術應當是二者的統一，即古代文化和現代文化的綜合體。他説："有一個較高的觀念包蘊了它們二者，如果這個觀念是與人性那個觀念相一致的話，這也不足爲怪。"[②] 顯然，他是要在人性或人道主義的基礎上追求現實主義和浪漫主義的統一，這在當時是有進步意義的。席勒的這個觀點，在他逝世前不久所寫的悲劇《莫西拿的新娘》的前言中，表述得更爲明確。他寫道："藝術怎樣才能成爲和必須同時成爲既是非常理想的而且又是從最深刻的含義上説的現實的呢？如果它完全脱離了現實，又怎能絲毫不差地同自然一致呢？——這就是少數人所理解的藝術，他們就是這樣曲解了詩歌作品和雕塑作品的——因爲從公認的觀點看，上述兩種要求是相互截然排斥的。"[③]

---

① 《西方文論選》上卷，第 491 頁。

② 同上書，第 490 頁。

③ 見奥夫相尼科夫：《美學思想史》，第 296 頁。

席勒在美學史上佔有重要的地位，發生過很大的影響。他所提出的許多美學問題都是十分重要和深刻的。批判地繼承席勒的美學遺產是美學史研究的重要任務之一。

第四節　費希特的美學思想

費希特(Johann Gottlieb Fichte, 1762－1814)是德國古典唯心主義哲學家，他生於奧伯勞濟茲城的拉梅諾，父親是一位手工業者。1780年人耶拿大學攻讀神學，後轉學萊比錫。青年費希特充滿激進的民主思想，1788年秋棄學當家庭教師，1791年赴哥尼斯堡拜見康德，1792年發表《對一切啟示的批判》，1793年發表《糾正公衆對法國革命的評斷》和《向歐洲君主索回至今被壓制的思想自由》等文，1794年起先後擔任耶拿大學、愛爾蘭根大學和柏林大學的教授。在哲學上，他是康德哲學的繼承者，後來他從右的方面批判康德，取消了"物自體"的概念，克服了康德哲學的二元論，創立了一套以"自我"爲中心的主觀唯心主義哲學體系。他的主要哲學著作是《知識學基礎》(1794)、《論學者的使命》(1794)、《知識學導言》(1797)、《人的使命》(1800)等。在政治上，他也經歷了從擁護法國大革命到反對法國大革命，從號召與現實抗爭到要求與現實妥協的過程，他甚至認爲哲學的任務就是要證明現存社會秩序的必要性和合理性，使人安於現實。費希特主要是哲學家，很少寫美學著作，没有專門建立美學體系。他的第一篇美學論文是爲反對席勒《美育書簡》而寫的，題目是《哲學中的精神和字義》(1794)，後來在《按照知識學原則建立的道德學説體系》(1798)中，他把美學看作他的道德學説的有機部份。費希特在美學史上，加强了康德美學的主觀唯心主義性質，爲德國早期浪漫主義者的美學提供了哲學基礎，這是他的主要貢獻。

一 美是主觀心靈的產物

費希特不滿意康德關於"物自體"的假設,他認爲,物自體純屬虛構,完全没有實在性,祇有自我才是唯一的實在。他的全部哲學體系包含三個命題: (1) 自我設定自身; (2) 自我設定非我; (3) 自我設定自身和非我。在他看來,自我是第一性的,非我是由自我派生的。他說:"除了你所意識者而外,没有别的東西了,你自己就是事物,你自己,以你的局限性——你的存在的内在規律——就這樣被分裂於你自己之外。你所見的外於你的,仍祇是你自己。"[①]因此,他完全取消了客觀實在,陷入了主觀唯心主義。正是由此出發,他把美看作是純然主觀的東西,是主觀心靈的產物。他說:"聲音的合奏與和諧並不存在於樂器里面;和諧祇存在於聽者的心靈里面,聽者把那雜多的聲音在自己心裏結合爲一;而如果我們不把這樣一個聽者設想進去,和諧就是根本不存在的。"[②]他明確指出,審美判斷是一個正題判斷,所謂正題判斷是這樣一種判斷,"在其中某種東西與其他的東西既不是相同的,也不是對立的,而僅僅是被設定與自身相同的"[③]。也就是說,它是"以自我的設定爲基礎,絶對通過自己而建立起來的","是不能指出任何根據來的"[④]。典型的正題判斷就是"我是……,在這個判斷中,完全没有賓詞,這就爲自我無限地留下了賓詞的地位。審判判斷也是這樣的正題判斷,康德及其繼承者曾經非常正確地稱這種判斷爲"無限的判斷"。費希特說,正題判斷不是以關聯根據或區别根據爲前提,其基礎仍是自我。因此他所謂美是正題判斷仍是主觀的判斷,他還認

① 費希特:《知識學基礎》,見《十八世紀末——十九世紀初德國古典哲學》,商務印書館 1979 年版,第 137 頁。

② ④ 《西方美學家論美和美感》,第 185 頁。

③ 同上書,第 184 頁。

爲，審美與實踐和認識無關，審美是對客體的寧静而無利害關係的直觀。

二　藝術的本質和特徵

在《哲學中的精神和字義》中，費希特把藝術的本質和特徵歸結爲自我表現。他認爲，任何藝術品都是藝術家的"内在心境"或"内心情緒"的表現，是"自由的精神創造"的成果。藝術作品的精神(即内容)是靈魂，而藝術作品的形象則是精神的體現，衹不過是"精神的軀體和字義"。他從藝術是自我表現的觀點出發，對席勒的美學進行了批判，其要點有二：(1)席勒認爲人有物質的和精神的兩種動機或衝動，費希特認爲，外部的物質世界並不是物自體，而是自我意識的産物，因此，衹有自我意識才是審美動機唯一的内在源泉；(2)席勒認爲通過審美教育可以達到自由，而費希特認爲，自由並不是審美教育的結果，而是美感和藝術得以存在和發展的前提或條件。

在《道德學説的體系》中，費希特對藝術的本質和特徵作了更充分的闡述。他認爲，藝術既不同於科學，也不同於道德，藝術具有自己的特點，它能把感性和理性結合，使觀念體現爲感性的客體，具有獨特的價值和意義。他説："美的藝術不像學者那樣衹培育理智，也不像道德人民教師那樣衹培育心靈，而是要培育完整統一的人。它所追求的不是理智，也不是心靈，而是把人的各種能力統一起來的整個心態(Gemüt)，這是一個第三者，是前二者的綜合"[①]。因此，藝術是把人作爲一個整體來發展，它能把人從自然的局限中解脱出來，使之提昇到獨立的完全自爲的境界。從先驗的觀點看，世界是創造的，從普通觀點看，世界是現成的，但從美學觀點看，世界既是現成的，又是創造的。這就是説，"藝術能把先驗的觀點造成普通的觀

① 《十九世紀西方美學名著選(德國卷)》，復旦大學出版社 1990 年版，第 173 頁。

點"[1],使我們更好地從哲學上理解現實,從而擺脱感性的桎梏,培養我們的美德,引導人按照道德意志的方向前進!費希特把藝術看得很高,他十分重視藝術和審美活動對於人類發展的偉大意義。

關於美和美感問題,費希特發揮了康德關於美的主觀性和審美無功利性的思想。他認爲,自然既有外在的受限制的一面,又有内在自由的一面;如果從受限制的一面去看,衹會看到扭曲的、受擠壓的、怯懦的形式,這就是醜,如果從自由的方面去看,就能看到自然内在的充實和力量,看到生命和追求,這就是美。所以審美就是"從美的方面看待一切,它把一切都看成是自由的、生機盎然的"[2]。他指出:"美的精神的世界究竟在什麼地方呢?就在人類内部,否則任何地方也不會有"[3]。"美感不是道德:因爲道德律要求依據概念的獨立性,而美感不帶任何概念,衹來自自身,可是,它是通向道德的準備,它給道德提供土壤"[4]。

此外,費希特還肯定天才。他認爲,自然制造出天才,天才造成藝術家,没有天才就没有任何創造活動。但是,藝術家不可違背自然,他説:"絶對真實的是:藝術家是天生的。規則約束天才,但它並不提供天才;正因爲它是規則,有意劃定了界限,因此就不是自由。"[5]他强調藝術家應當忘掉一切,忠於職守,他説:"你要警惕由於私利或追求當今榮譽的欲望使你沉淪於自己時代的腐敗趣味:你要努力制造理想,把它高懸在自己的心靈之前,並忘掉其它一切。藝術家衹能以自己職業的神聖鼓舞自己。他衹須學會,通過運用自己的才能不服侍於人,而是服務於自己的義務;他很快就會以完全另樣的眼光欣賞自己的藝術,他將成爲一個更好的人,因而成爲一

① 《十九世紀西方美學名著選(德國卷)》,復旦大學出版社 1990 年版,第 173 頁。
② ③ ④ 同上書,第 174 頁。
⑤ 同上書,第 175 頁。

個更好的藝術家。”[①] 在他看來,真正的藝術家是超時代、超階級的。他的所有上述觀點,都對浪漫主義者發生了重大的影響。

第五節　早期浪漫派的美學思想

18世紀後半期,在歐洲範圍内發生的浪漫主義文學運動,是一個非常複雜和充滿矛盾的社會現象。一般説來,浪漫主義是作爲法國大革命的反動而發生的,其主要傾向是同啟蒙運動斷然決裂。恩格斯説:“對於法蘭西革命及其相連的啟蒙運動的第一次反動,自然是把一切東西都看作中世紀的、浪漫主義的”[②]。

浪漫主義並不是一種嚴謹、獨特的美學理論,而是一種風行歐洲各國,滲透到文學、宗教、歷史以及自然科學理論中較爲完整的世界觀。史家多把浪漫主義區分爲積極的和消極的兩種。積極的浪漫主義同歐洲各國資產階級民族解放運動的高漲有密切聯繫。德國著名的“狂飇突進”文學運動就是這樣的浪漫主義運動,青年歌德和席勒都由此走向古典現實主義。就德國來説,得到全面發展的主要是消極的浪漫主義。它形成於90年代末,主要代表人物有施萊格爾兄弟、諾瓦利斯、梯克等人。1796年,費希特在耶拿大學講學,他們也都聚集耶拿,醉心於費希特的自我哲學,1799年創辦了《雅典女神殿》雜誌,由施萊格爾兄弟兩人主編,形成了浪漫主義小組,被稱爲耶拿派浪漫主義或早期浪漫主義。1805年以後,阿姆寧、布倫塔諾等人又在海德堡形成了一個浪漫主義中心,被稱爲海德堡派浪漫主義或後期浪漫主義。這裏我們衹簡略談談德國早期浪漫主義對於美學這門學科的看法及其一般的美學特徵。

① 《十九世紀西方美學名著選(德國卷)》,第172頁。
② 《馬克思恩格斯通信集》,三聯出版社1958年版,第37頁。

一　對哲學美學的批評

德國早期浪漫派不滿意自鮑姆加敦和康德以來美學發展的現狀,對美學作過許多有益的思考,尤其對哲學美學提出了尖鋭的批評。奥·施萊格爾在《關於美的文學和藝術的講座》中,一開頭便指出,"美的科學"、"美的藝術"、"美學"這幾個概念一直用法不當、含糊不清、令人費解。例如,"美的科學這種提法本身是自相矛盾的"[①]。因爲科學是一個體系,就其本性來説是嚴格的,而美的東西必定包含遊戲和自由的顯現,這在科學中是完全被排除在外的。"美的藝術一詞也大有值得斟酌之處"[②],因爲藝術除了美之外完全不應也不能創造什麽,美就是藝術自身的宗旨和本質。因此"美的"這個修飾詞對藝術是不必要的、多餘的。至於"美學",其原義是感官知覺,而鮑姆加敦把它當成教授如何使用低級認識的科學,這完全是出於誤解。"美學"這個詞使美感成了真正的 qualitas　occulta(模糊的性質),在它的背後隱匿了一些毫無意義的論斷和有待證明的循環論證。他説:"現在該是徹底廢除它的時候了"[③]。但是,他畢竟没能廢除美學。在他看來,美學就是藝術理論,而藝術理論有兩種,一是關於技巧的藝術理論,説明怎樣才能完成一件藝術作品,一是關於哲學的藝術理論,説明的是應當創作什麽藝術作品。他一面認爲康德及其信徒的各種有關藝術的哲學理論一無可行,説一種卓越的技巧性理論比毫無用處的哲學理論更令人寵愛,前者使人學有所得,後者則食而無味;一面又認爲創造一種藝術的哲學理論仍是必要的和可能的。他指出,這種藝術學説應當提供創造藝術和美的基

---

① 《十九世紀西方美學名著選(德國卷)》,第 302 頁。

② 同上書,第 303 頁。

③ 同上書,第 304 頁。

本原理,堅持藝術的自主性,闡明美的獨立性,本質上的多樣性以及對道義上的善的非從屬性。因此,它的任務是要衡量、詮釋藝術的範圍,確定各門藝術必要的界限,並通過不斷綜合進而獲得最明確的藝術法則。他的這種思想是建立在他對藝術和美的看法的基礎之上的。他認爲,藝術和美是超然獨立的、與實用無關的。他說:"許多人對藝術並無惡意,可衹要他們從實用的角度去理解的話就一定理解不了。這意味着極度貶低了藝術,歪曲了事物。歸根結蒂,藝術的本質不願實用。美在某種方式上是實用的對立面:它是脱離了實用的事物。"[①] 他還進而談到了藝術理論和藝術史的關係問題。他認爲,藝術史不可缺少藝術原理,另一方面藝術理論也不可無藝術史而獨立存在。他强調二者的結合,反對脱離歷史和事實的空洞理論。他說:"藝術衹有藉助於例證才能得到說明","歷史對於理論來說是永恒的法典。理論始終致力於使這部法典日臻完善地公諸於世"[②]。

奥·施萊格爾的弟弟弗·施萊格爾對美學即藝術哲學也提出了自己的看法和批評。他說,藝術哲學常常"不是缺乏哲學,便是缺乏藝術",而"任何藝術都應當成爲科學,任何科學都應當成爲藝術;詩和哲學應當統一起來"[③].詩人的哲學是"創造的哲學,它以自由的思想和對自由的信念爲出發點,它表明,人類精神强迫着一切存在物接受它的法則,而世界便是它的藝術作品"[④]。

與早期浪漫派十分接近的神學家施萊爾瑪赫在他的《美學講演録》中,對美學也作過一些思考。他認爲,美學的第一大難題,就是確定藝術在倫理學中的地位。從歷史上看,美學往往以倫理學和哲學爲基礎,而事實上總是没有普遍公認的倫理學和哲學,因此,"美學依據衹存在於兩種情况中:要麼完全缺乏一個能够創建美學這門

① 《十九世紀西方美學名著選(德國卷)》,第306頁。
②③④ 同上書,第317頁。

學科的哲學體系，要麼必須從倫理學中跳出來，從更高的角度上去尋找美學的根據”[1]。

德國早期浪漫派對哲學美學的批評以至否定，實質上是在呼喚和醞釀一種新的浪漫主義的美學，其中有破有立，包含了一些合理的因素，很富有啟發性，對後來美學的發展有重大的影響。但他們所追求的美學實質上仍是以費希特“自我哲學”爲基礎的主觀唯心主義的美學。

二 早期浪漫派美學的一般特徵

早期浪漫派美學的首要特徵，在於鼓吹文藝表現自我的主體萬能論。他們的根本出發點是費希特的自我哲學。費希特畢竟還用“非我”來限制自我，而浪漫主義者則進一步取消了“非我”，把主觀的自我變成了唯一獨立的自由本質。普列漢諾夫曾說，他們“比費希特更‘費希特’化了”[2]。他們根本否認現實世界的客觀性，認爲自我是唯一的實在，世界是人類精神的“藝術作品”是由自我創造的；“藝術家是至高無上的精神器官”[3]，他是凌駕一切的天才，是絕對自由的，他可以不受任何現實的道德、法律等社會關係以及任何藝術規則的束縛，任意地創造一切，消滅一切。因此，對於浪漫主義者來說，文藝創造就是藝術家（主體、自我）的一種絕對自由的活動。弗·施萊格爾認爲，藝術家不應當祇爲這些人或那些人寫作，他或者不爲任何人寫作，祇爲自己本身寫作，或者爲一切人寫作。文藝雖然描寫各種事物，但實際上表現的祇是自我，祇有表現自我，文藝才能成爲周圍世界的鏡子和時代的反映。他稱浪漫主義

① 《十九世紀西方美學名著選（德國卷）》，第 328 頁。

② 《普列漢諾夫哲學著作選集》第 3 卷，三聯書店出版社 1984 年版，第 761 頁。

③ 《十九世紀西方美學名著選（德國卷）》，第 316 頁。

的詩是"包羅萬象的進步的詩"。他說:"恐怕没有其他形式能如此完美地表現作者本人的靈魂,因而許多藝術家雖然不過存心衹寫一部長篇小説,實際上却描繪了自己本人。""唯有它是無限的和自由的,它承認詩人的任憑興之所至是自己的基本規律,詩人不應當受任何規律的約束"①。

其次,正是在這種主體萬能論的基礎上,早期浪漫派美學不但無視任何規則,要求打破各種藝術體裁之間的界限,而且要求打破詩與生活之間的界限,鼓吹生活的詩化和浪漫主義的諷刺。弗·施萊格爾説:浪漫主義的詩,"它的使命不僅在於把一切獨特的詩的樣式重新合併在一起,使詩同哲學和雄辯術溝通起來。它力求而且應該把詩和散文、天才和批評、人爲的詩和自然的詩時而摻雜起來、時而溶和起來。它應當賦予詩以生命力和社會精神,賦予生命和社會以詩的性質。它應當把機智變成詩,用嚴肅的具有認識作用的内容充實藝術,並且給予它以幽默靈感"②。由此可以看出,在浪漫主義者那里,美學範疇不再是現實生活的反映,而是生活本身的構成力量。浪漫主義者宣佈了自我(主體)對生活素材的絶對統治。他們認爲,現實生活是乏味的、平庸的、虚幻的,不值得重視,在藝術家的自我面前,一切都没有任何價值,都應當加以克服和否定,藝術家可以單從自我出發,不受任何現實的、藝術的限制,藐視一切,玩弄一切,以滑稽、嘲諷、玩世不恭的態度對待一切,其目的是用自我想象創造出來的詩代替生活,造成生活的詩化或建立一個詩的理想國。據説這就可以消除詩與生活的界限,克服生活本身的平庸。顯然,浪漫主義者把生活和藝術完全對立起來了,所謂浪漫主義的諷刺,實質上就是自我的絶對自由和任性放縱,而所謂生活的詩化,無非是否定和逃避現實。號稱浪漫主義之王的諾瓦利斯,就曾號召人們躲到"藝術世界"中去。他説:"誰在今日世界裏不幸福,誰没有找到他

①② 《十九世紀西方美學名著選(德國卷)》,第318頁。

所尋覓的東西，那就讓他到書本和藝術的世界裏去，到自然的世界去……這是古代和現代的永恒的統一，那就讓他到這個美好世界的教堂裏去生活"，"在這個世界裏，他會找到愛人和朋友，故鄉和上帝"①。

浪漫主義美學的另一特徵，在於鼓吹和崇拜本能的、無意識的、非理性的東西。與啟蒙主義者崇尚理性的情形相反，浪漫主義者認爲藝術創作不憑理智，而憑神秘的直覺，所以藝術創作不能理解，也無法理解，他們强調要用神秘的直覺的眼光看待自然和人生。諾瓦利斯宣稱"詩人確實是在無知覺狀態中進行創作的"。他把詩與科學、想象、邏輯相對立，認爲作詩有如作夢一樣。瓦肯羅德則把審美感同神秘感混爲一談，把宗教祈禱和藝術欣賞視爲等同。從文藝創作看，浪漫主義者大多歌頌黑夜和死亡，追求夢境和宗教神秘境界。例如諾瓦利斯的《夜之歌》賦予黑夜和死亡以哲學符號的意義，充滿了悲觀厭世的色調，他的長篇小説《海恩利希·封·奥夫特丁根》以宗教象徵和寓意的筆法，描寫主人公追求夢中的"蘭花"——真理、愛情和詩的象徵，理想化地描繪了返回中世紀和宗教的道路.在這部小説發表前，他在《基督教和歐洲》(1799)中，已經表達了消極浪漫主義的綱領。他認爲，宗教改革和法國大革命使人類分裂了，歐洲應當成爲一個無所不包的國家，應當按照中世紀的樣子來建成，"衹有宗教才能使歐洲復興"。

總的説來，德國早期浪漫派的美學的確散佈了不少消極的東西，如主觀主義、神秘主義、非理性主義。許多進步思想家如黑格爾和海涅對它進行批判並不是偶然的。黑格爾在《美學》中指出，浪漫主義的諷刺植根於費希特哲學，它把自我當成一切事物的主宰，把藝術家當成自由建立一切又自由消滅一切的"我"。這種藝術家自以爲神通廣大，看破紅塵，解脱一切約束，對一切都抱着滑稽態度，衹顧在

① 《德國浪漫主義文學理論》，1934年列寧格勒(俄文版)，第127頁。

自我欣賞的福境中生活，這實際上是一種病態的心靈美和精神上的饑渴病，是主體空虛和無力自拔於這種空虛的表現[①]。海涅更尖銳地指出，德國浪漫派"不是别的，就是中世紀文藝的復活，這種文藝表現在中世紀的短歌、繪畫和建築物裏，表現在藝術和生活之中。這種文藝來自基督教，它是一朵從基督的鮮血裏萌生出來的苦難之花"[②]。但是，應當看到，早期浪漫派美學還有積極的一面，我國學術界過去有人把它當作復辟中世紀的文藝思潮，全盤否定，這種"一棍子打死"的做法是簡單化的、不恰當的。浪漫主義者主要不是没落封建貴族的代表，而是一部分右翼資產階級和小資產階級的代表，他們也讚成資本主義的要求，他們鼓吹的個性自由、個性解放等思想仍屬資產階級意識的範疇，他們主張有機發展的歷史觀，視革命爲違背常規，要求保留和吸收某些中世紀的東西，並非都是要求復辟中世紀。就總體來説，在他們的身上體現了德國市民階級的矛盾，他們看到了資產階級革命理想的虚僞與破滅，但又找不到正確的出路，衹好走上了否定現實、逃避現實的道路。作爲一種文藝美學思潮，德國早期浪漫派在清除古典主義的影響，促進民族文學的發展，發掘、整理民間文藝和中世紀文化遺產以及語言學研究等方面，都有一些積極的貢獻。在美學上，他們批評哲學美學，開啟了審美主體問題的研究，促進了美學研究方法的革新；他們較早把歷史主義帶進美學，指出了古代藝術文化的暫時性；他們提倡的浪漫主義諷刺雖然建立在主體絶對自由的基礎上，有時却也能够擊中資本主義現存法律和道德的目標，揭示出資本統治力量的"異化"性質，具有某些反對資本主義現實的人道主義内容，他們强調主體性雖然失之過份，但也具有某些反教條、反權威、"反警察"的性質。這些在今天也並非毫無藉鑒的意義，但其主流顯然是消極的，誇大其

① 參閲黑格爾《美學》第1卷，第80－85頁。

② 海涅：《論浪漫派》，人民文學出版社1979年版，第5頁。

歷史功績也是錯誤的。一般認爲,德國早期浪漫派的美學在謝林那裏得到了更系統更全面的發展。

第六節　謝林的美學思想

謝林(Schelling,1775－1854)是德國古典哲學和美學的另一位傑出代表,是從康德到黑格爾的重要環節,也是德國浪漫主義美學理論的主要表達者。他出生於符騰堡萊昂貝格的一個牧師家庭。1790－1795年在圖賓根神學院學習哲學與神學,畢業後當過家庭教師,1798年任耶拿大學教授,1803－1806年任維爾茨堡大學教授,1806年任慕尼黑巴伐利亞科學院院士和造型藝術科學院秘書長,1820－1826年任愛爾蘭根大學教授,1827年任巴伐利亞國家科學中心總監和科學院院長,1841年受普魯士國王弗・威廉四世的邀請,主持柏林大學哲學講座,繼任柏林科學院院士和普魯士政府樞密顧問。1854年病逝。在政治思想上,謝林經歷了由進步到反動的激烈轉變。青年時代謝林反對封建專制,熱情歡呼法國大革命,曾同荷爾德林、黑格爾一同種植“自由樹”,他還把《馬賽曲》譯成德文,積極參加學生運動,崇拜盧梭,嚮往資產階級的民主自由,主張社會改革,甚至對現存法律和政府採取完全否定的態度。但隨着法國大革命的深入,他日益感到失望,公開轉向美化封建制度和天主教會,鼓吹蒙昧主義和神秘主義,晚年成了普魯士政府的禦用喉舌和反動的象徵。在哲學上,他起初是康德和費希特哲學的信奉者,後來接受了斯賓諾莎和柏拉圖的影響,創立了自己獨立的客觀唯心主義體系。他的哲學被稱爲“同一哲學”,包括自然哲學、先驗哲學和天啟哲學三個部份。其中先驗哲學又包括理論哲學、實踐哲學和藝術哲學。他把藝術的地位放得很高,藝術哲學代表着他的先驗唯心主義哲學體系的完成。他不滿意費希特區分自我與非我,認爲二者是不可分的、同一的整體,沒有誰產生誰的問題。他說:“這種更高的東西本身就既不是主體，也不是客體，更不能同時是這兩者，而祇能是絶對的同一性。”所謂絶對的同一即無差别的同一，它就是唯一的實在或絶對。也就是“自我意識”或“上帝”。世上的萬事萬物，主體和客體、物質與精神的差别與矛盾，都是絶對或上帝盲目活動的結果。謝林的美學思想就是建立在這種客觀唯心主義的同一哲學基礎之上的。謝林涉及美學的著作主要是《先驗唯心論體系》(1800，第六章專講藝術哲學)、《論造型藝術對自然的關係》(1807)和《藝術哲學》(生前講稿，死後由其兒子整理出版)。

一　藝術與哲學

在《藝術哲學》導言的一開頭，謝林就明確肯定了建立藝術科學的必要性，然而他指出，無論是鮑姆加敦，還是康德和康德以後的某些傑出美學家，都没能提出一種科學的完整的理論，他們没有嚴格區分經驗主義和哲學的界限，大多祇從經驗心理學來解釋美。他所提出來的藝術哲學體系和迄今所有的體系，在内容和形式上都是根本不同的。因此，“不要將這種藝術科學和人們迄今爲止在這種名稱或别的什麽名稱下，當作美學或美的藝術和科學的理論而提出來的東西相混淆”①。他明確指出：“藝術哲學祇是我的哲學體系的最高層次的復述。”② 這就是説，在謝林那裏，美學被稱之爲藝術哲學或藝術科學，它不祇是謝林哲學的一個組成部份，而且就是謝林哲學的“復述”。

謝林十分强調美學或藝術哲學所具有的哲學科學的性質。他認爲，藝術哲學本質上應該是哲學科學，而不是作爲個别科學的純藝

① 見《外國美學》第 2 輯，商務印書館 1986 年版，第 382 頁。
② 同上書，第 383 頁。

術理論。問題在於藝術哲學這個概念似乎是矛盾的,藝術是實在的、客觀的,而哲學是理想的、主觀的。所以謝林提出藝術哲學何以可能的問題,也就是藝術何以能够成爲哲學的對象的問題。謝林認爲,藝術雖然是特殊的東西,但它本身就包含着無限的、絶對的東西。"如同對哲學來説,絶對的東西是真的原型,—— 對藝術來説,絶對的東西則是美的原型⋯⋯真和美衹是同一個絶對的東西的兩種不同的觀察方式而已"①。因此,他認爲,藝術哲學不同於藝術理論,它並不是把藝術作爲特殊的東西來研究,"藝術哲學的任務就是在理想的東西中來描述在藝術中是實在的東西"②。這裏所謂"實在的東西"就是絶對的東西,也就是宇宙和上帝。所謂"在理想的東西中進行描述"就等於"構造",就是"用藝術形象來構造宇宙"③。他認爲,"宇宙本身就是絶對的藝術作品"④。因此藝術哲學就是以藝術形式出現的宇宙的科學。"構造"是謝林特有的術語和方法,其實質就是通過構造藝術推演出宇宙和上帝。謝林並不掩飾他的藝術哲學的宗教神秘主義性質。他在給奥・施萊格爾的一封信中説:"我的藝術哲學與其説是藝術理論,倒不如説是宇宙哲學,因爲藝術理論乃是某種特殊的東西,而藝術哲學則衹屬於對藝術的高級反思的領域;在藝術哲學中絲毫不談經驗的藝術,而只談處於絶對之中的根源,因此藝術是完全從神秘的方面來加以考察的。我將要推演出的東西與其説是藝術,倒毋寧説是以藝術的形式和形象出現的一與全。"⑤

謝林認爲,藝術與哲學都以絶對爲對象,是把握或認識絶對的兩

① 謝林:《藝術哲學》,見《外國美學》第 2 輯,第 389 頁。
② 同上書,第 384 頁。
③ 同上書,第388 頁。
④ 同上書,第 403 頁。
⑤ 《謝林生平書信》第 1 卷(德文版),第 397 頁。

種不同的形式。在《先驗唯心論體系》中，他認爲，絶對即絶對的同一性，它是不能用概念來理解和言傳的，它不是知識的對象，祇是信仰的對象，祇能加以直觀。自我直觀有許多級次，其中哲學的理智直觀是一種內在的直觀，它指向內部，是純主觀的，一般根本不會出現在普通意識裏，而祇有藝術的美感直觀才能使理智直觀具有客觀性，它指向外部，能够出現在每一種意識裏。謝林說："具有絶對客觀性的那個頂端是藝術。我們可以說，如果從藝術中去掉這種客觀性，藝術就會不再是藝術，而變成了哲學；如果賦予哲學以這種客觀性，哲學就會不再是哲學，而變成了藝術。——哲學雖然可以企及最崇高的事物，但仿佛僅僅是引導一小部份人達到這一點；藝術則按照人的本來面貌引導全部的人到達這一境地，即認識最崇高的事物。藝術與哲學的永恒差別，藝術的神奇奥妙就是以此爲基礎的。"① 因此，在謝林那裏，美感直觀優於理智直觀，處於自我直觀的最高級次，藝術高於哲學，藝術哲學實際代表着他的體系的完成。他指出："哲學的工具總論和整個大厦的拱頂石乃是藝術哲學。"②

二　藝術和美

謝林在談到同時代的藝術家時說，除了極少數的例外，他們"没有一個人知道藝術的本質是什麼，因爲他們一般地總是缺少藝術和美的觀念"③。因此，他想通過藝術哲學去"尋求藝術的真正的觀念和原則"④。

① 謝林：《先驗唯心論體系》，商務印書館 1977 年版，第 278 頁。
② 同上書，第 15 頁。
③ 《外國美學》第 2 輯，第 381 頁。
④ 《外國美學》第 2 輯，第 381 頁。

謝林把什麼當作藝術的本質呢？他提出了一種流溢說。他說："根據我的全部藝術觀，藝術本身就是絶對的東西的流溢。"[②] 並且說："一切藝術的直接根源是上帝。……上帝本身是一切藝術的無限的根源，最終的可能性，它本身是一切美的源泉。"[②] 顯然這是一種客觀唯心主義的回答，它把藝術和美的源泉歸之於神秘的絶對或上帝，根本否認了現實世界是美和藝術的源泉。在謝林看來，藝術的原型不是自然，而是絶對，藝術的任務不是摹仿自然，也不是摹仿古代典範的作品，而是描繪處於上帝或絶對中的事物，也就是要描繪永恒的美的理念或"真正存在的東西"。絶對是無差別的同一，也是永恒的神秘的創造力量，一切主體與客體、精神與物質、自由與必然、感性與理性的差異和對立，都是由絶對產生的，而藝術却能把這一切差異和對立融合爲一，藝術是活生生的整體，是解決一切矛盾，達到無差別境界的手段。因此，藝術不同於任何其它產品，它没有任何外在的目的，"藝術是很神聖、很純潔的"[③]，它與野蠻人所渴求的單純感官享樂的東西無關，也與實用有益的東西絶緣，而衹以自身爲目的。這實際上是一種爲藝術而藝術的理論，正是這一理論博得了浪漫主義者的喝采。

美和藝術這兩個概念，在謝林那裏區分得並不十分嚴格。關於美，謝林做過許多繁瑣晦澀的邏輯推演，其主要觀點如下：

（一）美是自由和必然的統一。謝林認爲，美是藝術家審美創造活動的結果，而人的一切創造活動都是自由與必然、有意識活動和無意識活動的統一。他説："一切行動衹有通過自由與必然的原始統一才能理解，我們的證明是：任何行動，無論是個人的還是整個族類

① 同上書，第391頁。
② 同上書，第403頁。
③ 《先驗唯心論體系》，第271頁。

的，作爲行動都必須被設想爲自由的，作爲客觀結果則都必須被設想爲服從於自然規律的。因此，從主觀方面看，我們是爲表現内心而行動的；從客觀方面看，則决不是我們在行動，而是另一種東西仿佛通過我們而行動着"①。這裏所謂"另一種東西"，就是盲目的必然性，或稱無意識的東西，有時謝林又稱之爲"天意"。在他看來，美是藝術家自由創造的結果，但又並非純粹的主觀任意，而是符合必然性的。

(二)美是普遍與特殊、有限與無限的統一。謝林認爲，美總應當是具體的，因而美總具有有限的形式，然而一件作品所賴以顯得真正美的要素不僅僅是形式，而是高于形式的普遍性，這普遍性是無限的，因此，他認爲藝術是以有限的形式表現着無限，而這也就是美。

(三)美是感性和理性的統一。謝林認爲，美應當是感性的顯現，否則它就不能進入普通人的意識，但美又不是空洞的無内容的顯現，而是有生命的整體，包含一定的理性内容。

此外，謝林認爲，真善美是相互聯繫的，藝術和美是由低級向高級發展的，美就其形式和内容來説，可以有各種不同的層次。

總的説來，謝林關於藝術和美的觀點具有濃厚的神秘唯心主義的色彩，但其中也具有某些辯證法和歷史主義的思想，這在黑格爾美學中得到了進一步發展。

三　論天才和藝術創作

謝林美學思想的另一個重要特點，在於鼓吹天才和藝術創作的無意識性。謝林認爲，藝術是天才的作品，藝術家是憑藉發自他内在本性的創造冲動進行創作的。他寫道："所有的藝術家都説，他們是

① 《先驗唯心論體系》，第 254 頁。

心不由主地被驅使着創作自己的作品的，他們創造作品僅僅是滿足了他們天賦本質中的一種不可抗拒的衝動"[①]。在他看來，這種衝動具有不可抗拒的力量，無論藝術家懷有多大意圖，多麽深思熟慮地進行創作，總有一種力量"逼着他談吐或表現那些他自己沒有完全看清、而有無窮含義的事情"[②]。他會不知不覺地把深不可測的奥秘表現到作品中去，以致藝術作品所表達出來的内容，永遠比他原來想要表現的更豐富。因此藝術創作是"唯一的、永恒的啟示，是一種奇跡，這種奇跡哪怕衹是曇花一現，也會使我們對那種最崇高的事物的絶對實在性確信無疑"[③]。

謝林的上述觀點，是以他對人類活動和歷史創造的觀點爲基礎的。他認爲，人類歷史創造活動的基本特點，就在於它體現了有意識活動和無意識活動、自由與必然的對立統一。一方面人的創造活動是自由的、有意識的，但另一方面又總是受到隱蔽的必然性的干預，以致不但往往達不到目的，甚至違背行動者的意志，産生出行動者本身通過自己的意志活動所永遠不能做成的某些事情。例如，悲劇的情形就是如此："全部悲劇藝術都是以隱蔽的必然性對人類自由的這種干預爲基礎的。這種干預不僅是悲劇藝術的前提，而且也是人的創造和行動的前提。"[④]謝林把這種隱蔽的必然性稱這爲命運或天意。一切藝術創造活動或美感活動，也和其它人類活動一樣，都植根於矛盾，即自由與必然、有意識事物和無意識事物之間的矛盾，正是這個矛盾推動藝術家"整個的人全力以赴地行動起來"，因爲它"抓住了他的生命的矛盾，是他整個生存的根本"[⑤]。在藝術創作過程中，一方面，藝術作品是人的自由的産品，是有意識産生的，另一方面，藝術作品又有如自然産品，是無意識地被産生的。

---

①⑤ 謝林：《先驗唯心論體系》，第266頁。

②③ 同上書，第267頁。

④ 同上書，第245頁。

無意識活動在創作中起決定作用,它通過有意識活動發揮作用,凌駕在有意識活動之上,最後就會形成表現出"無意識的無限性"的藝術作品。謝林説:"藝術作品的根本特點是無意識的無限性(自然與自由的綜合)。"①藝術家在自己的作品中除了表現自己的意圖而外,仿佛還合乎本能地表現出一種無限性,人們對這種無限性不能確切地認識,可以作出無限的解釋,作品所表現出來的無限性就是美,没有美就没有藝術作品,藝術美高于自然美。

關於天才,謝林也是從人類活動的角度考察的。他認爲,天才是把無意識活動和有意識活動統一起來的能力,是一種神秘的模糊的未知的力量,正是天才創造了藝術作品,賦予作品以詩意和無限性,天才既不是有意識活動,也不是無意識活動,而是凌駕於兩種活動之上的東西。謝林説:"如果説我們在有意識活動中一定會找到一種東西,這種東西雖然可以總稱爲藝術,但僅僅是藝術的一部份,它會經過深思熟慮而自覺地完成,既能教也能學,是能用别人傳授和親自實習的方法得到的,那麽,與此相反,我們在參與了藝術創造的無意識活動中也一定會找到另一種東西,這種東西在藝術裏是不能學的,也不能用實習的方法和其它方法得到,而祇能是由那種天賦本質的自由恩賜先天地造成的,這就是我們在藝術中可以用詩意一詞來稱謂的那種東西。"②這就是説,有意識活動表現爲形式技巧,是能教能學的,而無意識活動表現爲詩意,它來自天才,是教不了學不到的。他認爲,天才是先天的,是一種把技巧和詩意統一起來的能力,天才不同於一般的才能,"天才可以解決其他任何才能用别的方法都絶對不能解決的矛盾"③;天才主要表現在藝術裏,很

① 謝林:《先驗唯心論體系》,第269頁。

② 同上書,第267頁。

③ 同上書,第273頁。

少表現在科學裏，“天才在科學裏永遠是有疑問的”①。

此外，謝林對神話、藝術發展規律和藝術分類等問題，也都提出了一些獨特的見解。他認爲，神話是一切藝術的必然條件和原始素材；沒有神話，藝術是不可想象的；人類永遠需要有神話，如果沒有了神話，藝術家就必須創造新神話。後來尼采、海德格爾等人主張創造現代的新神話，顯然接受了謝林的思想影響。他把全部藝術體系劃分爲現實的和理想的兩大系列，現實的系列主要是音樂、建築、繪畫和雕刻，理想的系列主要是文學。他認爲藝術發展的總過程是由“可塑性”向“繪畫性”發展，這是從感性到精神的運動，是精神逐步超越物質的過程。他的這些思想顯然影響了黑格爾。在德國古典美學和整個西方美學史上，謝林都佔有重要的地位。黑格爾說：“到了謝林，哲學才達到它的絕對觀點；藝術雖然早已在人類最高旨趣中顯出它的特殊性質和價值，可是衹有到了現在，藝術的真正概念和科學地位才被發現出來，人們才開始了解藝術的真正的更高的任務，儘管從某一方面來看，這種了解還是不很正確的。”②

第七節 黑格爾的美學思想

黑格爾(Georg Wilhelm Friedrich Hegel, 1770－1831)是德國古典唯心主義的集大成者，德國古典美學在他那裏達到了高峰。他出生於斯圖加特一個稅務員家庭，7 歲上小學，10 歲進中學，18 歲(1788年)入圖賓根神學院學習哲學和神學。1793 年畢業後曾在瑞士伯爾尼和法蘭克福做過家庭教師，1801－1806 年經謝林介紹在耶拿大學任編外講師，1807 年辦過一年報紙，1808 年任紐倫堡中學校長，早年黑格爾懷有干預現實，改造現實的巨大熱情，曾與謝林、荷

① 謝林:《先驗唯心論體系》，第 272 頁。

② 黑格爾:《美學》第 1 卷，第 78 頁。

爾德林一起種植“自由樹”，熱烈歡呼法國大革命是“宏偉壯麗的日出”，具有先進的政治理想，主張共和政體，反對基督教，倡立“人民宗教”，嚮往古代民主制度。後來，隨着革命由高潮轉入低潮，他開始與現實妥協。1816－1818 年他任教於海德堡大學，公開維護普魯士專制制度，出版《哲學全書》，形成自己的哲學體系。1818 年被任命爲柏林大學教授，1829 年擔任柏林大學校長，1831 年獲得普魯士國王威廉三世頒發的紅鷹勛章，被稱爲“普魯士復興的國家哲學家”。他的主要著作有《精神現象學》(1807)、《邏輯學》(1812－1816)、《哲學全書》(1817)、《法哲學原理》(1821)以及他死後由學生整理出版的《歷史哲學》、《宗教哲學》、《哲學史講演録》和《美學》等。

美學是黑格爾哲學的重要組成部份。早在青年時代，美學問題就已引起他的興趣和重視，他在一篇文章中說：“理性的最高行動是審美行動”，“真和善祇有在美中間才能水乳交融”，“精神哲學是一種審美的哲學”①。後來在《精神現象學》和《哲學全書》的《精神哲學》中，他進一步探討了美學問題，而他最重要最系統的美學著作則是他死後發表的《美學講演録》(即《美學》)。這是他的學生 H. 霍托根據黑格爾在海德堡大學 (1817－1818) 和柏林大學 (1820－1829) 講課的學生筆記和黑格爾本人的部份講稿加以整理，於 1835 年首次出版的。黑格爾把美學正名爲“藝術哲學”，認爲美學的對象是藝術或美的藝術，也就是藝術美，因此他的美學體系便以藝術美爲中心，由以下三部份組成：首先是關於美或藝術美的一般理論，其次是藝術美的歷史發展類型，最後是藝術美的個別化，即關於各門藝術(建築、雕塑、繪畫、音樂、詩歌)的種屬關係和體系。這也就是黑格爾《美學》一書三大卷的基本内容。

黑格爾是一個客觀唯心論者，但是，他的唯心的體系却包含了辯

① 古留加：《黑格爾小傳》，商務印書館 1980 年版，第 20 頁。

證法和歷史主義的思想,這是對人類思想史的寶貴貢獻。在美學史上,黑格爾可説是最重要的美學家。如果説康德是德國古典美學的奠基人,那麼黑格爾就是德國古典美學以及馬克思主義以前整個西方美學優良傳統的集大成者。他所創立的美學體系比前人更系統、更完整、更博大精深。他的主要貢獻在於,他第一次成功地把辯證法和歷史主義運用於美學領域。首先,他不再孤立地研究藝術,而是把藝術和其它社會現象(宗教、哲學、道德、法律等)看作人與現實世界的一種關係,力求把它們聯繫於整個人類社會來揭示其"共同的根源",這樣,藝術和其它社會現象的存在和發展,在他那裏都成了必然的而不是偶然的,都是以一定社會歷史條件爲根據的,因而也就不再是神秘的"自在之物",而成了可以理解的。其次,他也不再靜止地研究藝術,而是充分肯定了藝術有一個形成、變化和發展的歷史,力求在歷史和邏輯,實踐和理論的統一中去把握藝術發展的規律。這樣,各種藝術現象和美學範疇,如類型、體裁、風格等等,在他那裏都不再是偶然的堆積和主觀經驗的描述,而是歷史地合乎規律地發展着的。恩格斯説:"黑格爾的思維方式不同於所有其他哲學家的地方,就是他的思維方式有巨大的歷史感作基礎。形式儘管是那麼抽象和唯心,他的思想發展却總是與世界歷史的發展緊緊地平行着,而後者按他的本意衹是前者的驗證。真正的關係因此顛倒了,頭脚倒置了,可是實在的内容却到處滲透到哲學中……他是第一個想證明歷史中有一種發展,有一種内在聯繫的人……在《現象學》,《美學》,《哲學全書》中,到處貫穿着這種宏偉的歷史觀,到處是歷史地、在同歷史的一定的(雖然是抽象地歪曲了的)聯繫中來處理材料的"[①]。正是由於採取了這種辯證的歷史主義的方法,黑格爾的美學才有可能勝過前人,在唯心主義的形式下廣泛接觸到許多真實的審美關係,包含了許多唯物主義和現實主義的因素,成爲

① 《馬克思恩格斯選集》第2卷,第121頁。

西方美學史上的一座寶庫。祇要把康德的《判斷力批判》和黑格爾的《美學》稍加比較,人們就不難看出,後者不但更廣泛地論及了人類的各種藝術實踐及其歷史,而且更廣泛地論及了人類的社會生活和歷史發展,包含了更爲豐富的現實生活内容。黑格爾美學所取得的一切積極成果,對於馬克思主義美學的産生都有着直接的意義。

馬克思和恩格斯都鑽研過黑格爾的《美學》,並曾打算爲一部美國的百科全書撰寫黑格爾美學條目。恩格斯高度評價說,黑格爾在包括美學的"每一個領域中都起了劃時代的作用"①。他還建議K.施米特在研究黑格爾在《小邏輯》和《哲學史講演録》的同時,要"讀一讀《美學》,作爲消遣"。並且說:"祇要您稍微讀進去,就會讚嘆不已"②。對於馬克思主義者來說,黑格爾美學無疑是一份珍貴的美學遺産。黑格爾美學是博大精深的,這裏我們祇講幾個方面。

一　美學在黑格爾哲學體系中的地位

黑格爾的《美學》,對於熟悉黑格爾哲學的人或許是好懂的,但對於不了解黑格爾哲學的人,要讀懂它却並非易事。關鍵在於對黑格爾的哲學的總體把握和透徹了解。所以我們首先要簡單介紹一下黑格爾的哲學,特别是要弄清楚美學在他整個哲學體系中的地位。

黑格爾是德國古典哲學的完成者。他繼承了康德、謝林的唯心主義,又對他們有所批判,建立了一個包羅萬象的客觀唯心主義的哲學體系,並在這個唯心的體系中貫穿和發展了辯證法和歷史主義。

① 《馬克思恩格斯選集》第4卷,第215頁。
② 同上書,第494頁。

馬克思主義經典作家既嚴厲批判了黑格爾保守的唯心論體系，又肯定了黑格爾辯證法和歷史主義的歷史成就和革命意義，對黑格爾哲學進行了批判改造，把它視爲馬克思主義的重要理論來源之一。

黑格爾全部哲學大廈的基石是理念或絕對理念。他堅决反對康德的二元論和關於“物自體”不可知的假設。他認爲，不存在所謂“物自體”，没有什麽是不可知的，因爲人的認識可以由現象達到本質。但是，本質是普遍的，一般的東西，它不能由感覺，祇能由思想加以把握，因此，世上的萬事萬物雖然存在着，却祇是現象，並不真實，祇有現象背後的思想才是事物的本質和真實，而現象祇不過是思想的顯現。這種構成萬事萬物本質的思想或道理，或宇宙大法，他稱之爲理念或絕對理念，它是萬事萬物的本質和基礎。應當注意，黑格爾所講的理念不同於柏拉圖的理念，在柏拉圖那裏，理念是超然獨立於感性世界（自然、社會）之外的，即“理在事外”，而黑格爾的理念却是“理在事中”，也就是説，理念就客觀存在於感性世界的萬事萬物之中，並不脱離感性世界。這比柏拉圖似有進步，但黑格爾又堅持理念是邏輯上在先的，即於道理上説理念是先於感性世界的，是第一性的，因此他和柏拉圖一樣仍是客觀唯心論者。黑格爾講的理念，更多類似於謝林所講的絕對，但二者畢竟不同。謝林的絕對開初是無矛盾的，祇是後來才出現差異和矛盾，他也講發展，但黑格爾認爲没有矛盾就不可能有發展，理念自身就應當包括差異、對立和矛盾，永遠處於辯證的運動之中。在黑格爾看來，理念的辯證運動是按照正（肯定）、反（否定）、合（否定之否定）的三段式進行的。形而上學主張非此即彼，正與反之間有一道鴻溝，黑格爾則認爲，正與反是相互依存，相互轉化的。“正”如果離開了“反”，那是空洞的，無規定性的，不真實的，例如没有黑暗，也就無所謂光明。“反”是對正的否定，但它並非簡單的消極的否定，而是正的一個内部環節，正本身就潛含着反，祇有看到正反之間的聯繫，把二者統一爲“合”，達到否定之否定，這樣才能對事物有全面、具體、真實、深刻的認識。所以黑格爾反復强調理念的具體性，他給理念下的定義是：“理念不是别的，就是概念，概念所代表的實在，以及這二者的統一。”① 這裏概念是正，實在是反，二者的統一就是合。概念是理念尚處於抽象狀態，祇涉及普遍性，因而仍是片面的，不真實的，祇是於理應有而事實尚無的一種抽象，没有個别事物的定性，但概念是一整體，本身就潛含它所代表的實在（個别），這實在既是概念的個别事例，它就成爲抽象的普遍概念的對立面，達到了否定。黑格爾説這是概念自身設立對立面，是“自否定”。然而這否定（矛盾的對立）祇是一個過渡的環節，如果把實在祇看成個别性，也還是片面的、不真實的，必須使實在與概念相結合，再次否定實在的個别性，重新肯定概念的普遍性，達到“合”即否定之否定（對立面的統一，聯合），才是全面的真實的理念。由此可以看出，理念依照正反合三段式辯證發展的過程，也就是理念自發生，自否定，自認識的過程，或者説是理念自我認識和自我實現的過程，而現實世界的發展本質上不過是理念的邏輯發展，所以黑格爾的辯證法仍然是主觀的概念的辯證法。

正是依據這種辯證法，黑格爾從絶對理念推演出自然和社會。他把整個世界的發展分爲三大階段，即邏輯階段、自然階段和精神階段，並相應地把他的哲學體系劃分爲邏輯學，自然哲學和精神哲學三大部份，而在每一階段之中又都劃分出更小的“正、反、合”的三個環節或階段。這樣他的哲學體系就成了一個無所不包的世界發展的圖式。在邏輯階段，理念尚未體現於自然和社會，祇是純思想、純概念，所謂“存在”(Sein)祇是“潛在”、“虛有”或“抽象的有”，經過“有”—“本質”—“概念”三階段的發展，理念就否定自身，突破純概念而轉化爲自然界。在自然階段，理念取感性事物的形式，成

① 黑格爾：《美學》第1卷，商務印書館1979年版，第135頁。

爲“自在”或“實有”(Ansichsein),它經過“機械性”—“物理性”—“有機性”三階段的發展,最後出現了人而進入精神階段。在精神階段,理念體現於人的精神或社會歷史,它克服了邏輯階段和自然階段的片面性,達到二者的辯證統一,成爲“自在自爲的存在”(Ansich und fürsich Sein),也就是達到了理念的自我認識。它也經歷了三個階段,即主觀精神(指個人意識),客觀精神(指社會意識:法、道德、倫理)和絶對精神(指藝術、宗教和哲學)。因此,在黑格爾的哲學體系中藝術與宗教和哲學同處於絶對精神階段,它們都是認識理念(真理)的一種方式和手段,不過藝術尚處於絶對精神發展的低級階段,而哲學才是最高階段。美學是以藝術爲研究對象的,因而它就包括在黑格爾體系的《精神哲學》這個部份之中。

了解藝術和美學在黑格爾哲學體系中的這種地位,我們就可以看出,貫穿黑格爾美學的有兩條基本原則,一是理性主義,在黑格爾那裏,美和藝術不是非理性的,空洞的形式,而是理念的表現或顯現,即理性內容和感性形式的統一,是包含着豐富的理性內容的;一是人本主義,黑格爾在談論美和藝術時所講的理念,並不是抽象的邏輯理念,也不是自然理念,而是具有社會性的人的理念,是以人類的社會生活爲內容的。他有一個根本的思想,即美和藝術是人的精神產品,人是美和藝術的主體,也正是由此出發,他排斥自然美,推崇藝術美,把人看作藝術表現的中心。黑格爾的美學絶不是與人無關的純粹的邏輯演繹,儘管他時常把人放到“理念”這類術語的背後。這大概也是他的美學何以能在唯心主義的形式下包含豐富的現實生活內容的原因之一。

二　美是理念的感性顯現

黑格爾全部美學的基礎是關於美的學説。他充分認識到美的問題的複雜性。他説:“乍看起來,美好像是一個很簡單的觀念。但是不久我們就會發現：美可以有許多方面，這個人抓住的是這一方面，那個人抓住的是那一方面；縱然都是從一個觀點去看，究竟哪一個方面具本質的，也還是一個引起爭論的問題”①。爲了探索美的本質，他重點分析批判了柏拉圖、18世紀英國經驗派和德國理性派，康德、歌德、席勒等人的美學觀點，並在此基礎上提出了他的美的定義。他寫道：“美就是理念，所以從一方面看，美與真是一回事。這就是説，美本身必須是真的。但是從另一方面看，説得更嚴格一點，真與美却是有分别的。説理念是真的，就是説它作爲理念，是符合它的自在本質與普遍性的，而且是作爲符合自在本質與普遍性的東西來思考的。所以作爲思考對象的不是理念的感性的外在的存在，而是這種外在存在里面的普遍性的理念。但是這理念也要在外在界實現自己，得到確定的現前的存在，即自然的或心靈的客觀存在。真，就它是真來説，也存在着。當真在它的這種外在存在中是直接呈現於意識，而且它的概念是直接和它的外在現象處於統一體時，理念就不僅是真的，而且是美的了。美因此可以下這樣的定義：美就是理念的感性顯現。”②

把美看作理念或理念的顯現，非自黑格爾始。這個定義是黑格爾批判地吸收柏拉圖、康德、歌德和席勒等人有關思想，並在他的辯證唯心哲學基礎上加以發展的結果。他的功績在於克服了前人思想的片面性，對美的本質問題達到了深刻而辯證的理解。這個定義可以説是前此西方美學關於美的學説的一個總結。

這個定義的總的意思是説，美或藝術應當是理性内容和感性形式的辯證統一體。美是理念，但這理念必須要用感性事物的具體形象表現出來，成爲可以供人觀照的藝術作品。黑格爾説：“藝術的内容就是理念，藝術的形式就是訴諸感官的形象。藝術要把這兩方面

①② 黑格爾：《美學》第1卷，第21、142頁。

調和成爲一種自由的統一的整體。”[①] 根據黑格爾的解釋，“美是理念的感性顯現”包含三個要點，即理念、感性顯現和二者的統一。從這三個方面分析，我們就可看到，這一定義雖然簡短，却有高度的概括性和豐富的内涵。

第一，定義裏講的理念，即絶對理念，具體説就是絶對精神階段的理念，它也就是真，即最高真實和普遍真理。黑格爾説，美是理念，美與真是一回事，也就是説，美是理念或真實的一種表現，這指的是藝術的内容、目的和意藴。黑格爾反復强調：“藝術從事於真實的事物，即意識的絶對對象，所以它也屬於心靈的絶對領域，因此它在内容上和專門意義的宗教以及和哲學都處在同一基礎上。”[②] 三者的分别衹在於表現形式，即使絶對呈現於意識的形式。因此，黑格爾堅決反對把美和藝術看作無内容的形式主義和主觀主義的觀點，反對把美和藝術看作無關人生目的的奢侈和遊戲。他指出：“在藝術作品中各民族留下了他們的最豐富的見解和思想，美的藝術對於了解哲理和宗教往往是一個鑰匙，而且對於許多民族來説，是唯一的鑰匙。”[③] 他還説：藝術“所要滿足的是一種較高的需要，有時甚至是最高的，絶對的需要，因爲藝術是和整個時代與整個民族的一般世界觀和宗教旨趣聯繫在一起的”[④]。最早把美看作理念的是柏拉圖。但柏拉圖講的理念衹是空洞抽象的共相，它與實在相對立，是“理在事外”，並不真實，而黑格爾所講的理念則是“理在事中”，它是概念與實在的統一，“完全是具體的，是一種統攝各種定性的整體”[⑤]；也就是説，它不是抽象的概念，而是有内容的，柏拉圖的理念不包含矛盾，没有發展，而黑格爾的理念包含矛盾，是發展的，它本

① 黑格爾：《美學》第1卷，第87頁。
② 同上書，第129頁。
③ 同上書，第10頁。
④ 同上書，第38頁。
⑤ 同上書，第136頁。

身就是主客體的同一，它既是實踐的主體，又是認識的客體，"應該作爲絶對活動來理解。"[1]既然黑格爾講美的理念，不是其它發展階段而是絶對精神階段的理念，那麽，在他看來，美就不能衹是形式而還具有豐富的内容，而且是人的社會的内容。康德也談到過美的理念，但他把美的理念置於現象的"彼岸"，是純主觀的，不可知的。與康德不同，黑格爾認爲理念是客觀的，它就是客觀地存在于現象之中，是可以認識的。他批評説："許多人都認爲美，正因爲是美，是不可能用概念來理解的，所以對於思考是一個不可理解的對象……其實這話是不對的，衹有真實的東西才是可理解的，因爲真實是以絶對概念，即理念，爲基礎的。美衹是真實的一種表現方式，所以衹要能形成概念的思考真正有概念的威力武裝着，它就可以徹底理解美。"[2] 總之，黑格爾美的定義包含的第一方面的基本思想，就是美和藝術以理念爲内容，是表現和認識絶對理念的一種方式和手段，因此美具有豐富的内容，是真實的，客觀的，可以認識的，這就克服了柏拉圖的抽象的形而上學和康德的形式主義，主觀主義和不可知論，並把理性内容提到了首位，肯定了美和藝術的思想性，高度的認識價值和社會意義。黑格爾是主張"文以載道"的。許多美學史家都把黑格爾美學稱作内容美學，用以與康德的形式主義美學相區别，主要就是因爲這個道理。

第二，所謂感性顯現，就是理念一定要表現或客觀化爲感性事物的外形，直接呈現於意識，成爲能訴諸人的感官和心靈的藝術形象。這指的是藝術的形式。藝術不同於宗教和哲學的特徵就在於"藝術用感性形式表現最崇高的東西，因此，使這最崇高的東西更接近自然現象，更接近我們的感覺和情感"[3]。也就是説，它以感性形

---

① 黑格爾:《美學》第 1 卷，第 118 頁。

② 同上書，第 117 頁。

③ 同上書，第 10 頁。

象的方式表現理念或普遍真理。黑格爾的定義説,美與真又有分別,理念要在外在世界實現自己,以感性客觀存在的形式直接呈現於意識,顯現出來,講的正是美和藝術的這種特徵。在黑格爾看來,抽象的真,抽象的理念,决不是美,感性顯現或感性形式是美和藝術不可缺少的要素,衹有具體的理念才能成爲美和藝術的內容,理性內容必須化爲個別的感性形式才能成其爲美。同時,這感性形式也應當是個別的,具體的,單一完整的,它不是偶然碰巧拾來的,而是藝術內容本身生發出來的,是訴諸內心生活,爲情感和思想而存在,爲藝術內容而存在的,它不同於單純的外在自然,而是訴諸人心,影響人心的,因此,他雖然强調理性內容的重要,同時又反對抽象的公式化。他反復説明:"藝術作品所提供觀照的內容,不應該衹以它的普遍性出現,這普遍性須經過明晰的個性化,化成個別的感性的東西。"[①] 藝術"是一種直接的也就是感性的認識,一種對感性客觀事物本身的形式和形狀的認識,在這種認識裏絕對理念成爲觀照與感覺的對象"[②]。"感性觀照的形式是藝術的特徵,因爲藝術是用感性形象化的方式把真實呈現於意識,而這感性形象化在它的這種顯現本身裏就有一種較高深的意義,同時却不是超越這感性體現使概念本身以其普遍性相成爲可知覺的,因爲正是這概念與個別現象的統一才是美的本質和通過藝術所進行的美的創造的本質。"[③] 黑格爾十分重視美和藝術的感性特點,他説:"美的生命在於顯現"[④],"美衹能在形象中見出"[⑤]。但是,應當注意,在黑格爾看來,感性顯現只是理念自身的顯現,是把理念具體化爲感性的客觀存在;任何存在其實都是理念的表現,因此顯現本身也是一切存在

① 黑格爾:《美學》第1卷,第63頁。

② 同上書,第129頁。

③ 同上書,第129-130頁。

④ 同上書,第7頁。

⑤ 同上書,第161頁。

所必有的，然而，美和藝術的顯現是一種特殊形式的顯現”[①]，它祇取客觀事物的外形，並不就是客觀的物質存在。例如畫一匹馬，祇取馬的外形，並不是創造了一匹可騎可行，能滿足人的實踐欲求的馬。藝術中的感性事物是通過人的頭腦意匠經營的產品，是一種觀念性的東西，是經過心靈化了的，“比起自然物的直接存在，是被提昇了一層，成爲純粹的顯現(外形)”[②]。因此，美和藝術既不是純粹的觀念性的思想，也不是直接的感性事物，而是介乎二者之間，藝術顯現的優點就在於，它比自然的感性事物更高，更純粹，更真實，“通過它本身而指引到它本身以外”[③]，即指引到理念。理念的感性顯現，也就是理念的感性化和感性事物心靈化的過程。美和藝術固然要訴諸人的感官，却又基本上是訴諸於心靈的。由上可見，黑格爾美的定義的第二方面的基本思想，就是美作爲理念必須顯現爲感性形式，使感性事物提昇到心靈的高度。因此美和藝術既不應當是抽象的哲學圖解，也不應當是感性現實的機械摹仿，這就避免了片面性，有力地揭示了美和藝術的特性。

第三，理念和感性顯現二者的統一。黑格爾認爲，美和藝術的理性內容和感性形式還必須結合爲彼此相互融貫，完全吻合的統一整體，從他的全部思想體系來看，這個統一體不僅是內容與形式的統一體，同時它也就是主體與客體、理性與感性、內在與外在、一般與個別、無限與有限等等各種對立因素的統一體。他反復强調，這個統一體並不是對立面的中和，在其中理念居於統治地位，是內容決定形式而不是相反。也就是說，這是理念自己把自己顯現爲感性存在，也就是自否定、自確定。理念是普遍的，一般的，如果它不顯現爲具體的感性存在就仍是抽象的，顯現的結果就使它既否定了這

① 黑格爾:《美學》第1卷，第11頁。
② 同上書，第48頁。
③ 同上書，第13頁。

種抽象性，轉化爲個別的特殊的感性存在，同時又否定了這感性存在的抽象的特殊性，使之心靈化，與理念融合成一體，達到了二者的辯證統一。因此，這個統一體雖然包含感性存在，其實是理念自己和自己發生關係，仍然是精神性的。黑格爾美的定義的第三方面的基本思想，就是肯定這個精神性的統一體是一個獨立自在的、無限的、自由的整體。因此，黑格爾認爲美是無限和自由。他說："美本身却是無限的，自由的"①。美既不是有限智力(理論認識)的對象，也不是有限意志(實踐欲望)的對象，而是二者的統一。"審美帶有令人解放的性質，它讓對象保持它的自由和無限，不把它作爲有利於有限需要和意圖的工具而起佔有欲和加以利用。所以美的對象既不顯得受我們人的壓抑和逼迫，又不顯得受其它外在事物的侵襲和征服"②。黑格爾認爲，正是由於這種自由和無限，藝術才解脫了有限事物的束縛，上昇到理念和真實的絶對境界，成爲把握現實，認識真理，追求自由的一種形式。

綜上所述，黑格爾講的理念，感性顯現和二者的統一體，歸根結底都是精神性的，因此，他的美的定義根本否定了現實是美和藝術的源泉，其性質明顯是唯心主義的。但其中的確貫徹了辯證法，包含了許多對立統一的基本原則，因而又包含了許多合理的東西，這比前人對美和藝術有了更深刻的理解。

三　自然美和藝術美

美是理念的感性顯現，這是黑格爾關於美的總定義，接着他還分别下了自然美和藝術美的定義，提出了自然美和藝術美的理論。

---

① 黑格爾:《美學》第 1 卷，第 143 頁。

② 同上書，第 147 頁。

1. 自然美

一般說來,黑格爾貶低、輕視自然美,他認爲自然美不是真正的美,不能成爲美學研究的對象,但他並没有否認自然美的存在這一事實。關於自然美的理論是黑格爾美學中最薄弱的部份。但又是不可缺少的部份,它構成了黑格爾關於藝術美理論的前提。

在黑格爾的哲學體系中,自然是理念發展的低級階段,它也是理念的表現或顯現,但在自然中理念顯現得還很不完善、很不充分。黑格爾說:"理念的最淺近的客觀存在就是自然,第一種美就是自然美。"① 這就是說,自然美衹是美的低級形態。自然經過機械性、物理性和有機性三個發展階段。死的無機的自然没有生命和靈魂,因而不符合理念,衹有到了出現生命的有機階段,理念才在自然中得到最初的顯現,因而也才有美。生命是靈魂和肉體相互融貫、充滿生氣的統一,它不是二者單純的相互拼合,而是"統攝同樣定性的整體","感覺瀰漫全身各部份,在無數處同時感到,但是在同一身體上並没有成千上萬個感覺者,却衹有一個感覺者,一個主體"②。例如,手割掉了就不再是手,失去了獨立存在的意義,衹有作爲身體的一部份才有它的地位和意義。因此黑格爾給自然美下了這樣的定義:"我們衹有在自然形象的符合概念的客觀性相之中見出受到生氣灌注的互相依存的關係時,才可以見出自然的美。這種互相依存的關係是直接與材料統一的,形式就直接生活在材料裏,作爲材料的真正本質和賦與形狀的力量。這番話就可以作爲現階段的美的一般定義。"③ 這個定義顯然是從"美是理念的感性顯現"推演出來的。

黑格爾不否認自然美以及它所具有的整齊一律、平衡對稱、規律和諧等形式美的存在,但他認爲自然美源於理念,自然美的本質仍

---

① 黑格爾:《美學》第一卷,第 149 頁。
② 同上書,第 153 頁。
③ 同上書,第 168 頁。

是精神性的。自然在機械性和物理性的階段幾乎談不上美,到了有生命的階段才出現美,而"有生命的自然事物之所以美,既不是爲它本身,也不是由它本身爲着要顯現美而創造出來的。自然美祇是爲其它對象而美,這就是説,爲我們,爲審美的意識而美"①。例如,自然美的頂峰是動物的生命,它已開始顯出生氣灌注,但仍然是有局限性的。"動物祇能使人從觀照它的形狀而猜想到它有靈魂,因爲它祇是依稀隱約地像有一種靈魂,即呼吸的氣,滲透到全體,使各部份統一,並且在全部生活習慣中顯出個别性格的最初的萌芽"②。動物没有自意識,它不能自己認識自己,所以不能創造美,祇能讓旁人看出它的美。對於黑格爾來説,自然美缺乏明確的標準,如果要説自然美的標準,也祇能歸結爲人的主觀意識,他舉例説,我們出於習慣,認爲活動和敏捷是生命的表現,所以對於爬行艱難笨拙的懶蟲以及某些魚類、鰐魚、癩哈蟆和許多昆蟲就不能産生美感,由於我們習慣於認爲某一物種都有一種定型,所以對鴨嘴獸這混種動物也不生美感而感到奇怪。對於無生命的自然風景,例如"山峰的輪廓,蜿蜒的河流,樹林,草棚,民房,城市,宫殿,道路,船隻,天和海,谷和壑之類",它們之所以美,就在於"在這種萬象紛呈之中却現出一種愉快的動人的外在和諧,引人入勝"。而"寂静的月夜,平静的山谷,其中有小溪蜿蜒地流着,一望無邊波濤洶涌的海洋的雄偉氣象,以及星空的肅穆而莊嚴的氣象"之類,它們之所以美,"還由於感發心情和契合心情而得到一種特性"。這美"並不屬於對象本身,而是在於所唤醒的心情"③。黑格爾關於自然美的理論歸根結底是唯心主義的。費歇爾父子後來發展了這一理論,創立了審美移情論。

---

① 黑格爾:《美學》第 1 卷,第 160 頁。

② 同上書,第 171 頁。

③ 同上書,第 170 頁。

黑格爾反覆强調,美的理念應當"作爲個别事物去理解"①,個别事物有兩種形式,即直接的自然的形式和心靈的形式,理念顯現爲直接的自然形式就是自然美,顯現爲直接的心靈形式就是藝術美。自然美是不完滿的美,而藝術美是本身完滿的美。自然美的缺陷有三:第一,自然美尚不能充分顯現出理念。理念、靈魂在自然的個别事物中仍是内在的。植物還没有自我感覺和靈魂性,動物完全被羽毛、鱗甲、針刺之類遮蓋着,就連人體也有皮膚的裂紋、皺紋、汗孔、毫毛,還不能通過全部形體顯現出内在的靈魂,這些都是自然美的缺陷。第二,自然美依賴於外在條件,是不自由的。例如,動植物的美,這美能否保持還是喪失,都取决於外在的情况,一定的生存環境就限定了它們的生活方式、營養方式和生活習慣。致命的疾病,各種窮困和苦惱,也影響着人體的美。人們賴以生存的社會環境更是一個異常複雜的關係網,其中充滿着個人所無法避免的錯綜複雜的相對事物和必然性的壓力,國家的法律,各種社會關係,都制約着人的自由意志,往往成了障礙,因而"不能使人見出獨立完整的生命和自由,而這種生命和自由的印象却正是美的概念的基礎"②。第三,自然美是有局限性的。例如,動物不能越過物種的界限,人體也有種族上的差異,個人的家庭特性,職業特性,特殊經歷,人類生存的全部有限性都會造成個别面貌的偶然特點及其經常的表現。黑格爾舉例説:"例如有一種久經風霜的面相,上面刻下了種種情欲的毁滅性風暴的遺痕;另有一種面相顯出内心的冷酷和呆板,還有一種面相奇特到簡直不像人。這些形狀上的偶然分歧是無窮盡的"。這些都使人的美帶上許多局限性。"大體説來,兒童是最美的"③,但兒童的天真又缺乏深刻的心靈特徵。總之,黑格爾認爲,自然美,包括現

① 黑格爾:《美學》第 1 卷,第 185 頁。

② 同上書,第 192 頁。

③ 同上書,第 194 頁。

實生活中的美,都是有缺陷的,正是爲了彌補自然美的缺陷,我們纔需要創造藝術美。"藝術美是由心靈產生和再生的美"①,它是人的創造,是精神的產品,它充分顯現了理念,表現出無限和自由,因而是真正的美,而自然美衹是心靈美的反映,衹是一種不完全不完善的形態,同時自然美的概念既不確定,又沒有什麼標準。所以藝術美高於自然美。這是黑格爾關於自然美的核心思想。

2. 藝術美

自然美和藝術美的分别,也就是自然和理想的分别。黑格爾關於藝術美的理論,也就是關於理想的理論。他直接了當地把藝術美稱作理想,而理想"是在自然裏找不到的"②。二者的分别根源於藝術美即理想是人的精神的產品,具體説,就是藝術家所創造的藝術作品,它是理念充分地顯現於藝術形象,是内容和形式,内在因素和外在因素的高度統一。黑格爾比喻説,有如人的眼睛集中顯現出靈魂,"藝術也可以説是要把每一個形象的看得見的外表上的每一點都化成眼睛或靈魂的住所,使它把心靈顯現出來"。反過來説,"藝術把它的每一個形象都化成千眼的阿顧斯,通過這千眼,内在的靈魂和心靈性在形象的每一點上都可以看得出"③。在黑格爾看來,理想就是真實,自然和現實中的外在事物,本身不是真實,也不是理想,因此藝術不是自然(現實)的機械模仿,而是一種創造,它要對外在事物進行"清洗",使之向心靈還原,也就是要把一切被偶然性和外在形狀玷污的事物還原爲真實的概念,把一切不符合概念的東西一齊抛開。他强調説:"衹有通過這種清洗,才能把理想表現出來。人們可以把這種清洗説成藝術的諂媚,就像畫像家對所畫的人諂媚

① 黑格爾:《美學》第1卷,第4頁。
② 同上書,第183頁。
③ 同上書,第198頁。

一樣。但是就連最不過問理想的畫像家也必須諂媚"[①]。因爲藝術理想始終要求外在形式本身就要符合靈魂,畫像家必須拋開形狀、面容、形式、顔色、綫條等方面的一切外在細節,拋開頭發、毛孔、瘢點之類祇關自然方面的東西,力求把足以見出主體靈魂的那些真正的性格特徵表現出來(神似),而不是完全依祥畫葫蘆地摹仿出來(形似)。這裏所講的諂媚,也就是要理想化。但另一方面,黑格爾又指出,這種向心靈還原的理想化並不是回到抽象形式的普遍性,不是回到抽象思考的極端,而是處在一個"中途點"上。也就是說,藝術美的理想又不是抽象的哲學觀念,而是顯現爲具有定性的個别事物的藝術形象。因此,藝術又不能是空洞的説教,藝術的内容(理念)不應當遊離於藝術形象之外,而應當托身於、融合於個性和外在現象裏,完全通過感性的藝術形象顯現出來,達到内容與形式的高度吻合和統一。這也就是理念在形象中自已顯示自己,自己肯定自己,自己欣賞自己,因而成爲自由和諧的整體,表現出一種"和悦的静穆和福氣",這就是藝術美或理想的基本特徵。總之,理想不是生糙的自然,也不是抽象的概念,而是心靈的創造,它具有自然的形式,但又高於自然。黑格爾説:"理想就是從一大堆個别偶然的東西之中所揀回來的現實。"[②]這也就是黑格爾關於藝術美的定義。

3. **藝術與自然**

關於理想對自然,即藝術與現實的關係問題,黑格爾提出了三點極爲重要的看法。

第一,藝術是對自然的征服,具有完全形式的觀念性。他説:"詩按它的名字所含的意義,是一種制作出來的東西,是由人産生出來的,人從他的觀念中取出一種題材,在上面加工,通過他自己的活

---

① 黑格爾:《美學》第1卷,第200頁。

② 同上書,第201頁。

動,把它從觀念世界表現到外面來。"[①] 因此,藝術不是自然或現實生活的反映。在他看來,在藝術領域裏使用"自然的"這個字眼並不符合它的本義,藝術是"取消感性物質與外在情況的那種制作或創造"[②]。自然的東西在藝術裏已成爲心靈創造的圖景和形象,成爲心靈的表現,不再是生糙的自然,而是經過觀念化的東西。這種由心靈創造的形象簡直是一種"觀念性的奇跡"[③]。它以心靈創造的自然事物的外形和現象,使我們產生如同實物所給的印象,它把自然和生活中需費大力才能制造出來的東西,輕易地就用觀念材料創造出來;它把本來是消逝無常、瞬間存在的東西化成了永久性的東西;它把本來没有價值的事物提高了,使我們對本來過而不問或衹引起霎時興趣的東西發生更大的興趣。因此,藝術的目的不是創造實用的物品,而是單純提供"認識性的觀照"和引起"心靈創造的快慰",藝術使我們歡喜,"不是因爲它很自然,而是因爲它制作得很自然"[④]。

第二,藝術不是自然細節的羅列,應當具有普遍性。黑格爾認爲,自然事物是個别的,而觀念却有普遍性。"藝術作品固然不衹是一般性的觀念,而是這種觀念的某一定形式的體現,但是作爲來自心靈及其觀念成分的東西,不管它如何活像實物,藝術作品仍然必須渾身現出這種普遍性"[⑤],因此,藝術的任務就在於"抓住事物的普遍性","抓住那些正確的符合主題概念的特徵"[⑥],提煉出"有力量的,本質的,顯出特徵的東西"[⑦],而所謂"逼肖自然"是不足爲訓的,——羅列自然事物的細節必然是干燥乏味,令人厭倦,不可容忍的。

① 黑格爾:《美學》第1卷,第208頁。
②④ 同上書,第210頁。
③ 同上書,第209頁。
⑤⑥ 同上書,第211頁。
⑦ 同上書,第214頁。

第三,藝術不是自然,但也不是空洞抽象與自然絶然對立的“理想”,因此,藝術既不應“逼肖自然”,單純追求自然形式,也不應當脱離自然(現實)去追求“理想”。黑格爾認爲,真正的理想並不是個人的主觀幻想,藝術是對自然加以“清洗”的結果,藝術的内容是“從自然攫奪來的”①,經過“意匠經營”的。藝術雖然應有較高的旨趣和目的,表現更高更理想的題材,但却不應鄙視平凡的自然。平凡的自然也可以入詩,成爲藝術的題材,但必須使它具有心靈産生的内容。例如17世紀荷蘭畫派的風俗畫,描繪的是平凡的題材,但却達到了高度的完美,具有巨大的吸引力,其原因就在於這些畫具有真實的思想内容,表現了荷蘭人的生活、歷史和情緒。而這些内容“是從他們本身、從他們當前的現實生活中選擇來的”②。另一方面,理想也不是形式美,也不是由人任意設立的符號。理想即藝術美是内容和形式的統一,其中内容佔主導地位,祇有形式充滿了内容,不剩下絲毫空洞無意義的東西,才能顯出高度的生氣,而“這種最高度的生氣就是偉大藝術家的標誌”③。總之,“藝術家必須是創造者,他必須在他的理想裏把感發他的那種意藴,對適當形式的知識,以及他的深刻的感覺和基本的情感都溶於一爐,從這裏塑造他們要塑造的形象”④。

4. 藝術是人的自我復現

從以上可以看出,藝術美與自然美的分别是建立在黑格爾對人的理解的基礎上的。黑格爾的確提出了一個十分深刻而富於思辨性的問題:“是什麽需要使得人要創造藝術作品呢?”他指出,人類對藝術的需要不是偶然的而是絶對的,問題在於這種需要的根源是什麽。黑格爾回答説:“這就是人的自由理性,它就是藝術以及一切

① 黑格爾:《美學》第1卷,第209頁。

② 同上書,第216頁。

③ 同上書,第221頁。

④ 同上書,第222頁。

行爲和知識的根本和必然的起源。”① 正是在這種理性主義回答的基礎上，他提出了著名的藝術是人的自我創造或自我復現的學說。他認爲，人是一種能思考的意識，人能以認識和實踐兩種方式達到對自己的意識，前者是在内心形成概念和理論，後者是通過實踐活動去改變外在事物，在上面“刻下他自己内心生活的烙印”②，因此，“人把他的環境人化了”③，“他自己的性格在這些外在事物中復現了”，外在事物的頑强的疏遠性消除了，“在事物的形狀中他欣賞的祇是他自己的外在現實”。藝術正是這樣一種實踐活動。他舉例說：“一個小男孩把石頭拋在河水裏，以驚奇的神色去看水中所現的圓圈，覺得這是一個作品，在這作品中他看出他自己活動的結果。這種需要貫串在各種各樣的現象裏，一直到藝術作品裏的那種樣式的外在事物中進行自我創造（或創造自己）”④。他認爲人的一切裝飾打扮的動機也在於此。這一學說把藝術的根源歸結爲理性，從根本上說是唯心主義的，但其中所包含的“人化自然”的思想，把藝術同人的勞動實踐活動聯繫起來，已經隱約看到了藝術在人改造世界從而改造自身方面的功能，這是美學上實踐觀點的萌芽，也是黑格爾美學最基本的合理内核。馬克思在《經濟學哲學手稿》和《資本論》等著作中，强調藝術同物質生産勞動的關係，把實踐觀點全面運用於美學領域，正是批判改造黑格爾有關思想的結果。

四　藝術美的創造

藝術美即理想是人的一種創造，是藝術家意匠經營的産品，理

① 黑格爾：《美學》第1卷，第40頁。
②④ 同上書，第39頁。
③ 同上書，第326頁。

想不能祇停留於抽象的普遍性，而必須表現出來，轉化爲有限的客觀存在，造成可以供人觀照的具體的藝術形象，達到理想和自然(現實)的統一。那麽，藝術形象是怎樣創造出來的呢？用黑格爾的話來説，“有限客觀存在怎樣才能取得藝術美的理想性呢”[①]？或者説，以怎樣的方式才能把自然或現實昇華爲藝術美呢？對於這個問題的回答，構成了黑格爾關於藝術美的創造的理論。這裏包括一般世界情況、情境、情致、矛盾、衝突、人物性格等方面的學説。這是十分重要又十分複雜的關於創造藝術造型的一套理論，我們祇能簡要介紹。

“藝術即絶對理念的表現”[②]。這是黑格爾關於藝術的總定義、總概念。在黑格爾的哲學體系中，藝術處於理念發展的精神階段，因此藝術表現的理念不是邏輯階段的理念，也不是自然階段的理念，而是體現在人和人類社會生活之中，具有人的内容的理念。正是從這個基本點出發，黑格爾反復强調，藝術作爲理想並不是脱離人類現實生活的個人主觀幻想和空想；藝術要表現理念，表現“神性的東西”，但它不能是一種抽象概念，而必須降臨人間，把人的具體生活當作藝術的活生生的材料，“而理想也就是這種生活的描繪和表現”[③]。當然，藝術並不是現實生活的機械摹仿，而是要把現實生活提昇爲理想，通過個别來表現一般，這就是要創造具有典型性格的人物形象。“因爲理想的完整中心是人，而人是生活着的，按照他的本質，他是存在於這時間、這地點的，他是現在的，既個别而又無限的”[④]；黑格爾没有明確使用“典型性格”、“典型環境”和“典型形象”這類術語，但他確有這方面的理想，他始終把人當作藝術表現的對象，把人物性格的塑造作爲藝術表現的中心，他的全部藝術創

① 黑格爾：《美學》第1卷，第223頁。
② 同上書，第87頁。
③ 同上書，第225頁。
④ 同上書，第315頁。

造的理論主要是解决塑造典型形象問題的。這裏有三個要點:

1. 一般世界情况

黑格爾認爲,人總是生活在特定的歷史時代,並受社會歷史條件制約的。作爲有生命的主體,人首先要有一種周圍的現實世界作爲他進行活動的場所和基礎。所謂"一般世界情况"就是"藝術中有生命的個别人物所藉以出現的一般背景"①。例如,有關教育、科學、宗教、財政、司法、家庭生活以及類似現象的情况。但是這一切社會現象的情况都衹是理念的不同形式的表現,衹有理念才是有實體性的即本質的東西,它貫穿於這一切現象,並使它們聯繫在一起。所以就實質來説,"一般世界情况"也就是時代的理念,或者説是時代精神或社會的普遍力量,它尤其是表現在特定時代的宗教、倫理道德和政治的信條或理想上面,並制約着人的行動,成爲人物"個别動作(情節)及其性質的前提"②。在黑格爾看來,任何人都是歷史環境的産物,理想的人衹能在理想的社會條件下産生。因而他進一步提出和探索了怎樣的一般世界情况才符合理想的個性,才是理想的這個問題。這實際上也就是怎樣的時代才有利於人的發展和藝術繁榮的問題。他把社會歷史劃分爲英雄時代(古希臘的史詩時代)、牧歌時代和散文氣味的現代(資本主義時代)。他認爲英雄時代的一般社會情况是比較理想的,那時個人不屈從于國家和法律,是獨立自足的。"希臘英雄們都出現在法律尚未制定的時代,或則他們自己就是國家的創造者,所以正義和秩序、法律和道德,都是由他們制定出來的,作爲和他們分不開的個人工作而完成的。"③"在這種情形之下,道德的效力或價值完全要依靠個人,這些個人由於他們的特殊的意志,由於他們傑出的偉大性格及其作用,超然聳立於他們

① 黑格爾:《美學》第1卷,第251頁。
② 同上書,第228頁。
③ 同上書,第237頁。

所處的現實界的高峰”[①]。例如,那時荷馬史詩中的英雄們都按照自己的個性去獨立行動,敢作敢爲,敢於對行動的後果負責,上下級的關係是自由自願的,同時他們不脫離體力勞動,並從勞動獲得創造的喜悦。總之,那時個人與自然、個人與社會處於和諧的直接統一,肉體和精神的力量能够自由發展,因而個性都是偉大、堅强、完整的,這爲藝術的繁榮提供了最好的現實土壤。與此相反,在資本主義社會下,由於國家、法律和社會分工,每個人都隸屬於一種固定的社會秩序,成爲受局限的成員,喪失了性格的獨立自足性,人的一切活動都要依從別人,不再是自由自在的,人與人之間相互利用,互相排擠,勞動疏遠化了,產生出貧富分化,需要與勞動、個人與產品、興趣與滿足嚴重脱節,勞動作爲奴役性的謀生手段,衹以常規機械的方式進行,喪失了個人的特點和審美的樂趣,因而資本主義社會不利於人的發展,也不利於藝術的繁榮。黑格爾明確指出:“我們現時代的一般情況是不利於藝術的。”[②]他對古希臘英雄時代未免有些美化,但他尖鋭地揭露、批判了資本主義社會的反人道、反審美的性質,這無疑是深刻的、寶貴的,具有進步的意義。

2. 情境和衝突

黑格爾看到了個人是時代的產品,因而藝術創造首先需要把握一般世界情況,但他指出一般世界情況還衹是無定性的,抽象的、普泛的,因而藝術創作不能衹停留於一般世界情況的描繪,還需要進一步地把握人物活動的具體情境以及人物活動的矛盾衝突,才能揭示出具體人物的性格和動作。所謂“情境”就是一般世界情況這種人物活動的場所和背景的具體化。他説:“在這種具體化過程中,就揭開衝突和糾紛,成爲一種機緣,使個別人物現出他們是怎樣的人

① 黑格爾:《美學》第1卷,第235頁。
② 同上書,第14頁。

物,現爲有定性的形象"[①]。黑格爾講的情境指的是外部環境,但并不是單純的外部環境,他指出:"單就它本身來説,這種環境並没有什麽重要。"外在環境基本上應當從"對人的關係來了解",它要成爲一種機緣和行動的推動力(外因),能够表現出個別人物形象的生命——他的内在心靈的需要、目的和心情。黑格爾指出:"藝術的最重要的一方面從來就是尋找引人入勝的情境,就是尋找可以顯現心靈方面的深刻而重要的旨趣和真正意藴的那種情境。"[②]在他看來,無定性的情境,雖有定性却處在平板狀態的情境,都不是理想的情境,衹有有定性又能表現出本質的差異面,即導致矛盾衝突的情境,才是理想的情境,因爲矛盾衝突才是人物動作的真正原因,才能見出嚴肅性和重要性。黑格爾結合大量歷史和文藝現象細微地分析和研究了矛盾衝突,他把衝突分爲三類,一是自然情況造成的衝突,例如疾病,自然災害對生活和諧的破壞;一是自然情況造成的心靈衝突,例如親屬關係、繼承權,尤其是王位繼承權,以及出身差别、階級差别等所引起的衝突;一是心靈本身的矛盾和分裂所造成的衝突。黑格爾認爲衹有第三種衝突才是理想的衝突,因爲這類心靈性的矛盾衝突是人們特有的行動本身引起的,它根源于行動發生時的意識與意圖和後來對這行動本身的認識之間的矛盾,在這種矛盾衝突中人物是按照理性行事的,追求的是道德的、真實的、神聖的東西,因而可以成爲倫理的心靈性的表現。黑格爾説:"藝術的要務不在事跡的外在的經過和變化,這些東西作爲事跡和故事並不足以盡藝術作品的内容;藝術的要務在於它的倫理的心靈性的表現,以及通過這種表現過程而揭露出來的心情和性格的巨大波動。"[③]儘管黑格爾所肯定的衝突主要還是精神性的衝突,但他肯定文藝要表現

① 黑格爾:《美學》第1卷,第252頁。
② 同上書,第254頁。
③ 同上書,第275頁。

矛盾衝突，並且强調衝突的社會性質，多少看到了階級的矛盾衝突，這仍是美學史上的傑出貢獻。

3. 動作和性格

黑格爾認爲："性格就是理想藝術表現的中心。"[①]祇有動作才能把個人的性格、思想、目的清楚地表現出來，情境和衝突是激發動作的原因，但這祇是外因，所以藝術不應當祇着眼於外在現象的經驗描述，任意選取動作的起點，而應當祇選取符合理想的那一類特殊的動作，在情境和動作的演變中揭示人物活動的內因，揭露出人物"究意是什麽樣的人"。動作的起點"應該祇了解爲被當事人的心情及其需要所抓住的，直接産生有定性的衝突的那種情況，所表現的特殊動作就是這種衝突的鬥爭和解决"[②]。黑格爾認爲，引起動作的是普遍力量即理念，他又稱之爲神性，而發出動作的是人。普遍力量本身是不動的，它應當形象化爲個別人物即個性化，顯現於人的心靈和性格方面，達到神與人、普遍與特殊、一般與個别的統一，成爲人物動作的推動力即內因。這種出現於人物個性和內心成爲動作內因的普遍力量，黑格爾稱爲"情致"。他認爲情致不是情欲，不是私心，不是荒誕無稽的幻想，而是本身有辯護道理、符合理性、支配人物行動的社會倫理道德的普遍力量，情致祇限於人，它是存在於人的自我而充塞全部心情的理性內容，例如家庭、祖國、國家、教會、名譽、友誼、社會地位、價值以及榮譽和愛情等等。在黑格爾看來，藝術創作應當緊緊抓住情致、表現情致，因爲情致最能表現人物性格，是藝術的真正中心，同時也是令人感動的藝術效果的主要來源。但是情致的表現不應當是抽象的，不應當是教條、信念和見解等科學認識以及宗教教義，而應當達到形象具體、作爲豐富完整的心靈來表現。黑格爾的情致説後來在别林斯基那裏得到進

① 黑格爾《美學》第1卷，第300頁。
② 同上書，第277－278頁。

一步的發展。正是在情致説的基礎上,黑格爾提出了塑造理想的人物性格的三個條件。他説:“具體的活動狀態中的情致就是人物性格。”[①] 因此,人物性格首先要具有豐富性、完滿性和主體性。情致既然是在個性裏顯現出來的,人物性格就不是某種抽象的孤立的情致,不是祇具有一種而是具有多種多樣的性格特徵。“每個人都是一個整體,本身就是一個世界,每個人都是一個完滿的有生氣的人,而不是某種孤立的性格特徵的寓言式的抽象品。”[②] 例如荷馬作品中的每一個英雄都是許多性格特徵的總和。祇有表現出這種多樣性才能使性格具有生動的興趣。其次,性格要有明確性,也就是在性格特徵的多樣性中要有某種特殊的情致,作爲基本的突出的性格特徵,來引起某種確定的目的、決定和動作,從而把豐富多樣的性格特徵統一起來,達到性格的明確、鮮明。例如莎士比亞寫了朱麗葉與父母、保姆、巴里斯伯爵以及神父勞倫斯的種種複雜的關係,但在每一種情境裏,“祇有一種情感,即她的熱烈的愛,滲透到而且支持起她整個的性格”[③]。第三,性格還要有堅定性,也就是要有一種一貫忠實於它自己情致所顯現的力量和判斷性。黑格爾這裏要求的是一種英雄的性格,他果斷、堅强、敢於行動,敢於負責,敢於决斷自己的命運。正是由此出發,他尖鋭批判了“長久在德國統治着的那種感傷主義”和早期浪漫派的滑稽説,認爲它們描寫的人物性格是病態的,軟弱的,不足爲訓的。

總起來説,黑格爾關於藝術創作的理論根本上還是從他的客觀唯心主義的理念和抽象的人性論出發的,但由於使用了辯證法,他不但肯定了現實生活和文藝創造的一般聯繫,而且廣泛深入地研究了現實生活,探索了如何從現實生活出發而不是從抽象

① 黑格爾:《美學》第1卷,第300頁。
② 同上書,第303頁。
③ 同上書,第305頁。

的理想出發，去創造藝術美和藝術典型的道路，其中包含了許多接近唯物主義和現實主義的合理思想，對我們今天仍有啟發和教益。

五　藝術美的歷史發展

從“美是理念的感性顯現”出發，黑格爾進一步研究了藝術美即理想的歷史發展過程和規律，區分了藝術發展的不同類型和種類。他把理念看作藝術發展的源泉，這是唯心主義的，但他並沒有就此止步，而是處處把藝術的發展同人類歷史文化生活的發展聯繫起來，力圖從藝術內容的進步和民族生活的發展來説明藝術歷史發展的特徵，因而在美學史上作出了重大的貢獻。

黑格爾認爲，藝術是普遍理念和感性形象，即內容和形式的統一，“由於把理念作爲藝術內容來掌握的方式不同，因而理念所藉以顯現的形象也就有分別”①。內容和形象之間的不同的關係，是區分藝術類型的真正的基礎。他把藝術劃分爲三種類型，即象徵型、古典型和浪漫型，每個類型之下又有不同的藝術種類，如建築、雕刻、音樂、詩歌等等。在他看來，人類歷史發展的各主要時期都有自己獨特的藝術類型和種類。他説：“每個從事政治、宗教、藝術和科學活動的人，都是自己時代的兒子。他們都把重要的內容和由此創作其必要的形象作爲任務，所以藝術也就保持了定性，以致它能爲一個民族的精神找到藝術的適當的表現。”②。

最初的藝術是象徵型。在這個階段，人（心靈）對理念的認識還是朦朧的、模糊的、抽象的，還找不到正確的藝術表達方式，衹能藉客觀事物的物質性外形來暗示和象徵。例如，用獅子象徵剛强，用

①②　黑格爾：《美學》第1卷，第95頁。

三角形象徵神的三位一體等等。但"象徵首先是一種符號"①,祇能使人想起一種本來外在於它的內容意義,因此,象徵的形象和理念的內容還不能達到相互吻合,二者缺乏必然的聯繫,最多衹在某一個特點上有某種一致,而象徵的形象本身還往往具有許多與內容意義毫不相干的性質。所以象徵型的藝術實際上衹是把抽象的理念勉强納入某一具體事物,衹是"圖解的嘗試",形象和意義還衹是一種外在的拼湊或嵌合,形象還不能明確而充分地顯現出理念,仍具有某種神秘的,曖昧的性質。嚴格説,象徵型藝術並不符合藝術的真正概念,即內容與形式的一致,還衹是"藝術前的藝術"。黑格爾認爲,象徵型藝術的典型代表是印度、埃及、波斯等東方民族的藝術,尤其是東方建築,如神廟,金字塔,獅身人面像之類。這類藝術的特點,是以體積龐大,怪誕離奇的自然形式來象徵一個民族的某些抽象的理想,具有物質形式壓倒心靈內容的崇高風格,而不是形式與內容和諧的美。這種特點是由東方民族生活的特殊性所造成的。在古代東方社會裏,人還處於自然力量,宗教和君主專制政治的統治之下,個性和精神受到壓制,得不到自由發展,還不能從自然和社會的物質壓力下解放出來。

由於理念在象徵型藝術中還得不到充分的顯現,因此到了一定階段,象徵型藝術就要解體,代之而起的是更高階段的藝術,即古典型的藝術。在這個階段,人認識到的是具體的理念,找到了正確的表現形式。古典型藝術克服了象徵型藝術的缺陷,達到了形象與意義,形式與內容的完全吻合,高度統一,表現爲静穆和悦的美,因而實現了藝術的概念,成爲了真正的藝術,最完美的藝術。古典型藝術的典型代表是古希臘的雕塑,它把有關人類的理念顯現爲人體形狀、事跡和情節,把人作爲美和藝術表現的中心,這是藝術按必然律發展成熟的標誌。黑格爾極力稱讚古希臘人"創造出一種具有最高

① 黑格爾:《美學》第 2 卷,第 10 頁。

度生命力的藝術”[①]。他說，在古希臘“政治生活的實體就沉浸到個人生活裏去，而個人也衹有在全體公民的共同旨趣裏才能找到自己的自由。美的感覺，這種幸運的和諧所含的意義和精神，貫串在一切作品裏，在這些作品裏希臘人的自由變成了自覺的，它認識到自己的本質”[②]。這固然美化了古代民主，忽視了它的奴隸主性質，但却正確指出了古希臘藝術繁榮和民主政治的有機聯繫。

就藝術美或理想説，古典型藝術是最完美的藝術，但就絶對理念的無限發展來説，古典型藝術還不是藝術發展的最高階段，因爲它仍局限於用有限的外在感性形式來表現理念，這必將導致它的解體，而讓位於浪漫型的藝術。浪漫型藝術打破了古典型藝術的形式與内容的完全吻合，在較高的階段上又回到了象徵型藝術的内容與形式的失調，如果説象徵型藝術是物質壓倒精神，那麼浪漫型藝術則是精神壓倒物質。它以主體的内心世界爲内容，並訴諸於這種内心生活，它雖然也藉外在的感性形式來表現，但形式是無足輕重的，偶然的，甚至是全憑幻想任意驅遣的。“浪漫型藝術雖然還屬于藝術的領域，還保留藝術的形式，却是藝術超越了藝術本身。”[③]浪漫型藝術的典型代表是根源於中世紀的近代歐洲的基督教藝術。這種藝術的突出特點是表現自我的主觀性，尤其是内心方面的衝突，在藝術風格上，它追求的不是古典的美，它“可以把現前的東西照實反映出來，也可以歪曲外在世界，把它弄得顛倒錯亂，怪誕離奇”[④]，不像古典型藝術那樣迴避罪惡、苦難、醜陋之類反面的東西。與浪漫型藝術相應的藝術種類主要是繪畫、音樂和詩歌。

黑格爾認爲，這三種藝術類型分別表現出崇高、美和醜三種不同

---

①② 黑格爾:《美學》第 2 卷，第 169 頁。

③ 黑格爾:《美學》第 1 卷，第 101 頁。

④ 同上書，第 102 頁。

的藝術風格，對於理想即真正的美的概念，藝術發展的規律是"始而追求，繼而到達，終於超然"[①]。黑格爾關於藝術歷史類型的學説實際上是一部簡明的人類藝術史，它描繪了人類藝術隨着社會歷史文化而由低級到高級發展的歷程，而其結論是：藝術最後要讓位於哲學，浪漫型藝術的進一步發展，將是藝術本身的解體。這就是所謂藝術解體論或藝術終結論。這一結論是黑格爾以其全部思想體系的邏輯和對現代社會的分析做出的，是極爲重要的。其重要性不在這一結論是否正確，而在它實質上提出了藝術與當代社會的關係問題。正因爲如此，圍繞黑格爾的這一論斷在當代國内外學者之間存在着尖鋭的分歧和争論，人們把藝術能否終結的問題稱作藝術難題。對於這些争論需要給以注意和專門的研究，這裏我們就不多講了[②]。

六 各門藝術的體系

黑格爾在討論過藝術的歷史類型之後，進一步討論了各門藝術的體系，對藝術進行了分類，這是《美學》第三卷的基本内容。黑格爾從美是理念的感性顯現出發，在第一卷專門討論了理想，他認爲真正的美和真正的藝術就是理想，這還衹是在最抽象，最廣泛意義上的研究，並未涉及藝術的具體内容和各種表現方式；在第二卷他討論了藝術的三種歷史類型，這主要是從藝術即理想的歷史發展的角度，對其在總體上展現的藝術内容所做的研究，還没有把藝術作爲體現於外在因素本身的實際存在，從藝術的表現方式的角度進行研究。這種研究就是第三卷的任務。他説："我們現在所要做的不是按照藝術美的普遍的基本原則去研究藝術美的内在發展，而是研究這

① 黑格爾：《美學》第1卷，第103頁。
② 參看薛華：《黑格爾與藝術難題》，中國社會科學出版社1986年版。

些原則如何轉化爲客觀存在,它們在外表上彼此有哪些分別,以及美概念中每個因素如何分别地實現爲藝術作品,而不祇是實現爲一種一般的類型。"[①] 因此,關於各門藝術體系的研究比藝術歷史類型的研究更爲具體。黑格爾在這一卷裏大量涉及和研究了人類藝術史上的生動實際的材料,開拓了藝術史研究的領域。

黑格爾説:"美這個概念本身就要求把美表現爲藝術作品,對於直接觀照成爲外在的,對於感覺和感性想象成爲客觀的東西。所以美祇有憑這種對它適合的客觀存在,才真正成爲美和理想。"[②] 這就是説,美和理想不能祇停留於抽象的一般類型,還必然通過感性材料,成爲外在的,可供人觀照的客觀存在,即客觀化爲藝術作品。各門藝術及其作品互相交錯,互相聯繫,互相補充,構成或實現了一個美的世界,"這種實際存在的藝術世界就是各門藝術的體系"[③]。在黑格爾看來,各門藝術既構成了一個整體,又彼此有本質的區别,因此它們既有共同的發展過程和規律,又有彼此加以區分的特殊規律。就共性方面來説,每門藝術都有類似各種藝術類型的發展過程,即都有一個準備期、繁榮期和衰落期,與此相應都會表現出一定的藝術風格。一般來説,在早期或準備期的作品都具有嚴峻的風格,在繁榮期則表現出理想的風格,而在衰落期則流於愉快的或取悦於人的風格。而就個性説,各門藝術便區分爲不同的藝術種類。

黑格爾不滿意傳統的藝術分類標準,他説:"人們常根據片面的理解去替各門藝術的分類到處尋找各種不同的標準。但是分類的真正標準祇能根據藝術作品的本質得出來,各門藝術都是由藝術總

① 黑格爾:《美學》第1卷,第103頁。
② 黑格爾:《美學》第3卷上册,第3頁,譯文略有改動。
③ 同上書,第4頁。

概念中所含的方面和因素展現出來的。”[①] 他指出，傳統的分類法把藝術區分爲造型藝術，聲音藝術和語言藝術(詩)，是把感性因素作爲分類的最後標準，不是根據事物本身的具體概念。因此他“要另找一種道理更深刻的分類法”，這種分類法是和藝術的三種歷史類型的劃分相一致的。這裏講的實際上就是以理念感性顯現的狀況(物質壓倒精神 ⟶ 物質與精神平衡 ⟶ 精神超出物質)爲標準的分類法，即按精神內容克服物質形式的程度，劃分各種藝術體裁的分類法。這種分類法既吸收了按感官和物質媒介分類法的合理因素，又貫穿了歷史主義，體現了歷史和邏輯的統一。根據這種方法，黑格爾把藝術分爲建築，雕刻，繪畫，音樂和詩五大系統，並分門別類地做了深入的研究。

第一類藝術是建築。建築的任務在於對外在無機自然進行加工，使之成爲符合藝術的外在世界。建築所用的材料完全没有精神性，它的形式結構主要是平衡對稱，還没有脱離無機自然的形式，因此不能充分表現精神的內容意蘊，其特徵在於精神與它的外在形式是對立的，“建築衹能把充滿心靈性的東西當作一種外來客指點出來”[②]。建築是象徵型藝術的基本類型。

第二類藝術是雕刻。雕刻的任務是塑造精神個性，它以精神個性爲內容。雕刻在外在的感性素材上加工，不再衹用無機自然的形式，而是用心靈本身的形式，它“要把感性素材雕刻成人體的理想形式，而且還要把人體表現爲立體”[③]。因此，在雕刻裏感性素材同時就是精神因素的表現，由內容決定的形式就是精神的實際生活，也就是人的形象以及它的由精神灌注生氣的“客觀的有機體”。但是雕刻還“處在精神離開有體積的物質而回到精神本身的道路上”，還

① 黑格爾:《美學》第 3 卷上册，第 12 頁，譯文略有改動。
② 黑格爾:《美學》，第 1 卷，第 106 頁。
③ 同上書，第 107 頁。

衹是“用直接的真正的物質的東西來表現精神個性，還不是觀念性的表現方式，精神還没有回到它的真正的内在的主體性”①。雕刻是真正地道的古典型藝術。

第三類藝術是繪畫、音樂和詩。這三門藝術都以主體性爲原則，用的是觀念性的表現方式，都與浪漫型藝術相適應。除了這些共同之處，它們也有各自的特點。繪畫的基本原則是内在的主體性，它固然要通過外在事物的形式把内在的精神變成可觀照的，但它“壓縮了三度空間的整體”②化立體爲平面，利用色彩和光綫的變幻，這就消除了感性現象的實際外貌，因此繪畫的可見性和實現可見性的方式是主觀化的，觀念性的。在繪畫中題材無足輕重，重要的是題材所體現的主體性。“繪畫所要做的事一般不是造成使人可用肉眼去看的東西，而是造成既是本身具體化而又使人用‘心眼’去看的東西”③。音樂則是繪畫的對立面，它的材料不是可見的外在事物，而是聲音，它以聲音表現本身無形的情感，它把空間性轉化爲時間性，把可見性轉化爲可聞性，超出了感情直觀的界限，衹訴諸聽覺和心情。“音樂是心情的藝術”，“音樂的基本任務不在於反映出客觀事物而在於反映出最内在的自我”④。因此，音樂比繪畫具有更深的主觀性，它成爲浪漫型藝術的中心。但是音樂的聲音畢竟還是感性的，它還不是最高的浪漫型藝術。衹有詩或語言藝術，這才是“絶對真實的精神的藝術，把精神作爲精神來表現的藝術”⑤。詩不像造型藝術那樣訴諸感性觀照，也不像音樂那樣訴諸觀念性的情感，而是要把内心形成的精神意義通過語言表現出來，再訴諸精神的觀念和觀照本身。語言在詩中衹是一種手段或媒介，不再具有感性事

① 黑格爾:《美學》第3卷上册，第109頁。
② 同上書，第229頁。
③ 同上書，第18－19頁。
④ 同上書，第332頁。
⑤ 同上書，第19頁。

物的價值，語言固然也是一種聲音，但在詩裏不再是聲音本身引起的情感，而仿佛是一種本身無意義的符號，其實它就是想象和心靈性的觀照本身，它把精神表現給精神去看。因此，詩不但是繪畫和音樂的統一，而且是“藝術總匯”，各門藝術的表現方式詩都可以利用，詩成了“最豐富，最無拘礙的一種藝術”①。

以上五種藝術就是黑格爾對藝術所做的分類，此外還有園藝和舞蹈等藝術，黑格爾認爲，這都是一些中間種或混種，從黑格爾的藝術分類可見，建築、雕刻、繪畫、音樂和詩的劃分，形成了藝術發展由低到高的階梯，在這個過程中，精神因素越來越多，感性因素越來越少，這和象徵型藝術、古典型藝術、浪漫型藝術的劃分所依據的原則是一致的。在《美學》第三卷中黑格爾的確有把整個藝術史削足適履地納入他的三段論的公式化的特點。但他的歷史主義方法又的確使他作出了許多天才的猜測，揭示了許多合理的、有價值的東西。

以上我們大體介紹了黑格爾的美學思想體系。黑格爾的美學是馬克思主義以前資産階級美學的高峰，它雖然在形式上是唯心主義的、神秘的，却在内容上包含了歷史主義和辯證法的合理内核，成爲馬克思主義美學的重要來源之一。儘管它還包含許多自相矛盾，牽强附會的東西，但在唯心主義的範圍内已對各種美學問題作出了較爲辯證的解決，在有些問題上接近了唯物主義和現實主義。黑格爾美學標誌着西方古典美學的完成，但他提出和思考的一系列美學問題並没有完全失去意義。黑格爾的美學體系包羅萬象，博大精深，爲各種極不相同的美學思潮和流派留下了廣闊繼承、吸收和發揮的餘地。他對美學史的貢獻是極爲巨大和深遠的。他不但啟發了馬克思主義美學，造成了美學史上的偉大變革，而且影響了他以後整個近、現代美學。不錯，在黑格爾死後，他的學派解體，他的哲學和美

① 黑格爾:《美學》第 3 卷上册，第 19 頁。

學不斷地受到攻擊，出現了許多新的現代哲學和美學的思潮和流派。時代在前進，歷史在發展，黑格爾的思想並不是絕對真理。但是，這並不能抹煞黑格爾的歷史地位和他的學說的價值。當代美國哲學家懷特在《分析的時代》中說："幾乎20世紀的每一種重要的哲學運動都是以攻擊那位思想龐雜而聲名赫赫的19世紀的德國教授的觀點開始的，這實際上就是對他加以特別顯著的讚揚。我心裏指的是黑格爾"，因爲"現在不談他的哲學，我們就無從討論20世紀的哲學。他不僅影響了馬克思主義、存在主義與工具主義(當今世界最盛行的三大哲學)的創始人，而且在這一時期或另一時期還支配了那些更加具有技術哲學運動的邏輯實證主義，實在主義與分析哲學的奠基人。問題是在於：卡爾・馬克思、存在主義者克爾凱郭爾、杜威、羅素和摩爾，這些人在這一時期或那一時期都是黑格爾思想的密切研究者，他們的一些最傑出的學說都顯露出從前曾經同那位奇特的天才有過接觸或鬥爭的痕跡或傷痕。"① 這些話也適用於美學。直到今天，西方美學界對黑格爾美學的研究仍是重視的。把黑格爾美學宣佈爲"傳統美學"，予以全盤否定，割裂它與現代美學的聯繫，把傳統美學與現代美學絕然對立的做法是不符合歷史實際的。對黑格爾我們應當批判地繼承，但不應當割斷歷史。

① 懷特：《分析的時代》，商務印書館1987年版，第7頁。

第十章　俄國革命民主主義美學

19世紀俄國革命民主主義美學是在歐洲啟蒙運動和德國古典哲學的影響下，在反對沙皇反動統治和封建農奴制的鬥爭中形成的一個美學流派。其主要代表人物有別林斯基、車爾尼雪夫斯基、杜勃洛留波夫和赫爾岑。

18世紀末到19世紀初，俄國的資本主義發展起來，農奴制已經成爲資本主義發展的嚴重障礙。1825年，在西歐啟蒙運動的思想影響和農民不斷起義的推動下，一批貴族知識青年發動了以推翻沙皇專制爲目標的"十二月黨人"革命。但這次革命迅速遭到鎮壓，繼之而來的是更加黑暗和嚴酷的警察統治。在這種形勢下，俄國進步的知識分子繼承十二月黨人的革命傳統，積極開展了思想文化上的啟蒙運動，由此引起了俄國出路問題的争論，並在40年代形成了斯拉夫派和西歐派的論戰。斯拉夫派站在保守的貴族立場上，主張回復到古代宗法社會，反對走西歐資本主義道路；西歐派反對斯拉夫派，主張反對農奴制，走西歐資本主義道路，但却堅持資產階級自由傾向的貴族立場，醉心於社會改良，拒絕革命。在這場論争中，別林斯基獨樹一幟，公開站在農民一邊，主張依靠農民的力量，實行農民革命，推翻沙皇政權和封建農奴制的統治，由此逐步形成了一個新的革命派別即革命民主派，而別林斯基本人就成了革命民主主義的先驅。到了60年代，由於俄國在克里米亞戰争(1853－1856年)中遭到失敗，更使社會矛盾日趨激烈，爆發了規模巨大的農奴起義，更把革命民主主義運動推向了高潮，車爾尼雪夫斯基就是這一時期的主要代表人物。

俄國革命民主主義者的主要活動，是以辦刊物、開展文藝批評的方式宣傳革命民主主義的思想。他們在政治上的目標是反對沙皇和農奴制,在文藝和美學上,則把矛頭指向當時爲反動統治服務的以茹科夫斯基爲代表的消極浪漫派和鼓吹唯美主義、"爲藝術而藝術"的純藝術論,堅決支持和維護詩人普希金、萊蒙托夫和作家果戈理等人利用文藝向沙皇政權挑戰和揭露農奴制的腐朽與罪惡的鬥争,並在美學理論上爲以果戈理爲代表的"自然派"即現實主義文學辯護。從理論淵源説,俄國革命民主主義美學主要接受了德國古典哲學和美學的影響。別林斯基早期是黑格爾哲學的忠實信徒,後期在革命運動的促進下,轉向了唯物主義;車爾尼雪夫斯基則直接把費爾巴哈的哲學作爲自己美學理論的基礎。俄國革命民主主義美學在西方美學史上佔有特殊的地位,它是馬克思主義以前唯物主義美學的最高成就,其突出特點是把美學自覺建立在現實生活的基礎之上,把美學同革命的政治鬥争、文藝批評和生活實踐緊密結合起來,具有鮮明的戰鬥性和功利性。他們提出的一系列美學問題,如藝術與現實的審美關係問題,文藝的本質、目的和社會意義問題,形象思維問題,以及"美是生活"這個著名論斷,都不僅僅是當時俄國文藝實踐中的問題,而且具有普遍的理論價值和意義。

第一節　別林斯基的美學思想

別林斯基(Белинский1811－1848)是俄國革命民主主義的思想家、文藝批評家和美學家。他出生於一個軍醫家庭,1829 年人莫斯科大學學習,後因積極參加進步學生的文藝活動,反對農奴制而被學校開除。1833 年他發表第一篇文學批評文章《文學的幻想》,曾擔任《望遠鏡》雜誌撰稿人,主編《莫斯科觀察家》雜誌,參加《祖國紀事》和詩人涅克拉索夫主編的《現代人》雜誌的編輯工作。他以文藝批評爲武器,反對農奴制,鼓吹革命民主主義。1847 年 7 月,他在給果戈理的一封著名的信裏,批評果戈理晚期思想的變節,同時指出:"俄國最重要最迫切的問題是廢除農奴制"[1]。1848 年 5 月沙皇政府準備拘捕他，不久因病逝世。

别林斯基的一生雖然短促，但在思想上却經歷了由唯心主義到唯物主義，由啟蒙主義到革命民主主義的轉變。一般認爲，他的思想發展可分爲兩個階段。30 年代爲早期或莫斯科時期，又稱與現實妥協的時期，當時他相信黑格爾的"一切現實的都是合理的，一切合理的都是現實的"這個命題，認爲農奴制是現實的，也是合理的；40 年代以後爲後期或彼德堡時期，這時他克服了與現實妥協的思想，認爲農奴制雖然是現實的却是不合理的，應當與之鬥爭。對於别林斯基的這一思想轉變，在世界觀上究竟具有怎樣的性質，是否完全擺脱了黑格爾的唯心主義，國内外一直存在爭論。普列漢諾夫在談及這一轉變時説："以前他忠於絶對體系的創造者的黑格爾，現在他忠於辯證論者的黑格爾。"[2] 某些蘇聯和中國學者説，别林斯基後期已經轉到徹底的、戰鬥的唯物主義。我們認爲，這兩種觀點未免都有所片面，從大量歷史文獻所提供的事實來看，别林斯基並没有完全擺脱黑格爾哲學的影響，但基本上轉向了唯物主義。

别林斯基没有專門的美學著作，他的美學思想體現在他的大量文藝評論和文藝批評之中，其中直接涉及美學問題較多的有：《文學的幻想》(1834)、《論俄國中篇小説和果戈理的中篇小説》(1835)、《智慧的痛苦》(1840)、《藝術的思想》(1841)、《詩的分類和分科》(1841)、《1847 年俄國文學一瞥》(1848)等。

---

① 《别林斯基論文學》，新文藝出版社 1958 年版，第 63 頁。

② 《普列漢諾夫哲學著作選集》第 4 卷，三聯書店 1974 年版，第 579 頁。

一　藝術的本質和目的

別林斯基的美學是文藝美學。他在1841年說:"真正的美學的任務不在於解決藝術應該是什麽而在解決藝術實際是怎樣。換句話說,美學不應把藝術作爲一種假定的東西或是一種按照美學理論才可實現的理想來研究。不,美學應該把藝術看作對象,這對象原已先美學而存在,而且美學本身的存在也就要靠這對象的存在。"①和黑格爾一樣,別林斯基明確地把藝術看作美學的研究對象,有關藝術的本質、目的和意義問題始終是他注意的中心。

最初,別林斯基完全相信黑格爾的哲學和美學。在《文學的幻想》中,他認爲"統一的、永恒的理念"是一切現實事物的根源和本質,理念"不斷地創造,然後破壞;破壞,然後再創造","它寓形於光亮的太陽,瑰麗的行星,飄忽的彗星;它生活並呼吸在大海的澎湃洶涌的潮夕中,荒野的猛烈的颶風中,樹葉的簌簌聲中,小溪的淙淙聲中,猛獅的怒吼中,嬰兒的眼泪中,美人的微笑中,人的意志中,天才的嚴整的創作中"②。他給藝術下了這樣一個定義:"藝術是宇宙的偉大理念在它的無數多樣的現象中的表現,"③並且說:"什麽才是藝術的使命和目的呢?用語文、聲音,綫條和顔色把一般自然生活的理念描寫出來,再現出來,這就是藝術的唯一的永恒的主題。……詩本身就是目的,此外别無目的"④。這些看法完全來自黑格爾,實際上是黑格爾的美或藝術是"理念的感性顯現"説的俄國版。這裏他談到了文藝的再現,但再現的不是生活本身而是"生活的理念"。關鍵在於他對生活或現實的理解,在他看來,生活就是理念,再現生活就是再現理念。如果説他已提出了文藝再現生活的現

①③④　轉引自朱光潛:《西方美學史》下卷,第524頁。

②　《別林斯基選集》第1卷,人民文學出版社1959年版,第18頁。

實主義原則，那麼他對生活的理解則是唯心主義的，因此嚴格地說，他此時還未能建立文藝再現生活的現實主義美學。在這一時期，他十分强調文藝的真實性，認爲文藝表現理念也就表現了“最高的真實”，他反復强調的生活指的也衹是精神生活，仍限於意識領域。1843年以後，別林斯基的觀點發生了重大的變化。他在給巴枯寧的一封信中說：“我不是按照它的一般抽象意義，而是按照人與人之間的關係來理解現實。”[①]這就是說，他不再從黑格爾的抽象理念的觀點理解現實，而是轉向了把人的社會生活本身看作現實。顯然，他對現實的理解已經達到了唯物主義的水平。這一時期，他雖然尚未完全擺脱黑格爾的影響，但更多强調的是黑格爾的辯證法，這使他對生活或現實的理解還包含了不少辯證的因素。正是在這個從理念到現實轉變的基礎上，他對藝術的本質、目的和意義的認識也發生了重大的變化。他把文藝與現實的關係問題提到了美學的中心，認爲“文學是社會生活的表現，是社會給文學以生命，而不是文學給社會以生命”[②]，並進而全面創立了唯物主義和現實主義的美學理論，成爲俄國革命民主主義美學的奠基人。

別林斯基所創立的俄國革命民主主義美學的基本原則，主要有兩點：

第一，文藝是社會生活的表現、反映或復制。早在1839年別林斯基就說過：“藝術是現實的復制；從而，藝術的任務不是修改，不是美化生活，而是顯示生活的實際存在的樣子”[③]。這種復制說是唯物主義的，但顯然是機械的、膚淺的，它排除了想象、虛構、理想和創造，不能與抄寫現實的自然主義劃清界限。但在後期，別林斯基對“藝術復制現實”作了重大的修正和全新的解釋。1843年

① 轉引自朱光潛：《西方美學史》下卷，第528頁。

② 同上書，第528－529頁。

③ 《別林斯基論文學》，第106頁。

他提出"詩在於創造性地復制有可能的現實"①。他反復指出,復制不是鏡子般地反映和抄寫現實。他說:"現在,藝術已經不限於作爲一個被動的角色——就是像鏡子一樣,冷淡而忠實地反映自然了;藝術家要在自己的反映中傳達生動的個人思想,使反映具有目的和意義。我們時代的詩人同時也是思想家。"②在《1847年俄國文學一瞥》這篇最成熟的文章裏,他說:"若要忠實地摹仿自然,僅僅能寫,就是說僅僅駕馭抄寫員和文書的技術,還是不够的;必須能通過想象,把現實的現象表達出來,賦予它們新的生命。"③他明確指出:"藝術是現實的復制,被重復了的、重新被創造了的世界。"④這也就是說,藝術中的現實已經不再是生活現象的照相式的羅列,而是能够顯示出生活本質的藝術概括。他所謂"復制"這時已具有了創造的含義。由於把文藝的本質看作社會生活的表現和復制,他反復强調:"哪裏有生活,哪裏就有詩"⑤。"在活生生的現實裏,有很多美的事物,或者更確切地說,一切美的事物衹能包括在活生生的現實裏"⑥。因此,他要求藝術家要面對生活,面對現實,不但要描繪真實的生活畫卷,再現生活,而且要表現社會問題,揭示現實生活的本質和規律。在他看來,藝術美來源於現實美,但又高於現實美。

第二,藝術的目的是爲社會服務,爲人類服務。别林斯基在後期抛棄了"藝術以自身爲目的"的純藝術論的看法。他批評説,經驗主義者"不承認美學的存在,把美學變爲許多藝術作品的枯燥的、毫無思想貫穿其間的清單,附以實際的和偶然的評語,——就這樣剥奪了藝術的崇高意義"。他們把藝術貶低爲旨在供人消遣解悶的東

① 《别林斯基論文學》,第111頁。
② 同上書,第51頁。
③ 《别林斯基選集》第2卷,第415頁。
④ 同上書,第418頁。
⑤ 《别林斯基論文學》,第24頁。
⑥ 《别林斯基選集》第2卷,第456頁。

西。而“唯心論者也達到同一極端的結論，不過採取了相反的途徑。照他們的理論，生活和藝術必須各行其是，彼此不相接觸，互不依賴，並且不必有任何相互的影響。他們死抱住自己的‘藝術目的即其本身’這一基本立場，終至不僅取消了藝術的目的，而且取消了它的任何意義”①。他指出：“把藝術設想爲活動在自己特殊的領域内、和生活其他方面毫無共同之處的純粹的、排他性的東西，這種想法却抽象而不切實際。這樣的藝術在任何時候，任何地方，都是不存在的。”② 别林斯基認爲，藝術的目的是爲社會服務，爲人類服務，因爲藝術“是從屬於歷史發展進程的”③，是“被歷史地表現出來的民族意識”即“一個民族生活的最高表現”，它“應該是公共的財產”④，這就是説，文學應該是屬於人民的，它不是少數人的私事。他説：“没有一個詩人能够由於自身和依賴自身而偉大，他既不能依賴自己的痛苦，也不能依賴自己的幸福；任何偉大的詩人之所以偉大，是因爲他的痛苦和幸福深深植根於社會和歷史的土壤裏，他從而成爲社會、時代以及人類的代表和喉舌。祇有渺小的詩人們才由於自身和依賴自身而喜或憂；然而，也祇有他們自己才去諦聽自己小鳥般的歌唱，那是社會與人類絲毫也不想理會的。”⑤

二 形象思維

1841 年，在《藝術在思想》一文中，别林斯基還給藝術下過這樣一個定義：

> 藝術是對真理的直接觀照，或者是形象中的思維。

① 《别林斯基論文學》，第 27 頁。
② 同上書，第 18 頁。
③ 同上書，第 26 頁。
④ 同上書，第 252 頁。
⑤ 同上書，第 26 頁。

> 全部藝術理論——藝術的本質，藝術分類以及各類的本質及條件——即在於發揮藝術的這個定義。
>
> 首先，在我們的藝術定義中，無疑地，很多讀者會認爲奇怪的是：我們把藝術稱作思維，從而把兩個最相反的、最不能結合的概念結合起來了。①

這裏是在給藝術下定義，也就是說，是在解决藝術的本質即藝術是什麽這個問題。别林斯基的回答是很明確的，藝術是一種思維，是“形象中的思維”，他試圖把形象和思維這兩個人們歷來認爲最相反的、最不能結合的概念結合起來。不過，别林斯基並沒有把形象和思維構成一個復合名詞，像我們今天那樣直接使用“形象思維”這個術語。他在這裏的提法是“形象中的思維”，在其它文章里還講過“用形象來思維”和“寓於形象的思維”。嚴格説，他並沒有提出 “形象思維”這個術語，但他的確又有關於“形象思維”的思想，而這一思想，按照他自己的講法並非他的獨創，而是來自德國美學家即黑格爾的。黑格爾在《美學》中曾把藝術與哲學加以比較，認爲二者都是理念，但表現的方式有分别，哲學藉助概念，藝術藉助形象，所以藝術或美無非是理念的感性顯現。别林斯基進一步發揮了黑格爾的這個思想。在他看來，藝術與哲學的區别在形象，而二者的共性在思維。藝術既是一種思維，具有思想性，同時又是一種形象，具有形象性的特點。藝術是形象與思維、形象性與思想性的統一。在《智慧的痛苦》中，他説：“詩歌是直觀形式中的真實；它的創造物是肉身化了的概念，看得見的，可通過直觀來體會的概念，因此，詩歌就是同樣的哲學，同樣的思索，因爲它具有同樣的内容——絶對真實，不過不是表現在概念從自身出發的辯證法的發展形式中，而是在概念直接體現爲形象的形式中，詩人用形象思索，他不證明真理，却顯示真理。”② 後來

① 《别林斯基論文學》，第 7 頁。譯文略有改動。

② 《别林斯基選集》第 2 卷，第 96 頁。

在《1847年俄國文學一瞥》中，他把自己的思想表達得更爲清楚，他說："哲學家用三段論法，詩人則用形象和圖畫説話，然而他們説的都是同一件事。……詩人被生動而鮮明的現實描繪武裝着，訴諸讀者的想象，在真實的畫面裏面顯示社會中某一階級的狀況，由於某一種原因，業已大爲改善，或大爲惡化。"①

"形象思維"在美學上是十分重要的問題，它直接涉及藝術的本質和藝術創作的規律。别林斯基關於形象思維的思想是很深刻的，就藝術的本質説，他一反視藝術與思維無關，以至把二者割裂、對立的傳統看法，强調藝術也是一種思維，有力地反對了純藝術論，維護了藝術的思想性，提高了藝術的地位；就藝術創作的規律説，他揭示了藝術創作具有不同於哲學和科學的獨特的思維方式，維護了藝術的形象性，有力地反對了議論式的、冰冷的道德説教。他所謂藝術是對真理的直接觀照，藝術不論證真理而祇顯示真理，詩人用形象思索，强調的都是藝術的直觀性和形象性。藝術是一種思維，但不是脱離了形象的抽象的思想。他説："文學作品裏的思想有兩種。在有些作品，思想進入形式，由此滲透到形式的一切支節，温暖和照明了形式。這種思想是活躍的、創造性的，它不是通過理性，而是直接地，不是獨立自在、而是和形式一起出現。這樣的作品是美的、藝術的。另一種思想在作者的頭腦中脱離形式而產生，——形式是另外編造出來、以後安裝到思想上面的。結果是，這種作品儘管在思想上（也就是在作者的意圖上）很明智，但却不能從形式上贏得人的注意。"②同時，藝術不僅是一種思維，而且是一種用形象進行思索的能力，在藝術創作中，藝術家必須具備創造性的想象力。别林斯基所講的形象思維指的就是這種創造性的想象力。在《1847年俄國文學一瞥》中，他對這種想象力即形象思維作了全面的論述。首先，他指出，在

① 《别林斯基選集》第2卷，第429頁。

② 《别林斯基論文學》，第9頁。

藝術創作中起主導作用的是幻想。這裏的幻想就是想象。他認爲想象是藝術創作的根本特徵，但不是唯一的特徵，創作同時也需要判斷和推理，並不排斥邏輯思維；其次，藝術家必須運用想象才能創造出典型形象，體現出生活的完整性和統一性；第三，生活和事件祇是構成文學作品的基本材料，有如磚瓦一樣，祇有通過想象進行構思，才能把它們建成一座藝術的大厦。

總的來説，别林斯基關於形象思維的思想是從黑格爾藝術是理念的感性顯現説脱胎而出的，其哲學基礎是唯心的，但它包含了辯證的因素，深刻揭示了藝術的本質和藝術創作的規律，是對美學史的一大貢獻，至今仍有重大的影響。

三　情致説

别林斯基的情致説是很著名的。他把情致看成藝術創作的根本動力和藝術作品的靈魂，賦予情致以極爲重要的意義。情致一詞的原文是пафос，直譯是熱情或激情。朱光潛先生認爲譯爲情致更好，這種譯法在我國美學界已經通用，我們也採用這種譯法。

别林斯基在許多地方都談到過情致，但最爲集中論述的是在1844年寫的《論普希金的作品》第五篇中，他談到，崇高的、卓越的詩人與平庸的詩人不同，他們的詩作必有某種獨創而新穎的特色，要想掌握和明確這一特色的本質，就得找出詩人的個性和詩的秘密的鑰匙。到哪裏去找呢？詩是主宰詩人的强烈思想所結成的果實，但這不僅僅是詩人理性活動的結果，否則作一個詩人就没有什麽困難了，因爲誰都能把思想裝入虚構的形式之中，但即便是完全正確的思想也不能使之成爲真正的詩，它不會説服人，使人相信。通常人們總以爲想出一個優美的思想，然後把它塞進一個杜撰的形式中，這就是一切了。接着，别林斯基説：“不，絶不是這種思想，它也不能就這樣主宰詩人而成爲他的活的作品的活的胚胎的!藝術並不容納抽象的哲學思想,更不要容納理性的思想:它祗容納詩的思想,而這詩的思想——不是三段論法,不是教條,不是格言,而是活的激情,是情致。"① 由此可見,情致説所要回答的是主宰詩人進行創作的動力問題,所謂情致就是主宰詩人創作的思想,即詩的思想。别林斯基認爲,詩的思想或情致不是抽象的哲學思想和理性的思想,而是主宰、推動、慫恿詩人進行創作的一種强烈的力量和不可抑制的激情。他説:"什麽是情致呢?創作並不是消遣,藝術作品並不是閑暇或嗜好的果實;它使得藝術家勞心勞力;連藝術家自己也往往不明白,一篇新作品的胚胎怎樣會落到他的心上的,他懷着這'詩的思想'的種子,有如在母親的子宫裏懷着胎兒一樣…… 因此,如果詩人决心從事於創作底勞動和偉業,這意味着有一種强烈的力量、一種不能抑制的激情在推動他,慫恿他。這種力量,這種激情,就是情致。"② 他還指出,情致的一個突出特點在於把僅僅由理性獲得的思想轉化成了對思想的愛。詩人是思想的愛好者,他不是以自己的理性、智慧和情感來領會詩的情致或思想,他把詩的思想當作生命一般地愛着,爲它所浸潤,以至忘却或交出自己全部的倫理生命。因此,思想在他的作品裏不是抽象的思想而是活生生的創造,其中没有僵死的形式,而是思想和形式的完整的有機統一。他説:"思想是從理智産生的;但能够創造活的東西的,是愛而非理智。因此,在抽象思想和詩的思想之間,區别是很明顯的:前者是理性的果實,後者是作爲情致的愛的果實。"③ 因此,情致也可以説就是愛思想或醉心於真理,詩人在創作中是真誠的,他愛真理勝於自身。

① 《别林斯基論文學》,第52頁。
② 同上書,第52—53頁。
③ 同上書,第53頁。

別林斯基還指出，情致是一種激情，但不是一般的激情，他之所以不稱情致爲激情，是因爲激情一詞往往包含自私的、塵俗的以至卑鄙下流的因素，而情致則永遠是在人的心靈裏爲思想點燃起來的激情，它永遠向思想追求，因而是純精神的、倫理的、神聖的。情致是對詩的思想的愛，這種愛充滿了力量和熱烈的渴望。它不是作品以外到處都能看見的思想。"哲學中的思想是不具體的；哲學思想要通過情致才能有所作爲"①。

別林斯基十分重視和强調情致對於藝術創作的意義。他認爲，没有情致，就不能理解爲什麼詩人能拿起筆來；没有情致，就不能有任何詩的創作。在他看來，情致是偉大作品的靈魂和生命，是作品產生巨大影響力的保證。他認爲，每一個偉大詩人的整個世界(全部作品)都有其統一的情致，而每部個别作品的情致衹是其變形。不論拜倫還是莎士比亞，作爲個性，他們都是統一體，他們可以有很多興趣和傾向，但總處於一個主要的興趣和傾向的主導影響之下。他指出："一個詩人的所有作品必然烙有同一精神的印記，貫穿着統一的情致。就是這種充溢在詩人全部創作中的情致，成爲他的個性和詩的鑰匙。"②

別林斯基的情致説與歷史上的靈感説有些類似，二者都涉及藝術創作的動力問題，但情致説似乎不限於此，涉及的問題更廣一些。從以上的介紹來看，别林斯基的情致説主要有以下幾個要點：第一，情致是主宰、推動詩人創作的動力，它不是抽象的理性的思想，而是情理交融的具體的詩的思想，它表現爲一種力量和激情；第二，情致不是自私的、塵俗的、低下的激情，而是由思想激發和轉化而來的一種忘我無私的對真理的愛，是一種具有崇高倫理意義的激情；第三，情致是藝術作品的靈魂和生命，是藝術家的個性、風格和

---

① 《別林斯基論文學》，第53－54頁。

② 同上書，第56頁。

傾向的表徵。

四 典型論

別林斯基十分重視典型問題。他較早把典型化提到藝術創作的首要地位。他說:“創作的新穎性——或者,勿寧説創造力本身——的最顯著標誌之一即在於典型性;假如可以這樣説,典型性就是作家的徽章。在真正有才能的作家的筆下,每個人物都是典型;對於讀者,每個典型都是一個熟識的陌生人。”① 並且説:“典型性是創造的基本法則之一,没有它,就没有創造。”② 在別林斯基看來,現實主義文藝的重要任務就是要塑造典型形象,揭示生活的本質。藝術家要運用典型化的方法,把現實生活中熟悉的人塑造成具有新的思想和性格的“陌生人”,通過平凡的日常生活,表現重大的社會問題。

別林斯基在許多文章中都論述過典型問題。但他對典型的理解並不是首尾一貫的,而是有一個發展過程的。一般説來,在早期,他由於受黑格爾、賀拉斯的影響,主要是從理念或類型的角度理解典型的。儘管他並不否認典型是個性與共性的統一,也很重視典型的個性化,但並没有擺脱概念化、類型化的毛病。1839年,在《現代人》中,他說:“何謂創作中的典型?——典型既是一個人,又是很多人,就是説,是這樣一種人物描寫:在他身上包括了很多人,包括了那體現同一概念的一整個範疇的人們。”③ 他舉奥賽羅爲例,認爲奥賽羅就是典型,因爲“他代表一整類人,一整個範疇,代表所有這樣嫉妒心强的人”④。這裏他把典型理解成了概念的體現或化身,没有涉及

① 《別林斯基論文學》,第120頁。
②④ 同上書,第121頁。
③ 同上書,第120-121頁。

典型和現實生活的關係,顯然是從概念出發的。在他看來,奧賽羅祇是嫉妒的化身,阿巴貢祇是慳吝的化身,這樣理解的典型性格也是抽象的。在《智慧的痛苦》中,他更採用了黑格爾的公式,把典型說成是由一般性的理念經過否定轉化爲個別現象,再回到一般理念。這就更清楚地說明,他認爲典型來自一般理念,是理念的體現。顯然,這無非是黑格爾"理念感性顯現"說的具體運用,其哲學基礎仍然是唯心主義的。這種典型理論的病根在於,它把典型中的共性祇看成理念或概念,忽略或否認了典型與客觀的現實生活的聯繫。同時,別林斯基還常常把典型看作同類人物的代表或共性,因此,他也沒能突破自賀拉斯以來西方長期流行的類型說的傳統看法。但是,應當看到,別林斯基也沒有把典型祇看作共性,他也很重視個性化。他說:"必須使人物一方面成爲一個特殊世界人們的代表,同時還是一個完整的、個別的人。祇有在這種條件下,祇有通過這種矛盾的調和,他才能够成爲一個典型人物。"[①] 這顯然是他吸收了黑格爾典型觀中的積極因素。黑格爾在《美學》中曾說:"每個人物都是一個整體,本身就是一個世界,每個人都是一個完滿的有生氣的人,而不是某種孤立的性格特徵的寓言式的抽象品。"[②] 儘管如此,別林斯基早期的典型觀所側重的仍是典型的共性,並把這種共性歸源於理念或概念,因而還不能說是現實主義的。

但是,在後期,別林斯基的世界觀和對文藝本質的看法有所轉變,他的典型觀也隨之發生了變化。

首先,他拋棄了從理念或概念出發,開始在現實生活的基礎上去把握典型個性與共性的統一。他明確指出,典型不是"概念的隱寓和擬人化",例如慳吝者在概念上祇有一個,"但他的典型却是無盡紛

① 《別林斯基論文學》,第 121 頁。

② 黑格爾《美學》第 1 卷,第 303 頁。

繁的”①。典型所表現的不是抽象的概念的人,而來自現實生活的“活生生的人”②。但藝術中的典型既不是孤立的個别現實人物的寫真,也不是抽象的概念一般,而是這兩個極端的有機融合。它“既是個人,又是概念”③,它是“很多對象的公共名詞,却以專名詞表現出來”④。因此,“典型的本質在於:例如,即使在描寫挑水人的時候,也不要衹描寫某一個挑水人,而是要藉一個人寫出一切挑水的人”⑤。

其次,他强調典型就是理想,典型化就是理想化,這是藝術創造的基本法則,是由藝術的本質决定的。他認爲,藝術的本質在於“創造性地復制有可能的現實”,因此藝術不是現實生活現象的抄襲,而是採用現實的材料,經過藝術家的理智的思索和想象,對現實進行藝術概括的創造。典型就是這樣創造出來的,典型就是理想,是“把現實理想化”的結果。他説:“‘把現實理想化’意味着通過個别的,有限的現象來表現普遍的、無限的事物,不是從現實中摹寫某些偶然現象,而創造典型的形象。”⑥ 他反復强調,理想或典型不是對現實生活的杜撰、美化和説謊,也就是説不是從主觀出發,而是要從現實中提取現成的材料,排除一切偶然的東西,揭示出必然的東西,把現實中的現象提高到普遍的意義上來。因此,典型既來自現實,是人們所熟悉的,同時又是獨創的、新穎的,即所謂“熟悉的陌生人”。他認爲,藝術美來源於現實美,但又高於現實美。“藝術作品高於所謂‘真實的事件’。因爲詩人要以自己的幻想的火炬照明他的主人公心靈的一切曲折和行爲的一切秘密的原因,他得從所叙述的事件剔除一切偶然性,衹給我們展示必然的、照理是無可規避的後果

---

① ② 《别林斯基論文學》,第135頁。

③ ⑤ 同上書,第129頁。

④ 同上書,第128頁。

⑥ 《别林斯基選集》第2卷,第102頁。

的東西"[①]。"藝術裏的現實比現實本身更像現實"[②]。因此藝術中的典型也比現實的生活現象更真實。他還認爲,典型化或理想化是藝術創作的普遍原則,是藝術家獨創性的標誌。他十分强調藝術概括的意義。他説:"詩人無須在他的小説中描寫主人公每次如何吃飯;但是他可以描寫一次他吃飯的情形,假如這一餐對他的一生發生了影響,或者在這一餐上可以看到某一時代某個民族吃飯的特點的話。"[③]他稱讚高明的藝術家往往以一個特徵、一句話就能生動而完整地表現出也許十本書都説不完的東西。

第三,他强調典型的意義在於通過個别表現一般,通過典型形象的塑造來揭示時代、社會和生活的本質和規律。别林斯基始終認爲典型是個性與共性的統一,但在早期他把典型的共性看作主觀的理念或概念,而在後期他已把典型的共性看作是現實生活本質的概括,因此,他在後期强調典型要通過個别來表現一般,和他早期强調抽象的共性不可同日而語,這裏已經發生了哲學基礎由唯心主義到唯物主義的轉變,也正是在這一點上顯示出了别林斯基美學觀的深刻性和進步性。在别林斯基那裏,典型的個性與共性的關係,實質上就是人與時代、社會的關係,他雖然尚未形成典型環境的概念,但已多少看到了典型性格和典型環境的關係,這是他對典型理論的重要貢獻。早在文學活動的初期,他就説過,一切作品在精神上和形式上都帶有時代的烙印,並且滿足時代的要求;要評判一個人物,就應考慮到他在其中發展的那個情境以及命運把他所擺在的那個生活領域。這説明,他已認識到時代環境對形成典型性格有重要作用。隨着俄國革命民主主義運動的發展,在後期他越來越重視時代社會環境的意義。他不否認典型的個性化,但他認爲這不應當是脱離時代、社

① 《别林斯基論文學》,第136頁。

② 同上書,第128頁。

③ 同上書,第127頁。

會和生活的對個人的孤立描寫，而應當是通過個別表現一般，表現社會。對此，他作過如下的解釋："生存在社會裏的人無論在思想方式或行爲方式上都是依賴社會的。我們現今的作家不致於不理解到這一簡單而明顯的真理，因此，在描寫人的時候，他們就想去探索他何以如此或不如此的原因。由於這種探索，他們自然而然地描寫着不是個別的這人或那人的獨特優點或缺點，而是普遍的現象。"①他指出，社會是現實而非想象的東西，社會的本質"不僅在於服裝、髮式，還有人情、風俗、觀念、關係等"②。從這種解釋可以看出，別林斯基認爲典型應當揭示人何以如此或不如此生活的原因，由此也就必須揭示他所生存的社會及其本質。正是基於這種深刻的認識，他高度讚揚普希金的奥涅金、萊蒙托夫的畢喬林和果戈理的《死魂靈》的收購人乞乞科夫，認爲詩人在自己的主人公身上寫出了當代社會。他稱讚以果戈理爲代表的俄國現實主義的小説"它們描繪了人，也就描繪了社會"，並且認爲"現在對長篇和中篇小説以及戲劇的要求是每個人物都要用他所屬階層的語言來説話，以便他的情感，概念，儀表，行動方式，總之，他的一切都能證實他的教養和生活環境"③。這裏他已提出了典型要反映人物所屬階層和生活環境的要求。雖然從總體上説別林斯基還是資産階級的人性論者，但已有了初步的階級觀點，這是難能可貴的。

總的來説，別林斯基的美學思想是複雜的、矛盾的，但他終於建立了較爲完整的現實主義美學和文藝理論，有力地反對了消極浪漫主義和純藝術論，推動了19世紀俄國現實主義文藝的發展。

---

① 《別林斯基論文學》，第132頁。
② 同上書，第127頁。
③ 轉引自朱光潛《西方美學史》，第548－549頁。

第二節 車爾尼雪夫斯基的美學思想

車爾尼雪夫斯基(Чернышевский, 1828－1889)是別林斯基的後繼者,是19世紀60年代俄國革命民主主義運動的領袖,他不但是哲學家、美學家,而且是作家、批評家、經濟學家。他生於薩拉托夫一個牧師家庭,14歲進入教會中學,18歲考入彼得堡大學,學習歷史和語言學,學習期間廣泛閱讀了別林斯基、赫爾岑、費爾巴哈以及西歐社會主義者的著作,並接受了1848年歐洲革命的深刻影響,形成了反對農奴制的革命理想,開始進行革命宣傳工作。1850年大學畢業後,回到薩拉托夫,在一所中學任教,1853年重返彼得堡,一面在中學教書,一面爲《祖國紀事》撰稿,並於年底完成著名的學位論文《藝術與現實的審美關係》。1854年開始參加《現代人》雜誌的編輯工作,並成爲它的實際領導人。從50年代末到60年代初,他在《現代人》上發表了許多有關哲學、美學、歷史和經濟問題的論文,積極宣傳唯物主義和革命民主主義思想,其中《哲學中的人本主義原理》(1860年)發揮了費爾巴哈的思想,尖銳批判了唯心主義和僧侶主義,曾引起沙皇政府的震怒,被認爲是一篇"動搖君主政權基本原則"的作品。他以《現代人》爲基地,與另兩位雜誌領導人涅克拉索夫和後起之秀杜勃洛留波夫緊密合作,並肩戰鬥,從事了許多實際的革命工作,團結了廣大的平民知識分子、士兵和群衆,引起了沙皇政府的恐懼和仇恨。1861年沙皇實行農奴制改革,他不僅寫了許多革命宣言和傳單,指出沙皇是頭號大地主,而且寫了《沒有收信人的信》(1862年),深刻揭露了農奴制改革的欺騙實質。1862年,在全國農民起義、學生罷課的緊張形勢下,《現代人》被沙皇政府勒令停刊,車爾尼雪夫斯基也遂即被捕入獄,在彼得堡要塞獄中,他寫出了長篇小說《怎麼辦?》。1864年起,他被流放到西伯利亞等地服苦役,直到1889年才因病獲準回到故鄉薩拉托夫,旋即逝世。他的一生充滿了鬥爭的磨難,前後在監牢、苦役和流放中度過了整整27年的艱苦歲月,始終表現了對人民的忠誠和不屈不撓的革命精神。普列漢諾夫曾讚譽他爲俄國的普羅米修斯。

車爾尼雪夫斯基是一位具有社會主義精神的偉大的農民革命家,他的一生是令人敬仰的。特别值得一提和令我們感到親切的,是他始終熱烈地同情和支持中國人民的革命鬥争。他在《現代人》雜誌上曾發表過介紹和支持當時我國爆發的太平天國運動的文章,以及研究明末李自成起義的文章,他在彼得堡要塞牢房中寫的文稿中,憤怒批判了種族主義者污蔑中國人民低賤無能的謬論。他說:"翻開中國歷史,算一下在這段時間裏中國遭受了多少次種族入侵。中國歷史不是停滯不前,而因外族入侵而使得一系列的文明遭到破壞。在每次破壞以後,中國人都復興了過來,或是提高到原先的水平,或是超過它。"[①] 他盛讚中國古老的文化,説中國是一個偉大的民族,當近代歐洲人剛剛認識中國的時候,中國已有了高度的文明,中國人口比歐洲所有國家人口的總和還要多,因此,歐洲人應當做中國人的學生。他還預言中國民族文化的復興必將對歐洲各國的發展産生重大的影響。但是,正如列寧所説:"車爾尼雪夫斯基是空想社會主義者,他幻想通過舊的、半封建的農民公社過渡到社會主義,他没有看見而且也不能在上一世紀60年代看見:祇有資本主義和無産階級的發展,才能爲社會主義的實現創造物質條件和社會力量。"[②]

在哲學上,車爾尼雪夫斯基是費爾巴哈唯物主義的忠實信徒,他稱費爾巴哈爲宗師,試圖運用費爾巴哈的唯物主義原則解決美學問題。費爾巴哈本來是黑格爾的學生,後來他批判了黑格爾的唯心主義,建立了一套人本主義的唯物主義哲學,他肯定人和自然是唯一

① 轉引自陳之驊:《車爾尼雪夫斯基》,商務印書館1979年版,第51頁。

② 《列寧全集》第17卷,人民出版社1963年版,第105頁。

的存在，認爲人是自然的一部份，人的意識、思維祇不過是自然的反映。他的唯物主義是機械的。他雖然也有一些有關美學的言論，但沒有完整的美學體系。車爾尼雪夫斯基主要接受的是費爾巴哈哲學的影響。

車爾尼雪夫斯基的美學著作很多，其代表作是他的學位論文《藝術與現實的審美關係》(1853 年)及其第三版序言(1888)，此外還有《論崇高與滑稽》(1854)、《論亞理斯多德的〈詩學〉》(1854)、《果戈理時期俄國文學概觀》(1855－1856)以及《萊辛，他的生平、著作和時代》(1856－1857)等。

一　美是生活

“美是生活”是車爾尼雪夫斯基 27 歲時在學位論文《藝術與現實的審美關係》中給美下的定義。這個定義是前無古人的，是車爾尼雪夫斯基對美學史的一大貢獻，普列漢諾夫稱它爲“天才的發現”。它可以說是車爾尼雪夫斯基美學思想的核心。

車爾尼雪夫斯基繼別林斯基之後，在美學上的目標是要建立唯物主義和現實主義的美學，反對充滿幻想和感傷情調的消極浪漫主義和純藝術論。在他看來，當時在俄國“流行的美學體系”即黑格爾的美學體系，正是這些藝術理論的支柱，因此他把矛頭首先指向了黑格爾的美學，可是由於俄國的書報檢查制度，黑格爾在當時是不便使用的名字，所以他並沒有點黑格爾的名字，而是直接批判了黑格爾的弟子費肖爾。他的美是生活的定義就是在批判“流行的美學體系”中提出的。黑格爾曾提出“美是理念的感性顯現”。車爾尼雪夫斯基沒有直接援引這個定義，他把流行的黑格爾學派的一些美的定義拿來批判。首先，他指出，按照流行的說法“一件事物如果能夠完全表現出該事物的觀念來，它就是美的”，這實際上也就是說“凡是出類拔萃的東西，在同類中無與倫比的東西，就是美的”。但是，“並不是所有出類拔萃的東西都是美的;因爲並不是一切種類的東西都美"①。一些本來就不美的東西如田鼠、大多數兩栖類動物等等,它們在同類中愈出類拔萃,從美學上看就愈醜,因此這個定義太空泛,"它並没有説明爲什麼事物和現象類别的本身分成兩種,一種是美的,另一種在我們看來一點也不美"②。同時,這個定義又太狹窄,它要求一件美的事物必須包含同類事物的全部特性,成爲獨一無二的典型,這勢必抹殺美的典型的多樣性,"我們簡直不能設想人類美的一切色調都凝聚在一個人身上"③。其次,他指出,另一種流行的説法"美就是觀念在個别事物上的完全的顯現",這也不能算是美的定義。個别事物是指形象,這個説法也就是説"美是觀念與形象的統一"。但這衹説出藝術作品的美的觀念的特徵,並不是一般的美的觀念的特徵。這個要求對藝術家是合理的,藝術家衹有在作品裏傳達出他要傳達的一切,他的作品才是真正美的。但"美麗地描繪一副面孔"和"描繪一副美麗的面孔"畢竟是兩回事。因此這個所謂美的定義注意的不是活生生的自然美,而是美的藝術作品,其中已經包含了通常視藝術美勝於現實美的傾向。

在批判流行的美的定義之後,車爾尼雪夫斯基提出了自己關於美的定義:"美是生活"。在這個總的定義之下,他又分别從社會生活和自然事物的角度列出了兩個解釋性定義:"任何事物,凡是我們在那裏面看得見依照我們的理解應當如此的生活,那就是美的;任何東西,凡是顯示出生活或使我們想起生活的,那就是美的"④。

首先,"美是生活"。爲什麼呢?車爾尼雪夫斯基説:"美的事物在

---

① 車爾尼雪夫斯基:《藝術與現實的審美關係》,人民文學出版社 1979 年版,第 4 頁。

②③ 同上書,第 5 頁。

④ 同上書,第 6 頁。

人心中所喚起的感覺,類似我們當着親愛的人面前時洋溢於我們心中的那種愉悦。我們無私地愛美,我們欣賞它,喜歡它,如同喜歡我們親愛的人一樣。由此可知,美包含着一種可愛的、爲我們的心所寶貴的東西。"[1] 那麼,這個東西究竟是什麼呢?他認爲,這個東西一定是最富於一般性和多樣性的東西,那就祇能是生活,因爲"在人覺得可愛的一切東西中最有一般性,他覺得世界上最可愛的,就是生活;首先是他所願意過、他所喜歡的生活;其次是任何一種生活,因爲活着到底比不活好:但凡活的東西在本性上就恐懼死亡,懼怕不活,而愛活"[2]。這裏,車爾尼雪夫斯基在概念的使用上是混亂的,他沒有區分社會學意義上的生活和生物學意義上的生命,在西文裏生活與生命是同一個詞,在他看來,愛美、愛生活,是出於人的本性,這裏明顯地帶有人本主義的印記。

不過,從總體上看,他講的生活主要還是指人類的社會生活。在論述"美是生活"的時候,車爾尼雪夫斯基特意加了一個脚注申明:"我是説那在本質上就是美的東西,而不是因爲美麗地被表現在藝術中才美的東西;我是説美的事物和現象,而不是它們在藝術作品中的美的表現:一件藝術作品,雖然以它的藝術的成就引起美的快感,却可以因爲那被描寫的事物的本質而喚起痛苦甚至憎惡。"[3] 這清楚地説明,車爾尼雪夫斯基所講的美是客觀現實中的美,而不是理念的美、主觀的美;他所講的生活是指客觀的現實的生活,不是藝術作品中的或主觀幻想的生活。在他看來,美的事物和現象就存在於客觀的現實生活之中,"真正的最高的美,正是人在現實世界中所遇到的美,而不是藝術所創造的美"[4]。後來他反復指出:"客觀現實中的美是徹底地美的","客觀現實中的美是完全

---

①② 《藝術與現實的審美關係》,第6頁。

③④ 同上書,第11頁。

令人滿意的”[①]，“生活本身就是美”，“生活就是美的本質”[②]。因此，“美是生活”這個定義是一個唯物主義的定義，它與認爲現實生活中沒有美或沒有真正的美的各種唯心主義的美的定義和美學理論是根本對立的。儘管車爾尼雪夫斯基對生活的理解還明顯具有費爾巴哈人本主義的烙印，他也不可能上昇到歷史唯物主義的高度，但是他指明了從客觀的人類社會生活探求美的本質的新方向。這無疑是對美學史的重大貢獻。

其次，美是應當如此的生活。車爾尼雪夫斯基在論述這個解釋性定義的時候，並不認爲一切生活都是美的，而是認爲“應當如此的生活”、“美好的生活”才是美的。尤其可貴的是，他已經看到，由於經濟地位的不同，不同的階級具有不同的生活方式和生活概念。他們對“應當如此的生活”的理解不同，因而對美的看法也大不相同。例如農民和貴族關於美女的概念就是如此。他把農家美女和上流社會的美人加以對比：農家美女的特徵是面色鮮嫩紅潤、體格强壯、結實、均衡，不胖也不瘦，這永遠是生活富足而又經常地、認真地、但並不過度的勞動的結果。而上流社會的美人的特徵則是手足纖細，弱不禁風，小耳朵、偏頭痛、蒼白、慵倦、萎頓、病態，這都是脱離勞動，無所事事，窮奢極侈，百無聊賴，尋求“强烈的感覺、激動、熱情”的寄生蟲生活的標誌。車爾尼雪夫斯基盛讚農家少女的美和農民的生活方式和價值追求，否定、蔑視上流社會的美，在他看來，上流社會的生活方式和價值追求並不是“應當如此的生活”，而是對人的本性的扭曲和損害。他的革命民主主義的立場是很鮮明的。趁便指出，在他以前，俄國解放史上第一位革命家拉吉舍夫在《從彼得堡到莫斯科旅行記》中，也曾把農家美女和貴族小姐作過對比，他讚美農家美女健康、純潔、美麗，説她們四肢滚圓，身材高大，脚板有五、六寸長，没

① 《藝術與現實的審美關係》，第 108 頁。

② 《美學論文選》，人民文學出版社 1957 年版，第 64 頁。

有被扭歪，没有受損害，而貴族小姐們十五、六歲就失去了童貞，周身的血液都受到了毒害，和她們面對面站在一起就可能得傳染病，但農家美女呼出的氣息却没有病菌。他還讓那些貴族小姐用她們的三寸金蓮和農家美女賽跑，看誰跑得更快。車爾尼雪夫斯基繼承了拉吉舍夫以來反農奴制的革命傳統，有關美女概念的對比不但在當時具有嚴肅的革命意義，在理論上也是很深刻的。從美學史上來説，車爾尼雪夫斯基是較早聯繫不同階級的經濟地位和生活方式去考察美學問題的人之一，這的確是他的一個重大貢獻。當然，僅僅承認不同階級具有不同的美的概念，還不等於有了正確的生活概念，這需要具備科學的、嚴整的歷史觀。由於歷史的局限，車爾尼雪夫斯基的生活觀和歷史觀還衹是革命民主主義的和人本主義的。還應當指出，正如普列漢諾夫所説，在車爾尼雪夫斯基關於美的定義中，還包含着一個没能解决的矛盾，他一方面説美是生活本身，因此美是客觀的，但另方面又説美是應當如此的生活，因此美又成了主觀的。儘管他曾解釋説應當如此的生活也包括在客觀的現實生活之内，但這一内在的矛盾依然存在。這也説明，作爲舊唯物主義者的車爾尼雪夫斯基並没有真正理解和掌握現實與理想、主觀與客觀之間的辯證法。

第三，美是顯示出生活、令人想起生活的東西。這個定義主要是用來解釋自然事物的。車爾尼雪夫斯基首先談到人體，説人體醜就是畸形，外形“長得難看”，“他的外形所表現的不是生活，不是良好的發育，而是發育不良，境遇不順”①，接着他談到動物，認爲“動物界的美都表現着人類關於清新剛健的生活的概念”②，美的動物能使我們想起長得好看的動作優雅的人，例如，馬是美的，因爲馬有蓬勃的生命力，猫是美的，因爲猫的體態豐滿、柔和、匀稱，與人的健美生活的表現有相似之處，相反令人想起畸形和笨拙的動物，如鰐

①②　《藝術與現實的審美關係》，第9頁。

魚、壁虎、烏龜則是醜的、令人討厭的。他還談到植物,認爲色彩新鮮、茂盛和形狀多樣的植物是美的,因爲那顯示出蓬勃的生命,而凋萎的植物和缺少生命液的植物則不美。總之,"自然界的美的事物,祇有作爲人的一種暗示纔有美的意義"①。"人一般都是用所有者的眼光去看自然,他覺得大地上的美的東西總是與人生的幸福和歡樂相連的"②。車爾尼雪夫斯基關於自然美的這個定義可以稱之爲暗示説,並不是什麼新發現,其人本主義的性質尤其突出,他舉的一些例子雖然不無啟發,但有不少牽强附會、不倫不類的東西。

總之,車爾尼雪夫斯基提出美是生活的定義是對美學史的重大貢獻,但由於他對"生活"概念還沒有完整、科學的認識,因此,還沒能真正解決美的本質問題。

二 藝術美與現實美

車爾尼雪夫斯基把美區分爲三種形式:現實(或自然)中的美,想象中的美以及藝術(由人創造的想象力所產生的客觀存在)中的美。他認爲,這裏的第一個基本問題,就是現實中的美對藝術中的美和想象中的美的關係問題。流行的黑格爾學派的美學在這個重大問題上的觀點是完全錯誤的。他們一面指責現實美,認爲現實美有缺點,要用想象來修改它,使它成爲真正的美,一面又把藝術美誇大爲真正的美,認爲藝術美的創造是爲了彌補現實美的缺陷。對此,他給予了尖鋭的批判。他極力爲現實美辯護,其基本觀點是:現實美是真正的美,藝術美低於現實美。

首先,他從費肖爾的著作中摘引了對現實的種種責難,將其歸結爲八點:一、自然美是無意圖的;二、自然美是很少的;三、現實美是

①② 《藝術與現實的審美關係》,第10頁。

轉瞬即逝的；四、現實美是不經常的；五、現實美祇美在某一點上；六、現實美總是受到損害和破壞；七、現實美總包含粗糙和不美的細節；八、現實美總是個別的，不是絕對的。然後，他逐一進行了批駁，發表了自己的見解，這主要是：

1. 自然美雖然沒有意圖，但藝術作品敵不過自然的作品，因爲自然比人的力量强大。同時，也不能説自然根本就不企圖產生美，如果把美理解爲生活的豐富，就得承認美是自然奮力以求的一個重要結果。這種傾向的無意圖性、無意識性，毫不妨礙它的現實性。總之，藝術美低於自然美或現實美。

2. 現實美不是很少，而是很多，抱怨現實美太少，或者是由於缺乏美感的鑒别力，或者是由於陷入幻想，追求獨一無二的"最美"和虛幻的"完美"。美學上的美不是數學上的完美，而是"近似的完美"。現實美是多種多樣的，完全能使人滿足。一個健康的人不會陷入病態無聊的幻想，追求虛幻的"完美"，他祇追求好的東西。我們的美感和其它感覺一樣，都有正常的限度，承受不了太大的欲望和滿足，"不能説美感是不能滿足或無限的"①。"美感並不苛求"②，即使現實中的美有很多嚴重的缺點，我們還是滿意它的。

3. 現實中的美確實是轉瞬即逝的、不經常的，但並不因此稍減其美。現實美是發展變化的，新陳代謝的，每一代的美都爲那一代而存在，當它消逝的時候，就會產生新的美，這是無可抱怨的。沒有什麼"永恒的美"、"永遠不變的美"。"'不老'這個願望是一種怪誕的願望"③。

4. 美不是純粹的表面形式。美的欣賞不祇是直觀表面形式。美的享受沒有任何物質利益的計較和自私的動機，"美的享受雖然和

① 《藝術與現實的審美關係》，第42頁。

② 同上書，第43頁。

③ 同上書，第47頁。

事物的物質利益和實際效用有區别，却也不是與之對立的"[1]。

5. 美是個别的，不是絶對的。美是絶對的這種觀點在哲學上根本不能成立，因爲人的一般活動不是趨向"絶對"，他對"絶對"毫無所知，祇懷有純人類的目的。我們在現實中没有遇見過絶對美，也説不出它會給我們什麽樣的印象，但經驗告訴我們，真正的美總是個體性的，"個體性是美的最根本的特徵"，而"絶對的準則是在美的領域之外的"[2]。

其次，在批駁了對現實美的指責之後，車爾尼雪夫斯基又對藝術美是没有缺陷的真正的美的看法進行了批駁。他指出，藝術美是有意圖的，但藝術家對美的關心未必是他的藝術作品的真正來源，他的意志和思想也未必被作品的藝術性或美學價值的考慮所支配，他擺脱不了日常的挂慮和需要，他的理想和道德觀一點不允許他祇想到美，他不僅希望表達他所創造的美，還要表達他的思想、見解、情感。藝術家的創作傾向是千差萬别的。許多藝術家常常在他的美的概念中迷失了道路。專心致志於美，却常常反而於美一無所得，"單是渴望美是不够的，還要善於把握真正的美"[3]。藝術美比現實美更少見，因爲偉大的詩人和藝術家是很少的，對於天才産生和發展的有利機會就更少。藝術美固然是永久的，但藝術作品也很易於消滅或損毁，時間的流逝常使藝術作品的語言、題材、風尚變得陳舊，而且藝術不像自然具有再生更新的能力。藝術美是僵死不動的，看一幅畫一刻鐘就會使人厭倦，而現實生活的美則以其活生生的多樣性而令人神往。藝術美也祇有從一定的觀點去看才是美的，不屬於我們的時代和文化的藝術作品，祇有置身到那個時代和文化裏去，才能是美的，否則就是不可理解的、奇怪的。藝術美同樣包含

---

① 《藝術與現實的審美關係》，第 53 頁。
② 同上書，第 54 頁。
③ 同上書，第 56 頁。

不美的部份和細節，同樣有缺陷。藝術作品是藝術家艱苦勞動的創造物，也難免有加工粗糙的毛病。總之，藝術美並非没有缺陷，藝術美的缺陷比現實美有過之而無不及。

此外，他還從雕塑、繪畫、音樂、詩歌中列舉大量事實，説明一切藝術作品的美都遠遜於現實美，藝術作品祇是對現實生活的近似的摹仿，祇不過是對現實生活的一種暗示，因此藝術美永遠低於現實美，“藝術作品僅祇在二三細微末節上可能勝過現實，而在主要之點上，它是遠遠低於現實的”①。

既然如此，爲什麼人還需要藝術、還欣賞喜愛藝術美呢？車爾尼雪夫斯基作了如下的解釋：第一，藝術是“稀有的事”，是“多年努力的結果”，而非常重視困難的事和稀有的事是人之常情。因此，人們對藝術作品中的缺點，哪怕比現實事物的同樣的缺點嚴重一百倍，也會給以原諒和寬容。第二，藝術作品是人的產物，我們以它們爲驕傲，把它們看作接近我們自己的東西，它們是人的智慧和能力的明證，對我們是寶貴的。人總是看重自己的東西。“人類全體也誇張一般的詩的價值”②。第三，藝術能迎合我們愛矯飾的趣味。例如，“人是傾向於感傷的；自然和生活並没有這種傾向；但是藝術作品幾乎總是或多或少地投合着這種傾向”③。愛矯飾表現在人類生活的諸多方面，它是人類自身的一種局限性，自然和現實生活是超乎這種局限性之上的，誰也不能使它順從我們的希望。“藝術作品一方面順從這種局限性，因而變得低於現實，甚至常常有流於庸俗或平凡的危險，另一方面却更接近了人類所常有的要求，因而得到了人的寵愛”④。在他看來，這祇是一種偏愛，並不是合理的。

總的説來，在藝術美與現實美的關係問題上，車爾尼雪夫斯基堅

---

① 《藝術與現實的審美關係》，第 82 頁。

② 同上書，第 84 頁。

③ ④ 同上書，第 86 頁。

持真正的美是現實生活的唯物主義原則，並有力地批判了黑格爾學派否認現實美的唯心主義美學，在這一批判中，他提出了許多重要的美學見解，是很富有啟發性的，但由於他缺少辯證法，以致否定了藝術高於生活，藝術美勝於現實美的重要事實，得出了藝術低於生活，藝術美低於現實美的片面結論，這仍是形而上學的。他對藝術美與現實美的高低、優劣的具體分析和評論，有不少是片面的、簡單化的。

三　藝術的價值和社會作用

車爾尼雪夫斯基不否認藝術的價值，但他從藝術低於現實出發，强調藝術的價值來源於生活的價值。他形象地說："現實生活的美和偉大難得對我們顯露真相，而不爲人談論的事是很少有人能够注意和珍視的；生活現象如同没有戳記的金條；許多人就因爲它没有戳記而不肯要它，許多人不能辨别出它和一塊黄銅的區别；藝術作品像是鈔票，很少内在的價值，但是整個社會保證着它的假定的價值，結果大家都寶貴它，很少人能够清楚地認識，它的全部價值是由它代表着若干金子這個事實而來的。"① 在論述藝術價值的時候，他提出了著名的"代用品"說。在他看來，人需要藝術不是因爲現實中找不到真正的美，而是由於人們往往不注意或不能經常見到現實中的美。"藝術的力量通常就是回憶的力量"②，藝術再現現實，不修正和粉飾現實，儘管它遠遜於現實，却可以作爲現實生活的代用品，使我們得到滿足。他舉例說："海是美的。……看海本身比看畫好得多；但是，當一個人得不到最好的東西的時候，就會比較差的爲滿足，得不到原物的時候，就以代替物爲滿足。就是那些有可能欣賞真正的海的人，也不能隨時隨刻看到它，——他們衹好回想它；但是

①②　《藝術與現實的審美關係》，第88頁。

想象是脆弱的，它需要支持，需要提示；於是，爲了加强他們對海的回憶，在他們的想象裏更清晰地看到它，他們就看海的圖畫。"[①] 這個代用品説顯然是没有説服力的，當我們欣賞俄國畫家艾瓦佐夫斯基的海洋畫時，我們看到的不僅僅是海洋，還有超出海洋本身的東西：畫家的感受、情感、人格、靈魂。如果藝術衹是代用品，那麼塞尚的静物畫，齊白石畫的蝦，這些普通的東西到處都見得到、買得到，也就没有存在的必要了。顯然這種看法完全忽視了藝術的創造性和主體性，衹能導致取消藝術特有的審美價值。這説明車爾尼雪夫斯基還缺乏辯證法的思想，但他認爲藝術的任務和作用是再現生活，反對唯心主義，還是正確的、深刻的。

關於藝術社會作用的學説，是車爾尼雪夫斯基美學思想的重要方面。他認爲藝術有三個作用。

藝術的第一個作用是再現現實或再現生活。"藝術的第一個作用，一切藝術作品毫無例外的一個作用，就是再現自然和生活"[②]。他認爲，他講的再現現實不同於法國新古典主義的"模擬自然"，不是指"現實的仿造"。"再現"這個詞相當於柏拉圖和亞理斯多德所講的"模仿"，但"模仿"一詞由於翻譯不確切，現在已被誤認爲只是外形的仿造，不是内容的表達。因此，"再現現實"的説法和"摹仿自然"的説法一樣，"衹規定了藝術的形式的原則"[③]，"確實還需要加以補充"[④]。他指出，通常以藝術的内容是美，實際上藝術的範圍並不限於美，而是包括現實生活中一切使人發生興趣的事物。因此，他把"再現現實"又作了新的表述："一切藝術作品的第一個作用，普遍的作用，是再現生活中使人感到興趣的現象。"[⑤] 同時他還伸明，他

① 《藝術與現實的審美關係》，第 90 頁。
② 同上書，第 91 頁。
③ 同上書，第 92 頁。
④ 同上書，第 93 頁。
⑤ 同上書，第 100 頁。

講的現實生活也包括"人的内心生活"和"藝術的想象的内容"。這説明他也認識到並力求矯正自己美學體系中的某些形而上學的毛病。

藝術的第二個作用是説明生活。"藝術除了再現生活以外還有另外的作用，——那就是説明生活；在某種程度上説，這是一切藝術都做得到的；常常，人衹消注意某件事物(那正是藝術常做的事)，就能説明它的意義，或者使自己更好地理解生活。"[①] 他認爲，藝術能賦予事物以活生生的形式，形象生動，比枯燥的紀事作品更能引起興趣，更易於説明生活。所謂説明生活，就是要理解生活，這裏肯定的也就是藝術的認識作用。

藝術的第三個作用是對生活現象下判斷。"藝術的主要作用是再現現實中引起人的興趣的事物。但是，人既然對生活現象發生興趣，就不能不有意識或無意識地説出他對它們的判斷；詩人或藝術家不能不是一般的人，因此對於他所描繪的事物，他不能(即使他希望這樣做)不作出判斷；這種判斷在他的作品中表現出來，就是藝術作品的新作用，憑着這個，藝術成了人的一種道德的活動"[②]。在車爾尼雪夫斯基看來，對生活下判斷是思想傾向的表現，這是藝術上昇爲道德活動的基礎。有些智力活動微弱的人對生活的判斷是偏執的，這樣的人做了詩人和藝術家，他們的作品没有多大的意義。但是，一個有藝術才能和較强智力活動的人，由於觀察生活而被生活產生的問題所激發，"他的作品就會有意識或無意識地表現出一種企圖"[③]，對他感興趣的(同時也就是他的同時代人感興趣的)現象做出生動的判斷，提出或解決生活中所產生的問題，這樣的作品就會成爲"描寫生活所提出的主題的著作"，"於是藝術家就成了思想

① 《藝術與現實的審美關係》，第 100 頁。

② 同上書，第 101－102 頁。

③ 同上書，第 102 頁。

家,藝術作品雖然仍舊屬於藝術領域,却獲得了科學的意義”[①]。藝術的傾向性表現在一切藝術裏,但主要是在詩裏,因爲詩有充分的可能去表現一定的思想。從形式上說,現實中没有和藝術作品相當的東西,但藝術所提出或解決的問題本身以及它們所展示的一切,都可以在生活中找到。與生活本身相比,藝術所做的判斷和結論也可能並不完全,思想也片面,但它們是天才人物爲我們探求出來的,有了他們的幫助,我們就可以更好地去研究生活。因此,“科學和藝術(詩)是開始研究生活的人的‘Handbuch’(教科書)”[②]。

車爾尼雪夫斯基關於藝術社會作用的學說,不但揭示了藝術的審美作用、認識作用、道德作用,而且揭示了藝術的思想性、真實性和傾向性,是比較全面和深刻的。與西方美學史上許多關於藝術作用的論述相比是更高明的。同時,這一學說也包含了藝術必須和現實生活緊密結合,藝術必須爲人民的利益服務的原則,這正是車爾尼雪夫斯基美學的最高原則。

車爾尼雪夫斯基是一位淵博的學者,不可多得的美學家,除了以上介紹的內容之外,他對一系列美學問題如崇高與滑稽、悲劇與喜劇、典型性、創造性想象、藝術創作的過程、反對自然主義等等問題,都發表過獨創性意見。車爾尼雪夫斯基的美學是舊唯物主義美學的頂峰,其中既有舊唯物主義的局限,也有不少超出舊唯物主義的東西。一些有名的西方美學史著作隻字不提車爾尼雪夫斯基,這是不公正的。車爾尼雪夫斯基的美學是人類文化的優秀遺產之一,至今仍應認真學習。

---

① 《藝術與現實的審美關係》,第 102 頁。

② 同上書,第 103 頁。

第十一章　向現代美學的過渡

西歐在 19 世紀中葉普遍確立了資本主義制度，並在 70 年代發展到帝國主義階段，社會生產力、科學和藝術都得到迅速的發展，無產階級與資產階級的矛盾已經成爲社會的主要矛盾。從哲學史上看，隨着黑格爾學派的解體和馬克思主義的產生，西方資產階級的哲學和美學轉換了發展方向，開始步入了現代。因此，這是西方哲學史上的轉折點，也是西方美學史上的轉折點。這種由古典到現代的轉折集中表現在哲學研究重心的變化上。一些哲學家由研究外部自然界轉向研究人本身的自我意識；由肯定理性思維和感覺經驗轉向肯定非理性的內在心理體驗、直覺和本能，鼓吹神秘主義和反理性主義；由頌揚普遍人性、追求自由平等博愛的理想轉向高歌超人類的個體、生命，鼓吹超世主義和悲觀主義。另一些哲學家則强調哲學要以自然科學爲根據，追求精確可靠的知識，反對研究世界的基礎和本質，鼓吹把哲學變爲實證科學。由此形成了所謂人本主義（反理性主義）和科學主義（實證主義）兩種哲學思潮。這些哲學家的共同特點是，都宣稱取消了物質和意識的對立，標榜自己的哲學超出了唯物主義和唯心主義，而實際上都拋棄了以往資產階級唯物主義的哲學傳統，並且拋棄了以黑格爾爲代表的唯心主義辯證法，繼承和發展了主觀唯心主義、不可知論和形而上學。這是他們拋棄了資產階級上昇時期的偉大理想在哲學上的表現。一百多年來，這兩種哲學思潮涌現出了形形色色的各具特色的流派，得到很大的發展，構成了現代西方哲學的主潮。對待西方現代哲學不應當採取虛無主義和簡單否定的態度。哲學是時代精神的精華。西方現代哲學是對以往人類歷史和思想的嚴肅的反思，它已十分突出地把人類在現代社會和思維領域碰到的各種尖鋭問題擺到了人們的面前。任何試圖解决現代社會和智力發展問題的人,有教養的人,都必須重視它,了解它。

美學作爲較晚誕生的一個哲學部門,這時也隨着哲學的變化而逐漸改變着研究的方法和重心。如果按照通常的看法,把 20 世紀作爲現代美學的開端,那麽,從 19 世紀中葉到 20 世紀初,也可以看作是向現代美學過渡的時期。這一時期的美學研究在哲學、自然科學和文藝實踐發展的影響下,在廣度和深度上有了巨大的進展,涌現出許多新的美學流派,呈現出十分活躍複雜的局面。不僅在德國,而且在英、法、美等國都出現了哲學的、心理學的、社會學的、自然科學的、藝術的各種不同的美學學説和體系,它們以哲學的、歷史的、規範的、經驗描述的、實驗的、内省的、歸納的各種不同方法,從理性主義和反理性主義或非理性主義,内容和形式,客觀和主觀或主客觀統一等各種不同角度和不同側面,對各種不同層次的美學問題,從美的本質和規律,到審美意識的深層結構和過程,都做了比較全面、深入的研究。這一時期的美學發展有繼承古典傳統美學的一面,但更突出的特色是研究方法的多樣和革新。叔本華、尼采的唯意志主義美學强調審美活動的非理性特徵,立普斯等人的心理學美學把美學研究的重心轉向了審美經驗和審美心理,丹納的藝術哲學採取了孔德的實證主義,所有這些都體現了美學研究方法的轉變,而其最集中的表現,就是 1876 年費希納倡導的由"自上而下"的形而上學的哲學的研究方法向"自下而上"的經驗主義的研究方法的轉變。這種美學研究方法的轉變和革新,孕育了現代美學,奠定了西方現代美學的基礎和基本方向,造成了古典的傳統美學嚮現代美學的過渡。

19 世紀的美學流派和美學家很多,這里祇簡要介紹幾位主要代表人物。

第一節　叔本華的美學思想

叔本華(Arthur　Schopenhauer,1788－1860 年)是德國著名的哲學家和美學家,是西方現代哲學和美學中的唯意志主義思潮的鼻祖。他生於但澤(今波蘭革但斯克),父親是銀行家,母親是作家。1809 年入哥廷根大學學習哲學和醫學,1811 年轉入柏林大學,聽過費希特講課,1813 年在耶拿獲哲學博士學位。1813－1814 年間在母親於魏瑪舉辦的文藝沙龍中結識了歌德、維蘭特和施萊格爾兄弟等人,同時還在費・邁耶爾的指導下研究過印度哲學。1820 年在柏林短期從事教學,1831 年定居法蘭克福,擔任大學編外講師直到去世。他最主要的著作是《作爲意志和表象的世界》(1818),此外還有《充分根據律的四重根》(1813)、《視覺和色彩》(1816)、《自然界中的意志》(1836)、《倫理學的兩個基本問題》(1841)和《附録與補充》(1851)等。他的美學思想主要反映在《作爲意志和表象的世界》一書中。

一　哲學體系

叔本華的美學和他的唯意志主義哲學密不可分,其外在形態是哲學美學。要把握他的美學思想,應當了解他的哲學體系。叔本華是黑格爾的同時代人,又是黑格爾哲學的堅決反對者。他常被劃入後康德派,其實,他是把康德哲學和柏拉圖的理念論以及印度的佛教思想結合起來,建立了自己的唯意志主義的哲學體系。

首先,他把康德的現象界和物自體改造成爲表象和意志,提出"世界是我的表象"和"世界是我的意志"兩個基本命題。在《作爲意志和表象的世界》一書中,他一開始便説:"'世界是我的表象',這是一個真理，是對於任何一個生活着和認識着的生物都有效的真理。”① 在他看來，人並不認識什麼太陽，什麼地球，而永遠祇是眼睛看見太陽，手感觸着地球，“圍繞着他的這個世界祇是作爲現象存在着的”②。由此，他得出一個“不需要證明的真理”：“對於‘認識’而存在着的一切，也就是全世界，都祇是同主體相關聯着的客體，直觀者的直觀；一句話，都祇是表象”。也就是說，世上的一切都“以主體爲條件”，“也僅僅祇是爲主體而存在”。他公開承認，“這個真理決不新穎”，“貝克萊是斷然把它說出來的第一人”③。顯然，他的哲學是唯我主義的。所謂“世界是我的表象”，也就是貝克萊的“存在即被感知”。他還援引印度吠檀多學派的教義，讚同“物質没有獨立於心的知覺以外的本質，主張存在和可知覺性是可以互相换用的術語”④。他還批評康德忽略了這一命題，也就是說，康德的哲學還保持了“客體和主體分立”的形式，而在他看來，客體祇爲主體、爲我而存在。這正是後來西方現代哲學中“主客合一”說的根源。這種“主客合一”說，或按中國哲學的講法“天人合一”說，是徹頭徹尾的主觀唯心主義、唯我主義。

但是，叔本華認爲，作爲表象的世界祇是世界的一面，而世界的另一面，即世界的基礎、本質，則是意志。因此，他又提出“世界是我的意志”的命題，稱之爲“另一真理”。他說：“現象就叫表象，再不是别的什麼，一切表象，不管是哪一類，一切客體，都是現象。唯有意志是自在之物。作爲意志，它就决不是表象，而是在種類上不同於表象的。它是一切表象，一切客體和現象，可見性，客觀性之所以出。它是個别〔事物〕的，同樣也是整體〔大全〕的最内在的東西、内核。”⑤ 這就是說，意志是萬事萬物的本原，唯一的實在。他認爲，

①② 叔本華：《作爲意志和表象的世界》，商務印書館1982年版，第25頁。
③ 同上書，第26頁。
④ 同上書，第27頁。
⑤ 同上書，第164－165頁。

作爲表象的世界祇不過是“意志的客體化”。從人到動植物到無機物,都是意志的表現,都有意志。人的身體的活動是客體化了的意志活動,牙齒、食道、腸的蠕動,是客體化的饑餓,生殖器是客體化了的性欲;植物的生長,結晶體的形成,磁針的指向北極,石頭的落地,地球被太陽吸引等等,這一切都是意志的客體化。一切事物祇是由於意志客體化的程度不同,才顯出無限的高低不同的級別。由此可見,叔本華的這套哲學也是相當神秘主義的。

其次,他又引進柏拉圖的理念論,認爲意志的客體化即表象有兩種形式,一種是理念,它是意志的直接的客體化,另一處是在具體時空中的受根據律支配的諸個別事物,它是理念的展開,因此是意志的間接的客體化。他說:“個別的,按根據律而顯現的事物就祇是自在之物(那就是意志)的一種間接的客體化,在事物和自在之物之間還有理念在。理念作爲意志的唯一直接的客體性,除了表象的根本形式,亦即對於主體是客體這形式以外,再沒有認識作爲認識時所有的其他形式。”[①] 總之,叔本華的整個哲學體系實際上就是由意志、理念、表象這三個基本概念構成的,意志是世界的本質,它直接客觀化爲理念,又通過理念的展開,間接客體化爲具體時空中的諸個別事物。這裏有兩點應當特別注意,第一,理念之於個別事物,“理念對於個體的關係就是個體的典型對理念的摹本的關係”[②]。理念既是一種客體或客觀對象,也是一種表象,但不同於諸個別事物,它是常住不變的,普遍的,本質的,根據律對它無意義,而個別事物則是雜多的,不斷生滅的,相對的,非本質的,這實際上指的就是我們所接觸的現實世界,用他的話說即“對於個體認爲真實的世界”[③]。在他看來,現實世界就是假象,有如夢境般的存在,是短暫的,因人而異

① 《作爲意志和表象的世界》,第245頁。
② 同上書,第238頁。
③ 同上書,第154頁。

的。因此,他十分輕視現實世界。第二,理念既是一種表象,又是意志的直接客體化,通過對理念的認識可以達到意志、獲得真理。但是這祇有不同於理性認識的反理性的直觀才能做到。叔本華不否認人有理性認識,但他貶低理性認識,鼓吹非理性認識,認爲祇有反理性的直觀才是一切真理的源泉,而藝術和審美活動就是這種反理性的直觀認識。所以,他的哲學又是反理性主義的。

最後,叔本華的哲學體系還具有悲觀主義和虛無主義的特徵。他把"意志"又稱作"生命意志",所以他的唯意志主義哲學又稱作"生命意志論"。所謂生命意志指的是一種原始的求生存、温飽的欲求和盲目的、非理性的本能衝動。他自己說,這"祇是一種盲目的不可遏止的衝動(ein blinder unaufhaltsamer Drang)"。在他看來,人的這種欲求和衝動起於缺乏和對現狀的不滿,但是現實生活又永遠得不到滿足,因此現實有如夢境,人生充滿痛苦,這痛苦就是生命意志的本質。他認爲,要解脱這種痛苦有兩種辦法,一是獻身於哲學沉思,道德同情和藝術的審美直覺,進入排除一切功利目的和自我人格的忘我境界;然而這祇是暫時的解脱,爲了達到永久的解脱,就要走另一條禁欲、涅槃、絶食以至自覺死亡徹底否定生命意志的路。在全書的最後,在他以大量的篇幅探索各種人生和倫理等問題之後,他得出結論,在爲消除人生的虛幻痛苦之路上,人們最後才懂得:"我們這個如此非常真實的世界,包括所有的恒星和銀河系在內,也就是——無。"①

叔本華的唯意志主義的哲學體系是一個唯我主義的、神秘主義的、反理性主義的、禁欲主義和虛無主義的體系,他的美學就建立在這個哲學體系的基礎之上,其核心思想就是把審美和藝術看作解脱人生痛苦的工具。

① 《作爲意志和表象的世界》,第 564 頁。

二　審美直觀

叔本華美學的突出特點，在於貶低理性，擡高直觀，尤其鼓吹神秘的審美直觀説。他認爲，直觀是一切真理的源泉，理性不能代替直觀，“有許多事情，不用理性，反而可以完成得更好”①。他把藝術置於理性和科學之上，認爲理性和科學是以根據律觀察事物的一種方式，它們衹是意志的產物和爲意志服務的工具，不能認識世界的真正本質和提供真理；衹有藝術才是一種獨立於根據律之外觀察事物的一種方式。他認爲，美感的觀察方式有兩種不可分的成份，一種是把審美對象不當作個別事物，而當作理念來認識，一種是把認識美的主體即審美主體不當作個體，而是當作“認識的純粹而無意志的主體之自意識”②。他説，這是“純粹的觀審，是在直觀中浸沉，是在客體中自失，是一切個體性的忘懷，是遵循根據律的和衹把握關係的那種認識方式之取消；而這時直觀中的個別事物已上昇爲其族類的理念，有認識作用的個體人已上昇爲不帶意志的‘認識’的純粹主體，雙方是同時並舉而不可分的，於是這兩者〔分別〕作爲理念和純粹主體就不再在時間之流和一切其他關係之中了。這樣，人們或是從獄室中，或是從王宮中觀看落日，就没有什麼區别了”③。他的這種審美直觀説是他的美學的核心，主要包括以下基本思想。

第一，審美直觀是超然的、幻覺的、非功利的。在審美直觀中，審美主體和審美對象都解脱了日常現實生活中一切關係的束縛，不再是個人或個别對象。審美主體已上昇爲認識的純粹主體，“明亮

① 《作爲意志和表象的世界》，第100頁。

② 同上書，第273頁。

③ 同上書，第274－275頁。

的世界眼”,即純粹的意識本身。他坦然物外,撤消了一切意志、人格和欲求,他把對象從世界歷程的洪流中抽拔出來、孤立起來,使之成爲超時空的純然客觀的對象,上昇爲本質、理念。審美主體和審美對象之間沒有功利關係。審美主體無所欲求,不計利害,只是凝神靜觀,“觀察到客體自身爲止”。這樣,“就好像進入了另一世界”,在這兒,幸與不幸都消逝了,個性的一切區別完全消失,擺脱了一切痛苦,獲得了解放、自由、怡悦和恬靜。這不論對有權勢的國王,還是受折磨的乞兒,都是同樣的。不過,這衹是幻覺、想象的世界,“衹要這純粹被觀賞的對象對於我們的意志,對於我們在人的任何一種關係再又進入我們的意識,這魔術就完了”[①]。在日常生活中,大多數人都不能如此進行純然客觀的鑒賞,他們總是尋求對象對他們的意志有何用處,即便面對最優美的環境,這環境對他們也有一種荒涼的、黯淡的、陌生的、敵對的意味。叔本華顯然接受並發揮了康德關於審美無功利性的思想,並提出了審美幻覺的理論。

第二,審美直觀是一種自失。他説:“人們自失於對象之中了,也即是説人們忘了他的個體,忘記了他的意志;他已僅僅衹是作爲純粹的主體,作爲客體的鏡子而存在;好像僅僅衹有對象的存在而沒有知覺這對象的人了,所以人們也不能再把直觀者〔其人〕和直觀〔本身〕分開了,而是兩者已經合一了;這同時即是整個意識完全爲一個單一的直觀景象所充滿,所佔據。”[②] 這就是説,審美的境界是一種物我兩忘、主客體合一的境界。這種境界表面上看是主體喪失於對象之中,“成爲這對象自身”[③],而實際上却是主體把客體攝入自身。他强調説:“作爲這樣的主體,乃是世界及一切客觀的實際存

① 《作爲意志和表象的世界》,第276頁。
② 同上書,第250頁。
③ 同上書,第251頁。

在的條件,從而也是這一切一切的支柱,因爲這種客觀的實際存在已表明它自己是有賴於它的實際存在的了。所以他是把大自然攝入他自身之内了,從而他覺得大自然不過衹是他的本質的偶然屬性而已。"[①] 他引拜倫的詩説:"難道群山,波濤,和諸天/不是我的一部份,不是我/心靈的一部份,/正如我是它們的一部份嗎?"並且引印度《吠陀》中的話説"一切天生之物總起來就是我,在我之外任何其他東西都是不存在的。"[②] 可見,他的審美自失説,最後還是服務於論證他的主觀唯心主義哲學的。

第三,審美直觀是先驗的、非理性的。審美直觀是純粹主體對理念的認識,這種認識表現爲凝神静觀,不是通常的理性認識,"即是説人們在事物上考察的已不再是'何處'、'何時'、'何以',而僅僅衹是'什麼';也不是讓抽象的思維、理性的概念盤踞着意識"[③]。叔本華認爲,普通人不能達到對理念的認識,衹有極少數的天才人物,由於先天的禀賦,才能獨立於根據律之外,成爲純粹的主體,把握理念,並把它復制爲藝術作品,傳達給普通人。天才對美有一種"先驗的預期"能力,他"在經驗之前就預期着美"[④],把握了"理想的典型"。他還認爲,"天才與瘋癲直接鄰近"[⑤],二者有"親近關係"。一句話,"純粹從後驗和衹是從經驗出發,根本不可能認識美,美的認識總是,至少部份地是先驗的,不過完全是另一類型的先驗認識,不同於我們先驗意識着的根據律各形態"[⑥]。

叔本華的審美直觀説在美學上是十分重要的,它揭示了審美和藝術活動中的某些特點,包含不少合理因素,在美學史上有極大的影響,整個西方現代美學幾乎都在重復他的觀點,這並不是偶然

①② 《作爲意志和表象的世界》,第253頁.
③ 同上書,第249頁
④ 同上書,第307頁
⑤ 同上書,第267頁.
⑥ 同上書,第308頁.

的。但從根本上説，當然還有重大的缺陷。首先，它的哲學基礎是主觀唯心主義的唯意志主義哲學；其次，它是以孤立地考察審美和藝術現象爲依據的，這種方法是抽象的、片面的、脱離實際的，把一切審美和藝術活動都歸結爲審美直觀，或者用孤立的審美直觀的某些特點如自失、超功利等來解釋一切審美和藝術活動是缺乏説服力的；再次，它不僅誇大了藝術的特點，而且用以否定科學和理性思維也能認識真理，把審美、藝術和科學、理性絶然對立起來，這又是錯誤的。

三　藝術和天才

如上所述，藝術是一種特殊的觀察方式即審美直觀，是對“理念”的認識，因此，叔本華明確認爲，藝術的本質就是理念的復制。他説：“藝術復制着由純粹觀審而掌握的永恒理念，復制着世界一切現象中本質的和常住的東西；而各按用以復制的材料〔是什麼〕，可以是造型藝術，是文藝或音樂。藝術的唯一源泉就是對理念的認識，它唯一的目標就是傳達這一認識。”① 他十分强調藝術的重要性和高度的價值，他説，“整個可見的世界就衹是意志的客體化，衹是意志的一面鏡子”②，而“藝術所完成的在本質上也就是這可見的世界自身所完成的，不過更集中、更完備、更具有預定的目的和深刻的用心罷了。因此，在不折不扣的意義上説，藝術可以稱爲人生的花朵”③。

叔本華對藝術的考察是和對天才的考察緊密聯繫在一起的。他認爲，藝術作品是天才的創造，天才的本質就在於具有進行審美直觀的卓越能力。天才在直觀中遺忘自己，成爲世界的明亮眼，“成爲

① 《作爲意志和表象的世界》，第 258 頁。

②③ 同上書，第369 頁。

不帶意志的主體，成爲〔反映〕世界本質的一面透明的鏡子"[1]。天才與凡夫俗子的顯著區別在於，天才永不得滿足，他無休止地追求，不倦地尋找新的、更有觀察價值的對象，這種對理念的追求使他興奮，心境不寧，眼前的現在不能填滿天才的意識，而凡夫俗子則易於滿足，完全沉浸於現在之中。叔本華認爲，由於理念是直觀的而不是抽象的，因此"天才需要想象力"[2]，"想象力是天才性能的基本構成部份"[3]，但是，不能把想象力和天才的性能等同起來，因爲想象力人人都有，極無天才的人也有很多想象，想象力衹是"天才的伴侶，天才的條件"。人們既可以用藝術的和日常生活的兩種相反的方式觀察一個實際的客體，也可以觀察一個想象的事物。用藝術的方式觀察想象之物，這想象之物就是認識理念的一種手段，而表達這理念的就是藝術；相反，用日常生活的方式觀察想象之物，這想象之物就成爲"空中樓閣"，它衹和個人的私欲、意趣相投，"從事這種理念的人就是幻想家"[4]。把這些幻想中的情節寫下來，就産生了各種類型的庸俗小說。因此，天才的想象不同於普通人的幻想。普通人不在純粹直觀中流連，他衹找生活門路，最多也不過是找一些有朝一日可能成爲他生活的門路的東西，他對一切都走馬看花似的瀏覽一下匆促了事，對於生活本身是怎麽回事從不花費時間去觀察和思索。相反，天才在他一生中要花很多時間流連於對生活本身的觀察，要努力把握理念，這樣，他經常忽略了對自己生活道路的考察，在大多數人看來，"他走這條〔生活的〕道路是够笨的"[5]。但是，"一個人的認識能力，在普通人是照亮他生活道路的提燈；在天才人物，却是普照世界的太陽"[6]。叔本華指出，天才和普通人這兩種不同的透視生活的方式可以在相貌上，尤其是眼神上看得出來，天才

①③　《作爲意志和表象的世界》，第260頁。

②④　同上書，第261頁。

⑤　同上書，第262頁。

⑥　同上書，第263頁。

的眼神既活潑又堅定，明明帶有靜觀、觀審的特徵，而普通人的眼神裏，往往遲鈍、寡情，有一種"窺探"的態度。前者顯示的是不帶欲求的純粹認識，後者突出的是欲求的表現。叔本華對觀相學是肯定的。

叔本華認爲，天才人物也免不了一些缺點。天才的一生並非每一瞬間都處於審美直觀的狀態。擺脱意志而掌握理念要求高度的緊張，緊張之後必然要求鬆弛和長時間的間歇。在這些間歇中，無論從優點或缺點來説，天才和普通人大體是相同的。天才類似靈感，它是一種不同於個體自身的、怡人的東西，它衹是周期地佔有個體而已。從日常生活的角度來看，天才的確有一些缺點，這也正是天才的特徵。叔本華講到三點：第一，天才人物不願把注意力集中在根據律的内容上，所以他們厭惡數學和邏輯的方法。經驗證明，"藝術上的偉大天才對於數學並没有什麼本領。從來没有一個人在這兩種領域内是同樣傑出的"①；"反過來説，傑出的數學家對於藝術美〔也〕没有什麼感受〔力〕"②；第二，天才人物不願使用理性，所以，他們的行爲常有非理性的特徵。很難發現偉大的天才和凡事求合理的性格相配，相反，天才總是屈服於劇烈的感受和不合理的情欲，他們對眼前印象極爲敏感，總是不加思索而陷於激動和情欲的深淵，被眼前印象極强有力地挾持着去衝决凡俗的羅網。天才常懷有莫名的痛苦和殉道精神。産生這種情況的原因，"倒並不是理性微弱"，而主要是直觀認識對於抽象認識的優勢，直觀事物所産生的極爲强烈的印象大大地掩蓋了黯淡無光的概念，"以至指導行爲的已不再是概念而是那印象，〔天才的〕行爲也就正是由此而成爲非理性的了"③。最後，天才人物還喜歡自言自語，常表現出真有點近於瘋癲的弱點。天才和瘋癲有近親關係。"瘋人能正確地認識個别眼

① 《作爲意志和表象的世界》，第264頁。

②③ 同上書，第265頁。

前事物，也能認識某些過去的個别事物，可是錯認了〔其間的〕聯繫和關係，因而發生錯誤和胡言亂語；那麼，這正是瘋人和天才人物之間的接觸點”①。天才類似瘋子，他到處衹看到極端，他的行爲也因此而陷入極端，他不知如何才是適當的分寸，缺少清醒的頭腦，他也容易受騙，成爲被人作弄的玩具。

叔本華認爲，天才作爲審美直觀，是一種獨立於根據律之外觀察事物的能力或本領，這種“暫時撇開自己本人的能力，是一切人所共有的”②，衹不過對一般人來説，在程度上要低一級，並且人各不同，否則一般人就不能欣賞藝術作品，根本不能從美感獲得任何愉快。天才超出一般人之上的地方在於他能在更高的程度上和持續的長久上保持這種冷静的觀照能力，並把理念復制爲藝術作品，進而傳達於人。這時，理念是不變的，仍是同一理念。美感的愉悦，不管是由藝術品引起的，還是由直接觀審自然和生活引起的，本質上都是同一愉快。但從藝術品比直接從自然和現實更容易看到理念，因爲“藝術家衹認識理念而不再認識現實，他在自己的作品中也往往衹復制了理念，把理念從現實中剥出來，排除了一切起干擾作用的偶然性。藝術家讓我們通過他的眼睛來看世界。至於藝術家有這種眼睛，他認識到事物的本質的東西，在一切關係之外的東西，這是天才的禀賦，是先天的；但是，他們能够把這種天禀藉給我們一用，把他的眼睛套在我們〔頭上〕，這却是後天獲得的，是藝術中的技巧方面”③。這就是説，藝術有助於使我們上昇爲純粹的主體，認識世界的本質。但是，另一方面，叔本華又反復强調，概念是抽象的，而理念是直觀的，理念決不能被個體所認識，衹能被超然於一切欲求和個性的純粹的主體所認識，藝術所復制的理念不是無條件地傳達于人的，它衹按各人本身的智力水平而分别引起人們的注意。因此“恰

① 《作爲意志和表象世界》，第 270 頁。

②③ 同上書，第272 頁。

好是各種藝術中最優秀的作品，天才們最珍貴的產物，對於人類中遲鈍的大多數必然永遠是一部看不懂的天書"①。在這些作品和多數人之間隔着一條鴻溝。他還揭露了某些低能的、"最無風雅的人"的虛僞，這種人固然口頭上把公認的傑作當作權威，内心里却總是準備大肆詆毁這些傑作，一旦時機成熟，就會付之行動，興高采烈地儘情發泄他們的憎恨。他指出："原來一個人要自覺自願地承認別人的價值，尊重別人的價值，根本就得自己有自己的價值。"②

叔本華强調天才不是摹仿，而是創造，具有獨創性。他不否認概念、理性對於生活和科學是有益的、有用的、必要的和卓有成果的，但他指出，它們"對於藝術却永遠是不生發的"③。藝術的真正和唯一的源泉是理念。理念就其原始性説，衹能是從生活自身，從大自然，從這世界汲取來的，它是直觀的。浮現在藝術家面前的不是抽象的概念，而是具體的理念，所以他不能爲他的作爲提出一個什麽理由來，他衹從所感到的出發，無意識地，本能地在工作。相反，藝術上的摹仿者却是"從概念出發的"。他們像寄生植物，衹從別人的作品汲取營養，又像水蛭，營養品是什麽顏色，作品就是什麽顏色，還像機器，放進去的東西固然能被碾碎、拌匀，却决不能使之消化。"唯有天才可比擬於有機的、有同化作用的、有變質作用的、能生產的身體"④。前人作品的熏陶，最好的教養决無損於他的獨創性，直接使他懷胎結果的却是生活和這世界本身。因此摹仿者創造不出有内在生命力的作品，儘管它們有時也能博得受特定時代精神和一些流行概念支配的蒙昧大衆的高聲喝采，可是不到幾年便已明日黄花，無鑒賞價值了。"衹有真正的傑作，那是從自然、從生活中直接汲

①②　《作爲意志和表象的世界》，第 325 頁。

③　同上書，第 326 頁。

④　同上書，第 327 頁。

取來的,纔能和自然本身一樣永垂不朽,即常保有原始的感動力。因爲這些作品並不屬於任何時代,而是屬於〔整個〕人類的。它們也正因此而不屑於迎合自己的時代,這時代也半冷不熱地接受它們”①。天才的作品“每每要間接地消極地揭露當代的錯誤”,但它們能永垂不朽,在遼遠的將來還有栩栩如生的、依然新穎的吸引力,屈指可數的有判斷力的人物會給它們加冕,批準它們。所以,“要獲得後世的景仰,除了犧牲當代人的讚許外,别無他法;反之亦然”②。叔本華的美學明顯地把少數天才人物與普通人對立起來,充滿了貴族蔑視大衆的氣息。

四 美、優美、壯美、媚美

什麼是美? 叔本華説:“當我們稱一個對象爲美的時候,我們的意思是説這對象是我們審美觀賞的客體。”③ 他舉例説:“當我以審美的,也即是以藝術的眼光觀察一棵樹,那麼,我並不是認識了這棵樹,而是認識了這樹的理念。”④ 因此,就是理念,但與柏拉圖和黑格爾講的理念有所不同,這理念是在審美觀賞中出現的,觀察到的,它是有意志的,是意志的直接客體化。從根本上説,叔本華否認了現實世界有美的存在,美衹存在於另一個審美的世界。但他却説:“我們對任何現成事物都可以純客觀地,在一切關係之外加以觀察,既然在另一方面意志又在每一事物中顯現於其客體性的某一級别上,從而該事物就是一個理念的表現;那就可以説任何一事物都是美的。”⑤ 這樣,“最微不足道的事物”也可以是美的,成爲審美的對

① 《作爲意志和表象的世界》,第 327 頁。
② 同上書,第 328 頁。
③ 同上書,第 291 頁。
④ 同上書,第 292 頁。
⑤ 同上書,第 293 頁。

象。例如荷蘭人的靜物寫生就是如此,傑出的荷蘭人用的是最不起眼的題材,却把藝術家那種寧静、沉默的、脱去意志的胸襟活現於觀賞者之前,立下了永久的紀念碑。爲什麽一物比另一物更美呢?這是"由於該物體使得純粹客觀的觀賞更加容易了,是由於它遷就,迎合這種觀賞;甚至好像是它在迫使人來作如是的觀賞,這時我們就説該物很美"①。任何一個事物都有其獨特的美,但"人比其他一切都要美,而顯示人的本質就是藝術的最高目的"②。

叔本華還提出了關於審美範疇的學説,他把美區分爲三類:優美、壯美和媚美。首先他對優美和壯美作了比較。如果"對象迎合純粹直觀",以其"形式的重要意味和明晰性"(如植物花卉),挑起、歆動、邀請人的觀賞,"好像是硬賴着要人欣賞似的",從而使我們很容易地提昇爲不帶意志的純粹主體,這對象就是優美,主體激起來的就是美感。與此不同,如果對象對於人的意志有一種敵對的關係,具有戰勝一切阻礙的優勢而威脅着意志,或者意志在這種對象的無限大之前被壓縮至零,而觀察者(主體)却寧静地、超然物外地觀賞着那些對於意志非常可怕的對象,樂於在對象的觀賞中逗留,這樣他就會充滿壯美感,造成這一狀況的對象就叫做壯美。壯美感和優美感在主要的决定性因素方面是相同的,都是對理念的認識,二者不是對立的,但壯美感的產生"要先通過有意地,强力地掙脱該客體對意志那些被認爲不利的關係"③。壯美感可有程度的差别,優美感也可以向壯美感過渡。他舉了許多事例來説明這種差别和過渡,其中水聲翻騰喧囂,震耳欲聾,懸河瀑布下瀉,遼闊的、颶風激怒了的海洋,由於使人看到威脅生存的、無法比較的、勝於個體的威力而造成完整的壯美印象。這是動力的壯美,另一種是數學的壯美,是空間的遼闊,時間悠久,使個體縮小至無物所產生的印象。他保留了

①② 《作爲意志和表象的世界》,第 293 頁。

③ 同上書,第 282 頁。

康德對壯美(崇高)的命名和分類,但不承認壯美感包括道德的内省,也不承認其中有來自經院哲學的假設。壯美感產生於兩方面的對比,一方面是主體作爲個體、作爲意志現象的無關重要和依賴性,在可怕的暴力面前,近乎消逝的零,另一方面是對自己是認識的純粹主體這一意識,即寧静地把握着理念的主體,提高爲"整個世界的肩負人"①,達到了人和宇宙的合一。壯美也可以用於崇高的品德,這也是由於對象本身適於激動意志,然而意志究不爲所激動,這裏也是認識多於感受,佔了上風。

叔本華認爲,壯美的真正對立面是媚美。這是他特有的美學範疇。他説:"我所理解的媚美是直接對意志的自薦,許以滿足而激動意志的東西。"② 與壯美相反,媚美的自薦把鑒賞者從純粹觀賞中拖出來,激動鑒賞者的意志,使他不再是認識的純粹主體,而成爲有所欲求的主體。人們習慣於把任何輕鬆一類的優美稱爲媚美,這是由於缺乏正確的區分。他指出:"在藝術的領域裏衹只有兩種類型的媚美,並且兩種都不配稱爲藝術。"③ 一種是積極的媚美,是相當鄙陋的,如畫中的食品酷似真物又必然引起食欲,畫食物是可以容許的,但這樣畫是要不得的。又如激起肉感的裸體人像,也是要不得的;古代藝術儘管形象極美而又全裸,却幾乎一貫不犯這種錯誤。媚美在藝術裏是到處都應該避免的,因爲它違反藝術的目的。另一種是消極的媚美,即令人厭惡作嘔的東西,它不但破壞純粹的審美觀賞,而且激起的是一種劇烈的不想要,一種反感。在藝術裏决不能容許這種東西。但是,衹要不令人作嘔,醜陋的東西在適當的地方還是可以容許的。

① 《作爲意志和表象的世界》,第 286 頁。

② 同上書,第 289 頁。

③ 同上書,第 290 頁。

五　藝術的分類

叔本華還提出了藝術分類的學說,對各門藝術的特徵進行了考察。他把理念或意志客體化的不同級別看作藝術分類的基礎和藝術高低的標準。在他看來,建築藝術,造型藝術,詩,音樂是從低級到高級的藝術序列。

1. 建築藝術

建築單從應用目的看不是藝術,建築藝術是撇開應用目的,把建築祇當作審美直觀的對象來看的。在各門藝術中,建築是理念或意志客體化的最低級別。意志在這裏顯現了重力,內聚力,固體性;即磚石最普遍的屬性。"建築藝術在審美方面唯一的題材實際上就是重力和固體性之間的鬥爭"①。一方面重力不停地向地面擠去,另一方面固體性却在抵抗着。這是意志顯現爲冥頑之物的無知的、合乎規律的"定向挣扎",是意志的自我分裂和鬥爭。"以各種方式使這一鬥争完善地、明晰地顯露出來就是建築藝術的課題"②。一個建築物的美完整地體現在它每一部份的目的性上,然而這不是爲了外在的、符合人的意志目的,而是直接爲了全部結構的穩固,各部份的位置、尺寸和形狀都有一種必然關係,抽掉任何一部份,則全部必然要坍塌。各部份的形態也是由其目的和它對全體的關係,而不是由人意任意規定的。要獲得對一座建築物的理解和美感享受,不可避免地要在重量,固體性,內聚力幾方面對建築材料有一直接的直觀認識,但是,建築藝術使我們欣賞的不僅是形式和匀整性,更應該是大自然的那些基本力,那些原始的理念,意志客體性那些最低的級別。叔本華提出,建築藝術對於光有一種很特殊的關係,在充分的陽光下和在月光下效果會大不相同,建築師要特別考慮到光綫的效

①② 《作爲意志和表象的世界》,第298頁。

果和坐落的方向,“建築藝術注定要顯露的自然的重力和固體性,同時也還有與這兩者相反的光的本質”①。建築藝術與其它藝術的區別在於它所提供的不是實物的擬態,而是實物自身。建築師不是復制被認識的理念,把自己的眼睛借給觀衆,而是把明晰地、完整地表出其本質的個別實物,好好地擺在觀衆之前,使觀衆更容易把握理念。建築藝術的作品很少是純粹爲了審美的目的而完成的,其審美的目的附屬於與藝術毫不相干的實用目的,建築藝術家的大功勞却在於,他能巧妙地,用多種方式達成審美的目的。

2. 造型藝術

叔本華把園藝、風景畫、動物畫和雕刻,故事畫和人物雕刻都列爲造型藝術。造型藝術所表現的已是理念或意志客體化的更高級別。其中故事畫和人物雕刻的課題是要直接地、直觀地把人的理念表現出來。在動物畫裏,特徵和美完全是一回事,動物衹有族類特徵,最能表出族類特徵的動物也是最美的。在表達人的藝術中,族類特徵可就和個體特徵分開了,前者叫“美”,後者仍叫“特徵”或“表情”。問題在於如何使二者同時在同一個體中完善地表達出來。流行的看法或者認爲藝術是自然的摹仿,或者認爲人體美的理想典型完全來自經驗,是由於搜集各個不同的美的部份,這裏一個膝蓋、那裏一隻膀子湊成一個美的整體。這是一種顛倒的未經思考的錯誤見解。其實大自然並没有創造出十全十美的人,藝術家也不是憑生活經驗進行復制,而是憑先驗的預期,他在經驗之前就預期着美,“這個預期就是理想的典型”②。“理念也就是理想的典型”③。“在真正的天才,這種預期是和高度的觀照力相伴的,既是説當他在個別事物中認識到該事物的理念時,就好像大自然的一句話還衹説

① 《作爲意志和表象的世界》,第300頁。

②③ 同上書,第309頁。

出一半，他就已經體會了。並且把自然結結巴巴未説清的話爽朗的説出來了。他把形式的美，在大自然嘗試過千百次而失敗之後，雕刻在堅硬的大理石上，把它放在大自然的面前，好像是在喊應大自然：'這就是你本來想要説的！'而從内行的鑒賞家那邊來的回聲是：'是，這就是了！'——祇有這樣，天才的希臘人才能發現人類體形的原始典型，才能確立這典型爲(人體)雕刻這一藝術的教規"[①]。

叔本華認爲，以表出人的理念爲目的的藝術，除了作爲族類的特徵的美以外，還要以個人特徵爲任務。個人特徵最好就叫做性格。既不可以性格來取消美，也不可以美來取消性格。雕刻以美爲目的，喜歡裸體；繪畫則以性格爲主要對象，精神特徵是最好的題材。萊辛和文克爾曼對拉奥孔不驚呼的解釋都没有抓住真正的要領——藝術各有疆界而不能以驚呼來表現拉奥孔的痛苦。任何生活過程都排斥於繪畫之外，"在一些個別的，却又能代表全體的事態中把這瞬息萬變不停地改頭换面的世界固定在經久不變的畫面上，乃是繪畫藝術的成就。由於這種成就，在繪畫藝術把個別的東西提昇爲族類的理念時，這一藝術好像已使時間(的齒輪)本身也停止轉動了似的"[②]。但應區分一幅畫的名稱意義(外在的)和它的實物意義，因爲人的行爲有内在意義和外在意義的區别，外在意義是對於實際世界的意義，内在意義是我們對人的理念體會的深刻，"在藝術裏有地位的祇是内在意義"[③]。他反對文克爾曼到處爲寓意辯護。他認爲，造型藝術中的寓意是一種錯誤，因爲"寓意畫總要暗示一個概念"[④]，從而引導鑒賞者的精神離開畫上的直觀表象，所以寓意的造型藝術實際上就是象形文字。

---

① 《作爲意志和表象的世界》，第 308－309 頁。

②③ 同上書，第 320 頁。

④ 同上書，第 329 頁。

3. 文藝即語言

詩即語言文學藝術。包括抒情詩、歌詠詩、小說、史詩、戲劇等。詩揭示的是更高一級的理念或意志的客體化。"人是文藝的主要題材,在這方面沒有別的藝術能和文藝並駕齊驅,因爲文藝有寫出演變的可能,而造型藝術却沒有這種可能"①,"在人的掙扎和行爲環環相扣的系列中表出人,這就是文藝的重大課題"②。詩人用兩種方式寫人,"一種方式是被描寫的人同時就是進行描寫的人"③,如在抒情詩和歌詠詩裏的情形,這是一種主觀的方式;"再一種方式是待描寫的完全不同於進行描寫的人"④。如在其它詩體(傳奇、民歌、田園詩、長篇小說、史詩、戲劇)中的情形。這是一種客觀的方式。戲劇是最客觀的,而悲劇則是戲劇和文藝的最高峰。

叔本華推崇悲劇。他說:文藝上的這種最高成就以表出人生可怕的一面爲目的,是在我們面前演出人類難以形容的痛苦、悲傷,演出邪惡的勝利,嘲笑着人的偶然性的統治,演出正直、無辜的人們不可挽救的失陷;(而這一切之所以重要)是因爲此中有重要的暗示在,即暗示着宇宙和人生的本來性質。這是意志和它自己的矛盾鬥争"⑤。這種矛盾鬥争表現在人類所受的痛苦上,這痛苦一部份由偶然和錯誤帶來,一部份是由於人類自相鬥争、自相屠殺。"我們在悲劇裏看到那些最高尚的(人物)或是在漫長的鬥争和痛苦之後,最後永遠放棄了他們前此熱烈追求的目的,永遠放棄了人生一切的享樂;或是自願地,樂於爲之放棄這一切"⑥。他批評說:"有人還要求所謂文藝中的正義。這種要求是由於完全認錯了悲劇的本質,也是認錯了世界的本質而來的"⑦。其實,"悲劇的真正意義是一種深刻的認識,認識到(悲劇)主角們贖的不是他個人特有的罪,而是原

①② 《作爲意志和表象的世界》,第338頁。
③④ 同上書,第344頁。
⑤ 同上書,第350頁。
⑥⑦ 同上書,第351頁。

罪,亦即生存本身之罪”①。他還從編劇的角度把悲劇分爲三種類型。一類是造成巨大不幸的是某一劇中人異乎尋常的、發揮盡致的惡毒,這角色就是肇禍人。如理查三世,《奧賽羅》中的雅戈,《威尼斯商人》中的歇洛克等等。一類是造成不幸的是盲目的命運,即偶然和錯誤。如索福克勒斯的《俄狄普斯王》、《特洛亞婦女們》、《羅密歐與朱麗葉》等等。另一類則僅僅是劇中人彼此地位不同,由於他們的關係造成了不幸。如《克拉維葛》、《哈姆萊特》、《華倫斯坦》、《浮士德》等等。他認爲,最後一類比前兩類更爲可取,但編寫上困難也最大。“因爲這一類不是把不幸當作一個例外指給我們看,不是當作由於罕有的情況或狠毒異常的人物帶來的東西,而是當作一種輕易而自發的,從人的行爲和性格中產生的東西,幾乎是當作(人的)本質上要產生的東西,這就是不幸也和我們接近到可怕的程度了”②。也就是說,這一類悲劇能使我們看到最大的痛苦,而這都是由于我們自己的命運難免的複雜關係和自己也可能幹出來的行爲造成的,它使我們不寒而慄,覺得自己已到地獄中來了。

叔本華的悲劇觀明顯帶有禁欲主義、悲觀主義和虛無主義的色彩。在他看來,人類生存的這個世界根本没有正義,因此悲劇的目的不在正義,而在顯示他的唯意志主義哲學所鼓吹的棄絕生命,否定意志。叔本華的悲劇觀與黑格爾的悲劇觀之間有重大的區別。黑格爾認爲,悲劇是兩種各有辯護理由的倫理理想或“普遍力量”的衝突與和解,悲劇的毀滅性結局是永恒正義的勝利。他的悲劇觀雖然也是唯心主義的,但包含了不少辯證的思想,尤其是肯定了人類社會歷史的發展和進步,充滿了樂觀主義。而叔本華却對生活採取了消極的片面否定的態度,把生活歪曲爲本來就是罪惡的,不幸的、痛苦的,完全否定了人生的價值和意義。他指責說,樂觀主義是錯誤

① 《作爲意志和表象的世界》,第 352 頁。

② 同上書,第 353 頁。

的,有害的學說,由於這種學說"每個人似乎都相信他有要求幸福和快樂的權利。…… 實則,勞動、缺乏、窮困、苦惱以及最後的死亡等等,把它們當作人生目的,才是正當的"①。

4. 音樂

叔本華對音樂極爲重視。在他的藝術分類中,音樂處於十分獨特的地位。他認爲,"音樂完全孤立於其它一切藝術之外",其他藝術都是理念的寫照,而音樂決不是理念的寫照,它跳過了理念,完全不依賴現象世界,甚至無視現象世界,直接地復制意志,因爲"音樂乃是全部意志的直接客體化和寫照,猶如世界自身,猶如理念之爲這種客體化和寫照一樣"②。音樂比其他藝術的效果要强烈得多,深入得多;因爲其他藝術所說的祇是陰影,而音樂所說的却是本質。音樂不僅如萊布尼茲所說是一種"下意識的、人不知道自己在計數的算術練習",而且還有更嚴肅、更深刻的,和這世界,和我們自己的最内在本質有關的一種意義。音樂雖可化爲數量關係,但並不就是符號所表出的事物,而祇是符號本身。在他看來,音樂和理念處於同等地位,都是意志的直接客體化,祇是客體化的方式不同,它們雖然没有直接的相似性,"却必然有一種平行的關係,有一種類比的可能性"③。他把音樂和意志客體化的過程作了許多不倫不類的對比,然後說:"音樂決不是表現着現象,而只是表現一切現象的内在本質,一切現象的自在本身,祇是表現着意志本身"④。因此,音樂並不表達這種或那種具體的歡樂、抑鬱、痛苦、驚怖,而是抽象地表達情感和自身。同樣,音樂祇表達生活和生活過程的精華,而不描寫生活和生活過程自身。正是音樂具有這種普遍性纔賦予音樂以高度的價值,即"音樂可以作爲醫治我們痛苦的萬應靈

① 叔本華:《愛與生的苦惱》,中國和平出版社 1986 年版,第 133 頁。

②③ 《作爲意志和表象的世界》,第 357 頁。

④ 同上書,第 361 頁。

丹"[①]。他十分强調音樂的抽象性,認爲"對世界上的一切形而下的來説,音樂表現着那形而上的;對一切現象來説,音樂表現着自在之物"[②]。如果成功地把音樂所表示的在概念中予以詳盡的復述,就能充分地復述和説明這世界,音樂也就會是真正的哲學。因此他仿效萊布尼兹有關音樂的那句名言得出了一個結論:"音樂是人們在形而上學中不自覺的練習,在練習中本人不知道自己是在搞哲學。"[③]

叔本華的這種音樂理論完全否定了音樂和現實生活的聯繫,否定了音樂具有現實的、具體的内容,誇大了音樂的普遍性、抽象性和不確定性,實際上主張的是音樂衹表現抽象的主觀情感。這種情感論對音樂家瓦格納産生過很大影響。

六　影響和評價

叔本華的美學大體已如上述。他的《作爲意志和表象的世界》初版於 1818 年,但由於黑格爾哲學仍佔統治地位,當時並未發生很大影響,直到 1848 年革命失敗以後,在五、六十年代才得以流傳,變得時髦起來。鮑桑葵説:"文明歐洲的流行的悲觀主義和神秘主義在很大程度上是起源於叔本華。"[④] 到了七、八十年代,叔本華的唯意志美學在尼采那裏得到了繼承和進一步發揮。自此以後,現代西方美學中具有唯意志主義和反理性主義特徵的各種流派,尤其是屬於生命哲學、存在主義哲學的美學,一般都以叔本華和尼采爲直接的思想來源。叔本華的美學也影響到了中國,中國人最早了解西方美學就是叔本華美學。19 世紀末至 20 世紀初,王國維不但系統研究

① 《作爲意志和表象的世界》,第 362 頁。
② 同上書,第 364 頁。
③ 同上書,第 366 頁。
④ 鮑桑葵:《美學史》,第 467 頁。

和大力介紹了叔本華的美學，而且還把叔本華美學運用於古典文藝的評論，寫出了《〈紅樓夢〉評論》等作品，在我國學術界產生了巨大的影響。

叔本華的美學從哲學基礎和整體上看是錯誤的，消極的，其基本精神、其要害，是要否定現實生活和人生價值。他一方面把現實世界看作表象，鼓吹人生痛苦如夢的厭世說，另一方面又通過審美直觀把人們引入審美和藝術的幻境，鼓吹唯美主義；他一方面肯定意志是世界的本質，鼓吹神秘主義；另一方面又棄絶意志、否定意志，陷入虛無主義。他既没能擺脱表象，也没能擺脱意志，他的思想體系顯然存在着不可克服的矛盾。正如朱光潛所説："意志可以表現爲肯定，也可以表現爲否定。棄絶求生的意志本身畢竟也是一種意願支配的行動。就是在擺脱意志的這一行爲當中，意志也並没有被擺脱掉。"① 從實質上看，他鼓吹的是否定現實，悲觀厭世，反對樂觀主義，實質上是要使人安於痛苦、貧困、奴役以至死亡，放棄爲理想的、美好的幸福生活而鬥爭。這種悲觀主義，顯然適應了帝國主義時期資產階級的需要。他雖然看到了資本主義社會給人的生活造成了痛苦和災難，但把它誇大爲一切現實的生活本質而予以否定。他雖然看到理性主義哲學不能完全正確的説明世界，却又以非理性從根本上反對理性和科學。他的這套哲學自然應當批判。但是，我們對叔本華仍然要一分爲二。尤其在具體的美學問題上，其中並非完全没有積極的、合理的東西。叔本華熱愛藝術，對藝術有較深的領會。他的美學在不少方面揭示了審美活動不同於理性活動的某些非理性特徵，擴大了美學研究的範圍，開啟了對非理性的直覺、下意識、本能、幻覺方面的研究。他把文藝歸結爲擺脱痛苦的的手段固然錯誤，但從客觀上却又把文藝與現實，文藝與人生，文藝與大衆的相互關係等問題，鮮明而又尖鋭地提到了美學和藝術

① 朱光潛:《悲劇心理學》，人民文學出版社 1983 年版，第 141 頁。

理論研究的中心。他對天才問題的强調也突出了審美主體的研究。這一切都標誌着美學史從古典到現代的轉變。叔本華的美學思想是矛盾的,複雜的,在錯誤中有精華,仍是一份寶貴的歷史遺產,不可一棍子打死。

第二節　尼采的美學思想

尼采 (Friedrich Wilhelm Nietxzche,1844－1900) 是繼叔本華之後的另一個德國唯意志主義的哲學家和美學家。他生於普魯士薩克森州的羅肯鎮,父親和祖父都是路德教派的牧師,1858 年入著名的普夫達貴族中學,1868 年秋入波恩大學研究神學和古典文學,次年去萊比錫大學專攻古典文學,畢業後於 1869 年前往瑞士巴塞爾大學任教授,1868 年與音樂家瓦格納結成忘年交,但後來兩人關係發生了戲劇性破裂,1879 年因患精神分裂症 辭去教職,前後任教十年,1889 年 1 月摔倒在都靈街上,從此精神失常,1900 年 8 月卒於魏瑪。他的主要著作有:《悲劇的誕生》(1872)、《人性的,太人性的》(1878)、《曙光》(1881)、《快樂的科學》(1882)、《查拉圖斯特拉如是説》(1883－1855)、《善惡的彼岸》(1886)、《反基督徒》(1889) 和遺稿《權力意志——重估一切價值的嘗試》(1885－1889,1906 年由尼采之妹伊· 福斯特· 尼采出版)。

尼采在哲學上深受叔本華的影響,但又與叔本華有明顯的分歧。一般來説,尼采同叔本華一樣,也認爲世界的本質是意志,這是一種非理性的衝動;他也大體上讚同叔本華對世界和人生的看法,認爲它們是令人痛苦的,甚至是可怕的,不可理解的。但是,他反對叔本華把世界區分爲表象和意志,視意志爲現象背後的物自體。他認爲,世界祇有一個,意志和現象不可分離,意志就表現在現象世界之中。而且意志也不像叔本華講的那樣是求生存、温飽的生命意志,而是權力意志。他説:“叔本華根本誤解了意志(他似乎認爲渴求、本能、欲望就是意志的根本),這是很典型的。”① 並且說:“凡有生命的地方便有意志,但不是生命意志,而是——我這樣教給你——權力意志。”② 由此他反對叔本華的悲觀主義和虛無主義。叔本華從生命意志出發,認爲意志是痛苦的根源,世界和人生充滿痛苦,没有意義和價值,要擺脱痛苦,就要從根本上否定意志。而尼采却從權力意志出發,主張要以權力意志反抗生活的痛苦,創造出新的歡樂和價值。因此,尼采的哲學雖然也是唯意志主義的,反理性主義的,但却採取了權力意志論的形式。在權力意志論的基礎上,尼采對傳統的基督教文化和現代生活進行了透徹的反思。他宣稱“上帝死了”,“要對一切價值重新估價”。他認爲,文明的最高價值,若干世紀以來佔統治地位的、被奉爲神聖的價值,無非是真、善、美,但這不過是虛幻、阻礙生命的價值,並不是真實的價值,因爲人並不具有真、善、美的本能,真、善、美的概念本身從來不能確定什麽是真、善、美,人的唯一本能就是權力意志,歷史上的所謂真、善、美,無非是爲某些個人的權力意志决定的、服務的。尼采廣泛抨擊了傳統文化,但他並不主張虛無主義,而是要實現“價值的轉換或重建”。他自己說,《悲劇的誕生》,就是這種價值重估的最初嘗試。

尼采雖然當過大學教授,但他不是學院式的美學家。他的美學缺乏嚴密的理論體系,實際上是他的哲學和文化思想的有機組成部份。這裏我們從以下幾個方面作一些介紹。

一 藝術與人生

《悲劇的誕生》是尼采的美學代表作。在這本書中,尼采討論了

① 尼采:《權力意志》,商務印書館 1991 年版,第 228 頁。

② 《尼采著作四卷集》,1980 年維也納(德文版),第 387 頁。

古希臘悲劇，對古希臘悲劇從誕生到衰落的歷史作了許多考證和分析，但是，它的價值和意義並不在對古希臘悲劇所做的具體解釋上，而在他提出了對人生和藝術的獨特理解，鼓吹德意志精神的復興和再生。

尼采美學的根本特色就在於他把審美或藝術活動與人生的關係問題提到了首位。他的一切美學探討實際上指向了這個問題：人爲什麽創造藝術，從事審美活動？在《悲劇的誕生》中，尼采的結論是："藝術是生命的最高使命和生命本來的形而上活動"[①]，"衹有作爲一種審美現象，人生和世界才顯得是有充分理由的"[②]。這可以說，是貫穿尼采全部美學思想的總綱。這裏包含了兩個要點，即藝術爲人生和人生藝術化的思想。

人爲什麽要創造藝術？爲什麽要從事審美活動呢？一言以蔽之，人離不開藝術，這完全是出於人類生命(生存、生活)的需要。尼采承認，人生在世，生活中充滿痛苦，令人恐怖，最終還難免一死。這人生和世界的確本身毫無價值和意義。但他不同意叔本華由此得出的悲觀主義結論。尼采指出，希臘人早已敏鋭地認識到了存在的恐怖和可怕，但他們並没有陷入悲觀主義。這種對存在的恐怖意識，包裹在他們古老的神話傳説之中。有一次米達斯王抓住了酒神的伴護西萊奴斯，逼他回答什麽對人是最好的東西。西萊奴斯木然呆立，一聲不吭，最後突然發出刺耳的笑聲説："你爲什麽逼我説出你最好不要聽到的話呢？那最好的東西是你根本得不到的，這就是不要降生，不要活下去，歸於無；次好的東西就是快點死。"尼采認爲，希臘人正是由於早已敏鋭地認識到人生痛苦的真理和死亡的必然，爲了活下去，爲了不被痛苦壓倒而陷入悲觀主義，才創造了奥林匹斯山上的諸神，藉衆神的快樂秩序顯示人生，爲人生辯護。

① 尼采：《悲劇的誕生》，三聯書店 1986 年版，第 2 頁。

② 同上書，第 21 頁。

關於衆神,可以逆西萊奴斯的智慧而斷言:“對於他們,最壞是立即要死,其次壞是遲早要死。”因此,藝術是人類生存的繼續和完成,是形而上的補充,正是藝術和審美拯救了人生,給世界和人生帶來了意義和價值。使人感到“生存是值得努力追求的。”①

在尼采看來,藝術産生於人類至深的生存需要,藝術進入了生命,雖然藝術不是真理,是幻想,甚至是欺騙,但没有藝術,人就難以生活,因此,藝術和審美是人生的最高價值。面對冷酷痛苦的世界,人應當自覺地抱有一種審美的人生態度,通過審美和藝術活動,把人生藝術化,賦予生活以價值,創造出新的歡樂,以對抗現實的痛苦。

尼采在《悲劇的誕生》中把審美價值看作唯一的至上的價值,這已經是“重估一切價值”。後來,他更明確地説:“我們的宗教、道德和哲學是人的頹廢形式。相反的運動:藝術。”②“藝術比真理更有價值”③。他對傳統的基督教文化進行了尖鋭的徹底的批判。他鼓吹審美的人生態度或人生的藝術化,實質上也就是要用審美的人生態度反對倫理的和功利的人生態度。尼采是非道德論者,他認爲,生命本身是非道德的,根本無善惡可言。基督教對生命作出善惡評價,視生命本能爲罪惡,結果是造成了普遍的罪惡感和自然本性的壓抑;審美的人生態度則要求我們擺脱這種善惡感。超然於善惡之外,享受心靈的自由和生命的歡樂。尼采又是一個非理性主義者。他認爲,理性的科學精神實質上是功利主義,它旨在人類物質利益的增殖,是一種淺溥的樂觀主義;它無視人性的悲劇,迴避了人生的根本問題,其惡性發展便造成了現代人喪失人生根基,靈魂空虚,無家可歸,惶惶不可終日的境况。總之,人生本無形而上的根據,衹能

① 尼采:《悲劇和誕生》,三聯書店 1986 年版,第 12 頁。
② 同上書,第 387 頁。
③ 同上書,第 348 頁。

以審美和藝術來支撐。後來,他對藝術能否賦於人生以根本意義也是懷疑的,因爲"詩人説謊太多"。其實他自己就把人生看作欺騙,他一再説:"出於求生存的目的就需要謊言","我們就離不開謊言","人天生就應該是一個説謊者。"[1]他問道:"人,難道不是説謊天才的一分子嗎?"[2]他把審美和藝術擡到"最高價值"的地位,實際上是不得以的。他把形而上學、道德、科學、宗教都看作"謊言的不同形式",其實在他的心目中,藝術又何嘗不是謊言呢?

尼采對藝術和人生是肯定的,他要求人們積極地勇敢地投入人生。這是應當肯定的。同叔本華的悲觀主義相比較,的確帶有某種積極進取的樂觀主義色彩。他對基督教文化的批判也包含了不少合理的因素,這些都應當肯定。但是,他的樂觀主義畢竟是尼采式的樂觀主義,這是一種激進否定式的,自我擴張式的樂觀主義。它並不是基於對社會歷史發展規律和人類前途的正確認識,而是建立在對現實生活和社會矛盾的無窮憂慮和無可奈何的基礎之上的,這和叔本華的悲觀主義的基礎没有兩樣,因此,在這種尼采式的樂觀主義的背後是極爲深沉的悲觀主義。尼采自己對此也是供認不諱的,在《權力意志》中,他説:"我的先驅是叔本華。我深化了悲觀主義,並通過發現悲觀主義 的最高對立物纔使悲觀主義完全進入我的感覺。"[3]因此,尼采的樂觀主義也包含消極的方面,如果把它同後來他所大力鼓吹的"權力意志"、"超人"、"征服對方的歡樂"、"毁滅中的歡樂"等思想聯繫起來,那就更帶有極大的破壞性。他所開的"德意志精神的復興"這劑藥方並不能拯救德國民族,更不能拯救人類和世界。把尼采説成是"法西斯主義思想家"是不公正的,但他的思想很容易被法西斯利用,這也是客觀事實。他爲人類所開的

---

① 《權力意志》,第 442 頁。
② 同上書,第 443 頁。
③ 同上書,第 147 頁。

藥方不可取,但他對現代社會的診斷確有合理之處。另外,尼采雖然在反基督教文化上有所貢獻,但他把藝術和道德、理性、功利絶然對立起來,把本能、非理性作爲人類行爲(包括審美和藝術活動)的全部基礎,這也是片面的,錯誤的。最後,必須强調指出的是,尼采講的藝術根本不是現實生活的反映,而是反抗現實,延續生存的手段,這也從根本上歪曲了藝術的本質。

二 日神和酒神

尼采美學的核心概念是日神和酒神概念的二元性。尼采説:“衹要我們不單從邏輯推理出發,而是從直觀的直接可靠性出發,來了解藝術的持續發展是同日神和酒神的二元性密切相關的,我們就會使審美科學大有收益。”① “在希臘世界裏,按照根源和目標來説,在日神的造型藝術和酒神的非造型藝術之間存在着極大的對立。兩種如此不同的本能彼此共生並存,多半又彼此公開分離,相互不斷地激發更有力的新生,以求得在這新生中永遠保持着對立面的鬥爭,‘藝術’這一通用術語僅僅在表面上調和這種鬥争罷了。”② 這是尼采對希臘藝術乃至全部藝術和審美活動生命根源的總體看法。這一看法是反傳統的。在尼采之前,美學家們如歌德、席勒、温克爾曼等人都把藝術歸源於人與自然、感性與理性的和諧,並且以此來説明希臘藝術繁榮的原因,與此相反,尼采認爲,希臘人創造藝術並非出自内心的和諧,反倒出于内心的痛苦和冲突,並且通過藝術拯救了人生。對此,尼采在《悲劇的誕生》的第 16 章有很好的説明。他説:“與所有把一個單獨原則當作一切藝術品的必然的生命源泉,從中推導出藝術來的人相反,我的眼光始終注視着希臘的兩位藝術之神日神和酒神,認識到他們是兩個至深本質和至高目的皆

① ② 《悲劇的誕生》,第 2 頁。

不相同的藝術境界的生動形象的代表。在我看來,日神是美化個體化原理的守護神,唯有通過它纔能真正在外觀中獲得解脱;相反,在酒神神秘的歡呼下,個體化的魅力烟消雲散,通向存在之母,萬物核心的道路敞開了。"① 尼采談到,他的這一富有獨創性的見解是在叔本華和音樂家瓦格納的啟發下產生的。

那麼,什麼是日神和酒神的二元性呢?從上述幾段引文已可看出,尼采用日神阿波羅和酒神狄奧尼索斯象徵的是人性中的兩種原始本能。尼采認爲,凡人都有兩種原始的本能,一種是迫使人"驅向幻覺"的本能,一種是迫使人"驅向放縱"的本能,這兩種本能表現在自然的生理現象上就是"夢"和"醉",而在審美和藝術領域則表現爲迫使藝術家進行藝術創作的兩種藝術力量或藝術衝動,它們是產生一切藝術的原動力,同時又是把藝術區分爲具有"夢"的特色的造型藝術和具有"醉"的特色的非造型藝術兩大類的根據。

日神阿波羅是光明之神、造型之神。它把光輝灑向萬物,使萬物呈現出美的外觀,具有美的形式,以明朗、清晰、確定的個別形體出現,成爲"個體化原則"的光輝形象,這同時也就是以"壯麗的幻覺"、"美麗的面紗"遮住了事物的本來面目。尼采説:"我們用日神的名字統稱美的外觀的無數的幻覺。"② 因此,日神是美的外觀的象徵,而美的外觀的本質就是幻覺。這幻覺實爲夢境。尼采説:"每個人在創造夢境方面都是完全的藝術家,而夢境的美麗外觀是一切造型藝術的前提,……也是一大部份詩歌的前提。"③ 藝術上敏感的人總是面向夢的現實。他聚精會神於夢,他根據夢的景象解釋生活的真義,爲了生活而演習夢的過程,體驗人生的酸甜苦辣,即生活的整部"神曲",他對自己說:"這是一個夢!我要把它夢下去!"這是爲什

① 《悲劇誕生》,第 67 頁。

② 同上書,第 108 頁。

③ 同上書,第 3 頁。

麼呢？因爲夢境比日常現實更真實、更完美，他體驗到了夢的愉快，領悟到了睡夢具有醫療和幫助作用的本質。他寧願“信賴個體化原理”，孤獨平靜地置身於苦難的世界，在外觀中獲得解脫。尼采所謂日神精神就是以超然物外，冷静節制的態度，把宇宙和人生視爲夢幻，衹去玩賞夢幻的外觀，尋求一種寧静的愉快和解脱的精神。這是一種審美情趣，更是一種人生態度，即制造幻覺，美化苦難人生，沉湎於外觀幻境，逃避現實生活的非功利的超然無爲的態度。

相反，酒神狄奧尼索斯象徵情欲的放縱。酒神用酒使人在沉醉中忘掉自己，盡情放縱性欲，甚至蓄意毁掉個人，用一種神秘的統一或解脱，造成“個體性原則的崩潰”。把酒神的本質比擬爲“醉”最爲貼切。在酒神狀態中，“整個情緒系統激發亢奮”，這是“情緒的總激發和總釋放”[①]。酒神的激情也可以麻醉劑和春天的來臨而蘇醒。酒神的這一象徵内涵來自於東方和古希臘的酒神節。在節日裏，人們結隊遊蕩，縱情狂歡，狂飲濫醉，放縱性欲，打破了一切禁忌和自然專制，重新與自然合一。“在酒神的魔力之下，不但人與人重新團結了，而且疏遠、敵對、被奴役的大自然也重新慶祝她同她的浪子人類和解的節日”[②]。

人爲什麼要在醉中，甚至在令人痛苦以至死亡的醉中求得歡樂呢？尼采認爲，“醉的本質是力的提高和充溢之感”[③]。酒神節就給人一種充溢的生命感或力量感，在其中就連痛苦也起着興奮劑的作用。它和追求幻想的產物奧林匹斯諸神一樣，也是生命意志的表達和對生命的肯定。在酒神節中，人“可以宗教式地感覺到最深邃的生命本能，求生命之未來的本能，求生命之永恒的本能，——走向生

① 《悲劇的誕生》，第 320－321 頁。
② 同上書，第 6 頁
③ 同上書，第 319 頁。

命之路,生殖,作爲神聖的路"①。酒神狀態中的歡樂帶有人生悲劇的性質。個體的解體,對個體是痛苦的,同時它又揭露出世界的唯一基礎是永恒的原始痛苦,但它解除了一切痛苦的根源,獲得了與世界本體相融合的歡樂。顯然,酒神狀態是一種痛苦的狂喜交織的狀態,酩酊陶醉的狀態,迷狂的狀態,忘我自棄的境界。所謂酒神精神就是要人們以原始本能的放縱化入忘我之境,在歌舞酣醉的迷狂中忘記人生的苦難,求得人生的解脱,這也是一種審美情趣和人生態度,但與日神精神却是對立的。

尼采認爲,人類的藝術就來源於日神和酒神的對立和衝突。他把藝術的衝動歸結爲兩種原始的生理本能,並由此引伸出兩類不同的藝術。日神精神產生出塑造美的形象的造型藝術(雕刻、繪畫)和大部份文學(史詩、神話),酒神精神產生出令人迷醉的音樂和舞蹈。而二者的結合則產生出悲劇。一切藝術家,或者是日神的夢的藝術家,或者是酒神的醉的藝術家,或者兼是這二者。對於日神和酒神這兩種精神,尼采更重視的是酒神精神。他認爲,酒神比日神是更原始的本能,"日神不能離開酒神而存在",酒神是希臘藝術以及全部藝術的基礎。古希臘悲劇雖然是日神精神和酒神精神相結合的產物,但就起源來説,却來自酒神精神。而古希臘悲劇的衰落則是由於歐里庇得斯按照蘇格拉底精神,把理解看作是一切創造力和創作的真正根源,堅持"理解然後美"的原則,把那原始的全能的酒神因素從悲劇中排除出去,把悲劇完全和重新建立在非酒神的藝術、風俗和世界觀基礎之上"② 所造成的惡果。

尼采通過《悲劇的誕生》試圖證明,古希臘人並不是悲觀主義者,不論希臘的日神藝術還是酒神藝術都是出於對人生痛苦的敏感而對人生的肯定,而把二者結合起來的悲劇更是表現人生、肯定

① 《悲劇的誕生》,第 334 頁。

② 同上書,第 49 頁。

人生的藝術高峰。

三　悲劇的效果

尼采一再宣稱:“我自己就是第一個悲劇哲學家——即悲觀哲學家的敵人和對手。”[①] 他認爲,悲劇是肯定人生的最高藝術。可是,悲劇爲什麼要把個體人生的痛苦和毁滅演給人看?爲什麼這種痛苦和毁滅還能給人以快感?這是悲劇的效果問題。尼采説:“自亞理斯多德以來,對於悲劇效果還從未提出這一種解釋,聽衆可以由之推斷藝術境界和審美事實。”[②] 他認爲悲劇的效果是審美的效果,應當做出審美的解釋,而傳統的以亞理斯多德爲代表的悲劇净化説,把悲劇效果解釋爲通過引起憐憫和恐懼導致净化或渲泄,這是一種道德論的、病理學的解釋,其中包含了不少誤解。他不否認悲劇能够引起一種道德快感,能給人以某種道德上的滿足,對於許多缺乏審美感受的人來説,悲劇的效果是在於此並且僅僅在於此。“但是,誰僅僅從這些道德根源推導出悲劇效果,如同美學中長期以來流行的那樣,但願他不要以爲他因此爲藝術做了點什麼。藝術首先必須要求在自身範圍内的純潔性。爲了説明悲劇神話,第一個要求便是在純粹審美領域内尋找它特有的快感,而不可侵入憐憫、恐懼、道德崇高之類的領域”[③]。尼采一向自稱是非道德論者,他反對傳統的道德論的解釋,要求做出審美的、非道德論的解釋,這是很自然的。

那麼尼采提出了怎樣的解釋呢?尼采認爲,悲劇雖然也能引起一定的道德快感,産生某種道德效果,但悲劇的本質是藝術,所以悲劇效果的問

① 《權力意志》,第53頁。
② 《悲劇的誕生》,第97頁。
③ 同上書,第105頁。

題實質上是審美快感問題。他指出，悲劇是在受苦英雄的形象下展示現象世界，它並不美化現象世界的“實在”，它展示的是英雄命運的苦難，極其悲慘的征服，極其痛苦的動機衝突，即醜與不和諧。問題是：醜與不和諧如何能激起審美的快感呢？他認爲，這就要重復他早先提出的那個命題：“衹有作爲一種審美現象，人生和世界才顯得是有充足理由的。在這個意義上，悲劇神話恰好使我們相信，甚至醜與不和諧也是意志在其永遠洋溢的快樂中藉以自娱的一種審美遊戲”[①]。他表示讚同歌德的意見，悲劇的最高激情“衹是一種審美的遊戲”[②]。這也就是說，悲劇的審美快感不是道德的、病理的、功利的，而是非功利的。

尼采還提出“形而上的慰藉”來解釋悲劇的審美快感。他說：“每部真正的悲劇都用一種形而上的慰藉來解脱我們：不管現象如何變化，事物基礎之中的生命仍是堅不可摧和充滿歡樂的。”[③]他認爲悲劇的深層心理基礎是酒神精神，酒神要我們相信“生存的永恒樂趣”，不過我們不應當在現象中，而應當在現象背後，去尋找這種樂趣。悲劇向我們演出的鬥爭、痛苦、個體的毁滅等現象都是不可避免的，我們觀看悲劇，“被迫正視個體生存的恐怖——但是終究用不着嚇癱，一種形而上的慰藉使我們暫時逃脱世態變遷的紛擾。我們在短促的瞬間真正成爲原始生靈本身，感覺到它的不可遏止的生存欲望和生存快樂”[④]。這就是說，激起快感的不是現象，而是悲劇在現象背後向我們展示的永恒生命的歡樂，正是它給我們以形而上的慰藉，成爲悲劇審美快感的源泉。

什麼是永恒的生命呢？在尼采看來，悲劇演出的雖然是個體的

---

① 《悲劇的誕生》，第105頁。

② 同上書，第98頁。

③ 同上書，第28頁。

④ 同上書，第71頁。

毁滅、死亡,但肯定的却是“超越於死亡和變化之上的勝利的生命”①,“真正的生命即通過生殖、通過性的神秘而延續的總體生命”②。這是“永恒的輪迴”。因此,悲劇的效果“不是爲了擺脱恐懼和憐憫,不是爲了通過猛烈的渲泄而從一種危險的激情中净化自己(亞理斯多德如此誤解),而是爲了超越恐懼和憐憫,爲了成爲生成之永恒喜悦本身—— 這種喜悦在自身中也包含着毁滅的喜悦”③。

尼采反對亞理斯多德的净化説,還有一個理由。他認爲,恐懼和憐憫是兩種消沉的情感,它們總在瓦解、削弱生命,使人氣餒,若把悲劇情感歸結爲這兩種消沉的情感,衹能危及生命,爲衰落服務。他還反對叔本華關於悲劇教人聽天由命的看法。他主張:“悲劇是一種强壯劑”④ 。他對悲劇效果的看法包含了某種積極因素,總體上是以非道德論反對道德論,作出了意志論和生命論的解釋,這是反傳統的,也是有很大影響的。

尼采是一個十分重要的人物,又是一個有争論的複雜人物。他的美學思想十分豐富,其中有不少創見,又有不少過激之詞,具有全面反傳統的性質。在美學史上,尼采的美學思想具有革新的意義,對 20 世紀的西方現代美學和文學藝術的發展産生了極爲重大的影響。

第三節　心理學的美學

心理學的美學盛行於 19 世紀 70 年代以後,它起源於德國,而後波及到英法等國,它的産生同自然科學,特别是生物學、生理學和心理學的發展有着密切的聯繫。德國心理學的美學主要包括實驗美

---

①② 《權力意志》,第 334 頁。

③ 《悲劇的誕生》,第 335 頁。

④ 同上書,第 382 頁。

學和移情派兩大類型，而在移情派內部又有一些不同的學派。因此心理學的美學並不都把美學視爲心理學的一個部份，其共同特徵是把審美心理和審美經驗置於美學研究的中心，主張用心理學的觀點和方法來解釋和研究一切審美現象，力求把美學、藝術和自然科學結合起來。

一　費希納的實驗美學和"自下而上"的美學

費希納（Gustav Theodor Fechner, 1808－1887）是德國科學家、心理學家和哲學家，青年時代求學於萊比錫大學，1832 年獲生物學學士學位，此後終生在該大學服務，先後擔任物理學、自然哲學和人類學教授。一般公認費希納是實驗心理學的創始人，同時也是實驗美學的創始人。他的主要著作有：《心理物理學原理》（1860）、《論實驗美學》（1871）和《美學前導》（1876）等。

費希納把美學視爲心理學的一個特殊部門，認爲美學是一種心理－物理現象。他試圖通過心理實驗確立和理解各種令人愉快的單純的形式，爲此，他系統地作過許多有關美的和審美心理活動的科學實驗，發表過一些實驗報告，並且創造出三種基本的實驗方法：(1) 選擇法——從一大堆幾何圖形中依次選出自己喜愛的圖形；(2) 制作法——畫出自己喜愛的圖形；(3) 常用物測量法——測量人們日常喜愛用的東西的形狀、大小比例等。他從這些實驗結果的統計、比較、分析中得出的結論之一是：人們最喜愛的美的圖形是接近或恰好是黄金分割的圖形，而最不喜歡的則是過分長的長方形和整整齊齊的正方形。在美學代表作《美學前導》一書中，他制定了 13 條心理美學的規則，諸如審美界閾的原則、多樣統一的原則、和諧的原則、清晰的原則、聯想的原則等等。他雖然注重審美聯想，但在康德、謝林以及形式主義美學家赫巴特等人的影響下，更强調"無偏見的鑒賞"和"孤立的形式"，他的美學思想具有明顯的形式主義傾響。

費希納的實驗美學研究,對於早期心理學美學的發展,具有廣泛的影響,但就實驗美學的理論內容來說,創見不多,基本上重復的是德國古典美學家們的一些看法。他所採用的具體的實驗方法明顯具有重大的缺陷,讓人選擇、制作或填表作答等實驗難免摻雜被實驗者的主觀因素,很難得出令人信服的科學結論。後來,克羅齊對此曾嘲諷說:"人們不禁要想,那些僞科學的實驗過去對他的及現在對他的追隨者們來說,祇是一種娱樂,並不比一個人玩牌或集郵更爲重要。"[1] 現代心理美學一般都不再採用費希納的實驗方法。當然,這並不能否認費希納在西方美學史上的特殊的貢獻。

費希納的美學貢獻不但在於開創了實驗美學的研究,更在於他在《美學前導》中,明確而尖鋭地提出了美學研究方法的革新問題,積極倡導"自下而上"的美學研究方法。費希納認爲,美學是關於快與不快的學說,或者說是關於美的學說。從歷史上看,有兩種研究美學的方法,一種是"自上而下"的方法,即"從最後一般的觀念和概念出發下降到個別";一種是"自下而上"的方法,即"從個別上昇到一般"。這實際上也就是哲學的和經驗的研究方法。自上而下的哲學的研究方法,"首要而又最高的職責涉及美、藝術、風格的觀念和概念,以及它們在一般概念體系中的地位,特别是它們同真和善的關係;而且總喜歡攀登上絶對、神、神的觀念和創造活動,然後再從這個一般性的聖潔的高處下降到個别的美、一時一地的美這種世俗經驗的領域,並以一般爲標準去衡量一切個别"。而"自下而上"的經驗的研究方法,"則從引起快與不快的經驗出發,進而支撑那些應當在美學中佔有位置的一切概念和規則,並在考慮到快樂的一般原則必須始終從屬於'應該'的一般原則的條件下去尋找它們,逐漸使

① 克羅齊:《美學的歷史》,中國社會科學出版社 1984 年版,第 234 頁。

之一般化和進而達到一個儘可能是一般的概念和規則的體系"①。

費希納認爲,"這兩種研究方式本身並不相互矛盾","二者衹是方向全然相反",可以"相互得到補充"②。可是,它們各有特殊的優點、困難和危險。採用第一種方法的如康德、謝林、黑格爾等人的德國古典美學,是從一般到個別,很容易流於一般,忽視個別,以一般代替個别。而採用第二種方法的如英國經驗派哈奇生、荷加斯、柏克等人的美學,則從個別上昇到一般,很容易停留於個別,難於上昇到一般。兩相比較,他認爲,哲學美學雖然比經驗美學的格調較高,但經驗美學應當是哲學美學的先决條件。因此,他選擇並倡導"自下而上"的研究方法和經驗美學。他批評美學史上一直佔居主導地位的哲學美學的體系"至今都還極爲缺乏經驗的根據","好像是泥足巨人"③。他説:"在我看來,普通美學最一般的任務應當是:明確提出審美事實和審美關係所從屬的概念;確定它們所服從的規則,其中包括藝術學説這項最重要的應用。可是自上而下美學的諸研究方式主要衹把第一項任務置於眼前,因此它　試圖用來自概念或觀念的對審美事實的説明,去代替而不是去補充來自規則的對審美事實的説明。"④他還認爲至今大多數的美學教科書和美學論文都還遵循自上而下的道路,它們所研討的各種美學問題並没有窮盡美學的任務,而且從概念出發和在概念中來回答美學問題,就把明白確定美的最高概念的難題轉嫁到了其它原生概念上去,因而忽視了最重要的問題。他指出:"大多數令人感興趣的和最重要的問題一直是這個問題:它爲什麼會引起快與不快?它在多大程度上有理由是快的或不快的?"⑤

費希納對哲學美學的批評的確打中了德國古典美學脱離實際經

①②　李醒塵主編:《十九世紀西方美學名著選(德國卷)》,復旦大學出版社 1990 年版,第 417 頁。

③④　同上書,第 420 頁。

⑤　同上書,第 421 頁。

驗的要害，他倡導"自下而上"的美學，開創了自覺運用心理學方法和自然科學方法研究美學的新方向，極大地推動了19世紀後半期以至20世紀各派經驗美學、科學美學的産生和發展。正因爲如此，他提出自上而下和自下而上兩種美學和研究方法的區分，往往被視爲美學史上的重大轉折，而他本人也時常"被譽爲現代科學美學的創立者"（李斯托威爾）。但是，應當指出，費希納並不像他的許多追隨者所説的那樣簡單、片面和絶對，他强調自下而上的經驗美學方法，衹是强調美學要以審美經驗爲基礎，並不是主張美學衹能採用自下而上的方法，衹能有一種經驗美學。相反，費希納主張，理想的美學應當把"自下而上"和"自上而下"兩種方法結合起來，從大量並非衹是個人的經驗事實出發，逐漸由個別上昇到一般。他的這種看法應當説還是比較辯證的。

二　立普斯的審美移情説

移情派的美學比實驗美學得到了更充分的發展，事實上已成爲19世紀末至20世紀初在西方佔支配地位的美學理論。其主要代表人物在德國有費肖爾父子、洛宰、谷魯斯、立普斯、沃爾凱特、康・朗格和屈爾佩；在英國有浮龍・李；在法國有巴希等人。他們都把審美看作移情，但對移情以及美學具體問題的看法又有所不同，因而又有聯想説、同情説、内摹仿説、遊戲説和幻覺説等區别。移情這種現象並非審美活動所專有，早已爲人們所了解。中國古代的"興者托事於物"、"感物興懷"、"遷想妙得"，實際上説的就是移情。一切萬物有靈説，物活説也都是移情的表現。在西方，自亞理斯多德談隱喻以來，不少美學家如哈奇生談象徵，休謨和柏克論同情、維柯論詩性智慧等等，也都注意到了這種現象，並且作過不少説明和解釋。但形成"移情"這一特有概念，用它來專指審美欣賞或審美觀照這一現象，則是19世紀40年代以後的事。最早奠定移情派心理美學的基礎的是屬於黑格爾學派的費肖爾父子，弗·費肖爾(Friedrich Theodor Vischer,1807－1887)在他寫的六大卷《美學》和一些有關論文中，已經用黑格爾"自然人化"的觀點來解釋審美經驗，他提出的"審美的象徵作用"或"同情的象徵作用"實際上就是移情。後來，他的兒子羅·費肖爾(Robert Vischer)在《視覺的形式感》(1873)一文中把"審美的象徵作用"改稱爲"移情作用"，首次使用了移情(Einfühhrung)這個概念。因此他們被視爲移情派美學的先驅。洛宰在《小宇宙》和《德國美學史》中，也較早對移情作過研究，他强調移情的基礎是舊有經驗的回憶，移情的本質是一種聯想，建立了聯想説。他對移情現象有過這樣的描述："我們不僅進入自然界那個和我們相接近的具有特殊生命感情的領域——進入到歌唱着小鳥歡樂的飛翔中，或者進入到小羚羊優雅的奔馳中；我們不僅把我們精神的觸覺收縮起來，進入到最微小的生物中，陶醉於一隻貽貝狹小的生存天地及其一張一合的那種單調的幸福中；我們不僅伸展到樹枝的由於優雅的低垂和搖曳的快樂所形成的婀娜的姿態中；不僅如此，甚至在沒有生命的東西之中，我們也移入了這些可以解釋的感情，並通過這些感情，把建築物的那種死沉沉的重量和支撑物轉化成許許多多活的肢體，而它們的那種內在的力量也傳染到了我們自己身上。"①

移情説最傑出的代表人物之一是立普斯(Theodor Lipps, 1851－1914)他把費肖爾父子的移情説系統化了。他生於瓦爾哈爾本。1884年起先後擔任波恩大學、勃雷斯拉烏大學和慕尼黑大學的教授。主要著作有《邏輯原理》(1893)、《論情感、意志和思維》(1893)、《空間美學和幾何學·視覺的錯誤》(1897)、《心理學教本》(1903)和《美學》(兩卷，1903－1906)。

---

①　轉引自李斯托威爾:《近代美學史評述》，上海譯文出版社1980年版，第40－41页。

立普斯的美學研究是從心理學出發的。他的代表作兩卷本《美學》的副標題就是《美和藝術的心理學》,第一卷講美學的基本原理,第二卷講審美直觀和造型藝術。他認爲,美學是關於美的科學(包括關於醜的科學),也就是關於審美價值的學說,同時美學也是心理學的一個部門。但是,美學不是一般的快感心理學,而是美感心理學,關鍵在於一般情感或根源於外界事物、或根源於主觀的意志和心境,美感的源泉則不是外物,而是主體自身内心情感、人格在外物中的投射。在他看來,審美欣賞實際上是一種自我欣賞,即我們把自己移到對象中去,使死物變成活的、有生命的,造成物我同一的對象,並從中體驗到審美的喜悦。他把這種審美現象稱作移情。

立普斯舉了許多具體事例,對移情現象在自然和藝術的各個領域的表現作了大量的分析,其中最有名的是對古希臘建築道芮式石柱的分析。道芮式石柱下粗上細,支撑着沉重的頂蓋,這本是一堆無生命的物質,但在我們對它進行審美觀照的時候,却覺得它是有生命的、活動的、有力量的。如果你朝縱直方向看,就會感覺到石柱自己在聳立上騰,在用力克服頂蓋的重量,如果你朝横平方向看,就會感覺到石柱也在自己伸延,但由於頂蓋的重量,這種自己延伸受到了局限,表現出是在克服重量的掙扎中界定範圍或凝成整體。立普斯認爲,這種聳立上騰和凝成整體的現象,是道芮式石柱"特有的活動",這也就是一種移情現象。這裏提供了兩方面的心理事實。一方面,我們從力量、活動、趨向等角度把石柱的形象看成有生命的、能自己活動的,這就作出了一種機械的動力學的解釋,而這並不是出於意志、經過反思纔作出的,而是在感知石柱時無意識地,立刻就作出的。另方面,我們對石柱"自己的活動"又顯得是從和人的動作的類比來體會的,我們以自己的動作來測度客觀事物,以己度物,又作出了第二種方式的解釋,即人格化的解釋。"在我的眼前,石柱仿佛自己在凝成整體和聳立上騰,就像我自己在鎮定自持和昂然挺立,或是抗拒自己身體重量壓力而繼續維持這種鎮定挺立姿態時所做的一樣”[①]。這種人格化的解釋也是不經理性反思,無意識作出的。立普斯進一步指出,指對象人格化,把自我向外移置或向事物內部移置,是人類固有的一種自然傾向和願望。他說:“這種向我們周圍的現實灌注生命的一切活動之所以發生而且能以獨特的方式發生,都因爲我們把親身經歷的東西,我們的力量感覺,我們的努力,起意志,主動或被動的感覺,移置到外在於我們的事物裏去,移置到在這種事物身上發生的或和它一起發生的事件裏去。這種向內移置的活動使事物更接近我們,更親切,因而顯得更易理解。”[②]

道芮式石柱的例子是很形象生動的,但在理論上究竟什麼是移情呢?在《再論移情作用》一文中,他對移情作了如下的概括:“移情作用的意義是這樣:我對一個感性對象的知覺直接地引起在我身上的要發生某種特殊心理活動的傾向,由於一種本能(這是無法再進一步分析的),這種知覺和這種心理活動二者形成一個不可分裂的活動……對這個關係的意識就是對一個對象所生的快感的意識,必以對那對象的知覺爲先行條件。這就是移情作用。”[③]立普斯反復强調移情不經任何反思,是在無意識中進行的,這裏又說是由於一種“無法再進一步分析的”本能,可見,在他看來,審美欣賞是一種無意識的、非理性的活動,這也正是他的移情論的特點之一。

立普斯把移情分爲兩種,一種是實用的移情,一種是審美的移情。他認爲,並非所有的移情都是審美的移情。例如,當一個人悲傷的表情令我們同情的時候,我們也會跟着悲傷,這就是實用的移

① 《十九世紀西方美學名著選(德國卷)》,第602頁。
② 同上書,第601頁。
③ 同上書,第610頁。

情,這是和對悲傷這一感情的客觀真實性的關懷相聯繫的。而審美的移情並不關心對象的真假,也不關心它實際上是什麽,祇是一種不帶任何功利的無意識的純粹的審美觀照。因此,立普斯的移情説還帶有非功利的特徵。

立普斯講的審美移情即純粹的審美觀照與叔本華的審美直觀説是異曲同工的,都是以主觀唯心主義爲基礎的。在《移情作用,内摹仿和器官感覺》一文中,他集中地談到了審美欣賞的對象(客體)和審美主體及其相互關係問題。立普斯不否認審美欣賞要有對象,他認爲美感是"由看到對象所産生的"①,但是,審美欣賞所注意的祇是"感性形狀",祇以"感性形狀"爲對象(客體)。他强調説:"審美欣賞的'對象'是一個問題,審美欣賞的原因却另是一個問題。美的事物的感性形狀當然是審美欣賞的對象,但也當然不是審美欣賞的原因。無寧説審美欣賞的原因就在我自己,或自我,也就是看到'對立的'對象而感到歡樂和愉快的那個自我。"② 這裏,立普斯把審美對象祇限定在美的事物的"感性形狀"上,也就是不肯承認美的事物是審美對象。他認爲,審美欣賞的對象可以有兩重答案。"從一方面説,審美的快感可以説簡直没有對象。審美的欣賞並非對於一個對象的欣賞,而是對於一個自我的欣賞。它是一種位於人自己身上的直接的價值感覺,而不是一種涉及對象的感覺。無寧説,審美欣賞的特徵在於在它裏面我們感到愉快的自我和使我感到愉快的對象並不是分割開來成爲兩回事,這兩方面都是同一個自我,即直接經驗到的自我"③。這就是説美感的來源不在對象,而在自我,由於移情作用,在審美欣賞時,對象已變成"使我感到愉快的對象",它就是"感到愉快的自我",我們所欣賞的能引起美感的祇是自我,所以也

① 《十九世紀西方美學名著選(德國卷)》,第603頁。
② 同上書,第604頁。
③ 同上書,第605頁。

可以説簡直没有對象。"從另一方面説，也可以指出，在審美欣賞裏，這種價值感覺畢竟是對象化了的。在觀照站在我面前的那個强壯的、自豪的、自由的人體形狀，我之感到强壯、自豪和自由，並不是作爲我自己，站在我自己的地位，在我自己的身體裏，而是在所觀照的對象裏；而且衹是在所觀照的對象裏"①。這就是説，引起美感的對象是自我價值感的對象化，審美主體即自我也不再是"實在的自我"，自我已失去了原有的地位以至自己的身體，進入了觀照對象，衹在觀照的對象裏；對象的感性形狀或人體形狀、姿態都衹是自我的"載體"。立普斯總結説："審美的快感是對於一種對象的欣賞，這對象就其爲欣賞對象來説，却不是一個對象而是我自己。或則換個方式説，它是對於自我的欣賞，這個自我就其受到審美的欣賞來説，却不是我自己而是客觀的自我"。並且説："移情作用就是這裏所確定的一種事實：對象就是我自己，根據這一標誌，我的這種自我就是對象，也就是説，自我和對象的對立消失了，或則説，並不會存在。"② 從以上介紹可以看出，立普斯所講的審美對象和審美主體都不再是現實的、實在的對象和主體，這和叔本華所講的獨立於根據律之外的審美客體和純粹觀照的主體實質上是一樣的。他的移情説和叔本華的審美直觀説本質上都是主觀唯心主義的。他雖然承認美的事物的感性形狀是審美對象，但這並不是唯物主義，因爲他認爲感性形狀衹有在表現自我時纔有意義。他明確説："姿勢和它所表現的東西之間的關係是象徵性的……這就是移情作用。"③ 另一方面，他還説過，他之所以承認"感性形狀"是審美對象，是因爲移情並不是任意的，自我的情感恰好在對象的"感性形狀"中正確無誤地找到了安頓的地方。這就更帶有神秘主義的氣息

① 《十九世紀西方美學名著選(德國卷)》，第605頁。
② 同上書，第606頁。
③ 同上書，第609頁。

了。

在審美移情的心理機制問題上，立普斯早年曾讚同聯想説，但晚年明確反對，力主同情説，他認爲美感是一種同情的喜悦。移情並不依賴回憶、聯想，與外在經驗無關，移情過程是完全獨立的活動，它深深扎根於人的天生結構之中。另一方面，他也反對谷魯斯的“内摹仿”説。他認爲，審美移情不同於“出於意志的摹仿”，而是一種擺脱了任何實際利害(包括器官的生理感覺)的、無意識的純粹的審美觀照，在移情中審美主體完全意識不到自己身體狀況的感覺，否則就破壞了審美欣賞回到了現實世界，因此，他强調應當把器官感覺從審美觀照中排除出去，使美學從專注於器官感覺的疾病中恢復過來，這就是科學美學的職責。

從這種審美移情説出發，立普斯還探討了悲劇性問題。他認爲，人的客觀化的自我價值感是一切悲劇性的基礎，也是欣賞悲劇對象的基礎。悲劇由悲痛提高的快感，來源於看到災難而引起的、從而是最親切的、對異己人格的共同體驗。而對異己人格的價值感實質上仍是客觀化的自我價值感。他説:“假如我不曾根據我自己本質的特徵構成異己人格的形象，異己的人對我是根本不存在的。異己的人格或異己的我，是一個被限定的、客觀化的、固定在我以外的世界的某一位置上的自有的我。儘管有一切限定，它的基本特徵當中仍然有—— 我。據此，對異己的人的評價，無非是客觀化的自我評價，對異己人格的價值感，無非是客觀化的自我價值感。”[①]

立普斯的移情説和他的全部美學思想明顯是建立在主觀唯心主義基礎上的，但他對審美移情現象所作的心理分析，是具有獨創性的，其中包含了許多合理的東西。移情説突出了審美主體的能動作用，强調了審美對象的内容、價值和意義，有力地反對了美學上的形式主義，是對美學史的重大貢獻，在美學史上産生過極爲深遠的影

① 《十九世紀西方美學名著選(德國卷)》，第 615 頁。

響,對我國也有較大影響。但是,立普斯的移情説衹是移情美學的一種形態,而移情説也並不能説明一切審美現象,後來便受到沃林格等人的批評。

三　谷魯斯的内摹仿説

移情派的另一個代表人物是德國心理學家谷魯斯(Karl Groos, 1861－1946)。他的主要美學貢獻是提出了内摹仿説。主要著作有:《美學導言》(1892)、《動物的遊戲》(1898)、《人類的遊戲》(1901)和《審美的欣賞》(1902)等。

谷魯斯十分重視遊戲。他的内摹仿説是建立在他的遊戲説基礎上的。19世紀上半葉有關遊戲的心理研究形成了許多學派,谷魯斯是"遊戲即練習"説的主要代表。他既不讚成斯賓塞的"精力過剩"説,也不讚成馮特的"遊戲"是勞動的産兒"的看法。他認爲,遊戲不是起源於精力過剩,也不是起源於勞動,而是起源於生物本能。但是遊戲産生以後,便逐漸超越了純粹的本能活動。而成爲未來實用活動的準備和練習。因此,遊戲不衹是娱樂,它還有外在的目的。他把藝術看作人類的高級遊戲,認爲遊戲與藝術有共同的本質,因此藝術也總是具有較高的外在目的。他説:"就連藝術家也不是衹爲創造的樂趣而去創造;他也感到這個動機(指上文所説的'對力量的快感'),不過他有一種較高的外在目的,希望通過他的創作來影響旁人,就是這種較高的外在目的,通過暗示力,使他顯出超過他的同類人的精神優越。"[①] 他的這一觀點是與"爲藝術而藝術"論相對立的。

在《動物的遊戲》和《人類的遊戲》這兩部代表作中,谷魯斯詳細研究了遊戲和藝術的起源和相互關係。他强調,審美主體衹有以遊

---

① 轉引自朱光潛:《西方美學史》下卷,第615頁。

戲的態度去欣賞對象,才能有審美的欣賞。而審美欣賞的内容和心理機制主要是一種“内摹仿”(Innere Nachahmung)。所謂“内摹仿”是和一般的摹仿相區别的,這就是審美的摹仿。一般的摹仿,例如在日常生活中摹仿某人的哭、笑和姿勢,都要外現於筋肉動作,而審美的摹仿則是内在的,並不外現出來,它衹是在内心裏心領神會地摹仿審美對象精神上和物質上的特點。“例如一個人看跑馬,這時真正的摹仿當然不能實現,他不願放棄座位,而且還有許多其它理由不能去跟着馬跑,所以他衹心領神會地摹仿馬的跑動,享受這種内摹仿的快感。這就是一種最簡單、最基本也是最純粹的審美欣賞了”①。内摹仿是由審美對象引起的,也就是説,這是對於外物形式的内摹仿,這也是一種移情,所以起初谷魯斯並不排斥立普斯的同情説,他認爲,内摹仿或審美欣賞是同情地分享旁人的生活和精神的産物。但是後來谷魯斯修正了自己的觀點,他認爲,同情不是一切審美經驗的主要特徵,也不是審美怡悦的唯一源泉。因此,立普斯的同情説不足以概括全部豐富的審美事實。

谷魯斯和立普斯的分歧主要有:(1)審美欣賞是否包含器官運動的感覺?(2)這種器官運動的感覺是否構成審美快感的要素?谷魯斯的觀點是肯定的。他認爲,任何審美欣賞都必然伴隨由審美對象引起的器官運動的感覺,包括“動作和姿勢的感覺(特别是平衡運動的感覺),輕微的筋肉興奮以及視覺器官和呼吸器官的運動”②。而且正是這些器官運動的感覺構成審美快感的基本要素,成爲審美欣賞的核心。而立普斯則認爲,審美欣賞是一種聚精會神的狀態,根本不容許欣賞者意識到自己的眼睛頸項等部的筋肉運動或是呼吸的變化;純粹的審美欣賞應當絶對排斥一切器官感覺。二者的分歧不在審美欣賞的本質問題上,而在移情的心理機制問題上,孰是孰

① 轉引自朱光潛:《西方美學史》下卷,第616頁。
② 同上書,第619頁。

非至今尚無定論,但這爲現代審美心理學提供了一個很好的研究課題。

谷魯斯還認爲,内摹仿能在欣賞者的心靈中產生一種特殊的幻覺。這是一種審美的幻覺,不同於日常知覺的幻覺和正常心理學的幻覺,因爲它是主動的、自覺的,而後兩者則是被動的、不自覺的。審美幻覺共分爲三種:(1)附加幻覺,即依附於外物形式的內摹仿;(2)摹仿原物的幻覺,即混同藝術作品及其所表現的事物;(3)同情的幻覺,即把旁人的行爲和我們自己的行爲等同起來。

四　沃凱爾特的突然顯現説

德國心理學美學的另一重要代表人和是沃凱爾特(Johannes Volkelt,1848－1930),他是哲學家和美學家。他早年受德國浪漫派和古典唯心論的影響,先是黑格爾主義者,後是新康德主義者。他寫過大量有關哲學和美學的著作,其中三卷本《美學體系》(1905－1914)是心理學派美學的重要名著。第一卷講藝術與心理學,第二卷講美學範疇,第三卷講各門藝術和藝術創作。

沃凱爾特承認移情是審美欣賞的基本特徵,但他認爲,審美欣賞又不限於移情,移情不能窮盡審美王國的不同領域。他把移情分作普通的移情和審美的移情,認爲審美的移情是不帶功利的,並把審美的移情區分爲單純的移情和象徵的移情,認爲後者比前者更廣闊、更重要。在審美移情的基本特徵問題上,他提出了移情是客觀情感的突然顯現説。他認爲,在欣賞時,審美主體的情感不但與客觀對象的感知打成一片,而且超脫於自我,成爲審美對象的一部份。例如,當我們欣賞尼俄柏或大衛的雕像時,它們的表情立刻把悲傷或傲岸的感情傳達給我們,我們並不覺得這些感情是自己的,絕不將其歸之於自我有意識的人格,而是附着到外界物質對象上去。因此,在移情中所顯現的感情,是客觀的,而不是主觀的,是對象的變形，而不是自我的變形。也就是説，審美主體的情感是在審美對象的姿態、動作等形體變化上突然顯現來的。他反對聯想説，因爲移情是一種富有創造性的心靈活動，是一種“溶化(Einschmelzung)，即經由無意識的心理過程使主體與客體、情感與知覺自發地溶爲一體。他吸收了谷魯斯的内摹仿説，認爲審美欣賞時器官的運動感覺和舊有經驗的復活時常成爲移情的中介，加速移情的産生，但這不是絶對的條件，有時移情根本無須任何中介，而是直接地、一下子突然産生的，這是一種直覺和無意識或下意識的心理活動。例如，我們有時一下子就把一個眼色、一個姿態或一個旋律，當成是疲倦、尊嚴或歡樂的表示，並不需要任何聯想的中介。

沃凱爾特對美學和美學研究方法的看法具有重大的意義。與立普斯把美學衹看成心理學的一個部門不同，他認爲，美學的研究對象是審美關係，其範圍超過了心理學，衹有一部份有關審美心理過程的研究屬於心理學，因此，美學既是一門心理學，同時又是一種價值理論，既是描述性的，又是規範性的。就研究的方法説，美學研究自然要採取心理學的方法，但主要不是費希納的實驗方法，而是内省法，即審美分析的方法，同時也不限於心理學的方法，還要應用其他方法，如德國古典哲學的方法，研究美感經驗在兒童和原始民族那裏的最初萌芽、以後發展爲發生學的方法等等。他的這種看法爲現代發生美學、心理分析美學指明了方向。此外，他還强調藝術是一種與其他文化（道德、宗教、科學等）共同發揮作用的文化勢力，美學還應當研究藝術與人類其他偉大美德之間的關係。

沃凱爾特是比較全面的美學家，應當給以重視，限於篇幅，這裏衹介紹了一個側面。

五　朗格的幻覺説

康拉德・朗格(Konraol　Lange,1855－1933)是德國哲學家和

美學家。生于哥廷根。長期擔任圖賓根大學教授,主講近代和中世紀藝術史。1895 年發表就職演説《有意識的自我欺騙是藝術欣賞的精髓》,1901 年出版美學代表作《藝術的本質》共兩卷,1907 年再版合成一卷。K.朗格一般被視爲西方美學史上遊戲説和幻覺説的重要代表人物之一。他的美學觀點基本上是從心理學出發的。他認爲,美學不是一般意義上的美的科學,而是關於審美快感的科學,是生物學和心理學的一部份。

K.朗格極力强調,美學的中心問題是藝術的本質問題。在《藝術的本質》一書中,他從研究藝術與遊戲的關係入手,系統全面地分析了藝術的起源、本質和社會作用等問題。最後,他給藝術下了這樣一個定義:“藝術是人的那樣一種活動,通過它就能爲自己和別人提供一種無關實際利害、以有意識的自我欺騙爲基礎的樂趣,並且由此能够不自覺地彌補人類情感生活的缺陷,爲擴展和加深人類感性的、倫理的和智力的本質作出貢獻。”① 在朗格看來,藝術是人類後天獲得的一種能力的活動,它没有自覺的功利,又有不自覺的功利,本質上是“一種有意識的自我欺騙”(Eine bewuβte Selbsttäuschung)。藝術的直接目的是通過幻覺給人以快樂,審美幻覺不同於尋常的不自覺的心理幻想。它是由我們的藝術敏感性和我們的批評意識之間的矛盾造成的,它搖擺於創造和支持幻覺的表象系列之間。他的這一學説被稱爲幻覺説或自欺説。

K.朗格的幻覺説是以他的遊戲説爲基礎的。他讚同並發揮了谷魯斯遊戲説的基本觀點,認爲藝術與遊戲有親緣關系,藝術就是高級的遊戲。他以豐富具體的事例,細緻全面地分析了藝術與遊戲的相似與區別。他指出,兒童遊戲是藝術的先導,例如聽覺遊戲是音樂的先導,視覺遊戲是裝飾藝術的先導,運動遊戲是舞蹈的先導,戲劇遊戲是戲劇和舞臺藝術的先導,講故事是史詩的先導、兒歌

① 朗格:《藝術的本質》,1907 年柏林(德文版),第 657 頁。

是抒情詩的先導等等。藝術與遊戲在娛樂性、無目的性、自覺自願性以及扣人心弦、技藝高超、競賽、摹仿等方面都是極爲相似的。這種相似性和血緣關係在語言上也反映出來,例如在德語中,戲劇(Schauspiel)、演奏(Spielen)和遊吟詩人(Spielleute)這幾個有關藝術的詞,其德文結構都包含遊戲(Spiel)在內。因此,藝術具有遊戲的全部一般特徵。藝術就是遊戲。但是,這是一種高級的遊戲。他說:“然而遊戲這個概念和藝術這個概念還有某些距離。幻覺是藝術固有的特徵,而遊戲没有幻覺也能存在,例如簡單的聽覺遊戲、視覺遊戲和運動遊戲。因此並非任何遊戲都是幻覺遊戲,可是任何幻覺遊戲都逃不出遊戲概念的範圍。由於藝術是一種幻覺活動,此外藝術本身就具有遊戲的全部一般特性,假如我們直接地把藝術稱作一種遊戲、一種精致的、心靈化的幻覺遊戲,這麼說也並非言過其實。”[①] 由此出發,K.朗格進一步論述了遊戲和藝術的意義。他說,正因爲藝術是一種高級的幻覺遊戲,“現在我們也可以懂得,爲什麼遊戲在成人生活中具有如此之小的意義,爲什麼它在這裏表現爲一種不同於它的原初性的形式。簡單説,這是因爲藝術在成人那裏取代了遊戲的位置。成人不需要遊戲,因爲他已經有了藝術”[②]。在他看來,藝術對成人的意義恰如遊戲對兒童的意義。人們往往對遊戲評價過低,認爲遊戲是無用的消遣,比藝術要容易得多,這些看法是膚淺的、錯誤的,對於兒童來説,“遊戲是他的職業”,如果無人阻礙,兒童就會整天遊戲,遊戲對兒童比藝術對成人更重要、更嚴肅、更有意義。因此把藝術看作遊戲並不是降低藝術的意義;作爲高級的遊戲,藝術比一般的遊戲在内容上更有意義和更爲重要,因爲它包容了成人較多的教養在内,藝術的内容主要取決於成人精神上的興趣,而成人的興趣比兒童的興趣在重要性上要優越,所以藝術就

① 李醒塵主編:《十九世紀西方美學名著選(德國卷)》,第630－631頁。

② 同上書,第631頁。

顯得比遊戲重要得多。那麼,藝術的目的和意義究竟是什麼呢?他對歷史上有關遊戲的目的和起源的各種理論,如遊戲是爲了休息,遊戲起源于精力過剩,遊戲是未來職業的準備和練習等學説進行了分析批評,進而提出了一種生物學的解釋,即遊戲對人和動物都是現實生活的代用品,是對生活缺陷的補充和摹仿。他説:"遊戲對人和動物來説是現實的代用品,因爲生活不能爲他們提供他們所需要體驗的一切情感和表象,因此他們就爲自己創造了這代用品。"[①] 他還認爲,人的遊戲與動物的遊戲不同,動物的遊戲出自本能,人的遊戲是自覺的行爲,因此,隨着自覺的摹仿,遊戲和藝術將會達到完全的協調一致。

朗格從生物學觀點出發把藝術的本質歸結爲幻覺遊戲,没能真正揭示藝術和遊戲的社會本質,顯然是片面的。但其中包含了積極的、合理的内容,是富有啟發性的,也是很有影響的。藝術與遊戲確有密切的聯繫,許多美學家如康德、席勒、斯賓塞、谷魯斯等都對藝術與遊戲的關係十分重視,這是一個值得研究的重要的美學問題。

六　巴希的象徵説

移情派美學在法國的代表人物是巴希(Victor Gaillaume Basch, 1865－1944)。他是巴黎大學教授,美學家和文藝批評家,1926年曾任法國人權運動聯盟主席。主要著作有《康德美學批判》、《席勒的詩學》、《美學、哲學和文藝評論》等。

巴希的美學觀點主要是在德國的費肖爾父子、谷魯斯的"内摹仿"説以及英國薩利等人生理心理學美學的影響下形成的。1897年,他發表了代表作《康德美學批判》,其中不僅詳盡地分析批判了

① 李醒塵主編:《十九世紀西方美學名著選(德國卷)》,第635頁。

康德美學,而且介紹了19世紀美學的最新發展,并在這個基礎上,對許多重大的美學問題提出了自己的獨特見解。巴希一般被視爲審美移情派中象徵説的代表。

巴希認爲,“美感首先就是一種同情感”①,但這是一種特殊的、專門的同情感。我們要指出這種特殊性的内容,就要利用一個概念,“這個概念就是象徵”②。通常這個概念總是出現在美學著作的末尾,在藝術理論中加以論述,其實正如費肖爾所指出的,它應當放在一切有關美的理論的開始部份,作爲真正解釋審美情感的源泉。在康德美學中,象徵這個概念並不陌生,他把表象區分爲簡單表象和象徵表象兩種,並且提出了“美是道德的象徵”的論斷,但康德也完全衹是在他的美學的結尾部份纔討論象徵美的。他也没能理解象徵的位置應當在美的理論的開端。巴希讚同費肖爾的意見,認爲“象徵主義應該被看成是一種建立在幻想本質基礎之上的、人類普遍適用的、必要的心理形式”③。“象徵一般來説就是通過一個比較點來維系的一個形象和一種思想間的聯繫”④,或者如黑格爾所説,象徵就是不從直接的含義而從更一般的含義來把握一種存在。任何象徵都包含兩個方面:事物的含義、内容、底蘊和這個内容的表達、它的形象、它的形式。這兩個方面必然存在某種不一致、不相稱,但又在某一點上是相一致的,没有這種一致,就不會有象徵主義。他認爲,了解象徵主義最好的方法就是考察隱喻,因爲“在隱喻中,詩人却具有一種幻覺,並把這種幻覺傳遞給讀者,這是一種真正的把兩者視爲同一,例如:風長上了翅膀、樹木在竊竊私語、小提琴在抽泣,等等”⑤。他進一步把象徵主義分爲三類:第一類的特點是

① 蔣孔陽主編:《十九世紀西方美學名著選(英法美卷)》,復旦大學出版社1990年版,第580頁。

② 同上書,第585頁。

③ 同上書,第586頁。

④⑤ 同上書,第587頁。

概念和形象之間的聯繫是不明確的、不自覺的和無意識的，也就是說形象和含義互相混合在一起，例如一切宗教方面的象徵都屬於這一類。第二類的特點是概念和形象之間的聯繫是極其明確的和有意識的，例如天平是正義的象徵、鐵錨是希望的象徵、月桂是榮譽的象徵等等。第三類則介於這兩個類別之間，概念和形象的聯繫處於"半明半暗"的狀態。他特別强調這一類。他説："在這一類中，我們一方面知道形象和概念間的聯繫是不相稱的，一方面在審美欣賞時又一時接受這樣一種幻覺：形象和概念是互相吻合的；我們是在一半不自願一半自願，一半無意識一半有意識的狀態中，把生命注入無生命之物，把我們自己的人格賦予自然，我們帶着自己的全部希望、全部願望、整個心靈，投身於各種事物中，並相信從中重新找到了這個心靈的零星的和初步的內容。審美欣賞就屬於這第三類。"[①] 他進一步指出，象徵主義的這種形式即審美欣賞，是"建立在人性的深層需要的基礎上的，這就是需要重新回到各種存在形式中，需要和這些形式結合起來"，"對於這種需要本身，我們將祇能用無意識和有意識、外界形式和我們的智力形式、拓延的空間和思維、物質和心靈之間的那種原始統一性來解釋"[②]。

巴希這裏講的象徵主義的第三種類型，實際上就是移情或同情。他説："給没有生命的事物灌注生命、人格和生氣，就是對這些事物産生同情和共鳴。"[③] 他有時稱自己的觀點是同情象徵主義。同時，他也吸收了谷魯斯的内摹仿説。他認爲，審美和移情不同於日常的心理學的移情，審美的移情更强烈。在日常生活中，我們要把握事物的本質，因而不停留在事物的表面；在審美行爲中，我們却停留在事物的表面，根本不願有所超越。我們要把自我投射到審美對象上去，這種自我的審美投射或賦予就是由内摹仿來安排的。他

①②③　蔣孔陽主編：《十九世紀西方美學名著選(英法美卷)》，復旦大學出版社 1990 年版，第 588 頁。

對移情的特徵做了這樣的描述:“通過審美的行爲,我們脱離了自身,同外界事物融爲一體,把我們的感情傾注到它們中,使它們有了類似於我們的人格;通過審美的行爲,我們同外界的人物和運動保持親密無間的互容關係,以致我們不再知道到底是我們自己進入了自然中,還是自然進入了我們中。”[①]“在移情中,我們整個地投身於事物中去,並把這些事物融合到我們自己身上去:我們和杉樹一起自豪地矗立着,我們隨風怒號,我們隨浪拍擊着岸邊的山崖,等等。”[②]

巴希還指出,一切美感都包含三種因素,即直接的感覺因素、直接的智力因素(或稱形式因素)和聯想的因素。而所有這三種因素都可以用審美的同情的感情來解釋,並歸結爲這種感情。例如,直接的感覺因素,視聽的快樂,除了有關神經正常活動所産生的情感之外,使其産生審美感情,具有審美價值的基本因素,正是屬於“人的本能的象徵化”的同情的感情,任何審美感情都像是普遍和諧的象徵。直接的智力因素或形式因素,單純的形式、外貌、綫條的組合之所以引起我們快樂,“仍然是象徵化,是同情”[③]。至於聯想因素,它衹是審美情感的必要條件,但不是充足條件。當我們欣賞一所舊房子,單憑回憶我們曾在那裏生活過還不能産生審美情感,還需要給它灌注生氣和人格,使它成爲象徵。巴希的美學思想以往研究較少,是應當更多注意的。

19世紀下半葉至20世紀初的心理學美學對美學史作出了巨大的貢獻,它扭轉了美學研究的方向,開辟了新的道路,取得了許多重大成果,但其根本弱點是把美的問題歸結爲心理問題,這當然是片面的。

---

① 蔣孔陽主編:《十九世紀西方美學名著選(英法美卷)》,復旦大學出版社1990年版,第592頁。

② 同上書,第590頁。

③ 同上書,第599頁。

第四節　斯賓塞的美學思想

斯賓塞(Herbert Spencen,1820－1903)是19世紀英國哲學家、社會學家、實證主義的主要代表之一。他生於德比郡一個教師家庭,衹讀過3年私塾,主要靠自學成才。早年曾從事過工程技術工作和《經濟學家》雜誌的編輯工作。在思想上,他廣泛接受了達爾文的生物進化論,馬爾薩斯的人口論,亞當・斯密的經濟學,邊沁的功利主義以及孔德和穆勒的實證主義的影響。他的著作很多,涉及哲學、社會學、經濟學各個領域。其中主要有:《社會靜力學》(1850)、《進化的假説》(1852)、《心理學原理》(1852－1855)、《第一原理》(1860－1862)、《生物學原理》(兩卷,1864－1867)、《社會學原理》(三卷,1876－1896)、《倫理學原理》(兩卷,1879－1893)等。他的美學思想主要見於《心理學原理》一書。

斯賓塞主要不是美學家,他對美學的貢獻首先在於提出了遊戲起源於精力過剩的學説,這一學説涉及許多重大的美學問題。其次,他的實證主義的哲學觀點和研究方法,也對現代西方美學産生了廣泛而深刻的影響。

一　實證主義的"綜合哲學"體系

斯賓塞自稱他的實證主義哲學爲"綜合哲學"。他和康德一樣,承認現象背後有實體,而這實體是絶對不可知的。他稱這實體爲"力"。他認爲,宇宙顯示給我們的"力"是完全不可思議的,現象界衹是力的表象。物質、運動、時間、空間都衹是這"力"的經驗性的派生物,屬於現象界,衹是相對的,衹有"力"纔是最終的實體。人類的認識衹局限於現象界,科學和知識認識的衹是經驗現象,衹是經驗現象的整理、分類和系統化,最多只能解釋現象的表面秩序,不可能認識和把握最終的實體。他說:“思維就是發生關係,任何思想都不能表達關係以外的東西……理智的作用祇能限於處理現象,如果我們試圖用它去處理現象以外的東西,那就會使我們陷入荒謬。”① 這就是說,思維和感覺無異,不能由現象達到本質。他的哲學完全排斥了理性思維,並試圖維護宗教,把宗教與科學調和起來。

在不可知論和狹隘經驗論的基礎上,斯賓塞建立了關於知識分類的理論。他把知識分爲三類:低級知識、科學知識和哲學。三者都是關於現象的知識,都以“力”的表象爲對象,它們的不同不是內在本質的不同,而祇是外部相聯的程度、抽象程度的不同。“最低級的知識是完全不相聯繫的知識,科學是部份有聯繫的知識,哲學則是完全相聯繫的知識。”② 在他看來,知識的聯繫程度、抽象程度愈高就愈空洞,所以哲學最空洞,最不能揭示事物的本質。

斯賓塞主張進化論。他認爲,神秘的不可知的“力”是一切現象的基礎,“力”決定了運動和變化,從自然界到人類社會都受進化論的支配。而進化則表現爲物質的集結必然伴以運動的消散,因此到一定階段就達到均衡狀態,隨後就是解體和分散。進化和解體是相互交替的。這是一種否定矛盾、否定質變的機械均衡論,是反辯證法的庸俗進化論。

在社會歷史問題上,斯賓塞用生物學的規則解釋社會現象。他把社會上各階級之間的矛盾和鬥爭,說成是自然選擇和生存競爭的表現,鼓吹優勝劣敗的種族主義,認爲優等民族應當統治劣等民族。他還提出“社會有機體”論,鼓吹階級合作,認爲社會有如生物,是一個有機體,同樣具備營養,循環(分配)和調劑(神經)三大系

① 斯賓塞:《第一原理》,1910年紐約(英文版),第107-108頁。
② 同上書,第113頁。

統，各個階級有如生物的不同器官，分別擔任不同的職能，勞動階級專司營養，商人階級專司分配，工業資本家階級則專司調劑，祇有彼此協調，合作，才能維持社會有機體的穩定。

顯然，這是一種維護資本家利益的哲學。實證主義哲學强調哲學與自然科學的結合，目的是要用自然科學的規律來解决社會問題，這種方法實質上是反科學的。

二　遊戲是"精力過剩"説

在美學上，斯賓塞把藝術看作遊戲，他的遊戲是精力過剩的學説是很有名的。人們常常把斯賓塞和席勒的遊戲聯繫起來，稱之爲"席勒－斯賓塞遊戲説"。但這種講法是不準確的。斯賓塞的確受到席勒的影響，讀過席勒的文章，雖然他稱席勒是他記不得名字的一位德國作家，却對席勒的美感起源於遊戲衝動的觀點十分讚賞。但是，席勒祇説過動物往往由於精力過剩而遊戲，並没有把人類的審美活動和藝術活動都歸結爲過剩精力；相反，他認爲，"精力過剩"不足以解釋人的"以外觀爲樂"的遊戲，人的遊戲衝動的基礎是人的想象力和智力的發展。而斯賓塞則把人的遊戲等同於動物遊戲，並用動物遊戲來解釋人類的審美和藝術活動。顯然這是有原則區别的。

斯賓塞以生物進化的觀點，發揮了席勒"精力過剩"的概念，對遊戲和藝術的起源和本質作出了自己的理解。他認爲，遊戲是一種發泄過剩精力的摹仿性活動，從起源上看，各類低級動物都有一個共同的特徵，即它們的所有力量全都消耗在執行爲保持生命所必不可少的機能上，如尋找食物，抵禦敵人，建造棲身場所和貯藏食物以供後代之用等等。但到了高級動物，情形就不同了，它們並不把全部時間和精力都花在滿足這些直接的需求上，它們常常有能量過剩，常常有一种没有消耗掉的剩余精力，这就使它們在休息的时间裏产生了一種增强自身能力的願望,"渴望參加活動、激發相應的感覺——動物感覺,準備隨時投入相應的活動並且當環境迫使它從事這種活動而不是從事真正的活動時樂意醉心於真正活動的表象。由此也就產生了各種遊戲,由此也就產生了使長期停滯不動的能力從事無益的練習的這種渴望"①。例如,狗和凶禽猛獸彼此追逐,把對方打倒在地,全力去咬對方,小猫一次又一次地追撲綫團,這些動物的遊戲實際上都是追逐獵物的戲劇表演,也就是動物本能在得不到滿足情况下的想象的滿足。人也同樣如此,兒童照料玩偶,裝扮客人,追趕,格鬥,抓俘虜等等都出自本能,都是成人活動的戲劇表演。在斯賓塞看來,人的審美和藝術活動實質上就是遊戲,同樣根源於生物本能和過剩精力。他説:"我們稱爲遊戲的那些活動,是由於這樣的一種特徵而和審美活動聯繫起來的;那就是,它們都不以任何直接的方式,來推動有利於生命的過程。"② 斯賓塞對遊戲和人類審美和藝術活動的這種生物學的解釋雖然是有趣的,但却是難以令人滿意的,他完全排斥了人類遊戲,尤其是審美和藝術活動的社會根源和社會本質。普列漢諾夫曾對斯賓塞的過剩精力説作過認真的研究和批判,正如他們説,對於這個問題,"祇能從社會的觀點,而不能從别的觀點來考察"③。

三 審美的非功利性

在遊戲説的基礎上,斯賓塞提出了審美非功利性的思想。他認爲,一切肉體的和精神的能力以及其所伴生的快感,都是以某種最終的功利爲目的的。但是,唯獨遊戲和審美活動以非功利爲特徵

① 馬奇主編:《西方美學史資料選編》下卷,第654頁。
② 轉引自李斯托威爾:《近代美學史評述》,上海譯文出版社1980年版,第18頁。
③ 《普列漢諾夫哲學著作選集》第5卷,第382頁。

的。他説:"這些被稱爲遊戲的活動以及給我們以審美享受的那些活動却都與最終的功利無關,也就是説眼前的目的就是它的唯一目的。"① 他雖然也説:"這類活動也可能導致最終的功利"②。但那衹是派生作用,而不是初始作用。"審美衝動是一種從某些能力爲了練習本身而進行的練習中產生的衝動,它不依賴於任何最終的利益"③。因此美的概念與善的概念不同,"它不屬於應該達到的目的,而是屬於在目的達到時會有的活動"④。也就是説,美無目的却能達到目的,超越目的。這和康德所謂"無目的的合目的性"的觀點是完全一致的。

爲了論證審美的非功利性,斯賓塞進一步對美感作了分析。他指出,美感與一般感覺的區别就在於它已脱離生活的重要職能。一般的感覺是不脱離生活的功能的,如果脱離開來,它一般也都能具有審美的性質。他舉例説,我們幾乎不把審美性質加在味覺上面,許多美食雖然也給人快感,但並不是真正意義上的美,因爲它總離不開吃、喝兩個行動。氣味提供的快感在一定程度上獨立於非常重要的功能之外,因此能够成爲一種享受,在一定程度上具有審美的性質。而色彩和聲音的感覺,由於距離非常重要的功能更爲遥遠,其審美性質和給人的審美享受也就更加明顯。總之,美感不同於一般的感覺,美感是超感覺的、非功利的。由此可見,各種感覺、感官與功利性相脱離的程度决定了美感的性質和審美享受的程度。審美不在有益,是非功利的。但這也並不是説,無益的、非功利的感覺都一定具有審美的性質,寧可説這些感覺的大多數完全不具有審美的性質。他説:"我衹是想説明一點,這種與非常重要的功能相脱離的性質,是獲得審美性質的條件之一。"⑤ 那麼,這種審美性質究竟

①② 馬奇主編:《西方美學史資料選編》下卷,第 653 頁。

③ 同上書,第 657 頁。

④ 同上書,第 656 頁。

⑤ 同上書,第 656 頁。

是什麽呢？斯賓塞認爲它是在審美觀照中所引起的第二性的印象，它與一般感覺所引起的第一性的印象是不同的。他説："大多數美感都是在我們心中由對其它人的特性和舉動(現實的或想象的)的觀照所激發出來的。"① 在審美觀照中，意識遠離非常重要的功能，我們所觀照的"不是我們本身的'我'的直接行動，也不是事物給予了這個'我'的直接印象，而衹是由行爲、特性和感覺(作爲客觀的和衹靠再現纔存在於我們心中)的觀照引起的第二性的印象"②。顯然，對於斯賓塞來説，審美性質就是美感，是在審美觀照中引起的與一般感覺不同的第二性的印象。因此，他所講的美也完全是主觀的。

審美的非功利性問題，美感問題，是十分複雜的美學問題，至今仍有争論。斯賓塞揭示了審美的某些非功利的特點，但却完全否認了審美與功利的任何聯繫，這也是難以説服人的。

第五節　丹納的美學思想

丹納(Aiuppolyte Adolphe Taine, 1828－1893)是法國哲學家、歷史學家、文藝評論家和美學家。他生於阿爾頓，出身律師家庭。曾在布爾邦學院和師範學院學習，1851年畢業後擔任中學教師，1852年因與官方意見分歧而離職。1853年獲巴黎大學哲學博士學位。1864年起擔任巴黎美術學院美學和藝術史教授。1878年11月當選爲法蘭西哲學院院士。他在哲學上廣泛接受了黑格爾、斯賓諾莎以及孔德實證主義和達爾文進化論的影響，具有一定的歷史發展觀點，主張决定論，强調運用自然科學的方法，帶有實證主義的傾向，但不限於實證主義。在政治上反對保守黨和中央集權，抨擊拿

① 《西方美學史資料選編》下卷，第657頁。

② 同上書，第656－657頁。

破侖，但也對巴黎公社抱敵對態度。他寫過大量著作，主要有《智力論》(1870)、《英國的實證主義》(1864)、《十九世紀法國哲學家研究》(1857)、《現代法國的起源》(1871－1894)、《論拉·封丹寓言》(1853,1860 修訂)、《英國文學史》(1863)、《藝術哲學》(1865)、《意大利的藝術哲學》(1869)、《希臘藝術的哲學》(1869)、《巴黎札記》(1867)、《英國札記》(1872)、《意大利旅行記》(1866)等。其中，《藝術哲學》和《英國文學史》的序言集中反映了他的美學思想。

一　關於美學和美學研究的方法

同黑格爾一樣，丹納把美學稱作藝術哲學。他認爲，藝術是美學研究的對象，藝術的產生和發展不是偶然的，而是有規律的。因此美學的任務就在於揭示藝術的本質及其發展變化的規律，對藝術品、藝術創作和藝術欣賞作出"最後的解釋"。他說："在人類創造的事業中，藝術品好像是偶然的產物；我們很容易認爲藝術品的產生是由於興之所至，既無規則，亦無理由，全是碰巧的，不可預料的，隨意的；的確，藝術家創作的時候祇憑他個人的幻想，群衆讚許的時候也祇憑一時的興趣；藝術家的創造和群衆的同情都是自發的，自由的，表面上和一陣風一樣變化莫測。雖然如此，藝術的創作與欣賞也像風一樣有許多確切的條件和固定的規律：揭露這些條件和規律應當是有益的。"①

怎樣去把握藝術的這些條件和規律呢？丹納反對以往從概念出發的抽象演繹的方法。他說："我們的美學是現代的，和舊美學不同的地方是從歷史出發而不從主義出發，不擺出一套法則叫人接受，祇是證明一些規律。"② 他批評說："過去的美學先下一個美的定義，比

① 丹納：《藝術哲學》，人民文學出版社 1963 年版，第 1 頁。
② 同上書，第 10 頁。

如說美是道德理想的表現，或者說美是抽象的表現，或者說美是强烈的感情的表現，然後按照定義像按照法典上的條文一樣表示態度：或是寬容，或是批判，或是告誡，或是指導。”而正確的方法應當是“羅列事實，説明這些事物如何產生”[①]。這也就是一切精神科學開始採用的近代方法，即把“藝術品，看作事實和產品，指出它們的特徵，探求它們的原因”[②]。這種方法既不禁止什麽，也不寬恕什麽，這衹是界定與説明。它不對你説：“荷蘭藝術太粗俗，不應當重視，衹應當欣賞意大利藝術。”也不對你說：“哥特式藝術是病態的，不應當重視，你衹應當欣賞希臘藝術。”它對各種藝術形式和各種藝術流派都一視同仁，把它們都看作人類精神的表現。他說：“植物學用同樣的興趣時而研究橘樹和棕樹，時而研究松樹和樺樹；美學的態度也一樣；美學本身便是一種實用植物學，不過對象不是植物，而是人的作品。”[③] 丹納倡導的這種近代方法顯然是一種純客觀的科學實證的經驗論的方法。它與費希納所倡導的“自下而上”的美學在總的方向上是一致的，都有力地反對了抽象思辨的“自上而下”的研究方法。但是，丹納不再把審美活動和藝術活動衹看作孤立的生理、心理現象，而是把它作爲社會歷史的心理現象加以考察，他的研究方法包含了某些歷史主義的因素，因此，他的藝術哲學又常被稱爲社會學的美學。

二　種族、環境、時代“三因素”説

丹納首先注意探討的是關於藝術發展的規律問題。他認爲，藝術的產生，它的面貌和特徵及其歷史發展，如同一切物質文明和精神文明一樣，都取決於三個因素或“三種原始力量”，即種族、環境、時代。他的這個著名的“三因素”説，最初是在《英國文學史》的序言

① ② ③　丹納：《藝術哲學》，人民文學出版社 1963 年版，第 11 頁。

中完整提出的，在《藝術哲學》中，他的提法有些變化，他反復强調的是“作品的產生取決於時代精神和周圍的風俗”[①]，“作品與環境必然完全相符”[②]，認爲這是產生藝術品的一條普遍的規律。這裏没有把“三因素”並列提出。但是，從他對各個時期藝術史的分析來看，除了環境和時代之外，他也總要談到種族因素，因此，他並没有放棄三因素説。那麽，丹納是怎樣論證和説明這三個因素對藝術的決定性作用的呢？

首先，種族因素。丹納認爲，種族是指先天的、生理的、遺傳的因素，它突出地表現在人的身體的氣質和結構上，因民族的不同而不同。種族因素有如植物的種籽，是“内部主源”，決定着藝術的產生和發展。例如拉丁民族和日爾曼民族的藝術之所以具有不同的題材、風格、趣味和表現方式，成爲近代藝術史上兩個偉大而又相反的代表，其原因就在於他們屬於不同的種族，具有不同的天性。拉丁人天生便具有古典的想象力，感覺敏鋭，性格開朗，喜愛感性形象，追求快樂、享受和變化，具有善於發現和表現思想與形象之間自然關係的才能，所以他們的繪畫比較注重理想化，突出形式美，而日爾曼人則感覺遲鈍，動作笨重，對快感的要求不强，但他們的理性思維發達，更注重事物的真相，更具有善於發現事物本質的才能，因此，他們的藝術更注重内容和寫實。丹納講的種族實際上指的就是民族性。他看到了藝術與民族性有密切的聯繫，任何藝術都具有民族的特色，“與民族的生活相連，生根在民族性裏面”[③]，這是很可寶貴的。但是，他把種族因素或民族性歸結爲抽象的天性，説：“人和牛馬一樣，存在着不同的天性”[④]。並且把種族因素稱作“永久的本能”、“永恒的衝動”和“原始因素”等等，這種理解完全否定了人的社

---

① 丹納：《藝術哲學》，第 32 頁。

② 同上書，第 71 頁。

③ 同上書，第 147 頁。

④ 伍蠡甫主編：《西方文論選》下卷，上海譯文出版社 1979 年版，第 237 頁。

會性,是從生物學觀點出發的,這顯然又是片面的,不正確的。

其次,環境因素。環境包括自然環境(地理、氣候)和社會環境。“它們包羅一切外力,這些外力給予人類事物以規範,並使外部作用於内部”①。所以丹納又稱之爲“外部壓力”。他說:“人在世界上不是孤立的;自然界環繞着他,人類環繞着他;偶然性的和第二性的傾向掩蓋了他的原始的傾向,並且物質環境或社會環境在影響事物的本質時,起了干擾或凝固的作用。”② 例如,寒冷潮濕的地帶,崎嶇卑濕的森林,使人們爲憂鬱或過激的感覺所纏繞,因而傾向於狂醉和貪食,喜歡戰鬥和流血的生活。而可愛的風景區,光明愉快的海岸,使人們嚮往航海或商業,傾向於社會事物,發展雄辯術、鑒賞力、科學發明、文學、藝術等等。丹納更多强調的不是地理環境,而是社會環境,在《藝術哲學》中,他說:“環境,就是風俗習慣與時代精神”。他認爲,環境對藝術的影響格外顯著,“環境衹接受同它一致的品種而淘汰其餘的品種;環境用重重障礙和不斷的攻擊,阻止别的品種發展”③。“偉大的藝術和它的環境同時出現,决非偶然的巧合,而的確是環境的醞釀、發展、成熟、腐化、瓦解,通過人事的擾攘動蕩,通過個人的獨創與無法逆料的表現,决定藝術的醞釀、發展、成熟、腐化、瓦解。環境把藝術帶來或帶走,有如温度下降的程度决定露水的有無,有如陽光强弱的程度决定植物的青翠和憔悴。”④ 他甚至説:“要同樣的藝術在世界上重新出現,除非時代的潮流再來建立一個同樣的環境。”⑤ 如前所述,丹納把作品與環境必然完全相符看作産生藝術品的一條普遍規律,因此,他特别强調,藝術家必須適應社會環境,滿足社會的要求,否則就會被淘汰。這是很有積極意

① 伍蠡甫主編:《西方文論選》下卷,上海譯文出版社 1979 年版,第 239 頁。

② 同上書,第 237 頁。

③ 《藝術哲學》,第 39 頁。

④ ⑤ 同上書,第 144 頁。

義的。

最後,時代因素。丹納認爲,藝術總是産生於特定的時代,總要打上特定時代的印記,具有時代性。這指的是特定時代的文化積累和精神趨向,丹納又稱之爲“後天動量”。他說:“同內力和外力一起,存在着一個內、外力所共同産生的作用,這個作用又有助於産生以後的作用。除了永恒的衝動和特定的環境外,還有一個後天的動量。當民族性格和周圍環境發生影響的時候,它們不是影響於一張白紙,而是影響於一個已經印有標記的底子。”① 因此,所謂時代因素指的就是特定時代所具有的歷史上流傳下來的文化積累和新的時代精神所提供的創作機緣或趨勢。例如,法國大革命後,人們擺脱了專制,苦難和壓迫减輕了,但另一方面,野心和願望開始擡頭。這種形勢對思想和精神影響很大,由此造成的中心人物即群衆最感興趣最表同情的主角,却是鬱悶而多幻想的野心家,如勒南、浮士德、維特、索弗雷特之流,形成了一種“世紀病”。丹納還舉歐洲文化的發展爲例說:“每個時期都有它特有的藝術或藝術品種,雕塑、建築、戲劇,音樂;至少在這些高級藝術的每個部門內,每個時期都有它一定的品種,成爲與衆不同的産物,非常豐富非常完全;而作品的一些主要特色都反映時代與民族的主要特色。”② 這就是說,任何藝術作品都産生於特定的時代,必然打上特定時代的印記,因而具有時代性。

丹納提出“三因素”說,目的是要揭示藝術與社會的聯繫,如果說,這在《英國文學史》序言中尚不明顯的話,那麼在《藝術哲學》中,這個意圖是十分清楚的。在這裏,他的出發點是考察藝術品。他認爲,一種藝術品並不是孤立的,要正確地認識和解釋藝術品,必須找出藝術品所從屬的總體。這裏有三個總體。第一個總體即某

---

①　《西方文論選》下卷,第 239 頁。

②　《藝術哲學》,第 40 頁。

個藝術家的全部作品，第二個總本是這個藝術家所屬的藝術宗派或藝術家家族，第三個總體則是在這個藝術家族周圍而趣味和它一致的社會。他指出："要了解一件藝術品，一個藝術家，一群藝術家，必須正確的設想他們所屬時代的精神和風俗概況。這是藝術品最後的解釋，也是決定一切的基本原因。"[①] 所以丹納的三因素說的確爲藝術和審美的社會學奠定了基礎，它肯定了藝術與社會的聯繫，揭示了藝術的民族性，時代性，他的貢獻是應當肯定的。

三　藝術的本質：特徵説

丹納不僅研究了藝術的根源和發展，提出了"三因素"說，而且研究了藝術的本質和目的，提出了特徵說。他指出："美學的第一個和主要的問題是藝術的定義。什麼叫做藝術？本質是什麼？"[②] 他認爲，要解決這個問題需要揭露一切藝術的共同點，劃清藝術與非藝術的界綫，他首先分析了傳統的藝術模仿論，肯定藝術模仿活生生的模型和注視現實是必要的，因爲一切藝術流派都是在忘掉正確模仿，拋棄活的模型的時候衰落的。但是不應該認爲絶對正確的模仿就是藝術的目的，因爲這樣的模仿並不能産生美，欺騙眼睛的東西不但不能給人快感，反而令人反感、厭惡。事實上，藝術家並不模仿對象的全部，而衹模仿對象的"各個部份之間的關係"或者說是一種邏輯，也就是"事物的結構、組織與配合"，而且絶不是僅僅以復制各個部分的關係爲限，而是按照藝術家對那個對象所抱的主要觀念，有意識地改變各個部分的關係，突出表現對象的某一個"主要特徵"。在做了許多具體的分析之後，丹納得出結論："不論建築、音樂、雕塑、繪畫、詩歌，作品的目的都在於表現某個主要特徵，所用的

① 《藝術哲學》，第 7 頁。
② 同上書，第 11 頁。

方法總是一個由許多部份組成的總體，而部份之間的關係總是由藝術家配合或改動過的。”①

那麼，什麼是“主要特徵”呢？丹納說，“這特徵便是哲學家說的事物的本質。”②不過“本質”是專有名詞，可以不用，我們祇叫它爲事物的主要特徵，也就是事物的某個突出而顯著的屬性(其它屬性都是根據一定的關係從它引伸出來的)，某種主要狀態。同時作爲唯心主義者，丹納又稱它是藝術家對事物所抱的主要觀念或某個主要觀點。

丹納認爲，在現實界，事物的顯著屬性或主要狀態祇佔居主要地位，但並不是現實的全部，不能充分地表現特徵，而“藝術却要使特徵支配一切”。藝術家要按照對事物所抱的重要觀念或觀點對現實進行藝術加工，創造出一個由許多部份組成的總體。藝術之所以要表現“主要特徵”，就是因爲現實不能充分表現特徵，所以必須由藝術家來補足，或者說：“才發明藝術加以彌補”③。

丹納既把主要特徵看作“本質”，又不稱它爲“本質”，這是十分有見地的。首先，丹納看到了藝術不同於哲學，具有形象思維的特點。在他那裏，主要特徵作爲事物的屬性，本身就是感性形態的，不是抽象的。他認爲，藝術表現主要特徵不是以概念的理性思維的方式表現抽象的“本質”。藝術是一種創造。藝術家必須憑藉自已對現實生活的感覺、情感、思想對現實進行藝術加工，運用選擇、增加、組合、變異、强化等手段，突出主要特徵，使它在藝術中佔支配地位。他說：“藝術品的本質在於把一個對象的基本特徵，至少是重要特徵，表現得越佔主導地位越好，越顯明越好；藝術家爲此特别删節那些遮蓋特徵的東西，挑出那些表明特徵，對於特徵變質的部份都

① 《藝術哲學》，第30頁。
② 同上書，第22頁。
③ 同上書，第25頁。

加以糾正,對於特徵消失的部份都加以改造。”[①] 由此可見,丹納不但看到了藝術不同於哲學,具有形象思維的特點,而且突出了藝術家作爲審美主體在藝術創造中的能動作用。

其次,在丹納那裏,藝術表現主要特徵,就是表現藝術家對現實生活的感覺、情感和思想,這二者並不相互排斥,絶然對立。他強調:“藝術家的事物前面必須有獨特的感覺:事物的特徵給他一個刺激,使他得到一個强烈的特殊的對象……他憑着清醒而可靠的感覺,自然而然能辨别和抓住種種細微的層次和關係:倘是一組聲音,他能辨出氣息是哀怨還是雄壯;倘是一個姿態,他能辨出是英俊還是萎靡;倘是兩種互相補充或連接的色調,他能辨出是華麗還是樸素;他靠了這個能力深入事物的内心,顯然比别人敏鋭……最初那個强烈的刺激使藝術家活躍的頭腦把事物重新思索過,改造過,或是照明事物,擴大事物;或是把事物向一個方面歪曲,變得可笑。”[②] 丹納認爲藝術並不僅僅以復制現實事物各個部份的關係爲限,最大的藝術宗派恰恰是把真實的關係改變得最多的。作爲藝術史家丹納對藝術創造有極爲深切獨到的體會,他舉過許多著名的例子來説明自己的觀點。例如,意大利派的米開朗基羅的傑作美弟奇墓上的四個雲石雕像,兩個男人,一個睡着、一個醒着的女人,他們各部份的比例與真人的比例大不相同,無論在歷史上還是在現實生活中都找不到。丹納説,米開朗基羅的典型“是在他自己心中,在他自己的性格中找到的”[③]。又如,法蘭德斯畫派的盧本斯的名畫《甘爾邁斯》上的那批精壯的粗漢,你在現實中也是找不到的。它表現的是盧本斯的一種感覺,而這種感覺是盧本斯從法蘭德斯人民的歷史生活中汲取的。他寫道:“在殘酷的宗教戰爭以後,肥沃的法蘭德斯受了長期的蹂躪,終於重享太平;土地那麽富饒,人民那麽安

① ② 《藝術哲學》,第 27 頁。
③ 同上書,第 21 頁。

分，社會的繁榮安樂一下子就恢復過來。個個人體會到豐衣足食的新興氣象；現在和過去對比之下，粗野的本能不再抑制而儘量要求享受，正如長期挨餓的牛馬遇到青葱的草原，滿坑滿谷的芻秣。盧本斯自己就體會到這個境界，所以在他大批描繪的鮮艷潔白的裸體上面，在肉欲旺盛的血色上面，在毫無顧忌的放蕩中間，儘量炫耀生活的富裕，肉欲的滿足，儘情發泄的粗野的快樂。爲了表現這種感覺，盧本斯畫的《甘爾邁斯》才把軀幹加闊，大腿加粗，腰部扭曲；人物才畫得滿面紅光，披頭散髮，眼中有一團粗獷的火氣流露出漫無節制的欲望；還有狼吞虎咽的喧嘩，打爛的酒壺，翻倒的桌子，叫嚷，接吻，鬧酒，總之是從來没有一個畫家描寫過的獸性大發的場面。"[1] 此外，丹納還提到拉斐爾曾在書信中説，他畫林泉女神《伽拉丹》時，現實中美麗的婦女太少，他不能不照"自己心目中的形象"來畫。這些事例充分説明，丹納認爲現實或特徵首先要化成藝術家的感覺、情感和思想，而藝術表現藝術家的感覺、情感和思想就是表現現實的本質和主要特徵。他在《英國文學史》的序言中説："一部書越是表達情感，它越是一部文學作品；因爲文學的真正使命就是使感情成爲可見的東西。一部書越能表達重要的感情，它在文學上的地位就越高。"[2]

此外，丹納還把特徵的重要程度，特徵的有益程度和效果的集中程度三項作爲衡量藝術品的價值和尺度。他雖然把經過歷史檢驗的大多數人的意見作爲標準，但並不否認藝術的創作、欣賞和批評有客觀標準。

丹納的"特徵説"是富有獨創性的，它既不同於機械的模仿説，又不同於抽象的理念説，也不同於片面的情感説。它把模仿現實和表現理想，客觀和主觀，真與美，情與理有機地統一起來，較爲辯證

① 《藝術哲學》，第 22 頁。
② 《西方文論選》下卷，第 241 頁。

地揭示了藝術的本質、目的和特點。這是丹納對美學史的一個寶貴貢獻。

這裏需要說明,19世紀後半葉至20世紀初的西方美學是十分豐富和複雜的,不論從思潮、流派,還是從代表人物來說,都不限於以上的介紹。浮龍·李關於移情的研究,格羅塞的"藝術科學論"和關於藝術起源的研究,狄爾泰的人文科學綜合研究,梅伊曼的審美文化研究,漢斯立克關於音樂本質的研究,汪爾德的唯美主義,羅斯金和莫立斯關于技術美的研究等等,都作出了自己的貢獻。但是,限於篇幅,我們在這裏衹好暫且從略了。總的來說,這一時期最突出的特點是美學研究方法上的革新,"自上而下"的哲學思辨的研究日趨勢頹,"自下而上"的經驗研究日益佔據主流。除了唯意志主義美學、心理美學之外,社會學的美學、各藝術部門的美學以及技術美學這一切都爲現代美學的發展奠定了基礎,準備了必要的條件。

第十二章　現代西方美學的主要流派

西方美學發展到20世紀，一般稱作現代美學。另一種看法認爲，現代美學應當從19世紀中葉開始，這個歷史分期問題尚待進一步研究。

與以往各個歷史時期相比，西方美學在20世紀取得了突飛猛進的發展，流派紛呈，新説層出不窮，令人眼花繚亂。早在20年代，現象學派的美學家蓋格爾就對美學發展的情勢作過這樣的描繪。他説："美學有如一面風向旗，它被哲學的、文化的、科學理論的陣風颳來颳去。一會兒形而上學地研究，一會兒經驗地研究，一會兒規範地研究，一會兒描述地研究，一會兒從藝術家角度研究，一會兒從欣賞者角度研究，今天在藝術中看到了審美的中心，似乎自然美衹是藝術美的前階，而明天又在藝術美中衹發現第二手的自然美。"[①] 現在，這種變幻不定的情形有增無減，更加突出。

那麼，如何把握這一時期美學發展的規律？如何劃分各美學流派以及弄清它們的相互關係？這需要做大量具體、深入、艱苦、細微的研究。我們不妨先從具體的研究做起。

一般來説，隨着19世紀下半葉哲學上人文主義和科學主義兩大思潮的日益發展，以及美學自身研究方法的多様與革新，到了20世紀，美學領域也明顯形成了人文主義美學和科學主義美學兩大思潮分立的局面。人文主義美學一般主要採取哲學的、歷史文化的、藝術的研究方法，而科學美學强調運用自然科學的方法。但是這種分

---

① M. 蓋格爾：《美學》，《今日文化，它的發展和目標》，1921年柏林和萊比錫（德文版），第312頁。

別遠不是絶對的,有些流派,例如各種心理學派的美學,很難簡單地劃歸人文主義美學或科學主義美學,即便以人文主義或科學主義爲主導傾向的一些流派,也並非不採用對方的論點和方法,事實上,這兩大思潮有很多共同點。我們認爲,它們的共性是更爲重要的。另外,在這兩大思潮美學之外,還存在與宗教有密切聯繫的各種神學美學,也不應當忽視。

這一時期的美學發展有以下幾點是應當注意的:第一,這一時期的美學一般都標榜革新,打着反傳統、反形而上學的旗幟。它們宣稱取消了物質與意識的對立,唯物主義和唯心主義的對立,它們把世界的本原歸結爲主客體合一的"自我意識"、意志、本能,鼓吹非理性或反理性主義。因此,這一時期的美學大多都以主觀唯心主義哲學爲基礎,具有非理性或反理性主義的特色,在美學的具體形態上、概念術語上、思維方式上與舊的傳統的哲學和美學有了很大的分別。

第二,這一時期的美學多以審美意識的研究爲中心,反對、拒絶、懷疑、取消美的本質問題的研究,因而具有經驗主義的特色。但美的本質問題事實上並未能真正取消,仍以不同的形式得到探討。

第三,這一時期的美學發展出現了"泛化"現象。由於研究方法的革新,美學研究的範圍日益擴大,在哲學美學和各門藝術美學如音樂美學、戲劇美學等等之外,還出現了大量與日常生活、生產有關的美學研究,如技術美學、商品美學、信息美學、環境美學等等,這一方面加强了美學與實踐的聯繫,另一方面又使得美學對象、範圍以及美學是否是一門科學等元美學問題變得突出。

第四,這一時期的美學,廣泛吸收、利用自然科學和科技發明的成就,出現了要求美學精確化,以及人文主義美學和科學主義美學相互融合的所謂"非意識形態化"的傾向。

西方現代美學的内容十分豐富,但是比較全面系統的學習應當在研究生階段進行,這裏我們衹做簡單的介紹。

第一節　表現主義美學

表現主義美學是一個主張藝術是情感的表現的美學流派。它產生於 20 世紀初,其創始人是意大利的克羅齊,屬於這一派的美學家主要有意大利的金蒂雷、英國的鮑桑葵、卡里特、科林伍德以及阿諾·里德等人。其中尤以科林伍德最著名,故美學史家又常稱這派學說爲"克羅齊-科林伍德表現說"。在 20 世紀前 30 年間,表現主義美學佔據主導地位,產生了世界性影響。

一　克羅齊的直覺表現主義美學

克羅齊(Benedelto,Croce,1866－1952)是意大利的哲學家、美學家、歷史學家。在哲學上,他是新黑格爾主義者,承襲了黑格爾客觀唯心主義的基本觀點,但反對黑格爾的自然哲學體系,稱自己的哲學爲"精神哲學"。他把精神視爲唯一真實的實在,認爲一切事物和物和人類行爲都是精神活動的產物。他把精神活動區分爲理論活動和實踐活動兩大類,前者又分爲直覺和概念兩種,後者又分爲經濟和道德兩種。在這四種精神活動中,直覺是最基本的活動。審美藝術活動屬於直覺活動。主要哲學著作即四卷本《精神哲學》,其中包括《美學》(1902),《邏輯學》(1905－1909),《實踐哲學》(1909)《史學》(1914)。其它主要美學著作尚有《美學綱要》(1944),《文學批評》(1894)和《詩論》(1936)等。

克羅齊試圖確立藝術的獨立自主性,劃清藝術與非藝術、審美與非審美的界限,把藝術從科學、經濟、道德的依附中解脫出來。他的美學以"直覺"概念爲基礎,包含兩個最基本的命題:直覺即表現,藝術即直覺。他說:"美學祇有一種,就是直覺(或表現的知識)的科學。"[1]

1. 直覺即表現

什麼是直覺? 通常人們認爲,直覺是指不必進行理性和分析就能直接領會到事物真相的一種心理能力。但克羅齊的理解與此不盡相同。他對直覺作了以下區分。第一,直覺與理性。人類知識有兩種,一種是直覺的,來源於想象,產生的是意象,一種是邏輯的,來源於理智,產生的是概念。直覺獨立於理性知識,還未成爲理性的概念,它可以"混化"某些概念的因素,但仍是獨立的。第二,直覺與知覺。知覺是關於眼前實在的知識,含有判斷的因素,而直覺有如嬰兒的樸素心境,沒有真與僞,實在與非實在的區分,直覺可以是知覺,也可以不是知覺。因爲直覺的對象不限於眼前實在。第三,直覺與感受。直覺在感受之外,已不復是感受。克羅齊稱感受(印象、情緒、欲念)爲無形式的物質。感受處於直覺界限以下,而直覺屬於心靈。物質衹有經過心靈形式的打扮和征服,纔產生具體形象。

克羅齊進一步指出,直覺就是表現。"直覺是表現,而且衹是表現(沒有多於表現的,却也沒有少於表現的)"[2]。"沒有在表現中對象化了的東西就不是直覺或者表象,就還衹是感受和自然的事實。心靈衹有藉造作、賦形、表現纔能直覺"[3]。表現有各種形式,不限於通常所謂"文字的表現",還有非文字的表現,如綫條、顏色、聲音的表現。表現就是藉文字、綫條、顏色、聲音的助力,把感覺和印象"從心靈的深暗地帶提昇到凝神觀照界的明朗"。在這個過程中直覺與表現同時出現,不可分離,"它們並非二物而是一體"[4]。

由上可見,克羅齊所謂直覺首先是心靈的一種賦形力、創造力和

---

① 克羅齊:《美學原理·美學綱要》,外國文學出版社 1983 年版,第 21 頁。
② 同上書,第 18 頁。
③ 同上書,第 14—15 頁。
④ 同上書,第 15 頁。

表現力。直覺的過程就是心靈賦物質以形式,使之上昇爲可供觀照的具體形象的過程。直覺就是表現,也就是創造。後來鮑桑葵在《美學三講》中,把它概括爲"使情成體",確實抓住了要點。克羅齊的"直覺即表現",也就是我們今天所講的"形象思維"。

應當注意,克羅齊特別强調表現。他認爲,没有表現就不是直覺。直覺能力不是静態的,而是動態的。它是一個過程,是把印象、感受、感覺、情緒、衝動之類"物質"的東西。提昇爲"心靈形式"的過程。心靈要以形式統轄"物質","這個形式,這個掌握就是表現。"[①] 因此,在克羅齊那裏,直覺即是心靈統轄物質的一種構形能力,又是一種創造具體形象的活動過程,而且還是一種心靈活動的産物。

2. 藝術即直覺

克羅齊認爲,藝術的本質就是直覺。他給藝術下了一個定義:"藝術是什麽—— 我願意立即用最簡單的方式來説,藝術是幻象或直覺。藝術家造了一個意象或幻影;而喜歡藝術的人則把他的目光凝聚在藝術家所指示的那一點,從他打開的裂口朝裏看,並在他自己身上再現這個意象。"[②] 在《美學綱要》一書中,他從五個否定方面論證了藝術即直覺的定義。

第一,藝術不是物理的事實。因爲物理的事實並不真實。它是爲了科學的目的而用我們的理性所構想出來的一種結構。而許多人爲之獻出畢生精力,並從中得到崇高樂趣的藝術則是高度真實的。

第二,藝術不是功利的活動。因爲功利活動總是追求快感和避免痛感,而藝術是直覺,是認識活動,它與"有用"、"快感"、痛感"之類無緣,没有功利目的。喝水解渴的快感,露天散步,伸展四肢的快感都不是藝術的;高級感官的快感,遊戲的快感,意識到我們自身力

---

① 《美學原理·美學綱要》,第 18 頁。

② 同上書,第 209 頁。

量的快感,性快感等等也都不是藝術的目的。他無意否認藝術能引起快感,但認爲這不是藝術的本質。因此,他反對把藝術定義爲引起快感的事物或以特殊形式引起快感的事物的快樂主義美學。

第三,藝術不是道德的活動。因爲藝術作爲直覺是和任何實踐活動相對立的。藝術不起於意志。審美意象在道德上無可褒貶。美學史上關於藝術的道德學説,不是强加給藝術以美德、教育等外在目的,就是讓藝術祇搞一些與道德無關的享樂,它本身就是矛盾的。不過,克羅齊又指出,藝術家既生活在道德王國里,他就不能逃避做人的責任,就必須把藝術本身看作自己的使命和職責。

第四,藝術不具有概念知識的特性。克羅齊説,這是五個否定中最重要的一個否定。這裏强調的是直覺的意象性。"意象性這個特徵把直覺和概念區別開來,把藝術和哲學、歷史區別開來,也把藝術同對一般的肯定及對所發生的事情的知覺或敘述區別出來。意象性是藝術固有的優點:意象性中剛一產生出思考和判斷,藝術就消散,就死去……"[①]概念知識總是現實的,而意象則難以區分現實和非現實。意象使直觀的知識與概念的知識相對立,審美的知識與理性的知識相對立。藝術作爲直覺,因意象的純粹想象性纔有價值,意象是一般的個別化,不像哲學、歷史有所謂真僞問題。藝術與哲學的這種區別同時也帶來了藝術與神話、宗教的區別。

第五,藝術不同於自然科學和數學。因爲自然科學和數學起於意志,是實踐活動,只採取概括和抽象的方式,這不但與藝術世界無關,而且對藝術世界有害。"數學的精神與科學的精神是詩歌精神的最公開的敵人"[②]。

克羅齊在作了上述否定以後,在回顧美學史以及古典主義和浪

① 《美學原理·美學綱要》,第216－217頁。

② 同上書,第218頁。

漫主義論爭的基礎上,他又提出藝術是抒情的直覺,進一步豐富了他的藝術定義。他説:“是情感給了直覺以連貫性和完滿性;直覺之所以真是連貫的和完整的,就因爲它表達了情感,而且直覺祇能來自情感,甚於情感。”① “藝術的直覺總是抒情的直覺”②。這是一個很重要的補充。它表明克羅齊的直覺表現主義實質上仍是唯情論。

克羅齊在論述藝術即直覺的過程中,還提出了藝術創造與藝術欣賞的統一,藝術無内容與形式的區分,藝術不能分類,藝術不可翻譯和藝術無起源與進步以及美即表現,表現即語言,美學即語言學等看法。

克羅齊的藝術即直覺説把藝術歸結爲直覺或抒情的直覺,把藝術同理性認識、道德、實踐功利活動完全割裂開來,對立起來,其目的在於確立藝術的獨立自主性。藝術確有不同於其它人類活動的特點,但也不能否認藝術與其它人類活動的内在聯繫,克羅齊忽視了這種内在聯繫,其結果就是把藝術看作一種與現實生活完全脱離的純主觀的心靈活動,這顯然是片面的,歪曲了藝術的本質,其哲學基礎是主觀唯心主義的。但是,這並不能否認克羅齊對美學史的巨大貢獻。克羅齊的直覺表現主義美學實際上是西方美學史上最系統、最完整的形象思維理論,雖然存在着把形象思維和邏輯思維的區别絶對化的缺點,但它突出了形象思維的基本特徵,爲解決審美和藝術活動的特殊性問題奠定了理論基礎。他對歷史上各種美學學説(如快樂主義、道德主義、思辨主義)的清理和批判,排除了不少陳腐的美學偏見,解除了許多清規戒律,爲美學和文藝的進一步發展起到了積極的推動作用。克羅齊美學的突出特點還在於强調藝術想象和表現情感,强調藝術是主觀心靈的創造,高揚了審美的主體

① 《美學原理·美學綱要》,第227頁。

② 同上書,第229頁。

性,它不但在當時立即贏得了廣泛的讚同,形成一股强大的美學思潮,而且推動了後來現代美學的發展,並一直影響到今天。當然,他的美學的許多缺點,特別是否認藝術作品的"物質實在性",否認藝術媒介在創作中的作用,反對藝術傳達和藝術分類等等,在當時也已受到普遍的批評。科林伍德繼承和發展了他的表現主義,同時又糾正了他的某些偏頗。

二　科林伍德的語言表現美學

羅賓・喬治・科林伍德(Robin Ceorge Collingwood, 1889－1943)是英國著名的哲學家、歷史學家、美學家。畢業於牛津大學哲學系,後留校研究和任教。在哲學上他推崇克羅齊和黑格爾,是新黑格爾主義者。主要著作有《宗教與哲學》(1916)、《心靈的思辨》(1924)、《藝術哲學大綱》(1925)、《藝術原理》(1938)和《歷史的觀念》(1946)等。其中《藝術原理》是他的美學代表作,也是公認的現代美學名著之一。《藝術原理》除"引論"外分爲三篇,分別論述藝術與"非藝術"、"想象"和"藝術"。

科林伍德接受了克羅齊的基本思想,認爲藝術是情感的表現,是一種想象活動,他也一再重復克羅齊"藝術即表現"的論斷。但他與克羅齊有兩點不同。第一,克羅齊不否認在藝術美之外,還有物理之美,而科林伍德却根本否認美的事物的存在。他認爲:"並不存在'美'這種性質。審美經驗是一種自主性活動,它起自內心,並不是一種對來自特定外在物體的刺激所做的特定反應。"[①]因此,他根本不研究美,而衹研究審美經驗和藝術,他的美學是有更多經驗主義的色彩。第二,克羅齊片面强調"直覺即表現",完全排斥了理智,思維在審美和藝術活動中的作用,把表現和想象視爲等同,而科

① 科林伍德:《藝術原理》,中國社會科學出版社 1987 年版,第 40 頁。

林伍德却對“表現”提出了新的理解，不排斥理智、思維的作用，認爲想象和表現不完全相同。

科林伍德認爲，藝術與非藝術的區别實質上是藝術與技巧的區别，他把自亞理斯多德以來的藝術模仿説成藝術再現論，稱爲藝術技巧説，給予了尖鋭的批駁。然後，他進一步提出了自己的表現主義的理論。他的美學的基本思想是：真正的藝術具有表現性和想象性兩個特徵，因此，“藝術必然是語言”①。

1. 藝術是情感的表現

科林伍德指出，藝術表現情感是人所盡知的事實。他説：“真正表現的特徵是明了清晰或明白易懂；一個人表現某種東西，他也就因此而意識到他所表現的究竟是什麽東西，並且使别人也意識到他身上和他們自己身上的這種東西。”② 在他看來，表現情感是一個過程，它同語言、意識以及感受情感的方式有某種關係。

表現情感不是喚起情感。喚起情感旨在感動觀衆，表現者本人可以不必感動。表現情感是表現自己的情感，使自己的情感對觀衆顯得清晰。藝術不是喚起情感效應的手段，也不以喚起情感爲目的。表現情感不是描述情感，描述情感是一種概括活動，它把情感分類，就使情感類型化了。而表現却是“一種個性化活動”③。總之，一個藝術家在表現情感之前並不知道他的情感是什麽，表現情感也就是使情感明朗化，這種明朗化也就是個性化。表現情感就是表現這種明朗化、個性化的情感。但這並不是藝術家的私人情感，而是能爲觀衆接受和理解的社會化的情感。科林伍德認爲，表現情感不是選擇情感。選擇某種情感來表現必然産生壞藝術。同時，表現情感也不是暴露情感。“流出真實的眼泪並不表明一個優秀演員的

① 《藝術原理》，第 279 頁。
② 同上書，第 125 頁。
③ 同上書，第 115 頁。

能力”[①]。

2. 藝術是想象性經驗

科林伍德指出,藝術是想象性經驗,因爲,藝術不是制作而是創造。“真正藝術的作品不是看見的,也不是聽到的,而是想象中的某種東西”[②]。

“想象性經驗”是與“特殊性的感官經驗”相對而言的。科林伍德認爲,從一件藝術品,可以得到兩種經驗,一種是通過視覺器官或聽覺器官得到的,即“特殊性的感官經驗”,另一種是非特殊化的想象性經驗,它的内容比前者更爲豐富,也可以稱之爲“總體活動的想象性經驗”。這二者的區别在於:“一種是我們在藝術作品中所發現的東西,即藝術家賦予作品的實際的感性性質;另一種嚴格講是我們在作品中不能發現的東西;倒不如説它們是由我們自己的儲存經驗和想象力注入到作品裏去的。前者被設想爲是客觀性的,真正屬於藝術作品本身;後者被設想爲是主觀性的,並不屬於藝術作品,而是屬於我們觀照藝術作品時在我們身上進行的各種活動。”[③]他解釋説,我們自信從一幅畫裏得到的想象性經驗,恰好是畫家放在那裏的,“我們隨身帶着自己的想象力,就能發現想象力所揭示的東西,即總體活動的想象性經驗;我們在作品裏發現它,是因爲畫家本來就把它放在那裏了”[④]。由此可見,不論畫家表現的,還是欣賞者所欣賞的,都是想象性經驗或總體性活動的想象性經驗。它不是個别感官的直接經驗,而是包括這種感官等因素在内的想象活動的産物。科林伍德在這裏没有把藝術衹歸結爲純粹的直覺,他對克羅齊的“藝術即直覺”説是有所糾正的。

應當指出,科林伍德的藝術是想象性經驗的理論,是在美學上解

---

① 《藝術原理》,第126頁。
② 同上書,第132頁。
③ 同上書,第152—153頁。
④ 同上書,第155頁。

釋塞尚以來現代繪畫成就的嘗試。他指出,19世紀末繪畫發生了革命性變化。過去人們認爲繪畫是視覺藝術,可是現在塞尚出來了,他開始像瞎子一樣作畫。他所使用的色彩不再是復制他看静物時所見到的東西,而幾乎是用一種代數符號表現他自己的感受,他的風景畫幾乎失去了視覺性質的痕跡,他畫的樹根本不像真實的樹,倒像一個人閉眼盲目地在樹林里瞎闖亂撞,偶然遇到樹時所感受到的形象。在他以及現代的新式繪畫中,"繪畫平面"消失了,形體不再是二度空間,而成了立體,透視也消失了。以至有的庸夫俗子認爲,這批現代家伙不會畫畫。科林伍德認爲,塞尚是對的,因爲繪畫絶不是視覺藝術。印象派説畫畫是光綫,完全是迂腐的空談。畫家是用手而不是用眼去作畫的,他們是用手指、手腕、手臂,甚至脚和脚趾工作的人。繪畫必定與肌肉活動有關係。觀衆欣賞繪畫的經驗根本不是一種專門的視覺體驗,他的感受不是由他所見到的東西所構成,甚至不由經過視覺想象的修正,補充和純净之後的東西所構成,它不僅屬於視覺,而且也屬於觸覺,包括距離、空間、質量以及運動感覺。這些無疑是十分值得重視的。

3. 藝術是語言

在論述了藝術的表現性和想象性特徵之後,科林伍德説:"如果藝術具有表現性和想象性這兩個特徵,它必然會是一類什麽東西呢?答案是:'藝術必然是語言'。"[①] 這是他最完備的藝術定義。其中想象性指語言的内容,表現性指語言的功能。他所謂語言不是指有聲語言,而是指一種廣義語言,包括與語言表現方式相同的任何器官的任何表現。他説:"表現某些情感的身體動作,衹要它們處於我們的控制之下,並且在我們意識到控制它們時把它們設想爲表現這些情感的方式,那它們就是語言。"[②] 這種表現情感、有意識的身體動作也就是想象性的經驗。動作表現情感,情感表現爲語言,各種語言

① 《藝術原理》,第279頁。

② 同上書,第242頁。

都是專門化形式的身體姿勢。“在這個意義上,可以説舞蹈是一切語言之母”①。把藝術看作語言,這是現代西方美學的特色之一,它對藝術實踐具有重大意義。

第二節 自然主義美學

自然主義哲學産生於19世紀末,在20世紀逐步發展完善,主要流行於美國。它主要繼承了經驗主義和實證主義傳統,試圖通過“自然”概念來取消物質與精神的對立,超越舊有的唯物主義與唯心主義之争。自然主義美學是在自然主義哲學影響之下形成的一個美學思潮和流派,同自然主義哲學一樣,派别内部理論差異較大,十分鬆散。它的主要特點是,把美感經驗和藝術活動作爲美學探討的中心,雖然不完全否定理論概括的作用,但是反對離開美感經驗去規定美的抽象本質,反對離開人的藝術活動,作美的概念的演繹;注重把自然科學的成果吸收到美學研究中來,不是從單一的認識論的角度研究美學,而是從生理學、心理學乃至人類學、文化史等各個方面去研究美學;並强調藝術和審美活動的實用的、功利的一面,這些都使它呈現出與傳統美學相當不同的面貌。但自然主義美學又往往簡單地採用生物學、進化論的觀點來解釋藝術和審美活動,使美學成爲自然科學的簡單延續,這一點應注意加以鑒别。其主要代表人物是桑塔亞那和門羅。

一 桑塔亞那的美學思想

喬治·桑塔亞那(George Santayana,1863－1952),美國著名哲學家、美學家,也是詩人和文學批評家。生於西班牙的馬德里,1872

① 《藝術原理》,第250頁。

年隨母移居美國,1882 年入哈佛大學求學,1889 年獲文學碩士和哲學博士學位,後來任該校哲學教授。1912 年返回歐洲,先後在西班牙、英國、法國和意大利等地客居。主要著作有《美感》(1896)、《詩與宗教的闡釋》(1900)、《理性的生活》(1905－1906)、《三位哲學詩人: 盧克萊修、但丁和歌德》(1910)、《懷疑論與動物信仰》(1917)、《批評實在論論文集》(1920)、《存在的領域》四卷 (1927－1940) 等。他的美學思想主要見于他的第一本美學著作《美感》,以及《理性的生活》第四卷《藝術中的理性》。

1. 美是客觀化的快感

美究竟是什麽? 這個問題兩千年來一直困惑着一代又一代美學家們,吸引他們對之進行探討並作出了各種各樣的回答。在當代,美的本質問題遭到了很多美學家的貶斥,但桑塔亞那對此却仍懷有濃厚的興趣。他認爲美學的任務首先就在於給美下定義。不過與柏拉圖、畢達哥拉斯、黑格爾等人對美所作的那種純形而上的理論推演不同,桑塔亞那强調:“一個真正能規定美的定義,必須完全以美作爲人生經驗的一個對象,而闡明它的根源、地位和因素。”[①]通過把美作爲人生經驗的對象來研究,桑塔亞那認爲“美是一種價值”[②],美是根據人的主觀評價而反映出的事物的某種價值。在他那裏,美和美感固然不能離開客觀事物而存在,但更不能離開人的主觀對客觀事物的直覺而存在。他說:“美所以存在,就是因爲美的事物存在,或者説那事物所在的世界存在,或者説就是因爲我們觀看事物與世界的人存在。它是一種經驗: 不過爾爾。”[③]基於這種態度,桑塔亞那給美下了一定義:“美是一種積極的、固有的、客觀化的價值。或者,用不大專門的話來説,美是被當作事物之屬性的快

---

① 桑塔亞那:《美感》,中國社會科學出版社 1982 年版,第 10 頁。

② 同上書,第 14 頁。

③ 同上書,第 184 頁。

感。”[①] 可以看出，他所說的美實質上是美感，美並不是對象的一種客觀性質，不能獨立於主體的感知而存在。他認爲，“美是一種價值，不能想象它是作用於我們的感官後我們才感知它的獨立存在。它衹存在於知覺中”，一種不曾感知的美是一種不曾感知的快感；那是自相矛盾的”[②]。也就是說，美實際上是一種主體的快感，衹是這種快感被當成了對象的客觀性質。這裏的問題是，美感本來是人的主觀感覺，何以又變成了事物的客觀屬性呢？桑塔亞那認爲這是觀賞事物的人投射到被欣賞的事物上去的，“對象的審美效果，總是起因於它們所在的意識中的整體感情價值。我們不過憑投射作用把感情價值歸之於對象而已，這是顯而易見的美之客觀化的原因。”[③] 這就是說，審美主體將愉快的感情投射於物，快感與事物融爲一體，於是這種感情仿佛就成了物的屬性。這種被當作事物之屬性的快感，就是美。美就是在快感的客觀化中形成的，一句話，美是客觀化了的快感。

桑塔亞那將美學與倫理學區別開來，認爲審美價值不同於道德價值。道德價值是消極的，它涉及的是避惡從善；審美却是對憂慮恐懼的解脱，它給人一種內在的積極的價值，使人愉快。按照他的説法，“審美判斷主要是積極的，也就是説，它是對善的方面的感受，而道德判斷主要是消極的，而且基本上是對惡的感受”[④]。他還將美感與一般的生理快感區別開來，認爲兩者的根本區別就在於生理快感是不出肉體的感官快樂，而美感則是指向外物的、客觀化的快樂，是對心靈較高需要的滿足。在他看來，生理快感“是及時地同知覺分離的”，所以就被認爲是事物的刺激作用產生的結果，而不是事物的自身屬性；而審美快感則同知覺難以分離，“當感知的過程本

---

①② 桑塔亞那:《美感》，中國社會科學出版社 1982 年版，第 33 頁。

③ 同上書，第 159 頁。

④ 《美感》，第 16 頁。譯文略有改動。

身是愉快的時候，當感覺因素聯合起來投射到物上並產生出此事物的形式和本質的概念的時候，當這種知性作用自然而然是愉快的時候，那時我們的快感就與此事物密切地結合起來了，同它的特性和組織也分不開了，而這種主觀根源也就同知覺的客觀根源一樣了"①。也就是說，當快感已客觀化爲事物的一種屬性時，它就是美感，它同執著於主體器官快樂、因而與事物性質相分離的快感即生理快感的區別就在於客觀化。

桑塔亞那特別强調"人體的一切機能，都對美感有貢獻"②。他把人的許多生理機能從血液循環、組織的新陳代謝、神經震動、呼吸、昏睡一直到性欲和生殖本能全看成是形成美感的力量，尤其值得注意的是，他把性欲和生殖機能看作是最根本的機能。桑塔亞那認爲性欲本身受壓抑後就會"向各方面爆發"，如轉向宗教、慈善等，"但最幸運的選擇是熱愛自然和熱愛藝術"，即轉向對自然和藝術的審美，"對於人，整個大自然是性欲的第二對象，自然的美大部份都是出於此種情況"③。這裏也可以看出桑塔亞那典型的自然主義觀點。

2. 美的三種形態

桑塔亞那運用當時心理學方面的模式，把事物分爲"材料"、"形式"及其"表現"三類，對它們的欣賞活動也就分別形成了美或美感的三種形態，即材料美、形式美和表現美。他認爲這三種形態是一種遞進的關係，共同存在於人的感知過程中，是人的美感形成的幾個階段，它們結合在一起構成了"意識中的整體感情價值"。"有時候，這種價值可能是對象被感知過程所固有的，這樣我們就獲得感性美和形式美；有時候，這種價值可能是因感知這對象時又引起其

---

① 《美感》，第 32 頁。
② 同上書，第 36 頁。
③ 同上書，第 41 頁。

它觀念粗具輪廓而產生的,這樣我們就獲得表現之美。"①

桑塔亞那又稱材料美爲感性美。所謂材料美,既指對象的質料、色彩、聲音等等,又指人的感官機能對對象的感覺。在桑塔亞那看來,材料美是最初級的審美形態,但它可以獨立存在,並在一般情況下它都作爲形式美和表現美的基礎而存在。所謂形式美,則是對材料美的所見之綜合,是構造性想象的結果,它來源於具體事物的形式與人的心理結構中的抽象形式的契合,正是由於這種抽象形式與外在的具體形式協調一致,才激發了美或美感的產生。除了材料美和形式美,桑塔亞那還記述了表現美。在他看來,由材料美到形式美再到表現美是一個審美活動的遞進過程,也是一個美的客觀因素遞減、主觀因素遞增的過程。如果說材料美中人的主觀因素是感覺,形式美中人的主觀因素是想象,而表現美中人的主觀因素則是聯想,没有聯想就没有表現。桑塔亞那說:"事物這樣通過聯想而取得的性質,就是我們所說的它們的表現。"② 他還認爲,在一切表現中都可以區别出這樣兩項來,"第一項是實際呈現出的事物,一個字,一個形象,或一件富於表現力的東西;第二項是所暗示的事物,更深遠的思想、感情,或被喚起的形象、被表現的東西。"③

3. 藝術論

桑塔亞那從藝術與人的關係着手,特别從人的生命活動、自然天性、本能衝動出發,討論了藝術的本質和特徵。他認爲人是以自己的活動來改變自然界的事物,使這些事物與人的願望相符合,而"這種由人給予物質的合適形式一樣,同人自己的習慣或想象力所設想的合適形式,是理性生活的工具。因此賦予客體以人性和使客體合

① 《美感》,第159頁。
② 同上書,第131頁。
③ 同上書,第132頁。

理化的任何活動，都叫做藝術。”[①] 在他那裏，藝術就是這樣一種行爲：它超越於人的身體，在人的身體之外建立了人的生活手段，使世界成爲對心靈的一種更相宜的刺激物，並造成外部事物同人內部價值的一致，確立了一個能不斷產生價值的領域。簡而言之，桑塔亞那認爲藝術的價值就是通過改變物質世界而實現人自身的意願，那麽十分自然的結論便是藝術具有功利實效性。他對康德以來的藝術“無功利説”進行了反駁，認爲“把事物的審美功能與事物的實用和道德的功能分離開來，在藝術史上是不可能的，在對藝術價值的合理判斷中也是不可能的。”[②] 他説：“所有的藝術都是有用和有實效的。一些藝術作品大多由於其道德意義纔具有的顯著審美價值，其本身是藝術提供給作爲整體的人性的一種滿足。”[③] 桑塔亞那批評了浪漫主義、形式主義、唯美主義和象徵主義的審美和藝術無功利的觀點，他是現代美學家中自覺反對“非功利”説的少數人之一，在這一點上他比許多美學家要高明一些。但他的探討最終還是落脚到主體的本能即由生活、心理功能產生的愉快上。他説：“藝術的價值在於使人愉快，首先在藝術實踐中，然後在獲得藝術作品時，都是爲了使人愉快”，“區分出愉快來是藝術的靈魂，它表達經驗，而不是像那些把不快奉爲神明的政治的或形而上學的專制那樣歪曲經驗。”[④] 也就是説，藝術的功能祇有通過滿足人的追求愉快的本能和需要才能實現，也就是要滿足人的自然本性。

桑塔亞那並不否認藝術與理性思想的關係，他認爲藝術能表達思想，並需要得到理性活動的滋養。他指出，“凡是一切體現了理性

---

① 轉引自蔣孔陽主編：《20 世紀西方美學名著選》上卷，復旦大學出版社 1987 年版，第 258－259 頁。

② 同上書，第 266－267 頁。

③ 同上書，第 266 頁。

④ 同上書，第 273 頁。

的藝術,都是最壯麗和圓滿的"①,"在藝術中如同在生活中一樣,要獲得一種愉快的結果衹有藉助於理智"②。桑塔亞那進而認爲衹有一個理性的社會,才可能有確實和完美的藝術。他甚至公然提出:"如果所希望的東西是一種真正的、天然的、不可避免的藝術,那麼,首先必須在社會中進行一場偉大的革命。我們必須丢棄早已存在的幻想,丢棄不合理的宗教、愛國心和藝術流派,我們必須發現真正的需要,和可能使我們愉快的形式。"③這無疑是很大膽的。不過桑塔亞那基於其自然主義立場,最終還是認爲"思想本身是一種内部運動的產物,這種運動自動地向外擴展,這種擴展就表現爲思想"④,也就是説思想或理性來自本能所引發的"内部運動",是本能自發運動的產物。因此,在桑塔亞那那裏,雖然他也突出了理性在藝術活動中的重要性,但一切的根基最終仍在本能。

最後説明一點,桑塔亞那所説的"藝術"有廣義與狹義兩種。廣義的藝術也就是勞動或工業,他稱爲"隸屬藝術",是狹義藝術的基礎;狹義的藝術是指真正的藝術,他稱爲"自由的藝術"或"美的藝術"。前面介紹的是他對廣義藝術的一些自然主義的規定,不過也完全適用於狹義的藝術,並且美的藝術在以上種種特點上顯得更加典型和突出。

二 門羅的"科學美學"

托馬斯·門羅(Thomas Munro,1897-1974),美國著名美學家。早年在哥倫比亞大學攻讀哲學,曾直接受杜威的指導,深受其實用主義和自然主義思想的影響。畢業後留校任教,後由杜威推

① 《20世紀西方美學名著選》上卷,第264頁。

② 同上書,第272頁。

③ 同上書,第274頁。

④ 同上書,第260頁。

薦,又先後擔任過西部雷澤福大學藝術教授和克利夫蘭藝術博物館教育長等職。他是美國美學學會的組織者和創立者,1945年主持創立該學會會刊《美學與藝術評論》,並連續任該刊主編達20年之久。他一生著作甚豐,主要著作有《原始黑人雕塑》、《藝術教育:藝術哲學與藝術心理學》(1956)、《走向科學的美學》(1956)、《藝術的進化與其他文化史學説》(1963)、《東方美學》(1965)、《論藝術的形式和風格》(1970)等。

1. 美學的哲學基礎和基本原則、方法

作爲一位有濃厚經驗主義色彩的藝術鑒賞評論型的美學家,門羅宣稱他信奉的是以自然主義哲學爲基礎的"科學美學"。這種自然主義哲學與桑塔亞那、杜威有一定的繼承關係。

基於自然主義的哲學立場,門羅主張美學應擺脱哲學思辨的控制.在他看來,傳統美學祇不過是思辨哲學的一個分支,美學家們長期糾纏於對美的本質的抽象思辨,忙於爲"美"下一個完善的定義,滿足於玩弄辭藻和構造龐大的理論體系。大部份美學家都不打算,也没有能力去用它來指導藝術實踐,他們的美學祇能停留在抽象的理論水平,不是實用科學,祇是作爲一種純粹的知識而存在。門羅認爲這種傳統美學應徹底予以拋棄,人們祇有採取經驗主義和自然主義的科學方法,才能使美學的根本問題得到最終解決,成爲"科學美學"。他爲"科學美學"規定的原則是,不帶任何理論色彩,不受已往的任何哲學體系對美的本質的看法的影響,不管它們是唯心的還是唯物的、可知論的還是不可知論的。這裏門羅其實是在採取折衷主義態度,他力主"有活力的自然主義"應走"作爲傳統的二元論或泛心論和馬克思主義這兩個極端之間的中間道路"①。他指出:"自然主義的美學迫切需要澄清它自己一個嚴格的哲學體系中所處的地位。它是靈活多變的,在某種程度上説來,它可以和形而

① 托馬斯・門羅:《走向科學的美學》,中國文聯出版公詞1985年版,第166頁。

上學、倫理學和認識論中的許多與之對立的學説達到一致[①]。門羅認爲科學美學完全滿足於對於美的經驗作現象的描述和研究,它是在現代心理學和人文科學的基礎上,嘗試科學地描述和解釋藝術現象和所有與審美經驗有關的東西,自然主義美學拒絶任何超經驗的價值和原因,對它來説,美學不衹是概念的分析,它還要研究藝術創作、藝術功用等實際問題。這樣,在門羅那裏,美學就成了一種實用的、技術的和工具性的學科,他説:"美學不僅僅是作爲一門純粹的科學發展起來的,而且還是作爲一種真正的技術發展起來的,發展起來後,它便對一種有限領域内的技能進行科學的研究和指導。"[②]

門羅認爲,藝術和審美現象都屬於自然現象,可以用進化的觀點加以説明。他説:"按照自然主義美學觀,藝術作品及與之有關的經驗,也同思想和其他人類活動一樣,是一種自然現象。這種現象和物理和生物學中考察的現象是先後相連的,前者是在進化過程中從後者當中産生的。二者在複雜性、變化性和其它方面有某種程度的區别,但這種區别不是根本性的。"[③]也就是説,隨着生物由低級向高級進化,審美經驗便會自然産生出來,并且門羅認爲藝術形式也自然地經歷一種逐漸由低級向高級發展的過程。這樣由於門羅將自然界的進化完全搬用到人的審美經驗這一複雜的精神現象領域,也就混淆了人與生物、審美經驗與日常生活經驗之間的界限。在他那裏,藝術與審美活動變成了一種生物性的生存活動,而美學只不過是指導這種生存活動的工具,它也就降低到了物理化學的水平。

以上是門羅爲他所提倡的科學美學制定的基本原則,除了這

① 托馬斯·門羅:《走向科學的美學》,第165頁。
② 同上書,第394頁。
③ 同上書,第164頁。

些,他還提出了一套完備的所謂“科學”的實證主義方法論。他認爲“這種基本的思想方法主要包括如下内容:首先對具體的現象進行觀察和比較,以發現它們之間的相似之處和不同之處。然後通過形成某此假設來解釋它們的起因和反復出現的原因。最後再通過對具體事實的更加仔細的觀察和實驗來驗證這些假設”①。門羅將這種“曾使自然科學得到發展的基本思想方法”②運用於美學研究之中,有其獨到之處,但他所説的觀察和驗證却主要基於個體的經驗之上,他要求描述時要完全忠於個人的主觀經驗和對特定事實的直接感知。這其實是相信存在着一種獨立於社會之外的自然感受,那麼完全建立在主觀經驗基礎上的美學又怎麽能獲得科學性與普遍性呢?這無疑是門羅的片面、偏頗之處。

2. 關於“美”和藝術

基於自然主義和經驗主義的觀點,門羅對“美”的看法與傳統的見解亦有截然不同。與第一次世界大戰前,人們認爲“美學唯一的和中心的任務就是給“美”下一個正確的定義,並對美的本質和標準作出真正的解釋”③不同,門羅認爲“在整個美學中,美的概念已不再佔據中心和顯要的地位”④。這首先是因爲美學研究的領域“現在已包括整個藝術科學領域。這個科學領域試圖對心理學、文化史和社會科學等全部現存的學科中有關藝術以及與藝術有關的行爲和經驗模式的實際資料,進行綜合分析”⑤。其次,“美”等概念模糊不清,人們對“什麽是美的”這一問題的回答千差萬别,這就妨礙了美學的科學性。再則因爲“美”這個詞帶有强烈的主觀色彩,“它使人聯想到那些多愁善感的藝術愛好者們所具有的天真的和

---

① 《走向科學的美學》,第5-6頁。

② 同上書,第5頁。

③④ 同上書,第398頁。

⑤ 同上書,第399頁。

狂熱的感情"[①]。因此，在門羅看來，"美"應在美學中退居次要地位，美學"還必須輔之以其他一些含義更爲確切的概念"，這樣它才能成爲"像舊的科學那樣使自己具有描述性和合乎事實性的"[②]科學。當然，門羅也並非徹底否定"美"的概念，因爲如果不使用這個詞，就難以解決"美學中那些基本的和長期懸而未決的問題"，並且它還是"被用來檢驗所有其他批評性的評價用語和所有表達審美價值或非價值或者表達情感態度的用語的概念"[③]。

門羅不同意以往關於美的定義的"極端客觀主義"和"極端主觀主義"的觀點，他採取了一種中間立場，認爲美既不全是主觀的，也不完全是客觀的，美一方面取決於人的審美態度，另一方面取決於藝術品或事物本身的結構形態。但門羅認爲"美"的經驗的最基本原因還是來自主體的"審美需要"，因爲"只有有了審美需要，審美對象的某些特徵才具有了潛在的美或感知美的基因，從而使人產生美的經驗"[④]。

門羅對藝術和藝術作品也作過一些討論。他並不試圖對"藝術"作出形而上學的定義，而是從藝術的功能角度來描述藝術的基本特徵。他認爲"藝術"一詞的原始含義就是"有用的技藝"，事實上也很難用"美"與否來區分藝術與其他技藝。雖然在審美色彩方面，"詩歌、音樂和繪畫要超過機械設計。但是，這並不意味着一部汽車的美的性質就一定低於一幅畫或一首詩；或者，由於工業設計更多地考慮到功用，就認爲工業設計不那麼值得尊重。"[⑤]他認爲，由於人們難以對什麼東西是美的達成一致意見，所以人們應按照中性的和非評價性的概念來使用"藝術"一詞。"把一種東西列爲藝術作品

① 《走向科學的美學》，第 400－401 頁。
② 同上書，第 399 頁。
③ 同上書，第 401－402 頁。
④ 同上書，第 422－423 頁。
⑤ 同上書，第 344 頁。

的主要標準是根據它的功用或功能而定的,而不根據它的成就或價值確定”[①]。門羅這些强調藝術不僅有審美功能、還有其他非審美的實用功能,突出藝術的人工性、技藝性的觀點,比較以往“爲藝術而藝術”或祇承認藝術的審美價值和鼓吹“藝術無功利”的唯美主義觀點,無疑有其深刻、獨到之處,但也顯得有些空泛,仍然没能界定出藝術的真正本質。

3. 美學學科的三分法

基於自然主義的立場,門羅將“科學的實證方法”運用於美學研究之中,他根據不同側面,對於美學的研究範圍作出了細緻的分工。他認爲:“美學作爲一門經驗科學,它的研究領域主要由下面兩組現象組成,一組包括藝術品(繪畫、詩歌、舞蹈、建築、交響樂等)或其他類型的產品、形式或作品;另一組包括與藝術作品有關的人類活動,如:外在的和内在的行爲和經驗方式、技巧,對刺激的反應、創造、生產和表演藝術的活動,還有領會、鑒賞、使用、欣賞、評價、管理、教學諸如此類的活動。第一組現象,即藝術作品的形式,屬於審美形態學研究的範圍;第二組現象則屬於審美心理學的研究範圍,當然還要求助於社會學、人類學和其他社會科學。”[②] 其中,“審美形態學是根據藝術作品的形式類型或構成方式來對我們發現的東西分類;審美心理學則根據人類活動的類型,以及從事這些活動的個人或團體類型進行分類;而旨在研究藝術的價值或無價值的審美價值學則傾向於把注意力集中在上述兩個領域之中,時而涉及藝術作品,時而涉及藝術作品對人類產生的不同影響”[③]。簡言之,審美形態學偏重於審美的客觀方面,主要研究藝術的形式;審美心理學偏重於審美的主觀方面,主要研究藝術創作和藝術欣賞的心理狀態;

---

① 《走向科學的美學》,第 347 頁。

② 同上書,第 273 頁。

③ 同上書,第 274 頁。

審美價值學則介乎主客觀之間，主要是研究審美活動本身以及審美活動對人所造成的影響。在審美活動中，這三個方面不可分割地結合在一起，才構成了完整的美學。

對於審美形態學，門羅自己承認"形態學"一詞實際上借自生物學，但又比生物學中的形態學含義廣泛。他說："我們所説的'形態學'一詞，却是專門指對於藝術作品可以觀察到的形式的研究"，"從排列方式來講，'形式包括物體和事件的物理和化學結構，即由原子和分子構成的結構；同時還包括物體和事件的外部方面和表象，即知覺到的和想象到的表象。"[①] 也就是説，門羅心目中的藝術作品的形式一方面是純物理或化學的結構，另一方面是被主體經驗到的外部表象，而形態學歸根到底是研究藝術形式在主體經驗中的作用和功能，這也就在一定程度上將審美形態學物理學化、生物學化和主觀化了。

門羅認爲，審美心理學"感興趣的是要弄清究竟是藝術家個性中的什麽力量促使他們創造藝術作品；是要理解欣賞活動的整個過程(這種理解要比那些把自己的注意力集中於眼前的作品，並以適當的批評語匯對其進行描述的人的理解更加清晰)；是要理解這些創造活動和欣賞活動與藝術以外的其他人類經驗的關係，以及它們與人類機體結構的關係"[②]。他十分讚賞格式塔心理學和精神分析學主觀唯心主義的内省方法和對審美現象所作的經驗主義和自然主義的解釋，並宣稱："藝術和審美經驗是科學所揭示的自然秩序的一個更加高級的階段，因此不需要對它進行超自然的和超經驗的解釋"，審美心理學應"對藝術遇到的一切問題作出自然主義的回答"[③]。

---

① 《走向科學的美學》，第 274 頁。

② 同上書，第 71 頁。

③ 同上書，第 72－73 頁。

門羅認爲,無論是審美形態學,還是審美心理學,其研究的依據和結果都應該落實在審美價值上。以往的價值理論把價值説成是一種脱離事物的自然秩序而存在的怪異實體,並認爲對它不可能進行描述性的實證研究。門羅不滿於這種看法,他認爲科學的審美價值學應建立在盡可能客觀的審美經驗基礎之上,它要求鑒賞者通過對作品形式與自我兩個方面的客觀的分析與描述作出判斷,並與他人的判斷相比較,以發現自己的判斷在多大程度上符合整個社會經驗中那些共同的意見,從而進一步證實自己評價的可靠性。

可以看出,門羅的美學學科的三分法其中不乏合理因素,對於美學學科的建設和拓展是有價值的,但由於其自然主義的哲學立場,他又有將美學自然化、生物學化的片面之處,這一點應予以鑒别分析。

第三節　形式主義美學

形式主義美學是主張通過純形式表現情感的一個美學流派。它産生於 20 世紀頭十年,盛行於前三十年。主要代表人物是英國藝術理論家和批評家貝爾和弗萊。形式主義美學的産生同 19 世紀末期以來法國後期印象派繪畫的興起有緊密聯繫。畫家塞尚、高更、梵高等人,在創作上從再現客體轉向表現情感,從具體走向抽象,給繪畫藝術帶來了革命性變化。後期印象派是西方現代派繪畫的開端,但在當時却遇到不少攻擊。貝爾和弗萊的形式主義美學就是爲後期印象派、乃至整個現代派繪畫藝術進行辯護的美學理論。它堅决反對藝術再現論,總結了後期印象派的創作經驗。

一 貝爾的"有意味的形式"

克萊夫·貝爾(Clive Bell, 1881－1964),早年在英國劍橋大學攻讀歷史,後來轉向繪畫和美學研究。曾參加英國著名學術團體布魯姆斯伯理集團,是其主要成員之一。主要著作有《藝術》(1914)、《自塞尚以來的繪畫》(1922)、《19世紀繪畫的里程碑》(1927)、《法國繪畫簡介》(1931)、《欣賞繪畫》(1934)等。其中《藝術》一書是他的美學代表作。

貝爾在《藝術》一書中提出了兩個美學假說,其一:"一件藝術品的根本性質是有意味的形式"①。其二:"有意味的形式是對某種特殊的現實之感情的表現"②。或者說,"藝術是對終極現實感的表達"③。這兩個假說都是對藝術本質的規定,第一假說是從欣賞者角度所做的規定,第二假說貝爾又稱作"形而上學"的假說,是從創作者角度所做的規定。貝爾說,他對第一假說相當自信,因爲它基於自己的審美經驗,而對第二假說則遠不敢說有多大自信,但必須假定它是正確的。事實上,他的第二假說是對第一假說的補充論證,他的美學思想的核心仍是"有意味的形式"。

在哲學上,貝爾直接受到英國新實在論的奠基人摩爾的影響。1903年,摩爾發表了《駁斥唯心主義》和《倫理學原理》兩篇重要論文,公開與新黑格爾主義決裂。摩爾認爲,美學是倫理學的一部份,任何美的事物也必定是善的,因此美是一種內在價值,不能用美、善以外的事物來討論其本質。貝爾贊同摩爾的這些觀點,他把美也看作一種內在價值,主張藝術作品的審美價值不在摹仿,而在"有意味的形式"本身。但是貝爾不是徹底的實在論者,他更多受到

①② 貝爾:《藝術》,中國文聯出版公司1984年版,第67頁。

③ 同上書,第69頁。

英國經驗主義傳統的影響，主要還是一個主觀唯心主義的經驗論者。他説："一切審美方式必須建立在個人的審美經驗之上。換句話説，它們都是主觀的。"①

那麽，什麽是"有意味的形式"呢？貝爾美學的出發點是視覺藝術品所引起的審美情感。他説："一切審美方式的起點必須是對某種特殊感情的親切感受，喚起這種感情的物品，我們稱之爲藝術品。大凡反應敏捷的人都會同意，由藝術品喚起的特殊情感是存在的。我的意思當然不是指一切藝術品均喚起同一種感情。相反，每一件藝術品都引起不同的感情。然而，所有這些感情却可以被認爲是同一類的。……我認爲，視覺藝術品能喚起某種特殊的感情，這對任何一個能够感受到這種感情的人來説都是不容置疑的，而且，各類視覺藝術品，如繪畫、建築、陶瓷、雕刻以及紡織品等等，都能喚起這種感情。這就是審美感情。假如我們能够找到喚起我們審美感情的一切審美對象中普遍的而又是它們特有的性質，那麽我們就解决了我所認爲的審美的關鍵問題。"②這就是説，藝術品必定具有某種能够喚起審美情感的性質："離開它，藝術品就不能作爲藝術品而存在；有了它，任何作品至少不會一點價值也没有"③。這就是真正的藝術品區别於非藝術品的基本性質。貝爾説："這是一種什麽性質呢？……可做解釋的回答衹有一個，那就是'有意味的形式'。在各個不同的作品中，綫條、色彩以及某種特殊方式組成某種形式或形式間的關係，激起我們的審美感情。這種綫、色的關係和組合，這些審美地感人的形式，我稱之爲有意味的形式。有意味的形式，就是一切視覺藝術的共同性質。"④十分清楚，貝爾所謂"有意味的形式"包括意味和形式兩個方面。"意味"就是審美情感，它不同於一般的情感，是一種特殊的情感。而"形式"就是作品各種構成

① 貝爾：《藝術》，第53頁。

② 同上書，第3頁。

③④ 同上書，第4頁。

因素的一種純粹的關係即純形式。“這兩個方面,即感情和形式,實質上是同一的”[①]。因此他的美學既是形式主義的,也是表現主義的。

貝爾認爲,不論審美情感(意味)還是形式,都是很特殊的,都不是普通人所能體驗和把握的。在他那裏,“有意味的形式”帶有十分神秘的性質。他說:“按照某種不爲人知的神秘理解排列和組合的形式,會以某種特殊的方式感動我們,而藝術家的工作就是按這種理解去排列、組合出能够感動我們的形式。”[②]他進一步從以下三個方面闡釋了這種神秘性和特殊性。

首先,有意味的形式完全不同於現實的情感和形式,從意味方面說,審美情感衹由藝術品引起,而且衹由純粹的形式關係所引起,它既不同於對鳥、花、蝴蝶翅膀的情感即對自然美的情感,也不同於再現現實所引起的生活情感。審美情感同叙述、記載、傳達信息、表達思想、宣傳道德所引起的日常的生活情感根本不同。二者的區别在於:“生活情感”是現實的、世俗的、功利的情感,而審美情感則是純潔的、非功利的、超凡脱俗的情感。審美情感不包含任何教育、認識、道德、消遣等功利因素,它把人們從現實世界提昇到一個純形式的審美世界。他說:“藝術本身會使我們從人類實踐活動領域進入審美的高級領域,此時此刻,我們與人類的利益暫時隔絶了,我們的期望和記憶被抑制了,從而被提昇到高於生活的高度”[③];在這個審美世界裏,“没有生活情感的位置,它是個充滿它自身情感的世界”[④]。從形式方面說,純形式既不是現實對象的形式,也不是再現現實的形式,再現現實引起的是生活情感,不是審美情感,所引起的

① 《藝術》,第45頁。
② 同上書,第6頁。
③ 同上書,第16頁。
④ 同上書,第17頁。

生活情感祇能引起觀賞者的聯想，干擾，破壞審美情感和審美世界。“我們都清楚，有些畫雖使我們發生興趣，激起我們的愛慕之心，但却没有藝術的感染力。此類畫均屬於我們所說的‘叙述性繪畫’之類。它們的形式並不在於喚起一種審美感情，而是一種暗示日常感情、傳達信息的手段。具有心理、歷史方面價值的畫像、攝影作品、連環畫以及花樣繁多的插圖均屬於這一類……它們能吸引我們，或者用上百種不同的形式激動我們，但無論如何也不能從審美上感動我們。按照我們的審美假說，它們稱不上藝術品，它們不能觸動我們的審美情感，因爲感動我們的不是它們的形式，而是這些形式暗示和傳達的思想和信息。”①

由此貝爾極力攻擊再現性、寫實性繪畫，完全否認繪畫再現生活的功能，認爲使用再現手段，表現日常生活情感，是畫家低能、缺乏靈感和藝術敏感力的標誌，再現祇是模仿，不是創造，已經過時，並把原始藝術列爲最優秀的藝術，“因爲原始藝術通常不帶叙述性質，從中看不到精確的再現，而祇能看到‘有意味的形式’”②。

其次，有意味的形式不是一般人所說的美。貝爾認爲，多數人使用美這個詞，通常都是從非審美角度考慮的，往往與日常生活情感和功利關係連在一起，根本不是審美意義上的美。什麼“美的狩獵”，“美的槍法”，都是美的粗俗濫用。在世俗人的眼光中，“美”就是“令人嚮往的”、“具有性的誘惑力的”，他們總把在年輕女人身上發現的東西稱作“美”，他們稱爲“美”的藝術一般也是與女人緊密相關的。一張漂亮姑娘的照片就被當作一幅美的畫。“美”這個詞太容易被濫用和造成誤解，所以他不採用這個術語，而用“有意味的形式”取代美。

第三，有意味的形式不是再現現象的實在，而是通過純形式表現

① 《藝術》，第10頁。

② 同上書，第14頁。

藝術家的審美情感，顯示終極實在的意義。貝爾認爲，審美的觀賞是“視某物爲目的本身”的觀賞。因此，與普通人不同，在藝術家的眼裏，現實不是事物的表象，它呈現出另一幅面目，是“某種特殊的現實”。藝術家從現實對象上所看到的衹是純形式，這純形式向他顯示出現實的某種意味或意義，喚起他的審美情感，而藝術家本人創造藝術品並不是爲了喚起別人的審美情感，他衹是爲了將某種特殊的情感物化，而他自己也很難確切說出這是一種什麽樣的感覺。實際上，藝術家所認識到的是一切物品中的主宰，特殊中的一般，是一切事物中的節奏，是表象後面的意義，這種東西就是終極實在或終極現實本身，也就是哲學家常講的“物自體”。因此，所謂有意味的形式就是“某種以‘終極實在’之感受的形式”①。這也就是貝爾的第二假說：“有意味的形式是對某種特殊的現實之感情的表現。”②

貝爾顯然陷入了循環論證：意味或審美情感來自純形式，而純形式又來自意味或審美情感的物化。他的思想顯然是前後矛盾的。起初，他說“有意味的形式”是與現實世界完全無關的，形式衹能是純形式，意味也 能是無内容的空洞的情感，這顯然難以服人，弗萊在當時就和他在這一點上有了一些分歧。他接着又提出第二假說，試圖論證“有意味的形式”能够顯示現實的意義，是對世界本質的認識，這樣意味又有了内容，形式也就成了有内容的形式。他試圖以第二假說補充第一假說，但始終没能說清“意味”和形式的根源，最後衹好歸之於物自體，陷入了不可知論。這是貝爾美學中不可克服的矛盾。貝爾美學的要害在於他的唯心主義，他完全脫離了人類社會歷史的具體實踐，脫離了人類本身文化心理結構的演進，衹是抽象地談論藝術、審美情感、意味和形式，因此不可能揭示審美

① 《藝術》，第36頁。
② 同上書，第67頁。

情感的現實的和歷史的根源，不可能揭示綫條、色彩等純形式背後的歷史生成和社會意味，更不可能正確解決藝術的本質問題。

二　弗萊的"想像生活的表現"

羅杰・弗萊(Roger Fry,1860－1934)，英國畫家和藝術批評家。他生於倫敦，曾就學於克利夫頓公學和劍橋大學英王學院，後去巴黎學習繪畫，在倫敦舉辦過個人畫展，並與貝爾一起爲後期印象派繪畫辯護，提倡形式主義美學。主要著作有《論美學》(1909)、《視像與構圖》(1920)、《藝術家和心理分析》(1924)、《變形》(1926)、《塞尚》(1927)等。

弗萊明確反對傳統美學的形而上學方向。在《回顧》一文中，他說："我年輕時所有關于美學的思考，都令人厭煩地、固執地圍繞着美的本質問題，像我們的前輩那樣，我試圖尋找出判斷藝術美或自然美的標準。這種尋找總是導致混亂不堪的矛盾，或是導致某些形而上學的觀念，這種觀念如此模糊不清，以至不能適用於各種具體的事例。"① 他極力推崇托爾斯泰，認爲"是托爾斯泰的天才把我們從這條死路上解救出來"。"我認爲《什麼是藝術》的發表是富有成果的美學思考的開端"②。他讚揚托爾斯泰對舊的美學體系的富有啟發性的批評和藝術的本質在於傳達情感的學說，認爲接下來應當研究的問題是，藝術是哪一類情感的表現。因此，弗萊美學的起點也是審美情感。

弗萊首先提出了"雙重生活論"。他認爲，與動物不同，人有一種特殊的本領，他能够在自己心中再次喚起過去經驗的回聲，"'在想象中'再次温習它"。因此，"人具有過雙重生活的可能性：一

①②　蔣孔陽主編：《二十世紀西方美學名著選》上卷，復旦大學出版社 1987 年版，第 194 頁。

種是現實生活,一種是想像生活"①。這兩種生活有極大的差別:在現實生活中,本能反應(如趨利避害)成爲最重要的事,人把他的全部精力都用來滿足現實的需要;而在想像主活中,這種反應行動是不需要的,因此人可以超脱現實,把整個意識集中到生活經驗的知覺和感性方面。與此相應,人的情感也有兩種:現實生活的情感和想像生活的情感。由於擺脱了反應行動的需要,與現實生活相脱離,不受實際需要的約束,想像生活就能產生一種更清晰的知覺,更純粹更自由的情感。這種想像生活的情感一般不如現實生活中的情感强烈,它不導致有用的行動,不包含道德評價,祇是以自身爲目的的情感,但它能導致審美觀照。在想像生活中,我們既能够感受到情感,又能够觀照這種情感"②。因而這種情感獲得了一種新的更高的價值。它給我們愉快,能刺激我們的想像,使我們的知覺變得更加敏鋭。弗萊認爲,想像生活和想像生活的情感在我們的天性中有着非常深刻的根源。

在這種"雙重生活"論的基礎上,弗萊建立了自己的美學理論。他把藝術歸入想像生活的領域,主張"藝術是想象生活的表現"。他説:"我們必須把藝術作品看成是以自身爲目的的情感的一種表現……即"藝術是想像生活的表現。"③ 並且説:"藝術是這種想像生活的表現,也是對想像生活的刺激。"④"藝術就是想像生活的主要器官。想像生活通過藝術才能刺激和支配我們。"⑤

弗萊所謂"藝術是想像生活的表現"和貝爾所謂"有意味的形式"實質上是一樣的,都是形式主義的美學理論。它們都把藝術的本質歸結爲脱離現實生活的抽象的形式結構。弗萊把"想像生活"

① 《二十世紀西方美學名著選》上卷,第176頁。
② 同上書,第182頁。
③ 同上書,第184頁。
④ 同上書,第178頁。
⑤ 同上書,第181頁。

與現實生活分割開,最主要的就是要肯定想像生活不是本能反應而是以自身爲目的的審美觀照,即"純形式反應"。他說,藝術是想像生活的表現,也就是說藝術要通過純形式表現想像生活的情感,或者說表現審美情感。在他看來,審美情感是一種關於形式的情感,藝術作品的基本性質就是形式。弗萊十分强調構圖,他極力稱讚後期印象派,說"這個現代運動基本上是對形式觀念構圖的復歸"①。他列舉了一些構圖的情感要素,主要包括用來描繪外形的綫條的韻律、塊面、空間、明暗度、色彩等等,這些都是形式。他認爲審美情感衹有通過形式才能得到表現。

弗萊十分讚賞貝爾的"有意味的形式",認爲這是對傳統"藝術即生活情感的表現這一觀點所作的尖鋭的挑戰,具有重大的價值"②。他同貝爾一樣,也反對再現論,反對籠統地用美來概括藝術的基本性質。他說:"造型藝術是想像生活的表現,而不是現實生活的摹本"③。"美"是一個令人模糊、混亂的概念。在基本方向上二人是一致的。但是,他們也有一些不一致.首先,弗萊認爲,貝爾完全排斥造型藝術的再現因素,比如說"一張畫完全可以是非再現的",這太過份了》"因爲畫中任何一個三度空間的呈現,哪怕是最輕微的暗示,也應算作一種再現的因素"④。"事實上,幾乎每一個人,即使是對於各種純造型的和純空間的外貌具有高度敏感的人,也不可避免地會持有某些用寓意和與過去生活的聯繫而傳達的思想與情感。"⑤其次,弗萊認爲,貝爾更多注意的是藝術要創造一個令人愉快的對象,忽視了藝術是觀念的表現。他說:"'有意味的形式'是與那些令人愉快的排列形式、和諧的形式等等不同的東西。我們覺得,具有'有意味的形式'的一件作品,是藝術家努力表現一種觀念的結果,

①③　《二十世紀西方美學名著選》上卷,第178頁

②④　同上書,第196頁。

⑤　同上書,第198頁。

而不是創造一個令人愉快的對象的結果。”① 看來，弗萊主要不滿意的是貝爾假說的絶對化。他認爲，意味和形式的“純”不是絶對的而是相對的。弗萊本人是一個藝術家，他的見解考慮了藝術創作的實踐經驗，似應更加重視。

第四節 精神分析美學

精神分析美學是以精神分析心理學爲基礎的一個美學派別。它產生於20世紀初，在現代西方美學中影響極大，佔有十分重要的地位。其主要代表人物是弗洛伊德和榮格。弗洛伊德是精神分析心理學的創立者，他的全部理論的基礎是個體無意識，榮格繼弗洛伊德之後，提出集體無意識學説，對弗洛伊德的理論作了修正和補充。

一 弗洛伊德的美學思想

弗洛伊德(Sigmund Freud, 1856－1939)是猶太血統的奥地利的醫生和心理學家，他從治療精神病患者的醫療實踐中創立了精神分析心理學。他生於摩拉維亞，1873年考入維也納大學學醫，1881年獲醫學博士學位，後長期在維也納從事精神病的治療和研究，爲躲避德國法西斯迫害，1838年流亡英國，次年病逝於倫敦。主要著作有《夢的解析》(1900)、《性欲理論三講》(1905)、《精神分析引論》(1917)、《超越唯樂原則》(1920)、《自我與本我》(1923)、《幻想的未來》(1927)、《文明及其不滿》(1930)等。他的這些精神分析名著時常談到美學和藝術問題。他還寫有大量美學論文，如：《〈俄狄浦斯王〉與〈哈姆雷特〉》(1900)、《作家與白日夢》(1908)、《達・芬

① 《二十世紀西方美學名著選》上卷，第200頁。

奇和他童年的一個記憶》(1910)、《米開朗琪羅的摩西》(1914)、《論幽默》(1927)、《陀思妥耶夫斯基與弒父者》(1928)等。

1. 非理性的無意識和人格結構

在弗洛伊德以前,哲學和心理學一直認爲,人的一切行爲都是受意識支配的,雖然也有一些人如萊布尼茨、赫巴特、費希納、哈特曼(寫過一本《無意識心理學》)都提出過無意識觀念的假説,但並没有得到證實。弗洛伊德則以自己的醫療和精神分析的實踐爲依據,確認存在着一個無意識的心理領域,第一次建立了系統的無意識學説。他認爲,人的心理内容主要是無意識,無意識是指人的原始衝動和各種本能,其中又特别是性本能,即力比多(Libido),它是人的一切行爲,包括文化、藝術、科學、歷史創造的根本動力,而意識衹不過是由無意識衍生的,處在心理的表層。如果把人的心理比作漂浮在海洋上的一座冰山,那麽,意識衹是海面上的可見部份,而無意識則是深藏在海面下的部份。因此,弗洛伊德的心理學又被稱作"深層心理學"。

弗洛伊德關於無意識的學説後來發展成爲人格結構學説。早期他把無意識劃分爲兩種,一種是潛伏的,能變的意識,稱作"前意識";另一種是被壓抑的,不能變成意識,稱作潛意識。而意識就像一個看守員,具有防守和檢查作用,它衹允許"前意識"進入意識,而拒絶、壓抑潛意識。衹有潛意識才是真正的無意識。晚期,他提出人格概念,對早期無意識學説有所修正,更突出和强調了無意識。他認爲,人格由本我、自我、超我三部份組成。本我是原始本能的儲存處,主要由性本能等原始衝動所組成,它是各種本能的動力之源,能量和活力最大,完全是無意識的,非理性的。本我實行的是快樂原則,即逃避痛苦,追求快樂。快樂原則是生命的第一原則,也是生命唯一的價值準則。

自我是協調本能要求與現實社會要求之間不平衡的機能。相當於意識,它實行的是現實原則,即調節、壓制本能活動,使之不違背眼前現實社會的要求，以免產生痛苦和不愉快。它祇是暫緩實行快樂原則，並不廢棄快樂原則，最終仍指向快樂。

超我又稱內部道德機構，是通過父母的懲獎權威，自動樹立起來的良心、道德律令和自我理想，而這些實際上都是經過父母的闡釋，强加給自我作爲仿效榜樣的道德原則。它既阻止本我行使快樂原則，也阻止自我行使現實原則。良心、道德律令對本能的命令是“不準”，自我理想則把本能的能量全部轉移到對至善至美事物的追求上。

弗洛伊德的人格結構學說是非理性主義的。在他看來，本我是非理性的，它是一切心理活動和社會行爲的根源，構成人格的基礎。自我和超我不過是本我的變形。自我包含某些理性因素，但大部份也是非理性的，它的防禦機制完全是非理性的。超我和本我一樣也是非理性的，超我比自我更像本我，超我通過遺傳從本我中形成，它不僅僅是内隱的父母之聲，而且也是古代道德經驗之音。因此，人的整個人格除了自我含有理性因素之外，都是非理性的。應當指出，弗洛伊德的理想是理性主義的，他期望世界由理性主義統治，把無意識置於理性的控制之下。但他認爲，非理性的勢力過分强大，這個理想是難以實現的。他的思想深處有着濃厚的悲觀主義。

弗洛伊德在歷史上第一次給予“無意識”的存在以一定的心理科學的根據，比較充分地向人們展示了“無意識”的心理領域，這擴大了心理的範圍，自此人們不再把心理祇看成意識，此外還存在一個無意識的王國，這個“無意識王國”的發現和確立，是弗洛伊德偉大的歷史功績。但是，弗洛伊德没有正確解決無意識本質，意識與無意識的關係等問題，他把人類的心理歸結爲無意識，尤其是性本能，並由此來解說人的全部心理和行爲，陷入了“泛性論”和“反理性主義”。

2. 藝術的本質是原欲的昇華

在以無意識爲核心的精神分析心理學的基礎上，弗洛伊德發表了他對藝術和審美活動的一些看法，建立了他的美學理論。但是，弗洛伊德主要是心理學家，他的美學理論也主要是他的心理學的例證、注釋和發揮。他説過，心理分析學無力解答藝術的本質問題。而實際上他還是回答了這一美學的基本問題。他認爲，藝術的本質是原欲(性本能)的昇華，這就是所謂原欲昇華説。

弗洛伊德認爲，性本能是一種原始的衝動，具有很大的能量和活力，這種能量衹會轉換形式但不會消滅，它要求得到滿足，尋求快樂，但往往受到現實社會的壓抑而不得滿足，因此，它總是以喬裝打扮的形態出現，千方百計地尋求一種替代的對象，達到替代性的滿足，這就是所謂"力比多轉换"。如果找到替代的對象是文化領域中較高的目標，如文藝、科學、哲學探求、慈善衛生等等，這種"力比多轉移"就稱之爲"昇華"。他説，所謂昇華是指"把原本的'性目的'轉變爲一種與性目的有心理關係的'非性目的'的能力"[①]。由此可見，這種昇華同時也就是一種幻想。弗洛伊德十分重視幻想在藝術和審美活動中的意義，在《作家與白日夢》中，他説："作家的所作所爲與玩耍中的孩子的作爲一樣。他創造出一個他十分嚴肅地對待的幻想的世界……也就是説，他對這個幻想的世界懷着極大的熱情——同時又把它同現實嚴格地區分開來。"[②]他的原欲昇華説的基本思想，就是説，藝術作品是藝術家在原欲支配下所制造的幻想；現實生活充滿缺陷，不能滿足性本能的需要，充滿了痛苦，於是藝術家創造藝術在幻想中來加以彌補，因此，藝術就是原欲的補償。藝術家是白日夢者，藝術創作就是作白日夢。藝術之所以給人以愉快，也就是因爲它能在幻想中爲原欲提供一種替代性的滿足。這種原欲昇華説完全排除了藝術與現實生活的聯繫，歪曲了藝術的本質，取消了藝術的崇高使命，顯然是低俗的。由這種原欲昇華説出發，弗洛

① 弗洛伊德：《性愛與文明》，安徽文藝出版社 1987 年版，第 265 頁。

② 《弗洛伊德論美文選》，知識出版社版 1987 年版，第 29 頁。

伊德對歷史上的一些文藝名著作了許多似是而非的解釋，他認爲，達・芬奇描繪聖母像時的激情是對他早年離別的母親的思念的昇華；蒙娜麗莎的微笑喚醒了成年達・芬奇對童年早期母親的記憶；莎士比亞的十四行詩、惠特曼的詩篇、柴科夫斯基的音樂、普魯斯特的小説都有些方面是對渴求同性戀的熱望的鬥爭等等。

弗洛伊德美學的突出特點之一，就是對藝術作品的形象進行所謂精神分析。下面我們不妨看看他對西方文學史上三部名著——索福克勒斯的《俄狄浦斯王》、莎士比亞的《哈姆雷特》和陀思妥耶夫斯基的《卡拉瑪卓夫兄弟》所做的分析。他認爲，這三部作品都表現了"殺父"的主題，而殺父的動機又都是爲了争奪女人，因此，它們都表現的是所謂"俄狄浦斯情結"。

弗洛伊德認爲，人人都有一種俄狄浦斯情結，它是以性本能爲核心的無意識較明顯的體現。俄狄浦斯情結産生於人的前生殖期的生殖器階段。這時男性兒童戀愛自己的母親，嫉妒和仇視自己的父親，把父親視爲情敵。這種複雜的精神狀態，頗類似希臘神話中俄狄浦斯殺父娶母的故事，所以他稱之爲俄狄浦斯情結。由於殺父娶母的意識不爲社會所容許，因此它是壓抑在心理深層的無意識，是一種來自原始社會亂倫禁忌的原始壓抑。

弗洛伊德認爲，《俄狄浦斯王》直接表現了俄狄浦斯情結。他不讚成文學史上把《俄狄浦斯王》解釋爲一部表現神人衝突的命運悲劇。按照他的分析，該劇的感染力在於主人公殺父娶母的命運與我們内心某種能引起震動的東西一拍即合，而這個東西就是俄狄浦斯情結。"他的命運打動了我們，衹是由於它有可能成爲我們的命運"[①]。《哈姆雷特》對俄狄浦斯情結的表現是間接的。批評家們認爲哈姆雷特的猶豫不決，是由於他智力過於發達或性格優柔寡斷。

---

① 《弗洛伊德論美文選》，第 15 頁。

實際上,哈姆雷特根本不是没有任何行動能力的人,他可以做任何事情,就是不能對殺死他父親、篡奪王位並娶了他母親的人進行報復,因爲"這個人向他展示了他自己童年時代被壓抑的願望的實現"[1]。這也就是展示了他自己的俄狄浦斯情結。《卡拉瑪卓夫兄弟》的表現則是變形的。小説中的殺父者衹不過是陀思妥耶夫斯基的俄狄浦斯情結所造成的人格和瘋癲病的曲折投影。弗洛伊德的這些分析的確是别開生面的,給人以耳目一新的感覺。然而這種解釋畢竟是牽强的,甚至是荒謬的。而弗洛伊德却把藝術衹看作心理現象,解釋爲俄狄浦斯情結的表現,這就完全忽視、排斥以至否定了藝術的社會内容和社會本質。按照弗洛伊德的這種看法,上述三部名著還有什麼社會價值呢?而事實上《俄狄浦斯王》描寫了善良的英雄在力量懸殊的鬥争中不可避免的毁滅,反映了雅典自由民對於社會災難無能爲力的悲憤情緒。《哈姆雷特》表現了人文主義者的歷史進步性和致命弱點。他們思考多於行動,衹想以個人力量反抗資本主義初期的罪惡。《卡拉瑪卓夫兄弟》作爲一部社會哲理小説,不但廣泛描繪了19世紀後期俄國社會不同階層的生活和心理,還表現了對人性、人生哲理的探索和思考。難道這一切都可以歸之爲"俄狄浦斯情結"嗎?弗洛伊德的要害在"泛性論",他把人類的一切行爲都歸源於性本能,看作性的表現,這樣人的意識就不是决定於社會存在,而是决定於原始的生物本能——性,這當然是歷史唯心主義的。

弗洛伊德在美學史上佔有重要的地位,在現代西方對各門學科和生活實踐都産生了巨大的影響。有人把他與馬克思、愛因斯坦並稱爲19世紀以來最偉大的思想家,也有人把他貶爲"淫棍"、"性解放的鼓動者"。這些看法都未免極端、片面。其實,弗洛伊德的貢獻和缺點都是比較清楚的。從貢獻方面來看,最重要的還在於他揭示

---

① 《弗洛伊德論美文選》第18頁。

肯定了“無意識”的存在,這從根本上改變了人們後來把心理衹看作意識的片面性,爲全面認識人的心理歷程,把握人自身提供了前提,開創了對無意識的研究。同時,由於人類以往的認識主要是建立在心理即意識這一基礎上的,它也有力地促進了對人類全部傳統思想文化的反思。弗洛伊德之所以影響到各門學科,也源出於此。“無意識”的出現對美學和藝術極爲重要。藝術的創造和欣賞包含大量無意識現象,這是無可置疑的。但自亞里斯多德以來的傳統美學對此一直忽視,雖然也有一些哲學家和美學家(如德國浪漫派)重視無意識在藝術和審美中的作用,但却缺乏科學的依據。弗洛伊德改變了這種情況。他對美學的貢獻主要有三:第一,促進了對藝術和審美領域中無意識現象的研究,開闢了新的研究領域;第二,引發了對情欲、性與文藝和審美的關係問題的研究;第三,他有關夢和幻想的研究,直接推動了有關形象思維問題的研究。應當指出,弗洛伊德是一個嚴肅的學者,他研究無意識並不是要鼓吹“性解放”,而是要把無意識置於理性的控制之下。但是弗洛伊德的“泛性論”的確是錯誤的。他在精神病治療實踐方面是有成就的,但他把無意識的內容僅僅歸結爲病理的、生物學的性本能,把這種性本能誇大爲一切心理現象的本質,並進而誇大爲人類一切行爲的本質和基礎,這顯然歪曲了心理的本質和人的本質。人的全部心理歷程包括意識和無意識,這是正確的,但心理的實質是意識而不是無意識。人有性本能,這是不錯的,但人的性行爲是有社會性的,人的本質不是生物性的抽象,而是全部社會關係的總和。無意識是存在的,但人的無意識不同於動物的無意識,人的無意識是在人的社會實踐中歷史地形成的,其本質是社會性的,弗洛伊德的根本錯誤就在於他歪曲了無意識的本質。

二　榮格的美學思想

榮格(Carl Gustav Jung, 1875－1961)是瑞士著名心理學家。早年在巴塞爾大學學醫。1900年去蘇黎世大學任教,並從事精神病研究和治療。1907年在維也納與弗洛伊德結識,二人開始合作,至1913年分道揚鑣,後創立分析心理學。主要著作有:《無意識心理學》(1916)、《心理類型》(1921)、《探索心靈奧秘的現代人》(1931)、《原型和集體無意識》(1936)、《心理學和煉金術》(1944)、《人及其象徵》(1964)等。榮格是弗洛伊德的後繼者,他在許多方面修正、豐富和發展了弗洛伊德的理論,成爲與弗洛伊德齊名的精神分析學的另一個主要代表人物。榮格在哲學上推崇印度佛教哲學和中國道家哲學,竭力主張靈魂是實體,反對物質與精神對立,攻擊唯物主義。

1. 藝術是集體無意識原型的象徵

榮格的美學是以他的分析心理學爲基礎的。他的美學的基本思想可以用一句話概括:藝術是集體無意識原型的象徵。我們首先要了解集體無意識、原型和象徵這三個概念的基本含義。

集體無意識是榮格獨創的一個概念。他認爲,弗洛伊德講的無意識主要指的是受壓抑、被遺忘的性本能或俄狄浦斯情結等心理內容,具有個人的和後天的特性,這衹是個人無意識,還衹停留在無意識的表層,没能揭示出無意識的深層。因此,他提出集體無意識的概念,認爲衹有集體無意識纔是無意識的深層結構。據他説,集體無意識植根於人作爲生物體的本性(即人性),得自進化和遺傳,容納着人類自原始社會以來的全部精神財富(經驗、情感、思想、記憶),本質上就是人類的集體經驗在心理深層的積淀(Precipitate)。他説:“它並非來源於個人經驗,並非從後天中獲得,而是先天地存在的。”[①] 它是徹頭徹尾的客觀性，它與世界一樣寬廣，它向整個世界開放。”[②] 又說：“它在所有人身上都是相同的，因此它組成了一種超個性的心理基礎，並且普遍地存在於我們每一個人身上”[③]。總之，在榮格那裏，這種集體無意識既處於心理的深層，又獨立于個人，凌駕在個人之上，它既不爲個人所知，又爲人類所共有，它像“無聲的命令”決定、支配着人的行爲，使人們都以與自己祖先同樣的方式把握世界和作出反應。顯然，榮格的這種集體無意識是相當神秘的，也是反理性的。

榮格堅信，這種神秘的、非理性的集體無意識是真實存在的。與弗洛伊德主要依據醫學和精神病治療不同，榮格立論的依據主要是考古學、人類學和神話學。他指出，在各民族的古代神話、部落傳説和原始藝術中都有一些反復出現的共同的原始意象。例如，力大無比的巨人或英雄，預卜未來的先知，智慧老人，半人半獸的怪物等。此外，還有一些遍佈世界各地的自遠古流傳下來的具有象徵意味的圖案。這些原始意象和圖案顯然都出自原始人的幻想和想象，不可能來自現實世界的經驗。它們顯露了人類共同的深層無意識的内容和心理結構，實際上就是集體無意識，或者説是集體無意識的原型。在榮格的著作中，集體無意識、原型、原始意象這幾個概念往往是在同等意義上使用的，但嚴格説來，它們又有所不同。榮格一般稱集體無意識的内容爲原型，時常也稱作原始意象。原型不祇有一種，各種原型的總和構成集體無意識。原型又比原始意象更根本、更抽象，相當於柏拉圖哲學中的理念或形式。他强調，原型絶不是外部經驗的産物，而是一種先天的心理要素或模式，但又不同于“天賦觀念”，祇是一種潛能。在他看來，人天生地便具有許多心理模式

① 榮格：《心理學與文學》，三聯書店 1987 年版，第 52 頁。
② 同上書，第 72 頁。
③ 同上書，第 53 頁。

或原型，如出生原型、再生原型、死亡原型、巫術原型、英雄原型、上帝原型、魔鬼原型，以及許多自然物和人造物的原型等等。他說："人生有多少典型情境就有多少原型，這些經驗由於不斷重復而被深深地鏤刻在我們的心理結構之中。"① 正是這些原型預先規定了人的行爲。

榮格認爲，原型衹有通過象徵才能表現自己。所謂象徵即原型的外顯或表達。神話，童話，一切藝術，本質上都是集體無意識原型的象徵。象徵不像弗洛伊德所說衹是性本能的僞裝，而是某種超越了純粹性行爲的東西。因此，榮格反對弗洛伊德用俄狄浦斯情結解釋藝術作品。他對象徵十分重視。他認爲，象徵是原型的表現，象徵能把人引導到文化價值和精神價值中去，正是象徵才使人超出自然狀態進入文明，它是推動文化進步和社會發展的有力手段。人類的歷史就是不斷地尋找更好的象徵，即能够充分地在意識中實現其原型的象徵。在他那裏，人類的全部創造性活動實質上都是原型的象徵。

在弄清以上三個基本概念的含義之後，我們就不難理解，所謂藝術是集體無意識原型的象徵，其基本含義是：藝術既不是現實生活的反映，也不是藝術家個人經驗和思想感情的表現；藝術本質上是某種超越時空，超越個人，象徵和代表着人類共同需要和歷史命運的神聖而永恒的東西。簡言之，藝術是偉大人性的表現。這是榮格從非理性主義出發對藝術和審美問題的一種解決。它底確是反傳統的，富有獨創性的，其中包含了某些合理因素，但遠不是正確的科學的解決。榮格的全部美學思想都是建立在這一基本思想的基礎上的。

2. 作品、創作、藝術家

從藝術是集體無意識原型的象徵這一基本思想出發，榮格對藝

① 轉引自霍爾：《榮格心理學人門》，三聯書店 1987 年版，第 44 頁。

術作品、藝術創作和藝術家作了自己的解釋,提出了一系列重要的、富有啟發性的見解。其中主要有以下幾點:

首先,藝術作品是超個人的,自律的,因而具有無窮的意義和永恒的價值。榮格説:"一部藝術作品並不是一個人,而是某種超越個人的東西。它是某種東西而不是某種人格,因此不能用人格的標準來衡量。底確,一部真正的藝術作品的特殊意義正在於:它避免了個人的局限並且超越於作者個人的考慮之外。"[①] 他强調,藝術作品有如一種有生命的存在物,它有"自身的法則"和"自身的創造性目的",因此,"藝術作品中的意義和個性特徵也是與生俱來的而不取決於外來的因素"[②]。在他看來,藝術作品表現的不是個人,而是集體無意識的原型。他説:"作品中個人的東西越多,也就越不成其爲藝術。藝術作品的本質在於它超越了個人生活領域而以藝術家的心靈向全人類的心靈説話。個人色彩在藝術中是一種局限甚至是一種罪孽。僅僅屬於或主要屬於個人的'藝術',的確衹應當被當作神經症看待。"[③] 從藝術是原型的象徵出發,榮格充分肯定了藝術的價值和意義。象徵不是寓言,而是表現或暗示,在藝術意象背後隱藏的原型人們尚未看清,它所暗示的意義超越了我們今天的理解力。我們不可能完全把握作品的意義和價值,但它却根深蒂固地隱藏在作品裏。而隨着時代精神的更迭,隨着我們的意識發展到一個更高的水平,我們以一種新的眼光去看待它,就能不斷揭示出作品的意義和價值。這就是爲什麽一個已經過時的詩人常常突然又被重新發現的道理,也是爲什麽象徵性作品如此富於刺激,吸引我們,並且很少提供純粹的審美享受的道理。

第二,藝術創作根源於無意識,藝術家是作品的工具。榮格把藝

① 榮格:《心理學與文學》,第 109-110 頁。

② 同上書,第 110 頁。

③ 同上書,第 140 頁。

術作品和創作方式分爲兩類，一類是心理的，一類是幻覺的。心理的藝術作品是藝術家按照自己的自覺意圖或自由意志創造出來的。在整個創作過程中，藝術家是作品的主宰，他讓材料服從明確的目標，對它們做特定的加工處理，沒有絲毫强迫的感覺，行動完全自由，他的意圖和才能與創作過程密不可分。相反，幻覺的藝術是藝術家在完全被一種異己的衝動所支配的狀態下創造出來的。這時作品成了藝術家的主宰，藝術家的手被捉住了，一些他從未打算創造的意象和思想鬼使神差地從他的筆端涌出，簡直成了他自己的自我表白，内在天性的自我昭示。在這裏，藝術家與創作過程並不保持一致，他聽憑異己衝動的擺佈，感到作品大於自己，掉進了異己意志的魔圈之中。榮格認爲，這兩類藝術作品和創作方式雖然不同，但都根源於集體無意識，都是被無意識的創作衝動所操縱的，那種表面上自覺的、目標明確的創作方式，也祇不過是詩人的主觀幻想，“他想象他是在游泳，但實際上却是一股看不見的暗流在把他卷走”[①]。在榮格看來，藝術的創作過程就是集體無意識外在化顯現的過程，原型象徵的過程，在詩人表面意志自由的背後，隱藏着一種“更高的命令”即集體無意識的命令。他認爲，集體無意識在藝術家的心中孕育出藝術作品，形成一種獨立於意識之外的“自主情結”，使得創作過程成爲一種有生命的東西。這種“自主情結”即孕育在藝術家心中的作品，是一種自然力，“它以自然本身固有的狂暴力量和機敏狡猾去實現它的目的，而完全不考慮那作爲它的載體的藝術家的個人命運”[②]。這樣，藝術家便成爲作品的工具和俘虜。他説：“藝術是一種天賦的動力，它抓住一個人，使他成爲它的工具。藝術家不是擁有自由意志、尋找實現其個人目的的人，而是一個允許藝術通過他實現藝術目的的人。”[③]“偉大藝術家的傳記十分清楚

①②　榮格:《心理學與文學》，第 113 頁。

③　同上書，第 141 頁。

地證明了:創造性衝動常常是如此專横,它吞噬藝術家的人性,無情地奴役他去完成他的作品,甚至不惜犧牲其健康和普通人所謂幸福。"[①] 十分清楚,榮格完全排除了藝術家的思想意識和藝術實踐在藝術創作中的作用,他把藝術創作完全看成是一種非理性的活動。在他那裏,真正的藝術家不是藝術家本人,而是凌駕在藝術家之上的有目的有意志的集體無意識,藝術象衹不過集體無意識的代言人,這和柏拉圖的"代神立言"說實質上是一樣的,都是典型的唯心主義先驗論。

第三,藝術家的雙重人格和神秘參與。榮格不讚成弗洛伊德從藝術家的個人經歷來推論和解釋藝術作品。他認爲,藝術家具有雙重人格,應當嚴格區分作爲個人的藝術家和作爲藝術家的個人。作爲日常生活中的個人,藝術家可能有自己的喜怒哀樂,個人意志和個人目的,這一切與普通人没有兩樣,也與他的藝術作品毫不相干。他說:"詩人的個人生活對於他的藝術是非本質的,它最多衹是幫助我們理解他的藝術使命而已。"[②] 但是作爲藝術家,他却是更高意義上的人,即"集體的人",是一個負荷造就人類無意識精神生活的人。爲了承擔這一艱難的使命,他必須犧牲個人的幸福,爲創作激情的神聖天賦付出巨大的代價。因此在藝術家的身上經常有兩種力量在鬥争,一方面是普通人對幸福、滿足和安定生活的渴望,另一方面是殘酷無情甚至踐踏一切個人欲望的激情。榮格說:"藝術家的生活即使不是悲劇性的,至少也是高度不幸的"[③]。他指出,由於創作激情幾乎耗盡藝術家的生命,藝術家在個人生活方面往往低能,而爲了維持生命,他們又不得不形成各種不良品行——殘忍、自私、虛榮,不可克服的自我中心主義,以至肆無忌憚地冒犯道

① 榮格:《心理學與文學》,第 113 頁。

② 同上書,第 144 頁。

③ 同上書,第 141 頁。

德準則和法規,犯下各種罪惡。

那麼是什麼原因造成藝術家的人格分裂呢？在榮格看來，支配藝術家命運的仍然是集體無意識,因爲富於創造性的作品來源於無意識的深處。他説:“每當創造力佔據優勢,人的生命就受無意識的統治和影響而違背主觀願望,意識到的自我就被一股向心的潛流所席捲,成爲正在發生的心理事件的束手無策的旁觀者。創作過程中的活動於是成爲詩人的命運並決定其精神的發展。不是歌德創造了《浮士德》,而是《浮士德》創造了歌德。”① 這就是説:“詩人本質上是他的作品的工具”②。榮格並没有由於藝術家的悲劇性命運而否認藝術家的創造活動的社會價值和意義。他認爲,藝術家的非理性的創造活動,是藝術家超越醜惡現實,超越自我,返回集體無意識的一種所謂“神秘參與”或“神秘共享”的狀態,每當社會生活明顯地具有片面性和某種虛僞傾向的時候,集體無意識的原型就會被“本能地”激發,出現在藝術家的幻覺中,把個體提昇到整個人類存在的高度,使他視個人的禍福無關緊要,進而創作出象徵原型的藝術作品,爲人類指點方向,恢復這一時代的心理平衡,正是詩人“從集體精神中召喚出治療和拯救的力量”③,他就以這種方式“迎合了他生活在其中的社會的精神需要”④。正因爲如此,他的作品就比他個人的命運更具有意義。偉大的藝術作品就像是夢,詩人從屬於作品,他不解釋作品,而把解釋留給别人,留給未來。這種“神秘參與”與“神秘共享”也就是藝術創作和藝術效用的奥秘。

3. 抽象與移情

在《美學中的類型問題》中,榮格探討了抽象和移 情的問題。他認爲,人的心理結構雖然在意識的深層次上是普遍一致的,但仍能

① 榮格:《心理學與文學》,第 142－143 頁

② ④ 同上書,第 143 頁。

③ 同上書,第 144 頁。

分出不同的心理類型,其中有兩種最基本的典型心態,即內傾和外傾。外傾是一種客觀的心態,內傾是一種主觀的心態(外傾型的人更多注意的是客觀的對象,他對周圍的一切都很有興趣;內傾型的人則孤傲、內向,更多專注於自己的內心體驗)。內傾和外傾表現在審美活動中,就成爲抽象與移情兩種審美態度。

最早把"抽象"作爲一種與移情相反的審美態度提出來的是德國藝術史家沃林格(Wilhelm Worringan,1881－1956),他在1907年出版了一本名叫《抽象與移情》的書。他認爲,立普斯的移情説,無法解釋東方的和北歐的藝術,因爲這些藝術中存在着大量非現實的、不和諧的藝術變形和抽象。由此,他提出人有兩種審美衝動或審美態度,一種是移情,另一種是抽象。榮格讚賞沃林格的思想。他指出,按照移情説,審美欣賞是自我的對象化,或者説是對象化了的自我欣賞,那麼,任何不能被人用來移情的形式就是醜的,而這並不符合藝術史的實際。立普斯説過,移情是對自我生命的肯定,然而"無疑也還存在着另一種藝術原型,存在着另一種與生命相對抗、否定生活意志,却仍然應稱之爲美的藝術風格"①。

榮格進一步認爲,無論移情還是抽象,實際上都是"一種無意識的投射活動"②。移情相當於外傾,抽象相當於內傾。他説:"具有抽象態度的人發現自己置身於一個可怕地充滿了生氣的世界之中。這個世界企圖壓倒和吞没他。他因此退縮到自身之中,以便設計出一種補救的方案來把他的主體價值至少增加到這樣一種程度,在這種程度上他可以掌握住自己以抵禦對象的影響。與此相反,具有移情態度的人發現自己置身於這樣一個世界之中,這個世界需要他用自己的主觀感情給予它生命和靈魂。他滿懷信心,要通過自己來使這個世界變得充滿生氣;而抽象型的人却在對象的神秘

① 榮格:《心理學與文學》,第222頁。

② 同上書,第224頁。

感面前充滿疑懼地退却，並且建造起一種用抽象構成的，具有保護性的、與之對抗的世界來。”① 榮格很少直接談到美，但從他把移情和抽象兩種審美態度都歸結爲無意識投射來看，在他那裏，美的創造祇發生在無意識領域，因此，美也祇能是無意識的產物。

總的説來，榮格的美學，不論在廣度上還是在深度上，都比弗洛伊德美學有了新的重大的進展。他不是言必談性，而是試圖站在人類整體生存發展的高度上，用集體無意識來解釋藝術和審美現象，因此，他所研究的問題和提出的觀點，更具有社會性，更豐富、更重要，也更富有啟發性。例如，他對藝術象徵性質的分析，對藝術使命和藝術社會功能的肯定，對作品和藝術家關係的揭示，以及對各種非理性藝術現象的闡釋，都包含有某些積極的、合理的因素。在現代西方，榮格的美學不僅在美學研究領域，而且在文藝創作、文藝批評以及神話、文化研究領域都產生了廣泛的影響。但是，從根本上説，榮格的美學是反理性主義的，唯心主義的。

趁便指出，榮格的反理性主義美學包含了對現代西方社會發展的關切和對西方傳統文化的反思。他認爲，在 20 世紀，人類的“象徵”已變得十分貧乏和片面。這是片面發展科技、忽視人的生存和精神發展所造成的，應當以藝術的象徵來拯救現代社會。他認爲，西方傳統的主客二元對立的思維方式是對世界的一種片面的認識，需要按照東方人的思維方式加以修正。這些思想，應當引起我們的重視。

第五節　分析美學

分析美學是 20 世紀西方分析哲學的分支，是將分析哲學的觀點的方法運用於美學的產物。它同語義哲學密切聯繫，其特點是懷疑

① 榮格：《心理學與文學》，第 224 頁。

和取消長期以來給藝術或美下定義的必要，把美學限制在澄清語言、消除語言誤解以及理解語言的特殊作用、意義和方法上面，主要是從否定方面對藝術和美作語義上的分析。分析哲學和美學的創始人最早可追溯到英國哲學家摩爾(G.E.Moore,1873－1958)，他在《倫理學原理》中，首創對概念進行邏輯分析的方法，並提出對"善"和"美"都不能下定義的主張。後來便出現了一系列分析美學家，如維特根斯坦、莫里斯・韋兹、肯尼克、喬治・迪基、麥克唐納、漢普夏爾、瑞恰兹等人，其中成就最大、影響最大的首推維特根斯坦。下面我們就介紹一下他的主要美學思想。

路德維希・維特根斯坦(Ludwig Wittgenstein,1889－1951)出生於奧地利維也納一個猶太家庭，早年在柏林高等技術學校、英國曼徹斯特大學學習航空學，後入劍橋大學三一學院隨羅素學習數理邏輯和哲學。第一次世界大戰爆發後回維也納服兵役。1929年重返劍橋，並加入英國籍，後來接替摩爾擔任那裏的哲學教授。晚年辭去教授職務，專心寫作。以1929年重返劍橋爲界，維特根斯坦的思想發展明顯區分爲前後兩個時期。前期代表作是生前出版的《邏輯哲學論》(1921)，後期代表作是死後出版的《哲學研究》(1953)，兩書分別探討科學語言和日常生活語言，對邏輯實證主義和日常語言哲學有重大影響。其它主要著作有:《關於數理基礎的意見》(1956)、《藍皮書與褐皮書》(1958)以及由別人整理的筆記《混合的評論》(1977,英譯和中譯均爲《文化和價值》)、講演集《關於美學、心理學和宗教的講演與談話》(1966)等。他没有寫過專門的美學著作，僅作過幾次關於美學問題的演講。

1. 前期維特根斯坦的哲學和美學思想

《邏輯哲學論》一書論述了三個領域，即世界領域或事實領域、思想領域或命題領域和神秘的不可説的領域，三個部份之間是層層推進的邏輯關係。

對世界的分析是《邏輯哲學論》的起點。維特根斯坦認爲世界由所謂“原子事實”所組成,存在着的原子事實的總體就是世界。原子事實是一些對象(實體、事物)的結合,它並不等於事物。諸原子事實彼此獨立、互不依存,從任何一個原子事實的存在或不存在,並不能推論出另一個原子事實的存在或不存在,任何一個原子事實的發生與否,對於其它原子事實並不會產生直接影響。

維特根斯坦進一步分析了思想領域。他把原子事實與思想相聯繫,使讀者的目光轉移到世界的邏輯表現之上,提出了“命題”這一概念。在維特根斯坦那裏,命題是對世界或事實的陳述,而所謂“原子命題”也就是對原子事實的陳述,通過它就可以發現構成世界的基本成分即原子事實;不僅如此,原子命題還是其他一切形式的命題的基礎,由它可以推論出其他形式的命題,真的原子命題包含了其他一切命題表示的真理。總之,維特根斯坦認爲事實可以被命題陳述,語言具有表達的功能。爲什麼可以用語言來陳述原子事實呢? 維特根斯坦指出,語句與事實之間存在着某種關係,依靠這種關係,事實才在語言中得以表現。他用“圖式”來代表這種關係,認爲人們用象徵符號來描繪世界,同畫家用綫條、顏色構成一幅畫是一樣的,用語言進行思想或說話,就是對事實作邏輯的模寫,這種邏輯的模寫,也就是給事實創造它的圖式,圖式就是命題的本質。

前期維特根斯坦所探討的中心問題就是命題問題,《邏輯哲學論》的主要內容,是對命題形式的分析,也就是通過邏輯分析的方法,確定什麼樣的命題是能够成立的,什麼樣的命題是不能成立的;什麼樣的命題是有意義的,什麼樣的命題是沒有意義的;什麼樣的命題是真的,什麼樣的命題是假的,等等。他認爲,命題不僅是知識的基礎,也是世界的模式。一個命題僅有邏輯的可能性,即僅僅與邏輯的形式符合,這個命題還是不完全的,沒有意義的,也是不能成立的;它還必須有現實的可能性,即與事實的形式相符合,才能是完全的,有意義的,能够成立的。這就是命題的雙邊相關性,即一方面要與邏輯的形式相關並相符。另一方面又要與事實的形式相關並相符。前一個方面是有意義的命題的先決前提,後一方面則是說明命題的意義從何而來的依據,這兩個方面缺一不可。圖式就是既包含命題又包含事實的完整的世界,唯有能够形成圖式的命題才是真命題,是有意義的命題,是能够成立的命題。

維特根斯坦還把"可說的"和"不可說的"之間的區別問題即語言能够表達的東西的界限問題,從不同方面與其意義說和圖式說直接聯繫起來。他認爲語言的邏輯特性不可說而衹能顯示,所謂可說的,就是關於經驗事實的命題,即那些合乎他的意義標準的命題,而不可說的東西也就是"神秘的東西"。

從以上哲學思想出發,維特根斯坦提出了取消"形而上學"的口號。他認爲人們能够談論的問題即符合他給可說的東西所作的規定的,唯有自然科學的問題。而以往一切"形而上學"的問題,都不是有意義的命題,所以也就應該完全取消。這是因爲所有的形而上學命題要麼是不合乎命題的邏輯要求;要麼就不具有作爲意義標準的可證實性,既不能爲人的經驗證明也不能爲人的經驗推翻。

維特根斯坦認爲,所有關於美是什麼之類的命題,也都屬於不可證實的形而上學命題之列,是無意義的。在《邏輯哲學論》中,他涉及美學的衹有兩段話:"關於哲學問題的大多數命題和問題不是虛僞的,而是無意思的,因此我們根本不能回答這一類的問題,我們衹能確定它們的荒謬無稽。哲學家們的大多數問題和命題是由於我們不理解我們語言的邏輯而來的(它們是屬於善多少和美同一這一類的問題的)。"① "倫理學是不能表述的,這是很明白的。倫理學是超驗的(倫理學和美學是一個東西)。"② 這無非是說,美學同哲學和

① 維特根斯坦:《邏輯哲學論》,商務印書館 1962 年版,第 38 頁。
② 同上書,第 95 頁。

倫理學的問題一樣，大都是不可表述、說不清楚的。原因就是這些命題和問題都是超驗的，無法在事實中得到證明，因此就沒有意義，甚至荒謬。維特根斯坦也並不認爲美學問題因其無意義就不能存在，在他看來，關鍵就是不把它們當作有意義命題劃在知識的範圍之內。美學問題"不能說出來，而祇能表明出來"①，這裏所說的表明不是靠文字、命題去表明，而是靠人生自身去顯示，即這類問題是祇可意會不可言傳的，是不能用思維和語言去加以研究的。因此他莊嚴地寫道："凡是能說的事情，都能够說清楚，而凡是不能說的事情，就應該沉默。"②

2. 後期維特根斯坦的哲學和美學思想

維特根斯坦在《邏輯哲學論》出版之後曾一度遠離哲學，因爲他自信他已經最終解决了問題，在哲學上已經没有什麼重要的事情可做。他在《邏輯哲學論》的序中聲稱："在這裏所闡述的真理，在我看來是不可反駁的，並且是確定的。因此我認爲問題基本上已經最後解决了。"但後來維特根斯坦却發現自己前期的語言理論中其實存在着不可克服的困難，於是他果敢地拋棄了先前的理論，並對自己前期思想進行批判。

後期維特根斯坦所着重研究的不再是科學的邏輯語言，而是普通的日常生活語言。他的前期哲學是將科學語言運用於科學命題，並對科學命題作邏輯分析，而現在他却運用日常語言去進行語言遊戲，並對語言遊戲作語法分析。前期他突出語言意義的指稱性、，一義性和必然性，而後期則更强調語言意義的非指稱性、多義性和約定性。他還一反前期將命題和語言祇局限在自然科學範圍之內的做法，將語言研究擴大到一切知識領域中，尤其重視對人的日常生活的人的意志、情感等精神生活的研究，並通過對私人語言

① 維特根斯坦:《邏輯哲學論》，第 79 頁

② 同上書，第 20 頁。

存在的可能性的否定,使語言、思維和經驗都社會化了。哲學觀上的根本轉變當然也影響到他的美學思想。

(1)語言遊戲與家族相似。

在《哲學研究》中,維特根斯坦不再認爲語句的意義在於它是反映事實的圖式,而主張語句的意義即在於其用法。這種“用法即意義”的觀點,不再以世界的確定性來定義和限定語言的確切意義,不再用語言與世界的精確關係使語言科學化,從而使思維和思想科學化。它讓語言的意義取決於使用語言的環境,同一個詞、同一句話,在不同的使用環境中具有不同的意義。因此,語言的意義是變易的,是依賴於環境和用法的。

維特根斯坦藉助於“語言遊戲”,闡明了他的用法即意義的觀點。摩爾在概述維特根斯坦的美學思想時就曾説:“維特根斯坦是從探討詞的意義的一個問題開始他的全部美學討論的,……他以‘遊戲’爲例來説明這個問題。”[①] 那麼什麼是“遊戲”?如果按照傳統的哲學方法去回答問題,那就必須在所有遊戲的共同特徵中去作出回答。但維特根斯坦説,讓我們先去考慮一下我們所説的“遊戲”,“我的意思可以指下棋、撲克、球類遊戲,奥林匹克運動遊戲等等。但什麼是它們的共同點呢?——不能説:‘必須要有一些共同點,否則它們就不能稱之爲遊戲’,我們衹能去查看或去看一下到底它們有没有共同點,但即使你仔細地去看它們,你也不會看到會有什麼東西是共同點,有的衹是一些類似的、相互有點關係的以及一系列諸如此類的東西。”[②] 在他看來,什麼是“遊戲”,并没有一條明確的界限,因爲没有一種爲所有遊戲都具有的共同特徵來作爲遊戲的特徵。一些遊戲和另一些遊戲可能有某些方面類似,但衹是部份

① 蔣孔陽主編:《二十世紀西方美學名著選》下卷,復旦大學出版社 1988 年版,第94頁。

② 維特根斯坦:《哲學研究》,三聯書店 1992 年版,第 45－47 頁。

的相似，我們没有辦法也没有必要去發現它們必需和充分的共同特徵，它們衹具有某種部份相似和一種交叉相似的網狀形態。因此，如果有人要問什麽是遊戲，我們衹能去選擇一些實際的遊戲的例子對它們作出描述，並且補充説："這種東西以及和它相類似的東西都叫作'遊戲'。"維特根斯坦進而將語言與遊戲相比較，認爲語詞的用法與遊戲極爲類似。在他那裏，所謂"語言遊戲"，就是指人用語詞進行的一種現實的活動，它像遊戲一樣没有本質；其中不同的語詞有不同的作用，同一個詞在不同的上下文中也有不同作用，詞的用法十分複雜和多種多樣，雖然如何使用詞或語言有一定規則，但規則在一定意義上又是隨意的。

緊接着"語言遊戲"，維特根斯坦提出了他後期哲學的另一重要概念"家族相似"，用來説明各種遊戲活動之間的關係以及各種語言遊戲的關係。他寫道："我想不出比'家族相似'更好的説法來表達這些相似性的特徵；因爲家庭成員之間各種各樣的相似性：如身材、相貌、眼睛的顔色、步態、稟性，等等，等等，也以同樣的方式重叠和交叉。——我要説：'各種游戲'形成了家族。"① 的確，一個家族之中，一個成員總與另一個成員有相象之處，但這未必也是他與第三個成員之間的相象之處，這樣那樣或多或少的相象之處是每個家族之中都有的，但並没有一個相象之處是所有家族成員共同的。這種"家族相似"也同樣完全適用於對語言的分析。

以上哲學思想深深影響到維特根斯坦後期的美學思想。他在《美學講演録》中，一開始就説：美學"完全被誤解了。如果你考察一下使用'美的'這個詞的句子的語言學形式，你會發現這個詞的用法甚至比其他大部份詞的用法更易於被人誤解。由於'美的'是個形容詞，所以你就容易會誤解地去説'這件東西有一種美的特

① 《哲學研究》，第 46 頁。

質'"[①]。這裏維特根斯坦是説美不過是個形容詞,它在不同的語境中就有完全不同的用法,它本身並没有什麽確定的含義,所謂"美的特質"當然也是不存在的。而人們把對事物的形容當作事物的屬性,認爲事物具有某種美的性質,也就完全是一種對語言的誤解,是一種化虚爲實、以假爲真的行爲。維特根斯坦還認爲我們之所以可以將衆多的事物稱爲美的,並不是因爲它們一定有一個共同的規定性、有一個共同的美的本質。美的事物衹具有相似之處,這種相似並不是由一個本質統帥的相似,而是家族相似,美的世界衹是一個相似家族。我們觀察美的事物時,從各個方面、各個角度逐個看去,也决看不出一切有什麽共同性,而衹能看到它們的一些相似關係,不斷地看見一些共同點的出現和消失。我們看的這些現象並没有一個共同的東西使我們可以用一個詞來表示所有這一切現象,但這一切現象却可以用許多不同的方式相互聯繫起來,正因爲這些聯繫,我們才把這一切現象都叫做美。因爲,美的事物並沒有一個固定的共同本質,也不能下一個適應一切的定義,它們 是一個開放性的家族。

總之,隨着哲學思想的變化,維特根斯坦的美學思想也有了重大突破。他認爲什麽是美、什麽是藝術等問題不可界定的原因並不是由於前期他所認爲的"不可表述",而是因爲這些概念同其他概念一樣都處在語言遊戲之中,在語言遊戲中它們並没有確定的意義。這些概念衹具有家族相似性,並没有共同性,没有統一的本質,因此是不可界定的。所以他反對對這些没有統一意義的問題作形而上學的本質探討,而主張對大量的審美問題和藝術問題作恰當的描述,這就是他的美學研究方法。

(2)文化、環境和生活形式。

維特根斯坦後期的語言觀由兩大支柱支撑起來。除了語言遊戲

① 《二十世紀西方美學名著選》下卷,第80頁。

概念以外，生活形式這一概念是另一根大支柱。他所謂的“生活形式”，主要是指人的活動，包括日常生活活動、語言活動、心理活動等等。他認爲，作爲語言遊戲的美感描述所以具有多義性，就是因爲它是一種活動，是與人的完整的生活形式緊密聯繫在一起的。因此我們要通過語言來描述審美經驗，就必須同時描述與語言遊戲相關聯的生活形式。

維特根斯坦進而認爲，人的生活形式處於一定的環境和一定的文化背景之中，而任何文化都是一定民族和一定時代的文化，因而要描述人的審美活動就必須描述審美活動所處的環境和文化背景，就必須注意和描述審美活動的民族性和時代性。他說：“我們稱做審美判斷的表達的那些詞，在我們所認爲的某一時期的一種文化中，起一種非常複雜的但又非常明確的作用。你要描述這些詞的用法，或要描述你所指的一種有教養的趣味，你就必須描述一種文化。”① 在他看來，文化、環境和生活形式是一環套一環的相關結構，一定的生活形式與一定的環境相關聯，而一定的環境又與一定的文化相關聯。人的審美活動和美感描述是人的生活形式的一部份，因此它必然滲透着環境和文化的影響，它必然照整體的文化精神來工作。可以說，人祇要描述了審美經驗，他也就描述了與之相關的環境和文化。

此外，維特根斯坦還注意到了審美欣賞和美感描述的個性和社會性。這種個性和社會性的關係，說到底是個人與文化的關係。他說，一種文化猶如一個大型組織。它給每個成員分配一席之地，使這些成員按照整體精神進行工作。他肯定、尊重每個人的個性、審美獨特性，但更强調審美的普遍性和社會性，在他看來，個性並不是私人性，而是一種社會性，是一種受社會限制的個性。他主張人在審美活動中應遵循一定的規則，正是這種人們在共同實踐中約定

① 《二十世紀西方美學名著選》下卷，第 89 頁。

的規則的社會性，纔保證了審美經驗和美感描述的普遍可傳達性。這一看法是深刻的、辯證的。

維特根斯坦雖然没有直接解決多少美學問題，甚至有否定美學的傾向，但這並不能否認他對美學的貢獻。首先，他揭露了長期以來美學概念的混亂，要求美學概念的精確化，這是合理的，有積極意義的。更重要的是，他爲美學研究提供了一種嶄新的思想和方法，開闢了新的研究方向。分析美學已成爲現代西方美學中獨具特色的重要流派，不論對人文主義美學還是對科學主義美學都產生了廣泛而深刻的影響。

第六節　現象學美學

現象學美學是以現象學的理論和方法爲哲學基礎的一個美學流派，其代表人物有胡塞爾、布倫坦諾、康拉德、蓋格爾、茵加登和杜夫海納等人。其中最有成就最重要的是茵加登和杜夫海納。

現象學興起於 20 世紀初的德國，其創始人是胡塞爾(Husserl, 1859－1938)。他並未建立美學體系，但他的現象學方法和理論對美學產生了極大的影響。他提出了一個口號：返回“事物本身”。他所謂“事物”不是指客觀存在的事物，而是指呈現在人的意識中的東西，他又稱這些東西爲“現象”，所以返回“事物本身”就是回到現象，回到意識領域。他認爲，哲學以此爲對象，就能避免心物分立的二元論。要回到“事物本身”，就要丢開通常的思維方式，採取現象學的方法即還原法，也就是首先要把我們通常的判斷“懸置”起來，加上括號，存而不論。他認爲，通過這種現象學還原，就能直覺到純意識的本質或原型，最終發現意識有一種基本結構：意向性，即意識總是指向某個對象，總是有關某對象的意識；因此，世界離不開意識，衹有對人纔有價值和意義，離開人，離開意識，就没有什麼價值和意義。

胡塞爾的現象學實際上是一種主觀唯心主義的哲學，但它並没有簡單否定客觀事物的存在，而是用一種“整體性意識”反對主客體分立的傳統哲學，因此它是最典型的現代哲學。它在美學上帶來了重大的變革，對海德格爾、薩特、梅洛・龐蒂、伽達默爾等人都產生了巨大影響。

一　茵加登的現象學文學美學

羅曼・茵加登(Roman, Ingarden,1893－1970)波蘭哲學家、美學家和文藝理論家。生於克拉科夫，早年入華沙大學哲學系，1912年留學德國，先後入哥廷根大學和弗賴堡大學，曾受教於胡塞爾。1918年獲博士學位後回國。先後在里沃夫和克拉科夫大學教授哲學。主要著作有：《文學的藝術作品》(1931)、《對文學的藝術作品的認識》(1937)、《藝術作品的本體論》(1962)、《體驗、藝術作品和價值》(1969)等。

茵加登運用胡塞爾現象學研究文學作品，構築出了文學作品的本體論、認識論和價值論。這是現象學美學早期的重大成果。

1. 文學本體論

在《文學的藝術作品》中，茵加登首先提出了文學作品的存在方式問題。他根據胡塞爾的意向性理論，認爲作品是一種獨特的存在領域，它既不是實在的客體，亦非觀念的客體，而是一種“純意向性客體”。他說：“文學作品是一個純粹意向性構成，它存在的根據是作家意識的創造活動，它存在的物理基礎是以書面形式記録的本文或其它可能的物理手段。”[①] 在此基礎上，茵加登進而揭示了文學作品的基本結構。他認爲，文學作品是一個多層次的結構，是由四個異質的層次構成的一個整體。它們分別是(1)字音和建立在字音基礎

① 茵加登：《對文學的藝術作品的認識》，中國文聯出版公司1988年版，第12頁。

上的高一級的語音構造;(2)不同等級的意義單元;(3)由多種圖式化觀相,觀相連續體和觀相系列構成的層次;(4)由再現的客體及其各種變化構成的層次。

茵加登認爲,第一個層次是語音層次,這是文學作品最基本的層次,是作品賴以存在的基礎。它不是物理上的聲音和生理上的發音即語音素材,而是字音在此基礎上的語音構造。字音負載字的意義,並通過語音素材而得以具體化,字詞就是被賦予意義的和具體化的字音。語音層次爲文學作品的其它三個層次提供了物質基礎,它顯現其它層次,特別是意義層次。

第二層次是不同等級的意義單元,即語義層。它在構成文學作品其它層次上具有決定性的作用,並且影響着下幾層的意義的正確性。它包括詞、句、段各級語言單位的意義。正是由於有意義的詞句和句子系列才能展現出具體環境中的世界——由人物和事件構成的特定的有機的世界。

第三層次是圖式化觀相層,觀相就是客體向主體顯示的方式。實在的客體嚮我們顯示爲客體的觀相內容,這有限的"觀相"所組成的層次衹是骨架式的或圖式化的,其中充滿了許多"未定點",有待讀者用想象去聯接和填充,從而使文學客體豐滿化和具體化。

第四層次是再現的客體層次。再現的客體指作者在文學作品中虛構的對象,這些虛構的對象組成一個想象的世界。這一層次是在前三個層次基礎上形成的,因而處於作品的較高層次。茵加登認爲,作品是再現的客體而非客體本身,它提供的是一種"觀念",或者"形而上質"。所謂形而上質是指崇高、悲劇、恐懼、動人、醜惡、神聖、悲憫等性質,這些既非客體性質,也非心態特徵。但"通常在複雜而又往往根本不同的情境或事件中顯露出來,作爲一種氛圍彌漫於該情境中的人與物之上,並以其光芒穿透萬物而使之顯現”[1]。這些祇能在特定生活情境中體驗和感悟的形而上質，揭示的是生命和存在的更深意義。再現的客體層最有意義的功能就是顯現作品的形而上質。這些屬性在得到具體化時就獲得了審美價值。文學作品中的“真理”就是形而上質在文學本文中的顯現。通過對文學作品的四個層次構造的具體分析，茵加登完成了文學本體論的構築。那麼，人們是怎樣認爲文學的藝術作品呢？茵加登由此提出了文學認識論。

2. 文學認識論

茵加登認爲，讀者的閱讀過程，就是對文學作品的圖式結構加以具體化和再創造的過程，這也就是對文學的藝術作品的四個層次的認識過程。

首先是對語音層的認識理解。這個過程並非獨立的，而是和第二層次語義層的認識理解緊密結合在一起的。“人們不是首先理解語詞聲音然後理解語詞意義。兩種理解同時發生：在理解語詞聲音時，人們就理解了語詞的意義，同時積極地意指這個意義”[2]。所以人們認識理解字詞的語音構造的同時，就已經掌握了字詞的意義，同時也就理解了由字詞組成的句子及句群的意義。對字詞的理解就形成了“純意向性客體”。對句子的理解就形成“純意向性事態”，各種“純意向性事態”的結構組合就形成變化多端的高級意群。最後用具有各種確定的要素以及發生在它們中間的變化創造出一個完整的世界，完全作爲一個純意向性關聯物的句群。如果這個句群最終形成一部文學作品，那麼，這互相關聯的句子的意向性關聯物的全部貯存就是作品“描繪的世界”。但理解認識並非到此爲止，祇有完成對第三、第四層次的理解，才能具正達到對作品的審

① 茵加登:《文學的藝術作品》，[美]西北大學出版社 1973 年(英譯本)，第 291 頁。

② 茵加登:《對文學的藝術作品的認識》，第 19－20 頁。

美理解。在這個過程中,茵加登强調了讀者的創造作用,即讀者(欣賞者)的意向性構成作用。按照他的觀點,文學作品是一種圖式化構造,是一種"純意向性客體",在其中(客體層次)包含許多未定點和空白,而讀者在閱讀過程中通過其意向性活動來填補這些"未定點"和空白,這樣就是文學作品的"具體化"或"現實化",也就完成了對文學的藝術作品的理解和認識,通過它,就達到了對作品的審美具體化,最終産生審美價值。茵加登説:"在閱讀中現實化的外觀不僅使作品再現客體的直觀更强烈、更豐富,它們還把一些特殊的審美價值因素帶到作品中來,對這些因素的選擇常常同作品或其某一部份的主要情調密切相關或者同一種形而上質密切相聯,一種特殊的形而上質的出現構成了作品的頂點并且在閱讀中對作品的審美具體化發揮着重要的作用。"① 這正是對文學作品認識和理解的最終目的。

其次,從更廣泛的意義上,茵加登討論了審美經驗問題,這裏,他首先分析審美對象和藝術作品的區别,認爲藝術作品在未被欣賞或閱讀之前是自我存在的,還未成爲審美對象,衹有在欣賞者欣賞或閱讀過程之中才能成爲審美對象,而人的審美經驗就是審美對象的形成過程和對審美對象的觀照過程。具體分爲三個階段。第一階段是審美經驗的預備情緒。這一過程就是"從我們日常生活中採取的實際態度,從探究態度向審美態度的轉變"②。這一轉變"中斷了關於周圍物質世界的事物中的正常的經驗活動"③,"使我們對待日常生活的自然態度變爲特殊的審美態度。"④ 第二階段,就是審美對象的形成。在這一過程中,審美主體通過豐富的想象力以及自己的以往的經驗,使藝術作品産生出一種嶄新的特質,其和諧統一,常

① 茵加登:《對文學的藝術作品的認識》,第 62 頁。
② 李普曼編:《當代美學》,光明日報出版社 1986 年版,第 289 頁。
③ 同上書,第 291 頁。
④ 同上書,第 293 頁。

常包含豐富的内容,"一旦獲得這種質的和諧,審美對象也就隨着形成。"① 這樣就過渡到審美經驗的最後階段,這一階段既是對業已形成的審美對象的平静地觀照,同時,又是對審美對象的質的和諧的情感反應。也就是説,在這一階段審美主體與審美客體達到了相互交融的境界,並産生出對審美價值認同的情感,如快樂、讚美、欣喜等,或與此相反的情感。這種審美情感的産生是對審美對象的價值的肯定,也是整個審美過程的終結。

3. 文學作品價值論

茵加登的文學作品的價值論與他的文學本體論和認識論有密切聯係。關於文學作品價值論的研究,是他晚年注意的中心,也是他的現象學美學的重要組成部份。他的目標是要揭示藝術作品對人産生功能和效果的結構基礎,力求建立一種客觀的、科學的、精密的藝術價值論的體系。

茵加登認爲,文學作品的藝術價值是客觀的,是由文學作品自身決定的,是作品的内在屬性,不是欣賞者對作品的心理體驗和評價。因此他嚴格區分了藝術價值和欣賞者的審美愉快。他强調,欣賞者的審美愉快不是作品本身,不包括在藝術作品之中,不能作爲衡量藝術作品的價值尺度。他指出,把藝術作品的價值歸結爲欣賞者的審美愉快,是一種主觀性的錯誤理論。

在肯定藝術價值的客觀性的基礎上,茵加登建立了他的作品價值結構的系統理論。他認爲,藝術作品的審美價值是由藝術作品的一般結構決定的,任何藝術作品都具有兩種基本質素,即審美質素和藝術質素。審美質素是作品中直接引起美感的性質,如"嚴肅"、"纖美"、"漂亮"、"庸俗"等性質;藝術質素則是作品中不直接引起美感,但却構成審美質素基礎的一些形式上的性質,如語言表達中的"複雜"、"明晰"、"清徹"等性質。這些質素本身雖然不就是審

① 李普曼編:《當代美學》,光明日報出版社 1986 年版,第 301 頁。

美價值,但却是審美價值的結構基礎,正是這些在藝術上和審美上有意義、有價值的質素,才形成藝術作品的審美價值。在他那裏,作品的結構和審美價值的關係是一種客觀的關係,表現爲各種不同的層次和性質,也就是説,藝術質素和審美質素以不同的組合方式構成不同的審美價值,他把價值質素區分爲不同的層次次或系統,並從作品效用的角度把價值質素區分爲肯定的、否定的和中性的。爲了揭示文學作品的審美質素系統,他晚年收集了二百來個不同的質素詞項,把它們分成十二個組,試圖編排出一套審美質素表。他對審美質素和審美價值的研究明顯具有實證主義的性質,他試圖把審美價值理論建立在作品結構的客觀性的基礎上,他的研究是有益的,但收效不大,並没有達到他要達到的目的。

茵加登的美學貢獻首先表現在他對文學作品的結構分析上。他所運用的層次結構分析的方法對後起的結構主義、符號學、語義學、分析哲學等美學流派,都發生了不同程度的影響,實質上是一種系統論的科學方法。採用系統論的方法比單純描述藝術作品的外部特徵要更深入、更精確,更有科學性。他的"四層次"説雖然並不完善,但仍富有啟發性。其次,他强調藝術作品衹有經過欣賞才能變成審美對象,藝術價值才會變爲審美價值,這就突出了欣賞者參與藝術作品創造的能動作用,這對後來的解釋學美學和接受美學也有重要的影響。

二　杜夫海納的審美經驗現象學

杜夫海納(Mikel Dufrenne1910－)是法國著名美學家.曾任法國美學協會主席,世界美學協會副主席.現爲法國巴黎大學退休名譽教授。其主要著作有《審美經驗現象學》(1953)、《先驗的概念》(1959)、《語言與哲學》(1963)、《詩學》(1963)、《美學與哲學》

967－1976)等。

杜夫海納也採用現象學的方法和理論來研究美學。他把審美經作爲自己美學研究的對象,稱自己的美學爲“審美經驗現象學”。的美學思想主要包括以下幾個方面。

1. 審美經驗與審美對象

杜夫海納在《審美經驗現象學》一書導言的開頭說:“我說的審經驗指的是欣賞者的而不是藝術家本人的審美經驗。我想對這經驗首先加以描述,隨後進行先驗的分析,並盡力從中引出形而學的意義。”① 他不否認藝術家的審美經驗的存在,也不否認研究術家審美經驗的必要,但他認爲許多以這種研究爲基礎的美學都向了胡塞爾批評過的心理主義,成了藝術創作心理學,並有使作從屬於對作品的知覺的危險。他拒絶採用這種方法,轉而採用胡爾的現象學方法,把審美經驗的研究“朝向欣賞者對審美對象的觀”②。可以說,研究欣賞者的審美經驗,“描述藝術引起的審美驗”③,這是杜夫海納美學的一個基本特點。

從胡塞爾的意向性概念出發,杜夫海納認爲,欣賞者的審美經驗關聯物是審美對象,要界定審美經驗必須首先界定審美對象,但美對象又是由審美經驗界定的,這裏顯然有一個循環。如果從主和客體分立的傳統觀點看,這個循環是自相矛盾的。但現象學恰接受了這個循環,認爲主體與客體、知覺與對象、意識活動和意識象都是統一的。因此,審美經驗並不是審美主體觀照審美客體的産,它本身就是既聯結審美主體或審美知覺又聯結審美客體或審美象的統一體;在這個統一體中,主體與客體互相對話,互相表現,互包含,互相交融。其實,審美經驗就是先驗的本體。爲了便於研究,杜海納首先研究了審美對象,接着研究了審美知覺,最後又歸結爲

① 杜夫海納:《審美經驗現象學》,文化藝術出版社 1992 年版,第 1 頁。

② 同上書,第 3 頁。

③ 同上書,第 24 頁。

審美經驗本體論或藝術本體論,這就是他的《審美經驗現象學》的基本框架。

審美對象的研究在杜夫海納的美學中佔有十分重要的地位。他認爲,審美對象提出了最微妙的問題,即本體論問題。他首先分析了審美對象和藝術作品的關係。他認爲,審美對象首先是審美經驗所把握的藝術作品,但藝術作品並不是全部審美對象,它衹構成審美對象的一個特殊的、範圍有限的部份。因此不能簡單地把審美對象等同於藝術作品,有時藝術作品可以成爲審美對象,有時藝術作品不是審美對象,全要看它是否被審美地感知。例如挂在墻上的畫對鑒賞者而言是審美對象,對搬運工而言則是物,對擦洗它的專家來說,則一會兒是物,一會兒是審美對象;樹木對砍柴者來說是物,對遊人來說可能是審美對象。這就是說,審美對象是物又不衹是物,它不衹是物又同時保持着物的性質。由此杜夫海納認爲,審美對象是審美地被感知的藝術作品,衹有在藝術作品上面增加審美知覺才能出現審美對象;藝術家的創作行爲賦予藝術作品以實在性,但它的意義和存在却可能模糊不清,藝術作品具有超越自我的使命,它走向審美對象,衹有成爲審美對象,作爲審美對象向我呈現,它才能被接受,達到完全的存在。經過一系列分析,杜夫海納提出了審美對象的特點問題。他認爲,審美對象的特點在於,它是非現實性的、超時空的、超功利的、先驗的,是具有自己獨特方式的存在。從構成因素說,它首先包含感性,感性是作品的物質材料被審美感知的產物,它排除了物質材料的實用性,成爲"自在"的外在性,衹以自身爲目的,具有吸引、强求、强制我們對它進行感知和欣賞的力量。因此"審美對象就是輝煌呈現的感性"①。其次,它還包含意義,這意義是内在的,即内在於感性和感性結構本身的,它並不存在於感性範圍之外,它爲我們展示的是一個無限深廣的内在世界。"審美對象

① 杜夫海納:《審美經驗現象學》,第 115 頁。

自身帶有意義,它是它自身的世界”①。總之,審美對象是感性和意義的統一,自在和自爲的統一,完全是自律的。“審美對象如同一件不屬於世界的東西那樣出現於世界”②。杜夫海納還把審美對象稱作“準主體”,也就是説,它既是自在的又是自爲的,它能自己呈現自己、表現自己。當我們欣賞藝術作品時,藝術作品就成爲審美對象,它自身就能自動地與我們對話,向我們展示無窮無盡的有關人生、存在的意義和真理。

2. 審美知覺

杜夫海納認爲,審美對象不僅是自在自爲的,而且是爲了被我們感知而存在的,它需要欣賞者的觀照,因爲“審美對象是奉獻給知覺的,它衹有在知覺中纔能自我完成”③。爲了完成審美對象,欣賞者不是單純地靜觀,而是積極地投入對象本身,甚至達到心醉神迷和自失於對象的程度。但這種投入採取的衹是知覺的形式。他認爲,審美知覺過程包括三個階段:(1)呈現階段,這是審美知覺産生的初始階段,又稱前思考階段。在這一階段,審美對象首先呈現於肉體,使肉體可以自由發揮其能力,得到欲望的滿足,産生出純真的愉快,這愉快比滿足個别器官的需要所帶來的愉快更文雅、更隱蔽,但它仍制約着對自我的肯定。但是,審美對象又不僅僅是爲肉體而存在,有時也使肉體感到困惑,肉體還須經過訓練才能達到審美經驗。(2)再現和想象階段。在這一階段,“想象把呈現過渡到再現”④。這時的“再現”不是通常的含義,指的是一種“内在化”,或者説是形象化。想象是使人觀看或使人們想到什麼的能力,通過想象能使原始呈現的對象得以顯現,作爲再現物呈現出來,這就是形

① 杜夫海納:《審美經驗現象學》,第178頁

② 同上書,第181頁。

③ 同上書,第254頁。

④ 同上書,第409頁。

象。形象處於原始呈現和觀念的思維之間;想象則可以說是精神與肉體之間的紐帶。想象對審美經驗的發生和豐富是不可或缺的,但並不起關鍵作用。(3)反思和情感階段。在這一階段,理解力校正想象,抑制處於實際經驗本原的想象力,賦予對象以客觀性,使欣賞者與對象保持一定距離,並把對象作爲整體把握,從而增强了對外觀形象的控制和意義的把握,進而達到情感。情感是欣賞者完成審美對象的最後階段。通過情感,人這一主體便呈現於審美對象。這種特殊的呈現有兩種方式,一是藝術家呈現於自己創造的對象,"審美對象含有創造它的那個主體的主體性。主體在審美對象中表現自己;反過來,審美對象也表現主體"①。二是欣賞者也呈現於審美對象,通過欣賞或閱讀,藉助情感,欣賞者也介入到被表現的世界之中,不再是一個旁觀者了。

3. 藝術本體論

在《審美經驗現象學》的最後部份,杜夫海納提出了他的審美經驗本體論,即藝術本體論。這裏的中心問題是"意義"問題。他說:"如果我們不同意說,人有意義,人自己把審美經驗發現的情感意義置於現實之中,那就該說:(一)現實不是從人那裏得到這種意義的;(二)存在激發人去做這種意義的見證人而非創始人。"② 在他看來,人不創造意義,意義是先驗的,先于人和世界而存在的,存在就是意義本身,它同時建立主體和客體、人和世界。因此審美對象的意義並不來自藝術家和藝術作品,它之所以"爲我們而存在",就是因爲"意義有一種存在——意義本是存在——這種存在既早於意義在其中顯示的客體,又早於意義對之顯示的主體,同時爲了自我完成,又求助於客體與主體的這種連帶關係。"③ 杜夫海納的這種

① 杜夫海納:《審美經驗現象學》,第232頁。
② 同上書,第589頁。
③ 同上書第590頁。

意義本體論無疑是一種唯心主義的先驗論，其哲學基礎仍是胡塞爾的現象學，對此他並不隱諱。相反，他堅持這種先驗論，認爲這對解決美學和藝術問題有重大意義，並由此提出了一系列美學觀點。

首先，他認爲，藝術模仿現實並不是任意決定的，而是現實期待自己的意義得到表達，或者説"現實或自然需要藝術"①。他説，自然要充分展現自己的意義必須有人，現實需要藝術家把自己表現在作品之中；不論科學還是實踐都認不出事物的人的面貌，祇有藝術認得出來，甚至當藝術表現非人的東西時也是如此，例如塞尚的風景畫就是這樣。

其次，藝術家祇是工具。他説："祇説自然是藝術家表述的恐怕還不够，倒是應該説自然力圖通過藝術家表述自己：對藝術表現的自然來説，藝術成了手段，藝術家成了工具。"② 他認爲，把藝術看成手段，把藝術家看成工具，這就保證了藝術的真實性，清除了任何審美的主觀主義。

再次，他認爲，藝術家在作品中表現自己，這就使現實發生了變異，參與了存在的命運，所以藝術家在自己的行爲中，不僅揭示了現實的意義，同時也創造了自己。而藝術先於藝術家，"藝術家自己不需要自己，而是藝術需要他"③。"藝術家的真實性不祇是忠於他自己，而且忠於他的作品。"④ 這就是藝術家在創作時爲什麽感到負有一種使命，甚至樂於獻出自身的原因。他進一步認爲，藝術家服從藝術，其實仍然是服從自己，他被需要，同時自己又需要自己，藝術家的主觀性與真實性，他的有意識方面和無意識方面沒有矛盾，他的創造活動處於主客體的區分之外，因此"藝術家無規律之可言，他

①② 杜夫海納：《審美經驗現象學》，第592頁。

③④ 同上書，第596頁。

自己可以說就是規律"[①]。由此可見,杜夫海納從先驗論出發,最後還是陷入了主觀唯心主義。

最後,如同自然需要藝術一樣,審美對象也需欣賞者的承認和完成。欣賞者也參與存在的命運,他在審美對象中喪失自身又得到自己,他發現自己進入審美對象的世界也是自己的世界。"這樣他就認識到,他所謂的存在現象和宇宙論現象同爲一體,人性乃是他和現實所共有,現實和他在同一個先驗體現在他們二者身上並用同一道光照亮他們的前提下屬閃同一類。於是一時間,他感到自己與現實是調和的,感到自己是清白無辜的。"[②]

杜夫海納的美學把現象學的理論和方法運用於美學和藝術領域,提出了一系列新的美學觀點,在現代西方美學中產生了廣泛影響。具有典型意義。他的美學觀點雖然是唯心主義的,却也包含了不少合理的、富於啟發性的東西,特別是他們對欣賞者的審美經驗的强調,尤其應當重視。

第七節　存在主義的美學

存在主義美學是現代西方美學中影響最大的一個美學流派。它以存在主義哲學爲基礎,形成於 20 世紀 20 年代,在第二次世界大戰以後達到鼎盛。存在主義美學的先驅是丹麥神學家克爾凱郭爾,主要代表人物是海德格爾和薩特,此外還有雅斯貝爾斯、梅洛·龐蒂等等.存在主義美學是在胡塞爾現象學基礎上發展起來的,但又具有不同於現象學美學的特點。

---

① 杜夫海納:《審美經驗現象學》,第 597 頁。

② 同上書,第 598 頁。

一　海德格爾的美學思想

海德格爾(Martin Heidegger, 1889－1976)是德國著名哲學家,存在主義哲學的創始人。他生於巴登州的小村鎮梅斯基爾希,父親是一個教堂司事。1909年入弗賴堡大學學習神學和哲學,1913年在新康德主義者李凱爾特的指導下完成博士論文。畢業後留校任教,1916年以後成爲胡塞爾的學生和合作者。1923年應聘馬堡大學哲學教授,1928年重弗賴堡大學,被胡塞爾親自舉薦爲接班人。1933年初納粹上臺後,被選爲弗賴堡大學校長,10 個月後辭去校長職務。1957年退休後繼續埋頭著述。他的主要著作有《存在與時間》(1927)、《康德與形而上學問題》(1929)、《什麼是形而上學》(1929)、《真理的本質》(1943)、《荷爾德林詩的解釋》(1944)《論人道主義》(1947)、《林中路》(1950)、《形而上學導論》(1953)等。其中《林中路》所收入的一篇論文《藝術作品的本源》(1935),被公認爲他的美學代表作,集中表達了他的美學思想。

1. 海德格爾的哲學主題及其對美學的認識

海德格爾常常被稱爲"詩人哲學家",但他的書讀起來並不像詩那麼令人愉快。他獨創了一整套哲學術語,喜歡作字源學的考證,文字晦澀難懂。然而從精神氣質和思想精髓來看,海德格爾又確有詩人的情懷。30年代中期以後,他對美學問題越來越重視。他十分喜愛和重視荷爾德林的詩,這些詩不斷地啟動了他對藝術的美學沉思。然而他主要還是一個哲學家,美學衹是他的哲學體系的一個方面,或者説是他的哲學觀點的延伸和論證。他無意創造完整的美學體系,更不想解決具體的美學和藝術問題。有人認爲他没有"美學",没有提供藝術哲學,其實他提供的是一種不同於一般人所理解的美學。

海德格爾的美學是建立在他的哲學基礎上,在哲學上,他是胡塞爾現象學的繼承者，他把現象學與克爾凱郭爾和尼采的孤獨的個體結合起來，形成了以個體存在爲核心的“此在現象學”。胡塞爾認爲現象即意識，海德格爾認爲現象即存在，但它不是主客二分意義上的存在，而是不分主客意義上的所謂“此在”(Dasein)，即“我的存在”或“人的存在”。他認爲，世界的本體既非物質也非意識，此在即本體，所以他的哲學是存在哲學，又稱此在存在的本體論或基本本體論。其突出特色，就在於竭力迴避哲學基本問題，企圖超越唯物主義和唯心主義，把以往的哲學都稱作形而上學加以反對。他認爲，傳統的形而上學混淆了存在者(Das Seinde)和存在(Sein)，它們衹追問存在者而遺忘了存在，是“無根的本體論”。他認爲，形而上學思維的特色，就在於以表象的思維方式把握存在者的“存在”，這在近代形成了主體性原則，即把思維的主體當作存在者的根據，笛卡爾的“我思故我在”即爲其開端。這種主體性原則的確立，造成了主體與客體的對立以及人與世界的疏離。形而上學在黑格爾那裏得以完成，而最後的完成則是尼采的“意志”。這種“意志”的主體性原則，在現代就成爲技術統治世界的依據。在現代的技術統治中，人和一切存在者都被交付給技術制造去處理，人的人性和物的物性都成爲“在市場上可以算計出來的市場價值”①。由於主體性原則把一切事物都當作對象把握和佔有，最終就形成了西方社會的物欲橫流和人性喪失的境況。海德格爾的哲學反對傳統的形而上學，就是要反對主體性原則，其重大的社會主題，就是要反對技術對人的統治，拯救現代世界，恢復真實的人性。他認爲，藝術在這一偉大鬥爭中負有重大的責任，因此，這也正是他的美學的社會問題。

2. 反對傳統美學

海德格爾在《藝術作品的本源》中所研究的問題是“藝術之

① 海德格爾:《論人道主義》,《現代外國資産階級哲學資料選輯·存在主義哲學》,商務印書館 1963 年版,第 104 頁。

謎”,用我們的話說即藝術的本質問題。他認爲,傳統美學並沒有解決這個問題。他說:“幾乎從對藝術和藝術家做專門考察時起,人們便把這種考察稱爲審美的。美學把藝術作品當作一個對象,並且是 asthesis 的對象,即廣義的感性把握的對象。今天我們稱這種把握爲體驗。人們體驗藝術的方式應當啟示藝術的本質。體驗不僅對藝術享受,而且對藝術創造都是標準的來源。一切皆體驗。然而體驗或許就是藝術在其中終結的那個因素。這終結發生得如此緩慢,以致它需要經過數個世紀。”① 這段話集中表達了海德格爾對傳統美學的認識和批判。在他看來,傳統美學有以下錯誤:首先,它把藝術作品看成一個對象,這樣就把藝術作品和主體(欣賞者)置於主客體二分對立的關係之中,於是美學就成了一門認識論。第二,它把藝術作品衹看成是感性的,主體衹能從作品得到感性認識或體驗,這樣就把感性認識和理性認識對立起來,藝術作品也就成了與真理無關衹供享樂的東西。第三,它衹從感性體驗尋找藝術的本質,把感性體驗作爲藝術創造的標準。第四,由於它把藝術　歸結爲感性經驗,這勢必導致藝術的緩慢終結。十分清楚,海德格爾是堅決反對傳統美學的,他把迄今爲止的一切美學都歸結爲感性體驗的美學,他反對的實質上仍是主體與客體、感性與理性二分對立的哲學。

那麼,怎樣才能解決藝術之謎呢?他在《藝術作品的本源》正文的開頭,進一步批判了傳統美學的研究方法,提出了自己的研究方法。他說,一般人認爲,藝術作品來源於藝術家的創造活動,但是,藝術家之所以爲藝術家又靠的是作品,沒有作品就談不上是藝術家。所以“藝術家是作品的本源。作品是藝術家的本源。二者都不

① 海德格爾:《藝術作品的本源》《林中路》,1950 年法蘭克福(德文版),第 65 頁.

能缺少另一方”[①]。其實,“藝術家和作品,不論就其自身還是就其相互關係來説,都依賴於一個先於它們的第三者,這第三者即藝術,藝術家和作品就是通過藝術而獲得自己的名稱”[②]。應當注意,海德格爾講的藝術有自己特有的含義,它是先於藝術家和藝術作品而存在的,也就是説它是先驗的。這當然是神秘的、離奇的、唯心主義的。但這的確是海德格爾最重要的思想,是他對藝術作品的本源所做的回答。他明確説:“藝術是藝術作品和藝術家的本源。”[③]

海德格爾認爲,要研究藝術本身的本質,應當有正確的方法。他首先反對傳統的經驗比較的方法。這種方法把各種藝術作品搜集到一起,通過比較找出共性,就把這共性當作藝術的本質。海德格爾認爲,藝術並非現實的藝術品的特性的集合,而且這種比較應以事先懂得何爲藝術爲前提,所以這種方法不可能達到藝術的本質。他又反對柏拉圖式的理念論的方法,即從更高的概念推導出藝術的方法。他認爲,概念的推導是必要的,但推導也得以事先知道何爲藝術爲前提。他認爲,這兩種方法實際上都是自我欺騙。他提出要找到藝術的本質衹能用一種循環的方法,即藝術是什麽應從作品推斷,藝術作品是什麽衹能從藝術的本質得知。

3. 藝術是真理在作品中的自行置入

那麽,到底什麽是藝術的本質呢?海德格爾的考察首先從人人都熟悉的藝術作品開始,通常人們都把藝術作品看作物,一幅畫可以挂在墻上,一件美術館裏的藝術品可以運輸,貯存,包裝。不僅如此,建築中有石質的東西,木刻中有木質的東西,繪畫中有色彩,音樂中有聲響。海德格爾認爲,藝術作品的確具有物的特性和物的要素,但是藝術作品中還有超出和高於物性的東西,正是它構成了藝

①② 海德格爾:《藝術作品的本源》《林中路》,第1頁。
③ 同上書,第43頁。

術作品的本質。問題是就連這高於物性的東西也離不開物的因素，實際上，物的因素是藝術作品的承擔者和基礎，任何其它因素都依此而成立。所以，必須首先弄清楚作品的物性，纔能揭示作品的本質。而爲了弄清物性，從根本上説就是要弄清究竟什麼是物。

什麽是物呢？通常人們把什麽都叫做物，其中包括顯明自身的東西，如路上的石頭，田野里的土塊；也包括不顯明自身的東西，如康德所説"自在之物"。總之，凡是非純無的東西都可以叫做物。在這個意義上，藝術作品當然也是一物。但是，這種用法是不正確的。例如，我們不能簡單地把人稱作物，人顯然不等於物，就連動物和植物也不能簡單地稱之爲物，因爲它們有比物更多的特性。海德格爾認爲，真正意義上的物應當是純然之物，它衹有物的特性而没有其它特性，這衹能是無生命的自然物。作爲藝術作品承擔者的物就應當是這種物，海德格爾在這裏追問純然之物，也就是傳統哲學中的實體問題。他列舉出西方思想史上長期佔統治地位的對物的三種思考和解釋：(1)物是其特性的承擔者；(2)物是感知多樣性的統一體；(3)物是成形的質料。他在經過分析之後得出結論，西方歷史上所有這些解釋都没能揭示出物的本質，傳統哲學對物的思考是失敗的，因爲它所思考和解釋的都衹是存在者，而不是存在本身。不過，上述第三種解釋在美學中有很大影響，是有啟發性的。所謂物是成形的質料，是從形式與質料的關係上思考物，是把人造的器具當作物。器具是人造的，它既是物又高於物，與藝術作品較爲接近，處於自然物和藝術品之間，我們不妨進一步研究器具的本性，這對解決物的本性和藝術品的本性或許是有益的。於是，海德格爾選擇了凡高的一幅畫，對農婦的農鞋這一器具的本性作了分析。

海德格爾認爲，器具的器具存在就在其有用性中，農婦穿上農鞋下田勞作，農鞋才成其爲農鞋，她在勞作時越少想到它，甚至不感覺到它，它作爲農鞋才更真實。但是，有用性的基礎却在可靠性，即器具的真實存在。没有可靠性，也就没有有用性，一件器具可以用舊報廢,失去有用性。正是可靠性,纔使農婦通過器具進入大地無聲的召喚中去,使她確認自己的世界。器具的可靠性給這個單純的世界以安全,並保證大地不斷充實的自由。在日常生活,農婦祇看到有用性,她下田時穿上農鞋,晚上睡覺又把它脱掉,節日裏更把它置於一旁,她不注意和思考農鞋的可靠性,看不到器具的真實存在本身。而凡高的畫則不同。畫面上祇是一雙普普通通的鞋,無法辨認出它究竟是放在什麼地方,祇有一個不確定的空間,鞋子上甚至連田野里的泥土也没有粘滯一點。總之,看不到農鞋的有用性。但是,它却揭示了農鞋這一器具的真實存在,使我們知道了農婦的農鞋究竟是什麽。那麽,人們能從凡高的這幅畫上看到什麽呢?海德格爾對此作了生動的描述:

> “從農鞋露出内裏的那黑洞中,突現出勞動步履的艱辛。那硬邦邦、沉甸甸的農鞋裏,凝聚着她在寒風料峭中緩慢穿行在一望無際永遠單調的田壟上的堅韌。鞋面上粘着濕潤而肥沃的泥土。鞋底下有伴着夜幕降臨時田野小徑孤漠的踽踽而行。在這農鞋裏,回響着大地無聲的召喚,成熟穀物對她的寧静饋贈,以及在冬野的休閑荒漠中令她無法闡釋的無可奈何。通過這器具牽引出爲了面包的穩固而無怨無艾的焦慮,以及那再次戰勝了貧困的無言的喜悦,分娩時陣痛的顫抖和死亡逼近的戰慄。這器具歸屬大地,並在農婦的世界裏得到保存。正是在這種保存的歸屬關係中,器具自身才得以居於自身之中”[①]。

總之,海德格爾從這幅畫上看到了農婦的世界,她那充滿勞作、焦慮、辛酸和喜悦的生活和命運。海德格爾認爲,通過凡高的這幅

---

① 海德格爾:《林中路》,第 18 頁。

畫,“器具的器具存在才第一次真正露出了真相”①。農鞋這一存在者在它的存在的無遮蔽上凸現出來了”②。按照古希臘人的説法,存在者的無遮蔽即是真理,那麽藝術中的真理便産生了。由此,他給藝術下了一個定義:“藝術就是真理在作品中的自行置入(Die Kunst ist das Sich-ins-Werk-Setzen der Wahrheit)”③。

怎樣理解這個定義呢?海德格爾所謂“真理”不是傳統哲學意義上的真理,而是存在自身的顯現。所謂“置入”也不是指“放進去”,真理不是藝術家放進作品中去的,而是存在自動顯現自己。“自行置入”是指一種狀態,德文詞 sich setzen 的本義是“坐”,真理就穩坐在作品裏,呆在那裏,而且它不出來出去,也永不會消失。海德格爾大講真理,却很少談美。這是他的美學的特點之一。根據希臘詞源的詮釋,他認爲,美與存在與真都是無遮蔽性,三者是一回事。在《藝術作品的本源》的《後記》中,他説:“真理是存在的真理。美不出現在真理之外。當真理自行置入作品時,美就出現。顯現,作爲藝術作品中真理的這種存在的顯現,作爲作品的顯現,這就是美。”④

海德格爾的藝術定義是别開生面的,它與模仿論或再現論相對立,是反對傳統美學的。他指出:“美學對藝術品的認識方式從一開始就置於傳統關於所有存在物的解釋之下。”⑤因此它要求藝術模仿和再現現實,與現實的存在者符合一致。而藝術品不是個别存在物的再現,而是物的一般本質的顯現。所以它根本不可能與現實的存在者符合一致。他問道,有什麽東西能與希臘神殿相符呢?凡高的畫難道是因爲畫了一雙現實存在的鞋才成爲藝術品的嗎?荷爾德林的詩《萊茵河》不是現實萊茵河的描繪,難道它就不是詩嗎?他回

---

① 海德格爾:《林中路》,第 20 頁。
②③ 同上書,第 21 頁。
④ 同上書,第 67 頁。
⑤ 同上書,第 24 頁。

答:絶對不是。他認爲,藝術作品的本質不應當從存在者的角度去把握,而應當從存在者的存在去把握。藝術作品有自己的特點。"藝術品以自己特有的方式敞開了存在者的存在"①。傳統美學的根本錯誤就在於,它是從存在者的角度去把握藝術作品的本質。

4. 世界和大地

藝術作品不是物,也不是器具,不是現實的模仿和再現。那麽它的價值何在呢?海德格爾認爲,藝術的價值就在於揭示真理。他說:藝術作品有兩大特徵,即世界的建立和大地的顯現。在他看來,藝術的價值就體現在這兩大特徵上面。

"世界"和"大地"是海德格爾哲學特有的兩個重要概念。這兩個概念相當費解。一般來説,在早期的《存在與時間》中,海德格爾所謂"世界"是指人存在於世界之中(in－der.Welt－sein),即個人的生存世界,後來他把這個概念加以豐富,發展爲包括民族發展的歷史在内的生存世界,在晚期,他更把這個生存世界的結構概括爲"天、地、神、人"的四重合一。總之,"世界"不能離開人的生存,不能從主體與客體對立的角度去理解,所謂"世界"是人與生存環境全部聯繫的總和,凡與人的生存無關的一切都不是世界。他說:"世界從來不是立於我們面前讓我們觀看的對象,"一塊石頭没有世界,植物與動物也没有世界","但農婦却有一個世界"②。所謂"大地",原文是地球(Erde),海德格爾時常用的就是這個意義,但又不限於此,有時指自然現象,如風、雨、雷、電、陽光、海浪等等,有時指藝術作品的承擔者,相當於通常所説的材料,如石頭、木頭、金屬、色彩、語言、音響等等。嚴格説,他所謂大地實指無生命的純物。由於"大地"這個概念具有形象比喻的性質,讀海德格爾的書,有時應分别情況來理解,有時又需要綜合地來理解。

---

① 海德格爾:《林中路》,第 24 頁。

② 同上書,第 30 頁。

海德格爾認爲,藝術作品排除了器具的有用性,這就揭示了器具的本質,爲我們建立了一個世界,向我們昭示着真理。凡高的畫正因爲不是農鞋有用性的描寫,不是模仿和再現,才使我們注意到農鞋的存在本身,農婦的世界才顯現出來,才使我們從藝術形象上看到了農婦生存的真相和意義。爲了進一步説明藝術的特徵和價值,海德格爾又極富想象力地爲我們舉了一個古希臘神殿的例子。你看,古希臘神殿這座建築藝術作品,它屹立在大地之上。它向我們敞開了一個世界,這裏有神的形象,成爲一個神聖的領域,它伸向天空,向四面八方開放,它的圍地和條條道路通向遠方,同時它又把有關聯的一切聚攏於自身,構成了一個整體。在這個整體裏,有誕生和死亡,災難和祝福,勝利和耻辱,堅忍和衰退,於是這神殿便成爲人類存在的命運形象(Die Gestalt des Geschickes)。正是由於神殿的創造,正是在神殿的世界裏,古希臘民族才爲實現其自身的使命而回歸自身,團結在一起。在海德格爾看來,藝術是民族的象徵,是人類存在本質的形象表達,它不僅揭示個人的生存和命運,而且揭示民族的、人類的歷史和命運,揭示世界的本質和意義。

然而希臘神殿不是空中樓閣,它是屹立在大地之上的。海德格爾説:"神殿作品屹立於此,它敞開一個世界,同時又使這個世界回歸於大地。如此大地自身才顯現爲一個家園般的基礎。"[①] 由於大地的支撑、保護,大地就成爲神殿的一部份,大地在神殿敞開的世界中得到了顯現,因此"大地是顯現和保護之地"[②],世界建基於大地,大地通過世界而伸出,"作品使大地進入世界的敞開之中,並使它保持於此。作品使大地成爲大地"[③]。海德格爾認爲,世界的本質是敞開,是開放性,大地的本質是自我歸閉,是封閉性。世界和大地的對

① 海德格爾:《林中路》,第 28 頁。
② 同上書,第 31 頁。
③ 同上書,第 32 頁。

立是一種抗爭,這是敞開和封閉,澄明和遮蔽的鬥爭。作品就是這種抗爭的承擔者,而真理就發生在這種對立和抗爭之中。在鬥爭中存在者整體顯現出來,這顯現就是美,也就是真理發生的一種方式。總之,由於藝術具有建立世界和顯現大地兩大特性,因此藝術便具有揭示世界的意義和人生真理的價值。

在這個基礎上,海德格爾還進一步提出了一系列重要的美學見解,其中有兩點是尤其值得重視的。

首先,他認爲,藝術是真理的發生,這就意味着作品總是言説,而言説就是詩,因此一切藝術作品都是詩,藝術本質上是詩意的。所謂詩意的就是不同凡俗的,富有創造性的。他説,藝術打開了敞開之地,這裏的萬物不同於日常之物,因爲言説是這樣一種言説,它準備了可説的,而把不可説的帶進了世界。他把"藝術是詩意的"稱作一大發現。

第二,他認爲,藝術是一種創造,藝術高於技術,藝術家高於工匠,但對於偉大的藝術和作品,藝術家無足輕重。他反對把創造看作天才的主體活動。在他看來,藝術創造活動就是"汲取",藝術家幾乎像一條在創作中毀掉自身的通道。更重要的是,他認爲,藝術不僅是創造,它還是一種保存。是真理在作品中的創造性保存。藝術的真理不僅保存在作品中,它還經過鑒賞、評論、詮釋得以保存。藝術歸根結底是歷史性的。作爲歷史性的藝術,它是真理在作品中的創造性保存。藝術不僅在外在意義上擁有歷史,它還在時代的變遷中改變歷史、矯正歷史,在建立歷史的意義上,藝術就是歷史。

在提出以上一些看法之後,海德格爾重新審視了"藝術是真理自行置入"這個藝術定義。他認爲,這個定義很容易引起歧義,似乎真理設定了主體與客體。因此,他把這個定義發展爲一個新的藝術定義,即"人民歷史性生存的創造和保存就是藝術"[①]。顯然,這是一

① 海德格爾:《林中路》,第 64 頁。

個高度肯定了藝術價值的定義。

海德格爾的美學思想十分豐富。這裏我們不能全面介紹。從哲學基礎上看,海德格爾的美學毫無疑問是唯心主義的,他的許多美學觀點,如藝術先於藝術作品和藝術家,藝術是一條通道等,在柏拉圖、普洛丁、榮格等人那裏也都是可以找得到的。他的存在哲學試圖取消、否定物質與精神、主體與客體的分别和對立,實際上這衹能是一種哲學的玄想,在没有人以前物質世界早已存在,人和意識都是物質長期進化過程中的産物,這是客觀的事實,當然,在人産生之後,主體與客體、物質與意識不僅有分别、對立的一面,還有統一、同一的一面,問題是海德格爾誇大了這一面,並把主客體的統一體當成了世界的本體。在這種唯心主義哲學的基礎上不可能真正解決藝術的本質問題。但是,我們不能由此作出簡單的全盤否定。在海德格爾高度抽象的、被人稱爲"哲學囈語"的背後,的確有值得重視的、合理的東西。就美學來説,最突出的也就是他充分肯定了藝術對於人生、歷史、社會的價值和意義,而這一點又是與他對現代科技社會的批判和對人類未來發展的憂慮緊密聯係在一起的。他認爲,現代科技的發展,主體性原則的膨脹,給人類帶來了無窮的災難,人被技術統治,成爲商品和工具,喪失了完滿的人性,尤其是對大自然的掠奪,嚴重破壞了人類生存的基本條件。然而藝術却能維護人類生存的根基,因爲藝術是超功利的,它衹昭示存在的真理。藝術把人的世界立於大地之上,它衹豐富我們的世界,而不把世界作爲對象加以掠奪。藝術既是人的歷史生存的創造,又是人的歷史生存的保存。因此,海德格爾寄希望於用藝術來拯救現代社會,他呼喚着新的時代和詩人。海德格爾在現代西方的巨大影響,蓋源於他對現代社會發展的關切。他向人類發出了警告,這是有積極意義的。但是,把科技與藝術絶然對立,顯然也是錯誤的。海德格爾提出了問題,但並没有真正解決問題。如果不拘泥於他那晦澀難懂的字句,我們更重視的倒是他對藝術和藝術家的分析所啟示的人生真理。

晚年的海德格爾特別重視詩人荷爾德林,他特別讚賞詩人如下的詩句:

充滿勞績,但人詩意地
居住在此大地上。

是的,人生在世,個人的生命是短暫的,猶如來去匆匆的過客,他要"居住",而且要詩意般地居住,他要像藝術那樣,不去掠奪、破壞這個世界,而是以自己充滿勞績的創造豐富我們的世界,使大地和生命得到不斷的繁榮。一切對我們這個世界的非人的掠奪和破壞必須立即住手,讓所有善良的人們都能"詩意地居住"。這或許就是海德格爾的美學真正要告訴我們的東西。海德格爾的美學是深刻的,他不愧是現代偉大的哲人和美學家。

二　薩特的美學思想

存在主義美學的另一重要代表人物是薩特(Jean-Paul Sartre, 1905-1980)。他是法國著名作家和哲學家。薩特出生於巴黎一資產階級家庭,是一個矛盾而複雜的人物。早年受胡塞爾、克爾凱郭爾、尼采和海德格爾等人的影響,後來提出現象學的本體論,試圖把胡塞爾現象學的意識論和海德格爾的基本本體論調和起來。第二次世界大戰後至50年代末,他又吸收馬克思主義,試圖把馬克思主義和存在主義調和爲"真正的人學"。但是正如他晚年在《七十歲自畫像》中所説,他一生中一以貫之的是無政府主義和存在主義。這也正是他的美學思想的政治基礎和哲學基礎。

薩特的哲學著作主要有:《存在與虛無》(1943)、《存在主義是一種人道主義》(1946)、《辯證理性批判》(1960)等。主要美學著作有:《想象》(1936)、《想象心理學》(1940)、《什麽是文學》(1947)以及關於象徵派詩人波德萊爾、荒誕劇作家讓·熱内和現實主義小説家福樓拜的三部專著,對美國作家福克納和法國存在主義作家加繆的評論等。此外,他還寫過大量小說和劇本,如《惡心》(1938)、《墻》(1939)、《蒼蠅》(1943)、《恭順的妓女》(1946)、《魔鬼與上帝》(1951)等。

薩特美學的突出特點,是把美學問題看作有關人、人的命運和人的自由問題。在他那裏,美學和倫理學、美和自由是緊密結合在一起的。他的存在主義哲學把存在區分爲兩類,一是我以外的世界的存在,這是"自在的存在",它是偶然的、荒謬的,它既獨立於上帝又獨立於精神,既不可解釋、不可知又不可改變,因此它是一種多餘的、令人惡心的存在。另一種"自爲的存在"即人的自我存在、人的主觀意識,這才是真正的存在。因爲正是人的主觀意識才在人與人、人與物之間建立起主客體之間的關係,使人成爲絶對自由的、能動積極的創造主體。他認爲,人不是物,人的存在不能受任何概念的規定,因此,對人來說,"存在先於本質",人有按照自己的意志塑造自身的"選擇自由",人是由自己造就成的東西。在薩特看來,人的審美活動就是這種絶對自由的創造活動,其目的就在於追求自由。這是他美學思想的核心。顯然,薩特的哲學和美學具有濃厚的主觀唯心主義和唯意志主義色彩。

1. 美是一種非現實的想象的價值

薩特認爲,外在的客觀世界是令人惡心的,其中没有美的位置。美衹存在於想象世界。在《想象心理學》中,他説:"美的東西不可能是作爲感覺經驗到的東西,就其本性,是世界之外的東西。"① 又説:"實在的東西永遠也不是美的,美衹是適用於理想事物的一種價值,它意味着對世界本質結構的否定。"② 並且説。"我們稱爲美的東西就是那些非實在的東西的形象表現。"③ 在他看來,外在於人的自

① 薩特:《想象心理學》,1948年紐約(英文版),第275頁。

② 同上書,第277頁。

③ 薩特:《想象心理學》,1948年紐約(英文版),第287頁。

然和生活不僅不美,而且還令人惡心。他的小說《惡心》中的主人公洛丁根,拾起海邊的石頭感到惡心,看見落到水塘邊的一張紙感到失去了自由,於是他苦惱地說:“我害怕和事物發生關係。”這可說是薩特觀點的一個很好的注脚。不過薩特並非完全不講自然美和生活美,但他認爲自然和生活中的事物必須經過“意識的虛無化”,也就是說,要在意識的作用下化爲想象中的形象,由自在的存在變成自爲的存在,這時才能成爲自然美和生活美。他强調,這並非通常所謂對生活採取一種“審美態度”,而是使事物“墮進了虛無”,完全化成了虛象。例如一位女人的美,就是她在我們想象中的虛象,這虛象已使她變成純粹中性的、非實在的女性,這也就是我們何以爲之傾倒而又對她不産生欲念的原因。從根本上説,薩特衹承認想象的美,他認爲藝術美就是由藝術家的意識創造出來的想象美。因此藝術作品是一種非現實,具有超功利性,藝術美高於自然美和生活美。他說:“自然美在任何方面都不能與藝術美相比較。”[①] 薩特關於美的本質的這些看法,從根本上否定了美的客觀性,否定了自然和生活中的美,他把美看成了一種由藝術家的想象創造出來的主觀的,非現實的價值,但他始終强調美是一種創造,認爲美是内容和形式的統一,不是單元素的,美對於人的意義在於自始至終是顯示,美能揭示人的命運等等,這對反對形式主義美學仍有積極意義。

2. 審美是對人的自由的肯定

從存在先於本質這一基本原則出發,薩特認爲,人先於本質,不受任何本質規定,因此人是絕對自由的創造主體,人的一切活動包括審美活動,目的都在於追求自由。他强調,審美活動根源于自由,又以自由爲目的,因而是對人的自由的肯定。藝術家的創作不

① 《薩特研究》,中國社會科學出版社 1981 年版,第 10 頁。

僅是對藝術家個人自由的肯定,也是對讀者自由的肯定,在審美活動中,美感之所以發生,就因爲在審美對象上發現了自由。他把美感稱作"審美喜悦",並且下定義説:"自由辨認出自身便是喜悦。"[①] 他説:"作家和所有其他藝術家一樣企圖給予他的讀者們一種人們習慣稱之爲審美快感的感情,至於我,我寧可把它叫做審美喜悦;這一感情一旦出現,便是作品成功的標誌。"[②] 他認爲,不論創作者的喜悦還是欣賞者的喜悦,都是對自由的肯定,都是"與對於一種超越性的、絶對自由的辨認融爲一體的"[③]。

他還對審美意識進行了現象學的分析,認爲審美意識是位置意識和非位置意識的統一。所謂位置意識,是指對象的意向性所决定的意識。這裏是指"創造的對象被作爲客體給與他的創造者"[④]。藝術家的審美喜悦就在於被創造的對象給他以享受。位置意識使藝術家意識到世界是一個價值,是向人的自由提出的一項任務。但審美喜悦不衹是位置意識,它同時又伴隨一種非位置意識,這是從自我産生的意識,即藝術家意識到作品是自己的自由創造的成果,是我把非我的東西變成了價值,是我的自由使這世界得以存在。自由創造滿足了我的自由本質,因而也引起了喜悦。薩特認爲,在審美喜悦的這種結構中包含着人們的自由之間的一項協定,由於審美喜悦既是對人的自由本質的肯定,又以一種價值的形式被感知,因此"它就包括對别人提出的一項絶對要求:要求任何人,就其是自由而言,在讀同一部作品的時候産生同樣的快感"[⑤]。薩特對美感結構的分析頗有啟發性。

3. 藝術作品是對自由的召唤

薩特認爲,藝術創作的主要動機"在於我們需要感到自己對於世

---

①②③　《薩特研究》,第18頁。
④　同上書,第19頁。
⑤　同上書,第20頁。

界而言是本質性的"①。但是,事實上世界是外在於人的客觀存在,我們並非存在的生產者,也就是説,我們對於世界並不是本質性的,我們無法在外在現實中感到自己是這個世界的創造者。衹有在認識活動中,我們才能感到自己對於世界是本質性的。因爲人是萬物藉以顯示自己的手段,由於我們人存在於世,才與外在世界形成複雜的關係,使外在世界的存在得以顯示出新的面貌,把麻痹狀態中的大地喚醒,因此人是"起揭示作用的"。藝術創作就是一種意識活動,它能揭示世界的存在和意義,滿足我們"感到自己對於世界是本質性的"這一需要。他説:"我揭示了田野或海洋的這一面貌,或者這一臉部表情,如果我把它們固定在畫布上或文字裏,把它們之間的關係變得緊湊,在原先没有秩序的地方引進秩序,並把精神的統一性强加給事物的多樣性,於是我就意識到自己產生了它們,就是説,我感到自己對於我的創造物而言是本質性的。"②因此在薩特看來,藝術創作是滿足人感覺自己是世界本質的手段,不是現實生活的反映。他認爲,藝術創作的衝動來自非理性的心理體驗,藝術表現的衹是個人的主觀感受。在此基礎上,他進一步認爲,藝術創作對於作者永遠是未完成品,衹有通過讀者的閱讀,藝術作品才能存在,藝術家纔能體驗到自己對於世界是本質性的。因此,正是讀者給藝術以生命,作品衹是一種召喚。他説:"任何文學作品都是一項召喚。寫作,這是爲了召喚讀者以便讀者把我藉助語言着手進行的揭示轉化爲客觀存在。"③"作家向讀者的自由發出召喚,讓它來協同產生作品。"④在他看來,藝術作品的價值就在於召喚自由,使人的自由本質得以實現。

4. 文學介入的原則

在藝術和現實的關係問題上,薩特認爲,藝術不是對現實世界的

---

①② 《薩特研究》,第 3 頁。

③④ 同上書,第 9 頁。

單純描述,而是對現實世界的否定、超越,藝術作品必須是"以未來的名義對現實的審判"①。薩特既反對機械模仿現實,也反對形式主義、"爲藝術而藝術"的觀點,他提出了文藝應當介入生活的戰鬥口號。他説"文學把你投入戰鬥;寫作,這是某種要求自由的方式;一旦你開始寫作,不管你願意不願意,你已經介入了。"②這就是説,文藝的本質要求作家介入生活,作家不能對現實冷漠,不能對不正義的行爲不偏不倚,相反,他要以自己的憤怒使它們活躍起來,並揭露它們。他指出:"寫作的自由包含着公民的自由,人們不能爲奴隸寫作。"③這就是説,公民的自由是真正的創造和閱讀的前提,没有公民的自由,作家就不能進行創作,讀者就不能在閱讀中進行自由的創造。因此,必須爲保衛民主自由而鬥争。祇要公民失去自由,成爲奴隸,作家就應當擱筆,甚至拿起武器。他説:"有朝一日筆杆子被迫擱置,那個時候作家就有必要拿起武器。"④

薩特是一位偉大的作家,他的美學思想包含了尖鋭批判現代資本主義的因素,對現代西方的文藝創作産生了巨大影響。他的文藝作品廣泛批判了資本主義現實,表達了人道主義的理想,普遍受到歡迎。但是,他對自由的理解是抽象的,是以存在主義哲學爲基礎的,這種自由,説到底仍是個人主觀意識的自由。非理性的自由,不是建立在對現實世界的正確認識和改造基礎上的自由,因此他的否定現實、超越現實等觀點仍帶有激進的、無政府主義的性質。他的思想和馬克思主義是不相容的。

---

① 轉引自今道友信:《存在主義的美學》,遼寧人民出版社 1987 年版,第 230 頁。

②③④ 《薩特研究》,第 24 頁。

第八節 符號論美學

符號論美學産生於20世紀20年代,50年代在美國成爲佔統治地位的美學思潮。它的基本特徵是把審美和藝術現象歸結爲文化符號,因而對人文主義和科學主義的美學都有較大的包容性。其主要代表人物是德國的卡西爾和美國的蘇珊·朗格。

一 卡西爾的文化哲學美學

卡西爾(Ernst Canirer, 1874－1945)是德國著名哲學家,美學家。他生於德國西里西亞的布累斯頓(現爲波蘭的弗芬利瓦夫)一個猶太富商家庭。早年在柏林、萊比錫、海德堡、馬堡等大學學習,曾受業於新康德主義馬堡學派的領袖海爾曼·柯亨,並很快成爲與柯亨和那托普齊名的馬堡學派的三大主將之一。1919年擔任漢堡大學哲學系教授,1930年起擔任該校校長。在漢堡期間他創立了自己的"文化哲學體系",與馬堡學派逐漸分離。1933年希特勒上臺,他憤然辭職,流亡國外。1933－1935年在英國牛津大學講學,1935－1941年任瑞典斯德哥爾摩大學哲學教授,1941年應邀赴美,先後任教於耶魯大學、哥倫比亞大學。他一生著述頗豐,但沒有專門的美學著作,涉及美學的主要著作有《符號形式的哲學》(1923－1929)、《語言與神話》(1925)、《文化科學的邏輯》(1942)、《人論——人類文化哲學導引》(1944)等。他有關神話和藝術的研究對符號美學的形成做出了開創性貢獻。

1. 文化哲學體系的符號學

卡西爾是新康德主義者。他的"文化哲學體系"是在康德哲學的基本原則上建立起來的,但又與康德哲學有所不同,具有鮮明的現代特徵。他認爲,康德還沒有擺脱傳統的認識論,他的理性批判祇限於數學和自然科學的範圍，還沒有爲人文科學提供充分的方法論基礎。因此他把康德的理性批判發展爲文化批判，認爲哲學研究應當擴展到整個人文領域，不能衹研究理性認識，還應當研究神話思維、語言思維、宗教思維、藝術直觀等的文化功能。他的文化哲學體系及其符號論，就是這種文化研究的成果。

卡西爾文化哲學體系的中心是人的問題。他認爲，哲學實質上是人類學或人類哲學。自蘇格拉底以來，"人是什麼"一直是哲學研究的一個重要問題。哲學家們提出了各種各樣關於人的定義。其中佔支配地位的是"人是理性的動物"這個定義。但理性遠不能概括人的本質，對人自身的認識至今有如謎宮，而且越來越充滿疑問和困惑。在分析各種關於人的定義之後，他指出關於人的定義不能是一種實質性的定義，衹能是一種功能性的定義。他把人與動物加以比較，人和動物都有感受器系統和效應器系統，這是共同的，但人還有第三種系統即符號系統，這是動物所沒有的。符號系統的存在，表明人有一種發明符號並運用符號進行活動和創造的能力，人的思維和行爲都是符號化的，人通過符號創造了語言、神話、藝術、宗教等全部文化，構成了人類經驗的交織之網，展現出一個豐富多彩的世界，改變了整個的人類生活；"人不再生活在一個單純的物理宇宙之中，而是生活在一個符號宇宙之中。"① 因此，符號活動才是人與動物相區別的本質特徵。由此，卡西爾修正了關於人的傳統定義。他指出："對於理解人類文化生活形成的豐富性和多樣性來說，理性是個很不充分的名稱，但是，所有這些文化形式都是符號形式。因此，我們應當把人定義爲符號的動物來取代把人定義爲理性的動物。衹有這樣，我們才能指明人的獨特之處，也才能理解對人開放的新路——通向文化之路。"②

---

① 卡西爾：《人論》，上海譯文出版社 1985 年版，第 33 頁。

② 同上書，第 34 頁。

卡西爾的文化哲學體系是以符號論爲中心建立起來的，什麼是符號呢？他説："所有在某些形式上或在其它方面能爲知覺揭示出意義的一切現象都是符號。尤其是當知覺作爲對某些事物的再現或作爲意義的體現，並對意義作出揭示之時。"① 這就是説，符號的背後總隱藏着意義，符號的功能就在於揭示意義。符號不是實體性的，而是功能性的，它不是個別事實的復制或模擬，而帶有某種模糊、抽象的普遍性，但又不是概念。符號不同於信號，信號屬於物理世界，符號屬於人的精神世界，是人的意識的創造，動物可以對信號作出生理的條件反射，但不懂得符號的精神意義。相反，人不但發明了符號，把自已的精神客觀化，使自我得以顯現，使本來混沌的世界變得清晰有序，有意義，能爲人所把握，而且還能運用符號創造文化，建設一個人自己的世界，使人不斷地自我解放，達到理想的境界。所以，正是符號活動使人脱離了動物界而成其爲人。他指出："人的突出特徵，人與衆不同的標誌，既不是他的形而上學本性，也不是他的物理本性，而是人的勞作(work)。正是這種勞作，正是這種人類活動的體系，規定和劃定了'人性'的圓周。語言、神話、宗教、藝術、科學、歷史，都是這個圓的組成部份和各個扇面。因此，一種'人的哲學'一定是這樣一種哲學：他能使我們洞見這些人類活動各自的基本結構，同時又能使我們把這些活動理解爲一個有機整體。"② 卡西爾的文化哲學體系就是這樣一個以人——符號——文化爲基本公式的哲學體系。

2. 神話與藝術

卡西爾的美學是符號美學。他把人類文化的各種形式——神話、語言、宗教、藝術、科學、歷史等等都看作符號形式，認爲這些符號形式從不同層次上歷史地展開了人的生命，實現了人的本質，是

① 卡西爾：《符號形式之哲學》第1卷，1923年柏林(德文版)，第109頁。

② 卡西爾：《人論》，第87頁。

人的本質的客觀化。他說:“在神話中見到的是想象的客觀化,藝術是一個直覺或觀照的客觀化過程,而語言和科學則是概念的客觀化。”①

卡西爾十分重視神話研究。他認爲,從發生學上看,神話和語言是最古老的,神話是“一種無意識的虛構”,② 它發展了人的想象能力,後來便衍生爲宗教和藝術,語言則發展了人的邏輯推理能力,後來形成了各門科學知識,因此神話與藝術有近親關係,神話研究對於解決藝術的起源和本質問題有重大的意義。但是,儘管有這種發生學的聯繫,我們却不能不看到神話與藝術仍有區别。神話具有一種雙重結構,它不僅有想象的,創造的要素,還兼有一個理論的要素。神話思維與科學思維都是尋求同樣的東西——實在,所以,在神話的想象中,總暗含着一種相信的活動,即對它的對象的實在性的相信,没有這種相信,神話就失去它的根基。但藝術想象却是一種審美静觀;正如康德所説,藝術的審美静觀“對於它的對象之存在還是不存在是全然不關心的。”③ 隨着人類科學知識的增長,邏輯思維的發展,神話和神話時代已成爲過去,但神話的想象和創造的要素,却被藝術保留下來,藝術成了發展人的想象和創造能力的重要領域,這也正是藝術的偉大的歷史使命。

卡西爾符號美學的中心問題仍然是藝術的本質和特徵問題。他説:“藝術可以被定義爲一種符號語言,但這衹是給了我們共同的類,而没有給我們種差。”④ 這就是説藝術是一種特殊的符號語言,那麽,藝術不同於其它符號形式的特點何在呢?他說:“科學在思想中給予我們以秩序;道德在行動中給予我們以秩序;藝術則在對可

① 卡西爾:《語言與神話》,三聯書店 1988 年版,第 167 頁。

② 卡西爾:《人論》,第 93 頁。

③ 同上書,第 96 頁。

④ 同上書,第 213－214 頁。

見、可觸、可聽的外觀的把握中給予我們以秩序。”[①] 可見,藝術的根本特點在於它具有直觀形象的感性形式,是“在形式中見出實在”[②]。藝術不同於科學,科學依賴抽象思維,是在思想、概念中把握實在,而藝術容不得抽象和概念,“它並不追究事物的性質或原因,而是給我們以對事物形式的直觀”[③]。藝術“描述的不是事物的物理屬性和效果而是事物的純粹形象化的形態和結構”[④]。科學意味着抽象,而抽象會使實在變得貧乏。例如牛頓的一條萬有引力規律,似乎就可以包含並解釋物質宇宙的全部結構。相反,藝術家的審美經驗則是因人而異,無限豐富的。没有什麼“客觀眼光”這樣的東西,一切都憑個人氣質來領悟,不同的畫家畫不出“相同的”景色。赫拉克利特說“太陽每天都是新的”這句格言對科學家的太陽不適用,但對藝術家的太陽則是真的。卡西爾既不讚成藝術模仿說,也不讚成情感表現說。他認爲,藝術既非單純的再現,也非單純的表現,而是我們內在生命的具體化,客觀化,是內在生命的真正顯現,是對實在的發現和理解。科學發現的是“真”,藝術發現的是“美”。他說:“當我們沉浸在對一件偉大的藝術品的直觀中時,並不感到主觀世界和客觀世界的分離,我們並不是生活在樸素平凡的物理事實的實在之中,也不完全生活在一個個人的小圈子內。在這兩個領域之外我們發現了一個新王國——造型形式、音樂形式、詩歌形式的王國;這些形式有着真正的普遍性。”[⑤] 這就是說,藝術是獨立於主觀世界和客觀世界之外的一個純粹形式的王國。但是,“藝術的形式並不是空洞的形式”[⑥],它是人類經驗的組織和構造,“藝術

① 卡西爾:《人論》,第 213 頁。
② 同上書,第 216 頁。
③ ④ 同上書,第 183 頁。
⑤ 同上書,第 185 頁。
⑥ 同上書,第 212 頁。

可以包含并滲入人類經驗的全部領域”[①]。它不是對各種人生問題的逃避,而是人性或生命本身的實現。“藝術使我們看到的是人的靈魂最深沉和最多樣化的運動。……我們在藝術中所感受到的不是哪種單純的或單一的情感性質,而是生命本身的動態過程,是在相反的兩極——歡樂與悲傷,希望與恐懼,狂喜與絕望——之間的持續擺動過程。使我們的情感賦有審美形式,也就是把它們變爲自由而積極的狀態。”[②] 總之,在卡西爾看來,藝術是一種構造形式的活動,它一方面是生命的自我構造,另一方面又是對生活和自然世界的構造,這種構造活動的結果便凝結爲“純粹的形式”,因此,藝術作品就是人性或内在生命在直觀、形象的感性形式中的顯現,在對藝術作品純形式的審美直觀中,人可以看到自己,也可以看到整個世界。

卡西爾的符號美學是從康德的先驗唯心主義美學出發的,但他把藝術與人類全部文化活動聯繫起來加以考察,充分肯定了藝術的社會性,藝術與人生的密切聯繫,對藝術的起源、本質、特徵做了深入的研究,開闢了美學研究的新方向,是現代西方美學的重大成果之一。他的美學直接啟發了蘇珊・朗格。

二　蘇珊・朗格的符號論美學

蘇珊・朗格 (Susanne k.Langer, 1895－1982),是美國著名哲學家、符號論美學家。她生於紐約,父母系德國移民。早年師從懷特海、卡西爾,並獲哲學博士和文學博士學位,後來在哥倫比亞大學、紐約大學等校任教。她完善和發展了卡西爾的藝術符號論。主要著作有《哲學新解》(1942)、《符號邏輯導論》(1953)、《情感與形

---

① 卡西爾:《人論》,第 201 頁。

② 同上書,第 189 頁。

式》(1953)、《藝術問題》(1957)、《心靈:論人類情感》(1967)等。

1. 藝術是人類情感符號的創造

在卡西爾符號論的基礎上,蘇珊·朗格對符號與信號做了嚴格區分。她指出,信號是事件的一部份,是指令行動的某物或某一種方法,它爲動物和人類所共有;符號與信號雖然有密切的關係,但其本質截然不同。符號比信號高級。一般信號祇包含三個基本要素:主體、信號、客體。符號却包含四個基本要素:主體、符號、概念、客體。這就是説,符號包含了概念活動,符號不像信號那様祇停留在當下的、個别的物的表面,它已具有某種從個别上昇爲一般的抽象能力。動物的行爲祇憑信號,祇有人才能發明利用理解符號。所以符號爲人所獨有,符號行爲是人類的本質特徵。

蘇珊·朗格進一步區分了語言符號和情感符號。她認爲,語言是具有典型意義的符號體系,憑藉它,人類才能進行思維、記憶,才能描繪事物,再現事物間的關係,揭示各類事物間相互作用的規律。所以,語言在人類生活中起着非常重要的作用。它是一種推理的邏輯符號體系,它可以表達確切的事物,確切的關係,確切的過程和確切的狀態,包含着語言與對象的同一性原則。但是,語言并非萬能,它有明顯的局限性,它不能有效地呈現那種你中有我,我中有你的交錯和有機的狀態。而我們稱之爲"内在生命"的東西即情感恰恰呈現出這樣一些特徵。所以,語言不能表達情感。這様人憑藉符號能力創造出了服務於情感表現的另一種符號,由此而產生了藝術。所以,藝術就是將人類情感呈現出來供人觀賞,把人類情感轉變爲可見或可聽的形式的一種符號手段。我們可以將藝術符號稱之爲"表現符號體系",以區别於語言的"邏輯符號體系"。這様,蘇珊·朗格就從生成的角度,論述了藝術產生的必然性。

朗格給藝術下了一個明確的定義:藝術即人類情感符號的創造。這是她最富有獨創性的美學命題。朗格認爲,藝術符號具有表現情感的功能,表現性是一切藝術的共同特徵。但是,藝術表現的情感並非個人的情感，而是一種人類普遍情感，它來自個人，而又脱離個人，是個人具體情感的抽象物。所謂藝術是人類情感符號的創造，就是説藝術是對人類情感本質的反映，而這種反映是以人類符號形式出現的。因此，朗格批判了表現主義關於藝術是自我表現的理論。她認爲"純粹的自我表現"不需要藝術形式，自我表現其實是一種"自我發泄"，衹停留在和動物一樣的信號行爲的水平上，不是藝術。藝術所表現的，是人類情感的本質，是人類的普遍情感。但這並不意味着，藝術就排斥個人情感，藝術的情感形式是對個人具體情感的抽象，它們之間是一般與個别的關係，具有相同的結構。

朗格認爲，藝術的創造不同於一般物質産品的制造，它不是物質材料的綜合，而是藉想象力和情感符號創造出現存世界所没有的新的"有意味的形式"，來表現人生的普遍情感。因此，藝術創造實質上是一種藝術的抽象，創造出非現實的"幻象"或"虚象"。藝術抽象不同於科學抽象，它不是從具體經驗中抽象出概念，使客觀實在概念化，而是消除現實形象的實在性，排除其與現實的一切聯繫，使其成爲一種純粹的感性虚象而突現出來，進而成爲表現人類情感的符號。在這個基礎上，朗格對各類藝術不同的"基本幻象"進行了分析。她認爲，繪畫、雕塑、建築等造型藝術的基本幻象是"虚幻的空間"；音樂藝術的基本幻象是"虚幻的時間"，這與人的内在生命律動相合拍；舞蹈藝術的基本幻象是"虚幻的力"，它是在連續的虚幻時間中呈現於視覺的"虚幻空間"，與人的生命力相合拍；詩歌和戲劇都是一種虚幻的經驗和歷史，衹不過前者是一種回憶的模式，而戲劇是一種命運的模式，是一種可見的關於未來的幻象。這種分析其實也就是以藝術的"基本幻象"給藝術分類。這種藝術分類在一定程度上揭示了藝術的一些特徵，但却不够完善，有些牽強。

2. 生命形式和藝術直覺

生命形式是朗格美學理論中很重要的一個概念。她認爲情感實際上就是一種集中、强化了的生命。如果要使某種創造出來的符號(一個藝術品)激發人們的美感,就必須使自己作爲一個生命活動的投影或符號呈現出來,必須使自己成爲一種與生命的基本形式相類似的邏輯形式。這種邏輯形式即生命形式,是與人類的普遍情感相一致的。它有以下幾個特徵:(1)有機性。即生命體的每一部份都緊密結合,不可分離;(2)運動性。即生命不斷新陳代謝,永不停息地運動;(3)節奏性。即運動過程是一種有規律的呈現各種周期性的運動;(4)生長性。即每一個生命體都含有自己生長、發展和消亡的規律。朗格認爲藝術與生命形式相一致,所以,藝術如同生命體,也具有上述四個方面的基本特徵;藝術創作必須遵循"生命形式"的規律,使藝術"看上去像一種生命的形式"①。能體現出"生命的意味"。

朗格關於直覺問題的論述也是很重要的。與把直覺看作無意識、非理性的觀點不同,朗格認爲,直覺是一種基本的理性活動。由這種活動導致的是一種邏輯的或語義上的理解,它包括對各式各樣的形式的洞察,或者說包括着對諸種形式的特徵、關係、意味、抽象形式和具體事例的洞察和認識。它的産生比信仰更加古遠;信仰關乎着事物的真假,直覺衹與事物的外表呈現有關。所以直覺又是對事物"外觀"的直接洞察力。它在經驗的基礎上形成,表現爲頓悟,不假造於概念和推理,但包含某種理解,所以並不神秘。在藝術中,直覺就是對藝術作品的生命意味的直接把握和評價,因此,它對藝術的創造和欣賞都是非常重要的。

關於蘇珊·朗格的基本美學思想大致介紹這些,總之,蘇珊·朗格發展了卡西爾的符號理論,把符號論美學提高到了一個新的水平,她對表現主義、形式主義、直覺主義的一些批評是合理的,

① 蘇珊·朗格:《藝術問題》,中國社會科學出版社 1985 年版,第 56 頁。

她重視美學與現代藝術經驗的結合,也是積極的。但她的美學的哲學基礎仍是唯心主義的。她把藝術歸結爲人類的普遍情感,作爲和"生命形式"合拍的符號現象,否認藝術與社會生活的聯繫,排除了人的社會性,歷史性,說到底仍是抽象的人性論。她的美學有一個內在的矛盾,即她一面把藝術看作符號,一面又說藝術以自身爲目的,藝術符號祇代表自身,其實符號的根本意義就在於代表另一物,如果祇代表自身,就談不上是符號。所以,朗格的符號論美學也受到一些批評,她把藝術歸結爲情感符號仍有片面性。

第九節　格式塔心理學美學

格式塔心理學美學是在格式塔心理學的基礎上發展起來的一個美學流派。格式塔心理學(Gestalt Psychology)又名完形心理學。"格式塔"是德文"Gestalt"一詞的音譯,原意爲"形態"或"構形"。格式塔心理學將心理現象視爲有機整體,認爲整體雖由各個部份組成,但它並不等於部份之和而是大於部份之和,並且認爲,整體先於部份並決定部份的性質。這就是所謂"格式塔質"。格式塔心理學強調心理實驗,是一種現代的實驗心理學。

格式塔心理學的理論先驅是奧地利心理學家馮·艾倫費爾斯,他於1890年首次提出"格式塔質"的概念,創始人和代表人物則是德國心理學家韋特默(1880－1943)、柯勒(1887－1967)和考夫卡(1886－1941)。他們的心理學思想同美學的關係都很密切,其著作也大都涉及藝術問題,但以完形心理學爲基礎系統深入地研究美學和藝術問題並做出重大理論貢獻的,還是阿恩海姆。

魯道夫·阿恩海姆(Rudolr Arnheim,1904－　),當代著名心理學家、美學家,格式塔心理學美學流派的代表人物。1904年生於德國柏林,1928年畢業於柏林大學並獲哲學博士學位。1940年不堪納粹的專制暴政移居美國,1946年加入美國國藉。阿恩海姆是美國心理學會的成員,並三度出任過該學會的心理學與藝術分會的主席,他也是美國美學學會的成員,出任過1959－1960年度該學會的主席。他廣泛地研究了許多與美學有關的心理學課題,著述頗豐,主要的理論專著有:《藝術與視知覺》(1954)、《作爲藝術的電影》(1956)、《視覺思維》(1961)、《朝着藝術的心理學》(1960)等等。

1. 美學思想的心理學原則

(1)知覺結構說。

審美體驗的根源是什麽? 審美對象與審美情感的關係又是怎樣的? 在這樣的問題上美學家們歷來看法不一。聯想主義的審美觀認爲,審美體驗的根源在於主觀聯想,祇有通過主觀的聯想才能將審美知覺中的各個因素聯結起來成爲完整的審美情感體驗。阿恩海姆從完形心理學出發,對這種審美觀持反對態度。他認爲,審美知覺並不像聯想主義認爲的那樣是初級的、零碎的、無意義的,而是本身就顯示出一種整體性、一種統一的結構,情感和意義就滲透於這種整體性和統一結構之中,知覺結構就是審美體驗的基礎。

阿恩海姆認爲,知覺結構是一種特殊的"力的結構",也就是一種對力的感受結構。其具體含義有以下幾個方面:

首先,審美體驗是一種對力的體驗。阿恩海姆認爲,審美是對於對象的一種情感體驗,而祇有對象所包含的力才能給主體以刺激並產生情感的體驗。他說:"與有機體關係最爲密切的東西,莫過於那些在它周圍活躍着的力——它們的位置、强度和方向。這些力的最基本屬性是敵對性和友好性,這樣一些具有敵對性和友好性的力對我們感官的刺激,就造成了它們的表現性。"①

其次,審美體驗中的力是一種"具有傾向性的張力"。阿恩海姆不同意萊辛在其名著《拉奥孔》中提出的藝術應當表現"有包孕的傾刻"的美學觀點,他認爲這種傾刻並不能表現整個動作,審美並不是

① 阿恩海姆:《藝術與視知覺》,中國社會科學出版社1984年版,第620頁。

對于運動的知覺,而是對於"具有傾向性的張力"的知覺。這種"具有傾向性的張力"並不是一種真實存在的物理力及由此引起的運動,而是人們在知覺某種特定的形象時所感知到的力,它具有擴張和收縮、冲突和一致、上昇和降落、前進和後退等等基本性質。他舉例說,在正方形中有一個偏離中心的黑色圓面,這個圓面"永遠被限定在原定位置上,不能真正向某一方向運動,然而,它却可以顯示一種相對於周圍正方形的內在張力。這一張力,也與上述所說的位置一樣,並不是理智判斷出來的,也不是想象出來的,而是眼睛感知到的,它像感知到的大小、位置、亮度值一樣,是視知覺活動的不可缺少的內容之一"[①]。阿恩海姆認爲,這種不動之動的"張力",就是表現性的基礎、藝術的生命和審美體驗的前提。

圖　1

最後,張力結構是由知覺對象本身的結構骨架決定的。阿恩海姆將審美體驗中的"力"歸結爲一種"心理力",但他並不認爲這種力的產生是純粹主觀的。他反對那種"把對藝術品的理解完全看作是一種主觀作用的思潮",認爲審美對象都具有一種客觀的結構骨架,爲美的欣賞與創造提供一個堅實的基礎[②]。這種結構骨架就是由審美對象的形狀、顏色、光綫以及矛盾衝突所構成的力的圖式。阿恩海姆以米開朗基羅的《亞當出世》爲例來說明結構骨架所形成的力。如圖所示,這幅畫主要由上帝和亞當兩個人物組成,他們的形象構成一個傾斜的四邊形的主要軸綫的構架,其傾斜性形成了一種由右到左、由上到下的張力,這張力由上帝伸出的手臂傳導到亞當的手臂之

① 阿恩海姆:《藝術與視知覺》,第 3 頁。
② 同上書,第 113 頁。

上,“這樣一來,那生命的火花就好像從上帝的指尖跳到了亞當的指尖,從而完美地再現了生命由創世者身上輸送到他的創造物上面的題材。”①

图 2

此外,阿恩海姆還認爲,審美體驗中的“具有傾向性的張力”在本質上是生理力的心理對應物。他説,張力“就是大腦在對知覺刺激進行組織時激起的生理活動的心理對應物”②,具體來説就是,知覺對象對主體形成一種極强的刺激,主體的大腦皮層對外部刺激進行完形的組織工作,這就是生理力與外部作用力的鬥争過程,最後將對象改造成某種知覺式樣。

(2)大腦力場説。

如上所述,阿恩海姆把審美體驗看作是由外在刺激而産生的生理力的心理對應物,這樣生理力就成爲審美體驗的關鍵所在,成爲溝通外在物理力與内在心理力的中介。在他看來,這種生理力完全由大腦皮質的積極活動所形成。在他之前,格式塔心理學藉用現代物理學電磁學中有關“場”的理論,提出了“心理－物理場”的概念,而“心理－物理場”之所以能够成立主要是由於大腦力場的作用,因此,他們又將這一理論更明確地表述爲“心理－生理－物理場”。阿恩海姆繼承了這種觀點,認爲“當一個刺激式樣投射到這個作爲力場的大腦視覺區域時,就會打亂這個‘場’中的平衡分佈狀態。一經

① 阿恩海姆:《藝術與視知覺》,第 630 頁。

② 同上書,第 573 頁。

被打亂後,場力又會去極力恢復這種平衡狀態。"[①] 大腦力場的這種恢復平衡狀態的努力就是它的特有的完形組織作用。他認爲,在審美知覺中,大腦不是對於對象被動的復制,而是對於事物整體進行積極的把握。大腦的這種完形組織活動是按照韋特默組織原則進行的,這些組織原則主要包括相近原則、相似原則、方向原則和閉合原則等,阿恩海姆進而指出,其中相似原則是更爲基本的原則,其他原則都是總的相似性原則的特殊表現。

(3)同形同構説。

這一理論由韋特默首先提出。他認爲,凡是引起大腦的相同皮質過程的事物,即使在性質上截然不同,但其力的結構必然相同,這就是所謂的同形同構説或异質同構説。阿恩海姆進一步將這一理論運用於審美,從世界的統一性和物理現象、精神現象與社會現象的内在協調的整體性着眼,來理解同形同構説和審美對象的情感表現性問題。他説,"我們發現,造成表現性的基礎是一種力的結構,這種結構之所以會引起我們的興趣,不僅在於它對那個擁有這種結構的客觀事物本身具有意義,而且在於它對於一般的物理世界和精神世界均有意義。像上昇和下降、統治和服從、軟弱和堅强、和諧和混亂、前進和退讓等等基調,實際上乃是一切存在物的基本存在形式。"[②] 顯然,阿恩海姆認爲,在物理現象、精神現象和社會現象中存在着共同的力的結構和基調,這就是它們都具有情感表現性和相互間構成内在統一性的原因。也就是説,因爲一切現象中相同結構的力都可在大腦皮質中引起類似的電脉冲,這樣與人的情感活動同構的物理現象與社會現象也就具有了情感表現性。總之,阿恩海姆通過同形同構説告訴我們,所謂審美的情感體驗就是審美對象的力的結構與某種情感活動的力的結構相同並在審美主

① 《藝術與視知覺》,第 87 頁。

② 同上書,第 625 頁。

體的大腦皮質中引起某種相同的電脉冲,從而使審美主體產生情感的體驗。

基於這種嶄新的審美理論,阿恩海姆不滿那種將一切審美現象都歸因於人的主觀聯想的做法,對很多問題提出了自己的解釋。在他那裏,審美聯想與審美共鳴之所以發生,是因爲審美對象同審美主體所曾經歷的某種情感生活在形式結構上的相同;審美通感則是由於各種不同的審美知覺儘管其質料相異但却有着共同的形式結構;而審美比喻的內在機制也是在於相關事物具有的基本式樣相同的力。這些觀點無疑會給我們一定啟發。針對移情派美學的代表人物立普斯對道芮式石柱的著名分析,阿恩海姆指出:"一根神廟中的立柱,之所以看上去挺拔向上,似乎是承擔着屋頂的壓力,並不在於觀看者設身處地的站在了立柱的位置上,而是因爲那精心設計出來的立柱的位置、比例和形狀中就已經包含了這種表現性。祇有在這樣的條件下,我們才有可能與立柱發生共鳴(如果我們期望這樣做的話)。而一座設計拙劣的建築,無論如何也不能引起我們的共鳴。"① 這種分析是很獨到的。

2. 關於藝術

阿恩海姆以知覺結構説、大腦力場説,特別是同形同構説爲理論根據,對藝術、藝術思維和現代派藝術的特性等重要問題進行了探討,提出了自己的見解。

基於自己的理解,阿恩海姆給藝術所下的定義是這樣的:"藝術的本質,就在於它是理念及理念的物質顯現的統一。"② 這裏所説的"理念",即指對於對象在知覺中整體把握的情感表現性和思想意義等,而"理念的物質顯現"則指藝術家憑藉某種物質媒介所選取的用以表現這一整體把握的形式結構。他認爲理念與理念的物質顯

① 《藝術與視知覺》,第 624 頁。

② 同上書第 185 頁。

現應做到異質同形，如他所説，藝術"要求意義和結構與呈現這個意義的式樣的結構之間達到一致。這種一致性，被格式塔心理學家稱爲'同形性'"①。阿恩海姆還主張藝術創作可以摒棄細節的真實，直接表現一事物的整體性和本質。他説過，"一件作品要成爲一件名副其實的藝術品就必須滿足下述兩個條件：第一，它必須嚴格與現實世界分離；第二，它必須有效地把握住現實事物的整體性特徵"②。可以看出，這種定義對於東方書法藝術和古代象徵藝術比較適合，當然最適合的還是西方現代派抽象藝術，但對於現實主義藝術却並不合適，這無疑是其片面之處。由於阿恩海姆認爲藝術形象可以不必是生活的圖畫，但却必須呈現出某種力的結構的形式，這樣，在他那裏，藝術的作用就既不是再現世界，也不是給人快感，而是給人們提供一種把握外部世界和人類自身的方式，當然這種把握要憑藉着對藝術作品所呈現出的力的結構規律的抽象才能達到。

關於藝術思維，阿恩海姆認爲，基於自身特有的把握整體性的完形機能，知覺可以創造出一種與對象相對應的一般形式結構。這種作爲知覺抽象產品的一般形式結構並不是知覺對象的原原本本的再現，而是對它的創造性加工改造，具有整體性和普遍性的特點，這正是概念所具有的特性，因此阿恩海姆又稱之爲"知覺概念"。阿恩海姆認爲這種知覺概念是藝術思維的基礎，祇有按照知覺的本能反應創造，從知覺概念出發，着重把握對象的知覺表現性質，才是真正的藝術思維方式。當然藝術思維不能祇停留在知覺階段，它還必須將知覺到的内容再現出來。他指出，"藝術抽象的心理學不僅包括知覺問題，而且包含再現問題。知覺一事物並不等於再現一事

---

① 《藝術與視知覺》，第75頁。

② 同上書，第189頁。

物。"① 在他看來,知覺概念是藝術思維的基礎,再現概念則是藝術思維的完成。那麼,什麼是"再現概念"呢?阿恩海姆說:"'再現概念'指的是某種形式概念。通過這種形式概念,知覺對象的結構就可以在某種特定性質的媒介中被再現出來。"② 可見,所謂再現概念就是在藝術創作中通過某種物質媒介將知覺概念再現出來,使之物態化,具有可見的外在形式。

現實主義藝術與現代派藝術到底孰優孰劣?這在當代是一個很尖銳的問題。阿恩海姆對西方現代派抽象藝術採取一種爲之辯護和褒揚的態度。與此相反,他認爲現實主義藝術充其量不過是"對應該如此或能够如此存在的事物所進行的真實模仿。"③ 而他對這種"真實模仿"十分厭惡,認爲這無異於藝術生命的自殺。因爲現實主義藝術運用透視法將立體的事物在平面上加以表現,這樣做表面上看是逼真的,但却衹是從一個角度對事物一瞬間形態觀察的結果,反映的是事物的一個側面,並不能表現對於對象整體性反映的知覺概念。而現代派藝術則完全摒棄了現實主義藝術的透視法,衹從創造知覺概念的同構等價物的藝術要求出發,將正面與側面、遠處與近處、過去與未來全都集中在一個平面上,給人一種强烈的整體的印象。阿恩海姆對於這種抽象藝術十分欣賞,他認爲,現代派藝術最主要的優點就在於直接地表現自然結構的本質,而現實主義却衹能通過現實的形象間接地表現。

綜上所述,阿恩海姆所代表的格式塔心理學美學是一種"自下而上的美學",它自覺地將有機整體的方法運用於美學研究,推進了心理學美學的發展,爲美學研究注入了一種新鮮血液。但它僅用大腦皮質的電脉冲反應將形式與情感、人與對象聯繫起來,忽視了審美

① 《美學述林》第一輯,武漢大學出版社 1983 年版,第 322 頁。

② 《藝術與視知覺》,第 228 頁。

③ 同上書,第 160 頁。

現象的社會性,表現出一定的生物社會學的傾向。格式塔心理學美學作爲西方現代派抽象藝術的理論根據,雖然很好地概括了抽象藝術特別是視覺藝術的審美特徵,但却將之推廣到一切藝術領域,未免有失偏頗。

第十節　社會批判美學

1923年德國法蘭克福大學成立了一個社會研究所,以該所及其刊物《社會研究》雜誌爲中心,逐漸形成了一個學派,即"法蘭克福學派"。這個學派自稱從馬克思主義的立場出發,來解釋現代社會生活的各個方面,由此形成了一整套理論,統稱"社會批判理論",其美學理論即爲"社會批判美學"。這個美學流派的主要代表人物有馬爾庫塞、阿多諾、本雅明和洛文塔爾等人,其中尤以馬爾庫塞和阿多諾影響最大。

一　馬爾庫塞的美學思想

馬爾庫塞(Herbert　Marcuse,1898－1979)是原籍德國的美國著名哲學家、政治家和美學家。他生於柏林一個猶太血統的資產階級家庭,早年就讀於柏林大學和弗賴堡大學,是胡塞爾和海德格爾的學生。1933年加入法蘭克福大學社會研究所,在霍克海默領導下研究哲學。同年希特勒上臺,他經瑞士、法國前往美國。1934－1940年在哥倫比亞大學社會研究所工作。二戰後在哥倫比亞、哈佛等大學任教,專心研究和著述。由於他寫過許多觸及當代資本主義社會現實問題的著作,60年代末被奉爲"學生造反運動"和"新左派"的"明星和精神之父",成爲少數在世就對時代產生巨大影響的思想家之一。他的學術政治思想有一個發展過程。早期主要致力於把黑格爾的辯證法、海德格爾的存在主義和馬克思主義結合起來,主要著作有:《歷史唯物主義現象學概要》(1928)、《歷史唯物主義的基礎》(1932)等;30、40年代,他試圖創立一種黑格爾主義的馬克思主義,主要著作有:《哲學和社會批判理論》(1937)、《理性與革命》(1941);50年代以後,他轉向用弗洛伊德主義補充、發展馬克思主義,主要著作有《愛欲與文明》(1955)、《蘇聯的馬克思主義》(1958)、《單向度的人》(1964)、《論解放》(1968)、《反革命與造反》(1972)、《作爲現實形式的藝術》(1972)、《論藝術的永恒性——對一種特定馬克思主義美學的批判》(1977,翌年易名《審美之維》)。他的美學思想主要見於後期著作,《審美之維》是其美學代表作。

馬爾庫塞的美學思想是建立在他對當代資本主義社會的分析和批判基礎之上的。他認爲,當代資本主義現實的發展,已使馬克思的無產階級革命理論成爲"神話",一場新的革命已經來臨,藝術必須爲這場新的革命服務。他稱自己的美學爲"革命美學"、"解放美學"。

馬爾庫塞認爲,當代資本主義社會已經不同於以前的社會,它已成爲一個"單向度"的社會。所謂"單向度"的社會即無對立面或否定面的社會,這是現代科學技術進步和相應的統治制度、統治方式完善化所造成的。這就是說,當代發達的工業社會已成爲一個具有強大的同化和整合能力的系統,它使一切對立面和否定因素都消解了,社會失去了否定面,變成了"單向度"的社會;人也失去了個人的生活,完全屈從於技術與社會的統治,變成了"單向度"的人,喪失了合理地批判社會現實的能力,形成了單一化和畸形化的意識和行爲模式,以至整個當代社會的文明,包括科學、藝術、哲學、日常思維、政治體制、經濟和工藝各個方面,全都成了單向度的。在這樣一個以單向度爲基本特徵的當代社會中,由於必要勞動時間的縮短,閑暇時間的增多,以及統治階級實行福利政策等原因,無產階級已被同化,革命性已喪失殆盡,它不再是現存社會的對立面,反而安於眼下安逸的生活,與資本家結爲一體。這樣,馬克思的革命理論就失去了基礎，成爲過時的東西。

馬爾庫塞尖銳批判了當代資本主義社會。他把弗洛伊德主義和馬克思主義結合起來，認爲這是一個全面壓抑人的原始本能的社會，極權主義的社會，異化的社會，違反人性的社會；社會、技術對人的全面統治已把個人變成物，變成純粹的工具。他指出，這個社會是不合理的，應當進行一場新的革命，把人從不自覺的奴隸境況中解放出來，這場新的革命不同於以往的暴力革命，這是一場本能革命，感覺革命，是主體意識和觀念的變革，也就是"文化革命"。這場革命應當依靠那些尚未被社會完全同化和整合的"新左派"、青年學生、嬉皮士、流氓無産者等，即那些處於當代社會邊緣具有造反精神的人。他十分重視和强調藝術和美學在這場革命中的作用。在他看來，藝術和美學由於自身追求自由等特點，具有摧毁現實根本結構的政治潛能。

馬爾庫塞既批判了資産階級的美學，又批判了所謂正統馬克思主義的美學，他提出了一系列美學觀點，試圖創立一種服務於本能革命或感覺革命的美學。他的主要美學思想可以歸納爲以下幾點：

第一，審美和藝術是對現實的超越。在《愛欲與文明》和《單向度的人》中，馬爾庫塞依據弗洛伊德關於快樂原則和現實原則表現了本能與文明、感情和理性的對立這一理論，把當代文明社會描繪成"壓抑性理性統治"的、喪失了自由的異化社會。他認爲，必須擺脱這種壓抑性現實原則的支配，征服和廢除理性統治的异化，才能使人類進入非壓抑狀態，獲得幸福和自由。人有兩種心理功能可以使人超越現實，擺脱壓抑性原則，這就是幻想和想象，而這兩種心理功能的運用集中表現在人類的審美活動和藝術活動之中。由於審美活動和藝術活動是一種想象，它本質上就是非現實的，是現實的異在，是一種否定的力量。由此他極力强調審美和藝術是對現實的超越、否定、反抗和大拒絶。他認爲，審美和藝術以非壓抑性爲目標，追求感性的快樂原則,創造的是非壓抑的世界,能使性欲本能得到昇華,抵抗理性的現實原則,以達到感性和理性的統一。他說:"藝術就是反抗。"① "它是大拒絶——抗議現實的東西。"② 藝術對現實原則提出了挑戰,是對現實原則的徹底否定。因此,"藝術使自己具有革命的性質"③,具有擺脱壓抑的解放功能。在他看來,審美和藝術的價值和意義,就在於消除文明對感性的壓抑,通過藝術秩序的建立,重建人與自然、主觀與客觀、感性與理性相和諧的非壓抑性秩序,實現"人的解放"。

第二,審美形式理論。這是馬爾庫塞美學思想的核心。他認爲,藝術與現實以及其它人類活動相區别的特質,不在内容,也不在純形式,而在於"審美形式"。藝術作品不是内容和形式的機械統一,也不是一方壓倒另一方,而是内容向形式的生成,内容變成了形式,這樣生成的形式就是審美形式。他認爲,審美形式是對既成社會現實的超越和昇華,與現實相間離,具有自主性的品格,它不依附於任何階級,也不爲任何階級服務,是徹底地獨立自主的,具有永恒的價值。另一方面,審美形式又是對現實的改造和重建,它蘊含着否定和拒絶異化現實的藝術的政治潛能,能促成新感覺和新意識的産生,破壞既成的社會現實,創造出不同於既成世界的新世界,具有使人解放的作用。他說:"我認爲藝術的政治潛能在於藝術本身,即在審美形式本身。此外,我還認爲,藝術通過其審美的形式,在現存的社會關係中,主要是自律的。在藝術自律的王國中,藝術既抗拒着這些現存的關係,同時又超越它們。因此,藝術就要破除那些佔支配地位的意識形式和日常經驗。"④ 並且說:"持久的審美傾

① 馬爾庫塞:《愛欲與文明》,上海譯文出版社 1987 年版,第 105 頁。
② 馬爾庫塞:《單向度的人》,重慶出版社 1988 年版,第 54 頁。
③ 馬爾庫塞:《愛欲與文明》,第 108 頁。
④ 馬爾庫塞:《審美之維》,三聯書店 1980 年版,第 203－204 頁。

覆——這就是藝術之道。"[①]

第三,建立新感性。這是馬爾庫塞提出的一個十分著名的口號。所謂新感性是與舊感性相對立的。舊感性是受理性壓抑的感性,是喪失了自由的感性,新感性是在審美和藝術活動中造就的、徹底擺脱了舊感性的完全自由的感性,是人的原始本能得以解放的感性。馬爾庫塞所講的新感性包含了性欲,因此他被視爲西方"性解放"的鼓動者,但公平地説,他講的新感性不限於性欲,他曾明確批評展現女性肉體的《花花公子》雜誌是"資産階級道德的腐敗"[②]。在他看來,感性是審美和藝術的原初功能。他説:"美學的根基在其感性中。美的東西,首先是感性的,它訴諸於感官,它是具有快感的東西,是尚未昇華的衝動的對象。不過,美佔居的位置,可能處於已昇華的客觀性和尚未昇華的客觀性之間。美不是直接的、具有機能特性的性欲對象(這種性欲對象甚至會阻止尚未昇華的衝動!),而且,在另一極端上,一個數學的公理僅以其高度的抽象、構形的意義,也可以説是'美'的。美的不同涵義,似乎皆歸諸於'形式'這個概念。"[③]不僅如此,他更强調的是建立新感性是一種政治實踐和人類解放的必由之路。他指出:"新感性已成爲一個政治因素。"[④]"革命必須同時是一場感覺的革命,它將伴隨社會的物質方面和精神方面的重建過程,創造出新的審美環境","培養一種新的感官系統"[⑤]。他認爲,審美和藝術不但是對現實的超越和否定,同時又是對現實的改造和重建,其原因就在於審美和藝術能够培養和造就新感性,給人提供新的感受,新的語言,新的生存方式,使人從理性的壓抑下徹底解放,達到新秩序和新世界的建立和肯定。建立新感性是馬爾庫塞激進的社會革命論的重要組成部份,具有鮮明的

① 馬爾庫塞:《審美之維》,第179頁。

② 同上書,第148頁。

③ ④ 同上書,第123、106頁。

⑤ 馬爾庫塞:《現代美學析疑》,文化藝術出版社1987年版,第59頁。

政治色彩。他指出,新感性已經變成了實踐。它不但出現在反對暴力和剥削的鬥爭中,而且出現在“青年人在社會主義陣營中抨擊認真精神:用超短裙反對機關幹部,用搖滚樂反對蘇維埃現實主義。强調一個社會主義社會可能而且應當是輕鬆的,‘愉快的,好玩的’”①。

第四,對蘇聯“馬克思主義美學”的批判。馬爾庫塞在《審美之維》中,主要從三個方面對馬克思主義美學進行了批判。他指的是蘇聯流行的馬克思主義美學。首先,他批評關於經濟基礎決定上層建築的理論,認爲它違背了辯證法,屈從於物化的現實,忽視了藝術超越特殊社會條件的永恒性品質,貶低了主體的整個主觀性領域在反對現實、超越現實方面的積極作用,抹煞了藝術的自主性和特殊規律。其次,他否認無產階級革命藝術的存在和藝術的階級性。他認爲,藝術作爲革命的武器,其政治潛能體現在藝術質量上,不依賴於任何階級,階級性衹表明“題材”的性質,不是構成藝術品的要素,藝術品的要素是“人性”,因此關於藝術階級性的命題業已過時,不符合當代資本主義的現狀。再次,他反對現實主義的藝術模仿論。他認爲,藝術對現實的摹擬是一種批判性的摹擬,不是直綫的機械照像。藝術是對現實的超越,藝術的真實性是異在性的存在,藝術的解放作用在於突破既存現實和對新世界的展望。因此不能説現實主義是“最切合社會關係的藝術形式,因此是‘正確’的藝術形式。”②

馬爾庫塞的美學是他的社會批判理論的一部份。馬爾庫塞從當代社會發展的角度强調審美和藝術在改造人類自身和推動社會進步方面的價值和意義,提出了一些重要的美學問題,這是值得重視的。但是,他的社會批判理論和美學的基礎不是馬克思主義,而是

① 《現代美學析疑》,第49－50頁。

② 同上書,第4頁。

他用來嫁接馬克思主義的弗洛伊德主義。他鼓吹的是抽象人性、本能、愛欲和非理性,對現實採取的是絕對否定的激進態度,他所標榜的絕對自由的無壓抑的理想社會祇能是一個烏托邦。所以,他的美學歸根到底是唯心主義的,具有反理性、反現實的性質。在西方,他被普遍看作當代"文化激進主義"的典型代表,他的美學被評價爲烏托邦式的激進的浪漫主義或反現實主義,這並不是偶然的。還應當一提的是,並非任何反對資本主義的人都是馬克思主義者。馬爾庫塞對當代資本主義社會的分析和批判雖然有助於把握現時代的某些特徵,但這種分析和批判畢竟是片面的、極端的,他誇大了科技進步造成的社會病態,把當代工業社會描繪成無階級對立的社會,以抽象人性反對現實的一切,這不但不符合實際,而且必然導致悲觀主義和盲動主義。他在《單向度的人》一書的末尾說:"社會批判理論並不擁有能彌合現在與未來之間裂縫的概念,不作任何許諾,不顯示任何成功,它祇是否定。因此,它想忠實於那些毫無希望地已經獻身和正在獻身於大拒絶的人們。"① 可見,否定一切,"大拒絶"這就是馬爾庫塞的結論。然而馬克思主義從來也不否定一切,對待資本主義社會亦然。

二　阿多諾的美學思想

阿多諾(Theodor Wiesengrund Adorno,1903-1969)是德國著名的哲學家、社會學家、美學家和音樂理論家,是法蘭克福學派的重要領袖人物之一。他生於萊茵河畔法蘭克福一個葡萄酒商家庭,自幼熱愛音樂和哲學,1924 年獲法蘭克福大學哲學博士學位,大學畢業後曾致力音樂技巧研究,1931 年以後去法蘭克福大學任教,二戰期間流亡國外,1938 年加入法蘭克福學派,在設於美國哥倫比亞大

① 《單嚮度的人》,第 216 頁。

學的社會研究所工作，1950年隨霍克海默回法蘭克福大學，協助重建社會研究所，1953年起擔任該所所長，並於1963年兼任德國社會學協會主席。1969年在學生運動中不幸逝世。阿多諾著述甚豐，由梯德曼編輯的《阿多諾全集》共23卷。主要哲學著作有《啟蒙的辯證法》(1947，與霍克海默合著)、《棱鏡：文化批判和社會》(1955)、《黑格爾研究三講》(1963)、《否定的辯證法》(1966)、《社會批判論集》(1967)等。主要美學著作有：《克爾凱郭爾：美的構造》(1933)、《現代音樂的哲學》(1948)、《新音樂哲學》(1949)、《音樂社會學導論》(1968)、《文學筆記》(共3卷，1966－1969)和《美學理論》(1970)等。

阿多諾的美學時常被稱作"否定的美學"，它是以其"否定的辯證法"爲哲學基礎的。他說："否定的辯證法是一個蔑視傳統的術語。"① 在他看來，以往的辯證法，包括恩格斯所講的自然辯證法都是錯誤的，因爲它們都把辯證法歸結爲肯定，因而要求同一性、總體性和體系性，不了解正確的認識方法應當是否定的辯證法。他所謂否定的辯證法祇有否定，没有肯定，是一種主觀的辯證法，他不承認自然界有客觀的辯證法，更不承認主觀辯證法是客觀辯證法的反映。他認爲否定的辯證法就是"矛盾地思考矛盾"，"不斷否定"，它不追求認識論的同一性、總體性、體系性，是一種"崩潰的邏輯"。總之，事物總是不斷地"走向反面"，没有什麽肯定。從這種觀點出發，他認爲人類追求進步的歷史就是不斷走向反面的歷史，正是由於人試圖以科學技術的手段控制自然和社會，纔給人類不斷地帶來災難，以至達到當代工業社會中技術統治，人性喪失，全面異化的悲慘境況。他認爲，當代現存社會已發生嚴重的病變，應當徹底否定，以拯救現實所異化掉的人性内容，藝術應當作爲中介參與對社會的批判，造成"震驚"的審美效果，使被現實壓抑得麻木的心靈恢

① 阿多諾：《否定的辯證法》，1973年倫敦(英文版)，第9頁。

復人性。

阿多諾的這種否定的美學是以藝術與現實、藝術與社會的關係問題爲中心的。他的美學代表作《美學理論》所研究的核心問題，就是藝術和審美經驗同社會現實的關係實踐問題。這是一種"藝術社會學"。阿多諾比馬爾庫塞更熟悉藝術，尤其是音樂，他對現代藝術的發展表現了更多的關心和興趣，所以他的美學更多涉及了具體藝術領域，是很豐富的。這裏我們僅介紹一二。

第一，藝術和反藝術。在《美學理論》中，阿多諾對傳統美學進行了批判，他從現代藝術經驗出發，對藝術的本質作了重新界定。他認爲，從本質特徵上看，藝術是不同於現實的東西，他稱之爲"異樣事物"(Das andere)，因此藝術不能用是否正確反映現實來衡量。他說："藝術對於社會是社會的反題，是不能直接從社會中推演出來的。"[①] 這就是說，藝術具有自主性，是對既定現實的離異。而從藝術的社會功能看，藝術又有否定性，也就是說，藝術是對既定現實的否定，是一種否定性力量，是與現實進行鬥爭的實踐方式。他說："藝術不僅是比現存的統治者更好的實踐的統治者，而且同時也是一種對爲了現存制度，在現存制度的統治下殘酷的自我保存這一實踐所進行的批判。藝術揭穿了藝術爲了自我而生產的謊言，它在勞動的魔力之外自選一個實踐的位置。幸福的許諾的意義遠遠超出了被迄今爲止的實踐所倒置了的幸福的位置：幸福似乎淩架於實踐之上。藝術作品中的否定性力量測出了橫隔在實踐和幸福之間的深淵。"[②] 阿多諾對藝術本質雙重性的這種看法和馬爾庫塞的觀點是一致的。他所謂離異也就是超越，所謂否定也就是反抗或大拒絕。

阿多諾不僅對藝術的本質作了重新界定，他還對藝術的內容、形

① 阿多諾：《美學理論》，1970 年法蘭克福(德文版)，第 19 頁。

② 同上書，第 26 頁。

式、真實性、技巧、風格、自然美等傳統美學範疇作了重新界定，尤其是他突出研究了現代藝術的審美特點問題。他認爲，現代藝術已不同於傳統藝術，藝術的黄金時代隨着現代社會造成的人性異化而蕩然無存，充斥於現代資本主義市場的現代藝術已具有反藝術的審美特徵。阿多諾提出了反藝術這個概念，但並没有給它明確的定義，可是其基本含義是清楚的。他認爲，反藝術是社會變遷的産物，現代社會的全面異化是反藝術産生的直接根源。他説："堅持自己的概念，排拒消費的藝術，過渡爲反藝術。"[①] 這裏所説消費的藝術，是指那些迎合大衆口味而投放市場成爲商品的藝術，阿多諾認爲，這是文化工業的産物，它已喪失藝術的美學原則，不能給人真正的美的享受，反而加深異化現實對人的奴役。反藝術拒斥消費的藝術，堅持自己之爲藝術，反對把自己變成消費品的商品，於是就把自己變成了反藝術。因此反藝術是社會危機和藝術危機的表徵。他認爲，反藝術概念所包含的藝術危機有兩種，即"意義的危機"和"顯現的危機"。前者指藝術作品的意義受到了否定，後者表示現代藝術已無法依賴傳統的藝術表現手法，必須在藝術觀念和技巧手法上脱胎换骨。爲了擺脱危機，現代藝術走上了兩條道路；一條是藝術作品心理化，幻想化的道路，即印象主義的道路；另一條是物化的道路，即自然主義的道路。質言之，反藝術是對現代資本主義社會异化現實的抗爭，是對文化工業操縱藝術的反應，是消費藝術的對立面。

阿多諾是現代藝術和現代文化的批判者，他對現代資本主義文化扼殺人的智力、才華，把人和藝術都變成商品等異化現象作過許多尖鋭的批評。但他並不是悲觀主義者，他通過"反藝術"概念的提出，對現代主義藝術流派，如印象主義、表現主義、立體主義、達達主義以及荒誕派等的出現和存在的合理性作了美學上的辯護，並對其

① 阿多諾：《美學理論》，第 503 頁。

社會批判功能在否定异化現實、塑造新的社會主體方面的功能，寄予了深切的厚望。

阿多諾的美學具有鮮明的現代特徵，但他並没有簡單地拋棄傳統。他認爲，現代藝術的危機還在於"摹仿的禁忌"。藝術創造的根本道路仍在摹仿(當然這不是機械地摹仿)，由此藝術才會有自然的感性的源泉、基礎和動因，也才具有否定、對抗現實的力量。但在現代極權主義社會中，統治階級出於加强對人的控制的需要，竭力用商品化的消費意識扼殺主體的自我意識，以致主體缺乏對世界真實本相的理解，無法確切地摹仿這個世界。摹仿的禁忌是統治階級的意志限制、壓抑人的正常發展的産物。爲了對抗異化的現實，必須恢復摹仿原則在藝術創作中的地位，表現個人在世界中的經驗。這種經驗發自主體的深層意識，具有人類内在精神性的價值，它必將成爲揭示人類生存處境荒謬性的動力，形成反叛現實的藝術作品。

第二，關於音樂美學。阿多諾的音樂美學思想是他的美學思想的重要組成部份。他自幼熱愛音樂，對音樂深有研究。他提出了音樂和社會的整體性原則，認爲音樂和社會是一個相互制約的整體，音樂的存在和演變是由社會現實决定的，反過來又對社會現實起拯救作用。他説："音樂的經驗，不單純是音樂的，而且還是社會的經驗。"① 音樂語言就不是純粹的自然物質材料，而具有一定的社會内容，是在社會歷史的永恒變化和發展中得以形成和演變的。傳統音樂的失勢，來自觀衆反應方式的退化，而這種退化又是由於現代工業社會的音樂消費實踐造成的。而現代音樂之所以能頂住這種退化而得以幸存，是由於它具已有不同於傳統音樂的表現方式和新的審美特徵，因此雖然現實社會異化了，使人失望了，但現代藝術以其

① 阿多諾：《論流行音樂》，《哲學與社會科學研究》，1941 年(德文版)第 9 卷，第 39 頁。

音樂表現內容和形式的否定性處理,能够間接挽回人們在現實中失去的希望,從而起到拯救絶望的作用。現代音樂的新的審美特徵主要表現在:其一,它有一種"先期出現的幻想要素",能够展示一種現實中還没有,但人們期望它出現的東西;其二,現代音樂有一種"指向他物"的特徵,能把欣賞者引向現實中非實存的希望;其三,現代音樂使用的是一種無意義的語言,它是一種無概念的藝術形式,能通過表現生活意義的喪失,使人類意識客觀化,從而"最真實"地表現人們絶望的事實。所有這些特徵表明,現代音樂本質上是超驗化的,是超脱了異化現實的,因此它能使人在欣賞中與現實中所失去的真實內容相交往,挽回現實中泯滅的希望。

阿多諾的美學也是社會批判美學,與馬爾庫塞的美學一樣,具有反對當代資本主義異化現實和烏托邦的性質,同時也具有反對傳統美學的現代特徵。他比馬爾庫塞更注重現代藝術問題的研究,涉及更多具體的美學問題,也更富有啟發性。

第十一節　結構主義美學

結構主義作爲一種文化、哲學思潮,出現於本世紀40－50年代,60年代後在法國取代了存在主義而達於鼎盛,70年代起逐漸衰落,爲後結構主義等其他思潮所代替。結構主義並不是一個統一的哲學流派,其核心思想是把一切事物都看成處在一定的系統結構之中,認爲任何事物衹有在系統整體中纔能獲得其意義,並把結構分析作爲觀察、研究、分析事物和現象的基本思路與方法,力圖發現事物背後的結構模式。結構主義方法的運用不限於哲學領域,它已廣泛滲透於語言學、人類學、心理學、社會學、歷史學、美學、文學批評等各個人文學科。結構主義試圖以此達到人文學科的科學化。

結構主義美學由語言學演化而來,其先驅是瑞士著名語言學家索緒爾，它對本世紀前20年代俄國形式主義和30年代布拉格結構主義傳統也有繼承和發展。結構主義美學的前期代表是法國人類學家列維－斯特勞斯，另外精神分析學家雅克・拉康、歷史哲學家米歇爾・福柯和馬克思主義理論家路易・阿爾都塞也有不同程度的貢獻；後期代表是羅蘭・巴特、A. J. 格雷馬斯、茨維坦、托多羅夫、克勞德・布萊蒙和熱拉爾・熱奈特等人，他們主要從文學理論和批評方面發展了結構主義美學，其中羅蘭・巴特的成就最爲卓著。下面分別介紹一下維－斯特勞斯與羅蘭・巴特的主要美學思想。

一　列維－斯特勞斯的結構主義神話研究

列維－斯特勞斯（Claude Levi-Strauss, 1908－　）是法國著名的人類學家、哲學家，結構主義運動的開創者與主要代表之一。他生於比利時布魯塞爾一個猶太家庭，後遷居法國凡爾賽。早年就讀於巴黎大學，1932年獲哲學教師任教資格證書，到一所中學任教。1934年到1939年受聘巴西聖保羅大學人類學教授，多次深入巴西內地對許多印第安人原始部落進行調查研究，這種考察有助於他後來提出的思想。1942年赴美國任教於紐約新社會研究學院，1944年開始擔任法國駐美大使館文化參贊。1947年回國後獲巴黎大學文學博士學位，並先後擔任巴黎人類博物館副館長、法蘭西學院社會學教授，1973年被選爲法蘭西學院院士。他的主要著作有《語言學與人類學的結構分析》(1945)、《親屬關係的基本結構》(1949)、《熱帶閑愁》(1955)、《神話的結構研究》(1955)、《結構人類學》(1958)、《野性的思維》(1962)和四卷本的《神話學》(1964－1971)等。

列維－斯特勞斯的結構主義理論主要來源於索緒爾、俄國形式主義和布拉格結構主義者雅各布遜和美國轉換生成語言學家喬姆斯基,因爲後二者的語言理論都是在索緒爾基礎上的發展,這裏也就不作介紹了。索緒爾在其代表作《普通語言學教程》中主要提出了以下思想:第一,是對言語和語言進行區分,認爲言語是個別的人在具體情境中所説的話、寫的書,而語言則是指抽象的語法規則和慣例,是使表層言語具有意義的深層結構。第二,强調語言的符號性質,認爲這種符號性質是由能指即語音形象和所指即概念内容兩方面的關係確定的。能指和所指的關係即是任意的又是約定的,符號的意義與外在事物無關,祇有在符號的系統即語言的整體結構中才能見出。第三,强調語言的差異對立,認爲音位的兩元對立是語言的基本結構。語言中任何一項的意義都不是自足的,而是取决於它與上下左右其他各項的對立。第四,指出語言是歷時性和共時性的統一,强調語言結構的完整性。需要指出的是,他所謂的歷時性並不是指語言的歷史性,而是指一句話説出來的先後次序,所以他又把這種歷時性説成是一種句段的和水平的關係;他所謂的共時性,也並非是指一句話中的語詞的同時存在,而是指這句話中的語詞與這句話外的相同或相近的語詞同時存在,所以他又把這種共時性説成是一種聯想的和垂直的關係。

列維-斯特勞斯將這種語言學理論泛化、發展成爲一種普遍的哲學理論和文化理論,因爲他認爲語言的深層結構"同時構成文化現象(使人和動物區别開來)的原型,以及全部社會生活形式藉以確立和固定的現象的原型"[①]。他將這一從語言學中吸收而來的結構主義方法,嚴格貫徹到他的神話研究之中。他認爲,神話同人類一切社會活動和社會生活一樣,都具有雙層結構,其中内在結構支配着外在結構。神話的表面意義總是不同於真實意義,而他的神話研究就是要發現在神話表面似乎或然性的無規則的變動之下隱藏着

① 轉引自特倫斯·霍克斯;《結構主義和符號學》,上海譯文出版社 1987年版,第25頁。

的穩定的深層結構。列維-斯特勞斯對這種深層結構的解釋就是人類心靈中存在的共同的“下意識結構”,這種下意識結構不是孤立的個人的下意識,而是類似於榮格的“集體無意識”的人類共同的心理結構。正是由於此,神話纔具有同詩歌完全不同的可轉換性,它使得神話的虛構價值即使通過最差勁的翻譯也始終保存着,無論人們對先民的語言文化如何無知,都能感知並理解全世界各民族的神話。

神話種類繁多而又大量重復,如何從紛亂雜多的表面内容來把握其深層結構呢?列維-斯特勞斯進行神話分析的方法是,先分析每一個個別的神話,把神話故事分解成儘可能短的句子即“神話素”;然後把所有這些句子按歷時、共時的原則分別加以縱横排列和比較,以便找出它們共同的“關係的集束”。他認爲一切關係都可以還原爲兩項對立關係,而神話的實質就是人企圖加以調解這些對立關係的一種密碼,或“中間項”,通過這種對立關係,人們可以看到人與自然和社會生活中的許多矛盾、荒謬的現象。他在《神話學》中運用上述原則對美洲印第安人的813個神話傳説一一進行了結構主義的分析,但其内容十分龐雜,下面我們僅以他對俄狄浦斯神話所作的結構分析爲例,來看看其神話學的概貌。爲了論述方便,先把這個神話簡述一遍。

卡達摩斯之妹歐羅巴被天帝宙斯騙走,他於是到處尋妹,途中殺死一條毒龍,引起斯巴托人互相殘殺,後在那裏建立忒拜城。卡達摩斯的後代拉布達考斯之子萊奥斯統治忒拜時,神諭告訴萊奥斯其子將要弑父娶母,於是他將嬰兒遺棄,但却被一牧羊人送給無子的科任托斯國王。俄狄浦斯王子長成後被神諭告知自己將弑父娶母,他逃出國境後與萊奥斯相遇發生矛盾,失手打死了親父。俄狄浦斯在忒拜城外遇見到獅身人面獸斯芬克司,解答了“早上用四支脚走路,中午用兩支脚走路,晚上用三支脚走路,脚最多的時候,正是速度和力量最小的時候”這一斯芬克司之謎。這一隱謎的謎底是人。

他殺死了斯芬克司，因爲解救了忒拜城，就被推爲忒拜國王，娶了母親。後來神降瘟疫，俄狄浦斯按神諭知道了自己的亂倫行爲，他自己雙眼刺瞎，流浪遠方，其母自縊。他的兩個兒子厄特克勒斯與波呂涅克斯爲爭奪忒拜王位而相互殘殺身亡，妹妹安蒂戈涅不顧禁令埋葬了哥哥波呂涅克斯，遭囚禁而自殺。

列維－斯特勞斯把以上神話分解爲若干句子即神話素，從歷時與共時兩方面加以排列，得到如下圖表。

卡達摩斯尋找妹妹歐羅巴		卡達摩斯殺死毒龍	
	斯巴托人互相殘殺		
			拉布達考斯＝瘸子萊奥斯＝左撇子俄狄浦斯＝腫脚
俄狄浦斯與其母結婚	俄狄浦斯殺死了父親萊奥斯	俄狄浦斯殺死了獅身人面獸斯芬克司	
安蒂戈涅埋葬其兄	厄特克勒斯兄弟互相殘殺		

他認爲，這四個縱行，每一行都包括幾個屬於同一集束的關係，每一行都可以看作一個結構要素單元。他認爲第一個縱行“是以過高估計血緣關係爲共同特徵的”；第二個縱行“過低估價了血緣關係”；第三縱行涉及人殺死一些怪物，因爲怪物是大地所生的，人要殺死怪物才能生存，所以其“共同特徵是對人類由大地起源的否定”；第四縱行是神話主人公姓名的含義，它們顯示出一個共同的特點是行走與筆直行動的困難，這暗示人類從大地深處出現時要麼不會走，要麼行走極不方便，所以其共同特徵是“堅持人類由大地起源”。最後他推論三、四縱行的關係與一、二縱行的關係是一致的，都是兩個對立項，這兩組對立項透露出俄狄浦斯神話的深層結構是人類生於大

地還是人類生于男女血緣關係兩種對立觀念的調解。他總結說:“我們發現的是關于人的起源的兩種對立意見的一個奇怪的邏輯表述:一種觀念是人生于大地,另一種觀念是人生于男女。在這些神話傳說中,通過想象把二者等同起來,從而解決了這個衝突。”① 他還指出儘管俄狄浦斯神話的各種傳本有些情節並不相同,但却都穩定地保持着上述基本結構。

可以看出,列維-斯特勞斯是將神話作爲一個客觀的整體系統進行由表及裏的結構分析,並且他也打破了以往神話研究的地域限制,力圖發現全世界神話傳說的普遍結構。儘管他的理論存在諸多不足,具體結論也難得普遍讚同,但他無疑開拓了神話研究的新領域,提供了一種神話研究的新的思路和方法。

列維-斯特勞斯的美學貢獻主要就是他的神話學研究,不過他也提出過一些對於藝術及藝術欣賞的看法。他把藝術放在科學與神話的關係之中來論述,認爲藝術是“處於科學知識和神話或巫術思想二者之間的。因爲一般都知道,藝術家即有些像科學家,又有些像修補匠:他運用自己的手藝做成一個物件,這個物件同時也是知識對象。”② 這就是說,藝術是一種處於科學的概念和神話的記號中間的東西,是這二者的綜合,一方面具有概念的特點,另一方面又具有形象的特點。他還談到藝術與神話的區別,認爲“產生神話的創造行爲與產生藝術作品的創作活動正相反”,“藝術從一個組合體(對象＋事件)出發達到最終發現其結構;神話則從一個結構出發,藉助這個結構,它構造了一個組合體(對象＋事件)”③。簡要地說,就是神話通過結構創造事件,藝術是通過事件去揭示結構,這種通過事件去揭示結構的過程,就是藝術家的創作過程。至於藝術欣

① 列維-斯特勞斯:《結構人類學》,1958年倫敦(英文版),第215－217頁。

② 列維-斯特勞斯:《野性的思維》,商務印書館1987年版,第29頁。

③ 同上書,第33－34頁。

賞,列維-斯特勞斯認爲,欣賞者對藝術的欣賞經歷了創作者對藝術的創作同樣的過程,這個過程包含着滿足智欲和引起快感兩個方面。所謂滿足智欲,就是通過藝術作品所呈現的事件去發現結構,對藝術作品有一個整體把握。而所謂美感則是欣賞者心目中所形成的結構與事件的統一,結構相當於我們通常所説的必然、真、合規律性,而事件則相當於我們通常所説的自由、善、合目的性,因此他所説的美感情緒就是真與善、必然與自由、合規律性與合目的性的統一,這無疑是很深刻的。

二 羅蘭·巴特的結構主義叙述學

羅蘭·巴特(Roland Barthes,1915—1980),法國著名的文學批評家、理論家和社會學家,結構主義的代表人物之一,也是後結構主義的創始人之一。1915年生於法國瑟堡,後遷居巴黎。因早年多病,靠自修接受高等教育。1952年人法國科學研究中心從事詞匯學與社會學的研究,但主要圍繞文學問題。1976年起任法蘭西學院教授,1980年死於車禍。他一生著述甚豐,主要作品有《寫作的零度》(1953)、《米舍萊》(1954)、《神話學》(1957)、《論拉辛》(1963)、《批評論文集》(1964)、《叙事作品的結構分析》(1966)、《批評與真實》(1966)、《符號學原理》(1968)、《S/Z》(1970)、《薩德、傅立葉、羅耀拉》(1971)、《文本的快感》(1975)、《巴特論巴特》(1975)等。

巴特一生的文學理論和美學思想複雜多變,大致可劃分爲兩個時期,其標誌就是他的名著《S/Z》(1970)的發表。前期是他的結構主義思想逐步成熟的時期;後期是他逐步背離結構主義思想轉向後結構主義或解構主義的時期。

1. 前期巴特

同列維-斯特勞斯一樣,結構語言學也是巴特的結構主義叙述學的理論基礎。他藉用了索緒爾語言和言語的區分原則,提出了文學叙事作品與其背後的叙述模式和規則的區分,並認爲語言的結構是文學作品的結構的基礎。在他看來,文學作品是作家的言語,是由語言生化出來的,語言不僅爲作家構築文學作品提供了規則和慣例,而且也爲文學作品所涉及的範圍劃定了疆域。那麽如何從各種叙事作品(相當於言語)中發現其共同的叙述形式(相當於語言)呢?巴特認爲叙述學的結構分析就是先將叙述話語(作品)分解成三個層次,然後加以結合或重組,構成叙述話語的系統整體。

巴特將叙事作品分爲三個描述層。一是功能層。他認爲功能是叙事作品可切割的最小單位,也是三層中的最低層,一切叙事作品都是由種種功能組成的。功能是一個内容或意義單位,而不是指意義的表達方式。功能可以體現爲叙述話語中的句子,也可以體現爲小於句子的單位(如句組、單詞等)或大於句子的單位(如詞組、段落乃至整部作品)。巴特將功能又分爲兩大類,即分佈類和結合類。分佈類是指處於同一層次的相關單位,以莫泊桑的《項鏈》爲例,藉項鏈的相關單位是丢項鏈和還項鏈,藉錢的相關單位是還錢。結合類不同於分佈類,它不能在功能層中得到説明,衹有在行動層或叙述層才能得到理解。它可以是作品中人物的性格、情感、叙述氣氛和所藴含的哲理,也可以是提供一定知識的信息。爲了説明這兩類功能如何結合的問題,巴特還提出了"序列"概念。他認爲,"一個序列是一連串合乎邏輯的、由連帶關係結合起來的核心。序列始於一個與前面没有連帶的項,終於另一個没有後果的項。"[1] 又説,"序列由功能組成,有始有終,歸在一個名稱下面,本身構成一個新的單位,隨

① 巴特:《叙事作品的結構分析導論》,《外國現代文化批評方法論》,江西人民出版社 1985 年版,第 268 頁。

時可以作爲另一較大序列的簡單的項而發揮作用。”[①] 總之，敘事作品就是由若干序列即功能群連接、交錯而組合起來的，小序列又成爲大序列的一個項。第二，行動層即人物層，這一層主要研究作品中的人物結構和分類關係。在他看來，不能把人物衹當作心理本質的承擔者，而應當作行動主體。他强調行動並不是指作品中人物的細小行動，而是指由人物統領着的大的動作，如欲望、交際與鬥爭。他認爲一部敘述作品可以簡化爲幾個行動者和幾個大的功能，但這種解釋仍不完滿，行動者及其行動最後必須由敘述層即由話語來完成。第三層就是敘述層即話語層，話語作爲最高層其實是功能人物層的整合，話語使作品成爲作品。文學的研究就到話語爲止，因爲超過了敘述層就是外界，也就進入社會、經濟、思想意識等其他符號學體系了。這樣在巴特那裏，敘事作品的功能組成序列，序列組成行動，行動作爲人物的特徵而歸入敘述層，功能、行動、敘述三個層次最後就在敘述層中獲得了各自的意義，達到了敘事作品的整體統一和結合。

巴特將他的結構主義敘述學理論充分運用於文學批評實踐之中，《論拉辛》就是這麼一部專著。他首先對拉辛的劇本進行分割、打碎，然後將同一類情節集中起來，形成一束束關係叢，最後再對這些關係進行分析，以發現拉辛劇本的整體結構。通過這樣一系列過程，巴特發現“拉辛的劇本並不像法國文學界一貫認爲的那樣，是磨光的鏡子，用於以道德的目光看待世界，而是‘拉辛式的人類學’的基礎，這種人類學的關於複雜而高度模式化的主題‘對立’系統，産生了各種各樣聞所未聞的(或被壓抑了的)心理結構。”[②] 那麼這種對立系統和心理結構是什麼呢？巴特將其概括爲一個公式：“A對B擁有全權。A愛B，却不爲B所愛”。他認爲，這個公式既揭露了人

---

① 巴特:《敘事作品的結構分析導論》,《外國現代文化批評方法論》,第269頁。

② 霍克斯:《結構主義和符號學》,第113頁。

物之間關係的兩元對立,也揭露了人的心理結構的兩元對立。因爲人物之間的關係與人的心理有着相同的結構,正是由於人的心理結構中的兩元對立,特别是人的情欲的兩元對立,纔決定着人物關係的兩元對立,决定着世界結構的兩元對立。在此基礎上,巴特揭示了拉辛戲劇的本質,他認爲拉辛的戲劇不是愛的戲劇,而是暴力的戲劇;不是道德的戲劇,而是情欲的戲劇;不是充滿着澄明的一片和諧,而是充滿了神秘的黑暗與慘淡的光明的鬥争。因爲戲劇的這種兩元對立結構與欣賞者的兩元對立的心理結構有着同構關係,所以纔引發了人的美感。

以上就是巴特結構主義叙述學的主要觀點。應當承認,巴特力圖用結構分析方法發現並建立叙事作品的結構模式的努力是可貴的,對於叙述學這門新學科的創立也確有重要啟示,但他始終是在用語言學的方法來探討叙事作品的結構,衹把文學作品看成一個純語言性的封閉自足系統,這難免有些牽强和簡單化了,我們通過他對拉辛作品的分析,也可看到這一點。

2. 後期巴特與後結構主義

1970年,《S/Z》的出版,標誌着巴特從結構主義轉向後結構主義,這部著作也成爲解構批評的理論典範之一。在這部書中,巴特開始特别强調讀者對於文本的作用,他認爲由於讀者處於歷史發展中,所以文本的結構和意義也就處在歷時性的變化和開放之中,解構就應該成爲一切文本的屬性。巴特將文本分爲"閱讀性文本"與"創造性文本"兩種,他認爲閱讀性文本是静態的,其能指和所指的關係是固定的,讀者對於文本的關係是被動的,要麼接受文本,要麼拒絕文本。而創造性的文本則處於動態之中,能指和所指之間没有固定的關係,其意義是無限多元和蔓延擴張的,讀者對於文本的關係不是被動地接受,而是能動地創造,即允許讀者發揮自己的作用,去領會能指的神奇功能,去領略寫作的樂趣。在他看來,創造性文本即現代派作品才是真正的文本;而閱讀性文本即古典作品,尤其是現實主義作品是過時的、僵死的、没有存在價值的。巴特還指出,從根本上說,現實主義作品並不是不能解構,並不是不具有可寫性,它衹是以自己的形式,用所謂的事實把可寫性壓抑下去、隱藏起來了。爲了揭示解構的普遍性,巴特專選現實主義大師巴爾扎克的作品《薩拉辛涅》來進行分析,其用意十分明顯。限於篇幅,我們這裏不再轉述。需要指出的是,巴特所謂的創造性文本,並不是指作者的創造,相反他認爲作者對於作品的形成没有太大的作用,"作者已死"是他的著名口號。那麽創造性文本究竟是誰的創造呢?他認爲是通過讀者的閱讀使文本不斷産生新的意義,讀者的閱讀對創造性文本的産生具有決定性的作用。爲了形成創造性文本,巴特提出讀者閱讀時應採取一種"評注"的方法,即把文本的各部份分割開來,然後再組裝到一起,但組裝的結果不是像過去那樣發現作品的整體結構,而是要發現作品的新的意義,即形成一個新的創造性文本。

可以看出,在後期巴特那裏,原來結構主義所主張的結構的整體性和穩固性已經解體,結構已被賦予了嶄新的開放性和發展性。這恰是後結構主義的精髓和基本思想,巴特本人也因此成爲後結構主義的創始人和代表人物之一。

後結構主義或解構主義最早出現於 60 年代,原爲結構主義者的巴特、福柯、拉康後來都轉向了後結構主義,而法國文學批評家、美學家、哲學家德里達(Jacques Derrida,1930—)更是其主要代表。他於 1967 年連續推出的《書寫語言學》、《言語與現象》、《寫作與差異》等著作,爲後結構主義的形成和發展奠定了理論基礎。

德里達的解構思想建基在繼承和批判結構主義的基礎理論——索緒爾語言學——之上。如前所述,索緒爾認爲語言符號由兩個不可分的方面組成,一是語言形象,一是概念内容,即能指和所指。他認爲能指與所指的關係是任意的,二者並不存在固有的、必然的、内在的聯繫。這是任意性原則,此外,語言符號還有區分性原則,符號内部是能指和所指的區分,外部是一符號與他符號的區分，一個符號的性質就是在這縱横兩方面的區別中產生的。德里達認爲，索緒爾的任意性與區分性衹涉及能指；既然符號中能指和所指是一個不可分割的整體，那麼任意性和區分性原則就不應該衹涉及能指，而必然要包括所指。他認爲必須用能指與所指之間的横向關係來代替能指與所指之間一一對應的縱向關係，能指不再涉及超越它自身以外的實體、事物或思想觀念（即所指），它衹涉及其他的能指。在德里達看來，語言實質上是一種自我參照的系統，它酷似一種漫無頭緒的遊戲，各種因素都在其中相互作用變化，但其中任何一種因素都不是一清二楚的，所有的因素都是互爲痕跡。在此基礎上，德里達又重新審視了共時性和歷時性的概念，他認爲索緒爾實質上衹重視共時性，其實對一種説明的關鍵在於必須對同時存在的東西作歷時性的説明，共存衹有在延續中才能得到説明和理解，真正的同時性必須是空間與綿延的統一、空間與時間的交叉。德里達還對以往將言語凌駕於書寫之上的"聲音中心主義"進行了批判，將西方傳統思想中言語與書寫的等級制度顛倒過來，證明等級制度實際上並不存在。這樣，原有的語言結構也就喪失了合法性，建基於其上的西方追求整體一結構一中心一本源的思維模式和整個文化傳統也就理所當然地受到質詢和懷疑。德里達將自古希臘以來的西方形而上學傳統稱爲"邏各斯中心主義"，並對其展開了激烈地抨擊和批判。在邏各斯中心主義者看來，存在着關於世界的客觀真理，科學和哲學的目的就在於認識這種真理，而德里達認爲邏各斯中心主義這種要求返回真理、不作任何歪曲地直接面對真理的渴望衹不過是一種没有可能的、自我毁滅的夢想。

總之，在德里達所代表的後結構主義那裏，西方兩千年的文化傳統都無一例外地遭到拆解，被視爲歷史的拉圾而棄之不顧，這種對無中心性、無體系性、無明確意義性的追求，衹能使現代思想領域成爲一片荒原，没有了任何人類賴以生存的精神、價值、生命、意識、真理和意義。這顯然有其偏激之處，其徹底的虛無主義立場並不足取。事實上,近年來後結構主義也已漸趨衰微,當然這並不意味着我們可以忽視它,作爲人類文明鏈條上的重要一環,我們應當給以重視。

第十二節　解釋學美學

解釋學美學是在胡塞爾現象學和海德格爾的存在主義哲學的基礎上發展起來的一個美學流派。它於60年代初在德國興起,其創立者和主要代表人物是伽達默爾。它一出現很快就在歐美得到傳播,引起很大反響,並直接引發了接受美學等新的流派。現在它已成爲一股重要的國際性的美學思潮。美國的赫什、法國的利科爾等人,都是重要的代表。

解釋學 Hermeneutic 一詞最早出現在希臘文中,它的詞根 Hermes (赫爾墨斯)是希臘神話中宙斯和衆神的信使,他不僅向人傳遞神的信息,而且還是一個解釋者,負責對神諭加以解釋和闡發,使衆神的旨意變得可知而爲人接受。因此解釋學一詞的最初含義就是解釋,使隱藏的含義顯示出來,由不清楚變得清楚①。

在西方,解釋學的歷史淵遠流長。從古希臘到18世紀,它一直是解釋古典文獻和《聖經》文本求得正確理解的一種方法和技巧,頗類似我國古代的訓詁注疏,還不是一門獨立的學科。直到19世紀,古代解釋學才由德國神學家施萊爾馬赫和生命哲學家狄爾泰發展爲近代解釋學,成爲一門具有認識論和方法論普遍意義的學科。近代解釋學的基本特點是客觀主義,强調忠實客觀地把握文本和作者的原意。施萊爾馬赫側重尋找避免誤解的方法,狄爾泰强調要通過

① 另說,據柏拉圖在《克拉底洛》篇記載,赫爾墨斯除擔任衆神的信使外,還是主司道路、科學、發明、口才和幸運之神,同時又是一個騙子、賊人和陰謀家,所以他的解釋也真僞難辨,因此更需要解釋。

個人的生命體驗達到比原作者對文本更正確的理解。海德格爾批判了狄爾泰的客觀主義，認爲狄爾泰的生命體驗是以存在者和存在的分立爲基礎的，而實質上解釋活動是“此在”的一種存在方式，這樣他就否定了作爲認識論和方法論的近代解釋學，爲作爲本體論的現代解釋學奠定了基礎。伽達默爾的解釋學及其美學就是在海德格爾的啟發下發展起來的。

伽達默爾（Hans－Georg　Gadamer，1900－　）是繼海德格爾之後當代最主要的德國哲學家。他生於馬堡一位科學家的家庭。青年時代曾在慕尼黑大學學習，後來在馬堡、萊比錫、法蘭克福等大學任教，現爲海德堡大學榮譽教授。他著述豐富，廣泛涉及哲學、哲學史、美學、藝術和文化各個領域。主要著作有：《柏拉圖的辯證倫理學》（1931）、《柏拉圖與詩人》（1934）、《歌德與哲學》（1947）、《真理與方法》（1960）、《短論集》（四卷、1967－1971）、《黑格爾的辯證法》（1971）、《科學時代的理性》（1981）等。其中《真理與方法》是伽達默爾解釋學的奠基之作，也是他的美學代表作。伽達默爾親身經歷兩次世界大戰給人類造成的災難，他的哲學和美學體現了他對人類歷史的全面反思和對人類命運和未來的探索。

1. 哲學解釋學的基本概念和原則

伽達默爾稱自己的解釋學爲哲學解釋學，它也不同於古典解釋學，不是關於理解的方法、技巧的研究。他說：“我的著作在方法上是立足於現象學基礎之上，這是毫無疑問的。”① “我的哲學解釋學僅僅在於，遵循後期海德格爾的思路，並用新的方法達到後期海德格爾的思想。”② 因此，他的解釋學運用的是胡塞爾現象學的方法，是對後期海德格爾思想的繼承和發展。海德格爾認爲，理解不是把握一個客觀事實，因此理解不是客觀的，而是主觀的，不可能具有客

① 伽達默爾：《真理與方法》，1960 年慕尼黑（德文版），第二版序言。

② 《伽達默爾選集》第 2 卷，1960 年慕尼黑（德文版），第 10 頁。

觀有效性。不僅如此，理解本身還是歷史性的，它取決於一種在先的理解，即所謂前理解，有所謂“前結構”，也就是説，理解要以前理解和前結構爲前提。伽達默爾讚同海德格爾的這一觀點，但他强調：“説到底，一切理解都是自我理解”①。由此，他進一步提出了理解的歷史性、視界融合、效果歷史等主要概念，豐富和發展了海德格爾的思想。

伽達默爾認爲，理解的歷史性包含三方面因素：(1)在理解之前就已存在的社會歷史因素；(2)理解對象的歷史構成；(3)由社會實踐决定的價值觀念。在他看來，理解的歷史性構成了偏見(vorurteil)。偏見是特定歷史條件的產物，它先於個人，是任何人都無法避免的，同時它又是合法的，因爲偏見不同於錯誤，它是經過歷史的選擇在傳統中保存下來的。所以偏見不是消極的，而是積極的，正是偏見成爲我們全部理解的前提和出發點，它爲我們提供了歷史的視界。總之，在伽達默爾看來，任何理解都必然包含某些合法的偏見。他的這一歷史理解性的思想又被稱爲“合法的偏見”説。

伽達默爾進一步提出了“視界融合”的概念。他認爲，理解的過程和實質不是對“文本”的復制，而是所謂視界融合(horizontver－schmelzung)。其含義是説，在文本的作者原初視界和解釋者現有視界之間存在着不可消除的差距，因此理解的過程就是把過去和現在這兩種視界交織融合在一起，達到一種既包含又超出“文本”和理解者的原有視野的新的視界。而這新的視界就又構成新的前理解，成爲進一步理解的起點。這樣也就造成了一個理解有賴於前理解、前理解又有賴於理解的循環，這就是所謂“解釋學的循環”(der hermeneutische kreis)。與古典解釋學不同，在古典解釋學中，這一概念是指對文本整體含義的理解依賴於對部份的理解，

---

① 伽達默爾：《哲學解釋學》，1977年紐約(英文版)，第55頁。

對部份的理解又依賴於對整體的理解。在伽達默爾這裏，文本整體的含義不再是固定不變的作者的原意，它被置於全部流動生成的歷史文化發展的前後關聯之中，所謂整體祇具有完全相對的本體論的意義。在古典解釋學那裏，解釋學循環使理解陷入“自相矛盾”的困境，解釋者的主觀理解被視爲消極的東西，在伽達默爾這裏，解釋學循環是理解不可避免的現象，前理解是積極的。在古典解釋學那裏，理解追求的是文本的原意，在伽達默爾這裏，理解追求的是歷史此在的本體。

伽達默爾認爲，一切理解的對象都是歷史的存在，都處於不斷生成變化的過程之中，不是外在於人的客體。他說：“真正的歷史對象不是一個客體，而是自身和他者的統一，是一種關係。在這種關係中，同時存在着歷史的真實和歷史理解的真實。一種正當的解釋學必須在理解本身中顯示歷史的真實。因此我就把所需要的這樣一種歷史叫做‘效果歷史’。理解本質上是一種效果歷史的關係。”① 這就是說，歷史不是純然客觀的事件，但也不是純主觀的意識，而是歷史的真實和歷史的理解二者的相互的作用，即效果。因此歷史總是含着意識，不是客觀的。他說，效果歷史這個概念有兩重性，它“一方面指在歷史進程中獲得並被歷史規定的意識；另一方面指對這種獲得和規定的意識。”② 在伽達默爾看來，文本或理解對象在不同時代有不同的效果；解釋本身就是參與歷史；一切歷史都是現代史，理解過去就意味着理解現在和把握未來。

伽達默爾的這些基本概念完全排斥了以主體和客體二分爲基礎的認識論和方法論，構成了他的哲學解釋學的基本原則。他的哲學解釋學提供了一整套以本體論爲基礎的嶄新的把握世界的方式。

① 伽達默爾：《真理與方法》，第 274－275 頁。

② 伽達默爾：《真理與方法》，第二版序言。

2. 藝術經驗中的真理問題

伽達默爾哲學解釋學所要解決的根本問題是真理問題。他的《真理與方法》一書的書名,就標示着海德格爾的真理概念與狄爾泰的方法概念的對立。他在該書導言中說,解釋學現象從來就不是一個方法問題,理解的現象滲透到了人類世界的一切方面,不能把它歸結爲某種科學方法。該書的出發點就是要在現代科學範圍内抵制對科學方法的萬能要求,尋求立於科學方法之外的經驗方式。在他看來,人們一向擡高科學真理,把科學方法視爲萬能,這種情形於今尤烈。因此,他重新提出真理問題。他認爲,科學真理並非普遍適用,不能解決人生在世的根本問題。在哲學、藝術、歷史、語言等非科學方法的領域裏也存在着真理。因此,他的解釋學就是要探討這些不能用科學方法加以證實的真理的經驗方式。《真理與方法》一書就分別研究了藝術經驗、歷史經驗和語言領域中的真理。有關藝術經驗中的真理的探究即美學,他的美學是他的哲學解釋學的極其重要的組成部份。他認爲,"美學必須在解釋學中出現","解釋學在内容上尤其適用於美學"[①]。

伽達默爾首先對傳統的審美意識進行了批判。這一批判是通過對康德的評價展開的。他認爲,康德在美學上首創了審美意識的自主性,這是一個偉大的貢獻,但是,康德把美看成純主觀的,把藝術看作與概念、知識相對立的,這就導致了徹底的主體化,導致了藝術與真理的隔離,完全排除了真理問題。伽達默爾對此提出了質問:"在藝術中難道不應當有認識嗎?在藝術經驗中難道不存在真理的要求嗎?這種真理要求無疑與科學要求不同,它也不從屬於科學真理的要求。然而,美學的任務難道不就在於確定藝術經驗是一種獨特的認識方式嗎?這種認識方式不同於提供給科學的最終數據,科學從這些數據出發建立起對自然的感性認識,它也不同於一切道德

① 伽達默爾:《真理與方法》,遼寧人民出版社 1987 年版,第 242 頁。

上的理性認識,而是一般地也不同於一切概念的認識,但它確實是一種傳導真理的認識,難道不是如此嗎?”[①] 伽達默爾認爲,藝術也是一種認識,藝術中也有真理,而且是科學所無法企及的真理。因爲依據海德格爾的美學,藝術顯現的是存在的真理,藝術的真理具有本體論的意義。

伽達默爾十分强調藝術真理的本體論地位。他認爲,審美理解實質上就是對藝術真理的理解,也就是對世界本體——存在的理解。藝術作品作爲審美理解的對象,實際上就是存在的敞開,它使我們直面一個世界。在對藝術作品進行欣賞、理解、解釋的時候,一方面藝術最直接地對我們説話,它同我們有一種神秘的親近,把握着我們的存在,使我們覺得同藝術融合無間,另方面,我們也在不斷地揭示藝術作品的意義,從中看到自身的存在狀況,仿佛同自己照面。而藝術作品本體意義的發現是無止境的,新的理解和新的含義會不斷涌現。因此審美理解實質上就是藝術作品和解釋者、欣賞者之間不斷的對話,是存在意義的不斷揭示。

3. 藝術作品本體論

在批判康德美學和發揚海德格爾美學的基礎上,伽達默爾提出了自己的藝術作品本體論。他的這一理論在《真理與方法》中,是通過對遊戲、創造物和審美的時間性的現象學分析來表述的。後來在《美的現實性》一文中,他又把這三個方面的分析概括爲遊戲、象徵、節日三個基本概念,並指出,目的是以這三個概念來闡明藝術經驗的人類學基礎。

伽達默爾首先分析了遊戲這個在美學中具有重大意義的概念。在美學史上,如康德、席勒的遊戲説都衹從主體意義上揭示遊戲概念,因此遊戲就被看作行爲、創造或欣賞的心態以及主體性的自由等等。伽達默爾拋棄了這種做法,他從本體論的角度把遊戲從主體

---

① 伽達默爾:《真理與方法》,德文版,第 93 頁。

論的傳統中解脱出來，把它看作是藝術作品本身的存在方式。因此，在伽達默爾那裏，遊戲就是藝術或藝術作品，他對遊戲的分析也就是對藝術或藝術作品的分析。伽達默爾指出，通常人們認爲遊戲者是遊戲的主體，游戲是通過遊戲者才得到表現的。而實際上，遊戲具有一種獨特的本質，它獨立於遊戲者的意識，因此遊戲的真正主體就是遊戲本身。遊戲總是一種來回重復的運動，具有"自我同一性"，它無目的又含目的，具有"無目的的理性"這一極爲重要的特質。也就是説，人的理性設置遊戲的目的，並有意識地追求這一目的，但又巧妙地超越了這種追求目的的理性，以遊戲自身爲目的。因此"遊戲最終只是遊戲運動的自我表現而已"①。另外，"遊戲始終要求與别人同戲"②。也就是説，遊戲要求觀看者的參與，觀者不祗是看客，他也成了遊戲的一部份。因此"遊戲也是一種交往的活動"③。通過對遊戲的這種分析，伽達默爾肯定了藝術的獨立自主性、自我表現性，並把藝術看成是一種理解和交往活動。他指出，把藝術作品與欣賞者隔絶是錯誤的，現代藝術的特徵之一就在於打破藝術與觀衆之間的審美距離(他極力稱讚布萊希特的史詩劇理論)，藝術作品祗有在理解中才真正存在，"同戲者"始終主動地用真實的感受、真實的經驗充實着藝術作品。

伽達默爾進一步又把遊戲看作創造物。作爲創造物，遊戲(藝術作品)有了獨立而超然的特徵，它是從遊戲者(藝術家)的行爲中分離出來的，這時它面對的是觀照者，其意義不是從遊戲者(藝術家)而是從觀照者規定的，所以遊戲者(藝術家)消失了。不僅如此，藝術作品還爲我們創造出一個非現實的世界，"創造物是在自身中封閉的另一個世界"④，它有自身的尺度，不能用模仿的真實性來衡量，它超越了現實的真實性，比現實更真實，這是一種可能的、未被

---

①②③ 伽達默爾:《美的現實性》，三聯書店 1991 年版，第 37 頁。

④ 伽達默爾:《真理與方法》，遼寧人民出版社 1987 年版，第 163 頁。

確定的、期望的真實。同時創造物還意味着具有觀念性，是一個"意義的整體"，可以被反覆表現、反覆理解。在伽達默爾看來，藝術的意義即藝術經驗中的真理，它不同於科學的真理或命題的真理。藝術本質上象徵的，所謂"創造物"也就是象徵物。他讚成歌德的話："一切都是象徵"，認爲這是解釋學觀念最全面的闡述。

伽達默爾還以節日爲例分析了藝術作品的時間性。他認爲，藝術作品及其理解存在於歷史時間之中，同節日的時間結構有內在的一致性。節日是什麼？節日就是慶祝。然而節日之爲節日並不是因爲它從前存在，而是因爲人們年復一年地慶祝，每一次慶祝都各不相同，它"是在演變和復現中獲得其存在的"[①]。同時節日慶典又是爲觀者存在的，是由觀者的認同和參與規定的。所以"對節日慶典的時間經驗其實就是一種慶祝，是一種獨特的現在時間"[②]。藝術作品和節日慶典一樣，它在歷史長河中不論經過怎樣的變遷，流傳下來總是立於現在之列，與現在之物並存，始終保持作品本身的同一性，它也是在反復的認同和參與中纔存在的。因此，藝術的時間性就是現在性。由於藝術作品總是現在時的，是與現在同時存在的，所以又稱作同時性。藝術作品之所以具有現在性、同時性，關鍵在於觀照者的認同。"認同並不祇是指與同時存在於那裏的其他事物的共同並存。認同就是參與。認同於某個事物的人，他就完全地知道該事物本來是怎樣的。認同在派生的意義上就意味着某種主體行爲方式，即'認同於某物'，因而，觀照活動就是一種真正的參與方式。"[③] 通過對藝術作品時間性的分析，伽達默爾强調藝術作品是在觀照者的認同和參與下不斷生成的，對藝術作品的感受和領悟永遠是新穎獨特的，因此藝術的現在性或同時性，是藝術具有永久價值

① 伽達默爾：《真理與方法》，遼寧人民出版社 1987 年版，第 179 頁。
② 同上書，第 178 頁。
③ 同上書，第 181 頁。

和魅力的基礎。

從伽達默爾對遊戲、創造物和時間性的分析可以看出，他把藝術作品始終看作是一種獨特的存在方式，藝術的本質與特徵取決於觀照者的理解、認同和參與，藝術的意義和真理不是離開人而孤立存在的，也不是静止不變的，而是在人類的歷史長河中不斷生成、演變和呈現出來的，它是一個無限的歷史過程。所以人類的藝術和審美活動歸根到底是人類的一種歷史性的解釋活動和交往活動，其價值和意義不在於模仿現實，也不在於表現主觀情感，而在於不斷地揭示存在的真理。伽達默爾美學的突出特點就在於强調審美理解的歷史性。

伽達默爾的解釋學美學是現代西方美學最主要的成就之一，是對美學史的重大貢獻。他的美學具有鮮明的時代特點，是建立在對現代藝術發展狀況的沉思基礎之上的。什麼是藝術？從塞尚等人開始的現代繪畫到 20 世紀新出現的五花八門的現代藝術，尤其是所謂抽象畫藝術、無對象藝術和反藝術等等，究竟是不是藝術？現代藝術是粗野的惡作劇嗎？今天在藝術中到底發生了什麼？藝術是不是如黑格爾所説真的成了過去？爲什麼現在有的藝術衰落了，有的藝術崛起了？現代藝術和偉大的傳統藝術的關係到底是怎樣的？藝術的合理性何在？所有這些令世人困惑不解的問題，伽達默爾都思考了。他認爲，這些問題是現時代向哲學思維提出的重大課題。舊的審美意識和美學已經不能説明現代藝術發展的事實，必須加以清理、反思和批判，現代藝術不祇與傳統藝術相對抗，二者還有實質上的相互關聯。問題是："什麼是藝術？""人們如何才能理解什麼是過去的藝術，什麼是今天的藝術，並用一個共通的總括的概念把兩者聯繫起來？"[①] 伽達默爾所提出的正是藝術的本質問題，這是美學的根本問題。爲了解決這個根本問題，他不但對整個西方美學

① 伽達默爾：《美的現實性》，第 28 頁。

史、而且對整個西方社會文化思想的歷程進行了反思，從而建立了他的解釋學的哲學和美學。在他的哲學解釋學中美學起着決定性的作用。毫無疑問，他的美學是對20世紀現代藝術的辯護，但這種辯護並不是出自偏狹的眼界和個人興趣，而是出自深廣的視野和對當代社會、當代藝術發展的關切，因而他的美學具有全面反傳統的性質，達到了時代的高度。他對審美和藝術現象的考察不是孤立的、静止的，而是在人類歷史的全部關聯中進行的，因而他的美學具有强烈的歷史感，包含了很多辯證的積極的因素。他重視真理問題，强調藝術經驗包含真理，不僅對於反對美學和藝術中的主觀主義、相對主義、形式主義和唯美主義，而且對於反對現代社會中的科技萬能論或科技至上主義，都有積極的意義。所有這些都是我們應當充分肯定和重視的。當然，伽達默爾的美學仍有重大的缺陷，這主要是其哲學基礎仍是唯心主義的。首先，他從海德格爾的主客不分的本體論出發，衹能陷入唯心史觀，不可能真正把握真實的歷史，因此，歷史在他那裏是抽象地發展的；其次，在認識論上，他過分誇大了主觀意識的作用和理解的歷史性，衹從主觀方面來規定藝術作品的本質，否認了藝術作品的客觀標準，明顯具有主觀唯心主義和相對主義的傾向；再次，他没有真正承認社會實踐是審美和藝術活動的根源，相反却以主觀的解釋活動代替了客觀的社會實踐。

伽達默爾的美學在西方也已受到一些批評，如美國的文學理論家赫施和尤爾等人，就曾揭露了他的美學中的一些内在矛盾。但直到目前，其影響仍是巨大的。60年代後半期，德國興起的以堯斯和伊瑟爾爲代表的“接受美學”，美國的“讀者反應批評”等流派，直接受到了伽達默爾美學的啟發。

簡短的結束語

20世紀西方美學的主要美學流派,我們就暫時介紹到這裏。至此,我們已講授了自古希臘羅馬以來直到20世紀60年代,西方各個歷史時期主要美學家的主要美學思想。馬克思主義美學史另有專門的課程,不在我們的講授之内。但是,毫無疑問,馬克思主義美學在20世紀美學的發展中佔有重要的歷史地位,有着極大的影響。馬克思主義美學如同馬克思主義哲學一樣,本質上是現代的,是在現代生活中發生作用,體現了時代精神的。80年代以來,我國美學界有些人否認馬克思主義美學的現代性,他們把馬克思主義美學歸之爲所謂"傳統美學",盲目吹捧現代西方美學,認爲衹有現代西方美學纔符合時代精神,纔是最先進的美學。這種看法是我們所不能贊同的。現代西方美學的代表人物的確都打着反傳統的旗幟,他們反對所謂"傳統美學",從現代社會和現代藝術的實際出發,對歷史進行反思,其中包含了許多積極的、合理的東西,但是,這種反傳統往往帶有偏激的否定一切的性質,而事實上,他們不可能也並没有完全割斷與歷史傳統的聯繫,相反,却總是從歷史上尋找立論的根據。這也説明傳統與革新並不是絶然對立的。現代西方美學反對的"傳統美學"自然包括馬克思主義美學,爲了揭示現代西方美學的特徵,"傳統美學"這個概念當然是可以使用的,但是,嚴格説來,所謂"傳統美學"這個概念並不科學,至少是十分模糊的,它抹殺和掩蓋了唯物與唯心、先進與落後的對立和區别,是試圖超出唯物主義與唯心主義的表現。實際上,就主流來説,現代西方美學的哲學基礎都是唯心主義的,不可知論的,而且往往帶有反現實的、悲觀主義的色彩。

我們主張馬克思主義美學。但是,我們認爲,馬克思主義美學不應當是僵死的、凝固的、教條主義的。它的體系應當是開放的,應當隨着時代的進步不斷地向前發展。在這一方面,馬克思主義美學的歷史和現狀又是不能令人滿意的。我們必須尊重歷史的辯證發展,認真總結歷史經驗(尤其是前蘇聯的和中國的歷史經驗),絶不能簡單化地對待歷史。整個西方美學的歷史發展過程表明,作爲一種社會意識形態——美學,它的面貌和形態,它的範疇、概念和體系,總要隨着時代的變遷、社會歷史文化條件的改變而不斷地變化發展。現代西方美學有其産生的歷史必然性,它是西方美學發展的最新成果。在20世紀,美學不是衰落了,而是向前發展了,深化了。現代西方美學所提出的許多關於現代藝術和現代社會的問題,也是馬克思主義美學應當研究的問題。對待現代西方美學,我們不應當採取全盤否定的態度,而應當給以辯證地分析,批判地吸取其積極的、合理的因素,用以豐富和發展馬克思主義美學。歷史即將跨入21世紀,現代科學技術的迅速進步,社會生活的日新日異,正在不斷地改變人類審美活動和藝術活動的方式,美學也必將出現重大的變革。我們的目標是建設具有中國特色的、適應現代要求的馬克思主義的美學體系。美學的前途是光明的。

後　記

這是爲哲學系本科生寫的一部教材。時間跨度較大，從古希臘羅馬直到20世紀60年代，目的是爲了適應新時期的需要，滿足青年學生了解包括現代美學在內的西方美學的迫切願望。由於時間倉促，篇幅限制，以及作者才疏學淺，權當一次嘗試。寫作過程中盡可能吸取了國內外近些年的研究成果，但仍難免錯誤，敬請專家、讀者批評指正。

作者對楊辛、葉朗兩位教授爲推薦本書獲得北京大學教材出版基金所做的努力表示感謝。我還要感謝美學研究生張彦紅、馬利懷、苗强，以及陳劍瀾、黄應全、徐漣、劉宗坤、高譯，他們幫我做了許多抄寫和技術性工作，同時也給了我不少鼓勵和克服困難的勇氣。師生情誼是令人難忘的。

作　者

1994年4月

淑馨·美學哲學系列圖書

書名	作者	定價
審美教育書簡	〔德〕弗里德里希·席勒著 馮至、范大燦譯	120元
古典文藝美學論稿	張少康著	280元
倫理學體系	〔德〕弗里德里希·席勒著 何懷宏、廖申白譯	320元
蔡元培美學文選	聞笛、水如編	150元
歷史的哲學反思	王樹人著	150元
美學與意境	宗白華著	250元
印度文化論集	金克木著	220元
未來主義、超現實主義、魔幻現實主義	柳鳴九主編	320元
理學、佛學、玄學	湯用彤著	280元
走向後現代主義	〔荷〕佛克馬、伯頓斯編 王寧、顧棟華等譯	280元
後現代主義文化研究	王岳川著	320元
藝術學概論	彭吉象著	320元
倫理學方法	〔英〕亨利·西季威克著 廖申白譯	480元
**藝術教育與美學研究叢書		
1.故宮——東方建築的瑰寶	萬依、楊辛	140元
2.繪畫——東西方文化的衝撞	王慶生	140元
3.電影——銀幕世界的魅力	彭吉象	140元
4.書法——心靈的藝術	張以國	140元
5.笑話——人間的喜劇藝術	段寶林	140元
6.山水審美——人與自然的交響曲	謝凝高	140元
7.寓言——哲理的詩篇	顧建華	140元

《世界文化叢書》書目

[1]東方民族的思維方法／〔日〕中村元著　林太、馬小鶴譯　定價280元
[2]紳士道與武士道——日英比較文化論／〔英〕麗月塔著　孫志民等譯　定價180元
[3]文化人類學的理論構架／莊錫昌、孫志民編著　定價280元
[4]黑暗與愚昧的守護神——宗教裁判所／董進泉著　定價280元
[5]麝香之路上的西藏宗教文化／常霞青著　定價280元
[6]人類早期文明的「木乃伊」——古埃及文化求實／朱威烈、漢尼希等編著　定價280元
[7]多維視野中的文化理論／莊錫昌、顧曉鳴、顧雲深等編著　定價280元
[8]俄羅斯文化之路／姚海著　定價280元
[9]錘子與鐮刀——蘇維埃文化和蘇維埃人／葉書宗、張盛發著　定價180元
[10]文化與時間／〔法〕路易・加迪等著　鄭樂平、胡建平譯　定價280元
[11]墨西哥：文化碰撞的悲喜劇／劉文龍著　定價180元
[12]史學：文化中的文化／張廣智、張廣勇著　定價280元
[13]在傳統與變革之間：英國文化模式溯源／錢乘旦、陳曉律著　定價280元
[14]炮火中的文化　文化和第二次世界大戰／金重遠著　定價280元
[15]希伯來文化／朱維之主編　定價280元
[16]藏傳佛教的活佛轉世／風波巨著　定價280元
[17]中世紀基督教會史／張綏著　定價280元
[18]法蘭西風格：大革命的政治文化／高毅著　定價280元
[19]動盪中的繁榮　威瑪時期德國文化／米尙志編譯　定價280元
[20]儒家思想與日本文化／王家驊著　定價280元
[21]瘋狂與文明　理性時代的精神病史／〔法〕米歇爾・福柯著　金繁雲等譯　定價180元
[22]佛教東傳與中國佛教藝術／吳焯著　定價280元
[23]從信仰到理性　義大利人文主義研究／張椿年著　定價180元
[24]從孤立走向世界　澳大利亞文化簡論／黃源深、陳弘著　定價180元
[25]中世紀文化範疇／A・古列維奇著　龐玉潔、李學智譯　定價280元
[26]猶太　充滿「悖論」的文化／顧曉鳴著　定價280元
[27]斯拉夫文化／劉禧熙主編　定價280元
[28]傳承與交融：阿拉伯文化／納忠、朱凱、史希同著　定價280元
[29]印度古代文明／〔印〕R・塔帕爾著　林太譯　定價280元
[30]文化史學：理論與方法／〔日〕石田一良著　王勇譯　定價280元
[31]遠・伽馬以前中亞和東亞的基督教／〔德〕克里木凱特著　林悟殊翻譯增訂　定價280元
[32]古代摩尼教藝術／〔德〕克里木凱特著　林悟殊翻譯增訂　定價280元
[33]摩尼教及其東漸／林悟殊著　定價380元
[34]普魯士的精神和文化／丁建弘、李霞著　定價380元
[35]羅馬文化與古典傳統／朱龍華著　定價280元
[36]二十世紀的美國文化／莊錫昌著　定價280元
[37]非洲黑人文化／寧騷主編　定價 80元
[38]中亞：馬背上的文化／項英杰等著　定價280元
[39]泰國大峰祖師崇拜與華僑報德善堂研究／林悟殊著　定價280元

國家圖書館出版品預行編目資料

西方美學史教程 / 李醒塵著. -- 初版. -- 臺
北市 : 淑馨, 民85
面 ; 公分
ISBN 957-531-529-4（平裝）

1. 美學 - 西洋 - 歷史

180.94 85010225

西方美學史教程

作　　者：李醒塵
出 版 者：淑馨出版社
發 行 人：陸又雄
地　　址：台北市安和路2段65號2樓（日光大廈）
電　　話：7039867・7006285・7080290
郵　　撥：0534577～5 淑馨出版社
印　　刷：成陽印刷股份有限公司
法律顧問：蕭雄淋律師
登 記 證：行政院新聞局局版台業字第2613號
出　　版：1996年（民國85年）10月初版
　　　　　1996年（民國85年）10月一刷
定　　價：480元

ISBN 957-531-529-4（平裝）